JN452435

# 공급사슬 관리 최적화 전략과 실행

이영훈 정병도 정봉주 공저

Optimizing Supply Chain Management: Strategy and Implementation

이프레스

# 머/리/말/

1990년대 공급사슬관리(Supply Chain Management: SCM)의 개념이 도입된 후 이처럼 학계 및 산업 부문에서 지속적으로 관심을 받으며 연구되고 활용되고 있는 주제는 흔치 않을 것이다. 특히 대부분의 기업들이 그들의 핵심 기능들을 디지털 환경으로 전환하고 있고, 시장의 글로벌화가 보다 용이한 환경에서 공급사슬의 글로벌화 또한 급속히 진행되고 있다. 이에 따라 공급사슬관리의 영역 또한 확장되고 급속히 변화하는 양상을 보이고 있다.

본 서는 이러한 공급사슬의 변화 속에서도 반드시 이해하여야만 하는 공급사슬관리의 핵심적인 개념과 이론들을 담고자 하였다. 본 서의 대부분의 내용은 저자들이 연세대학교 산업공학과의 학부 및 대학원과정에서 강의해 왔던 주제들을 포함하고 있으며, 본 서는 이를 체계적으로 정리한 결과물이다. .

본 서가 가지고 있는 특징이자 목표는 공급사슬의 전략적 구조에서부터 운영, 설계, 통합, 그리고 변화의 방향까지 각 영역에서의 관련된 핵심 개념과 이론적 틀, 사례 들을 되도록 빠짐없이 소개하여 향후 공급사슬에서의 변화에서도 효율적으로 대응할 수 있는 이론적, 실용적 도구를 제공하는 것이다. 따라서 본 서는 학부 및 대학원에서의 공급사슬관리 또는 로지스틱스 관련 과목의 교재로서 사용될 수 있을 뿐만 아니라, 기업의 공급사슬의 전략 수립과 실행을 담당하는 부서들의 구성원들에게 적합한 이론서가 될 수 있으며 또한 생산부문 또는 공급사슬관리의 생산성 향상을 자문하는 컨설턴트들에게도 효과적인 솔루션을 도출하는 데 필요한 이론적 참고서가 될 수 있을 것이다.

본 서는 5부 15장으로 구성되어 있다. 1부에서는 공급사슬의 전략적 영역을 이해하는 데 초점을 맞추었는데, 먼저 1장에서는 공급사슬관리의 목적과 기본 개념들, 그리고 2장에서는 공급사슬의 전략적 구조를 소개한다. 2부는 공급사슬의 운용 측면에서 가장 핵심적인 영역인 수요와 공급 측면에서의 이론을 다룬다. 먼저 3장에서는 공급사슬에서의 수요예측과 관리를, 4장에서는 공급사슬에서의 수요를 충족시키기 위한 판매운영계획에 대해서 다룬다. 5장에서는 수요-공급의 균형을 위한 실질적 도구로서 재고에 대한 운영 측면의 재고관리 기법을 소개한다. 2부의 마지막 6장에서는 공급사슬 네트워크상에서의 수요를 충족하는 운영적 기법을 다룬다. 3부에서는 공급사슬 네트워크의 설계와 수송에 대한 문제를 다루며, 7장에서는 공급사슬상의 설비입지에 대한 의사결정문제를, 8장에서는 공급사슬상의 수요지에 대한 배송 최적화 문제를, 마지막으로 9장에서는 공급사슬의 배송 네트워크의 효율적인 설계 기법을 다룬다. 4부에서는 공급사슬의 통합 관점에서 네 가지 영역에 대한 주제를 다룬다. 10장에서는 공급사슬관리의 성과 측정에 대한 관리적 중요성과 지표를 설명하고, 11장에서는 공급사슬의 성공적 운영을 위한 협업의 개념과 메커니즘을 다루며, 12장에서는 공급사슬에서의 위험관리의 중요성과 주요 모형들을 소개하며, 마지막 13장에서는 공급사슬관리 대상의 주요 부문인 서비스 공급사슬 영역에서의 여러 가지 주제를 다룬다. 5부에서는 본 서의 마지막 주제로서 공급사슬의 변화를 다룬다. 우선 14장에서는 최근 등장하고 있는 여러 가지 기술 중 3D 프린팅 기술을 중심으로 공급사슬에 미치는 영향과 변화를 다루며, 마지막 장인 15장에서는 4차 산업혁명 환경에서의 공급사슬의 변화 모습과 속성을 소개한다.

본 서가 출판되기까지 무엇보다 오랜 기간 강의실에서 저자들에게 교육과 연구에 대한 동기를 부여해 준 연세대학교 산업공학과의 학부 및 대학원생들에 감사를 전한다. 또한 저자들의 공급사슬관리 관련 연구를 함께 진행해 오면서 많은 학문적 영감을 준 시스템최적화 연구실, 가치사슬경영 연구실, 그리고 지능형 생산시스템 연구실의 졸업생들과 연구원들에게 감사의 마음을 전하고 싶다. 마지막으로 출판의 전 과정 동안 격려와 전폭적인 지원을 아끼지 않으신 이프레스 출판사의 최용구 대표님과 관계자 분들께 깊은 감사를 드린다. 저자들은 본 서가 국내의 공급사슬관리에 대한 교육과 관련 산업의 성과에 조금이나마 도움이 되기를 진심으로 기원한다.

2022년 10월

저자 일동

# 차/례

# PART 02 공급사슬의 수요 및 공급계획

## CHAPTER 03 공급사슬의 수요관리



## CHAPTER 04 공급사슬의 수요-공급 관리

## 05 CHAPTER 공급사슬의 재고관리



## 06 CHAPTER 공급사슬의 분배와 충족



# PART 03 공급사슬의 네트워크 설계 및 운용

## 07 CHAPTER 공급사슬과 설비입지

# PART 04 공급사슬의 통합

## CHAPTER 10 공급사슬의 성과관리



## CHAPTER 11 공급사슬과 협력



## CHAPTER 12 공급사슬 위험관리

## 15 CHAPTER 4차 산업혁명과 공급사슬

PART 01

# 공급사슬의 전략적 이해

Supply Chain Management

CHAPTER 01

# 공급사슬관리의 목적 및 개요

1. 공급사슬의 개념 | 2. 공급사슬관리의 목적

3. 공급사슬관리의 의사결정 | 4. 공급사슬관리의 프로세스 구조

CHAPTER

# 01 공급사슬관리의 목적 및 개요

Supply Chain Management

〈학습 목표〉

1. 공급사슬관리의 정의와 핵심 개념을 이해하고 목적을 설명할 수 있다.
2. 공급사슬관리에서의 의사결정의 중요성과 구조를 설명할 수 있다.
3. 공급사슬의 프로세스 구조와 관점을 이해하고 그 유용성에 대해 설명할 수 있다.

크리스마스이브의 산타클로스는 전 세계에서 가장 중요하고 바쁜 인물일 것이다. 전 세계의 어린이들에게 당일 밤 선물을 전달해야 하기 때문이다. 미국의 정보기술 자문회사인 Gartner는 해마다 세계 Top 25 공급사슬(Supply Chain)을 선정하여 발표한다. 산타클로스 공급사슬은 아마 인류 역사상 최고의 공급사슬임을 부정하기 힘들 것이다. 왜냐하면 당일 밤 동안 산타클로스는 20억 명이 넘는 전 세계의 고객(주로 어린이)에게 적시, 적소, 적량의 서로 다른 맞춤형 선물을 공급하는 놀라운 성과를 달성하기 때문이다. 그러나 산타클로스는 단 한 번도 Gartner의 공급사슬에 선정된 적이 없다. 본 장에서 우리는 공급사슬의 정의와 이에 관련된 주요 개념들을 이해함으로써 산타클로스 공급사슬의 성격과 성과, 그리고 Gartner의 공급사슬에 포함되지 않은 이유를 알게 될 것이다.

[그림 1-1] 산타클로스의 글로벌 공급사슬

## 1 공급사슬의 개념

모든 비즈니스는 고객 또는 시장의 요구를 충족시키기 위한 일련의 활동들로 이루어진다. 만일 이러한 활동들이 각각 고립되지 않고 긴밀하게 서로 잘 연결된다면 그 비즈니스는 매우 효율적으로 원하는 성과를 얻게 될 것이다. 이러한 연결은 산타클로스의 공급사슬에서뿐만 아니라 우리의 일상적인 구매활동에서도 쉽게 발견할 수 있다.

한 소비자가 손세정제를 구입하러 할인마트에 간다고 가정하자. 손세정제라는 제품을 유통시키는 공급사슬은 이를 구매하고자 하는 고객의 요구에서부터 시작된다. 공급사슬의 다음 단계는 고객이 찾아가는 소매점이다. 소매점은 본사 또는 제3자에 의해 운영되는 배송트럭을 이용하여 물류창고로부터 원하는 양의 손세정제를 받아 선반을 채운다. 배송자의 완제품 재고는 손세정제 제조사에 의해 공급된다. 이어 제조사는 생산에 필요한 여러 가지 원부자재, 예를 들면 손세정제 원료, 용기, 포장재 등을 각 공급자로부터 공급받고 또한 이 공급자들은 하위단계의 공급자로부터 원자재를 공급받는다. 플라스틱 용기는 플라스틱 용기 제조회사, 화학원료 제조업사로 연결되고, 포장재 박스는 포장재 제조업체, 제지회사, 목재 공급업체로 연결되는 공급사슬이 구성된다.

이와 같이 고객의 간단한 요구가 충족되기 위해서는 이처럼 많은 단계의 공급자들을 거쳐야 되는 것이다. 사슬이라는 표현은 제품의 이동이 연결되어 하나의 방향으로 흐르는 것을 의미한다. [그림 1-2]는 이러한 공급사슬의 흐름을 보여준다. 이때 제품의 흐름과 비용의 흐름은 서로 반대 방향임을 주목할 필요가 있다.

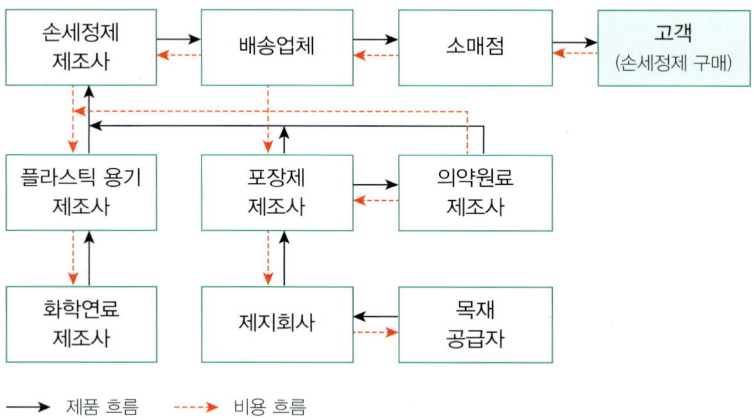


[그림 1-2] 손세정제 공급사슬의 단계

공급사슬에서 연결의 중요성은 공급사슬상 흐름(Flow)의 원활함에 있다. 그렇다면 어떠한 흐름들이 있을까? 다시 손세정제 구매를 위한 공급사슬을 살펴보자. 우리는 공급사슬의 시작이 고객으로부터 시작됨을 알 수 있다. 고객은 공급사슬의 최초 원인 제공자인 것이다. 고객이 제공한 원인을 '수요'라고 한다. 고객의 수요는, 즉 고객이 요구하는 것은 제품 또는 서비스가 될 것이다. 그런데 서비스는 무형의 재화이므로 본 책에서는 이해도를 높이기 위해 유형의 물리적인 제품만을 고려하고자 한다. 손세정제가 곧 고객의 수요인 것이다. 제품은 완성품으로 고객에게 전달되어야 하므로 손세정제 공급사슬에서 보듯이 많은 참여자들이 관여하여 원자재, 부분품, 부품 등을 생산, 공급하는 것이다. 따라서 공급사슬상 흐름의 한 종류는 '제품(Product)'이 되는 것이다. 수요는 고객으로부터 창출되지만 제품의 흐름은 목재 공급자, 화학연료 제조사 등이 공급한 원자재 형태로 출발하여 고객에게 최종적으로 전달되는 방향성을 가지고 있다.

고객의 중요성은 수요 창출의 시작점으로서뿐만 아니라 공급사슬의 가치를 지불하는 유일한 주체라는 데 있다. 사실 공급사슬의 다른 참여자들은 고객이 지불한 구매비용으로 활동하고 이익을 취하고 있는 것이다. 그래서 모든 공급사슬의 가장 중요한 전략 중의 하나는 고객을 이해하는 것이고, 고객을 만족시키는 것이다. 즉, 공급사슬에서의 또 하나의 중요한 흐름은 '자금(Fund)'인 것이다. 자금의 원천은 바로 고객이다. 자금의 흐름은 제품과 반대방향이다.

공급사슬상에서 '제품'과 '자금'이 흐르면서 생성되는 것은 운영을 위해 필요한 '정보(Information)'이다. 주문, 대금 지불, 배송, 제조 등의 활동을 하면서 공급사슬상의 각 참여자들이 생성하고 처리해야 하는 정보이다. 제품과 자금이 실물이라면 정보는 실물에 수반되는 산출물이며, 공급사슬의 운영 수준은 정보의 품질(Quality)에 좌우된다. 예를 들어 정확하지 못한 배송 정보는 재고 부족이나 재고 과잉을 유발하고 고객의 주문을 납기 내에 충족시킬 수 없게 만들기도 한다. 그래서 공급사슬을 운영한다는 것은 정보를 어떻게 생성하고 처리하는 것과 동일한 의미이다. 공급사슬 정보는 이 책 전반에 걸쳐 다루어야 하는 가장 중요한 주제이다.

공급사슬의 흐름은 공급사슬을 역동적이고 불확실하게 만들며 결국 공급사슬상의 여러 가지 의사결정을 매우 어렵게 만들고 있다. 그리고 흐름의 방향은 사슬처럼 하나의 방향일 수가 없으므로 공급사슬은 사실상 네트워크 구조를 가지고 있음을 짐작할 수 있다. 이 책의 대부분 주제들은 역동적이고 불확실성이 많은 공급사슬을 어떻게 관리함으로써 제품, 정보, 자금의 흐름을 가장 효율적이고 원활하게 만들 것인지에 대한 것이다.

## 2 공급사슬관리의 목적

앞 절에서 공급사슬상에서 제품, 자금, 정보라는 주요 흐름이 있음을 살펴보았다. 이 흐름들이 곧 공급사슬상에서 운영하고 관리해야 할 대상이다. 간단히 말하면 물리적인 제품의 흐름이 적재적소에서 이루어지고, 꼭 필요한 정보가 실시간으로 흐르고, 결과적으로 최대 수익의 흐름이 창출된다면 공급사슬관리의 목적이 이루어지는 것이다.

공급사슬관리를 살펴보기 전에 먼저 공급사슬의 구조를 간략히 알아보기로 하자. 공급사슬은 두 명 이상의 참여자(Participant)들로 연결되어 있으며, 각 참여자는 공급사슬상의 단계(Stage)를 형성한다. 전형적인 참여자의 종류는 다음과 같다.

- 고객(Customer)
- 소매자(Retailer)
- 도매자/배송자(Wholesaler/Distributor)
- 생산자(Manufacturer)
- 부품/원자재 공급업자(Part/Material Supplier)

각 참여자는 공급사슬상의 상위흐름(Upstream) 단계와 하위흐름(Downstream) 단계의 참여자들과 연결되어 있으므로 각 단계에서 고객이면서 공급자의 위치에 놓이게 된다. 뿐만 아니라 자신이 속한 단계에서의 다른 참여자들과 경쟁하는 상황에 놓이게 될 것이다. 그리고 공급사슬상에서 자신에게 가장 효율적인 전략과 운영을 하고자 노력할 것이다.

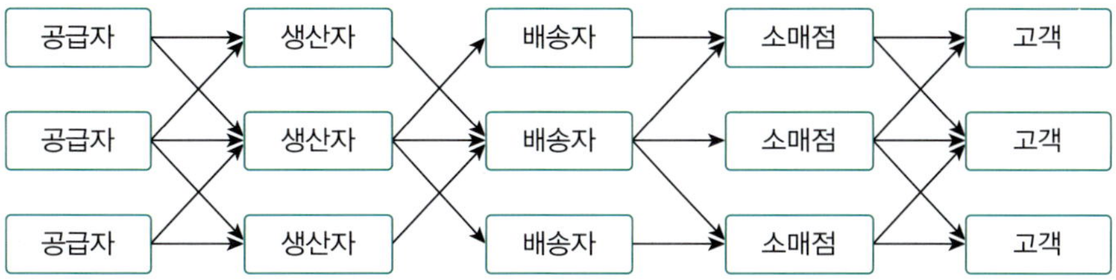


[그림 1-3] 전형적인 공급사슬의 단계

그렇다면 각 참여자의 효율적인 전략은 무엇일까? 공급사슬의 효율성은 결국 고객으로부터 받은 금액으로 각 참여자들이 서로 협력하여 공급사슬상의 비용을 제외한 공급사슬의 총수익을 극대화함으로써 달성될 수 있다. 각 참여자들이 개선이나 혁신의 노력이 없이 자신의 수익만을 높이려 한다면 다른 참여자들에게 비용을 전가하게 된다. 그러나 공급사슬의 개선을 통해 전체 총수익을 증가시킨다면 참여자 전체에게 수익의 증가를 가져오게 될 것이다. 따라서 공급사슬관리(Supply Chain Management: SCM)의 목적은 다음과 같이 기술될 수 있다.

공급사슬관리의 목적은 공급사슬상의 제품, 자금, 정보의 흐름을 가장 효율적으로 관리하여 고객이 받는 제품 가치와 전체 공급사슬 참여자들의 총수익을 최대화하는 것이다.

공급사슬 참여자들의 총수익을 공급사슬 수익(Supply Chain Profit) 또는 공급사슬 잉여(Supply Chain Surplus)라고 한다. 공급사슬 수익은 곧 고객으로부터 생성되는 수입과 공급사슬 전체에 걸쳐 발생하는 총비용과의 차이이다. 예를 들면 편의점에서 과자를 구매하는 고객이 1,000원을 내면 이 구매 비용이 공급사슬이 얻는 수입이다. 편의점을 포함한 공급사슬의 각 참여자들은 제품 생산, 정보 전달, 자금 운용 과정에서 비용을 발생시킨다. 고객이 지불한 1,000원과 과자를 만들고 운송하는 공급사슬이 발생시킨 총비용의 차이가 공급사슬의 수익 또는 잉여 이익이라 할 수 있다. 공급사슬 수익은 곧 공급사슬 참여자들 이윤의 총합이다. 공급사슬 수익이 클수록 공급사슬은 더 성공적이라고 말할 수 있다. 따라서 공급사슬의 성공은 각 참여자들의 개별 이윤의 최대화가 아닌 공급사슬 전체의 수익으로 평가된다. 공급사슬의 총 수익을 증가시키려면 결국 공급사슬의 매출을 늘리고 공급사슬 비용은 줄여야 하는 것이다. 매출을 늘리기 위한 유일한 원천은 고객이다. 고객을 제외한 공급사슬에서 일어나는 모든 자금의 흐름은 자금과 제품/서비스의 단순 교환일 뿐이다. 매출의 증대는 마케팅의 영역이라고 할 때 공급사슬관리는 공급사슬의 비용을 최소화하는 것이 목표가 된다. 결국 제품, 자금, 정보의 흐름에서 비용이 발생하므로 이러한 자원에 대한 효율적 관리가 곧 공급사슬관리의 주요한 목적이 되는 것이다. 여기서 주목해야 할 사실은 공급사슬의 이익 최대화는 공급사슬 참여자들 간의 제로섬 게임이 아니라는 것이다. 서로 협력함으로써 공급사슬상의 총수익을 늘려갈 수 있는 것이다. 예를 들어 RFID를 도입하여 공급사슬상의 전체 물류비용을 절감한다면 이는 각 참여자의 개별 이익을 증대시키는 결과를 가져온다. 우리가 정의한 SCM의 목적으로 볼 때 산타클로스 공급사슬은 수익창출의 공급사슬이 아니다. 이것이 Gartenr의 공급사슬 목록에서 제외된 가장 큰 이유 중의 하나이다. 산타클로스 공급사슬은 또 다른 목적으로 재정의할 필요가 있는 것이다. 가령 맞춤형 공급, 적시 공급 등의 목적이 수익창출보다 우선이 되어야 한다. 본 책에서는 주로 비즈니스 영역에서의 공급사슬에 초점을 맞추기로 한다.

한편 SCM이 공급사슬 참여자들에게 중요한 또 다른 이유들은 다음과 같다.

① **공급사슬 가치**: 미국의 경우 공급사슬상의 재고가치는 미국 GDP의 14%, 수송/창고 관리비용은 9%를 차지한다고 한다. 이는 미국 연방정부의 예산에 해당하는 금액이다. 그리고 SCM관련 전체 비용은 미국 기업 예산의 25%를 차지한다고 한다. 공급사슬의 경제적 비중의 크기는 곧 SCM의 중요성의 크기를 의미한다.

② **지렛대 효과(Leverage)**: 공급사슬상의 조그마한 개선이 기업의 성과지표에 큰 영향을 줄 수 있다. 예를 들어 1%의 공급사슬 비용 감소는 매출의 12% 증가 효과에 해당한다고 알려져 있다. 또한 적시 공급(On-time-Delivery)과 같은 공급사슬 개선 활동은 고객에게 직접적인 서비스 개선효과를 느끼게 하여 시장

점유율 증가에 직접적으로 기여한다는 것이다.

③ **비즈니스 환경의 변화**: 공급사슬환경의 급속한 변화는 SCM의 크나큰 도전이기도 하지만 기회이다. 제품수명주기의 단축, 제품의 다양화, 디지털 전환(Digital Transformation) 등은 공급사슬의 복잡성과 구조적 변화를 가속화하고 있다. 예를 들어 미국시장에 전화기가 확산되기까지 1세기가 걸렸지만 모바일폰은 10여 년 만에 확산되었다([그림 1-4]). 공급사슬의 구조적, 기능적 변화도 불가피하게 된 것이다.

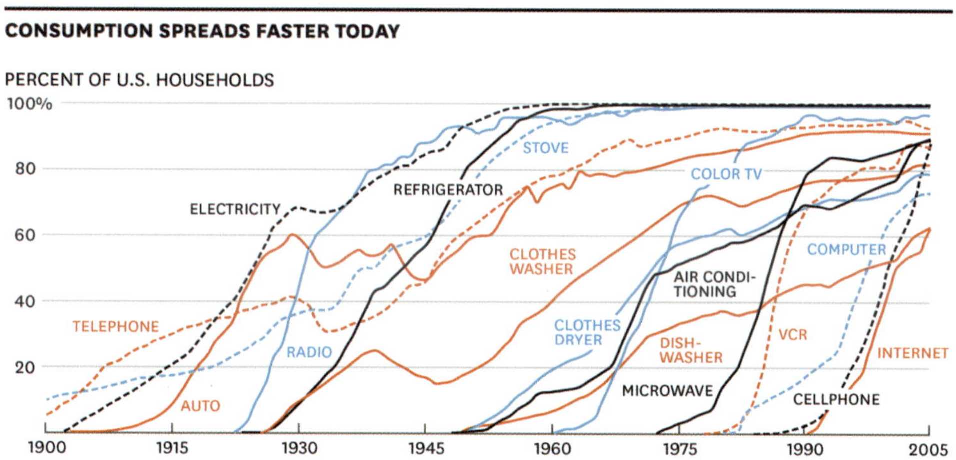


[그림 1-4] 소비재 제품의 확산 속도

출처: Nicholas Felton, The New York Times.

④ **기회의 증가**: 만일 기회의 영역이 크지 않다면 위의 세 가지 요인들이 의미가 없어진다. 다행히 SCM에서의 혁신의 기회는 매우 큰 것으로 알려져 있다. Walmart와 Dell 컴퓨터사의 사례가 이를 증명해 주고 있다.

**[사례 1.1]** Walmart: 혁신적인 정보공유

1962년 하나의 점포로 문을 연 Walmart는 1990년 세계 최대의 소매 유통업체가 되고 2002년 포춘 500의 1위 기업이 되었고 2020년 기준 약 600조가 넘는 매출을 가진 세계 1위 기업으로 성장했다. Walmart의 성공의 열쇠는 어디에 있을까? 이는 1980년대 SCM이 등장하게 된 요인인 '정보공유(Information Sharing)'에 있다. Walmart는 일찍이 1985년에 전 지역의 매장, 물류센터, 홈 오피스, 공급자들이 서로 통신할 수 있는 위성통신망을 구축하였다. 이로 인해 수요예측 정확도를 높이고, 주문처리 속도를 증가시키고, 특히 재고를 혁신적으로 줄였다. 이러한 성과는 결과적으로 제품가격을 낮추어 소위 Every Day Low Price라는 Walmart의 전략적 성격을 대변하는 모토가 등장할 수 있었다. 정보공유 전략을 기반으로 Walmart는 블록체인(Blockchain) 기술을 도입하여 수십억 명의 소비자와 공급자들을 포함한 전 세계 공급사슬 참여자들 간의 정보공유의 신뢰성과 효율성을 높이는 데 집중하고 있다.

**[사례 1.2]** Dell 컴퓨터: 공급사슬의 간소화

1984년 설립된 이후 Dell 컴퓨터는 여전히 PC시장을 주도하고 있다. Dell의 회사 가치도 급속히 성장하여 만일 여러분이 1990년 1,200달러로 Dell 컴퓨터의 주식을 샀다면, 1999년에 백만 달러 이상의 수익을 얻었을 것이다. Dell 컴퓨터의 성공은 어떠한 혁신으로 가능하였을까? 여러 성공 요인들 중 가장 핵심적인 것은 '공급사슬의 단순화'에 있다. 기존의 PC제조업체들은 완성품 PC를 소매점을 통하여 판매를 하였으나, Dell 컴퓨터는 배송자, 물류창고, 소매점 등의 단계를 모두 없애고 소비자의 주문을 직접 받아 조립공정을 거친 후 직접 소비자에게 배송하는 이른바 Assemble-to-Order 생산방식을 적용한 매우 단순화된 공급사슬을 창안하였다. 이 결과 완제품 재고와 부품 재고를 없애고, 주요 공통 부품 재고만 유지함으로써 재고비용의 획기적인 절감을 이루어 경쟁력을 높일 수 있었다. 또한 맞춤형 제품을 공급함으로써 새로운 틈새시장을 공략하는 전략이 큰 효과를 거두었다.

## 3 공급사슬관리의 의사결정

공급사슬 관점에서의 의사결정의 중요성은 실패사례를 통해 좀 더 쉽게 이해할 수 있다. Quaker Oats사는 시리얼, 오트밀, 음료 등을 만드는 전통적인 식품회사로서, 1994년 차와 같은 자연음료를 만드는 회사인 Snapple을 17억 달러에 인수합병

하여 식음료 시장의 확대를 모색하였다. 당시 스포츠 음료 분야에서 가장 많이 팔리는 브랜드인 게토레이는 Quaker Oats사의 가장 성공적인 음료였는데 미국 남부와 남서부에서 시장을 주도하였다. 반면에 Snapple은 북동부와 서부해안 지역에서 강세였다. 공급사슬 관점에서 Quaker Oats사는 합병의 성과로 두 회사의 배송 시스템 간의 시너지 효과를 기대하였다. 그러나 결과적으로 이러한 기대는 전혀 실현될 수 없었다. 결정적으로 타깃 고객이 서로 달랐고 공급사슬의 구조 또한 상이하여 배송의 비효율성이 매우 컸다. 게토레이는 자체 공장에서, Snapple은 외주공정으로 제조되었다. 게토레이는 주로 슈퍼마켓을 통해 판매되었지만 Snapple은 주로 식당에 공급되었다. 결국 인수 합병 후 2년 반 만에 Quaker Oats사는 80%의 큰 손실을 입은 채 Snapple을 다른 회사에 매각하였다. 이는 공급사슬 관점의 의사결정이 회사의 성패를 좌우할 수 있다는 것을 보여 준다.

공급사슬 의사결정의 또 다른 예는 공급사슬 참여자의 역할에 따라 공급사슬의 수익에 큰 영향을 줄 수도 있다는 것을 보여준다. 미국과 인도에서의 일반소비재에 대한 공급사슬구조는 매우 다르다. 미국의 경우 소매점은 전국적인 규모를 가지는 대형 할인마트로서 자체 배송시스템을 운영하는 것이 효율적이다. 반면에 인도의 경우, 수백만 개의 매우 작은 소규모 소매점들이 있어 제3자 물류가 필요하다. 각 소매점들은 대부분 영세하므로 규모의 경제를 가지지 않아 자체 배송시스템을 운영할 수 없는 것이다. 그래서 미국의 경우 배송자의 역할이 크지 않지만 인도의 경우 배송자의 역할이 매우 크고 중요하다. 인도의 경우 생산자가 수송비용을 절감하는 방법은 시장 근처 물류센터에 대규모 차량으로 배송을 하고, 수요 구역에서 소규모 차량을 이용해 순회하여 배송하는 것이다. 이렇듯 한 번의 대용량 배송을 하고 이를 나누어 각 지역 소매업자에게 배송하는 3자 배송자의 역할은 수송비용을 낮게 유지하기 위해 매우 중요하다. 대부분 인도의 배송자는 수많은 생산자로부터 만들어진 각종 제품들을 모두 보관하고 배송하는 원스톱 상점의 역할을 한다.

의사결정의 종류를 이해하기 위해서는 기업의 활동영역을 사슬 관점(Chain Perspective)에서 파악할 필요가 있다. 이는 크게 수요사슬(Demand Chain), 가치사슬(Value Chain), 그리고 공급사슬(Supply Chain)로 나눌 수 있다.

〈표 1-1〉 주요 사슬(Chain)의 비교

| | 수요사슬 | 가치사슬 | 공급사슬 |
|---|---|---|---|
| 수요계획의 역할 | • 수요창출 | • 수요성과 | • 수요충족 |
| 핵심 전략 | • 제품전략 | • 재무전략 | • 채널전략 |
| 주요 프로세스 | • 신제품 개발<br>• 시장조사<br>• 판매 및 판촉<br>• 수요예측 | • 원가회계<br>• 가격정책<br>• 매출관리<br>• 자본 투자<br>• 부가창출서비스 | • 구매 및 조달<br>• 제조<br>• 로지스틱스<br>• 대금 지급 |
| 핵심 이해당사자 | • 최종 소비자 | • 주주 | • 공급사슬 참여자 |

수요사슬은 고객으로부터의 수요창출에서 시작하여 모든 업무활동은 고객중심의 수요주도형으로 이루어져 기업운영의 주요 목표인 고객만족을 성취할 수 있다는 것이다. 핵심전략은 제품전략이며, 신제품 개발, 시장분석, 판촉 및 홍보, 수요예측 등이 주요 업무이다. 가치사슬은 기업의 가치창출과 가치증대 활동들로 정의할 수 있다. 따라서 가치가 적은 활동들을 구별하여 제거하거나 줄이는 것이 중요하다. 핵심전략은 재무전략이며 주주를 만족시키기 위해 모든 기업활동은 성과지표에의 기여도로 평가될 수 있어야 한다. 이를 위해서 불확실성과 리드타임을 줄이고, 매출과 생산성을 증가시키는 활동들에 매진하여야 한다. 가치사슬에서 기업활동의 주요업무는 원가회계, 가격정책, 매출관리, 투자관리, 부차가치서비스 관리 등이다. 마지막으로 공급사슬은 간단하게 말해서 공급자의 원부자재 공급에서 시작하여 완제품을 고객에게 효율적으로 전달하는 사슬이며, 핵심전략은 수요충족을 위한 채널전략이다. 즉, 공급사슬에서의 총수익을 최대화하기 위해 사슬 전체의 효율성을 높이는 활동에 초점을 맞추는 것이다.

이상의 세 가지 사슬을 살펴보면, 각 사슬의 개념과 궁극적인 목표들이 서로 크게 다르지 않음을 알 수 있다. 각 사슬들은 독립적으로 운영되는 것이 아닌 서로 협력하고 보완하며 동기화되어 운영되어야 하는 성격을 지니고 있다. 사실 SCM의 최종 목표가 공급사슬상의 모든 참여자들의 효율화를 통해 고객만족을 최대화하는 것이므로, 이는 세 사슬이 추구하는 공통 목표이기도 하다.

각 사슬들의 핵심전략과 주요 업무들을 통해 우리는 SCM의 의사결정의 주요 영역을 파악할 수 있었다. 이제 SCM 의사결정을 좀 더 체계적으로 구조화한다면 효율적인 의사결정이 가능할 수 있을 것이다. 이를 위해 SCM 의사결정을 기간의 크기를 기준으로 나누어 보는 것이 가장 현실적으로 실행하기 편리한 방법이다. 즉, 장기적인 의사결정은 공급사슬 전략 및 설계로, 중기적인 의사결정은 공급사슬 계획으로, 단기적인 의사결정은 공급사슬 운영으로 분류하여 실행하는 것이다.

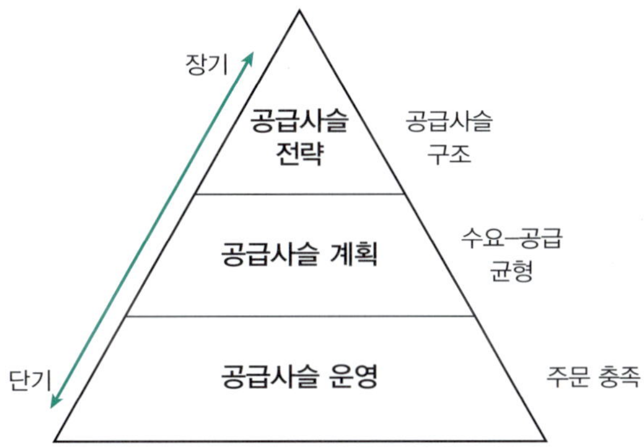


[그림 1-5] SCM에서의 계층적 의사결정

SCM 의사결정은 공급사슬의 전체 이익을 최대화할 수 있도록 실행되어야 한다. 이러한 의사결정은 각 의사결정의 실행 빈도와 각 의사결정이 영향을 미치는 기간의 크기에 따라 세 가지 수준으로 분류할 수 있다.

#### ① 공급사슬 전략 수준(Strategic Level)

이 수준에서 기업은 제품의 마케팅 전략에 따라 향후 수년간 공급사슬의 구조를 어떻게 할 것인지를 결정한다. 공급사슬이 어떤 구조가 될 것인지, 자원이 어떻게 할당될 것인지, 또한 공급사슬 참여자의 역할이 무엇인지를 결정하는 것이다. 기업이 수행하여야 하는 전략적 의사결정에는 공급사슬 기능의 일부를 외주로 줄 것인지 또는 자체적으로 수행할 것인지에 대한 결정, 공장 및 물류센터 위치와 용량에 대한 결정, 할당될 제품의 종류와 양에 대한 결정, 수송 수단에 대한 결정 등이 포함된다. 전략 수준에서 기업은 공급사슬 구조가 기업의 전략적 목표를 달성하고 공급사슬의 전체 이익을 증가시킬 수 있는지를 살펴보아야 한다. 공급사슬의 구조에 대한 의사결정은 장기적인 관점에서 행해지므로, 이를 짧은 기간에 변경하기에는 너무 많은 비용이 든다. 따라서 이러한 의사결정을 할 때 기업은 향후 수년간 예상되는 시장 상황의 불확실성을 고려해야만 한다.

#### ② 공급사슬 계획 수준(Planning Level)

이 수준에서의 의사결정은 보통 분기 또는 반기 단위로 이루어진다. 공급사슬의 구조는 전략 수준에서 이미 결정된 상황이다. 기업은 여러 시장들에 대한 다음 연도의 수요예측을 기반으로 계획 수준의 활동을 실행한다. 계획에는 수요-공급 계획, 생산 하청 계약, 재고 계획, 그리고 마케팅 및 판촉의 규모와 시기에 대한 결정 등을 포함한다. 예를 들어 각 고객의 수요를 어느 공장에서 공급할지, 각 공장의 목표 생산량은 어느 정도로 할지 등이다. 계획 수준에서 기업은 특히 수요의 변동성, 환율, 계획 동안의 경쟁제품 등을 의사결정에 고려해야 한다.

#### ③ 공급사슬 운영 수준(Operational Level)

이 수준에서의 실행기간은 월, 주, 일 단위이므로 기업은 개별 고객 주문을 충족하기 위한 활동을 한다. 운영 수준에서의 SCM 목적은 가장 최적으로 고객 주문을 충족하는 것이다. 예를 들어 개별 주문에 재고 및 생산량을 할당하고, 배송가능일을 확정하고, 출고 제품 리스트를 작성하고, 수송 수단을 할당하고, 배송 시간을 확정한다. 이 수준에서는 확정된 주문에 대한 처리이므로 수요의 불확실성이 상대적으로 낮다.

## 4 공급사슬관리의 프로세스 구조

공급사슬상의 모든 활동은 연결되어 프로세스가 되며 이는 두 가지의 구조적인 관점에서 볼 수 있다.

- 주기(Cyclic) 프로세스: 공급사슬 참여자의 활동들이 반복적이고 주기적으로 이루어지고 있다는 관점으로 공급사슬의 인접한 두 참여자들 간에 주기 프로세스가 존재한다. 공급사슬 참여자의 개별 운영프로세스를 효율화시키는 데 매우 유용한 관점이다.
- 푸시/풀(Push/Pull) 프로세스: 공급사슬의 프로세스는 고객 주문의 발생으로 시작되거나(Pull) 또는 수요예측을 기반으로 실행되는(Push) 프로세스로 나누어 볼 수 있다. 이는 수요-공급의 균형을 효율적으로 유지하는 데 매우 유용한 관점이다.

### 1) 공급사슬의 주기(Cyclic) 프로세스

공급사슬이 공급자, 생산자, 배송자, 소매점, 고객 등 다섯 단계로 구성되어 있다면 전체 공급사슬 프로세스는 네 가지의 프로세스 주기로 나눌 수 있으며 각 프로세스 주기의 참여자들은 다음과 같다.

- 고객주문(Customer Order) 주기: 고객과 소매점
- 보충(Replenishment) 주기: 소매점과 배송자
- 제조(Manufacturing) 주기: 배송자와 생산자
- 조달(Procurement) 주기: 생산자와 원자재 공급자

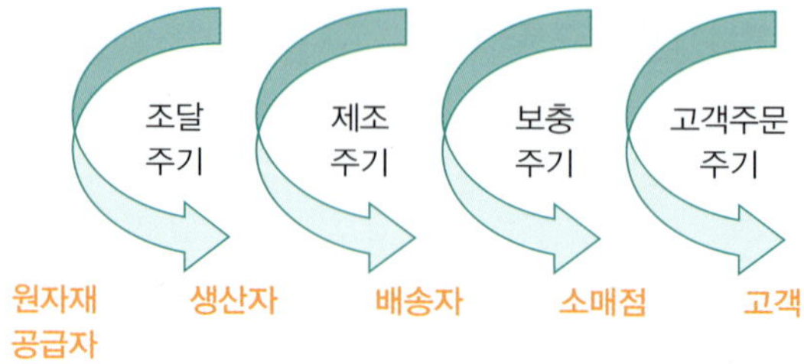


[그림 1-6] 공급사슬의 주기 프로세스

각 프로세스 주기는 공급사슬의 두 참여자 간의 활동이다. 다섯 개의 공급사슬 단계는 네 개의 공급사슬 프로세스 주기를 가진다. 공급사슬의 구조에 따라 프로세스 주기의 수와 성격이 달라질 수 있다. 가령 Dell 컴퓨터의 공급사슬은 소매업자가 없는 직접 판매업체가 되므로 보충주기가 필요없게 된다. 각 주기의 일반적인 프로세스는 주문(구매자) → 주문 접수(공급자) → 주문 충족(공급자) → 제품 수령(구매자)가 된다. 이때 구매자와 공급자는 단계마다 바뀌게 되며 구체적인 업무의 성격도 단계마다 다를 것이다([그림 1-7]). 예를 들어 어떤 사람이 아마존에서 온라인으로 서적을 구입하려고 한다면, 이는 소비자가 구매자이고 아마존은 공급자가 되는 고객 주문 주기이다. 그런데 아마존사가 물류창고의 보충을 위해 배송자에게 책을 주문한다면, 아마존이 구매자가 되고 배송자는 공급자가 되는 보충 주기가 된다.

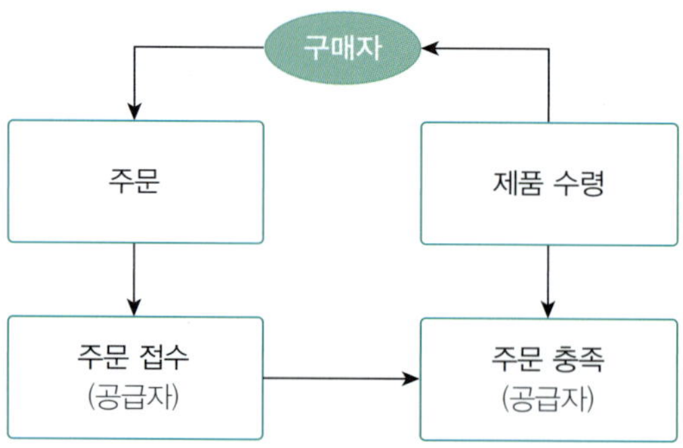


[그림 1-7] 공급사슬 참여자들간의 세부 프로세스

주기적 프로세스의 관점에서 구매자는 규모의 경제를 달성하며 주문비용을 최소화하려고 노력하며, 공급자는 주문 충족 과정의 비용 최소화와 서비스 수준을 높이기 위해 최선을 다한다. 이렇듯 각 프로세스 주기에서의 참여자의 역할에 따라 프로세스의 목표가 명확하므로 운영 수준의 의사결정을 하기에 매우 유용한 관점이다. 또한 정보의 구체성으로 인해 공급사슬 운영을 지원하는 정보시스템의 도입에도 유리한 관점이다.

## 2) 공급사슬의 푸시/풀(Push/Pull) 프로세스

공급사슬의 프로세스는 고객의 주문을 접수하는 접점에 따라 푸시와 풀 프로세스 나눌 수 있다. 간단히 말하면 풀 프로세스의 실행은 고객 주문에 따라 시작되고, 푸시 프로세스는 예측된 수요에 따라 실행된다. 이 접점이 공급사슬에서 푸시/풀의 경계가 되어 두 가지 프로세스로 나뉘게 된다. 푸시 프로세스는 수요예측에 기반하므로 불확실성이 많이 존재하며, 풀 프로세스는 확정된 주문이지만 푸시 프로세스에서 정해진 생산계획에 제한을 받는다.

푸시/풀과 주기 프로세스의 관계를 알아보기 위해 Amazon과 Dell 컴퓨터의 공급사슬의 예를 살펴보자. Amazon은 고객의 주문이 접수되면 고객주문 주기 프로세스를 실행한다. 이때 고객주문 주기는 풀 프로세스에 해당한다. Amazon 물류센터의 재고로 고객 주문이 충족되며, 물류센터의 재고는 수요예측을 통해 생산자로부터 채워지는 보충 주기 프로세스로 운영된다. 실제 Amazon AWS의 수요예측시스템은 매일 수억 개의 제품에 대해 인공지능을 이용한 수요예측을 진행한다. Amazon 공급사슬은 소매점이 없으므로 고객주문 접점은 배송자 단계에 있으며 고객주문 주기 프로세스는 풀 프로세스가 되고, 그 이전의 보충 주기, 생산 주기, 조달 주기 프로세스는 모두 푸시 프로세스상에서 실행된다.

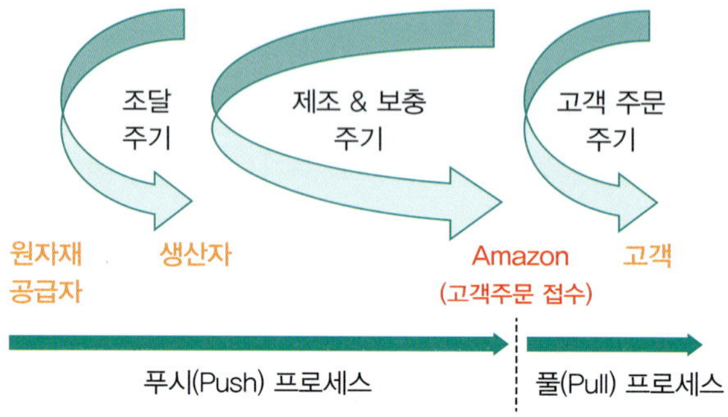


[그림 1-8] Amazon의 공급사슬 프로세스

반면에 Dell 컴퓨터사의 경우 고객은 Dell 컴퓨터사에 직접 주문하여 구매할 수 있다. 고객의 주문은 완제품 재고로 충족되는 것이 아니라, 조립생산을 통해서 충족된다. 이를 Assemble-to-Order 생산방식이라고 부른다. 따라서 Dell 컴퓨터사의 공급사슬은 소매점, 배송자 단계가 없으므로, 고객 주문, 제조, 조달 주기 프로세스만 존재한다. 이때 제조 주기 프로세스는 고객 주문 충족 프로세스의 한 부분이 된다. 고객 주문 접점이 생산자이므로 주문/제조 주기는 풀 프로세스, 조달 주기는 푸시 프로세스에 해당된다.

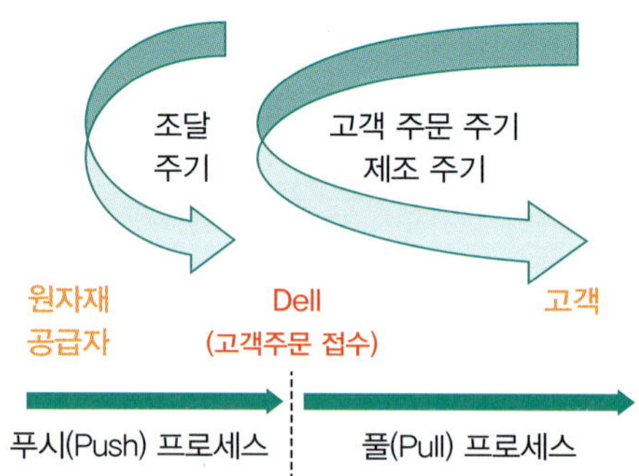


[그림 1-9] Dell 컴퓨터사의 공급사슬 프로세스

공급사슬의 푸시/풀 프로세스 관점은 기업의 공급사슬을 설계하는 전략적 의사결정을 할 때 매우 유용하다. 결국 푸시/풀 프로세스의 최적 접점을 찾아 수요와 주문 충족을 가장 효율적으로 할 수 있는 공급사슬의 설계가 필요한 것이다.

푸시/풀 프로세스 개념을 이용한 성공사례로 페인트 제조 공급사슬을 들 수 있다. 1980년대의 일반적인 페인트 생산공정은 기본 칼라 생산 → 혼합 → 포장으로 구성되는데 과거에는 모든 공정이 하나의 큰 공장에서 이루어졌다. 생산은 수요예측에 따라 이루어졌으므로 푸시 프로세스에 해당된다. 색상의 다양성으로 인해 사실상 수요예측의 정확도를 기대하기 어려웠고 지속적으로 불필요한 재고가 쌓이거나 특정 색상에 대해서는 오히려 재고 부족 상황이 자주 발생하였다. 즉, 만족할 만한 수요-공급 균형이 이루어지지 않았다. 1990년대에 들어 새로 도입된 페인트 제조 공급사슬은 고객 주문이 접수되면 소매점 매장에서 색깔을 혼합하는 형태로 설계되었다. 즉, 페인트 생산자는 기본 색상의 페인트만을 생산하여 소매점에 공급하면, 소매점에서는 주문에 따라 혼합하여 주문을 충족함으로써, 수요-공급의 불균형이 크게 개선되었다. 고객주문 접점은 여전히 소매점이지만, 생산자의 혼합공정을 소매점의 풀 프로세스 단계로 이동한 결과이다. 재고는 획기적으로 줄었고, 고객주문은 항상 충족시킬 수 있게 된 것이다.

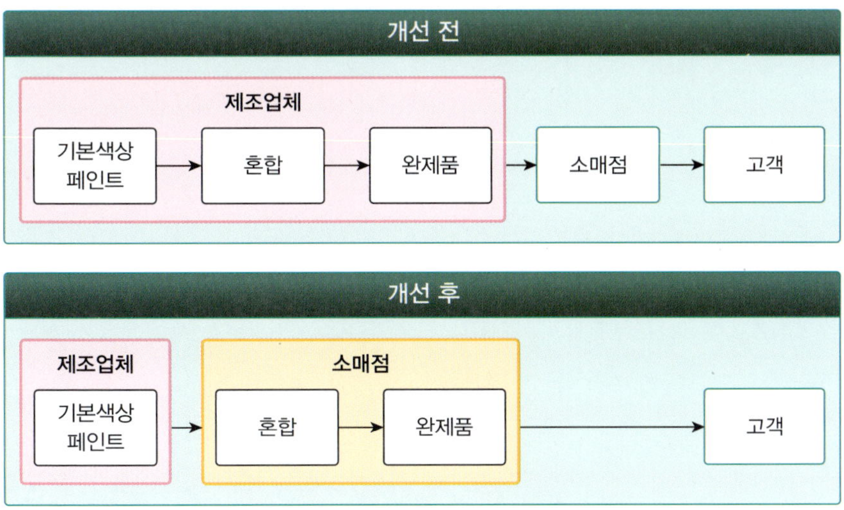


[그림 1-10] 페인트 제조 공급사슬의 개선

# Exercise 연습문제

1. 시장에 출시된 기존 제품 중 하나를 선정하여 공급사슬의 참여자와 단계별 역할을 설명하시오.

2. 성공적인 공급사슬의 경우 공급사슬 참여자들은 제로섬 게임의 상황에 있지 않게 되는 이유를 설명하시오.

3. 손세정제 공급사슬에서 제조사 관점의 계층적 의사결정의 각 수준에서의 주요 의사결정 사항들을 파악하시오.

4. 공급사슬관리에서 프로세스의 주기적 관점 및 푸시/풀 관점이 모두 필요한 이유를 설명하시오.

5. HP사와 Dell사의 전형적인 컴퓨터 공급사슬의 차이점을 주기적 관점과 푸시/풀 관점에서 설명하시오.

Supply Chain Management

CHAPTER 02

# 공급사슬의 전략적 구조

1. 제조 패러다임의 변화 | 2. 경쟁 전략

3. 제품 특징에 따른 공급사슬구조 | 4. 공급의 불확실성에 따른 공급사슬의 구조

5. 진화하는 공급사슬 구조: Dell 컴퓨터 | 6. 같은 산업 다른 공급사슬: Zara와 H&M

CHAPTER 02

# 공급사슬의 전략적 구조

S u p p l y C h a i n M a n a g e m e n t

〈학습 목표〉

1. 기업의 경쟁 전략에 대하여 이해한다.
2. 수요의 불확실성과 공급에 불확실성에 따른 서로 다른 공급망의 전략을 설명할 수 있다.
3. 시장환경의 변화, 기업의 전략에 따라 공급망의 구조가 다를 수 있음을 이해한다.

공급사슬을 설계하고 운영한다는 것은 원자재를 제공하는 공급자로부터 제조업체, 물류센터를 거쳐 소비자로 연결되는 일련의 단계들을 통합적으로 관리하여 공급사슬의 경쟁력을 확보하고, 소비자의 요구를 만족시키겠다는 것을 의미한다. 따라서, 공급사슬의 경쟁력은 공급사슬에 참여하고 있는 기업들이 얼마나 일치된 목표를 갖고 활동하고 있는가와 직결된다. 우리 속담에 '사공이 많으면 배가 산으로 간다.'는 말이 있다. 여러 사람이 저마다 자기주장대로 배를 몰면 배가 엉뚱한 곳으로 가게 된다는 의미로 공급사슬관리에 딱 맞는 표현이다. 공급사슬에 참여하는 기업들이 상충되는 서로 다른 전략으로 공급사슬을 운영한다면, 해당 공급사슬은 경쟁력을 잃을 것이다. 일반적으로 공급사슬 내에서 가장 주도적인 역할을 하는 중심기업(Focal company)의 전략을 기반으로 다른 참여기업들이 이를 지원해 주는 방식으로 공급사슬의 전략적 구조가 형성된다. 또한, 한 기업 내에서는 기업의 전략을 바탕으로 생산, 구매, 영업 등의 부서별 전략이 설정되고, 이에 맞춰 기업의 다양한 부서들이 같은 방향으로 운영하는 노력을 하게 된다. 2장에서는 기업과 공급사슬의 전략에 대하여 이해하고, 다양한 구조의 공급사슬과 이들의 변화를 설명하고자 한다.

## 1 제조 패러다임의 변화

기업의 전략은 기술의 발전, 소비자의 요구, 경쟁회사와의 관계 등 다양한 요인에 의해 변하게 된다. 따라서 기업 전략을 이해하기 앞서, 시장환경의 변화에 따라 제조업의 패러다임이 어떻게 변화되어 왔는지를 이해하는 것이 중요하다. 자급자족 형태로 필요한 물건을 스스로 만들어 사용하던 시대를 제외하고 설명한다면, 제조업은 장인생산(Craft manufacturing) 방식으로 시작되었다고 말할 수 있다. 소비자는 원하는 물건을 만들 수 있는 장인의 상점에 방문하여 구매하고자 하는 물건을 설명(설계)하고 주문한다. 이후 장인은 해당 물건을 생산하여 소비자에게 제공한다. 이러한 장인생산은 생산의 속도는 매우 느리나 소비자가 원하는 다양한 형태의 물건을 만들 수 있다는 장점이 있다. 즉, 낮은 생산성과 높은 유연성을 갖는 생산 환경이라고 말할 수 있다.

1차 산업혁명의 시대를 거치면서 공장의 개념이 생겼으며, 생산의 패러다임은 장인 생산 방식에서 대량생산 방식으로 변하게 된다. Ford사에서 운영한 컨베이어 벨트 방식의 자동차 생산라인은 대량생산의 대표적인 예이다. 대량생산의 시대가 되면서 제조회사는 소비자가 원하는 제품이 무엇일지를 제조업자가 판단하고 제품을 설계한다. 이후, 생산된 제품은 다양한 유통 경로를 통해 소비자에게 판매된다. 소비자는 본인이 원하는 제품을 살펴보고, 구매하는 역할만 수행한다. 대량생산 방식의 제조는 제품의 다양성은 낮지만 많은 양의 물건을 효율적으로 만들어서 소비자에게 제공할 수 있다는 장점이 있다. 즉, 생산의 유연성보다는 효율성이 더 중요한 생산 환경이라고 말할 수 있다. 같은 비용과 노력으로 더 많은 제품을 생산하여 판매할 수 있다면 경쟁력이 높은 기업이 된다.

1980년대 이후, 소비자들의 요구가 다양해지고 시장의 경쟁이 치열해지면서 고객맞춤 대량생산(Mass customization)의 환경이 새롭게 부각 받게 된다. 제조사 입장에서는 소비자가 원하는 다양한 제품을 모두 만들어서 재고로 쌓아두고 판매하기에는 위험 부담이 크다. 따라서 소비자가 선택할 수 있는 몇 가지 옵션을 제공하고, 소비자가 원하는 옵션을 선택하면 이를 바탕으로 최종 생산을 진행하게 된다. Dell 컴퓨터 회사는 고객 맞춤 대량 생산의 대표적인 회사이다. 이 회사는 소비자들이 원하는 사양의 제품을 선택할 수 있도록 모듈 방식의 제품을 설계하였다. 소비자들이 온라인에서 원하는 CPU, 메모리, 그래픽 카드 등의 컴퓨터 사양을 선택하면, Dell 컴퓨터 회사는 빠르게 해당 제품을 조립하여 소비자에게 전달할 수 있는 시스템을 구축하였고 이를 바탕으로 큰 성공을 거두게 된다. 고객 맞춤 대량 생산은 대량 생산에 비하여 더 다양한 종류의 제품을 소비자에게 제공할 수 있다는 장점이 있지만 효율성은 다소 떨어지게 된다. 다양한 제품을 생산할 수 있는 유연성을 높이기 위하여 일정 부분의 효율성을 양보하는 생산 환경이다.

획일적으로 설계된 제품을 구매하기보다는 개개인이 원하는 제품을 사용하고자 하는 트렌드는 점점 증가하고 있다. 동일한 성능과 디자인으로 만들어진 자동차를 사용하기보다는 본인이 원하는 자동차로 바꾸고자 하는 자동차 튜닝 시장의 성장이 그 예이다. 국토 교통부에 따르면 자동차 튜닝 시장의 규모는 2017년 3조 8000억 원에서 2025년 5조 5000억 규모로 성장할 것으로 예상된다. 또한, 3D 프린팅 기술의 발달로 인하여 본인에게 꼭 필요한 단 하나의 제품만을 만들어 사용하는 시장도 성장하고 있다. 이러한 생산 환경을 개인화 제조(Personalized production) 환경이라고 한다. 개인화 제조는 과거에 비해 보다 발전된 기술을 이용하여 소비자가 원하는 제품을 설계하고, 단 하나의 제품을 만들어 판매하더라도 수익을 낼 수 있는 능력이 요구된다. 즉, 유연성을 높이면 효율성이 떨어진다는 과거의 사고에서 벗어나, 유연성과 효율성을 모두 향상시킬 수 있는 새로운 시스템이 요구되는 것이다. 이것이 4차 산업혁명 시대가 요구하는 스마트팩토리 또는 스마트 공급사슬의 능력이라고 할 수 있다.

## 2 경쟁 전략

1990년대 이후 세계화(Globalization) 현상이 가속화되고, 시장에서의 경쟁이 심해짐에 따라 기업들은 공급사슬 관점의 통합적인 관리의 중요성을 깨닫게 된다. 전사적 자원관리(Enterprise Resource Planning: ERP)를 통하여 기업 내의 자원과 실행 프로세스를 하나로 통합하였다. 또한, 공급사슬관리를 통해 영업, 생산, 구매 간의 계획 프로세스뿐만 아니라, 공급사슬에 참여하고 있는 기업들 간의 프로세스도 통합적으로 관리하기 시작하였다. 특히, 개별적인 부서 또는 개별적인 기업 중심적 사고에서 통합적인 프로세스 중심적인 사고로의 전환은 기업 전략과 공급사슬 전략의 조화가 중요함을 일깨워 주었다. 만일 재고를 담당하는 부서는 재고 감축을 위해 노력하고, 판매를 담당하는 부서는 제품의 가용성(Availability)을 중요하게 생각한다면 두 부서 사이의 충돌은 피할 수 없게 된다. 따라서 성공적인 공급사슬의 구축을 위해서는 기업 전략을 중심으로 각 부서들의 전략과 공급사슬 전략이 수립되어야 한다.

기업 전략은 기업의 미션과 비전을 달성하기 위하여 수립되는 장기적인 계획을 의미한다. 이때, 제품이나 서비스를 통하여 다양한 소비자의 요구에 대응하고, 시장에서 경쟁력을 높이기 위해서는 경쟁 전략(Competitive strategy)이 필요하다. 간단히 말하자면, 경쟁 전략은 기업이 경쟁회사들과 어떠한 차별점을 통하여 경쟁 우위를 얻을 수 있는가를 의미한다. 기업의 경쟁 전략은 영업, 생산 등의 기능별 전략과 공급사슬 전략의 기본 바탕이 되기 때문에 매우 중요하다. 흥미로운 점은 많은 기업들이 소비자들까지도 경쟁 전략을 쉽게 이해할 수 있도록 기업의 로고 등을 통하여 경쟁 전략을 표현한다는 점이다. 미국의 대표적인 소매점인 Walmart는 Everyday Low Price를 핵심적인 전략으로 두고 있다. Walmart는 적절한 품질 수준의 제품을 저렴한 가격에 제공한다는 점을 소비자에게 인식시켰으며, 기업의 프로세스는 원가절감에 초점을 두고 관리되고 있다. [그림 2-1]은 Walmart의 로고를 보여주고 있다. 'Save money, Live better' 또는 'Always Low Prices'와 같은 문구를 활용하여 기업의 경쟁 전략을 설명해 주고 있다. [그림 2-2]는 일본 1위 택배 회사인 야마토 택배 회사와 2위인 사가와 택배회사의 로고이다. Walmart처럼 직접적으로 문구로 표현되어 있지는 않지만 기업의 로고는 서로 다른 경쟁 전략을 보여주고 있다. 야마토 택배는 아기고양이를 조심스레 물고 걸어가는 모습을 표현하고 있으며, 이는 물건을 고객에게 안전하게 전달하겠다는 의미이다. 반면, 사가와 택배는 물건을 들고 열심히 달리는 모습이며, 이는 빠르게 고객에게 물건을 보내주겠다는 의미를 표현하고 있다. 이렇듯 같은 산업에서 경쟁하는 기업이라도, 각기 다른 경쟁 전략을 갖고 있다는 점은 매우 흥미롭다.

[그림 2-1] Walmart의 로고

[그림 2-2] 야마토택배와 사가와택배의 로고

Porter(1980)는 기업이 경쟁력을 높이기 위해서 택할 수 있는 주요 전략으로 원가 우위(Cost Leadership), 차별화(Differentiation), 집중화(Focus)를 설명하였다. 원가 우위는 Walmart의 사례와 같이 낮은 가격으로 시장에서의 경쟁력을 높이는 것이다. 가격에 민감한 소비자들을 대상으로 하는 경우 원가 우위 전략이 적절하나, 경쟁이 심해지면 기업이 실질적으로 얻을 수 있는 수익이 작아질 수도 있다. 원가 우위를 추구하는 기업은 공급사슬 전략 역시 원가 절감에 초점을 두어야 한다. 운송수단을 선정하는 경우 비싸고 빠른 항공 운송을 이용하기보다는 시간은 다소 오래 걸리지만 가격이 저렴한 해상 운송을 이용해야 한다. 규모의 경제를 통해 비용을 절감해야 하며, 자동화 설비나 새로운 기술을 이용하여 불량률을 낮추고, 효율성을 높이기도 한다. 이마트 트레이더스나 코스트코처럼 창고형 할인점을 이용하여 고객들이 싼 가격에 대량의 물건을 사도록 판매점을 구성하는 것은 원가 우위 전략에 기반을 두고 있다.

차별화란 경쟁사와는 다른 차별화된 제품이나 서비스를 통하여 시장의 우위를 점하는 것을 의미한다. 차별화를 위해서는 경쟁사와는 비슷한 비용을 지출하면서도, 소비자들로부터 평균 이상의 가격을 받을 수 있는 제품과 프로세스를 만들어야 한다. 기존 제품과는 차별화된 혁신적인 디자인, 고품질의 제품 등을 통해 비싼 가격에도 소비자들이 제품을 구매하도록 한다. 1980년대 토요타를 포함한 일본의 많은 제조기업들은 차별화된 우수한 품질을 바탕으로 세계 시장을 석권했다. 이후, 많은 기업들은 품질의 중요성을 깨닫고 품질 향상에 많은 노력을 기울이게 되었다. 1990년대 Dell 컴퓨터는 모듈화된 부품에 대한 고객의 주문을 바탕으로 컴퓨터를 조립해 직접 배송해 주는 방식으로 공급사슬을 구성하였으며, 이를 통해 다른 기업과는 유연성과 배송 시간의 측면에서 차별화된 비즈니스를 수행하였다. 2000년대 후반에는 애플의 주도하에 혁신적인 스마트폰이 소개되었다. 소비자들은 스마트폰의 매력에 빠져 비싼 가격에도 불구하고 많은 사람들의 필수품이 되었다. 삼성과 애플은 매년 신제품을 개발하여 시장에 소개하며, 고객이 직접 제품을 체험해 볼 수 있는 시설을 만드는 것과 같이 일상재와는 다른 모습의 공급사슬을 구성한다.

집중화는 특정 지역이나 특정 고객층에 집중하여 차별화된 장점을 얻는 것을 의미한다. 저가 항공사는 가까운 거리를 이동하는 항공 노선을 대상으로 불필요한 서비스를 없애는 방식으로 비용을 절감하여, 싼 비용으로 비행기를 이용하기 원하는 고객층에 집중하였다. 저가 항공사는 일반 항공사와는 다르게 무료 식사를 제공하지 않는다. 따라서 식음료 서비스를 위한 공급사슬의 역할은 일반 항공사에 비해 덜 중요하며, 관리 비용도 적게 든다. 하지만 집중화는 시장의 크기가 작다는 단점도 있다.

이와 같이 기업이 경쟁력을 갖고 생존하기 위해서는 시장 환경에 맞춰 기업에 맞는 경쟁 전략을 도출해야 한다. 또한 이러한 경쟁 전략을 바탕으로 기업에 맞는 공급사슬의 구조를 만들어 가야 한다. 3절과 4절에서는 제품의 특징과 공급의 불확실성을 바탕으로 어떠한 경쟁 전략을 요구하는 공급사슬이 필요한지 설명한다.

## 3 제품 특징에 따른 공급사슬구조

대량생산 시대의 기업들은 같은 시간에 보다 많은 양의 제품을 효율적으로 만들어 보다 싼 가격에 물건을 판매하기 위하여 많은 노력을 기울였다. 1980~90년대 이후 소비자들의 요구가 다양해지고 새로운 IT 기술들이 개발되면서 유연생산 시스템(Flexible manufacturing system), 린 생산(Lean manufacturing), 전자문서 교환(Electronic data exchange) 등의 새로운 비즈니스 프로세스들이 도입되게 된다. 하지만 공급사슬 참여자들이 서로 조화를 이루며 일을 하는 경험이 없었기 때문에, 공급사슬의 성과는 악화되는 현상이 발생되기도 하였다. 또한, 생산 위주의 기존의 사고방식은 소비자 중심으로 변화하는 시장의 변화를 대응하기에 어려움이 있었다. Fisher(1997)는 이러한 현상을 지적하면서 제품 수요의 특성에 맞는 적합한 전략을 바탕으로 공급사슬의 구조를 설계하고 운영해야 한다고 주장하였다. 즉, 과거의 획일적인 방식의 공급사슬 관리는 효과적이지 않다는 이슈를 제기한 것이다.

소비자 중심의 사고를 바탕으로 공급사슬의 구조를 만드는 첫 번째 단계는 제품의 수요 특징을 파악하는 것이다. Fisher(1997)는 제품의 유형을 기능적 제품(Functional product)과 혁신적 제품(Innovative product)으로 구분하였다. 기능적 제품이란 소비자들이 손쉽게 마트나 시장에서 구매할 수 있는 제품을 의미한다. 일반적으로 많은 양의 제품을 재고로 쌓아두고 판매하는 제품이며, 혁신적인 기술에 대한 투자를 필요로 하지 않는다. 또한 제품의 생애 주기(Product life cycle)은 길고 수요의 변화가 크지 않는 특징을 갖는다. 화장지, 전구, 소금과 같은 일반적인 생필품이 기능적 제품에 해당되며, 제품 판매로 인해 발생되는 수익도 크지 않은 편이다. 반면, 혁신적 제품이란 고성능 반도체, 휴대폰과 같이 제품의 다양성이 높으며 제품의 생애 주기가 짧은 제품을 의미한다. 이들 제품은 시장의 변화가 빠르고, 소비의 불확실성이 높으며, 많은 기술적 투자가 요구된다. 따라서 기업의 입장에서 과도한 재고의 보유는 기업의 손실로 연결될 가능성이 높다. Fisher(1997)는 기능적 제품과 혁신적 제품을 구분할 수 있는 기준을 〈표 2-1〉과 같이 제시하였다.

〈표 2-1〉 기능적 제품과 혁신적 제품

| | 기능적 제품 | 혁신적 제품 |
|---|---|---|
| 제품 수명 주기 | 2년 이상 | 3개월에서 1년 사이 |
| 마진 기여(가격－변동비)/ 가격 | 5~20% | 20~60% |
| 제품 다양성 | 낮음 | 높음 |
| 수요예측 오차 | 10% | 40~100% |
| 평균 결품률 | 1~2% | 10~40% |
| 판매 시즌 이후 제품할인율 | 0% | 20~25% |
| 주문 리드타임 | 6개월~1년 | 1일~2주 |

기능적 제품과 혁신적 제품은 소비의 특성이 다르기 때문에, 서로 다른 구조의 공급사슬이 요구된다. 공급사슬의 구조를 설계하는 두 번째 단계는 제품의 특징에 적합한 공급사슬을 선택하는 것이다. 공급사슬은 크게 효율적 공급사슬(Efficient supply chain)과 반응적 공급사슬(Responsive supply chain)로 구분해 볼 수 있다. 효율적 공급사슬은 수익성이 낮은 다소 안정적인 수요에 대한 대응을 위하여, 공급사슬에서 발생되는 생산 및 물류 비용의 절감에 초점을 둔다. 이를 위해서 공급사슬 내의 기업들은 정보 공유를 통하여 낮은 비용으로 예측 가능한 수요를 대응하는 것이 중요하다. 반면, 반응적 공급사슬은 불확실성이 높은 소비자의 수요에 맞춰 빠르게 변화하면서 대응할 수 있도록 리드타임을 줄이고 과도한 재고를 보유하여 발생하는 손실이나, 재고 부족으로 인한 손해를 최소화하는 데 관리의 초점을 둔다. 즉,

시장이 변화하고 있다는 신호를 빠르게 인식하고, 수요와 공급의 불균형에 의해 발생하는 비용을 관리하는 것이 중요하다. 결론적으로, 효율적 공급사슬은 기능적 제품을 판매하는 기업에 적합하며, 반응적 공급사슬은 혁신적 제품을 판매하는 기업에 적합하다고 할 수 있다. Fisher(1997)는 효율적 공급사슬과 반응적 공급사슬의 특징을 〈표 2-2〉와 같이 제시하였다.

〈표 2-2〉 효율적 공급사슬과 반응적 공급사슬

| | 효율적 공급사슬 | 반응적 공급사슬 |
|---|---|---|
| 목적 | 예측 가능한 수요를 낮은 비용으로 대응 | 예측하기 어려운 수요를 빠르게 대응 |
| 제조 | 높은 가동률 유지 | 여유 있는 생산능력 유지 |
| 재고 전략 | 공급사슬 내 높은 재고 순환과 낮은 재고 유지 | 부품이나 완제품 완충 재고 관리 |
| 리드타임 | 비용을 증가시키지 않는 수준에서 리드타임 감소 | 리드타임 감소를 위한 적극적인 투자 |
| 공급자 선정 | 비용과 품질을 기준으로 공급자 선정 | 속도, 유연성, 품질을 기준으로 공급자 선정 |
| 제품 설계 전략 | 비용 감소와 성능 극대화 | 생산지연 전략을 위하여 모듈 설계 활용 |

마지막으로, 제품의 유형이 공급사슬의 유형에 맞지 않는 경우, 이를 조정하는 과정이 필요하다. 제품의 유형을 공급사슬의 유형에 맞춰 변화시키거나, 공급사슬의 유형을 제품의 유형에 맞도록 변화시켜 최종적으로 가장 적합한 공급사슬 구조를 유지하게 된다. [그림 2-3]은 제품 유형에 적합한 공급사슬을 설명하고 있다.

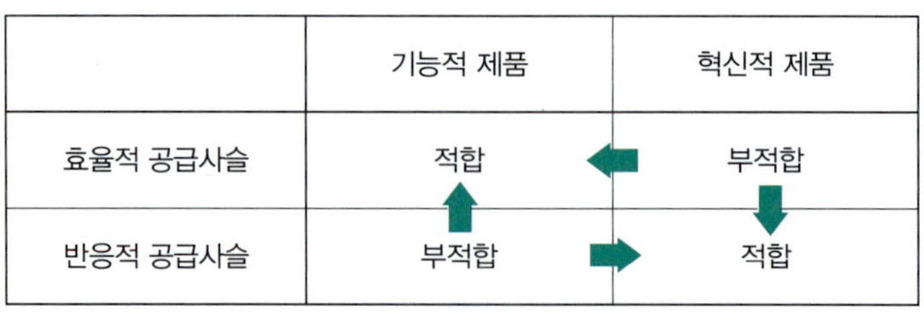


[그림 2-3] 제품 유형에 적합한 공급사슬

미국의 식품 제조회사인 Campbell Soup Company의 사례는 제품과 공급사슬 구조의 정합성이 왜 중요한지 설명해 주는 좋은 사례이다. 이 회사에서 판매하는 제품은 수요의 변동이 크지 않은 기능적 제품에 해당된다. 1991년 Campbell Soup Company는 연속상품보충 프로그램(Continuous Response Program: CRP)을 시행한다. CRP란 소매점의 수요와 재고 데이터를 바탕으로 지속적으로 상품을 보충하여 일정 수준의 재고를 유지하는 것으로, 소비자의 수요에 빠르게 대응할 수 있는 반응적 공급사슬을 운영한다는 것을 의미한다. Campbell Soup Company는 필요한 상품을 매일매일 당일 배송을 해주었으며, 이로 인하여 평균 재고를 4주 분량에서 2주 분량을 낮출 수 있었다. 하지만, 소매점에서 시행되는 제품 가격 할인 프로모션으로 인해 예상치 못한 결과를 얻게 된다. 소비자들은 가격할인 시점에 미리 대량의 물건을 구매하고 제품을 소비하기 때문에 수요의 변동폭이 매우 커지는 현상이 발생하였다. 프로모션 시점에는 제품 재고가 부족하여 대량의 주문이 발생하고, 그렇지 않은 시점에는 재고가 쌓이는 악순환이 반복되었다. 이와 같이 가격 변동에 소비자가 민감하게 반응하는 제품의 경우, 공급사슬의 효율성 향상을 통해 가격경쟁력을 높이고 수요를 안정적으로 유지하는 것이 더 중요하다.

## 4 공급의 불확실성에 따른 공급사슬의 구조

공급사슬 관리를 한마디로 표현하자면 수요와 공급을 잘 맞춰서 기업의 이익을 극대화하겠다는 것이다. 따라서 기업들은 수요의 불확실성과 더불어 공급의 불확실성을 고민해야 한다. Lee(2002)는 공급의 불확실성을 개념을 도입하여 앞서 설명한 Fisher(1997)의 공급사슬 구조를 확장하였다. 기능적 제품과 혁신적 제품을 기반으로 구분한 공급사슬의 구조는 수요의 불확실성을 대응하기 위하여 어떠한 공급사슬 전략이 필요한지를 설명한다. 하지만 공급 역시 안정적이지 못할 수 있으며,

공급의 불확실성도 중요하게 고려되어야 한다. 공급의 불확실성이란 생산 프로세스와 관련된 기술들이 성숙된 환경인지, 아니면 빠르게 변화하는 환경인지를 기준으로 구분해 볼 수 있다. 안정형 공급(Stable supply) 프로세스는 신뢰도가 높은 다수의 원자재 공급자가 존재하며, 생산 프로세스가 안정적이어서 설비의 고장이 적고 제품의 수율이 높은 환경을 나타낸다. 또한 유연한 생산 환경을 통해 쉽게 공정을 변화시킬 수 있고 용량의 제약이 적은 특징이 있다. 반면, 진화형 공급(Evolving supply) 프로세스는 소수의 공급자에게 원자재 공급이 의존되며, 생산과 구매 프로세스가 안정적이지 못해 수율의 변동이 높거나 불량률이 높은 환경을 의미한다. 또한, 공정이 유연하지 못하여 시장의 변화를 따라가기 어려운 특징이 있다. 〈표 2-3〉은 Lee(2002)가 제시한 공급 불확실성의 유형을 설명하고 있다. 기업의 입장에서는 안정형 공급 프로세스가 진화형 공급 프로세스보다 관리하기 쉬울 것이다.

〈표 2-3〉 효율적 공급사슬과 반응적 공급사슬

| | 안정형 공급 | 진화형 공급 |
|---|---|---|
| 고장 | 낮은 빈도 | 높은 빈도 |
| 수율 | 안정적이며 높음 | 변동성이 있으며 낮음 |
| 품질 문제 | 낮음 | 높음 |
| 공급자 | 신뢰할 수 있는 다양한 공급자 | 신뢰도가 낮은 소수의 공급자 |
| 공정 변화 | 적음 | 많음 |
| 용량 제약 | 적음 | 많음 |
| 유연성 | 높음 | 낮음 |

이제 우리는 두 가지 유형의 공급의 불확실성과 두 가지 유형의 수요의 불확실성을 이해하였으며, 이를 바탕으로 총 네 가지 조합을 만들어 볼 수 있다. Lee(2002)는 [그림 2-4]와 같이 각각의 환경에 적합한 공급사슬을 설명하고 있다.

| | 낮은 수요의 불확실성 (기능적 제품) | 높은 수요의 불확실성 (혁신적 제품) |
|---|---|---|
| 낮은 공급의 불확실성 (안정형 공급) | 효율적 공급사슬 | 반응적 공급사슬 |
| 높은 공급의 불확실성 (진화형 공급) | 위험대비 공급사슬 | 신속한 공급사슬 |

[그림 2-4] 공급의 불확실성을 고려한 공급사슬 구조

앞장에서 설명한 바와 같이 효율적 공급사슬은 비용효율적인 프로세스의 구축과 운영을 주된 전략으로 삼으며, 반응적 공급사슬은 소비자 변화에 맞춰 유연하게 대응할 수 있는 프로세스를 주된 전략으로 삼는다. 위험대비 공급사슬(Risk-hedging supply chain)은 자원이나 안전재고를 공유하는 방식 등을 통하여 공급의 리스크를 낮추는 데 초점을 두고 있다. 재고 통합(Inventory pooling)은 많은 기업들이 사용하는 재고 관리 전략으로 다양한 소매점에 재고를 분산시켜 두지 않고, 중앙 집중적인 대형 창고에 재고를 통합하여 관리함으로써 보다 낮은 수준의 재고로 수요에 효과적으로 대응할 수 있는 전략이다. 신속한 공급사슬(Agile supply chain)은 고객의 요구에 유연하게 대응하는 프로세스를 구축하는 것과 더불어 재고통합이나 추가적인 자원을 통하여 공급의 리스크를 줄이는 것을 목표로 한다. 공급의 불확실성으로 인한 위험을 낮추기 위해서는 공급의 현황을 실시간으로 관리하고, 문제가 발행한 경우 빠르게 대안을 수립할 수 있는 능력이 매우 중요하다.

## 5 진화하는 공급사슬 구조: Dell 컴퓨터

지금까지 제품의 유형, 공급의 불확실성을 바탕으로 공급사슬의 구조를 알아보았다. 그렇다면 공급사슬을 운영하는 기업의 입장에서 다음과 같은 질문을 할 수 있

을 것이다. 한 기업의 공급사슬 구조는 한 번 결정되면 변경하지 않고 사용할 수 있는 것일까? 혹은, 한 기업은 하나의 공급사슬 구조만 이용하여 사업을 하고 있을까? 결론부터 이야기하자면 정답은 '그렇지 않다.'이다. 공급사슬이 공급자관점의 생산과 물류를 소비자 중심으로 변화시킨다는 것을 이해하고 있다면, 소비자의 요구가 변화하면 공급사슬의 구조도 변화해야 한다는 점을 쉽게 이해할 수 있을 것이다.

많은 산업에서 소비자의 요구와 시장의 환경은 끊임없이 변화하고 있고, 새로운 기술의 도입은 기업의 경쟁력에 영향을 미치고 있다. 따라서 기업들은 수요와 공급 환경의 변화를 끊임없이 모니터링하고 공급사슬의 구조를 진화시켜야 한다. 공급사슬은 마치 살아있는 생명체와 같아 지속적으로 관리하고 변화시키지 않으면 기업 경쟁력에 해가 될 수도 있다. [그림 2-5]는 컴퓨터 제품과 시장환경의 변화를 요약하고 있다. 이를 바탕으로 컴퓨터 시장이 어떻게 변화되어 왔고, Dell 컴퓨터가 어떻게 공급사슬의 구조를 변화시켜 왔는지 살펴보도록 하자.

[그림 2-5] 컴퓨터 시장 환경의 변화

1970년대 Apple이 처음으로 개인용 컴퓨터(Personal computer)를 시장에 선보였으며, 1980년대에 들어서는 많은 가정에서 컴퓨터를 사용하기 시작하였다. 컴퓨터의 성능은 그다지 좋지 못했지만 가정에서 컴퓨터를 사용할 수 있다는 사실은 매우 큰 시대적 변화였다. 컴퓨터가 시장에 소개된 초창기의 소비자들은 전자제품을 판매하는 매장에 방문하여 기업이 설계하고 만든 사양의 제품을 구매하여 사용하였다. 대부분은 소비자들은 컴퓨터의 내부 구조와 부품들에 대해 아는 것이 없기 때문에 제품 판매원이 권하는 제품을 구매하였으며, 소비자가 원하는 형태로 주문제작하는 것은 불가능하였다. 하지만 시대가 지나면서 컴퓨터에 대한 지식이 늘었고, 컴퓨터의 용도에 맞춰 필요한 부품이 다르다는 것도 알게 되었다. 어떤 사람은 큰 용량의 하드디스크를 원하고, 어떤 사람은 좋은 사양의 그래픽 카드를 원하기 때문에 대량 생산의 제품처럼 일괄적으로 만들어 판매하는 컴퓨터의 인기는 식게 되었다. 이러한 시장 환경의 변화로 1990년대에는 개인이 원하는 방식대로 조립해서 사용하는 조립식 컴퓨터의 인기가 높아지게 되었다. 용산에 만들어진 대단지의 전자상가들은 이때 호황을 누리게 된다. 컴퓨터에 지식이 있는 사람들은 직접 부품을 구매하여 컴퓨터를 조립해 사용하지만, 대다수의 소비자들은 그러한 능력이 없었다. 따라서 전자상가에 방문하여 전문가들의 도움으로 필요한 사양의 컴퓨터를 조립하게 된다.

Dell 컴퓨터 역시 이러한 시장의 변화를 잘 파악하였으며, Configure-to-order (CTO)라는 전략은 1990년대 중후반에 도입된 인터넷의 대중화와 더불어 꽃을 피우게 된다. 소비자가 원하는 사양에 맞춰 주문 제작할 수 없었던 다른 컴퓨터 회사와는 다르게 소비자 수요의 다양성이 높은 시장 환경의 변화를 선도하기 위하여 Dell은 혁신적인 공급사슬을 구성하였다. 우선, Dell 컴퓨터는 소비자들이 인터넷을 통해 원하는 부품의 사양을 선택할 수 있도록 판매 시스템을 구축하고, 소비자들의 주문이 접수되면 빠르게 물건을 조립해서 직접 소비자에게 배송해 주는 공급사슬을 구성하였다. 온라인 기반의 판매 구조를 만들었기 때문에 컴퓨터를 전시하고 판매하는 소매점이 필요하지 않았다. 온라인 판매는 오프라인 판매에 비교하면 여러 가지 장단점이 존재한다. 우선, 오프라인의 물리적 공간 제약이 없기 때문에 판매할 수 있는 제품의 다양성, 소비자들이 물건을 원할 때 판매할 수 있는 가용성 측면에서 장점이 존재한다. 완제품 재고를 매장에 두지 않고 중앙 창고에서 통합 관리할 수 있기 때문에 낮은 재고수준을 유지할 수 있으며, 소매점 운영에서 발생하는 비용도 절감할 수 있다. 하지만, 소비자들이 직접 물건을 테스트해 보거나 만져 볼 수 없으며, 적절한 수준의 상담을 받기 어렵다. 또한, 오프라인 매장에서 물건을 구입하면 바로 사용할 수 있지만, 온라인 매장에서 구입하면 배송 시간만큼 기다려야 한다. 현재 우리는 상대적으로 좁은 국토 면적과 발달된 물류 시스템을 이용하여, 당일 배송 또는 새벽 배송과 같이 주문 후 몇 시간이면 물건을 받을 수 있는 환경에 살고 있지만, 1990년대의 미국은 지금과 상황이 많이 달랐다. 따라서, Dell 컴퓨터는 보다 빠르게 부품을 조립하여 소비자에게 물건을 배송할 수 있는 공급사슬의 설계가 필수적이었다. Dell은 인터넷 판매를 통해 누적되는 소비자 정보를 활용하여 수요예측의 정확도를 높이고자 하였다. 부품의 부족으로 소비자가 원하는 제품을 제공하지 못하는 상황을 줄이고자 하는 노력이다. 또한, 신뢰도가 높은 최고의 부품회사와 장기적인 파트너십을 맺고, Dell의 조립 공장 근처에 부품 창고를 위치시켰다. 모니터의 경우, Dell이 직접 재고를 갖고 물건을 판매하는 것이 아니라, Sony 등의 모니터 판매업체가 갖고 있는 물건을 이송 중 병합하는 방식으로 공급사슬 구성하였다. 제품은 모듈형으로 설계하여 조립에 소요되는 시간을 최소화하였고, 일자형 조립 라인이 아닌 셀 방식의 생산 방식은 조립의 생산성을 높여 주었다. 또한, 판매 소매점 중간 단계가 없이 직접 배송하는 프로세스는 비용의 절감과 더불어 배송 시간의 절감에 도움이 되었다.

2000년대에 들어와서 컴퓨터 시장의 환경은 또 다시 변하게 된다. IT 기술이 빠르게 발전하고 컴퓨터 사양이 전반적으로 높아지고 가격이 저렴해지다 보니, 웬만한 수준의 컴퓨터는 일반 가정에서 사용하기에 큰 차별점이 없어진 것이다. 즉, 일반 가정용 컴퓨터의 경우 본인의 용도에 맞춰 주문 제작할 필요가 없는 소비자층이 크게 증가하게 된 것이다. 텔레비전처럼 제품의 가격대별 성능의 차이를 비교하여 주문을 할 뿐, 90년대와 같이 부품 하나하나를 선택하지는 않게 되었다. 또 다른 시장의 변화는 다양한 회사의 가전을 종합적으로 판매하는 전자제품 유통회사들의 시장 영향력이 증가하였다는 점이다. 미국에서는 Best Buy, Staples와 같은 기업들이 다양한 회사의 가전제품을 모아서 판매하였고, 한국에서도 하이마트, 전자랜드와 같은 기업의 영향력이 증가하였다. 이로 인해 삼성, LG와 같은 전자제품 생산회사들은 경쟁력이 떨어지는 자체 판매점의 수를 줄여야만 했다. 컴퓨터 제품의 일상용품화, 판매채널의 변화와 더불어 가격하락과 글로벌화로 인하여, CTO 전략을 기반으로 하나의 공급사슬로 운영되었던 Dell의 공급사슬은 변화가 필요하였다.

Dell 컴퓨터는 고객 세분화(Customer segmentation) 기반의 공급사슬 전략을 채택하고, 대대적인 변화를 만들어냈다. 이를 위하여 고객군과 판매채널별로 상이한 수요의 패턴을 파악하였고, 수요의 변화를 감지하는 데 요구되는 시간을 줄이기 위하여 많은 노력을 하였다. 수요에 맞춰 효율성(Efficiency)과 반응 속도(Agility)의 관점에서 6가지의 공급사슬 포트폴리오를 설계하였다. 효율성과 반응속도 측면에서 가장 양 끝단에 있는 소비자의 특성은 2.3절에서 설명한 Fisher(1997)의 모델과 유사하다. 제품의 다양성이 낮고 제품당 판매량이 많아서 수요예측 정확도가 높은 제품의 경우, Dell이 직접 제품을 설계하고 전자제품 유통회사 등을 통해 물건을 판매한다. 이 경우, 효율성에 초점을 두고 공급사슬을 이용하게 된다. 반면, 소비자에 따라 원하는 가치가 다르고 제품의 다양성이 높아서 수요예측이 어려운 제품들의 경우, 고객이 정한 사양을 조립하여 판매하는 공급사슬을 이용하며 반응 속도를 높이는 데 초점을 둔다. 이와 같이 서로 상이한 구조의 공급사슬을 운영하기 위하여 각 공급사슬별로 적합한 목표와 인센티브 제도를 만들었다. 그리고 여러 부서들이 공통의 관점으로 공급사슬을 지속적으로 수정할 수 있게 하였다. [그림 2-6]과 [그림 2-7]은 주문 제작이 가능한 온라인 판매와 대량 생산 기반의 오프라인 판매 컴퓨터의 예시와 공급사슬의 구조를 설명하고 있다.

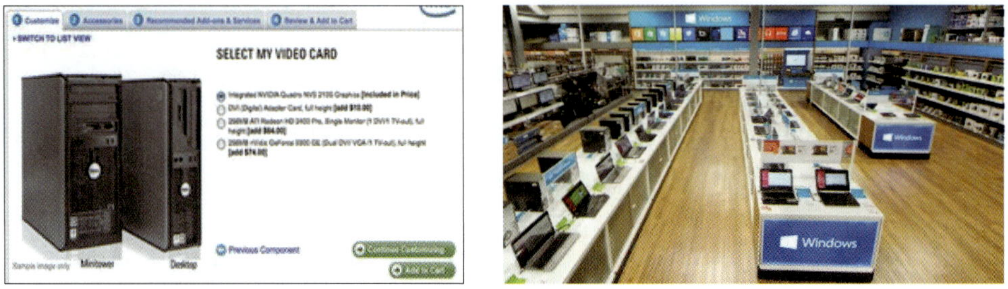


[그림 2-6] 주문제작 가능한 온라인 판매(좌)와 전자제품 유통회사에서의 판매(우)

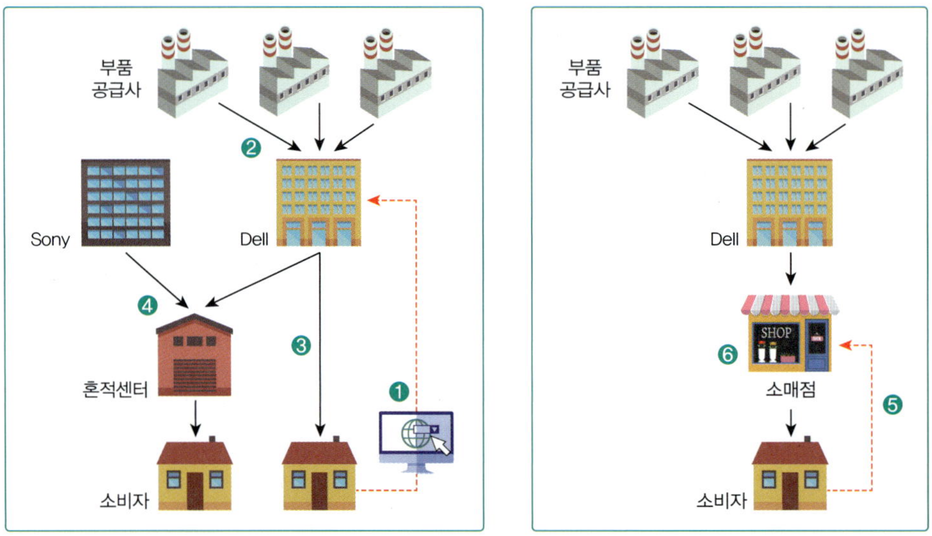


① 소비자가 인터넷을 통하여 주문
② Dell 근처에 위치한 부품 공급자들로부터 부품 공급
③ 조립된 제품을 소비자에게 직배송(Drop shipping)
④ 모니터의 경우 Sony 등을 통해 공급하며, 혼적센터(In-Transit Merge Center)에서 하나의 제품으로 통합하여 배송
⑤ 소비자가 오프라인 소매점을 방문하여 주문
⑥ 소매점에 준비되어 있는 재고를 이용하여 판매

[그림 2-7] 주문제작 가능한 컴퓨터(좌)와 소매점 판매 컴퓨터(우)를 위한 공급사슬 구조

Dell은 성공적인 공급사슬의 혁신을 위한 성공요소로 고객 가치, 통일된 전략, 최고 경영자의 지원, 전담 조직의 운영을 설명한다.

첫째는 고객 가치에 대한 고민이다. 일반적으로 소비자는 국가와 지역별로 구분할 수도 있고, 구매자의 유형에 따라 정부, 기업, 일반 소비자 등으로 구분할 수도 있다. Dell은 기존에 국가와 지역별로 구분되어 있는 공급사슬을 고객이 추구하는 가치에 맞춰 공급사슬을 재구성한 것이다.

둘째, 글로벌화로 엄청난 규모를 갖고 있는 기업이기 때문에 전사적인 혁신을 위해서는 공급사슬 전체에서 단일화된 전략이 필수적이다. 이는 단일화된 공급사슬이 필요하다는 의미가 아니며, 전사적으로 어떠한 이유로 어떠한 방향으로 혁신하고자 한다는 것을 이해하고 공급사슬을 변화시킨다는 것이다. 통일된 이해가 없다면 기업에서 일하는 사람들은 어떤 일을 해야 하는지 모르고 우왕좌왕하게 될 것이다.

셋째는 최고 경영자의 지원이다. 생각으로는 변화와 혁신이 중요하고 필요하다는 것을 이해하더라도 행동까지 변화하는 것은 쉬운 일이 아니다. 기존의 잘못된 관행이 드러나서 질타를 받을까 두려울 수도 있고, 변화로 인하여 하는 일이 더 힘들어질 것을 걱정할 수도 있다. 따라서 행동으로 변화하기 위해서는 최고 경영자가 적극적인 관심을 보이고 직원들을 격려해야 하며, 변화된 환경에 적합한 인센티브를 제공해야 한다.

마지막으로 Dell은 Center of Excellence(COE)라는 전담 조직을 구성하여 변화를 관리하고 부서 간의 갈등을 조정하도록 하였다. 전체 공급사슬을 설계하고 운영하기 위해서는 시장과 고객에 대한 이해, 공급사슬 프로세스에 대한 이해, 데이터 애널리틱스와 시스템 최적화 능력, 전체 시스템을 조율하고 변화를 관리할 수 있는 능력 등이 요구된다.

공급사슬관리 분야에서 핵심적인 인재가 되기 위해서는 이러한 능력을 키우는 노력이 필요하다는 점을 늘 기억하고 있어야 한다.

# 6 같은 산업 다른 공급사슬: Zara와 H&M

지난 20년 사이에 패션 산업은 크게 변화하였다. 특히, 대량생산 중심의 패션 산업은 소비자의 트렌드를 빠르게 반영하는 패스트 패션(Fast fashion) 산업으로 무게의 추가 이동하였다. 패스트 패션은 최신 유행을 즉각적으로 반영할 뿐만 아니라, 빠른 상품 회전과 저렴한 가격을 통하여 전통적인 패션 산업과의 차별화를 이루어 큰 성공을 얻었다. Zara와 H&M(Hennes & Mauritz)은 유럽을 기반으로 성장하여 전 세계적으로 패스트 패션 산업을 이끌고 있다. 두 기업이 운영하고 있는 공급사슬에 대한 이해를 바탕으로 동시대에 하나의 산업분야에서 경쟁하는 기업이라도 서로 다른 구조의 공급사슬이 운영되고 있다는 것을 이해해보자.

## 1) 반응성을 높이는 통합된 공급사슬: Zara

우선, 스페인의 패션 기업인 Zara의 공급사슬을 살펴보자. 1975년 독일의 도매점이 갑자기 큰 수량을 주문을 취소하게 되자, 의류 회사를 운영한지 얼마 되지 않은 Amancio Ortega는 파산의 위기에 몰린다. 그는 소비자에게 직접 물건을 판매할 수 있는 할인점을 만들어 파산의 위기에서 벗어났으며, 이로부터 Zara의 역사가 시작되었다. Zara는 현재 Inditex 그룹이 운영하는 세계 최대 규모의 패스트 패션 브랜드로, 현재 온라인을 통해 202개의 지역에서 서비스를 하고 있으며 96지역에서 7,000개 이상의 오프라인 매장을 운영하고 있다.

Zara의 설립자인 Oretega 회장은 독일 도매점의 주문 취소로 파산의 위기까지 이르렀던 경험을 바탕으로 소비자에게 제품이 전달되는 최종 순간까지 모든 프로세스에서 발생하는 일들을 모두 관리하고 통제할 수 있는 통합된 공급사슬이 필요하다고 판단하게 되었다. Inditex는 1985년부터 제품의 설계, 생산, 물류, 판매의 기능 등의 공급사슬 프로세스를 모두 통합하고 직접 운영하고 있다. 공급사슬의 모든 기능이 수직적으로 통합되어 운영됨으로서 비용은 다소 발생하지만, 반응적 공급사슬을 운영하는 측면에서 많은 강점을 갖게 된다. 특히, Zara가 운영하는 반응적 공급사슬의 최대 장점은 약 2주 정도의 리드타임으로 소비자가 원하는 다양한 제품들을 빠르게 공급한다는 것이다.

Zara가 직접 운영하는 전 세계의 판매점의 데이터는 반응형 공급사슬의 시작점이다. Zara의 매장은 RFID(Radio Frequency Identification)를 포함한 다양한 IT 기술을 이용하여 제품의 위치를 추적하고, 수비자의 수요 정보를 빠르게 집계할 수 있다. 공급사슬 내의 IT 시스템이 통합되어 운영할 수 있기 때문에, 전세계의 매장에서 판매되고 있는 제품 정보는 실시간으로 Zara의 본사로 전달된다. 본사의 제품설계팀은 전 세계 Zara 매장에서 전달되는 정보를 바탕으로 패션 산업의 트렌드의 변화를 빠르게 이해할 수 있다. 어떤 제품이 판매되는지, 어떤 제품이 소비자들이 관심을 보이지만 판매되지 않는지 등을 이해하고 신속하게 제품을 설계한다. 제품 설계가 완료되면 제품의 프로토타입을 만든다. Zara는 가공되지 않은 원단을 미리 구매해 두고, 필요한 시점에 원하는 색으로 염색하고 생산을 진행하는 생산지연 전략(Postponement)을 이용하여 공급사슬의 반응성을 높인다. 프로토타입이 제작되면 관련 담당자들에 의해 피드백 과정을 거쳐 최종 제품으로 승인된다.

### 생산지연 전략(Postponement)

생산지연 전략 또는 차별화 지연(Delayed differentiation) 전략은 제품의 완성 시점 또는 제품이 차별화되는 시점을 소비자의 요구가 파악될 때까지 미루는 방법이다. 즉, 기업이 완제품의 수요를 예측하고 이를 바탕으로 최종적인 물건을 만들기보다는, 소비자의 주문이 알려지면 그때그때 최종적인 완제품을 만들어 제공하게 된다. 앞서 설명한 Dell의 CTO 방식도 생산지연 전략의 예라고 할 수 있다. 패션 산업에서는 Benetton이 생산지연 전략을 도입하였으며, Zara 역시 유연성을 높이기 위하여 이와 같은 방식을 이용하고 있다.

[그림 2-8] 상단의 그림은 옷을 생산하기 위한 전통적인 프로세스를 간단히 설명하고 있다. 전통적으로는 하얀색의 실을 만들고, 이를 다양한 색으로 염색한다. 그리고 마지

막으로 염색된 실을 이용하여 원하는 모양의 옷을 생산하게 된다. 이렇게 만들어진 옷은 매장에 전시되고 판매된다. 하단에 있는 그림은 생산지연 전략을 적용한 프로세스이다. 하얀색 실을 이용하여 흰 옷을 생산하고 소비자의 주문을 기다린다. 소비자가 원하는 옷의 색상이 알려지면 빠르게 옷을 염색하고 소비자에게 전달한다. 전통적인 프로세스에서는 염색된 실과 더불어 이미 만들어진 제품을 모두 갖고 있어야 하기 때문에 재고의 부담이 높다. 따라서 수요예측을 얼마나 잘 할 수 있는지와 재고의 부담을 얼마나 낮출 수 있는 지가 공급사슬 경쟁력의 핵심이 된다. 하지만, 생산지연 전략을 반영한 프로세스는 흰 옷만을 재고로 갖고 있기 때문에 재고 부담은 낮지만, 소비자에게 전달하는 과정까지는 다소 시간이 걸린다. 이과 같은 프로세스에서는 얼마나 빠르게 소비자 수요에 대응할 수 있는지가 공급사슬 경쟁력이 핵심이 된다.

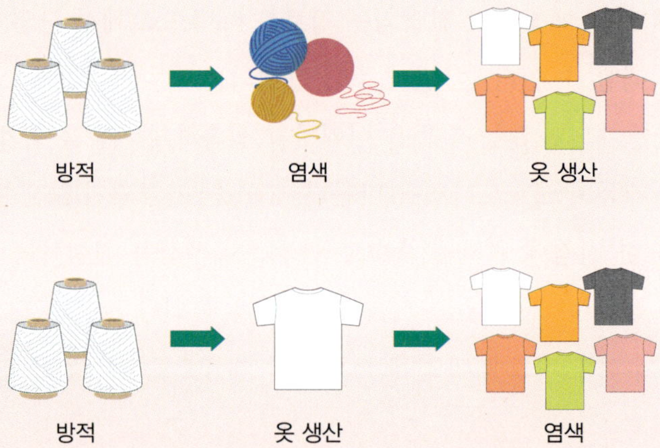


[그림 2-8] 의류 산업의 생산지연 전략

대부분의 의류 기업들이 생산 기능을 전부 아웃소싱 하지만, Zara의 경우 절반 이상의 제품을 직접 생산한다. 특히, 트렌드가 빠르게 변화하고 만들기 복잡한 여성 패션 의류와 같은 제품들은 소량으로 자체 생산하며, 생산공정의 유연성을 확보하기 위하여 충분하게 넉넉한 생산 능력을 보유한다. 자동화된 설비를 이용한 작업은 Zara의 공장에서 이뤄지며, 바느질과 같이 노동 집약적인 작업만 워크숍(workshop)이라고 불리는 소형 작업장으로 외주를 보낸다. 필요한 수준보다 넉넉한 생산능력을 보유하는 것은 비용절감의 측면에서는 낭비의 요소로 보일 수도 있지만, 유연성의 확보를 위해서는 불가피한 선택인 것이다. 이후, 여러 지역에서 생산된 완성품은

Zara의 대형 분배센터(Distribution center)로 운송되며, 이후 전세계의 판매점으로 이동한다. 이 분배센터는 저장 기능을 갖고 있지 않고, 분류나 재포장만을 수행하는 크로스도킹(Cross docking) 센터이며, 생산 시설과 비슷하게 충분히 넉넉한 용량의 설비를 운영한다. 크로스도킹 센터에서 유럽 내의 매장까지는 주로 트럭을 이용하여 운송하며, 유럽 이외의 지역은 빠른 운송을 위해 비행기를 이용한다. 크로스도킹 센터와 판매점 사이에는 추가적으로 거쳐야 하는 다른 프로세스가 없기 때문에, 전세계 어느 곳이든 48시간 이내에 물건을 배송할 수 있다.

### 크로스도킹(Cross docking) 센터

일반적인 창고의 용도는 물건을 저장하고 보관하는 것이다. 하지만 크로스도킹 센터는 물건을 보관하는 기능을 하지 않기 때문에 '재고 없는 창고'라고도 불린다. [그림 2-9]는 크로스도킹 센터의 개념을 설명하고 있다. 공급자는 물건이 보내질 목적지를 구분하지 않고 크로스도킹 센터로 물건을 보낸다. 다양한 공급자로부터 전달된 물건들은 컨베이어 벨트, 센서 기반의 자동화된 분류 시스템 등을 이용하여 매우 빠르게 목적지별로 분류된다. 이렇게 분류된 물건은 공급자와는 관계없이 최종적으로 보내질 목적지를 기준으로 트럭에 상차되고 물건이 운송된다.

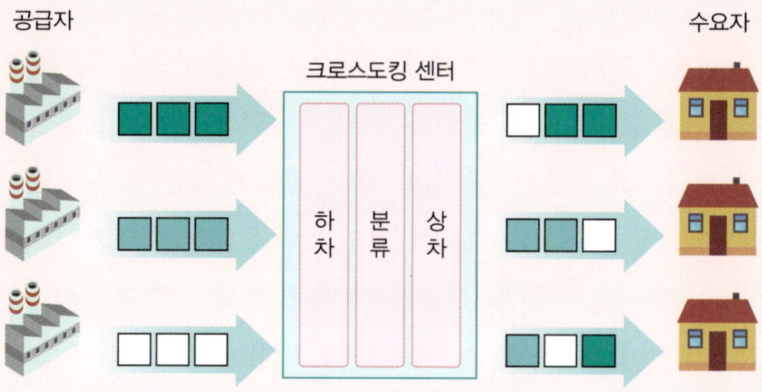


[그림 2-9] 크로스도킹 센터

크로스도킹 센터를 이용하면 물류 효율성의 측면에서 큰 이점을 얻을 수 있다. 공급자가 소비자에게 직접 물건을 전달하는 물류 네트워크를 생각해보자. [그림 2-10]과 같이 모든 공급자가 모든 소비자에게 물건을 보내주는 복잡한 구조가 만들어지며, 소량의 물품이 운송되기 때문의 하나의 트럭을 가득 채우지 못하고 운송하는 LTL(Less than Truck Load) 방식의 배송이 이뤄지며, 이로 인하여 규모의 경제 효과를 볼 수 없다. 하지만, 크로스도킹 센터를 이용하면 물류 배송의 구조가 단순해진다. 또한, 공급자는 소비자의 위치에 관계없이 크로스도킹 센터로 물건을 보내면 되기 때문에 트럭을 가득 채워 TL(Truck load) 방식으로 물건을 보낼 수 있으며, 크로스도킹 센터에서 분류작업을 거친 물건들 역시 소비자 지역까지 TL 방식으로 물건을 보낼 수 있다.

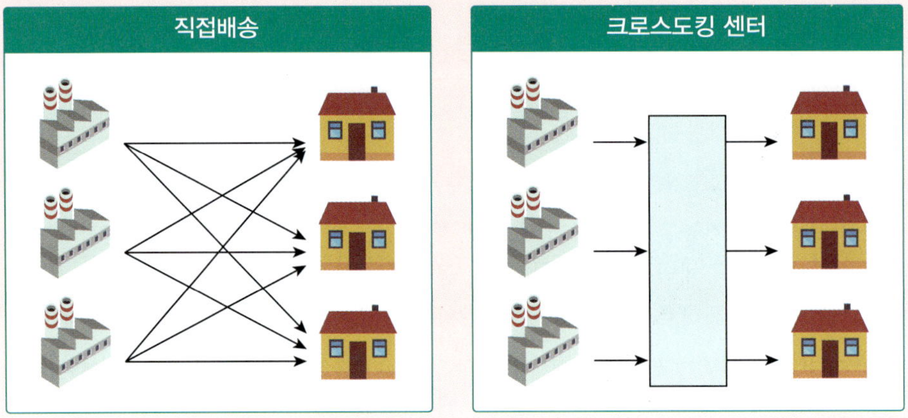


[그림 2-10] 물류 네트워크의 변화

이와 같이 생산과 분배 프로세스에서 다소 높은 비용의 공급사슬을 운영하지만, 제한된 가격할인을 통해 수익을 높인다. Zara는 다양한 제품을 소량으로 판매하고 있기 때문에, 과잉재고 발생의 가능성이 적다. 팔리지 않는 물건을 처분하기 위한 대대적인 할인행사를 할 필요가 없으며, 할인 없이 원래 제품의 가격으로 판매하는 제품의 비율을 높여 수익성을 향상시키는 것이다. Zara 매장에는 일주일에 2회 새로운 스타일의 제품이 도착하며, 소량의 제품을 제한된 기간에만 판매한다. 따라서 소비자는 원하는 제품을 보았을 때 '지금 사지 않으면 구매가 어렵다.'는 심리가 발생하게 된다. 또한, 새로운 상품의 출시 주기가 빠르기 때문에, 소비자들의 매장 방문 빈도가 다른 패션 기업보다 높다. 이는 광고비용의 절감으로 연결된다.

Zara의 반응적 공급사슬의 특징은 다음과 같이 정리해 볼 수 있다. 첫째, 투자를 포함한 많은 의사결정은 공급사슬의 속도와 유연성에 초점 둔 기업의 전략적 방향성에 맞춰 이뤄진다. 생산지연 전략, 충분한 용량의 공장과 분배센터 운영, 비행기를 이용한 운송 등 모든 프로세스가 동일한 전략하에 운영된다. 둘째, 공급사슬 내의 모든 참여자들은 Inditex의 자회사로 구성되어 있기 때문에, 통합된 정보시스템을 이용하여 제품 판매, 제품 재고, 원자재 재고 등의 정보를 실시간으로 분석하고 변화에 빠르게 대응할 수 있다. 또한 하나의 그룹사로 묶여 수직적으로 통합된 공급사슬을 운영하기 때문에, 공급사슬의 각 참여자들 간의 협업과 의견 조율이 빠르다는 장점도 있다. [그림 2-11]은 Zara의 공급사슬 구조를 보여주고 있다.

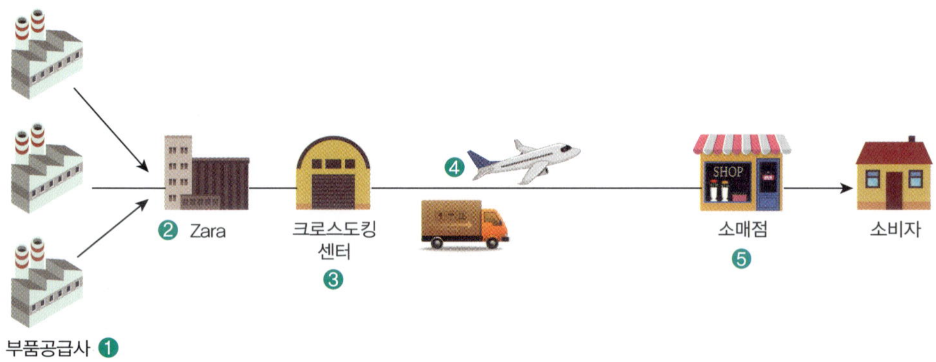


① 옷을 생산하기 위한 부품을 공급해 주며, Inditex의 자회사들을 포함함
② 생산품의 절반 이상은 Zara 공장에서 생산되며, 유연성을 위해 충분한 용량을 준비함
③ Zara 소유의 크로스도킹 센터에서 생산된 제품이 분류되며, 재고는 보유하지 않음
④ 항공편, 트럭을 이용하여 빠르게 Zara 매장으로 운송
⑤ 짧은 판매 주기를 기반으로 소비자들에게 제품 판매

[그림 2-11] Zara의 공급사슬 구조

### 2) 효율성을 높이기 위한 아웃소싱: H&M

다음으로 H&M의 공급사슬을 살펴보자. H&M은 스웨덴을 기반으로 두고 있는 글로벌 패스트 패션 기업으로 전 세계 72지역에서 4,400개 이상의 매장을 운영하고

있다. 회사 설립자인 Erling Persson은 매력적인 가격에 패션 제품을 제공하고 싶다는 철학으로 기업을 시작하였다. 이와 같은 그의 생각은 H&M의 공급사슬에도 그대로 반영된다. H&M의 공급사슬 구조의 가장 큰 특징은 제품의 설계와 창고 운영, 그리고 판매 활동은 직접 수행하지만 제품의 생산은 전적으로 외부 기업에 아웃소싱하고 있는 점이다. 즉, Zara와 비교하였을 때, 제품의 생산 기능을 위탁하는 형태의 공급사슬을 운영한다는 점이 가장 큰 차이이다. 비록 생산 시설을 직접 보유하지는 않았지만, 스웨덴 스톡홀름에 위치한 본사와 유럽과 아시아 여러 지역에 위치한 공급자들 간의 원활한 협력을 위해 16개의 생산 사무소(Production office)를 설치하고, 지역별로 기능을 분산 시켰다. H&M은위탁 생산을 통하여 제품의 생산비용을 낮추고자 노력하며, 공급 리드타임은 3주 정도로 Zara에 비해서는 조금 더 오래 걸리는 공급사슬을 운영하고 있다. H&M은 리드타임을 최대로 줄이기 위한 노력보다는 가격, 시간, 품질의 측면에서 적절한 균형을 맞출 수 있는 공급사슬을 운영하고 있는 것이다.

H&M 역시 패스트 패션 사업을 수행하고 있기 때문에, 빠르게 변화하는 소비 트렌드를 이해하는 것부터 공급사슬이 시작된다. 직접 운영하고 있는 판매점으로부터 제품 판매에 대한 정보를 빠르게 입수하고, 이를 반영하는 제품 설계를 진행한다. H&M 디자인 팀은 초기 스웨덴의 스톡홀름 본사에 모여서 설계작업을 하였으나, 지금은 각 지역에 설계 기능을 분산하여 운영하고 있다. 제품 설계가 완료되면, 제품의 특성과 생산 가격 등을 바탕으로 어느 지역의 생산사무소의 관리하에 생산될지 결정된다. H&M의 생산사무소가 관리하는 1,000여 개의 기업은 아시아와 유럽의 다양한 지역에 위치하고 있다. 일반적으로 아시아에 위치한 기업들은 수요의 변동이 적고 리드타임이 긴 제품들을 생산하며, 유럽에 위치한 기업들은 수요에 민감한 제품들을 생산한다. 앞서 설명한 것과 같이 제품을 만드는 기업들은 H&M의 공장이 아니라 아웃소싱을 담당하는 기업들이다.

H&M이 설계한 제품은 다양한 지역의 다양한 업체를 통하여 생산되기 때문에 이들을 관리하고 제품의 품질을 보장하는 것이 매우 중요하다. 생산사무소는 본사로부터 생산 주문이 내려오면 할당된 지역에서 적절한 가격에 좋은 품질의 제품을 만

들 수 있는 기존 공급업체를 선정할 뿐 아니라, 샘플 테스트 등을 통하여 새로운 공급업체를 발굴하는 역할을 수행한다. 제품공급업체를 선정할 때에는 가격, 품질, 납기 리드타임 등을 고려한다. 선정된 제품공급업체와는 장기적인 파트너십을 유지하고, 1년에 2회 이들을 평가하는 시스템을 구축하여 운영한다. 또한, 생산업체뿐만 아니라 이들에게 자재를 공급해 주는 원자재업체들 포함한 모든 파트너들이 따라야 하는 행동 기준(Code of conduct)을 공유하여, 공급사슬 내의 모든 참여자들을 관리하고 있다.

전 세계의 다양한 지역에서 만들어진 제품들은 독일 Hamburg에 위치한 H&M 중앙물류센터로 이동하며, 이는 각 지역에 분포된 지역물류센터로 이동된다. 이후, 지역물류센터에서는 상품을 분류하고 포장하여 판매점으로 물건을 보내준다. 독일에 위치한 중앙물류창고는 크로스도킹 기능을 담당하며 재고를 보관하지 않으나, 지역물류센터는 안전재고를 보관하고 관리하는 기능이 있다. 지역물류센터는 보유한 재고를 이용하여 각 판매점의 판매량에 맞춰 유연하게 보충해 준다. 각 대부분의 운송 역시 계약관계에 있는 외부 기업이 담당하고 있다. 특히, 비용 절감을 위하여 철도와 배를 주로 이용하며, 긴급한 상황에만 항공편을 이용한다. 다소 긴 배송 시간을 고려한다면 지역별로 분포된 지역창고와 안전재고의 운영은 불가피한 것이라 볼 수 있다.

H&M의 공급사슬은 반응적 공급사슬과 효율적 공급사슬을 적절히 혼합한 형태이다. 대량생산 기반의 전통적인 공급사슬보다는 반응적이나, Zara와 비교하였을 때는 효율적 공급사슬이라고 볼 수 있다. H&M 공급사슬의 특징은 다음과 같이 정리해 볼 수 있다. 첫째, 제품의 생산과 운송에 관한 의사결정은 공급사슬의 효율성, 즉 비용절감에 초점을 둔 기업의 전략성 방향성과 일치한다. 생산시설에 투자하기보다는 아웃소싱을 이용하여 비용을 절감하되, 품질 수준을 유지하기 위하여 각 지역의 생산오피스가 철저하게 관리한다. 또한, 운송수단으로 철도와 배를 이용하여 규모의 경제를 통한 효율성을 추구한다. 둘째, 패스트 패션 산업의 특성으로 인해 소비자 트렌드 변화에 대한 신속한 대응도 포기할 수 없는 상황이다. 따라서 판매점은 직접 운영하면서 소비자 정보를 빠르게 통합하고 이해하며, 지역별로 제품 설

계 팀을 분산시켜 지역별 트렌드 변화도 빠르게 이해하려고 노력하고 있다. [그림 2-12]는 H&M의 공급사슬 구조를 보여주고 있다.

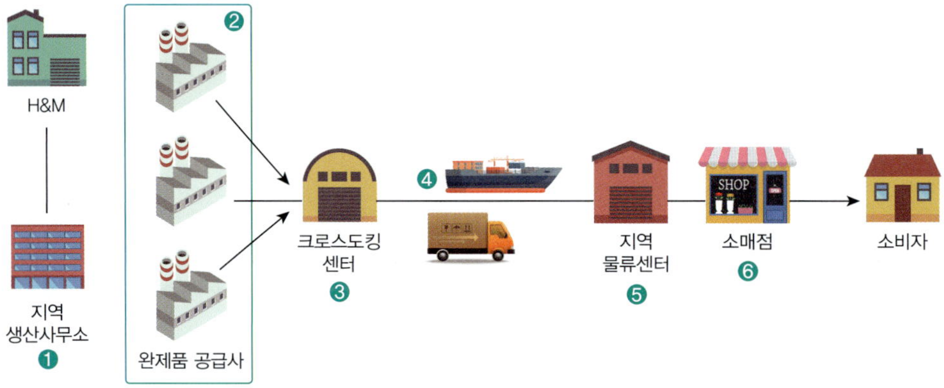


① H&M 본사와 각 지역의 생산사무소가 유기적으로 협업
② 지역의 생산사무소가 엄격히 관리하는 아웃소싱 기업에서 의류 완제품을 공급받음
③ H&M 소유의 크로스 도킹 센터에서 생산된 제품이 분류되며, 재고는 보유하지 않음
④ 철도와 배를 이용하여 저렴하게 지역물류센터로 운송
⑤ 지역물류센터에서는 물건을 포장하여 판매점에 보내며, 안전재고를 보관함
⑥ 저렴한 가격에 적절한 수준의 품질을 기반으로 소비자들에게 제품 판매

[그림 2-12] H&M의 공급사슬 구조

# Exercise 연습문제

1. 글로벌화가 공급사슬을 어떻게 변화시켰는지 논의하시오.

2. 최근 들어 여러 기업들이 해외에 이전한 공장들을 본국으로 이전시키는 오프쇼어링(Offshoring) 전략을 취하고 있다. 오프쇼어링 전략을 취하게 된 동기를 설명하시오.

3. 개인화 제조가 요구되고 있는 산업의 사례를 조사하시오.

4. 쌀, 화장지, 자율주행차는 어떤 구조의 공급사슬이 적합한지 논의하시오.

5. 온라인에서 보석을 판매하는 기업이 경쟁우위를 갖기 위하여 어떠한 어려움을 극복해야 하는지 논의하시오.

6. 베네통이나 Zara 이외의 기업이 생산 지연전략을 어떻게 활용했는지 사례를 조사하시오.

7. 전자제품 유통회사의 시장 지배력이 강화되는 환경에서 전자제품 판매사의 공급사슬의 구조가 어떻게 변화했는지 논의하시오.

8. Zara와 H&M의 공급사슬 전략의 차이점을 설명하시오.

PART

# 02

# 공급사슬의 수요 및 공급계획

Supply Chain Management

03
CHAPTER

# 공급사슬의 수요관리

1. 수요관리 프로세스 | 2. 수요예측 기법

3. 수요예측 정확도의 개선

CHAPTER 03

# 공급사슬의 수요관리

Supply Chain Management

〈학습 목표〉

1. 수요관리 프로세스의 각 단계를 이해하고 단계별 목표와 주요 업무를 설명할 수 있다.
2. 주요 수요예측 기법을 학습하고, 각 기법의 개념과 적용 분야를 설명할 수 있다.
3. 수요예측치의 예측정확도를 높이기 위한 방안을 이해하며, 실제 상황에 응용할 수 있다.

공급사슬의 시작은 고객의 수요에서 비롯된다. 수요는 공급사슬의 시작점이자 자금 흐름의 원천이다. 따라서 수요를 어떻게 예측하고, 창출하며, 관리하느냐에 따라 공급사슬의 성과에 직접적이고도 큰 영향을 줄 수 있음을 짐작할 수 있다. 다음 사례들은 이러한 수요관리에서 발생하는 전형적인 문제를 보여준다.

**[사례 3.1]** 온라인 뷰티 판매업: 매장 선정을 위한 수요예측

온라인 뷰티 용품 판매업체 A사는 창업 후 성공적인 시장 성과를 거두었으나 최근 성장세의 감소로 오프라인 매장의 오픈을 검토하고 있다. 실행에 앞서 첫 번째 주요 관심은 오프라인 매장을 오픈할 경우의 수요를 예측하는 것이다. 예측된 수요는 매장의 수, 규모, 위치 등을 선정할 때 가장 중요한 인자가 될 것이다. 이를 위해 온라인상에서의 고객, 매장의 위치 정보, 기존 오프라인 업체들의 판매 성과 등 고려해야 할 데이터나 정보가 너무 많음을 실감한다. 무엇보다 실제 도움이 될 만한 데이터가 아직 축적되지 않은 것이 가장 걱정되는 부분이다. 뿐만 아니라 고객 수요를 모두 충족할 만한 적합한 공급사슬을 찾아야 되는 문제도 있다.

**[사례 3.2]** 이동통신사: 고객 이탈률 개선

이동통신사들의 가장 큰 관심사 중의 하나는 고객 이탈률(Churn Rate)을 줄이는 것이다. 북미지역의 경우 매달 평균 2~3%의 고객 이탈률을 보이고 있다. 이는 회사가 재무적 손실을 상쇄하려면 매달 2~3%의 새로운 고객을 지속적으로 만들어야 하는 것을 의미한다. 문제는 새로운 한 명의 고객을 확보하는 데 대략 $200~$400의 비용이 들어간다는 것이다. 회사는 우선적으로 현재의 고객 유지를 위해 각 고객의 이탈가능성을 예측하고 사전에 방지하는 전담 인력을 두기로 하였다. 그리고 현재 고객의 생애 전 기간(Customer Lifecycle)의 가치를 평가하는 방법을 개발하기로 하였다.

이상의 두 사례는 우리가 이번 장에서 알아볼 수요관리의 다양한 요소들을 포함하고 있다. 수요관리는 기본 업무인 수요에 대한 예측뿐만 아니라 고객의 수요를 계획하고, 공급사슬상의 참여자들과 공유하고, 수요를 창출하기 위한 활동, 제품 전략과의 연계, 가격 전략과의 연계, 고객 수요의 가치를 파악하는 등의 매우 다양한 활동으로 구성된 프로세스이다. 수요는 공급사슬을 움직이게 하는 에너지의 원천이며 결국 공급사슬의 수익을 창출한다.

## 1 수요관리 프로세스

다음은 대부분 기업의 판매부서와 생산계획부서 담당자 사이에 흔히 오가는 대화이다.

**판매계획 담당자:** 왜 우리가 준 판매계획을 기준으로 생산계획을 세우지 않나요?

**생산계획 담당자:** 왜냐하면 그쪽에서 한 수요예측을 우리는 도저히 믿을 수가 없어요.

**판매계획 담당자:** 아니 판매계획이 그냥 예측으로만 계산된 것이 아니라 고객의 요구를 충분히 반영하여 고도의 복잡한 예측 기법을 사용해서 작성된 겁니다.

**생산계획 담당자:** 그래도 저는 수요예측을 거의 믿을 수가 없어요. 왜냐하면 한번도 제대로 맞은 적이 없어요!

어느 정도 과장되었을 수는 있으니 대부분 판매부문과 생산부문 간의 이러한 갈등은 자주 발생한다. 근본적인 원인은 소위 수요예측을 수요관리의 대부분이라고 생각하는 것과 또한 수요예측을 하나의 일회성 업무라고 인식하는 점이다. 사실 수요예측은 수요관리라는 큰 프로세스의 일부 업무일 뿐이다. 수요예측은 거의 항상 틀릴 수밖에 없고 때로는 아주 많이 빗나가기도 하는 것이다. 이는 바로 현재가 아닌 미래 시점에 대한 데이터를 다루기 때문이다.

우리는 수요관리라는 것이 수요예측이라는 미시적 관점이 아닌 공급사슬 전체와 연결된 거시적 관점의 프로세스라는 것을 인식해야 한다. 그렇지 않고서는 두 부서 간의 대화에서 보듯이 수요예측이라는 결과에만 초점을 맞추는 프로세스의 악순환이 계속될 것이다. 수요관리(Demand Management)는 다음과 같은 네 가지 주요 활동들을 포함하고 있다. 수요계획, 수요정보의 공유, 판매 촉진, 그리고 주문관리 등이다.

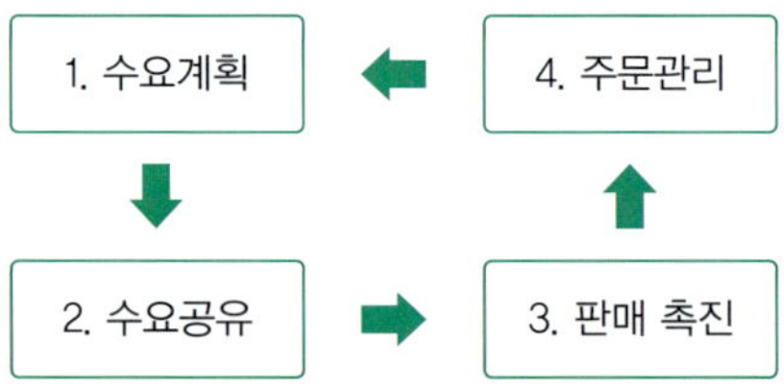


[그림 3-1] 수요관리 프로세스

출처: Curm & Palmatier(2003). Demand Management Best Practices.

수요관리 프로세스는 수요예측이라는 단일 업무도 아니고 주문을 추적하여 최소의 비용으로 공급사슬을 잘 지원하여 충족시키는 업무만도 아니다. 수요관리의 핵심은 주문의 발생 후에 시작되는 것이 아니라 미래 수요를 잘 관리하는 데 있다. 즉, 수요를 창출하고 시장에 긍정적인 영향을 주고, 시장의 변화를 감지하여 선제적으로 대응하는 데 있다. 이제 각 단위업무들을 좀 더 자세히 알아보도록 하자.

### 1) 수요계획

수요계획은 말 그대로 수요에 대한 계획업무(Planning)이다. 예측(Forecasting)과 계획(Planning)의 차이점은 미래에 대한 제어 의지이다. 예측의 경우 예측 결과가 빗나가는 것에 대해 불가피하다는 입장이며 미래에 대해 특별히 할 수 있는 것이 없다는 것이다. 그러나 계획은 미래의 사건을 미연에 방지하고 대비하는 활동이 포함되어 있다. 즉, 미래를 좋은 방향으로 제어해 보자는 의지가 담겨있는 것이다. 따라서 수요계획이 수요 예측 이상의 의미를 가지려면 통계적 예측 기법뿐만 아니라 다양한 입력 정보가 필요하다는 것이다. 계획에 있어 가장 중요한 것은 '필요한 정보는 모두 알고 고려해야 한다'라는 개념이다. 필요하고 입수 가능한데도 배제한다면 심각한 결과를 초래할 수 있다. 대부분 수요계획의 실패는 이러한 정보의 결여 때문이다.

| | 필요 | 불필요 |
|---|---|---|
| 보유 | A | B |
| 미보유 | C | D |
| Total(정보량) | 일정 | 무한 |

[그림 3-2] 정보의 분류

정보는 필요성과 보유 여부에 따라 네 가지로 나눌 수 있다. 특정한 업무에 필요한 정보는 보유하고 있거나(A영역) 입수 가능할(C영역) 수 있지만 총정보량(A+C)은 일정하다. 그러나 불필요한 정보량(B+D)은 무한대가 될 수 있다. 일의 비효율성은 바로 보유하고 있는 불필요한 정보(B)를 많이 이용할 때이다. 가령 우리가 정보의 바다인 인터넷을 통해서 비과학적이거나 증명되지 않은 정보를 받아들여 의사결정을 하는 경우와 같은 경우이다. 따라서 입수 가능한 필요한 정보를 최대한 많이 확보함으로써 수요계획의 효과를 극대화할 수 있는 것이다.

수요계획의 입력 데이터와 산출물은 다음과 같다.

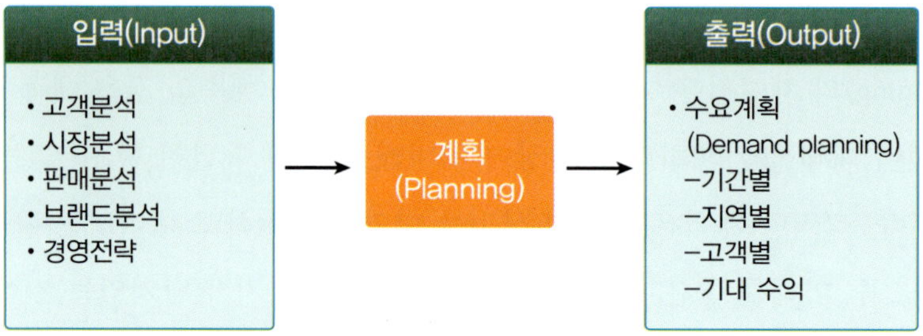


[그림 3–3] 수요계획의 입출력 정보

여기서 수요 예측 기법에 사용되는 정보는 보유하고 있는 정보 중 일부분이며 그나마 불필요한 정보마저 포함되어 있을 수 있다. 가령 시계열 데이터에는 인과 관계가 없거나 포함되어서는 안 될 시간대의 데이터가 사용될 수도 있는 것이다. 또한 아무리 정확한 통계적 수요 예측결과이더라도 사용된 통계적 데이터에 포함되지 않은 여러 중요한 필요 정보들이 있으므로 추가적인 정보의 이용으로 보다 신뢰도가 높은 수요계획이 산출될 수 있는 것이다. 추가적인 수요 정보로서 시장분석 자료, 판매실적 자료, 제품분석 정보, 판매실적 정보, 경영계획 정보 등이 모두 수요계획의 입력 정보로서 필요하다. 수요계획은 주, 월, 분기, 반기, 연차 계획으로 제품별, 지역별로 산출될 수 있다.

## 2) 수요 정보의 공유

회사 내 필요한 정보를 모두 보유하고 있더라도 이를 필요한 사람들에게 공유하지 못한다면 존재하지 않는 정보와 마찬가지이다. 필요한 정보의 보유만큼이나 공유는 중요하다. 정보 공유의 가장 중요한 요소는 적시성이다. 실시간으로 공유하지는 못하더라도 필요한 때에 공유하는 것이 정보의 가치를 훼손시키지 않는 가장 효과적인 방법이다. 대부분의 의사결정의 실수는 제때에 필요한 정보를 전달받지 못해서이다. 정보의 적시성을 확보하기 위해 부서 간 긴밀한 소통(communication)이 선행되어야 한다.

그리고 소통은 일시적이 아니라 지속적(continuous)이어야 한다. 수요 정보는 항상 역동적으로 변화하기 때문이다. 고객과 시장에 대한 정보는 특히 불확실성이 가장 큰 정보 중의 하나로 예측하기 힘들고 복잡하고 다양한 인과관계가 있으므로 정보의 시간적 변화를 지속적으로 모니터링하고 업데이트하지 않으면 이미 정보의 적시성을 잃어버리고 가치를 상실해 버린다. 원활한 소통이 되지 않는 대표적인 이유들은 다음과 같다.

- 나쁜 소식을 제때에 전달하기 꺼림.
- 상대방을 충분히 신뢰하지 못함.
- 수요정보에 대한 책임자의 부재
- 정보전달체계(또는 보고체계)가 복수개이거나 중복되는 경우

따라서 이러한 점을 개선하기 위해서는 다음 사항을 고려해야 할 것이다.

- 정보전달 시스템이 규정화되어 있어야 함(정보의 종류, 전달 시점 등).
- 반드시 피드백 시스템이 있어 전달자와 수령자가 확인되어야 함.
- 정보의 수정이 정기적으로 이루어져야 함.
- 정보전달의 주요 수단이 실패할 경우의 백업시스템이 존재

### 3) 판매 촉진

**[사례 3.3]** e-Book 출판: 판매 촉진 프로세스의 효율화

2007년 아마존 킨들이 출시된 후 이제 e-book은 출판 시장에서 하나의 출판 형태로 자리잡았다. 한 출판사가 기존 작가의 새로운 소설을 처음으로 e-book만으로 출시하기로 결정했다. 그리고 새로운 인터

페이스 기술을 이용해 독자들이 책 속의 많은 컨텐츠들을 쉽게 접근 가능하게 만들었고 작가와도 양방향 소통이 가능하게 하였다. 이를 계기로 작가의 다른 기존 책들도 e-book으로 만들어 대체 수요를 유도하여 판매량이 증가되길 기대했다. 마케팅 팀에서는 시장조사와 분석을 면밀히 하여 e-book 제품의 수명주기에 걸친 마케팅 및 판매 계획을 세웠다. 그리고 제품 출시를 위한 마케팅, 판촉, 판매 계획 등을 큰 차질없이 실행하였다. 결과는 참담했다. 판매는 부진하였고 예상치 못한 기술적 문제까지 겹쳐 결국 판매를 중단하였다. 무슨 문제가 있었던 것일까? 다음 e-book 출판을 위하여 원인을 분석하고 개선하기로 하였다. 가장 큰 원인은 판매를 촉진할 수 있는 체계적인 시스템이 없었다는 것이었다. 즉, 당시 출판사는 체계적인 성과지표, 검토 업무, 계획 수정 등의 업무 프로세스가 없었다. 소위 판매 촉진 프로세스 업무들이 개발팀, 재무팀과 동기화되지 못하였고 합의된 계획 자체가 없었다.

수요 증가를 유도하는 판매 촉진 프로세스는 간단하지 않다. 이는 계획(Plan)-실행(Do)-평가(Check)-조치(Action)의 PDCA 사이클을 따라야 되는 프로세스이다. 두 번째 e-book을 출시할 때, 철저하게 PDCA 사이클을 따랐다. 특히 매달 계획에 대한 평가를 실시, 공유하여 문제점을 즉각 발견 조치하였고, 다시 계획을 수정하여 실행함으로써 첫 번째 출시과정에서의 대부분의 실수를 파악하고 개선하는 과정을 거쳤다. 그 결과 두 번째 e-book은 큰 성공을 거두었다.

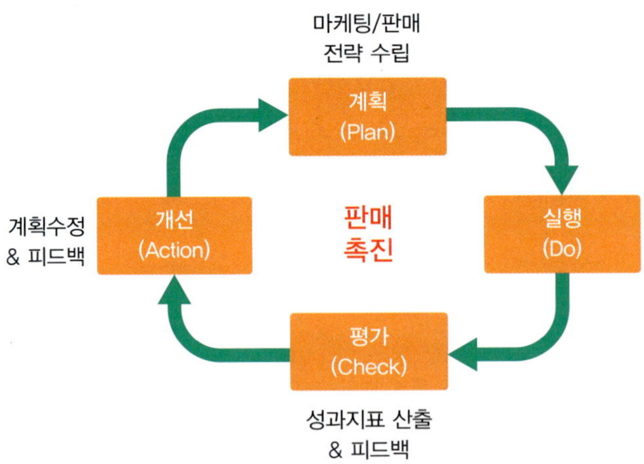


[그림 3-4] 판매 촉진을 위한 PDCA 사이클

### 4) 주문관리

수요관리 프로세스에서 주문관리는 가장 고객과의 접촉이 많은 활동이라는 점에서 각별한 주의를 기울여야 한다. 수요계획에서 수요는 예측수요와 주문수요로 나눌 수 있는데 주문관리는 이 중 주문수요에 주로 해당하는 업무이다. 주문관리는 크게 주문의 우선순위를 결정하는 일과 주문을 충족하는 업무로 나누어진다. 이 중 주문의 우선순위를 결정하는 일은 매우 까다로운 업무 중의 하나이다.

주문의 우선순위를 결정해야 되는 상황은 고객 주문량이 예상보다 많을 때, 주문제품의 납기 일정이 매우 촉박한 경우, 또는 생산 능력이 부족할 경우 등이다. 초과주문을 해결하는 방안들은 다음과 같다.

- 고객에게 추가 주문의 납기일을 어느 정도 늦추는 양해를 구한다.
- 추가 주문을 승인하되 기존 주문의 납기일을 연장하는 안을 제시한다.
- 추가 주문에 대해 비슷한 기능과 품질의 제품을 대체 제안한다.
- 추가 주문이 핵심 제품군 또는 저이윤 제품군이라면 거절한다.

어느 방안이든 주문의 우선순위를 결정하는 일은 위험도가 따르게 마련이다. 고객의 요구 수준을 충분히 만족시키지 못함으로써 고객을 영원히 놓치거나 판매 기회를 상실할 수 있는 것이다. 주문의 우선순위 결정은 결국 고객에 대한 우선순위 결정의 문제로 귀착되며 이는 그동안의 고객의 기여도나 미래 기회의 크기 등으로 판단할 수밖에 없을 것이다.

## 2 수요예측 기법

수요예측은 수요계획의 가장 기본적이며 핵심적인 활동이다. 수요예측 결과는 이후 공급사슬상의 모든 활동의 효율성과 성과를 좌우할 수 있기 때문이다. 다음 사례는 수요 예측의 중요성을 일깨워준다.

**[사례 3.4]** DVR 제조사 TiVo: 수요예측의 실패

1999년에 설립된 DVR제품의 선도 제조업체인 TiVo는 한 때 4천4백만 명의 고객을 지닌 시장의 선두주자였으나, 이후 대체 제품으로서의 HDTV 시장에 대한 수요 예측의 실패로 쇠락의 길을 걸어 145,000여 명의 고객을 잃었다. 왜냐하면 DVR은 HD기능이 없었기 때문이다. 그 결과 2007년 1,100만 불의 재고 손실을 보고, 4.2%의 주가 하락과 1,770만 불의 매출 감소를 겪었다. 그 후 HD DVR제품을 출시하였으나 이미 때가 늦었다.

### 1) 수요예측의 특성

예측은 미래 시점에 대한 설명을 의미한다. 과거에 대한 설명은 객관적인 자료를 바탕으로 한 사실의 표현으로 충분히 검증되지만, 미래에 대한 설명은 누구도 사전에 증명할 수 없다. 따라서 수요예측은 되도록이면 합리적 근거에 의한 설명으로 만족할 수밖에 없으므로 다음과 같은 특성을 가지게 된다.

- **수요예측은 거의 대부분 틀리다.** 우리가 실제로 경험하고 있는 매우 당연한 특성이지만 때로는 가장 자주 간과하고 있기도 하다. 예측의 정확도는 높여야 되고 기대하지만 오차가 날 수 밖에 없다는 것도 미리 받아들여야 하는 것이다. 수요예측의 결과는 대부분 오차가 있으므로 이를 주어진 정보로 간주해선 안된다. 수요예측치는 예측 시점, 주어진 데이터, 기법에 따라 계속 바뀔 수 있으므로

이를 반영하여 계획 시스템의 강건성을 유지하는 것이 더욱 중요한 일이다.

- **좋은 수요예측이란 하나의 숫자만을 제시하는 것이 아니다.** 수요예측이 거의 틀리다는 특성을 받아들인다면 수요예측치는 이를 예상한 값이어야 한다. 오차를 반영한 수요예측치는 하나의 숫자가 아닌 범위로 표현되거나 오차의 성격을 보여주는 지표로 표현되어야 하는 것이다.
- **군집화된 수요예측이 개별 수요예측보다는 정확하다.** 가령 가전제품에 대한 판매예측을 할 경우, 개별 제품 모델에 대한 예측보다는 TV, 냉장고 등 제품군에 대한 예측이 보다 정확하다는 것이다. 이는 통계학에서 표본 평균의 편차가 개별 독립 변숫값의 편차보다 작다는 것과 같은 의미이다.
- **먼 미래의 수요예측이 가까운 미래의 수요예측보다 부정확하다.** 가까운 시점에 대한 예측보다 먼 미래로 갈수록 예측이 더욱 어려워진다는 상식을 대부분 받아들인다. 한 달 후의 주가보다는 내일의 주가를 예측하는 것이 보다 용이하다.
- **수요예측은 반드시 가능한 알려진 모든 정보를 포함하여 이루어져야 한다.** 아무리 훌륭한 수요예측 기법이더라도 중요한 정보를 고려하지 않았을 경우 어떠한 기법보다도 나쁜 결과를 초래할 수 있다. 과거에는 없었던 정보이나 미래 시점에서 발생할 수 있는 사건이나 계획된 정책이 있다면 반드시 포함시켜서 수요예측치를 산출하여야 한다. 가령 판매예측의 시점에서 할인행사 등의 판촉활동을 계획하고 있다면 이를 반영하여 과거 평균 이상의 단기간의 수요 증가를 예상하여야 된다.

### 2) 주관적 vs. 객관적 수요예측

수요예측의 종류는 크게 주관적, 객관적인 관점에서 나누어 볼 수 있다. 주관적 수요예측은 사람의 판단에 근거하는 예측기법으로 다음과 같은 고객 설문을 이용한 시장조사, 영업 현장에서의 예측 수요 취합, 경영층의 의견, 그리고 전문가의 의견을 수렴하는 델파이 기법(Delphi Method) 등이 이에 해당된다. 반면에 객관적 수요예측은 검증된 데이터의 분석을 통해 이루어진다. 본서에서는 객관적 수요예측을 중심으로 모형 및 기법을 다루고자 한다. 객관적 수요예측은 크게 다음 두 가지 모형으로 나눌 수 있다.

### (1) 인과모형(Causal Model)

수요의 발생에 영향을 미치는 요인들이 반드시 존재한다고 가정하여 요인들의 값만 결정되면 수요예측치를 산출할 수 있다는 개념이다. 미래의 $t$ 시점의 수요예측치는 다음과 같은 함수로 표현된다.

$$Y=f(X_1, X_2, ..., X_n)$$

여기서, $Y$ : 수요예측치,
$X$ : $i$번째 요인

만일 선형함수라면 다음과 같은 모형이 된다.

$$Y=a_0+a_1X_1+ \ ... \ +a_nX_n$$

여기서 $(a_0, a_1, ..., a_n)$은 상수값들로 이것이 주어지면 선형관계의 인과모형이 완성된다.

**[사례 3.5]** 와인 품질의 예측

미국 프린스턴대학교 경제학과의 Orley Ashenfelter 교수는 매년 세계 각지에서 출시되는 와인의 품질을 예측하는 데 관심이 많았다. 와인의 품질을 평가하는 것은 매우 정교하고 많은 경험이 필요하므로 전문가들 그룹에 의해서만 이루어졌다. Ashenfelter 교수는 전문가들의 경험과 지식의 가치를 인정하지만 때로는 주관적이고 일관되지 못한 경우도 많아 이를 객관적으로 예측하는 방법을 찾고자 하였다. 많은 자료를 수집하고 연구한 결과 와인의 품질은 원재료인 포도의 재배와 관련된 몇 가지 요인들에 의해 주로 영향을 받는다는 결론에 도달하여 다음과 같은 매우 간단한 선형인과모형을 개발하였다.

$$Y=12.145+0.00117X_1+0.0614X_2-0.00386X_3$$

여기서 $Y$ : 당해 연도 와인의 품질,

$X_1$ : 당해 연도 겨울 강수량,

$X_2$ : 당해 연도 재배기간 동안의 평균 기온,

$X_3$ : 당해 연도 수확기간 동안의 강수량

결과는 전문가들의 예측을 뛰어넘은 수준을 보였고, 매번 새로운 데이터가 확보되면서 모형을 지속적으로 개선시킬 수 있게 되었다.

### (2) 시계열모형(Time Series Model)

시계열(Time Series)이란 일정한 주기로 수집된 과거의 데이터를 말한다. 시간에 따라 변하는 데이터를 관찰해 보면 특정한 패턴을 파악할 수도 있어 이를 미래의 수요를 예측하는 데 활용할 수 있는 것이다. 시계열모형을 표현하기 위해서 다음과 같은 기호를 정의하기로 한다.

$D_t=t$ 시점에서의 관찰된 수요

$F_{t,t+\tau}=t$ 시점에서 $t+\tau$ 시점에 대한 수요예측치

$F_t=F_{t-1,t}=t-1$ 시점에서 $t$ 시점(다음 시점)에 대한 수요예측치

시계열 데이터를 분석하는 가장 큰 이유는 과거 수요의 패턴을 파악하기 위한 것이다. [그림 3-5]는 이러한 수요 패턴의 예들을 보여준다.

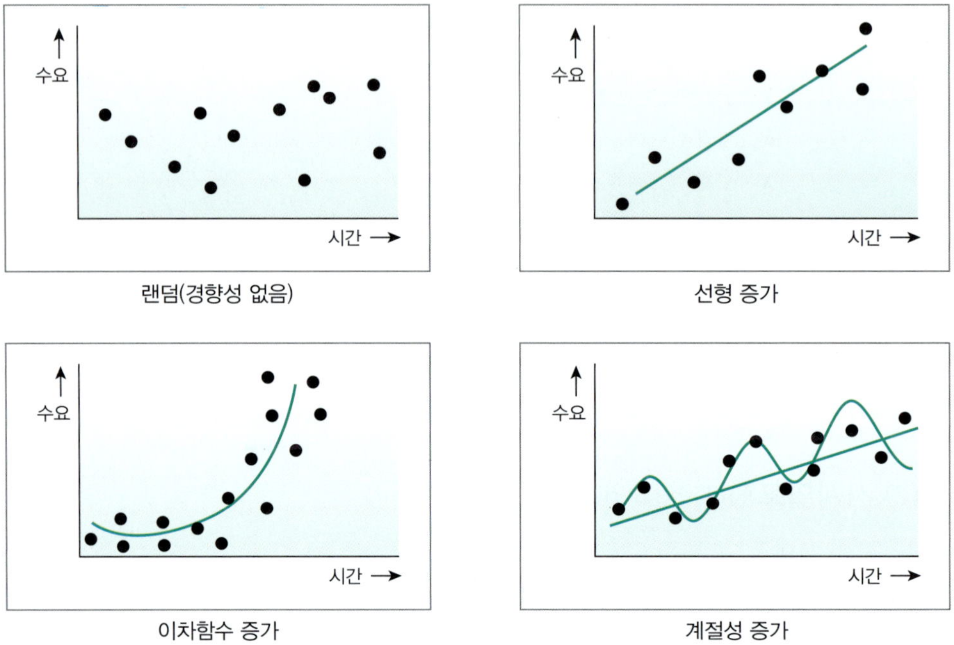


[그림 3-5] 시계열(Time Series) 수요의 패턴

파악하고자 하는 기본적인 패턴들은 다음과 같다.

- 추세성(Trend): 수요의 패턴이 증가 또는 감소의 추세를 보이는 경우이다. 증감은 선형 또는 비선형적인 추세로 나타날 수 있다.
- 계절성(Seasonality): 일정한 주기로 수요가 발생하는 경우이다. 예를 들어 에어콘, 아이스크림, 의류 등의 수요가 이에 해당한다. 사이클(Cycle)도 계절성에 속하나 장기적인 주기를 가질 경우로 따로 분류하기도 한다.
- 랜덤성(Randomness): 특별한 패턴을 가지지 않는 수요를 말한다. 만일 일정한 범위내에서 랜덤한 수요가 발생한다면 특정한 평균값을 중심으로 한정된 변동이 있으므로 이는 정상성 시계열(Stationary Time Series) 수요로 간주할 수 있다.

시계열의 패턴은 하나 또는 복수개의 패턴이 동시에 나타나기도 한다. 예를 들어 수요가 증가하는 경향성이 있는 동시에 계절성을 보일 수도 있는 것이다. 수요예측 기법은 이러한 시계열 패턴의 종류에 따라 달라지게 된다.

### 3) 예측 결과의 평가

예측 결과에 대한 평가는 곧 예측의 정확도가 어느 정도인지를 알고자 하는 것이다. 예측의 정확도는 기본적으로 예측 오차에 근거하여 산출된다. 특정한 $t$ 시점에 대한 예측 오차(Forecast Error)는 다음 식으로 표현된다.

$e_t = F_{t-\tau,t} - D_t$ : $(t-\tau)$ 시점에서 예측

$e_t = F_t - D_t$ : 직전 $(t-\tau)$ 시점에서 예측

예측 오차를 이용하여 다음과 같은 평가 지표들이 많이 사용되고 있다.

- 누적 예측 오차(Cumulative sum of Forecast Errors: CFE)= $\sum_{t=1}^{n} e_t$
- 절대 평균 오차(Mean Absolute Deviation: MAD)= $(1/n)\sum_{t=1}^{n} |e_t|$
- 평균 오차 제곱합(Mean Squared Error: MSE)= $(1/n)\sum_{t=1}^{n} e_t^2$
- 절대 백분율 오차 평균(Mean Absolute Percent Error: MAPE)= $100\left(\frac{1}{n}\right)\sum_{t=1}^{n} |e_t|/D_t$

**예제 3-1**

다음은 6개월 동안의 수요예측치의 성과를 평가한 것이다.

| 월 | 수요예측 | 실제수요 | $e_t$ | $\lvert e_t \rvert$ | $e_t^2$ | $100\lvert e_t \rvert/D_t$ |
|---|---|---|---|---|---|---|
| 1 | 85 | 78 | 7 | 7 | 49 | 8.97% |
| 2 | 77 | 82 | -5 | 5 | 25 | 6.10% |
| 3 | 79 | 86 | -7 | 7 | 49 | 8.14% |
| 4 | 93 | 88 | 5 | 5 | 25 | 5.68% |
| 5 | 76 | 70 | 6 | 6 | 36 | 8.57% |

| 6 | 89 | 88 | 1 | 1 | 1 | 1.14% |
|---|---|---|---|---|---|---|
| 합계 | | | 7 | 31 | 185 | 39% |
| 평균 | | | | 5.17 | 30.83 | 6.43% |
| | | | (CFE) | (MAD) | (MSE) | (MAPE) |

### 4) 정상성 시계열(Stationary, or Constant Time Series) 수요예측 기법

정상성 시계열(Stationary Time Series)은 각 관찰값이 하나의 상수값을 중심으로 랜덤한 변동성을 가지는 시계열을 말한다. 시점 $t$에서 관찰되는 정상성 시계열 수요를 수식으로 표현하면 다음과 같다.

$$D_t = \mu + \varepsilon_t$$

여기서, $\mu$ : 수요 모집단의 평균,

$\varepsilon$ : 평균값이 0이고 분산이 $\sigma^2$인 랜덤 오차

소개할 예측 기법 중 이동평균법과 단순지수 평활법은 랜덤한 수요 패턴에 대한 기법이고, 선형의 경향성을 보이는 패턴의 경우 이중지수 평활법과 회귀분석법을 사용할 수 있다. 먼저 수요예측에 사용될 기호는 다음과 같다.

$D_1, D_2, ..., D_t$ : 실제 관측치

$F_{t-\tau,t}$ : $t-\tau$ 시점에서 $t$ 시점에 대한 예측치

$F_t = F_{t-1,t}$ : $t-1$ 시점에서 $t$ 시점에 대한 예측치

$e_t = F_t - D_t$ : $t$ 시점에서의 예측 오차

### (1) 이동평균법(Moving Average)

이동평균법은 최근 $N$개의 관찰된 수요의 평균값이 다음 시점의 수요예측치가 된다. 다시 말해서 수요예측치는 최근 $N$개의 각 수요에 $1/N$의 동일한 가중치를 주어 합산한 값이다. 최근의 $N$개의 데이터만을 사용하므로 평균값은 계속 이동하면서 변하는 것이다. 이동평균법에서 유일한 모수는 $N$이다.

$$F_t = \frac{1}{N}\sum_{i=t-N}^{t-1} D_i = \frac{1}{N}(D_{t-1} + D_{t-2} + \cdots + D_{t-N})$$

수치 예제를 들어보자. 어느 조립컴퓨터 회사의 최근 10개월간의 PC납품 데이터로서 특별한 경향성이 없어 랜덤한 수요라고 보고, 모수 $N=3$, $N=6$인 이동평균법을 적용하여 검증하고 11월의 수요예측치를 계산하였다.

| 월 | $D(t)$ | $MA(3)$ | $MA(6)$ |
|---|---|---|---|
| Jan | 120 | | |
| Feb | 90 | | |
| Mar | 100 | | |
| Apr | 75 | 103.3 | |
| May | 110 | 88.3 | |
| Jun | 50 | 95.0 | |
| Jul | 75 | 78.3 | 90.8 |
| Aug | 130 | 78.3 | 83.3 |
| Sep | 110 | 85.0 | 90.0 |
| Oct | 90 | 105.0 | 91.7 |
| Nov | | 110.0 | 94.2 |

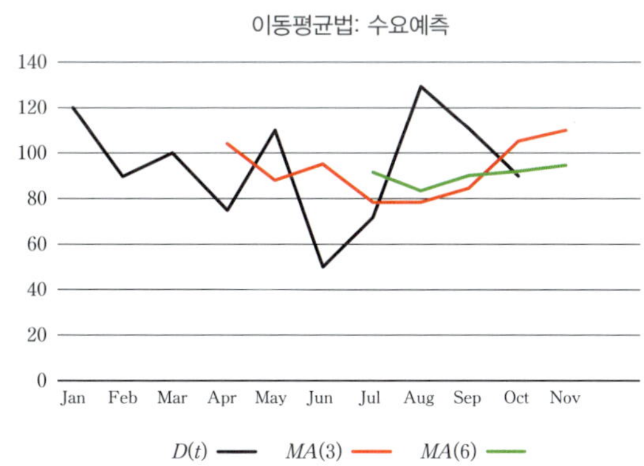


[그림 3-6] PC납품 예제: 이동평균법 수요예측치

최근 3개의 데이터를 이용한 예측치가 6개의 데이터를 이용한 예측치보다 최근 변동에 더 민감한 반응을 보이는 것을 알 수 있다. 따라서 $N$이 클수록 더 많은 수의 과거 데이터에 대한 평균을 계산하므로 보다 완만한 수요예측치를 산출함을 알 수 있다.

### (2) 지수평활법(Exponential Smoothing)

지수평활법은 현재의 실제 수요량(관측치)과 현재 예측치의 가중 평균값으로 다음 기간의 수요예측치를 산정한다. 이때 $\alpha$는 평활 계수(Smoothing Constant)라 하며 0과 1사이의 값으로서 실제 수요에 대한 가중치를 의미한다. 따라서 $\alpha$값이 클수록 과거의 실제 수요의 변동을 보다 많이 반영한다. 각 기업의 환경에 맞게 평활 계수값을 선택하는 것이 매우 중요하다.

$$F_t = \alpha D_{t-1} + (1-\alpha)F_{t-1},\ 0<\alpha\leq 1$$
$$= \alpha D_{t-1} + (1-\alpha)\alpha D_{t-2} + (1-\alpha)^2\alpha D_{t-3} + \ldots$$

이 수식을 실제 수요량의 식으로 다시 정리하여 보면, 결국 과거의 모든 실제 수요량에 대한 가중치를 주어 합산한 값이 된다. 이때 가중치는 과거로 갈수록 낮아지는 값을 가지고 있다. 이는 이동 평균법에 과거 $N$개의 데이터에 대해 동일한 가중치를 주는 것과 비교된다.

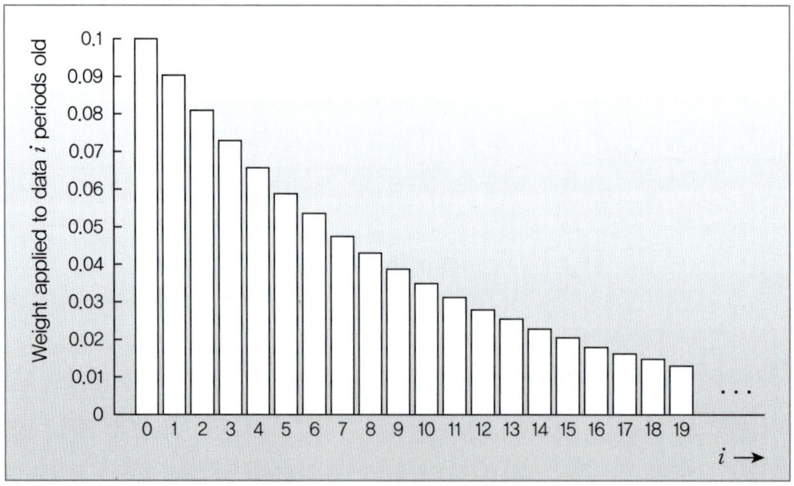


[그림 3-7] 지수평활법의 가중치

다음은 평활계수=0.2와 0.5을 가진 지수평활법을 이용한 수요예측 결과를 보여준다(초기 조건: 1월 수요예측치=120으로 가정).

초기값: $F(0)=120$

| 월 | $D(t)$ | 지수평활 ($\alpha=0.2$) | 지수평활 ($\alpha=0.5$) |
|---|---|---|---|
| Jan | 120 | 120.0 | 120.0 |
| Feb | 90 | 120.0 | 120.0 |
| Mar | 100 | 114.0 | 105.0 |
| Apr | 75 | 111.2 | 102.5 |
| May | 110 | 104.0 | 88.8 |
| Jun | 50 | 105.2 | 99.4 |
| Jul | 75 | 94.1 | 74.7 |
| Aug | 130 | 90.3 | 74.8 |
| Sep | 110 | 98.2 | 102.4 |
| Oct | 90 | 100.6 | 106.2 |
| Nov | | 98.5 | 98.1 |

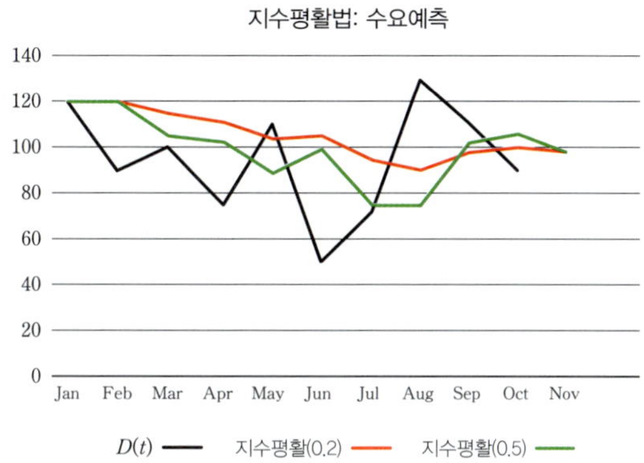


[그림 3-8] PC납품 예제: 지수평활법 수요예측

앞서 언급한 바와 같이 평활계수가 0.5를 가진 수요예측치가 평활계수가 0.2인 경우보다 실제 수요의 변화를 더 빠르게 반영하고 있음을 보여준다.

## 5) 경향성 있는 시계열(Trend Time Series) 수요예측 기법

### (1) 회귀 분석법(Regression Analysis)

수요량이 증가 또는 감소의 경향성을 보이는 경우에 사용할 수 있는 예측 기법이다. 회귀분석법은 다음과 같은 경향성을 보이는 수요량에 대해 가장 적합한 일차 직선 함수를 구하는 방법이다. 이때 가장 적합하다는 직선이라는 것은 각 시점에서의 수요 좌표점과의 거리의 총합이 최소가 되는 일차 직선을 의미한다. 그림에서 (A)보다는 (B)직선이 모든 실제 수요점들과의 거리의 합이 작아보이므로 더 적합한 직선이 되는 것이다.

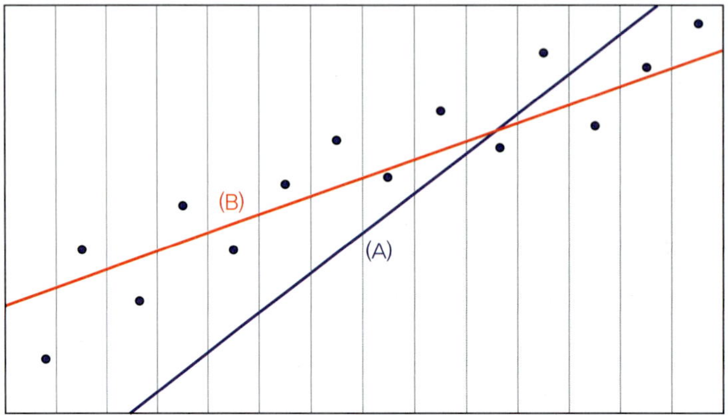


[그림 3-9] 어느 회귀선이 더 적합한가?

회귀 분석법으로 회귀직선, $y=a+bx$는 절편 $a$와 기울기 $b$값을 결정함으로써 구해지게 된다. 수요 예측은 변수 $x$에 미래 시점 $t$를 대입함으로써 $t$ 시점에서의 수요 예측치, $y=F(t)$를 산출한다.

$F(t)=a+bt$ : $t$ 시점에서의 수요 예측치

만일 $t=1, 2, ..., n$ 시점에서의 과거 수요 실측치($D_n$)가 주어졌을 때, 최소자승법(Least squared method)을 사용하여 $a$와 $b$를 다음과 같이 구한다.

$$b=\frac{S_{xy}}{S_{xx}}$$

$$a=\overline{D}-b(n+1)/2$$

여기서,

$$S_{xy}=n\sum_{i=1}^{n}iD_i-\frac{n(n+1)}{2}\sum_{i=1}^{n}D_t$$

$$S_{xx}=\frac{n^2(n+1)(2n+1)}{6}-\frac{n^2(n+1)^2}{4}$$

$$\overline{D}=\frac{1}{n}\sum_{i=1}^{n}D_i$$

다음 표와 그래프는 다른 PC제조 경쟁업체의 작년 한 해 동안의 월별 납품량의 데이터를 보여준다. 확실한 증가하는 경향성을 볼 수가 있다.

회귀분석 기법을 적용한 결과 $a=35.21$, $b=1.72$인 회귀선이 산출되었다. 다가오는 1월달의 수요예측치는 $t=(12)+1=13$을 대입함으로써 58을 얻을 수 있다. 5월달의 수요예측치는 $t=(12)+5=17$을 대입하여 64라는 수요예측치를 얻을 수 있다. 그리고 새로운 실측치 데이터가 계속 축적되므로 정기적으로 회귀분석 직선을 보정할 필요가 있다.

| 월 | $D(t)$ | $F(t)$ |
|---|---|---|
| Jan | 37 | 36.93 |
| Feb | 40 | 38.65 |
| Mar | 41 | 40.37 |
| Apr | 37 | 42.09 |
| May | 45 | 43.81 |
| Jun | 50 | 45.53 |
| Jul | 43 | 47.25 |
| Aug | 47 | 48.97 |
| Sep | 56 | 50.69 |
| Oct | 52 | 52.41 |
| Nov | 55 | 54.13 |
| Dec | 54 | 55.85 |

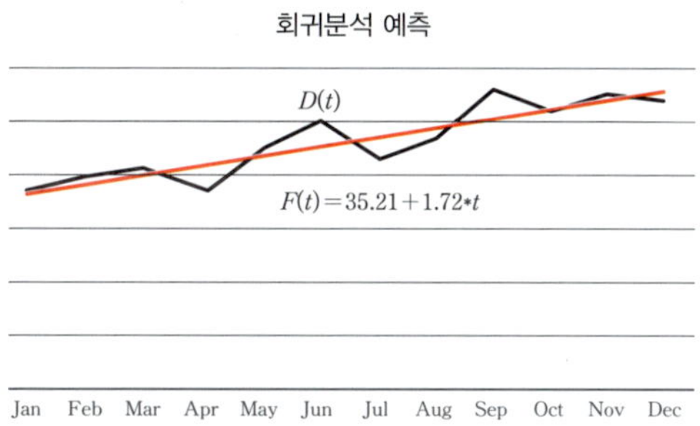


[그림 3-10] 경쟁업체 PC 사례: 회귀분석 예측

### (2) 홀트 기법(Holt's Method, Double Exponential Smoothing)

이 방법 또한 회귀분석 기법과 마찬가지로 증가 또는 감소의 경향성을 보이는 수요 예측에 사용될 수 있다. 앞서 지수 평활법이 하나의 평활계수 $a$가 필요했다면 여기서는 $b$라는 추가적인 계수가 필요하다. 간단히 말해서 $a$는 과거 수요데이터로부터 평균을 예측하기 위한 모수이고, $b$는 기울기를 예측하기 위해 필요한 계수라고 할 수 있다. 따라서 두 가지 종류의 모수가 필요하여 이중 지수평활법(Double Exponential Smoothing)이라고 하며 홀트 기법(Holt's Method)이라고도 한다. 지수평활법처럼 새로운 데이터를 계속 업데이트하면서 다음과 같이 수요예측치를 산출한다.

$$S_t = \alpha D_t + (1-\alpha)(S_{t-1} + G_{t-1}) \qquad \text{: 평균치(Intercept) 예측}$$
$$G_t = \beta(S_t - S_{t-1}) + (1-\beta)G_{t-1} \qquad \text{: 기울기(Slope) 예측}$$
$$F_{t,t+\tau} = S_t + \tau G_t \qquad \text{: 수요예측치}$$

여기서 $a$, $b$ 모수의 선택이 수요예측치의 결과에 매우 중요한 역할을 하므로 그 기업의 축적된 데이터로부터 충분한 검증을 하여 효과적인 모수를 결정해야 할 것이다. 경쟁업체 PC 사례를 이중 지수평활법으로 예측한 결과는 [그림 3-11]과 같다.

($\alpha-0.4$, $\beta-0.2$)

| 월 | $D(t)$ | $F(t)$ | $D(t)$ | $F(t)$ |
|---|---|---|---|---|
| Jan | 37 | 36.93 | 37 | 36.93 |
| Feb | 40 | 38.65 | 40 | 38.65 |
| Mar | 41 | 40.37 | 41 | 40.37 |
| Apr | 37 | 42.09 | 37 | 42.09 |
| May | 45 | 43.81 | 45 | 43.81 |
| Jun | 50 | 45.53 | 50 | 45.53 |
| Jul | 43 | 47.25 | 43 | 47.25 |
| Aug | 47 | 48.97 | 47 | 48.97 |
| Sep | 56 | 50.69 | 56 | 50.69 |
| Oct | 52 | 52.41 | 52 | 52.41 |
| Nov | 55 | 54.13 | 55 | 54.13 |
| Dec | 54 | 55.85 | 54 | 55.85 |

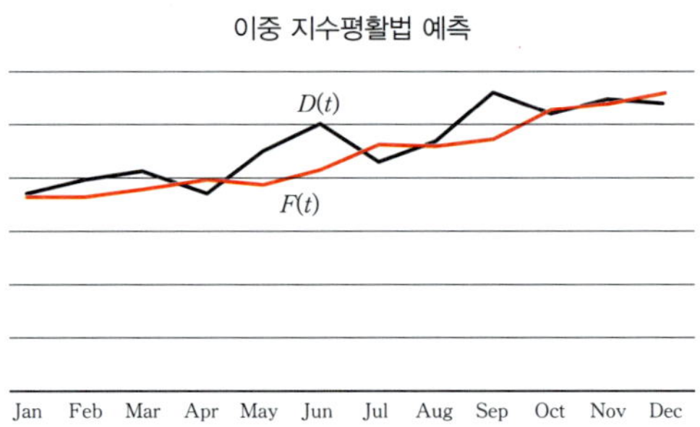


[그림 3-11] 경쟁업체 PC 사례: 이중 지수평활법 예측

### 6) 계절성 수요예측 기법

계절성 또는 주기성이 있는 수요의 경우 이를 반영하는 수요예측모형이 필요하다. 또한 경향성의 존재 여부에 관계없이 계절성은 존재할 수 있다. 앞서 이중 지수평활법으로 수요의 평균(절편) 예측치와 기울기 예측이 가능하게 된 것처럼, 계절성을 반영하는 예측치를 추가함으로써 보다 범용적인 모형 수립이 가능할 것이다. 즉, 삼중 지수평활법이 되는 것이다. 이를 윈터 기법(Winter's Method)라고 하며 다음과 같은 수요를 가정한다.

$$D_t = (\mu + G_t)c_t + \varepsilon_t$$

여기서 $\mu$는 초기 평균값(절편)이며, $G_t$는 $t$ 시점에서의 기울기, $C_t$는 계절성 승수(Multiplicative seasonal component), $\varepsilon_t$는 오차이다. 계절성 주기의 길이가 $N$ 기간이고 계절성 크기는 매 주기마다 동일하다고 가정하면, $\sum c_t = N$이 성립한다. 경향성과 계절성을 가지는 수요예측치는 다음과 같이 산출된다.

$$S_t = \alpha(D_t/c_{t-N}) + (1-\alpha)(S_{t-1} + G_{t-1}) \quad \text{: 평균치(Intercept) 예측}$$
$$G_t = \beta(S_t - S_{t-1}) + (1-\beta)G_{t-1} \quad \text{: 기울기(Slope) 예측}$$
$$c_t = \gamma(D_t/S_t) + (1-\gamma)c_{t-N} \quad \text{: 계절성 승수 예측}$$
$$F_{t,t+\tau} = (S_t + \tau G_t)c_{t+\tau-N} \quad \text{: 수요예측치}$$

여기서, $t \leq \text{N}$ 만일 $N < \tau \leq 2N$이면 계절성 승수는 $c_{t+\tau-2N}$가 되고, $2N < \tau \leq 3N$이면 계절성 승수는 $c_{t+\tau-3N}$가 된다.

[그림 3-12]은 도심 교량을 통과하는 일일 교통량을 윈터 기법으로 예측한 결과이다. 3주 동안 교통량 예측을 통하여 N=7일 주기를 가지는 요일별 교통량을 관찰할 수 있으며 매주 증가세를 보이고 있다.

$(\alpha = \beta = \gamma = 0.2)$ (단위: 천)

| 일 | $D(t)$ | $S(t)$ | $G(t)$ | $c(t)$ | $F(t)$ |
|---|---|---|---|---|---|
| 초기값 | | 20.0 | 1.00 | | |
| 1(월) | 29 | 20.9 | 0.97 | 1.28 | 25.8 |
| 2(화) | 19 | 21.4. | 0.89 | 0.90 | 21.0 |
| 3(수) | 17 | 21.9 | 0.80 | 0.88 | 19.0 |
| 4(목) | 22 | 22.2 | 0.70 | 1.00 | 24.7 |
| 5(금) | 30 | 22.3 | 0.58 | 1.63 | 34.5 |
| 6(토) | 13 | 22.3 | 0.48 | 0.60 | 14.6 |
| 7(일) | 14 | 22.1 | 0.34 | 0.61 | 16.4 |
| 8(월) | 28 | 22.4 | 0.32 | 1.27 | 28.8 |
| 9(화) | 22 | 23.1 | 0.39 | 0.91 | 20.4 |
| 10(수) | 20 | 23.3 | 0.37 | 0.87 | 20.5 |
| 11(목) | 27 | 24.4 | 0.50 | 1.02 | 23.7 |
| 12(금) | 35 | 24.2 | 0.37 | 1.59 | 40.5 |
| 13(토) | 17 | 25.3 | 0.53 | 0.61 | 14.6 |
| 14(일) | 19 | 27.0 | 0.74 | 0.63 | 15.7 |
| 15(월) | 33 | 27.3 | 0.67 | 1.26 | 35.3 |
| 16(화) | 26 | 28.1 | 0.70 | 0.91 | 25.5 |
| 17(수) | 25 | 28.8 | 0.69 | 0.87 | 25.1 |
| 18(목) | 33 | 30.1 | 0.80 | 1.04 | 30.1 |
| 19(금) | 45 | 30.3 | 0.70 | 1.57 | 49.2 |
| 20(토) | 20 | 31.4 | 0.77 | 0.62 | 19.0 |
| 21(일) | 25 | 33.7 | 1.08 | 0.65 | 20.1 |

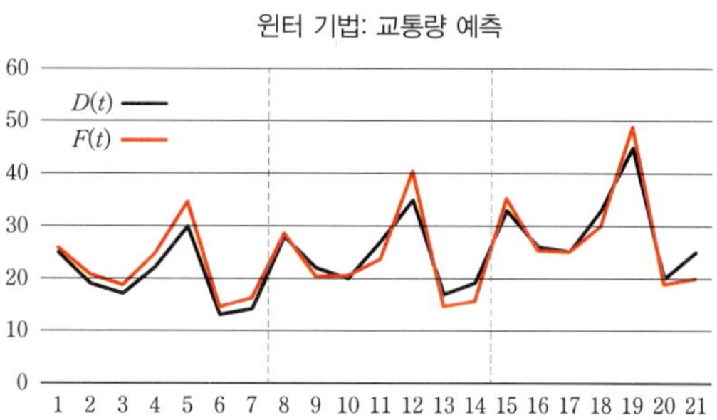


• $N=7$
• 초기 계절승수($c$): $c_1=1.3$, $c_2=1.3$, $c_3=1.3$, $c_4=1.3$, $c_5=1.3$, $c_6=1.3$, $c_7=1.3$

[그림 3-12] 일일 교통량 예측: 윈터 기법

### 7) 중장기 수요예측

중장기의 기간에 대한 기준은 정확히 정할 수는 없으나, 기업 수익의 관점에서 보면 해당 기간의 결정이 추후 돌이킬 수 없는 수준의 피해를 주는 수준의 의사결정에 해당되는 경우가 많다. 가령 새로운 공장이나 라인을 건설한다거나, 수백억 원 정도의 설비를 산다거나, 새로운 시장에의 진입 여부를 결정하는 일 등이다. 수요 예측 기간으로서는 최소 월 단위 이상, 분기, 연 단위의 기간을 의미한다. 몇 가지 가장 많이 쓰이는 방법을 소개한다.

- **인과모형(Causal Model)**: 앞서 설명한 대로 수요발생의 요인을 통해 수요 예측치를 구하는 모형이다. 인과모형의 예로는 주택 건설을 들 수 있다. 1분기 주택 건설이 많이 이루어졌을 경우, 2분기 백색가전 제품의 수요가 증가할 것이다. 또 다른 예로서 여름철 전기 수요량은 여름철 기온에 영향을 받을 것이다.
- **델파이 기법(Delphi Method)**: 이 기법은 전문가들의 의견을 통해 예측치를 구하는 방법이다. 전문가들의 개별 의견은 차이가 있으므로 몇 번에 걸쳐 예측치의 피드백을 알려주면서 서로 간의 의견을 좁혀가면서 최종 수요예측치에 도달하는 과정을 거친다.
- **영업부서 예측**: 고객을 만나는 현장에서 취합된 의견을 예측치로 사용하는 경우이다. 사실상 고객의 직접적인 정보가 가장 중요하므로 매우 현실적인 예측치가 도출될 수 있다. 그러나 자칫 편향된 정보로 인한 예측치의 신뢰도 문제가 종종 있을 수 있다.
- **외부 컨설팅**: 기업에서 분석할 수준을 넘어서는 정보나 자료가 필요한 수요 예측인 경우, 이를 전문적으로 예측하는 컨설팅 회사나 협회 등의 컨설팅에 의존할 수 있다. 보통 거시 지표, 해당 산업에 대한 데이터 등이 필요한 수요예측을 예로 들 수 있다.

### 8) 수요예측 기법의 선택

만병통치약이 존재하지 않은 것처럼 수요예측 기법도 마찬가지이다. 지금까지 소개한 예측기법 이외에 많은 종류의 예측모형이 존재하지만, 특정한 하나의 기법만으로 모든 종류의 데이터나 모든 기업의 상황에 최고의 결과를 가져다 줄 수는 없다. 따라서 많은 예측 기법 중에 각 기업에 가장 적합한 기법을 어떻게 선택하느냐가 더욱 중요한 문제이다. 기업마다 상황이 다르겠지만 일반적으로 고려해야 하는 기준은 예측 정확도, 수요예측에 의한 비용 절감 효과, 결과에 대한 해석의 용이성, 예측 기법의 유연성, 데이터 확보의 용이성, 사용 편리성, 예측기법 실행의 용이성, 주관적 의견과 통합의 용이성, 예측 시스템의 유지보수의 용이성 등이 있다. 혹자는 대부분의 산업에서 가장 많이 쓰이는 기법을 쓰는 것이 실패 위험을 줄이는 것이라고 생각하기도 한다. 그러나 이는 많은 경우에 사실이 아니다. 어떤 조사에 따르면 산업에서 주관적 예측 기법이 가장 많이 쓰이고, 다음이 경향성 예측 기법, 이동평균법, 지수평활법이라고 한다. 그러나 과거 데이터가 충분히 존재할 경우에는 통계적 예측 기법이 보다 좋은 결과를 가져다줄 수 있다. 특히 데이터의 변동성이 적은 경우 통계적 예측 기법이 보다 정확도가 높다고 알려져 있다.

## 3 수요예측 정확도의 개선

수요예측의 정확도 기준에서 우리가 학습한 예측 기법들이 실제로 좋은 성과를 가져다주었을까? 많은 연구가 시사하는 바는 가장 단순하고 기본적인 방법일지라도 복잡하고 어려운 방법에 못지않은 비슷한 수준의 결과를 보였다는 것이다. [그림 3-13]에서 보는 바와 같이 단순한 평균이동법이 보다 복잡한 회귀분석모형보다 좋은 결과를 보여 줄 수 있다는 것이다. 특히 중장기 수요예측의 경우 어떤 기법이 절대적으로 우수할 수 없는 불확실성을 가지고 있다.

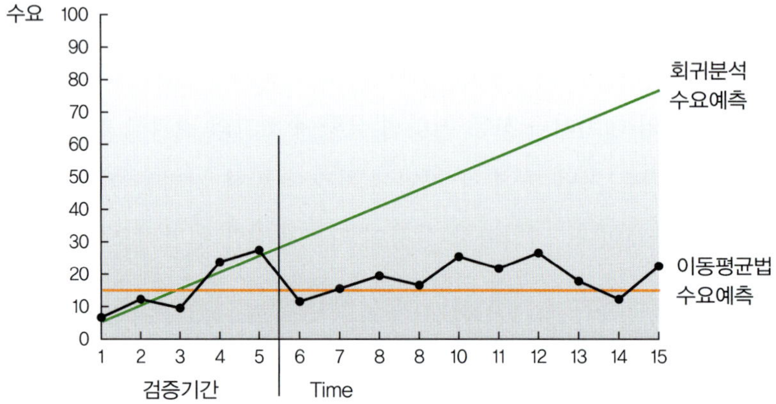


[그림 3–13] 중장기 수요예측의 어려움

그렇다면 특정한 수요예측 기법의 선택에 관계없이 수요예측의 정확도를 보다 개선할 수 있는 다른 방법은 없을까? 일반적으로 사용되는 다음과 같은 방법을 소개한다.

### ① 선구매 유도

고객이 원래 주문보다 일찍 주문을 확정하는 경우 할인가를 적용해 주는 일종의 인센티브 정책이다. 몇 가지 사례를 살펴보자.

- 생활 가전제품 판매 회사는 60일 앞서 주문을 할 경우 10% 할인을 해주는 프로그램을 도입했다. 이러한 인센티브는 특히 주택 시공 회사들에게 비용 절감뿐만 아니라 가전제품의 공급을 원활하게 하여 건설 기간의 변동성을 줄이는 효과를 얻게 되었다.
- 조명기구 제조 회사는 5주 선주문 시 3% 할인 프로그램을 도입한 결과, 생산의 안정화로 연 1백만 불의 매출 증가를 이루었다.
- 스키리조트의 경우 Early Bird 특별 할인 패키지를 운영하여 미래 수요에 대한

확정 수요량을 늘리는 대신 예측수요량을 낮추어 수요예측의 부담을 줄일 수 있었다.

### ② 수요의 통합

이는 개별 수요보다는 통합된 수요에 대한 예측(Aggregate Forecasting)이 보다 쉽다는 것이다.

- Dell 컴퓨터사의 경우, 고객 맞춤형 PC를 인터넷으로 주문받아 부품 재고를 이용해 조립후 택배송을 한다. 이때 수많은 모델의 PC 완제품에 대한 수요예측 대신에 몇 가지의 표준 부품에 대한 수요예측을 함으로써 보다 쉽게 재고관리가 가능하다. 예를 들어 60종류의 PC완제품의 개별 수요예측보다는 4종류의 칩, 5종류의 하드드라이버, 3종류의 CD-ROM 등 12종의 부품에 대한 대량 수요를 예측하는 것이 보다 쉽다.
- Reflect.com LLC라는 회사는 Procter & Gamble에서 스핀오프된 회사인데 고객의 주문형 화장품을 제조한다. 5만 종류의 화장품에 대한 개별 수요 예측 대신에 몇 가지 원재료에 대한 수요예측으로 완재품 재고에 대한 비용부담을 없앴다.

이상의 사례는 수요의 통합을 통한 예측의 용이성을 보여주는 사례이지만, 생산공정의 관점에서 보면 제조사는 최대한 부품으로 재고를 유지하면서 마지막 공정에 조립함으로써 생산지연(Postponement production) 효과를 이용하는 것이다. 이를 위해서는 되도록 표준 부품의 비율을 높이도록 제품 설계를 하는 것이 유리하다.

### ③ 리드타임 감축

예측의 속성상 예측해야 될 미래가 멀수록 예측 정확도는 떨어진다. 이 원리를 적용해보면 예측기간을 적게 가져갈수록 예측 정확도를 높일 수 있다는 말이 된다. 예를 들어 Dell 컴퓨터의 경우, 만일 PC주문을 받아 조립하여 소비자에게 배송완료까지 일주일 이내의 기간이 소요된다. 이 말은 Dell 컴퓨터의 공급사슬상의 모든 예측활동은 일주일 이내의 기간에 관한 예측이다. 반면에 일반 완성품 PC제조업체의 경우 특정 모델의 완제품 생산리드타임이 1~2달이 걸린다. 이 경우 공급사슬상의 모든 예측활동의 기간은 최소 월 단위의 미래 기간인 것이다. Dell 컴퓨터의 예측결과의 정확도가 훨씬 높을 것이다.

# Exercise 연습문제

1. 수요관리 프로세스의 목적과 프로세스 단계별 목표를 기술하시오.

2. 이동평균법을 경향성이 있는 시계열의 수요예측에 사용하여 보고 결과를 토의하시오.

3. 수요예측 정확도를 개선하는 방안들을 열거하고, 추가적인 방안을 하나 더 제시하여 보시오.

〈표 3-1〉 데이터: 학습문제 4~10

| 데이터 종류 | 연도 | 1분기 | | | 2분기 | | | 3분기 | | | 4분기 | | |
|---|---|---|---|---|---|---|---|---|---|---|---|---|---|
| | | 1월 | 2월 | 3월 | 4월 | 5월 | 6월 | 7월 | 8월 | 9월 | 10월 | 11월 | 12월 |
| C | 2021 | 119 | 115 | 132 | 120 | 126 | 125 | 121 | 130 | 128 | 116 | 131 | 117 |
| T | 2020 | 120 | 118 | 138 | 129 | 138 | 140 | 139 | 151 | 152 | 143 | 161 | 150 |
| | 2021 | 150 | 158 | 159 | 163 | 179 | 170 | 180 | 177 | 186 | 191 | 190 | 182 |
| C-S | 2019 | 167 | 143 | 143 | 110 | 95 | 74 | 72 | 97 | 117 | 125 | 164 | 165 |
| | 2020 | 160 | 148 | 127 | 108 | 98 | 71 | 74 | 91 | 116 | 139 | 155 | 159 |
| | 2021 | 186 | 161 | 139 | 104 | 86 | 75 | 75 | 87 | 117 | 121 | 161 | 163 |
| T-S | 2019 | 168 | 147 | 150 | 118 | 103 | 81 | 81 | 112 | 139 | 155 | 203 | 214 |
| | 2020 | 214 | 199 | 173 | 149 | 132 | 96 | 96 | 131 | 170 | 208 | 240 | 262 |
| | 2021 | 294 | 259 | 224 | 177 | 145 | 119 | 119 | 152 | 204 | 241 | 294 | 321 |
| D1 | 2019 | 234 | 276 | 313 | 258 | 216 | 251 | 277 | 261 | 325 | 253 | 229 | 241 |
| | 2020 | 223 | 268 | 290 | 198 | 200 | 278 | 221 | 214 | 283 | 183 | 164 | 185 |
| | 2021 | 194 | 165 | 241 | 150 | 179 | 154 | 150 | 192 | 241 | 156 | 130 | 230 |
| D2 | 2019 | 184 | 227 | 287 | 180 | 167 | 193 | 167 | 187 | 273 | 208 | 215 | 205 |
| | 2020 | 214 | 222 | 267 | 171 | 207 | 196 | 181 | 197 | 274 | 194 | 188 | 188 |
| | 2021 | 187 | 221 | 255 | 186 | 180 | 204 | 204 | 161 | 253 | 187 | 195 | 203 |

C=Constant, T=Trend, C-S=Constant with Seasonal, T-S=Trend with Seasonal time series,
D1 & D2=Demand of company 1 & company 2

〈표 3-1〉의 데이터를 이용하여 다음 4번~10번 문제에 대해 답하시오.

4. 데이터 C에 대해, 이동평균법과 지수평활법을 각각 이용하여 2022년도 1분기 수요를 예측하고, 두 방법의 예측 결과를 비교, 분석하시오. 단, $N=6$, $\alpha=0.1$, $F_0=200$을 사용.

5. 데이터 T에 대해, 홀트 기법을 이용하여 2022년도 1분기 수요를 예측하시오. 단, $\alpha=0.2$, $\beta=0.05$, $F_0=200$, $G_0=0$을 사용.

6. 데이터 T에 대해, 회귀분석법을 이용하여 2022년도 1분기 수요를 예측하시오. 수요예측 결과를 문제 5번의 결과와 비교, 분석하시오.

7. 데이터 C-S에 대해, 윈터 기법을 이용하여 2022년도 1분기 수요를 예측하시오. 단, $\alpha=0.2$, $\gamma=0.05$, $F_0=200$을 사용.

8. 데이터 T-S에 대해, 윈터 기법을 이용하여 2022년도 1분기 수요를 예측하시오. 단, $\alpha=0.2$, $\beta=0.05$, $\gamma=0.05$, $F_0=200$, $G_0=0$을 사용.

9. 데이터 D1에 대해서, 가장 적합한 수요예측모형을 검증하여 제시하시오. 이때 선택한 예측모형에서 필요한 모수들의 적절한 값을 제시하시오.

10. 데이터 D2에 대해서, 가장 적합한 수요예측모형을 검증하여 제시하시오. 이때 선택한 예측모형에서 필요한 모수들의 적절한 값을 제시하시오.

11. 다음은 어느 전자제품 전문매장의 헤드폰 판매 실적이다.

| 월 | 3월 | 4월 | 5월 | 6월 | 7월 | 8월 |
|---|---|---|---|---|---|---|
| 판매량 | 25 | 35 | 45 | 35 | 55 | 63 |

(a) 판매량에 대한 회귀분석식을 구하고, 이에 따른 MAD, MSE, MAPE 산출하시오. 9월의 판매예측치를 구하시오.

(b) 이중 지수평활법 ($\alpha=0.2$ and $\beta=0.2$)을 이용하여 월 판매량을 예측하시오. 단, 3월 판매예측치는 실제 판매량과 같고, 초기 판매량과 초기 기울기는 15라고 가정한다. 이에 따른 MAD, MSE, MAPE를 산출하시오. 9월의 판매예측치를 구하시오.

(c) 위 (a), (b)의 결과 분석을 통하여 어느 예측 기법이 보다 낫다고 할 수 있는가?

12. 다음 판매실적 데이터로부터 각 예측 기법을 이용하여 MAD와 13개월 차 판매량을 예측하고 그 결과를 비교 분석하시오.

| 월 | 1 | 2 | 3 | 4 | 5 | 6 | 7 | 8 | 9 | 10 | 11 | 12 |
|---|---|---|---|---|---|---|---|---|---|---|---|---|
| 판매량 | 104 | 116 | 125 | 122 | 117 | 127 | 110 | 112 | 92 | 129 | 114 | 125 |

(a) 3개월 이동평균법

(b) 지수평활법(a=0.2, 1주 차 예측치=110으로 가정)

(c) 이중 지수평활법(a=0.1, b=0.2, 1주 차 평균값 예측치=110, 기울기 예측치=0)

13. 다음은 컴퓨터 제조기업인 B사의 매출실적을 보여주고 있다. B사의 경영전략팀은 판매실적이 700억 원이 넘어갈 시점에 신규 공장을 세우는 전략을 가지고 있다. 언제 새로운 공장의 건설이 필요한가?

| 연도 | 2006 | 2007 | 2008 | 2009 | 2010 | 2011 | 2012 | 2013 |
|---|---|---|---|---|---|---|---|---|
| 매출(억 원) | 240 | 254 | 257 | 295 | 315 | 350 | 370 | 372 |
| 연도 | 2014 | 2015 | 2016 | 2017 | 2018 | 2019 | 2020 | 2021 |
| 매출(억 원) | 440 | 451 | 463 | 495 | 547 | 552 | 571 | 590 |

14. 의류 수출 회사인 C사는 최근 주문시스템을 도입하려고 최근 4주간의 고객 주문수를 조사한 결과 다음과 같은 데이터를 얻었다.

| 요일 | 1주 | 2주 | 3주 | 4주 |
|---|---|---|---|---|
| 월 | 138 | 143 | 129 | 115 |
| 화 | 130 | 128 | 137 | 145 |
| 수 | 115 | 112 | 108 | 120 |
| 목 | 120 | 98 | 122 | 116 |
| 금 | 198 | 200 | 209 | 194 |

(a) 각 요일별 계절성 지수(Seasonal Factor)를 산출하시오.

(b) (a)에서 구한 계절성 지수를 이용하여 5주 차의 주문수를 예측하시오.

(c) 5주 차가 지난 후 집계된 실제 주문수는 다음과 같았다: 월 154, 화 145, 수 135, 목 112, 금 209. MAD와 CFE를 산출하시오.

(d) 사용한 예측기법이 적절하였는지 토의하시오.

15. 수영 레저 용품을 판매하는 한 회사가 2018년에 새로운 수영복을 선보였다. 다음 데이터는 2018년 여름부터 2021년 상반기 겨울까지의 판매실적이며 꾸준한 증가세를 보이고 있다.

| 연도 | 2018 | | | | 2019 | | | |
|---|---|---|---|---|---|---|---|---|
| 계절 | 봄 | 여름 | 가을 | 겨울 | 봄 | 여름 | 가을 | 겨울 |
| 판매량(천) | 34 | 52 | 23 | 18 | 41 | 78 | 29 | 25 |
| **연도** | **2020** | | | | **2021** | | | |
| 계절 | 봄 | 여름 | 가을 | 겨울 | 봄 | 여름 | 가을 | 겨울 |
| 판매량(천) | 48 | 92 | 33 | 23 | 55 | 112 | 43 | 29 |

(a) 위 데이터를 그래프로 작성하여 본 후 데이터 특성에 대해 설명하시오.

(b) 적절한 예측 기법을 선정하여 2022년 여름 기간의 판매량을 예측하시오. 사용한 예측 기법의 적합성에 대해 설명하시오.

Supply Chain Management

04

CHAPTER

# 공급사슬의 수요-공급 관리

1. 판매운영계획 프로세스(S&OP Process) | 2. 총괄생산계획(Aggregate Planning)

3. S&OP 프로세스 실행 시 고려 사항

CHAPTER 04

# 공급사슬의 수요-공급 관리

Supply Chain Management

〈학습 목표〉

1. S&OP 프로세스의 목적과 개념을 이해하고 각 프로세스의 단계를 설명할 수 있다.
2. S&OP 프로세스의 핵심 단계인 총괄생산계획의 과정을 이해하고 설명할 수 있다.
3. S&OP 프로세스의 장애요인을 파악하고 성과지표에 미치는 영향을 이해한다.

글로벌 IT 하드웨어 업체로 유명한 후지쯔는 글로벌 공급사슬에서 두 가지 문제에 직면해 있었다. 바로 과잉재고와 긴 리드타임의 문제였다. 과잉재고의 경우 수요 예측의 정확도가 떨어지는데다 이를 전체 공급사슬상에서 파악하기 힘들어 결국 재고를 각 수요에 맞추어 적절히 배분하지 못하는 상황이었다. 즉, 수요-공급의 불균형이 그 주된 원인이었다. 긴 리드타임의 경우, 후지쯔는 전 세계 글로벌 수요를 한눈에 파악하기 어려웠고 또한 핵심성과 지표들이 잘 관리되지 않아 신속한 개선활동이 이루어질 수 없는 상황으로 파악되었다. 그런데다 전 세계 흩어져 있는 현지 공장들과의 협업시스템이 제대로 갖추어져 있지 않았다. 이에 후지쯔는 부서 간 경계가 없는 소위 Cross-Functional 팀을 구성하여 먼저 글로벌 수요에 대한 단기, 중장기 수요예측값을 다시 산정하였고, 이에 따라 가장 우선순위가 높은 고객 그룹들을 미세하게 관리하여 수요충족율을 향상시켜 고객만족도를 높였다. 그런 다음 글로벌 수요-공급의 매치가 잘 이루어지는지 파악하여 현지 공장들과 매주 조정회의를 통해 생산능력계획을 수립하였다. 이러한 프로세스는 통합된 글로벌 데이터베이스를 통해 전세계 공급사슬상의 유저들과 24시간 공유되어 정보의 가시성을 갖추게 되었다. 이 결과 재고가 전체적으로 10% 감소하였고, 수요예측 정확도는 30% 개선되었으며 전체 운영계획 사이클 기간이 15% 감소하였다.

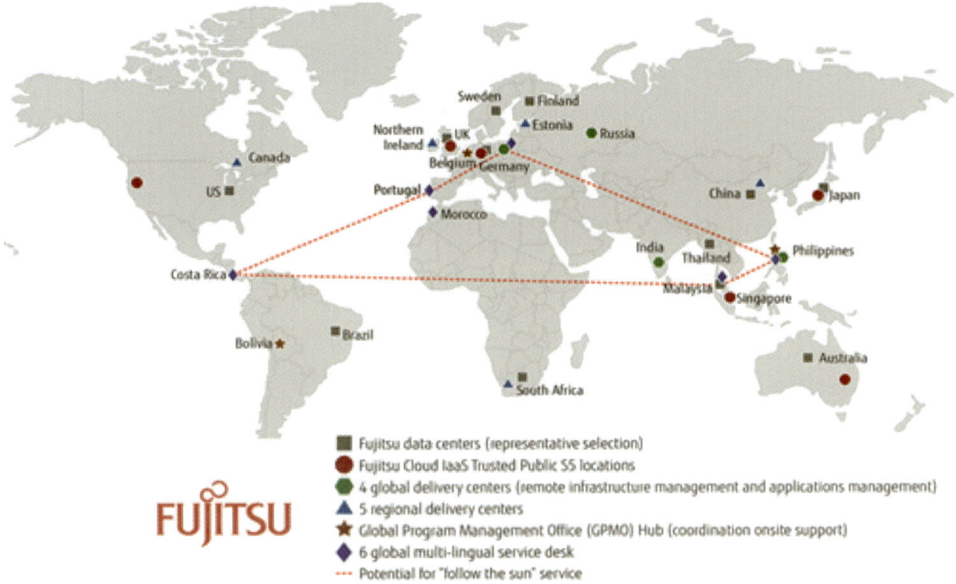


[그림 4-1] Fujitsu 글로벌 IT 네트워크

출처: https://www.fujitsu.com

이 사례는 공급사슬에 있어서 수요와 공급 간의 균형이 수요계획과 공급계획의 원활한 조정과 통합된 프로세스로 실행되지 않으면 이루어지기 힘든 문제라는 것이다. 본 장에서는 수요와 공급의 균형을 맞추고자 실행하는 판매운영계획(Sales & Operation Planning: S&OP) 프로세스가 어떻게 실행되며 이를 위해 어떠한 사항들을 고려해야 하는 지를 알아보기로 한다.

## 1 판매운영계획 프로세스(S&OP Process)

S&OP 프로세스의 목적은 한마디로 공급사슬상에서 수요와 공급의 균형을 맞추는 것이다. 공급사슬에서 수요, 공급 간의 균형이 깨어졌을 때 공급사슬에 직간접적인 피해를 준다. 수요가 공급을 초과한다면, 즉 공급부족이 발생한다면 판매 기회를 상실하고, 오버타임 등 추가적인 비용이 발생하고, 독촉과 외주 등으로 인한 품질문제가 발생할 수 있다. 반대로 공급이 초과하는 경우, 재고 증가에 의한 비용, 생산을 줄여야 하므로 설비가동율이 떨어지고, 시장 가격이 낮아져 이윤 감소로 이어지게 된다. [그림 4-2]에서 보는 바와 같이 수요예측량과 확정된 주문 등이 수요량을 결정하고 공급 주문, 자원이나 공급능력등이 공급량을 결정한다. 이때 재고는 양측의 균형을 유지하기 위한 버퍼 역할을 한다.

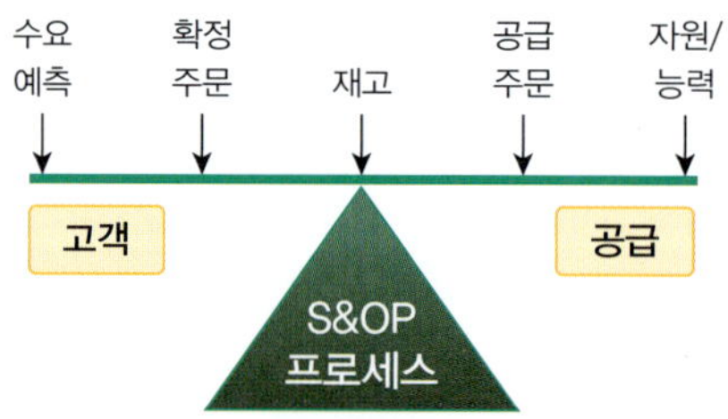


[그림 4-2] S&OP 역할: 수요-공급의 균형

결국 S&OP의 목적은 수요와 공급의 균형을 맞추기 위해 공급사슬상의 모든 부서들이 동의하고 실행할 수 있는 하나의 통합된 계획을 만드는 것이다. 공급사슬에 참여하는 모든 부서들이 하나의 공동 목표를 가지고 일관되게 노력을 하게 만들려면 S&OP 프로세스는 전략적으로 접근해야 한다. 그래서 S&OP를 전사 경영전략과 일일 업무 활동을 연결시켜 수요과 공급의 균형을 유지하게 하는 비즈니스 프로세스라고 한다. 여기서 핵심 단어는 '비즈니스 프로세스'이다. 즉, 비즈니스 프로세스란 조직이 상시적으로 따라야 할 업무들의 집합이다. 따라서 S&OP 프로세스도 비즈니스 프로세스로서의 이러한 속성들을 가지고 있게 된다.

첫 번째 속성은 전략적으로 접근되어야 한다. 수요와 공급의 균형을 맞추기 위해서는 기업의 전략적 계획이 요구되는 것이다. 보통 최소한 임원급의 회의를 통한 의사결정이 이루어져야 한다. 두 번째로 Cross-functional 팀이 실행하여야 한다. 왜냐하면 S&OP 프로세스가 서로 다른 부서들의 이해관계를 조정하고 균형을 유지하여야 되기 때문이다. 세 번째는 계획의 대상이 개별 제품, 예를 들면 재고보관단위(SKU)가 아니라 제품군으로 통합된 대상이어야 한다. 왜냐하면 SKU단위의 개별 제품 수요를 예측하는 것은 사실상 불가능하기 때문이다. 여러 종류의 제품을 통합된 단위의 제품군으로 분류할 경우 수요예측 결과의 신뢰도가 높아진다. 마지막으로 기간 울타리, 즉 Time Fence이다. 승인된 S&OP 계획은 단기간(주, 월 단위)에서는 변경 불가능하게 하고, 중장기 기간에서는 변경가능하게 유연성을 두는 것이다. 이러한 비즈니스 프로세스 속성을 이해하고 이제 S&OP 프로세스를 살펴보자.

[그림 4-3]에서 보는 바와 같이 S&OP 프로세스를 기능적 관점에서 보면 수요계획과 공급계획을 통한 수요-공급의 균형을 맞추는 프로세스이다.

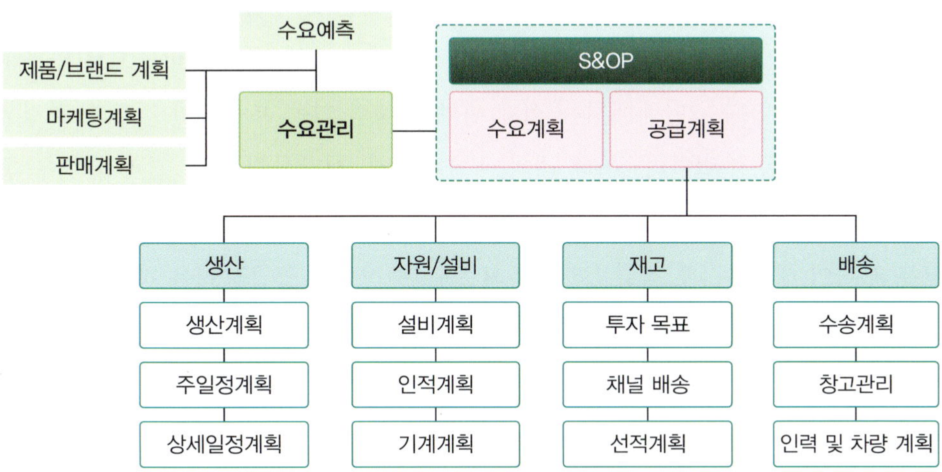


[그림 4-3] S&OP 프로세스의 기능

출처: APICS 2015.

수요계획으로부터 받은 통계적 수요예측치를 만족할 수 있는 공급계획을 수립하게 된다. 공급계획은 생산, 자원, 재고, 배송계획 등을 통해 수립되며 수요계획과의 조정과정을 거쳐서 최종 합의된 S&OP가 수립된다. 이러한 S&OP 프로세스는 월 단위으로 실행되는 주기적인 프로세스이다. 월주기의 S&OP 프로세스는 다음 [그림 4-4]와 같이 5단계의 시간적 순서의 업무프로세스를 가지고 있다.

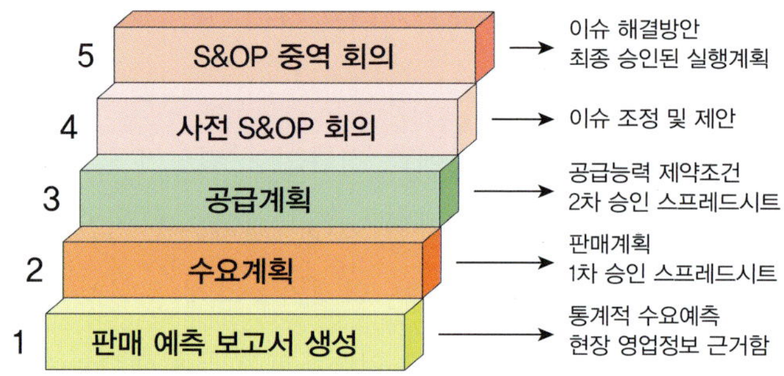


[그림 4-4] 월주기 S&OP 프로세스

출처: APICS 2015.

먼저 1단계는 통계적 수요예측치를 산출하는 것인데 이 값이 S&OP 프로세스의 가장 기본 입력 데이터가 된다. 또한 영업부서에서의 현장 정보를 바탕으로 판매분석 자료를 산출한다. 2단계에서는 실제 판매에 책임 있는 부서들의 검토와 조정을 거쳐 판매계획을 수립한다. 이때 내외부 판매환경, 시장환경 분석 결과가 매우 중요하며 통계적 수요예측 결과을 보정하여 판매계획이 수립된다. 3단계에서는 생산부문 부서인 생산, 구매, 물류, 외주 부서 등을 중심으로 공급능력을 파악하여 판매계획을 최대한 충족할 수 있는 실행가능한 공급계획을 수립한다. 또한 공급계획상의 이슈들을 모두 정리하여 다음 단계인 사전 S&OP 회의의 해결 안건으로 전달한다. 4단계 사전 S&OP 회의에는 S&OP 프로세스에 관련되는 모든 부서의 책임자들이 참석한다. 여기에는 제품개발, 재무부서 책임자도 포함된다. 이 회의에서는 공급계획을 검토하고 필요시 운영계획을 변경하며, 특히 이슈들을 검토하여 해결 방안을 도출한다. 미해결 이슈들은 다음 단계인 S&OP 중역 회의의 안건으로 상정한다.

S&OP 중역 회의는 최고경영자를 포함 S&OP 프로세스 관련 책임 임원들이 참석한다. 여기에서는 최종 승인된 S&OP가 도출되는데 앞서 사전 S&OP 회의에서 올라온 이슈들에 대한 해결방안을 제시한다. 또한 금액과 수량관점에서 경영계획과의 상호 조정도 이루어진다. 앞서 설명한 바와 같이 승인된 S&OP는 개별 제품이 아닌 제품군별 운영계획이다. 월간 S&OP 프로세스를 주 단위 핵심업무와 입출력 정보로 요약해 보면 [그림 4-5]와 같다.

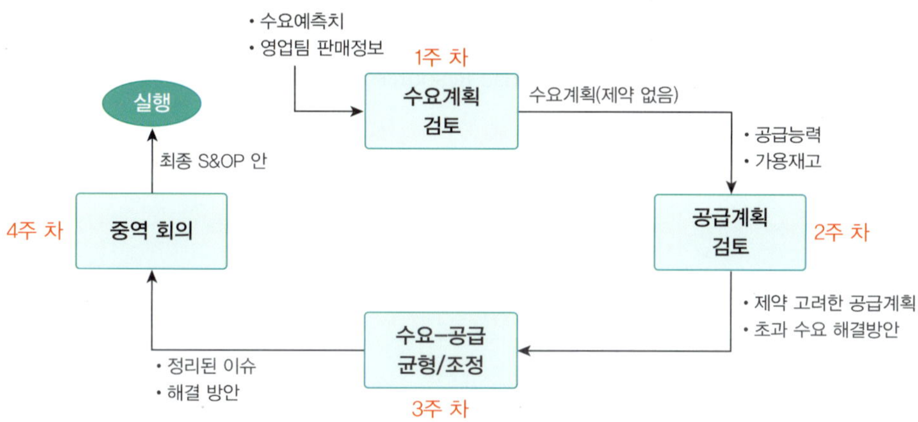


[그림 4-5] 주 단위 S&OP 프로세스

1주 차 초에 통계적 수요예측 결과를 산출하여 내외부 판매 및 시장 분석을 토대로 금요일까지 판매계획을 완성한다. 이때 판매계획은 공급능력을 감안하지 않은 수요관점에서의 계획이다. 2주 차에 공급능력과 가용재고를 파악하여 생산부문의 운영계획을 수립하고 초과수요에 대한 해결방안도 제시한다. 3주 차에 사전 S&OP 회의에서 수요와 공급계획의 조정이 이루어진다. 대부분의 이슈의 해결안을 작성하고 미해결 이슈에 대해서는 방안을 제기하거나 안건으로 다음 주에 있을 S&OP 중역회의로 전달한다. 4주 차에 모든 책임 임원이 참석하는 최종 S&OP회의를 열어 최종 S&OP를 승인하고 각 실행부서들과 공유한다.

4.2절에서는 S&OP에서 수립되는 계획 중 가장 상위단계이자 핵심적인 기능인 총괄생산계획에 대해 알아보기로 한다.

## 2 총괄생산계획(Aggregate Planning)

### 1) 총괄단위(Aggregate Unit)

S&OP 프로세스 중 3단계에서 수립되는 공급계획의 핵심이 바로 총괄생산계획이다. 총괄이란 표현은 'Aggregate'를 번역한 용어인데 제품 단위의 관점에서 제품군, 즉 'Product Family'에서의 군집의 의미를 지닌다. 왜 제품군이 필요한 것일까? 이에 대한 답은 바로 전사자원관리(Enterprise Resource Planning: ERP)에서의 S&OP의 전략적 위치에 있다.

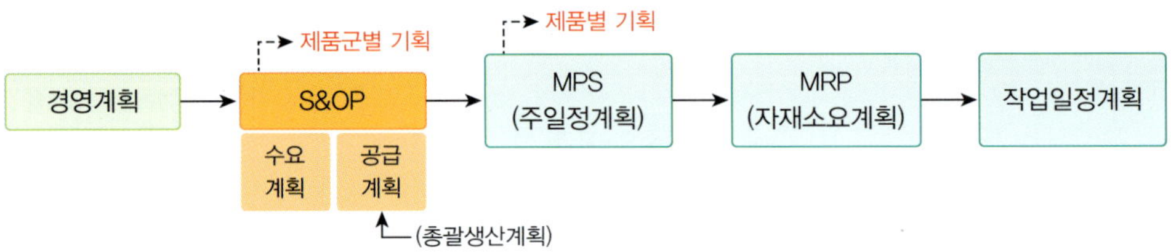


[그림 4-6] 전사자원관리에서의 S&OP와 총괄생산계획

S&OP는 하위 단계인 주일정계획(Master Production Schedule: MPS)이나 작업일정계획과는 달리 월간 단위의 중기계획으로 상위의 경영계획과 연계되어야 한다. 또한 계획의 정확도를 높이려고 재고보관단위인 SKU별 상세 공급계획을 세우는 것은 이 단계에서는 비효율적이며 오히려 예측력을 떨어뜨리게 된다. 따라서 제품군별 물량(Volume)을 계획관리하는 것이 합리적이며 상세 제품별 생산일정(즉, Product Mix)은 주일정계획 단계에서 고려되어야 하는 것이다.

제품군의 공급계획을 수립하기 위해서는 먼저 제품군의 단위를 새로이 정의하여야 한다. 이를 총괄 단위(Aggregate Unit)이라고 한다. 총괄 단위는 서로 다른 단위의 제품들을 하나의 제품군으로 묶는 경우 통일된 단위로서 필요하다. 이러한 총괄 단위는 금액 단위, 또는 총괄 생산 단위가 될 수 있다. 총괄 단위는 이후에 생산에 필요한 노동력 수준으로 변환될 수 있다. 간단한 예제를 들어 살펴보자. 우리 회사의 한 공장에서 현재 6개 모델의 TV를 생산하고 있다. 각 모델별 생산리드타임, 가격, 판매량 비율은 〈표 4-1〉과 같다.

〈표 4-1〉 제품군에 대한 총괄 단위의 결정

| 모델 | 생산시간(hrs) | 가격($) | 판매비율(%) |
|---|---|---|---|
| A | 3.5 | 550 | 29 |
| B | 3.9 | 620 | 22 |
| C | 4.3 | 1,050 | 19 |
| D | 4.5 | 1,200 | 15 |
| E | 5.3 | 2,300 | 9 |
| F | 5.6 | 2,700 | 6 |

(○) 대안 1. 판매비율 가중평균 생산시간 = 4.178hrs/unit
(×) 대안 1. 판매비율 가중평균 가격 = 921.2$/unit

TV라는 제품군에 대한 총괄 단위를 어떻게 결정하겠는가? 가장 쉬운 방법은 제품가격을 이용하여 금액 단위로 환산하여 사용하는 것이다. 그러나 각 제품 모델의 비용이 제품가격과 비례하지 않으므로 추후 생산량에 따른 생산비용 산출에 있어서 왜곡된 결과를 가져다 줄 수 있다. 대안으로는 판매비율에 따른 가중치가 반영된 생산시간을 단위로 사용하는 것이다. 이에 따라 TV제품군은 하나의 제품을 생산하는데 평균 시간이 소요되므로 추후 생산비용과 노동비용 또한 이에 근거하여 쉽게 산정할 수 있을 것이다.

총괄생산계획의 목적은 판매 계획의 총괄단위 수요를 충족시키면서 총 운영비용을 최소화하는 기간별 생산량(Firm-wide Production Plan), 투입노동력(Workforce Level), 외주량, 재고 수준 등을 산출하는 것이다. 이때 총 운영비용은 크게 다음 네 가지로 나눌 수 있다.

- **생산 수준의 변화에 따른 비용:** 노동력의 고용 또는 해고 비용, 생산설비 증설/유휴 비용

- 재고 유지 비용: 투자 기회에 대한 손실 비용
- 재고 부족 비용: 판매 기회 상실에 대한 비용
- 기타: 임금, 오버타임, 외주 비용

### 2) 총괄생산계획 기법

이제 총괄생산계획을 산출하는 기법에 대해 살펴보기 위해 간단한 예제를 소개한다.

**예제 4-1**

어느 세탁기 제조회사의 생산계획부서는 세탁기 제품군에 대한 향후 8개월간의 작업자 수준과 생산계획을 수립하려고 한다. 먼저 세탁기 제품군에 대해 향후 1월~8월 동안의 월 수요예측량으로, 420, 280, 460, 190, 310, 145, 110, 125대 예측결과를 판매부서로부터 전달받았다. 지난 해 12월 말에 이월된 재고는 200대이고, 올해 8월 말 재고는 100대를 유지하려고 한다.

| 월 | 순수요 | 누적 순수요 |
|---|---|---|
| Jan | 220 | 220 |
| Feb | 280 | 500 |
| Mar | 460 | 960 |
| Apr | 190 | 1,150 |
| May | 310 | 1,460 |
| Jun | 145 | 1,605 |
| Jul | 110 | 1,715 |
| Aug | 225 | 1,940 |

• 이월 재고 200
• 8월 말 재고 100

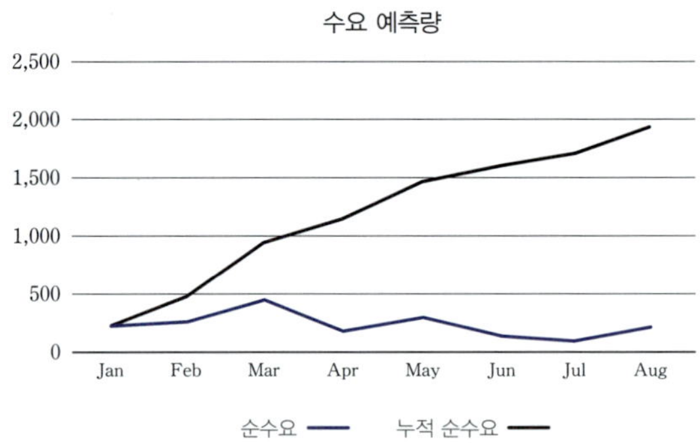


[그림 4-7] 세탁기 수요예측

수요를 모두 충족시킬 수 있는 방법은 매우 많을 것이다. 그러나 생산량 변화에 따라 노동력 증감, 재고의 증감, 협력업체의 공급량 증감 등 여러가지 결과들이 미치는 영향을 고려하여야 할 것이다. 모든 예상되는 결과들을 비용으로 정확하게 산정할 수 있다면 결국 비용최소화에 따른 최적의 총괄생산계획을 선택하면 될 것이다. 수요를 충족하기 위해 기업이 고려할 수 있는 생산전략은 다음과 같다.

### (1) 노동력 변화 비허용 전략(Constant Workforce Plan)

노동력 변화란 곧 작업자의 고용, 해고를 의미한다. 이에 따른 비용이 발생할 뿐만 아니라 사회적 이슈나 문제를 일으킬 소지가 매우 많아 위험부담이 클 것이다. 특히 고용보다는 해고의 경우 더욱 큰 문제의 소지가 많을 것이다. 이러한 위험과 비용을 회피하고자 작업자 고용, 해고가 없는 전략을 택하는 것이다. 8월까지의 총수요량 1,940대를 만족하는 일정한 월 생산량 유지가 가능하므로 총괄생산계획은 원점에서 8월까지의 누적 순수요를 연결하는 직선 그래프를 형성할 것이다. 따라서 매달 1940/8=242.5, 즉 243대의 생산이 이루어져야 한다.

| 월 | 누적 순수요 | 누적 생산량 | 월재고 |
|---|---|---|---|
| Jan | 220 | 243 | 23 |
| Feb | 500 | 486 | (14) |
| Mar | 960 | 729 | (231) |
| Apr | 1,150 | 972 | (178) |
| May | 1,460 | 1,215 | (245) |
| Jun | 1,605 | 1,458 | (147) |
| Jul | 1,715 | 1,701 | (14) |
| Aug | 1,940 | 1,944 | 4 |

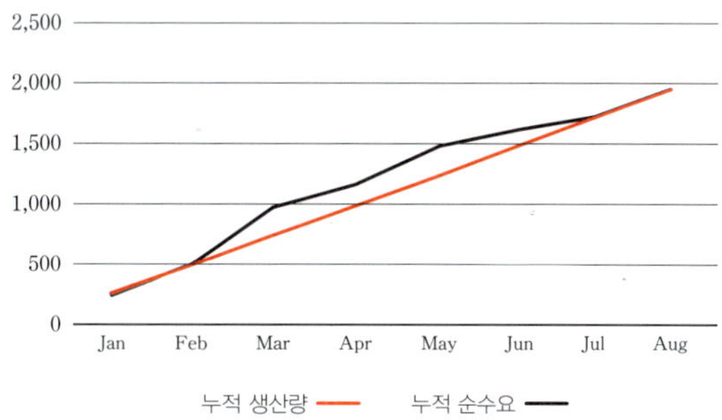


[그림 4-8] 노동력 변화 비허용 생산: 월재고 부족

이 생산전략의 노동력 변화 비용은 0이 될 것이다. 그러나 동일한 월별 생산량으로 인해 당월 재고 부족이 발생하는 경우가 생길 것이다. 그래프에서 3, 4, 5, 6월에 재고 부족이 발생한다.

재고 부족을 허용 않고 모든 월 수요를 당월에 만족하는 계획 또한 수립가능하다. 일정한 월 생산량을 유지하면서 수요량을 넘는 생산량 그래프가 되려면 3월까지의 누적 순수요를 만족하는 월생산량, 960/3=320대를 유지하면 월재고 부족이 발생하지 않게 된다. 이 경우 초과생산으로 인한 재고 유지비용의 발생은 불가피해 보인다. 누적 수요량 이상의 영역이 모두 초과 재고량이 되는 것이다.

| 월 | 누적 순수요 | 누적 생산량 | 월재고 |
|---|---|---|---|
| Jan | 220 | 320 | 100 |
| Feb | 500 | 640 | 140 |
| Mar | 960 | 960 | 0 |
| Apr | 1,150 | 1,280 | 130 |
| May | 1,460 | 1,600 | 140 |
| Jun | 1,605 | 1,920 | 315 |
| Jul | 1,715 | 2,240 | 525 |
| Aug | 1,940 | 2,560 | 620 |

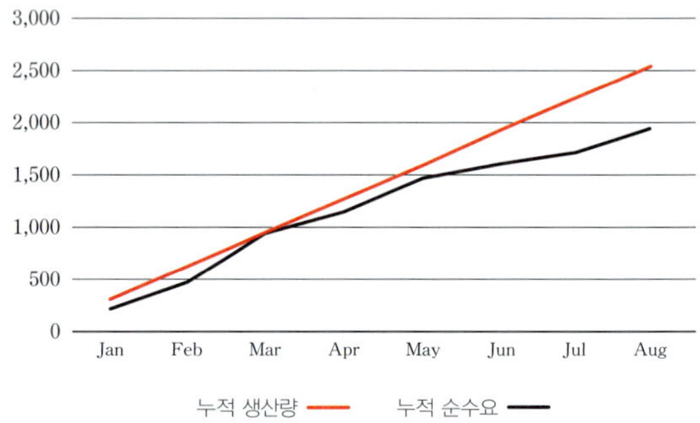


[그림 4-9] 노동력 변화 비허용 생산: 월재고 부족 없음

이상의 간단한 예제에서 노동력 변화가 없더라도 월 재고량의 증감에 따라 재고 부족 또는 과잉재고비용이 발생할 수 있다. 결국 총비용의 증감에 따라 의사결정을 하여야 할 것이다.

또 하나 고려해야 할 점이 사례에서는 생산량이 월별로 동일하다고 간주하였는데 사실상 이는 비현실인 가정이다. 왜냐하면 매월 작업 일수가 달라질 수 있으므로 동일한 월 생산량이 될 수 없다. 이 경우 과거 생산량 데이터 분석을 통해서 작업자의 일일 평균 생산율(K factor)을 구할 수 있다면, 매월 작업자 수, 작업일수를 반영한 보다 현실적이고 정확한 월 생산량을 산출할 수 있다.

**예제 4-2**

세탁기 공장의 사례에서 지난 40일 동안 38명의 작업자가 520대의 세탁기를 생산하였다면 K는 다음과 같이 산출된다.

$$K=520/(38*40)=0.3421.$$

또한 1월부터 8월까지의 작업 가능 일수는 월별 22, 16, 23, 20, 21, 17, 18, 10일이라고 한다. 노동력 변화와 재고부족을 허용하지 않는 생산전략을 그대로 채택한다면, 3월까지의 누적 수요 960대를 충족하여야 되고 이 생산량은 3개월 동안 22+16+23=61일의 생산량이므로 매일 960/61=15.7377대를 생산해야 한다. 이를 위해 필요한 최소 작업자 수는 15.7377/0.3421=46명이 된다. 따라서 46명의 작업자를 고정적으로 유지하는 총괄생산계획은 〈표 4-2〉와 같다.

〈표 4–2〉 노동력 변화 비허용 생산 전략(K=0.3421, 작업자 수=46명)

| 월 | 작업일수 | 월생산량 | 누적 생산량 | 누적 순수요 | 월재고 |
|---|---|---|---|---|---|
| Jan | 22 | 346 | 346 | 220 | 126 |
| Feb | 16 | 252 | 598 | 500 | 98 |
| Mar | 23 | 362 | 960 | 960 | 0 |
| Apr | 20 | 315 | 1,275 | 1,150 | 125 |
| May | 21 | 330 | 1,605 | 1,460 | 145 |
| Jun | 22 | 346 | 1,951 | 1,605 | 346 |
| Jul | 21 | 330 | 2,281 | 1,715 | 566 |
| Aug | 22 | 346 | 2,627 | 1,940 | 687 |

노동력의 변화를 허용하지 않는 생산전략의 큰 장점은 해고나 고용비용이 없는 것이지만, 월재고가 과잉으로 발생하는 점은 재고비용의 증가를 초래하고 있다. 따라서 생산전략의 선택에 따른 총비용을 산출하여 보아야 다른 생산전략들과 비교가 가능할 것이다. 세탁기 공장 사례에서 다음과 같은 비용 데이터를 가정해 보자.

- 단위 재고유지 비용(Unit holding cost) =$8.5/월
- 고용비용(Hiring cost) =$800/인
- 해고비용(Firing cost) =$1,250/인
- 임금(Payroll cost) =$75/일
- 단위 재고부족 비용(Unit shortage cost) =$50/월

또한 지난 12월 말까지의 작업자 수는 40명이라고 가정하고 하자. 각 비용을 산출하면 다음과 같다.

- 고용비용: 6명 추가 고용. 6인*$800/인=$4,800
- 재고비용: 월 누적재고=2,093, 8월 말 안전재고=100.
  (2,093 + 100)*$8.5=$18,640.5
- 총임금: $75/일*46인*167일=$576,150
- 총비용: $4,800+$18,640.5+$576,150=$599,590.5

만일 초과 수요나 과잉 재고에 따른 비용이 너무 클 경우, 노동력 수준의 변화를 허용한다면 어떻게 될까? 작업자 해고나 고용을 매달 할 수는 없지만 적절한 횟수의 노동력 수준의 변화를 허용한다면 어느 정도의 재고부담을 줄이는 것이 가능할 것이다.

---

### (2) 노동력 변화 허용 전략(Modified Constant Workforce Plan)

세탁기 생산공장 사례에서 과잉 노동력에 의한 생산에 따른 재고비용을 줄이기 위해 작업자 수를 줄이는 전략을 고려해 보자. [그림 4-10]은 두 차례의 작업자 수 감소를 통한 생산전략을 보여준다. 즉 3월, 5월에 해고가 발생하여 상대적으로 생산량 감소를 통한 재고 감소가 이루지고 있다. 각 기간별 작업자 수는 다음과 같이 계산된다.

- 1월~3월: 46명
- 4월, 5월: 36명
- 작업일수=20+21=41일
- 누적수요=190+310=500 대
- 일일수요량=500/41=12.195 대/일
- 필요 작업자 수=12.195/K=12.195/0.3421=35.64=36명

- 6월~8월: 22명
- 작업일수=20+21+22=65일
- 누적수요=145+110+225=480 대
- 일일수요량=480/65=7.385 대/일
- 필요 작업자 수=7.385/0.3421=21.6=22명

월별 작업 수가 결정되면 이에 따른 총괄생산계획은 〈표 4-3〉과 같다.

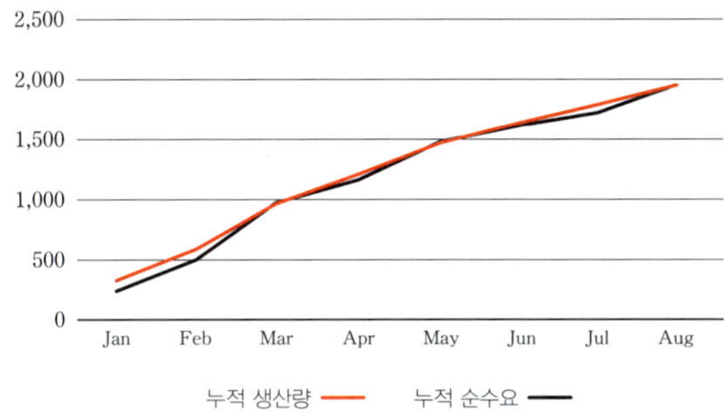


[그림 4-10] 노동력 변화 허용 생산 전략

〈표 4-3〉 노동력 변화 허용 총괄생산계획

| 월 | 작업일수 | 작업자 수 | 월생산량 | 누적 생산량 | 누적 순수요 | 월재고 |
|---|---|---|---|---|---|---|
| Jan | 22 | 46 | 346 | 346 | 220 | 126 |
| Feb | 16 | 46 | 252 | 598 | 500 | 98 |
| Mar | 23 | 46 | 362 | 960 | 960 | 0 |
| Apr | 20 | 36 | 246 | 1,206 | 1,150 | 56 |
| May | 21 | 36 | 259 | 1,465 | 1,460 | 5 |
| Jun | 22 | 22 | 166 | 1,630 | 1,605 | 25 |
| Jul | 21 | 22 | 158 | 1,788 | 1,715 | 73 |
| Aug | 22 | 22 | 166 | 1,954 | 1,940 | 14 |

노동력 수준의 변화를 허용한 총괄생산계획에 대한 총비용은 다음과 같이 계산된다.

- **고용비용**: 6명 추가 고용. 6인*$800/인=$4,800(12월말 작업자수=40명)
- **해고비용**: 4월 10명, 6월 14명 해고. 24인*$1,250=$30,000
- **재고비용**: (398+100)*$8.5=$4,233
- **총임금**: $75/일(46인*61일+36인*41일+22인*65일)=$428,400
- **총비용**: $4,800+$30,000+$4,233+$428,400=$467,433

노동력 변화 비허용 전략보다 재고비용과 인건비의 많은 감소가 이루어졌음을 알 수 있다.

### (3) 수요 맞춤 전략(Chase Strategy)

이 전략은 수요량만큼만 생산하여 공급하겠다는 전략이다. 재고비용이 매우 클 경우 취할 수 있는 전략이다. 앞서 사례의 수요 그래프가 주어질 경우 총괄생산계획도 같은 그래프를 가지게 되어 총재고가 0인 상황을 만드는 것이다. 비록 재고비용은 없어졌으나 이 경우, 노동력 수준의 변화가 크고 월생산량의 변동폭 또한 커서 생산시스템을 불안정하게 만들어 여러 가지 운영상의 문제를 야기할 수 있다. 특히 불가피하게 인력을 수시로 변동하여야 되며, 가동율 또한 변동이 심하며, 긴급수요가 발생했을 때 가용 재고가 없으므로 시장 상황의 변화에 빠른 대응을 하기 힘들게 된다. 다만, 생산시스템 자체가 큰 유연성을 가지고 있다면 가능한 전략이다.

총괄생산계획을 수립하기 위해 월별 수요를 충족시키기 위한 최소 작업자 수를 산출하는 것이 필요하다. 이는 월별 일인당 생산가능량을 K factor를 이용하여 산출함으로써 가능하다. 가령 1월달 인당 생산가능량은 22일*0.3421=7.526대이며 월수요 220대를 생산하기 위해서는 220/7.526=29명의 작업자가 필요하다. 현재 작업자 수가 40명이므로 11명의 작업자를 해고해야 한다. 〈표 4-4〉는 수요 맞춤 전략에 따른 총괄생산계획을 보여주고 있다.

〈표 4-4〉 수요 맞춤 전략의 총괄생산계획

| 월 | 작업일수 | 인당 생산가능량 | 순수요 | 최소 작업자 수 | 고용(해고) 작업자 수 |
|---|---|---|---|---|---|
| Jan | 22 | 7.5262 | 220 | 29 | (11) |
| Feb | 16 | 5.4736 | 280 | 51 | 22 |
| Mar | 23 | 7.8683 | 460 | 58 | 7 |
| Apr | 20 | 6.8420 | 190 | 28 | (30) |
| May | 21 | 7.1841 | 310 | 43 | 15 |
| Jun | 22 | 7.5262 | 145 | 19 | (24) |
| Jul | 21 | 7.1841 | 110 | 15 | (4) |
| Aug | 22 | 7.5262 | 225 | 30 | 15 |

수요 맞춤 생산전략에 따른 총괄생산계획에 대한 총비용은 다음과 같이 계산된다.

- **고용비용**: 59명 고용. 59인*$800/인=$47,200(12월말 작업자수=40명)
- **해고비용**: 69명 해고. 69인*$1,250/인=$86,250
- **재고비용**: (100)*$8.5=$850
- **총임금**: 인당$75/일(5,671 인*일)=$425,325
- **총비용**: $47,200+$86,250+$850+$425,325=$559,625

월 재고비용은 없으나 고용과 해고에 따른 비용이 증가함을 볼 수 있다.

### (4) 최적화 수리모형

총괄생산계획 문제는 이론적으로 최적해가 존재한다. 즉, 주어진 입력정보와 제약조건들을 만족하는 수리적인 선형계획법모형의 수립이 가능하므로 기존 소프트웨어를 이용하여 효율적으로 최적 생산계획을 산출할 수 있다. T기간 동안의 총괄생산계획을 위한 최적화 모형은 다음과 같다.

〈입력 데이터〉

$c_H$=인당 고용비용
$c_F$=인당 해고비용
$c_I$=단위기간 동안 단위재고 유지비용
$c_R$=정규생산 시 단위생산비용
$c_O$=오버타임 시 단위생산비용
$c_U$=단위유휴비용
$c_S$=단위하청비용
$n_t$=기간 $t$의 작업일수
$K$=인당 일일 생산가능량(총괄생산단위)

$I_0$=초기 재고

$W_0$=초기 작업자 수

$D_t$=기간 $t$의 수요량

〈의사결정 변수〉

$W_t$=기간 $t$의 작업자 수

$P_t$=기간 $t$의 생산량

$I_t$=기간 $t$의 재고량

$H_t$=기간 $t$의 고용자 수

$F_t$=기간 $t$의 해고자 수

$O_t$=기간 $t$의 오버타임 생산량

$U_t$=기간 $t$의 유휴 작업량(작업자 유휴시간에 해당되는 생산량)

$S_t$=기간 $t$의 하청생산량

〈수리모형〉

- 목적함수

$$Minimize \quad \sum(c_H H_t + c_F F_t + c_I I_t + c_R P_t + c_O O_t + c_U U_t + c_S S_t)$$

- 제약식

| | | |
|---|---|---|
| $W_t = W_{t-1} + H_t - F_t,$ | $t=1, ..., T$ | (작업자 수 균형 제약식) |
| $I_t = I_{t-1} + P_t + S_t - D_t,$ | $t=1, ..., T$ | (재고 균형 제약식) |
| $P_t = Kn_t W_t + O_t - U_t,$ | $t=1, ..., T$ | (생산량 균형 제약식) |
| $W_t, H_t, F_t, I_t, P_t, S_t, O_t, U_t \geq 0$ | $t=1, ..., T$ | (비음 조건) |

총괄생산계획 수리모형에는 각 기간별로 8개의 변수가 있으므로 총 8T개의 변수가 있다. 그리고 제약식은 기간별로 3가지가 있으므로 총 3T개의 제약식이 있다.

세탁기 생산 예제의 총괄생산계획 선형계획모형을 수립해 보자. 예제에서는 정규 생산, 오버타임, 하청생산에 대한 비용은 고려하지 않으며, 초기 작업자 수=40, 초기 재고=200, 8월 말 재고=100 등을 입력하면 다음과 같은 모형이 수립된다.

*Minimize*

$W_1 - W_0 - H_1 + F_1 = 0$ (여기서, $W_0 = 40$)
$W_2 - W_1 - H_2 + F_2 = 0$
$W_3 - W_2 - H_3 + F_3 = 0$
$W_4 - W_3 - H_4 + F_4 = 0$
$W_5 - W_4 - H_5 + F_5 = 0$
$W_6 - W_5 - H_6 + F_6 = 0$
$W_7 - W_6 - H_7 + F_7 = 0$
$W_8 - W_7 - H_8 + F_8 = 0$

$P_1 - I_1 + I_0 = 220$ (여기서, $I_0 = 200$)
$P_2 - I_2 + I_1 = 280$
$P_3 - I_3 + I_2 = 460$
$P_4 - I_4 + I_3 = 190$
$P_5 - I_5 + I_4 = 310$
$P_6 - I_6 + I_5 = 145$
$P_7 - I_7 + I_6 = 110$
$P_8 - I_8 + I_7 = 225$ (여기서, $I_8 = 100$)

$P_1 - 7.526\,W_1 = 0$
$P_2 - 5.474\,W_2 = 0$
$P_3 - 7.868\,W_3 = 0$
$P_4 - 6.842\,W_4 = 0$
$P_5 - 7.184\,W_5 = 0$
$P_6 - 7.526\,W_6 = 0$
$P_7 - 7.184\,W_7 = 0$
$P_8 - 7.526 = 0$

$W_t, H_t, F_t, I_t, P_t, \geq 0$ $t = 1, ..., 8$

선형계획법모형이므로 Excel Solver로 해를 구할 수 있으며 Excel Solver 실행 결과 Worksheet과 입력 수식은 [그림 4-11]에 보이는 바와 같다.

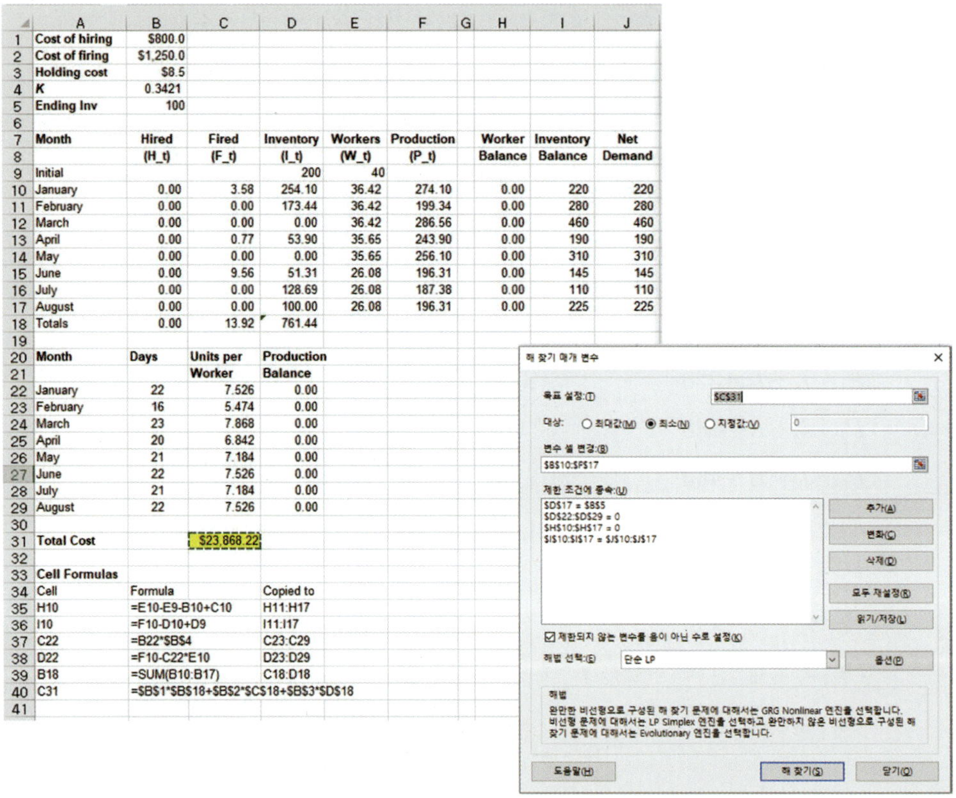

| | A | B | C | D | E | F | G | H | I | J |
|---|---|---|---|---|---|---|---|---|---|---|
| 1 | Cost of hiring | $800.0 | | | | | | | | |
| 2 | Cost of firing | $1,250.0 | | | | | | | | |
| 3 | Holding cost | $8.5 | | | | | | | | |
| 4 | K | 0.3421 | | | | | | | | |
| 5 | Ending Inv | 100 | | | | | | | | |
| 6 | | | | | | | | | | |
| 7 | Month | Hired | Fired | Inventory | Workers | Production | | Worker | Inventory | Net |
| 8 | | (H_t) | (F_t) | (I_t) | (W_t) | (P_t) | | Balance | Balance | Demand |
| 9 | Initial | | | 200 | 40 | | | | | |
| 10 | January | 0.00 | 3.58 | 254.10 | 36.42 | 274.10 | | 0.00 | 220 | 220 |
| 11 | February | 0.00 | 0.00 | 173.44 | 36.42 | 199.34 | | 0.00 | 280 | 280 |
| 12 | March | 0.00 | 0.00 | 0.00 | 36.42 | 286.56 | | 0.00 | 460 | 460 |
| 13 | April | 0.00 | 0.77 | 53.90 | 35.65 | 243.90 | | 0.00 | 190 | 190 |
| 14 | May | 0.00 | 0.00 | 0.00 | 35.65 | 256.10 | | 0.00 | 310 | 310 |
| 15 | June | 0.00 | 9.56 | 51.31 | 26.08 | 196.31 | | 0.00 | 145 | 145 |
| 16 | July | 0.00 | 0.00 | 128.69 | 26.08 | 187.38 | | 0.00 | 110 | 110 |
| 17 | August | 0.00 | 0.00 | 100.00 | 26.08 | 196.31 | | 0.00 | 225 | 225 |
| 18 | Totals | 0.00 | 13.92 | 761.44 | | | | | | |
| 19 | | | | | | | | | | |
| 20 | Month | Days | Units per | Production | | | | | | |
| 21 | | | Worker | Balance | | | | | | |
| 22 | January | 22 | 7.526 | 0.00 | | | | | | |
| 23 | February | 16 | 5.474 | 0.00 | | | | | | |
| 24 | March | 23 | 7.868 | 0.00 | | | | | | |
| 25 | April | 20 | 6.842 | 0.00 | | | | | | |
| 26 | May | 21 | 7.184 | 0.00 | | | | | | |
| 27 | June | 22 | 7.526 | 0.00 | | | | | | |
| 28 | July | 21 | 7.184 | 0.00 | | | | | | |
| 29 | August | 22 | 7.526 | 0.00 | | | | | | |
| 30 | | | | | | | | | | |
| 31 | Total Cost | | $23,868.22 | | | | | | | |
| 32 | | | | | | | | | | |
| 33 | Cell Formulas | | | | | | | | | |
| 34 | Cell | Formula | | Copied to | | | | | | |
| 35 | H10 | =E10-E9-B10+C10 | | H11:H17 | | | | | | |
| 36 | I10 | =F10-D10+D9 | | I11:I17 | | | | | | |
| 37 | C22 | =B22*$B$4 | | C23:C29 | | | | | | |
| 38 | D22 | =F10-C22*E10 | | D23:D29 | | | | | | |
| 39 | B18 | =SUM(B10:B17) | | C18:D18 | | | | | | |
| 40 | C31 | =$B$1*$B$18+$B$2*$C$18+$B$3*$D$18 | | | | | | | | |
| 41 | | | | | | | | | | |



[그림 4-11] 세탁기 총괄생산계획 예제: Excel Solver 실행

## 3 S&OP 프로세스 실행시 고려 사항

우리는 지금까지 공급사슬의 수요와 공급 간의 균형을 맞추기 위해 S&OP 프로세스의 개념과 주요 단계들을 알아보았다. 그러나 훌륭한 프로세스를 계획하는 것이

성공적인 실행을 결코 보장할 수는 없다. 실제로 S&OP의 실행에 어려움을 겪는 사례는 자주 접할 수 있다. S&OP의 실행에 있어 공통적으로 발견되는 시행착오를 살펴봄으로써 성공적인 실행에 좀 더 접근할 수 있을 것이다.

## 1) 시행착오의 유형

### (1) 프로세스 오너십의 결여

여러 가지 시행착오들 중 가장 큰 비중을 차지한다. 비단 S&OP뿐만 아니라 많은 개선이나 혁신 활동 등에도 공통적으로 강조되는 문제점이다. 단순한 의지 결핍이 아닌 다른 복합적인 요인들이 있는지도 살펴보아야 한다. 특히 리더가 필요한 것들이 제대로 조직에 전달되고 있는지 검토해 보아야 한다. 예를 들어, 위험을 미리 감지할 수 있는 분석 정보, 전사적인 물류에 대한 가시성(Visibility), 의사결정에 필요한 잘 요약된 핵심 정보 등이다. 이러한 것들이 프로세스 리더 그룹의 성과지표와 연결되어야만 위험한 상황에 대한 인식과 관심을 유도할 수 있다. IT 플랫폼들이 이러한 정보들 손쉽게 전달하고 분석할 수 있게 도와줄 수 있다.

### (2) 부서 간의 장벽

S&OP의 핵심은 전 조직이 참여하여 하나의 방향으로 움직여야 된다는 것이다. 일부 부서가 배제되거나 정보 전달이 잘 이루어지지 않을 경우 해결 방안들이 국지적인 문제를 해결하는 데 그칠 수도 있다. 같은 정보일지라도 다른 부서를 설득시키고 참여시키기 위해서는 해당 부서의 프로토콜에 맞게 정리되어야 한다는 것이다. 그리고 아무리 작은 성과를 도출한 프로젝트도 미래의 협업을 위해서는 적극적으로 공유하고 서로 학습하는 노력이 필요하다.

### (3) 하나의 결과에 집중

S&OP의 실행에는 항상 위험이 따를 수 밖에 없다. 예측은 종종 빗나갈 수 있는 것이다. 따라서 최고경영층의 역할 중 가장 중요한 것 중의 하나는 사전에 위험을 인지하여 이를 없애거나 대폭 완화시키는 것이다. 하나의 관심있는 성과만으로 결과를 예단할 경우, 자칫 최악의 경우에 대비할 수 있는 기회를 놓칠 수 있다. 최악과 최선의 경우를 고려하여 대안을 제시하는 것이 S&OP의 가치를 살리는 것이다.

### (4) 복잡한 성과지표

성과지표는 간단할수록 좋다. 너무 많은 지표들로 정작 프로세스가 마비가 되는 상황들을 볼 수 있다. 복잡한 지표들은 조직 구성원에게 쉽게 이해되거나 전달될 수 없어 무용지물이 되기 십상이다. 모두가 집중하고 매진할 수 있는 핵심지표들만 관리하더라도 충분한 성과를 낼 수 있다.

### (5) 기록의 미비

프로세스 실행과정에서 사소한 제안이나 의견, 상황 설명 등을 효과적으로 기록하고 남겨두면 추후에 비슷한 상황이 전개될 때 매우 큰 도움이 된다. 이것이 지식베이스의 힘이다. 지식은 기록으로부터 생성되고 기록으로 전달되는 것이다. 학습하는 조직이 될 때 S&OP 성과는 점점 좋아질 것이다.

## 2) 핵심성과지표(Key Performance Index: KPI)

KPI는 S&OP 목표의 달성을 위해 각 부서에 권한과 책임을 동시에 부여하는 역할을 한다. 일반적으로 두 가지 종류의 KPI로 분류할 수 있다. 효율성(Efficiency) 측정을 위한 KPI와 효과성(Effectiveness) 측정을 위한 KPI이다. 효율성 측정 KPI는 회사가 가지고 있는 자원을 얼마나 잘 사용했느냐를 측정하는 것이다. 예를 들면, 사이클타임, 예산, 원자재, 설비 등에 대한 가동율을 측정하는 것이다. 반면에 효과 측정 KPI는 고객의 니즈를 얼마만큼 충족했느냐에 대한 측정지표이다. 예로서 불량율, 고객의 불만처리, 만족도 등이다. 제품 전략 KPI를 예로 들면, 만일 효율성이 중요한 제품의 경우 가격경쟁력이 있어야 하고, 효과성 KPI가 중요한 제품이라면 혁신적이거나 유행에 치중해야 하는 높은 마진을 가지는 제품이라야 하는 것이다.

KPI의 성공적인 선택은 S&OP 평가의 객관성과 정확성에 직접적인 영향을 미치고 지속적인 개선의 선순환이 이루어지게 한다. KPI의 주요 선택 기준은 다음과 같다.

### (1) 중요도(Importance)

우리 조직에 이 지표가 정말 중요한가? 이에 대해 모두가 이해하고 공감한다면 중요한 지표가 될 수 있다. 이 경우 구성원의 모든 일상적인 업무들이 자연스럽게 이 KPI를 개선하는 방향으로 수행될 것이다.

### (2) 측정 용이(Ease of Measuring)

KPI는 측정 가능해야 하고 측정을 위한 데이터 수집이 용이해야 한다. 데이터 수집에 많은 시간과 노력이 필요하다면 측정 자체가 모든 사람에게 과부하 업무가 되어 원래의 업무에 오히려 영향을 줄 수 있다. 즉, KPI를 위한 부가 업무일뿐이다.

### (3) 실행성(Actionable)

KPI가 각 부서에 필요한 개선조치를 이끌어 내는 기능을 하느냐의 문제이다. 만일 KPI가 올바른 개선 업무를 가능하게 만들려면 모든 부서들이 잘 이해하고 있어야만 한다. 각 부서가 동일한 의미로 이해하지 못했을 경우 발생하는 가장 큰 문제는 부서 간 일관성이 깨질 수 있다는 것이다. KPI는 조직의 비전과 미션이 연결되어야 하며 현재의 전략들이 이에 또한 일관성 있게 정렬되어야 한다. 이를 위해서는 프로세스 업무 단위까지 KPI가 연결되고 한 방향으로 정렬되게 만들어야 한다. 그 다음 각 프로세스 업무를 수행하는 부서에 적합한 KPI가 도출될 수 있는 것이다. 만일 부서의 KPI가 다른 방향으로 간다면 결국 최종적인 상위 단계 KPI는 나쁜 결과를 초래할 것이다. 보통 상위 단계의 KPI는 쉽게 일관성을 가질 수 있지만, 부서 단위에서 KPI 실행에 불편하게 느낀다면 결코 프로세스 업무의 개선에 적극적으로 참여하지 않을 것이다.

결론적으로 KPI의 장점은 측정결과 자체가 중요한 것이 아니라, 이 결과가 S&OP의 개선활동으로 이어지는 선순환 효과를 유발한다는 데에 있다.

## Exercise 연습문제

1. S&OP 프로세스 5단계의 핵심 업무를 간략히 설명하고 각 단계의 산출물을 열거하시오.

2. S&OP 프로세스가 왜 반복적인 피드백 과정을 거쳐야 되는지 설명하시오.

3. S&OP 중역 회의를 판매총괄 임원 또는 제조총괄 임원이 주관하면 안되는 지에 대한 이유를 설명하시오.

4. 총괄생산계획에 필요한 비용데이터의 종류와 도출 방안을 논의하시오.

5. 가방 제조 회사가 전국 할인매장에 여러 가지 종류의 액세서리 가방을 납품하고 있다. 다음 데이터는 향후 8개월 동안의 가방 수요에 대한 총괄 단위의 예측치를 보여주고 있다.

| 월 | 1 | 2 | 3 | 4 | 5 | 6 | 7 | 8 |
|---|---|---|---|---|---|---|---|---|
| 수요 | 12,500 | 22,500 | 22,000 | 17,500 | 22,500 | 28,000 | 12,500 | 15,000 |

액세서리 가방은 재질, 크기, 디자인 등에 관계없이 거의 비슷한 생산시간이 소요된다고 가정한다. 정규 작업 시간의 단위 제조 비용은 35,000원, 초과 근무시 단위 제조 비용은 45,000원이다. 정규 작업시간 기준으로 생산능력은 월 18,000개이다. 정규 작업의 경우 인당 월 50개, 초과 근무시 월 10개의 생산이 가능하다. 작업자 채용, 해고비용은 인당 각각 20만 원, 30만 원으로 산정되었다. 월 수요가 충족되지 않더라도 백오더는 없다. 현재 재고는 6,000개를 보유하고 있다. 재고 유지비용은 월 2% 이율을 적용하며, 판매가는 50,000원이다. 회사는 다음과 같은 생산 전략들을 고려하고 있는데, 이 중 총수익을 최대화하는 전략은 무엇인가?

(생산 전략 1) 현재의 작업자 수를 유지하고, 추가 생산이 필요한 경우 대해 초과 근무를 함.

(생산 전략 2) 월 수요를 충족하기 위해 자유롭게 매달 고용과 해고를 하며, 정규 시간에만 작업을 함.

6. 5번 문제를 다음 가정에 따라 푸시오(*가정: 백오더를 허용하며, 월 5%의 이율로 백오더 비용을 산정).

7. 5번 문제에 대해 다음 사항을 답하시오.

(a) 선형계획모형을 작성하시오.

(b) Excel Solver를 이용하여 최적 생산계획을 수립하시오.

8. 한 PC 조립회사는 최근 수익향상을 위하여 프리미엄급 PC들을 다양한 사양으로 출시하고 있다. 한 명의 작업자가 하루 평균 5대를 조립한다. 단위 생산비용은 30만 원, 한 달간 재고 유지비용은 만원으로 책정하고 있다. 작업자 평균 월급여는 250만 원, 고용비용은 50만 원, 해고비용은 100만 원이다. 현재 12명의 작업자가 일하고 있다. 당월에 납품 못한 PC는 백오더가 가능하며 이 경우 회계부서에서는 5만 원의 백오더 비용 발생으로 처리한다. 다음 데이터는 향후 6개월의 작업 일수, 수요 예측을 보여주고 있다.

| 월 | 1 | 2 | 3 | 4 | 5 | 6 | 계 |
|---|---|---|---|---|---|---|---|
| 작업 일수 | 22 | 23 | 22 | 24 | 20 | 22 | 133 |
| 수요 | 1,070 | 1,020 | 880 | 1,080 | 1,350 | 730 | 6,130 |

다음 각 경우에 대한 생산계획을 비교 분석한 후 하나를 선택하여 제안하시오.

(a) 무재고 생산계획

(b) 백오더가 허용되지 않을 경우의 현 작업자 수를 유지하는 생산계획

(c) 백오더가 허용될 경우의 현 작업자 수를 유지하는 생산계획

9. 8번 문제에 대해 다음 사항을 답하시오(*가정: 백오더 허용).

(c) 선형계획모형을 작성하시오.

(d) Excel Solver를 이용하여 최적 생산계획을 수립하시오.

10. 지방의 한 농원에서는 음료 생산 설비를 통해 과일 및 채소 주스 음료를 생산, 인근 지역에 판매하고 있다. 판매실적을 보면 다소 계절성 요인이 있어 미리 향후 6개월간의 생산량과 작업자 수를 결정하고자 한다. 다음은 판매담당자가 산출한 작업가능일수와 수요 예측 결과(단위: 상자)이다.

| 월 | 5 | 6 | 7 | 8 | 9 | 10 | 계 |
|---|---|---|---|---|---|---|---|
| 작업 일수 | 21 | 20 | 22 | 15 | 23 | 22 | 123 |
| 수요 | 9,800 | 16,500 | 18,000 | 14,500 | 9,500 | 7,500 | 75,800 |

현재 4월 말 기준 65명의 작업자가 일하고 있다. 과거 데이터 분석을 통하여 100명의 작업자가 25일 동안 평균 14,000상자를 생산하고 있음을 파악하였다. 작업자의 고용 및 해고비용은 각 20만 원, 50만 원이 소요된다. 재고 유지비용은 상자당 월 2천 원이다. 현재 3,500상자가 재고로 있으며 매달 500상자의 안전재고를 유지하는 재고관리 정책을 운영하고 있다. 그래서 11월초에는 3,000상자의 재고를 확보할 계획이다. 다음 질문에 대해 답하시오.

(a) 최소한의 작업자수를 동일하게 6개월 동안 유지하는 생산 전략(Minimum Constant Workforce Plan)을 따를 경우의 총괄생산계획을 수립하시오.

(b) 만일 신규 작업자에 대한 교육 기간이 1개월 걸린다면 (a)에서의 생산계획은 어떻게 바뀌는가?

(c) 총괄생산계획을 위한 선형계획모형을 작성하시오. ((b)의 가정은 무시)

(d) 선형계획법으로 최적의 총괄생산계획을 수립하고 총비용을 산출하시오.

(e) 해고를 허용하지 않을 경우의 최적 총괄생산계획과 총비용을 산출하시오.

Supply Chain Management

05
CHAPTER

# 공급사슬의 재고관리

1. 재고의 개념 | 2. 재고가치 분석

3. 재고관리모형: 독립 수요 | 4. 재고관리 시스템(MRP): 종속 수요

5. 무재고 생산방식: Just-in-Time

CHAPTER 05

# 공급사슬의 재고관리

Supply Chain Management

〈학습 목표〉

1. 재고의 기본 개념을 이해함으로써 재고관리의 필요성과 중요성을 설명할 수 있다.
2. 재고관리의 기본 모형을 학습하고 이를 적용할 수 있다.
3. MRP의 핵심 절차를 학습하고 통합생산관리 시스템의 주요 기능을 설명할 수 있다.
4. Push 생산방식과 Pull 생산방식의 차이점을 설명할 수 있다.

공급사슬관리의 성과 개선 측면에서 최고 업체는 어디일까? 21세기에 접어들어 글로벌 화장품 회사로서 유명한 로레알은 이러한 업체들 중 하나가 되었다. 로레알의 뷰티산업에서의 성과는 가히 놀랄만하다. 가령 2010~2019년의 기간 동안 로레알은 동종업계의 타 회사보다 영업이익률에서 거의 2배의 성과를 보이고 있다. 더욱 놀라운 일은 재고회전율은 약간 상회하는 수준이라는 것이다. 즉 시장에서의 각 출시 제품에 대한 수요-공급의 속도는 비슷한 수준이나 수익성이 매우 높다는 것이다. 이는 재고관리의 효율성에 기인하는 것이다.

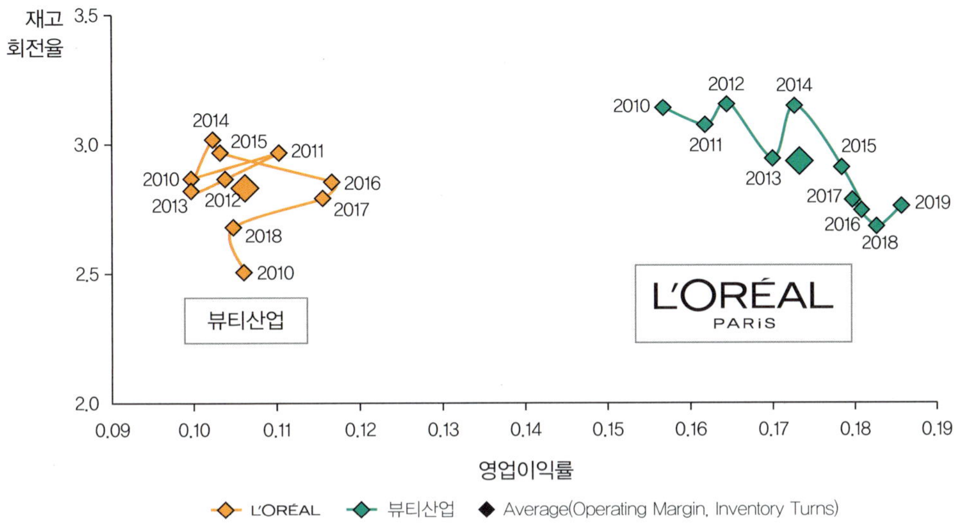


[그림 5-1] 로레알의 공급사슬 성과

특히 2020년 초 전세계가 코로나 팬데믹 상황으로 접어든 후 6개월 만에, 로레알의 주가는 6% 상승했고, 에스티로더는 10% 하락하였다. 그리고 1년 반이 지난 시점인 2021년 6월 기준으로 로레알은 재고회전율 1.37, 영업이익률 19.6%로, 경쟁업체인 에스티로더의 재고회전율 0.43, 영업이익률 8.6%와 비교할 때, 재고회전율에서 거의 3배, 영업이익률에서 2배가 높은 성과를 보이고 있다. 즉, 어려운 상황에서 더욱 차이가 나는 성과를 내고 있다는 것은 매우 시사하는 바가 크다. 로레알은 2021년 가트너의 전세계 Top 25 공급사슬 기업 중 9위를 기록하여 뷰티산업에서 유일하게 포함된 기업이다. 전세계 150개의 물류센터를 통해 매년 70억 개의 제품을 50만 개의 장소로 배송하는 매우 효율적이고 고객지향적인 공급사슬을 운영하고 있다. 공급사슬 성공의 핵심에는 주문에서 고객 배송에 이르는 과정 중 모든 제품 재고의 실시간 파악이 가능하게 재고 가시성(Inventory Visibility)을 높인 데 있다.

# 1 재고의 개념

'재고는 필요악'이라는 말이 있다. 즉, 고객의 수요를 만족해야 하지만 동시에 기업이 가지고 있는 일종의 유휴 자산으로 부담이기 때문이다. 만일 가능하다면 재고가 없이 고객의 수요를 만족하면 가장 효율적인 재고관리가 될 것이다. 그러나 공급사슬상의 재고관리는 고객만족 외에 여러 가지 이유 때문에 재고를 유지하는 경우들이 존재한다. 우리는 재고관리라는 활동을 이해하기 위해서 좀 더 근본적으로 재고가 왜 필요한지 알아볼 필요성이 있다. 이를 위해 우리가 관리해야 할 대상인 재고의 종류를 먼저 알아보도록 하자.

재고의 종류는 유통되는 과정에서 가치가 부가됨에 따라 원자재, 부품, 공정 중 재고, 즉 재공(Work-In-Process), 그리고 완제품으로 나눌 수 있다. 원자재보다는 생산공정을 거친 부품이 더 가치가 있으며, 공정 중 재고보다는 완제품이 가장 부가가치가 높을 것이다. 공정 중 재고는 특히 생산물류에 있어서 효율성을 측정하는 가장 중요한 지표 중의 하나이다. 재고관리의 대상인 재고를 파악하였으니 이제 재고를 유지해야 할 필요성을 알아보자.

- **규모의 경제(Economy of Scale):** 매 주문 시 주문량이 많을수록 주문 횟수가 줄어들어 단위 고정비를 줄일 수 있다. 이 경우 현재 즉시 필요한 수요량보다 많은 주문을 통해 재고를 유지하게 된다. 또한 공급자의 경우 대량 주문에 대해 할인가를 적용함으로써 구매자는 되도록 많은 양의 구매를 통해 이익을 얻을 수 있다.
- **수요/공급의 불확실성:** 수요의 불확실성이 있는 상황에서 고객 수요에 빠르게 대응하려면 미리 재고를 보유하고 있어야 한다. 이 경우, 재고는 수요 불확실성으로 인한 리스크를 완화시켜 주는 버퍼 역할을 한다. 또한 발주부터 주문한 물품이 도착하는 시점까지의 기간인 리드 타임의 변동성이 많은 경우, 공급사슬의 원활한 흐름을 위해 재고를 확보해 두는 것이다. 마지막으로 공급자의 불확실

성이 있다. 예를 들어, 코로나 팬데믹으로 인한 글로벌 원자재 공급의 불확실성은 공급사슬의 붕괴를 초래할 수 있다. 불확실성이 해소될 때까지는 필요한 제품의 재고 확보를 통해 이를 방지할 수 있다.

- 선구매: 주문 제품의 가격이 향후 오를 것이라는 예상으로 미리 많은 양의 재고를 현재의 가격수준으로 미리 구매함으로써 비용절감을 꾀하는 것이다.
- 수송 중 재고: 수송 중 재고, 또는 파이프라인 재고는 수송 시간이 긴 경우 중요한 재고 형태이다. 가령 중동의 산유지로부터 미국으로 수송되는 석유는 이동 중의 재고량이 매우 큰 비중을 차지하게 된다.
- 과수요 분산: 가령 여름철의 에어컨 수요가 정점에 있으므로 생산능력이 충분치 않다면, 할인 혜택을 통해 여름 수요를 봄이나 겨울로 분산할 경우 여름철에도 생산능력의 급격한 증가 없이 원활한 생산을 할 수 있다.
- 최소 주문량: 최소 주문량이라는 구매 조건이나 물리적 조건이 있는 경우, 불가피하게 필요한 수량 이상의 재고를 유지해야만 한다.
- 재고관리 비용: 재고관리 업무에 소요되는 비용은 재고량에 비례하지 않는다. 즉, 재고 자체가 존재함으로써 고정적으로 소요되는 비용이므로 소품종 대량재고가 다품종 소량재고보다 훨씬 관리비용이 줄어들 것이다.

재고를 유지해야 할 필요성이 있다면, 이제 재고를 어떻게 효율적이고 효과적으로 유지 또는 관리하느냐가 가장 중요한 문제일 것이다. 그렇다면 재고관리 시스템의 성과에 영향을 미치는 요소들은 무엇일까? 기본적으로 다음과 같은 다섯 가지의 요인들이 영향을 줄 것이다.

첫 번째 요인은 수요의 특성이다. 수요가 기간별로 대체적으로 일정하느냐 또는 변동이 있느냐, 그리고 이미 확정적인 주문에 의한 수요인지 또는 예측이 필요한 불확실한 수요인지에 따라 재고관리모형이 달라진다. 두 번째 요인은 발주부터 제품 도착까지의 리드타임인데 이 또한 수요의 특성처럼 확정적 또는 불확실성이 있는 기간으로 주어질 수 있다. 리드타임은 현실적으로 항상 양의 값을 가진다. 그러나 리드타임이 0이라면 이론적으로는 무한 공급 능력을 의미하게 된다. 세 번째로 재고 현황을 파악하는 시점이다. 현재의 재고를 항상 실시간으로 파악하는 연속적 확인 방식과 일정한 주기로 확인하는 주기적 확인 방식이 있다. 예를 들어 규모가 작은 소매점 같은 경우 배송트럭이 도착할 때 재고 현황을 파악하여 보충하므로 주기적 확인 방식을 따르는 것이 합리적일 것이다. 네 번째 요인은 초과수요이다. 즉, 공급이 부족할 경우 어떻게 대응하느냐에 따라 재고관리 시스템의 성격도 달라진다. 약속된 납품기한이 지나더라도 납품을 허용하는 백오더로 취급하여 다음 기간에 반드시 만족시키는 경우와 영원히 지나가버린 미충족 수요로 분류하는 경우가 있다. 대부분의 재고관리모형은 백오더로 취급하여 초과수요를 만족시킨다. 마지막으로 재고가치의 변화이다. 즉, 시간이 경과하면서 재고의 가치가 하락하여 결국 폐기처분되는 경우이다. 음식물의 경우 유효기간이 지나면 폐기되는 재고가 된다. 또는 완제품이 단종되어 해당 부품이 쓸모없어지는 경우가 이에 해당된다.

## 2 재고가치 분석

최근 시장의 트렌드는 맞춤형 제품의 시대이다. 우유 제품만을 예로 들어도 매우 다양한 종류가 있음을 알 수 있다. 무지방 우유, 2% 지방 우유, 일반 우유, 락토프리 우유, 초콜릿 우유, 딸기 우유 등등. 즉 재고 유지 단위(Stock Keeping Unit: SKU) 수가 급속도로 증가하고 있다. 수많은 종류의 재고를 잘 분류하여 우선순위를 두고 관리한다면 보다 효율적인 재고관리가 가능할 것이다. 즉 재고관리 시스템의 실행에 앞서 재고가치 분석을 하는 것이 선행되어야 하는 것이다. 재고 분석 기법으로 가장 많이 사용되는 ABC 기법을 소개하고자 한다.

ABC 재고 분석은 재고를 A, B, C 세 가지 제품군으로 나눈다. 분류 기준은 여러 가지가 있을 수 있으며 회사에 따라 적절한 다른 기준을 사용할 수 있다. 예를 들어 다음과 같이 각 제품군을 분류할 수 있다. 다음 기준은 재고의 매출/이익을 기준으로 파레토 곡선의 80-20룰을 적용하여 분류한 것이다.

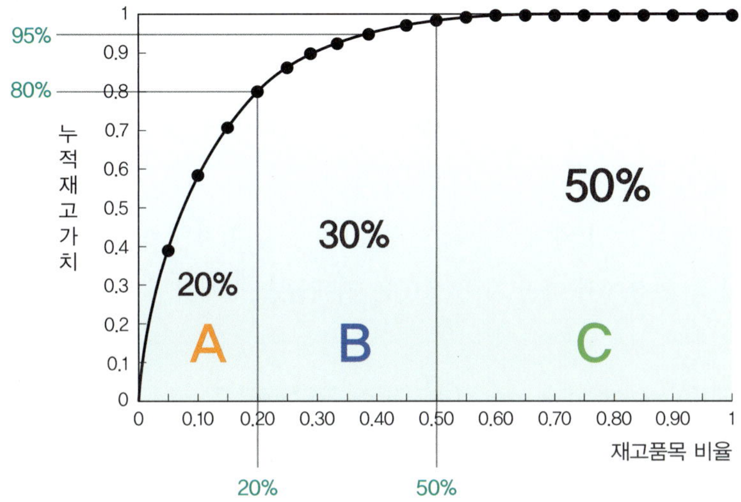


[그림 5-2] ABC 재고 분석(예)

- A재고는 가장 고부가가치가 높은 제품군이다. 보통 재고 품목 수의 20%에 해당하며 매출/이익은 80% 비중을 차지한다.
- B재고는 평균수준의 판매실적을 보여주는 제품군이다. 재고 품목 수의 30%에 해당하며 매출/이익은 15% 비중을 차지한다.
- C재고는 가장 판매가 낮은 실적을 보여주며 A, B그룹을 제외한 제품군이다. 재고품목수의 50%를 차지하나 매출/이익은 5% 비중을 차지한다.

각 제품군에 따른 관리 방식을 예를 들어 자세히 살펴보면 〈표 5-1〉과 같다.

〈표 5-1〉 ABC재고의 관리 방법(예)

| 구분 | 통제수준 | 책임자 | 로트크기 | 점검주기 | 공급자수 | 배송주기 |
|---|---|---|---|---|---|---|
| A | 높음 | 임원 | 소량 | 연속, 수시 | 다수 | 매주 |
| B | 중간 | 중간관리자 | 중간 | 정기 | 2~3 | 3개월 |
| C | 낮음 | 현장관리자 | 대량 | 가끔 | 1~2 | 6개월 |

A재고는 매주 입고되며 수시로 재고 현황 파악을 한다. 보통 일단위로 재고 점검을 한다. 소량의 주문들로 이루어진다. 재고 책임은 최소한 임원급이 맡는다. B재고는 분기마다 입고되며 주기적인 재고 점검을 한다. 중간 크기의 주문들로 이루어진다. 재고 책임은 중간관리자급이 맡는다. C재고는 6개월마다 입고되며 상황이 발생하였을 때 재고 점검을 한다. 재고 책임은 창고관리 담당자 등 재고가 보관된 장소의 현장 직원이 맡는다.

ABC 재고 분석 방법 외에 재고의 현황, 가치 등을 평가할 수 있는 여러 가지 지표가 있다. 이 중 현장에서 가장 자주 쓰이는 지표들을 소개하면 다음과 같다.

- 평균재고(Average Inventory)=(초기재고+기말재고)/2

한 기간 전체에 걸쳐 유지하고 있는 평균적인 재고수준을 의미한다. 산출은 초기재고수준과 마지막 재고수준의 평균값으로 한다.

- 재고회전율(Inventory Turnover)=COGS/평균재고(COGS=Cost Of Goods Sold)

주어진 기간에 보유한 평균재고가 시장에 팔린 횟수이다. 산출식은 팔린 제품의 총원가를 평균재고비로 나눈 것이다. 재고회전율은 기업이 얼마나 재고를 효과적으로 운영하는가를 보여주는 가장 중요한 지표이다.

- 평균재고일수(Days Inventory Outstanding: DIO)=(평균재고/COGS)*365일

보유하고 있는 재고가 시장에 팔리기까지 걸리는 평균일수를 의미한다. 산출식은 1년간의 평균재고비를 팔린 같은 기간의 제품 총원가로 나눈 값을 일수로 환산한 것이다. 값이 작을수록 빨리 팔린다는 것을 말한다.

- 미납 주문율(Backorder Rate)=(총미납주문량/총주문량)*100%

총주문량에 대한 미납주문량의 비율이다. 미납주문율은 해당 기간에 충족되지 못하고 다음 기간에는 충족된다. 미납주문은 재고관리의 효율성을 보여주는 지표이다. 높은 미납주문율은 적정 재고를 산정하여 구매하지 않았거나, 재주문 시점이 너무 늦었을 경우 등 비효율적인 재고관리의 결과이다.

주요 재고분석 지표는 지속적으로 모니터링하여 개선하는 노력이 필요하다.

## 3 재고관리모형: 독립 수요

재고 분석이 이루어졌다면 이제 각 재고품목에 대한 주문량과 주문시점을 결정해야 될 것이다. 기본적인 가정은 각 재고품목들이 독립적인 수요라는 것이다. 즉, 다른 재고품목의 주문량에 영향을 받지 않는 것이다. 이 경우 재고품목은 보통 완제품을 의미한다. 왜냐하면 부품 재고는 완제품의 수요량에 종속적이기 때문이다. 종속적인 재고품목에 대해서는 재고관리 시스템에서 다루기로 하자. 여기서는 기본적인 두 가지 모형을 소개한다. 차이점은 수요가 확정적이냐 또는 확률적인 분포를 가지느냐이다.

모형을 소개하기 전에 먼저 고려해야 할 재고비용에 대해서 알아보자. 모형에서 다루어지는 주요 재고비용은 크게 재고유지비용, 주문비용, 그리고 품절비용으로 나누어진다.

〈표 5-2〉 재고비용의 분류

| 종류 | 세부항목 |
|---|---|
| 재고유지비용(h) | • 자본비용<br>• 재고서비스(보험/세금)<br>• 공간비용<br>• 재고손실비용 |
| 재고주문비용(A) | • 발주비용<br>• 구매비용 |
| 품절비용(p) | • 매출손실(기회비용)<br>• 미납주문비용<br>• 신뢰도 하락 |

먼저 재고유지비용은 재고를 보유함으로써 발생하는 모든 비용으로 재고량에 비례한다. 여기에는 자본비용, 공간비용, 보험/세금 비용 등의 재고서비스 비용, 그리고 재고손실비용 등이 포함된다. 재고관리모형에서는 이러한 비용을 통틀어 통합한 이자비용으로 간주한다. 주문비용은 발주비용과 구매비용이 포함된다. 품절비용은 고객의 주문을 충족하지 못한 것에 대한 페널티비용을 의미한다. 판매손실 비용과 미납주문 비용, 신뢰도 저하 등이 여기에 포함되나 사실상 객관적인 비용 산출이 매우 어렵다.

## 1) 확정적 수요 환경

### (1) 경제적 주문량(Economic Order Quantity) 모형

1913년 생산시스템 관리자이었던 Ford W. Harris가 개발한 이 재고모형은 단위기간의 수요(D) 충족을 위해 일정한 환경에서 최소비용을 가지는 주문량을 산출하는 모형으로 재고관리모형의 효시라고 할 수 있다. 보통 단위기간은 1년을 의미한다. 또한 재고부족을 허용하지 않으며, 주문시점부터 입고시점까지의 리드타임은 없다고 가정한다. 따라서 무한 공급 능력을 가진 공급자를 가정하는 것이다. 재고모형의 목적은 수요를 만족하면서 전체 재고 관련비용을 최소화하는 주문량(Q)과 주문주기(T)를 구하는 것이다. 이러한 가정하에서 시간에 따른 재고의 변화는 다음과 같은 톱니모양의 그래프로 나타난다. 각 톱니가 하나의 주문주기가 되는 것이다.

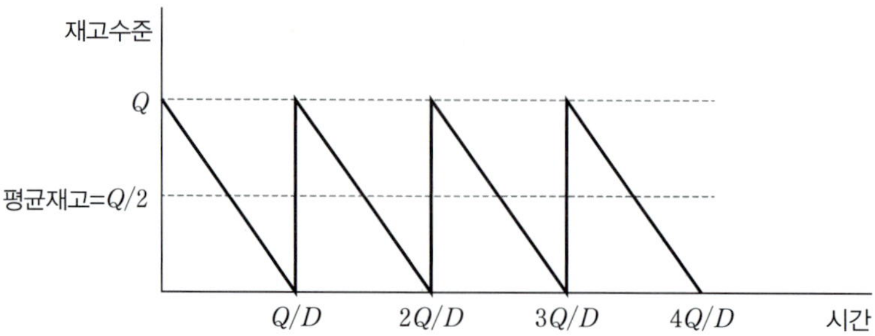


$Q$: 주문량, $D$: 연간수요

[그림 5-3] EOQ 재고모형에서의 재고수준의 변화

주어진 기간에서의 톱니의 면적이 곧 보유하고 있는 재고량이 되므로 주문량을 증가시키면 톱니 면적도 커져 재고유지비용도 비례하여 증가할 것이다. 그러나 톱니의 수는 줄어들어 주문횟수가 줄어들어 주문비용도 줄어들게 된다. 결국 재고유지비용과 주문비용은 주문량이 증가하면 반대 방향으로 움직이게 되어 적절한 $Q$의 선택이 중요하다. 1년간 단위 유지비용을 $h$, 한 번 주문할 때의 주문비용을 $A$, 구매단가를 $c$라고 하면, 주문량에 따른 단위기간 총재고비용($TC$)은 재고유지 비용, 주문비용, 그리고 구매비용의 합이 되어 다음과 같은 $Q$에 대한 함수식으로 표현된다.

$$TC(Q)=A\cdot D/Q+h\cdot Q/2+cD$$

여기서, $D/Q$=단위기간(년)의 주문횟수, $Q/2$=단위기간(년) 평균재고가 된다.

$TC$를 최소화하는 $Q$를 구하기 위해, 총비용 함수를 $Q>0$에 대해 1차, 2차 미분하여 보자.

$$\frac{\partial TC(Q)}{\partial Q}=TC'(Q)=-AD/Q^2+h/2$$

$$\frac{\partial^2 TC(Q)}{\partial Q^2}=TC''(Q)=2AD/Q^3>0, \qquad \text{여기서 } Q>0.$$

따라서, $TC$는 $Q$에 대해 아래로 볼록한(Convex Downward) 함수이므로 최솟값은 $TC'(Q)=0$을 만족하는 $Q^*$를 대입하여 구할 수 있다. 이때, $Q^*=\mathrm{EOQ}$, 즉 경제적 주문량으로서 다음과 같이 주어진다.

$$Q^*=\sqrt{\frac{2AD}{h}}=\mathrm{EOQ}$$

이에 따라 최적 주문 주기는 또한 다음과 같이 도출된다.

$$T^*=Q^*/D=\sqrt{\frac{2A}{hD}}$$

총비용 함수에서 총구매비용은 총수요량에 비례하고 주문량에 무관하므로 이를 무시하고 비용그래프를 [그림 5-4]와 같이 그려보면 주문량에 따른 비용의 특성을 파악할 수 있다.

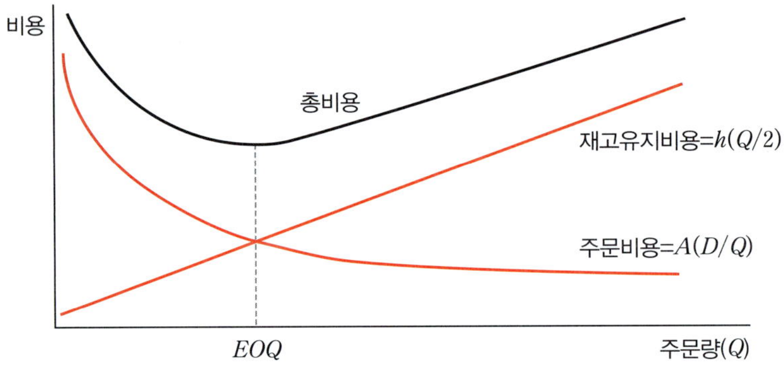


[그림 5-4] EOQ 산출

비용 그래프에서 보여지듯이 EOQ로 주문했을 때 총비용 최소화가 실현되며 이 때 재고유지지용과 주문비용은 같게된다. EOQ 산출식을 통해 알 수 있는 것은 주문비용(A)이 증가하게 되면 EOQ도 증가하므로 주문횟수가 줄어들게 되어 총비용을 최소화하게 되고, 만일 단위 재고유지비용($h$)이 증가하면 EOQ는 감소하게 되어 평균 재고량을 감소시켜 총비용을 최소화하게 된다.

## 2) 불확실한 수요환경

### (1) 재주문점(Reorder Point)모형

수요가 불확실할 경우, 기업은 재고를 얼마나 유지해야 재고부족 상황을 피할 수 있을지가 가장 큰 관심일 것이다. 특히, 발주 후에 주문량이 도착할 때까지의 리드타임 기간 품절되는 상황을 방지하려면 이 기간의 평균수요보다는 많은 재고수준을 유지하여야 할 것이다. 이때, 평균수요를 초과한 재고량을 안전재고(Safety Stock)라고 한다. 그래서 리드타임 기간의 수요를 고려하여 발주시점을 결정하는 것이 중요한데, 이 시점은 일정한 주기를 가질 수 없으므로 시간의 개념이 아닌 현재의 재고수준으로 결정해야 할 것이다. 따라서 재주문점모형에서는 현재의 재고수준이 특정한 재주문점으로 내려갔을 때를 발주시점으로 결정한다. 이를 재고수준 그래프로 표현하면 다음과 같다.

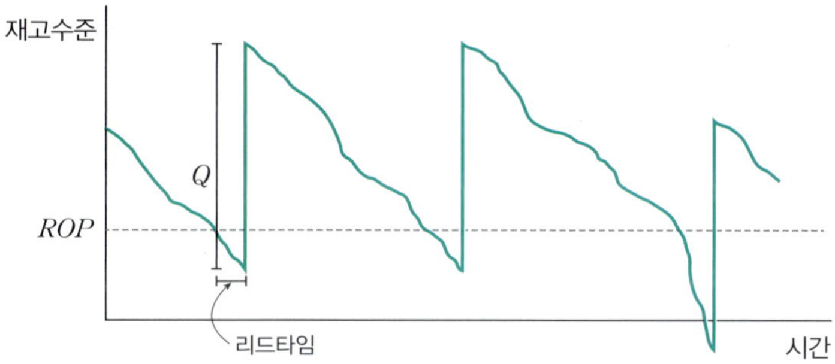


[그림 5-5] 재주문점(ROP)모형의 재고수준 변화

재주문점 재고모형에서는 수요는 랜덤하지만 평균값과 분산을 알고 있다고 가정한다. 또한 EOQ모형과 달리 리드타임이 존재하며 또한 재고부족 상황이 발생했을 때, 백오더를 허용하므로 추가적인 비용요소로서 품절비용이 발생할 수 있다. EOQ 모형에서 정의한 기호 외에 재주문점 모형에 추가적으로 필요한 기호는 다음과 같다.

$p$ = 단위 품절비용

$\tau$ = 리드타임

$X$ = 리드타임 수요(확률변수)

$F(x) = \Pr[X \leq x]$ = 누적수요 확률분포 함수

$f(x) = \Pr[X = x]$ = 수요 확률밀도 함수

$\mu = E(x) = D\tau$ = 리드타임 동안의 평균수요

$R$ = 재주문점(수량) = 주문시점에서의 재고수준

$s$ = 안전재고 수준 = $R - \mu$

$n(R)=\int_R^{\infty}(x-R)f(x)dx=$ 리드타임 동안의 평균 백오더량(품절량)

$Q=$ 주문량

여기서 의사결정 변수는 $Q$와 $R$이며, 서로 다른 역할을 가지고 있다. 즉, $Q$는 재고유지 비용과 발주비용의 트레이드오프를 위해 결정되지만, $R$은 리드타임 기간 동안의 수요불확실성에 대응하기 위해 결정되어야 하는 변수이다. 이에 따라 목적함수는 다음과 같이 주어진다.

$$\begin{aligned} Minimize \quad & E[\text{총비용}] : \text{총비용의 기대값} \\ & = E[\text{발주비용} + \text{재고유지비용} + \text{품절비용}] \\ & = E[\text{발주비용}] + E[\text{재고유지비용}] + E[\text{품절비용}] \\ & = A \cdot D/Q + h(Q/2 + R - D\tau) + p \cdot D/Q \cdot n(R) \\ & = TC(Q, R) \end{aligned}$$

여기서, 주요 수식이 의미하는 바는 다음과 같다.

$A \cdot D/Q = A \cdot$ (평균주문횟수)

$h(Q/2+R-D\tau)=h$(평균재고+안전재고)

$p \cdot D/Q \cdot n(R)=p$(평균주문횟수)(주문당 평균품절량)

$TC$를 최소화하기 위해 다음과 같이 $Q, R$에 대하여 1차 편미분을 하여 최적 $Q, R$ 값을 구한다.

$$\frac{\partial TC(Q)}{\partial Q} = TC'(Q) = -AD/Q^2 + h/2 - p \cdot D/Q^2 \cdot n(R) = 0$$

$$\therefore\ Q^* = \sqrt{\frac{2D[A + p \cdot n(R^*)]}{h}} \qquad (1)$$

$$\frac{\partial TC(Q)}{\partial R} = h + p \cdot D/Q \cdot \frac{\partial n(R)}{\partial R} = h - [1 - F(R)] \cdot p \cdot D/Q = 0$$

$$\therefore F(R^*) = 1 - \frac{hQ^*}{pD} \tag{2}$$

그러나 (1), (2) 식은 동시에 해가 결정될 수 없는 구조이므로 불가피하게 해에 유사한 값을 반복적으로 대입시키며 해를 찾는 적절한 알고리즘이 필요하다. 만일 수요가 정규분포라면 식 (1)에서의 $n(R)$은 표준손실함수(Standardized Loss Function)를 이용하여 계산할 수 있다. 표준손실함수는 다음과 같이 정의된다.

$$L(z) = \int_z^{\infty} (t - z)\phi(t)dt \tag{3}$$

여기서, $\phi(t)$: 표준정규 밀도함수(Standard Normal Density Function). 만일 리드타임 수요의 평균이 $\mu$, 표준편차가 $\sigma$라면, 다음과 같은 관계식이 도출된다.

$$n(R) = \sigma L\left(\frac{R - \mu}{\sigma}\right) = \sigma L(z) \tag{4}$$

여기서, 표준정규 확률변수 $z = (R - \mu)/\sigma$이다.

### 3) 알고리즘

〈초기해: t=0 단계〉

초기해 $R_0$, $Q_0$를 다음 식에 의해 구한다.

$$Q_0 = \text{EOQ} = \sqrt{\frac{2AD}{h}}$$

$$F(R_0)=1-\frac{hQ_0}{pD}=1-\frac{h}{pD}\sqrt{\frac{2AD}{h}}=1-\frac{1}{p}\sqrt{\frac{2hA}{D}}$$

〈t 번째 단계〉

$$Q_t=\sqrt{\frac{2D[A+p\cdot n(R_{t-1})]}{h}}$$

$$F(R_t)=1-\frac{hQ_t}{pD}$$

〈종료 조건〉

$|Q_t-Q_{t-1}|$ *and* $|R_t-R_{t-1}|<1$이면 종료한다.

최적해는 $Q^*=Q_t,\ R^*=R_t$

**예제 5-1**

자동차 부품 공급회사 오토테크(AutoTech)에서는 수많은 종류의 부품들을 취급하고 있다. 이 중 오일 필터를 개당 $10에 구입하는 데 발주 비용은 주문당 $120이 소요된다. 재고유지 비용은 연 15% 이율로 계산하고 있다. 필터 주문 시 리드타임은 6개월로 잡고 있다는데 이 기간 동안 수요는 평균 1,500개, 표준편차 130개의 정규분포를 따르고 있다. 그리고 품절일 경우 백오더를 하여 고객수요를 충족시키는데 이에 따른 품절비용은 개당 $18.50로 가정하고 있다. 이 회사의 오일 필터에 대한 최적 주문량과 최적 주문시기는 언제인가?

**풀이**

- 〈초기해〉 먼저 연간 평균 수요, $D$를 구하면 1,500/0.5개월=3,000개가 된다. 따라서,

$$Q_0=\text{EOQ}=\sqrt{\frac{2AD}{h}}=\sqrt{\frac{2(120)(3000)}{(0.15)(10)}}=693\text{개},$$

$$F(R_0)=1-\frac{1}{p}\sqrt{\frac{2hA}{D}}=1-\frac{1}{(18.5)}\sqrt{\frac{2(0.15)(10)(120)}{(3000)}}=0.9812,$$

이에 해당하는 표준정규 분포표에서의 $z=2.08$이므로 $R_0=\mu+z\sigma=1{,}500+(2.08)(130)=1{,}770$이 된다.

- ⟨t=1⟩

$n(R_0)=L(z)=(130)(0.0068)=0.884$, 부록 표에서 $L(2.08)=0.0068$

$$Q_1=\sqrt{\frac{2D[A+p\cdot n(R_0)]}{h}}=\sqrt{\frac{2(3000)[120+(18.5)(0.884)]}{(0.15)(10)}}=738.52$$

$$F(R_1)=1-\frac{hQ_1}{pD}=1-\frac{(0.15)(10)(739)}{(18.5)(3000)}=0.9800$$

이에 해당하는 표준정규 분포표에서의 $z=2.05$이므로 $R_1=\mu+z\sigma=1{,}500+(2.05)(130)=1{,}767$이 된다.

- ⟨t=2⟩

$n(R_1)=\sigma L(z)=(130)(0.0074)=0.962$, 부록 표에서 $L(2.05)=0.0074$

$$Q_2=\sqrt{\frac{2D[A+p\cdot n(R_1)]}{h}}=\sqrt{\frac{2(3000)[120+(18.5)(0.962)]}{(0.15)(10)}}=742$$

$$F(R_2)=1-\frac{hQ_2}{pD}=1-\frac{(0.15)(10)(742)}{(18.5)(3000)}\cong 0.9800,$$

이는 이전 단계와 같은 값이므로 다음 단계의 $Q$, $R$ 값이 현 단계와 동일하게 되므로 여기서 종료한다.

$\therefore Q^*=742,\ R^*=1{,}767$

## 4) 서비스 수준(Service Level)

재주문점모형은 리드타임과 수요의 불확실성을 반영함으로써 EOQ모형보다 현실적이지만 추가적으로 품절비용의 산정을 필요로 한다는 것은 단점이다. 왜냐하면 대부분의 회사는 정확한 품절비용을 산출하는 데 많은 어려움을 겪고 있기 때문이다. 품절에 따른 고객의 피해, 회사 이미지 하락, 기회비용 등을 산출하는 것은 정성적인 요인을 계량화하는 문제이다. 그래서 많은 기업에서는 품절비용을 직접 산정하는 대신에 고객에 대한 서비스 수준을 정해놓고 이를 만족하는 수준의 안전재고를 산정하여 재주문점을 결정하는 방법을 사용한다. 서비스 수준은 여러 가지 형태로 정의하지만 가장 많이 쓰이는 개념인 $\alpha$ 서비스 수준을 소개한다. $\alpha$ 서비스 수준이란 리드타임 동안에 품절이 일어나지 않는 확률을 의미한다. 가령 서비스 수준 95%가 목표라면 100번의 주문에서 95번은 리드타임에 품절이 발생하지 않게 한다는 것이다. 일단 $\alpha$ 값이 정책적으로 결정되면 $R$과 $Q$는 더이상 서로 연계되지 않고 다음과 같이 독립적으로 구할 수 있다.

$F(R)=\alpha$를 만족하는 $R$

$Q=EOQ$로 산정

**예제 5-2**

오토테크는 품절비용을 $18.5로 사용하는 데에 확신을 가지고 있지 못하다. 그래서 품절비용 대신에 $\alpha$ 서비스 수준을 적용해 보기로 하였다. 서비스 수준 목표는 97%로 책정하였다. 따라서 $F(R)=0.97$, 이에 해당하는 표준정규분포 확률변수 값 $z=1.88$이므로 $R=\mu+z\sigma=1,500+(1.88)(130)=1,745$개가 된다. 그리고 $Q=EOQ=693$개로 주문한다.

## 4 재고관리 시스템(MRP): 종속 수요

지금까지 우리는 완제품과 같은 독립적인 수요에 대한 재고모형을 학습하였다. 만일 이 모형들을 완제품의 수요에 따라 결정되는 부품의 종속적인 수요에도 동일하게 적용한다면 어떻게 될까? [그림 5-6]은 발판의자에 대한 부품(Part, Component) 또는 부분품(Subassembly) 구성도를 보여준다. 이를 자재소요명세서(Bill of Material: BOM)라고 한다.

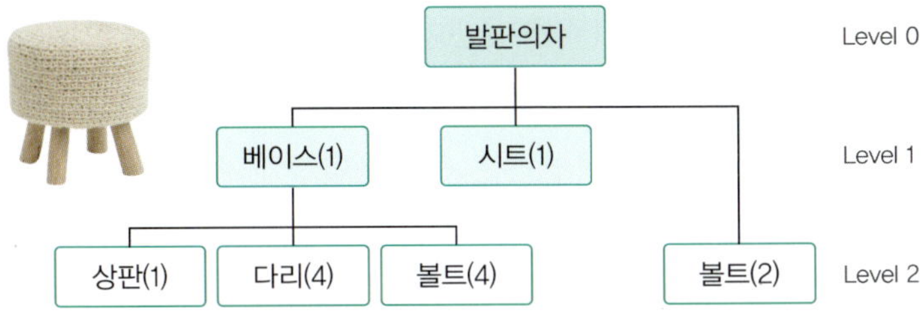


[그림 5-6] 발판의자의 BOM 구조

발판의자는 완제품으로서 외부로부터의 독립수요이지만 아래 1단계, 2단계의 부분품, 부품들은 완제품 수요에 따라 확정되는 종속수요가 된다. 만일 이러한 재고품목간의 관계를 무시한 채 독립적인 생산일정계획이 수립되면 매우 비효율적이거나 실행 불가능한 생산이 이루어질 수 있게 된다. 이것이 바로 1964년 IBM의 엔지니어 Joseph Orlicky가 자재소요계획법(Material Requirement Planning)이라는 재고관리 시스템을 만든 가장 큰 이유였다. 1972년 미국 생산재고협회에서 MRP Crusade라는 시스템을 출시한 후, MRP 시스템은 미국을 비롯한 전세계 제조기업이 대부분 사용하는 재고관리 시스템이 되었다. 일반적인 MRP 시스템의 구조는 다음과 같다.

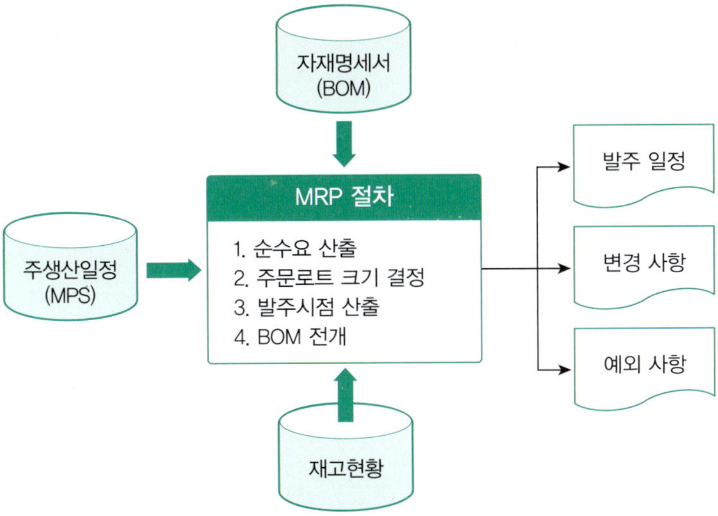


[그림 5-7] MRP 시스템의 구조

MRP시스템은 주생산일정계획(Master Production Schedule: MPS)으로부터의 완제품 총 수요에 대한 생산이 가능하도록 필요한 원자재와 부품의 소요량을 파악하여 발주 일정을 산출한다. 이때 입력정보는 주생산일정계획외에 자재명세서, 현재의 재고현황 정보 등이다. MRP를 실행한 후 산출물은 원자재, 부품의 발주 일정, 변경사항, 예외 사항 등이다. 이제 MRP 절차를 알아보자.

### MRP 절차

다음과 같이 4가지 단계로 실행된다.

- [1단계] 순수요 산출(Netting): 완제품에 대한 순수요는 총 수요량(Gross Requirement from MPS)에서 현재의 보유 재고를 뺀 값이 된다.
- [2단계] 주문로트 크기 결정(Lot Sizing): 기간별 순수요를 만족할 수 있는 주문로트의 크기를 결정한다.
- [3단계] 발주시점 산출(Time-phasing): 기간별 주문로트의 발주시점은 해당 로트의 입고시점이 가능하도록 리드타임을 반영하여 산출한다.
- [4단계] BOM 전개: 제품명세서에 따라 다음 하위 단계의 부품들에 대해 차례로 1~3단계의 MRP 절차를 반복 실행하여 마지막 부품까지 MRP 실행을 완료한다.

2단계에서의 로트의 크기를 결정하는 잘 알려진 간단한 방법들은 다음과 같다.

- Lot-for-Lot: 매 기간 발생된 수요량을 모두 주문한다.
- FOQ(Fixed Order Quantity, 정량발주): 발주량을 항상 동일한 양으로 고정함.
- EOQ: EOQ 양만큼 매번 발주한다(FOQ의 특수한 경우).
- FOP(Fixed Order Period, 정기발주): 동일한 주기로 발주하되 주기 동안 발생한 총 수요량을 모두 발주함.

이외에 재고유지비용과 발주비용을 최소화하기 위한 여러가지 방법들이 있다.

### 예제 5-3

발판의자의 부품 품목들에 대한 MRP를 전개하여 보자. 〈표 5-3〉의 (a)는 완제품인 발판의자에 대한 MRP 일정을 보여주고 있다. 즉, 5주 차 총수요, 250개를 충족시키기 위해 현 재고량 80개를 제외한 170개가 5주 차의 순수요가 되며, 이는 리드타임 1주를 고려하여 4주 차에 발주되어야 한다. 이에 따라 (b)에서는 베이스에 대한 MRP 일정표를 보여주고 있다. 2주 차 입고예정량 50개를 반영하여 결국 3주 차에 120개의 베이스를 발주하여야 한다. (c)에서는 다리 품목에 대한 MRP일정으로서 베이스 1개당 4개의 다리가 필요하므로 다리의 총수요는 120*4=480개로서 3주 차에 발생한다. 입고예정량 120개와 리드타임 2주를 반영하여 최종적으로 1주 차 360개의 다리를 발주하게 된다.

〈표 5-3〉 발판의자에 대한 MRP 표

(a) 완성품: 발판의자(리드타임=1주)

| 주(Week) | 0 | 1 | 2 | 3 | 4 | 5 | 6 |
|---|---|---|---|---|---|---|---|
| 총 수요(Gross Req.) | | | | | | 250 | |
| 입고 예정(Sched. Receipts) | | | | | | | |
| 보유 재고 | 80 | 80 | 80 | 80 | 80 | -170 | 0 |
| 순수요 | | | | | | 170 | |
| 발주 계획(Planned Orders) | | | | | 170 | | |

(b) 부품: 베이스(리드타임=1주)

| 주(Week) | 0 | 1 | 2 | 3 | 4 | 5 | 6 |
|---|---|---|---|---|---|---|---|
| 총 수요 | | | | | 170 | | |
| 입고 예정 | | | 50 | | | | |
| 보유 재고 | 0 | 0 | 50 | 50 | -120 | 0 | 0 |
| 순수요 | | | | | 120 | | |
| 발주 계획 | | | | 120 | | | |

(c) 부품: 다리(리드타임=2주)

| 주(Week) | 0 | 1 | 2 | 3 | 4 | 5 | 6 |
|---|---|---|---|---|---|---|---|
| 총 수요 | | | | 480 | | | |
| 입고 예정 | | | 120 | | | | |
| 보유 재고 | 0 | 0 | 120 | -360 | 0 | 0 | |
| 순수요 | | | | 360 | | | |
| 발주 계획 | | 360 | | | | | |

### 1) MRP II(Manufacturing Resource Planning)

MRP는 재고관리 시스템에서의 핵심기능으로 시작하여 이제는 상위단계로는 수요계획, 생산계획, 하위단계로는 제조실행 시스템을 포함하는 통합생산관리 시스템인 MRP II로 발전하였는데 이를 Manufacturing Resource Planning이라고 한다. MRP II의 기본 구조는 다음과 같다.

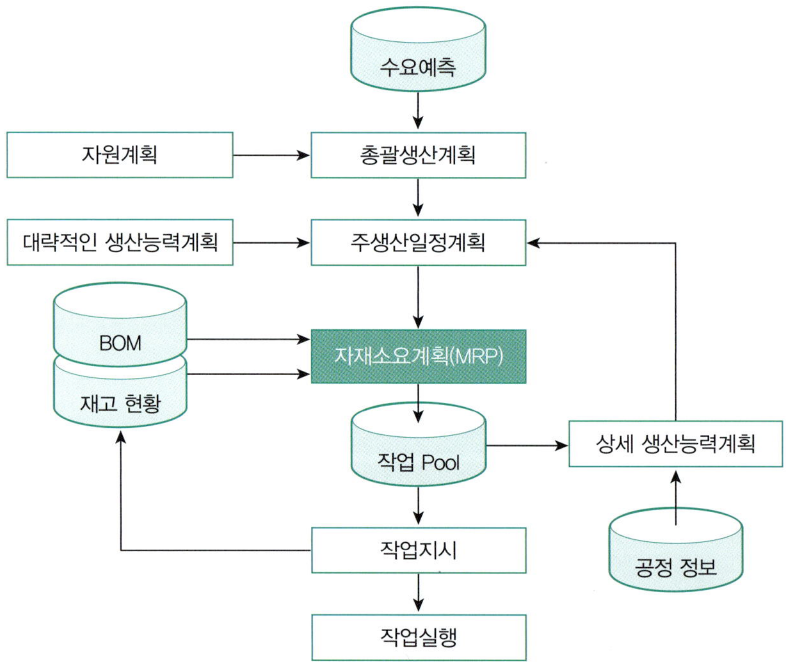


[그림 5-8] MRP II 시스템의 구조

MRP II 시스템은 계층적 구조로서 수요예측에서 시작하여 총괄생산계획, 주 일정생산계획, 자재소요계획, 그리고 제조실행단계인 작업지시, 작업실행으로 이어진다. 핵심 주요 기능을 지원하는 시스템으로서는 자원계획, 대략적인 생산능력계획, 상세 생산능력계획 등의 시스템이 있다. MRP II는 1990년대 들어와 비약적으로 발전한 정보기술이 결합되어 ERP(Enterprise Resource Planning)라는 전사적자원관리 시스템으로 진화하여 기업 내의 모든 업무프로세스와 데이터를 관리할 수 있는 전사적 정보시스템으로 자리잡았다. 다음 그림은 MRP의 진화과정을 보여주고 있다.

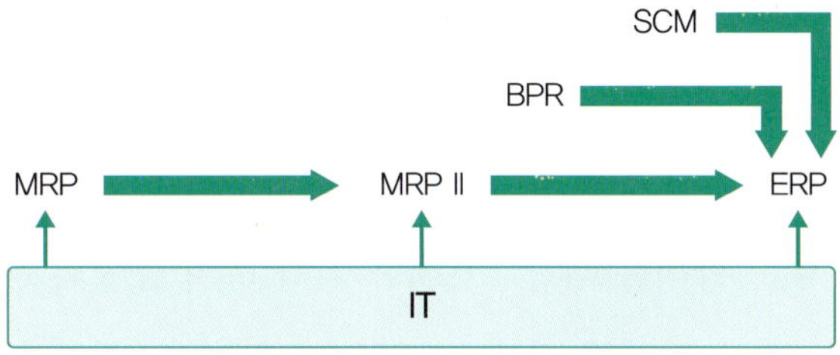


[그림 5-9] MRP의 진화과정

ERP의 도입은 기업으로 하여금 그동안의 업무프로세스를 표준화하고 효율화하는 과정을 거치게 하여, 소위 BPR이라는 비즈니스 프로세스 혁신활동을 전사차원에서 실행하는 계기를 마련하였다. 또한 ERP는 기업 내의 업무프로세스 효율화뿐만 아니라 기업 간의 정보의 가시성, 기업 간 업무의 효율성, 그리고 궁극적으로는 고객주문 최대 충족을 목적으로 하는 공급사슬 최적화를 위한 SCM의 도입으로 이어졌다. 특히 글로벌 물류 시스템의 비중이 더욱더 커지면서 현재 대부분의 기업은 SCM의 효율화에 높은 우선순위를 두고 있다.

## 5 무재고 생산방식: Just-in-Time

MRP, MRP II로 이어지는 통합생산관리 시스템은 근본적으로 재고유지에 기반을 둔 시스템이다. 이러한 재고유지는 왜 필요할까? 이는 거슬러 올라가면 수요예측이라는 정보로부터 생산계획을 수립하여 자재소요계획에 따라 원자재, 부품재고를 조달하여 생산을 하는 소위 계획기반 생산 시스템에서는 필수적인 것이다. 그런데 계획이라는 것이 항상 어긋나는 것이어서 과다한 재고, 부족한 재고, 지연되는 재고, 재고 유지비용 등이 지속적으로 발생하는 것을 우리는 경험하고 있다. 만일 재고를 없애고 생산하는 방법은 없을까? 이에 대한 시도로서 탄생한 생산방식의 혁신적인 패러다임이 Just-in-Time, 즉 적시 생산방식이다. 1960년대 토요타 자동차 생산공정에서 시작된 JIT는 1970년대 후반에 미국에 소개되기 시작하여 1990년대 Lean 생산방식이라는 이름으로 급격하게 확산되었다.

JIT에서는 생산계획에 따라 한꺼번에 구매한 재고를 유지하는 것이 아니라 재고가 없어지면 채워 넣는 방식을 취함으로써 사실상 하위 공정의 승인이 있어야 공정 중 재고, 즉 재공을 다음 단계로 보낼 수 있는 소위 풀(Pull) 방식의 생산방식 또는 재고관리를 하는 것이다. 이에 비해 MRP는 계획된 생산에 기반하여 밀어내는 푸시(Push) 방식의 생산 시스템을 실행하는 것이다. 이를 간략히 도식화하면 다음 그림과 같다.

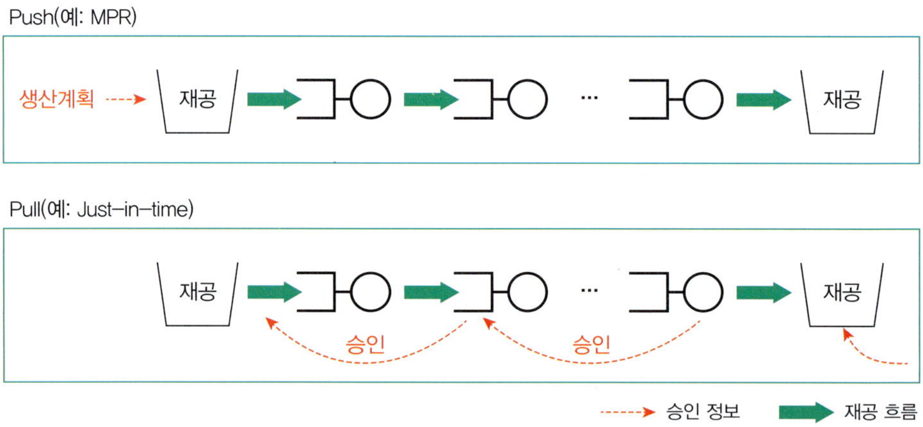


[그림 5-10] Push vs. Pull 생산방식

정보의 흐름 차원에서 차이점은 Push 시스템은 물리적인 제품의 흐름과 정보의 흐름이 같은 순방향이나, Pull 시스템은 정보의 흐름이 승인 정보이므로 역방향의 흐름이다. Pull 생산방식은 재고를 필요악이라 규정하여 이를 줄이기 위한 노력을 다양한 방법으로 지속적으로 해야 한다. 무재고를 유지하기 위해서 이상적인 목표로서 7가지의 요소를 제로로 만드는 활동을 전개한다. 불량 없애기, 로트 크기는 하나로 유지, 셋업 없애기, 무고장, 취급시간 없애기, 제로 리드타임, 변동 없애기 등이다. 이러한 목표 달성이 의미하는 바는 생산 시스템이 매우 유연해야 되고, 동시에 불확실성이나 변동성이 없이 매우 안정되어야 한다. 따라서 JIT는 매우 엄격하게 통제된 시스템인 동시에 유연성을 확보해야 하므로 이를 실행하는 데는 매우 많은 시도와 끊임없는 개선노력이 필요하다. 평준화 생산, U모양 생산라인 등이 이러한 노력의 결과이다.

현재 대부분의 생산관리 시스템이나 SCM에서는 Push와 Pull 전략을 혼용하여 사용하고 있다. 예를 들어 생산공정의 전반부에서는 예측생산에 기반한 Push 생산방식을, 그리고 후반부에서 고객의 다양한 니즈를 빠른 시간에 충족하기 위한 Pull 생산방식을 사용하는 것이다.

**[사례 5.1]** HP사의 공급사슬전략은 이를 적용한 성공사례이다.

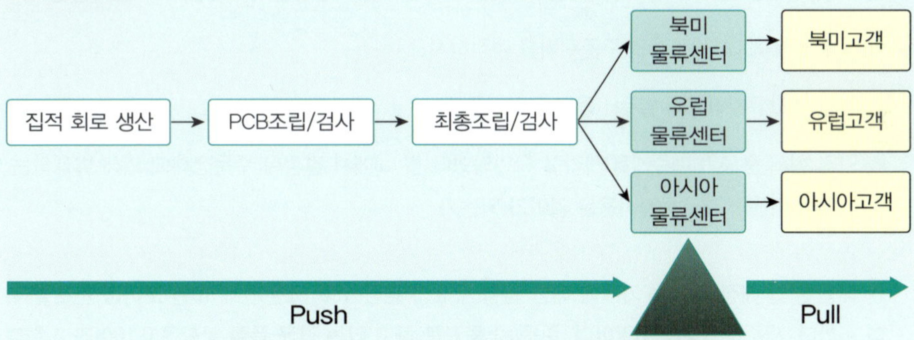


[그림 5-11] HP의 공급사슬: Push-Pull 혼합전략

HP사 프린터의 경우 전 세계 모든 지역에 공급하는 프린터의 사양은 같으나 파워모듈만 전압의 크기에 따라 다르다. 각 대륙의 생산공정을 모두 같게 하여 통합함으로써 통합된 수요예측의 정확도를 높일 수 있었고, 마지막 배송직전에 파워모듈만 다르게 장착하여 주문에 따른 배송을 진행하면 되는 것이다. 따라서 각 대륙의 물류센터 이전의 모든 생산은 Push 방식의 예측생산으로, 그리고 물류센터 이후는 Pull 방식의 배송을 운용함으로써 고객에 대한 리드타임을 획기적으로 줄일 수 있었다.

# Exercise 연습문제

1. 재고의 기능 중 가장 중요하다고 생각되는 4가지를 선택하여 설명하시오.

2. EOQ모형과 재주문점 모형이 다루는 재고 기능의 근본적인 차이점을 설명하시오.

3. EOQ가 MRP 로직에서 어떻게 사용될 수 있는지 설명하시오.

4. HP사 공급사슬의 사례처럼 하나의 시스템에서 Push와 Pull 방식이 같이 쓰이는 다른 사례를 제시하여 보시오.

5. 전자제품 제조기업에서 특수 부품에 대한 수요가 매주 평균 100개이다. 개당 구매가는 1천 원이다. 발주비용은 1만 원이며 재고유지비용은 연간 20% 이자율로 산정한다. 1년은 52주로 가정한다.

   (a) 특수 부품에 대한 EOQ와 주문주기를 결정하시오.

   (b) 연간 재고유지비용과 발주비용을 구하시오.

   (c) 만일 실제 수요가 매주 150개라고 확인되었다면, (a)에서 결정한 주문정책에 의해 발생하는 연간 발주비용과 재고유지비용은 얼마가 되는가

6. 한 대형 할인 매장의 냉동 가재에 대한 일일 수요가 평균 150, 표준편차 10인 포아송 분포를 따른다고 한다. 재주문 주기는 5일이다. 주문 시 목표로 하고 있는 평균 품절 확률은 0.10이라고 한다면 재주문점은 얼마가 되어야 하는가?

7. 서울 도심의 한 커피숍은 1년에 350일 문을 여는데 매일 아라비카 원두를 평균 5kg 소비한다(일일 수요는 표준편차 1kg의 정규분포를 따름). 커피 원두의 발주비용은 2만 원이며, 리드타임은 5일이다. 커피 원두의 재고유지비용은 kg당 연 1천 원이다.

   (a) 커피 원두에 대한 EOQ를 구하시오.

   (b) 커피 원두에 대한 연간 총 재고유지비용과 총 발주비용을 계산하시오.

   (c) 커피숍 주인은 주문 후 리드타임 동안 품절될 확률이 1%가 되지 않기를 바라고 있다. 이 경우 재주문점은 어느 수준이 되어야 하는가?

   (d) 안전재고 수준은 얼마가 되어야 하는가?

(e) (d)에서 구한 안전재고 수준을 유지하기 위한 연간 평균 재고유지비용은 얼마인가?

8. 한 가구 회사는 가구 제작에 필요한 특수 부품의 재고관리를 위하여 최근 재주문점 재고모형 (Q, r) 시스템을 도입하였다. 매 주문 시 발주 비용은 20만 원, 부품 구매가는 5천 원이다. 연간 단위 재고비용은 구매가에 연이율 20%를 적용한다. 연간 평균수요는 1만 개이며, 발주 후 리드타임 기간 동안의 수요는 정규분포 $N(500,\ 1000)(=N(\mu,\ \sigma^2))$을 따른다.

(a) 리드타임을 구하시오.

(b) 90% 서비스 수준을 만족하기 위한 재주문점 (R)과 안전재고 수준을 결정하시오.

(c) 최근 공급사의 배송 환경의 변화로 불가피하게 발주량은 1,200개로 고정하였다. 그리고 재고부족비용은 개당 5천 원으로 산정하였다. 변화된 환경에서의 재주문점을 구하시오.

9. 어느 와인 할인매장은 다양한 와인들에 대한 효율적인 재고관리를 위해 재주문점 재고관리 모형을 실행하고 있다. 특히 가장 인기 있는 와인브랜드에 대해서는 과거 데이터 분석을 통하여 수요량이 월평균 1200병, 표준편차 300병 정도의 정규분포를 따르고 있다는 것을 확인하였다. 이 와인 브랜드에 대한 주문 리드타임은 약 12주가 소요된다. 한 병당 가격은 2만 원이다. 백오더가 허용되지만 품절이 발생할 경우 여러 가지 요인을 고려하여 약 3만 원의 비용이 발생한다고 본다. 발주비용은 매 주문당 5만 원이 소요되며, 단위 재고비용은 연이율 25%로 계상한다. 한 달은 4주로 간주한다.

(a) 최적발주량과 재주문점을 결정하시오.

(b) (a)의 재고정책에 따른 안전재고량을 구하시오.

(c) 최근 재고담당자는 품절비용이 다소 정확하지 않아 실제 재고정책의 효과에 대해 회의적인 생각이 들었다. 대신에 고객서비스 수준을 높이고 이를 달성하는 재고정책을 고려하기로 하였다. 주문주기 동안 95%의 확률로 품절이 발생하지 않는 서비스수준을 목표로 새로운 재고정책을 적용할 경우 재주문점과 발주량을 구하시오.

10. 어떤 기계설비 제조 회사는 매년 평균 4천 개의 부품 공급이 필요하다. 발주비용은 건당 30만 원, 단위 재고유지 비용은 부품 구매가의 연이율 15%로 책정하고 있다. 공급사는 A, B, C 등 세 곳이며 각 공급사마다 서로 다른 공급계약 조건을 제시하고 있다. A사의 경우 주문량에 관계없이 개당 1.2만 원의 가격, B사는 최소 주문량이 700개이며 개당 1만 원의 가격, 공급사 C는 개당 9천 원에 최소 900개의 주문량만 허용한다.

(a) 최적주문량을 구하고, 이를 구매할 공급사를 선택하시오.

(b) (a)에서 선택한 공급사로부터 구매할 경우, 다른 두 공급사들과 비교하여 절감되는 비용은 얼마인가

11. 어떤 제조업체가 핵심 부품에 대한 공급처를 선정하려고 한다. 이 부품에 대한 평균 월수요는 1,000개이다. 발주비용은 10만 원, 연간 단위 재고비용은 평균적으로 1만 원이다. 다음 표는 두 공급업체가 제시한 가격이다.

| 공급업체 A | | 공급업체 B | |
|---|---|---|---|
| 주문량 | 단가 | 주문량 | 단가 |
| 1-499개 | 2.0만 원 | 1-399개 | 2.1만 원 |
| 500-999개 | 1.9만 원 | 400-899개 | 2.0만 원 |
| 1,000개 이상 | 1.8만 원 | 900개 이상 | 1.9만 원 |

(a) 각 공급업체의 EOQ를 구하시오.

(b) 공급업체를 선정하고 그 이유를 설명하시오.

(c) 최적 주문량을 결정하시오. 이때 연간 총 발주비용, 총 구매비용, 총 재고유지비용을 구하시오.

12. 어떤 완제품에 대한 수요가 다음과 같다. 1주 리드타임이며 Lot-for-Lot 주문량을 따른다. 초기재고는 20개를 보유하고 있다.

| 주 | 1 | 2 | 3 | 4 | 5 | 6 | 7 | 8 | 9 | 10 |
|---|---|---|---|---|---|---|---|---|---|---|
| 총수요 | 10 | 50 | 40 | 50 | 20 | 70 | 50 | 20 | 40 | 80 |

완제품은 여러 부품들로 구성되나 이 중 핵심 부품은 1개가 필요하며 1주 리드타임, 초기 재고는 40개이다. 이 핵심 부품에 대한 주문은 4주마다 이루어진다.

(a) 완제품과 핵심 부품에 대한 MRP 표를 작성하시오. (발주계획이 명시되어야 함)

(b) 완제품 수요 중 3주 차 수요가 취소가 되었다. 이에 따른 완제품과 핵심 부품에 대한 수정된 MRP 표를 작성하시오.

(c) 만일 핵심 부품에 대한 주문 방식이 바뀌어 주문 주기가 아닌 발주량 150개로 고정된다면 (b)의 환경에서의 새로운 MRP 표를 작성하시오.

13. 다음의 BOM 구조(괄호의 숫자는 부품 수), 완제품에 대한 수요, 보유 재고 상황을 고려하여 완제품과 모든 부품에 대한 MRP 표를 작성하시오. 발주량은 Lot-for-Lot을 적용.

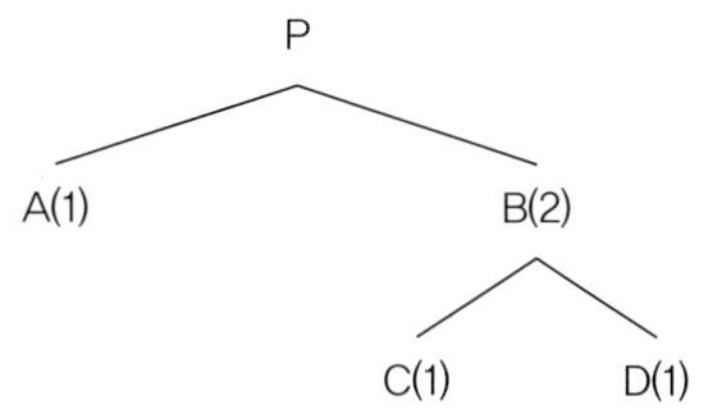


| 주일정생산계획 (MPS) | 주(Week) | 1 | 2 | 3 | 4 | 5 |
|---|---|---|---|---|---|---|
| | 총 수요 | 150 | 50 | 130 | 60 | 250 |

| 재고 현황 | 품목 | P | A | B | C | D |
|---|---|---|---|---|---|---|
| | 초기 재고 | 30 | 80 | 70 | 100 | 150 |
| | 리드타임 | 1 주 | 2 주 | 1 주 | 2 주 | 주 |

14. 다음의 BOM 구조(괄호의 숫자는 부품 수), 완제품 및 부품에 대한 수요, 보유 재고 상황을 고려하여 완제품과 모든 부품에 대한 MRP 표를 작성하시오. 발주량은 Lot-for-Lot을 적용.

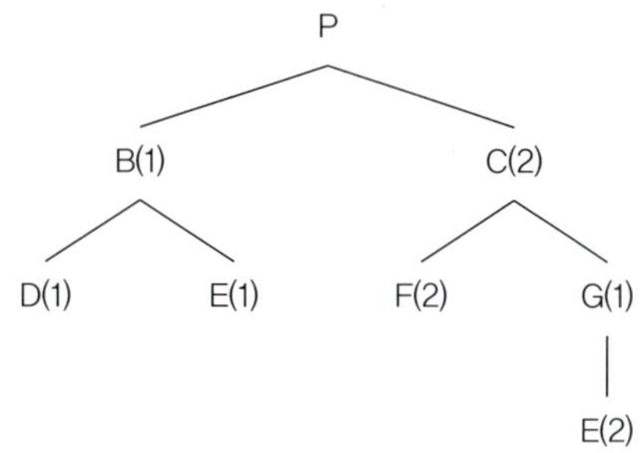


| 주 (Week) | 1 | 2 | 3 | 4 | 5 | 6 |
|---|---|---|---|---|---|---|
| 총 수요 | 30 | 80 | 4 | 50 | 30 | 150 |

| 품목 | P | A | B | C | D | E | F |
|---|---|---|---|---|---|---|---|
| 리드타임 | 1 | 2 | 2 | 1 | 3 | 1 | 1 |
| 초기 재고 | 80 | 50 | 50 | 40 | 40 | 30 | 30 |

Supply Chain Management

CHAPTER 06

# 공급사슬의 분배와 충족

CHAPTER 06

# 공급사슬의 분배와 충족

Supply Chain Management

〈학습 목표〉

1. 공급사슬의 분배와 충족 프로세스의 다양한 구조를 설명할 수 있다.
2. 분배와 충족과정에서 필요한 보충에 대한 최적의사결정을 이해한다.
3. 공급사슬의 특성과 연계된 보충충족과정을 응용, 적용할 수 있다.

공급사슬은 재화의 수요 요청에 대해 이를 공급지로부터 조달하고 수요지까지 이송하여 수요를 적절한 시기에 충족시켜 주는 프로세스이다. 수요에 대해 적절한 시기에 적당한 장소로 수요의 양만큼 충족시켜 주는 것은 모든 비즈니스의 핵심이며 따라서 공급사슬의 충족은 공급사슬의 목적 자체이다. 공급사슬이 더욱 복잡해지고 다단계로 구성되는 이유도 결국은 적절한 가격의 수요를 효율적으로 충족하기 위해 최적의 공급자를 찾고 중간의 여러 단계의 분배자를 거쳐 최종수요자에게 전달하기 위한 최적 네트워크를 구성하고자 하는 것이다. 개별적으로 발생하는 수요에 대해 개별적인 충족과정이 직접적으로 이루어지는 것이 비용과 시간면에서 효율적이라면 공급사슬 자체가 존재하지 않게 된다. 공급사슬의 모든 충족과정은 규모의 경제에 의해 적절한 규모로 통합되고 적절한 단계로 나뉘어져 비용을 줄일 수 있고 효율적인 전달과정을 사용할 수 있게 되어 통합과 분배가 필요하게 되는 것이다. 정보전달의 한계가 있을 때는 공급과 수요의 범위가 적었지만 이제는 공급과 수요를 연결하는 네트워크가 무한대로 확장되었으며 하루에 수억 종류의 수요를 충족하는 아마존이나 국내기업 쿠팡의 물류체계는 다양한 수요를 어떻게 분류하고 분배하여 효율적으로 충족시켜 주는가에 대한 의사결정이 비즈니스의 핵심이다.

공급사슬의 모든 충족과정은 적절한 시기와 적절한 가격에 충족되기를 원하는 수요에 대해 공급자가 이를 대응할 수 있는가의 문제이며 수요자가 수락할 수 있는 시간 내에 충족과정에 필요한 고정비와 변동비를 어떻게 조합하여 실현할 수 있는가이다. 공급의 모든 활동은 고정비가 발생하는데 이는 개별활동에 부과되는 단위고정비를 낮추기 위한 모든 활동은 시간의 지체와 적재로 인한 재고유지비를 증가시킨다. 또한 공급의 시간을 낮추기 위한 모든 활동은 재고유지비를 낮추는 대신 개별활동에 부과되는 단위고정비를 증가시킨다. 따라서 충족 프로세스는 기본적으로 고정비와 재고유지비의 상호상충 과정에서 수요에 대한 공급을 원하는 시간 내에 달성하는 일이다. 동네음식점에 대한 주문은 개별 배달로 대응하고 택배는 하루에 백여 개 아이템에 대한 통합배달로 대응하는 것은 고객이 허락한 충족시간과 배달로 인한 고정비에 대한 최적의 분배와 통합에 대한 의사결정이다. 또한 최종전달 이전의 여러 단계도 음식점에서의 식자재 준비나 수하물택배에서 여러 단계의 분배센터의 분류는 충족과정에서의 고정비와 재고유지비 등의 운영비에 대한 상충과정에 대한 최적의 의사결정의 결과이다.

공급사슬 충족과정의 복잡성은 크게 두 가지 측면에서 발생하는데 첫째, 조달과 공급이 동시에 여러 품목에 대해 이루어져야 한다는 점이고, 둘째, 공급 과정이 여러 단계를 거쳐 이루지는 점이다. 여러 품목이 개별적으로는 최적의 조달과 공급과정이 존재하겠지만 이를 통합하여 운영할 때 통합적인 최적의 프로세스는 이와 전혀 다른 과정이다. 여러 단계의 공급과정도 이와 마찬가지로 한 단계의 공급과정과 여러 단계를 거침으로 발생하는 복잡성을 고려한 공급 프로세스는 전혀 다르다. 수요의 충족은 적시에 필요한 재화를 전달하되 이를 최소의 비용으로 달성해야 하기 때문에 공급사슬의 분배와 충족과정은 여러 품목과 여러 단계의 공급사슬 간의 조화가 이루어진 의사결정이 필요하다.

## 1 공동보충(Joint Replenishment)

공동보충은 여러 품목의 제품을 다음 단계의 수요자에게 공급함으로 충족과정을 달성할 때 개별적인 최적의 사이클로 운영하기보다 적절한 제품군으로 그룹핑하여 운영함으로 비용감소 및 관리의 편리함 등으로 효율적인 공급사슬을 운영하도록 해 준다. 공동보충은 공급사슬에서 매우 보편적인 형태로 발생하는 의사결정 과정이다. 보충의 과정이 다수의 제품으로 구성되어 있는 경우, 또는 다수의 수요자에게 동일제품군에 대해 보충을 실행해야 하는 경우 등 개별적인 운영보다 여러 제품 또는 여러 수요자를 동일 보충주기로 운영함으로 공급사슬의 효율성을 달성하고자 할 때의 운영형태이다.

일반적으로 한 번에 많은 양을 주문함으로 얻을 수 있는 규모의 경제(Economy of Scale)보다는 다양한 제품군에 대해 한번에 여러 품목을 포함하여 비용을 절감할 수 있는 범위의 경제(Economy of Scope)에 근거한 관리방식이다. 여러 품목을 동시에 주문 또는 조달할 경우 개별적으로 발생하는 주문비용을 공유함으로 비용을 절감할 수 있는 경우에 해당한다. 일반적으로 주문비용은 제품별 주문량에 상관없이 일정 수준으로 발생하는 주문준비비용을 의미하는데, 예를 들면 수송에 필요한 고정비, 제품을 다루는 데 사용되는 특정설비의 설치비 또는 고정운영비 등을 포함한다. 각 제품별 고정비에 근거한 최적의 경제적 주문량으로 운영하지 못하는 비용의 증가와 공통적 고정비 공유로 인한 비용절감에 대한 트레이드오프로 공동보충의 최적운영 방식을 선택하게 된다. 공동운영방식을 사용하는 공급사슬은 [그림 6-1]과 같이 여러 제품을 조달하는 수요 공동보충 또는 여러 제품을 공급하는 공급 공동보충의 형태를 취할 수 있다. 이는 분배 공급사슬의 경우에도 동일하게 적용할 수 있는데 여러 공급지에 제품을 충족시켜 주는 경우 분배 프로세스에서 발생하는 고정비를 공유하여 최적의 비용으로 운영하는 분배 공동보충의 경우에 해당한다.

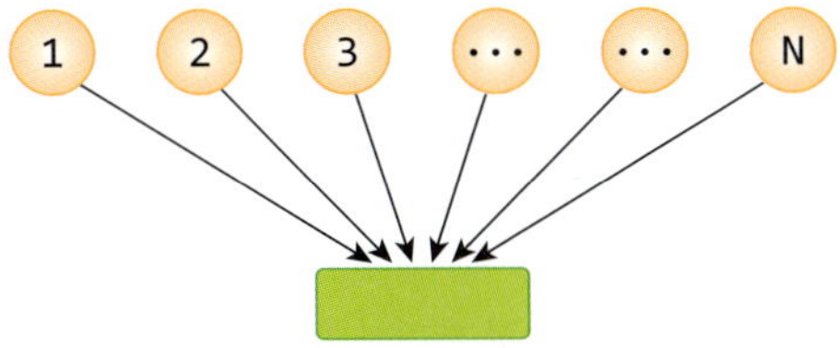


[그림 6-1] 공동보충 공급사슬

우선 각 제품별로 수요는 일정하게 발생하며 부재고(Backorder)는 허용하지 않고 주문에 소요되는 조달기간은 0이라고 가정할 수 있다. 만일 조달기간이 일정시간 필요하다면 그 기간만큼 사전에 조달요청을 하면 된다. 각 제품별 경제적 주문량은 일정하며 따라서 주문의 주기도 일정하지만 여러 제품에 대해 공동보충으로 운영할 경우 최적의 공동보충방식은 각 공동보충이 실행되는 제품군별로 공동보충의 주기가 일정하다고 할 수 없다. 그러나 운영의 편리함때문에 각 주문의 주기는 일정한 형태의 공동보충 방식을 운영하는 것이 보편적이다. 공동보충으로 운영되는 $N$ 종류의 제품에 대해 제품 $i$의 단위기간 별 수요와 재고유지비를 각각 $d_i$, $h_i$라 하고 공동보충에 상관없이 발생하는 제품 $i$의 고정주문비를 $a_i$로 가정한다. 공동보충이 이루어지면 이때 포함되는 제품의 종류에 상관없이 고정주문비 $A$가 발생한다. 즉 고정주문비는 주 고정비 $A$와 개별 고정비 $a_i$가 발생하며 예를 들면 제품 1과 제품 2가 공동보충될 경우 고정주문비는 $A+a_1+a_2$가 발생한다. 제품 $i$의 보충주기가 $T_i$라면 이때 주문량은 $Q_i=d_iT_i$일 것이다. 제품 $i$의 수요에 대해 단위기간당 발생하는 평균재고비용은 $H_i=h_id_i/2$이며 편의상 제품의 순번은 $\frac{a_1}{H_1} \le \frac{a_2}{H_2} \le \cdots \le \frac{a_N}{H_N}$라고 정의한다. 참고로 각 제품별 개별 고정비만을 고려한다면 제품 $i$의 최적 주문주기는 $T_i=\sqrt{\frac{a_i}{H_i}}$이며 정의에 의해 $T_1 \le T_2 \le \cdots \le T_N$이며 제품 1의 주문주기가 가장 짧아 개별 최적주문주기의 순으로 제품의 순번을 결정한 것이다. 공동보충의 의사결정은 각 제품별 주문 주기를 결정하는 것으로 귀결된다. 공동보충을 운영할 경우 가장 보편적으로 사용되는 방식은 첫째, 정수배주기방식(Integer Multiple)으로 각 제품의 주문주기를 가장 짧은 주문주기를 가지고 있는 제품 1의 주문주기의 정수배로 운영하는 것이고([그림 6-2]), 둘째, 정수배 주기방식의 하나로서 각 제품의 주문주기를 제품 1의 주문 주기의 $2^k$($k$는 양의 정수)배로 운영하는 것으로 2제곱정수배 주기방식(PO2: Power of Two)이라고 한다. 각각의 방식이 나름대로 장단점이 있으며 특히 정수배 주기방식은 PO2방식보다는 최적값에 가깝지만 PO2방식은 주문주기가 매우 단순하여 운영의 편리함을 가지고 있다.

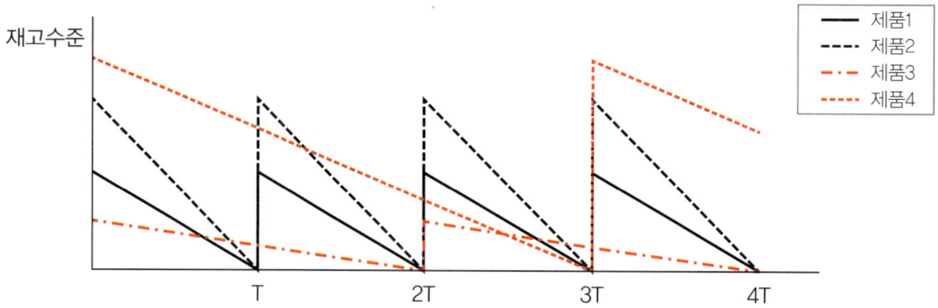


[그림 6-2] 공동보충 정수배 주기방식

정수배 주기방식으로 운영하면 각 제품의 주문주기는 $T_i = n_i T_1 (i=2, \ldots, N)$로 표시할 수 있으며 $n_i$는 정수값으로서 공동보충방식에 대한 최종 의사결정변수가 된다. 정수배 주기방식의 총비용 $C$는 다음과 같이 표시할 수 있다.

$$
\begin{aligned}
C &= \frac{A}{T_1} + \sum_{i=1}^{N} \frac{a_i}{T_i} + \sum_{i=1}^{N} H_i T_i \\
&= \frac{A}{T_1} + \sum_{i=1}^{N} \frac{a_i}{n_i T_1} + \sum_{i=1}^{N} n_i H_i T_1 \\
&= \frac{A + a_1 + \sum_{i=2}^{N} a_i / n_i}{T_1} + T_1 \left( H_1 + \sum_{i=2}^{N} n_i H_i \right)
\end{aligned}
$$

총비용 $C$를 최소화하는 $T_1, n_2, n_3, \ldots, n_N$의 값을 구한다. 우선 $n_2, n_3, \ldots, n_N$의 값이 주어졌다고 가정하면 $T_1$의 최적값은

$T_1^*(n_2, n_3, ..., n_N)=\sqrt{\dfrac{\left(A+a_1+\sum_{i=2}^{N}a_i/n_i\right)}{H_1+\sum_{i=2}^{N}n_iH_i}}$임을 알 수 있다. 이때의 총비용은

$C^*(n_2, n_3, ..., n_N)=2\sqrt{\left(A+a_1+\sum_{i=2}^{N}a_i/n_i\right)\left(H_1+\sum_{i=2}^{N}n_iH_i\right)}$이다. $n_2$, $n_3$, …, $n_N$의 값이 정수이어야 하는 조건을 해제하면, 즉 정수배 주기조건을 적용하지 않는다면 총비용을 최소화하는 $n_2, n_3, ..., n_N$의 값은 다음과 같다.

$$n_i=\sqrt{\frac{a_i}{H_i}\cdot\frac{H_1}{A+a_1}}$$

또한 이를 총비용의 식에 대입하여 구한 최적의 총비용은 $C^*=2\sqrt{(A+a_1)H_1}+\sum_{i=2}^{N}2\sqrt{a_iH_i}$이다. 이는 최적의 총비용은 제품 1의 고정주문비를 $A+a_1$로 운영하였을 때의 경제적 주문량(Economic Order Quantity: EOQ)의 최적비용과 제품 1을 제외한 다른 제품들에게 각각의 고정주문비 $a_i$로 운영하였을 때의 최적비용의 합과 동일하다. 즉, 주 고정비는 가장 빈번한 주문이 이루어지는 제품에 고정비를 할당하고 나머지는 각각의 개별 고정비를 할당하는 경우에 해당한다.

$n_2, n_3, ..., n_N$에 대해 정수조건을 만족하는 해를 구할 때 이러한 식을 이용하여 근사해를 구할 수 있다. 또한 정수조건을 적용하지 않은 최적의 총비용은 구한 해에 대해 이론상의 최저값(Lower Bound: LB)으로 사용하여 해의 성능을 평가할 수 있다. 정수조건을 적용한 근사 최적값을 다음과 같은 발견적 기법으로 구할 수 있다. 다만 기본 주문주기가 여러 물리적상황을 고려하여 사전에 정의되어 있는 경우, 예를 들면 가능한 주문주기($T_0$)가 1일, 1주와 같이 정의되어 있으면 이를 기준으로 기본 주문주기($T_1$)는 $T_0$의 정수배의 값이 되도록 정한다.

### 공동보충 정수배 주기방식의 발견적 기법

**(Step 1)** $n_i = \sqrt{\frac{H_1}{A+a_1} \cdot \frac{a_i}{H_i}}$ 를 이용하여 $n_2, n_3, \ldots, n_N$의 가장 가까운 정수값을 구한다.

**(Step 2)** $n_2, n_3, \ldots, n_N$의 값으로 $T_1 = \sqrt{\frac{(A+a_1+\sum_{i=2}^{N} a_i/n_i)}{H_1+\sum_{i=2}^{N} n_i H_i}}$을 구한다.

**(Step 3)** $T_1$을 $C$식에 입력하고 $\frac{\partial C}{\partial n_i}=0$식으로 $C$식을 최소화하는

$n_i = \sqrt{\frac{a_i}{H_i T_1}}$ $(i=2, 3, \ldots, N)$에 가장 가까운 정수값을 구한다. 또는

$n_i(n_i+1) \geq \frac{a_i}{H_i T_1^2}$을 만족하는 최소의 정수 $n_i(i=2, 3, \ldots, N)$를 구한다.

**(Step 4)** (Step 2)와 (Step 3)을 수렴할 때까지 반복 수행한다.

**예제 6-1** 공동보충 정수배 주기방식

5개 제품에 대한 보충을 공동보충방식으로 운영하고자 한다. 제품에 대한 주고정주문비는 200이며 제품별 개별 고정주문비는 $a_1=a_2=30$이며 $a_3=a_4=a_5=50$이다. 재고유지비는 모든 제품이 동일하여 1이다. 각 제품의 수요는 $d_1=10{,}000$, $d_2=5{,}000$, $d_3=1{,}000$, $d_4=1{,}000$, $d_5=800$이다. 공동보충 정수배 주기방식을 최적 주기를 구하면 다음과 같다.

**풀이** (*step* 1) 각 제품의 순번은 $\frac{a_i}{H_i}$의 증가 순으로 정의되었다.

기본가정에 의해 $n_1=1$이며 $n_i = \sqrt{\frac{H_1}{A+a_1} \cdot \frac{a_i}{H_i}}$ 에 의해 $n_2, n_3, n_4, n_4$를 구한다.

$$n_2 = \sqrt{\frac{10000/2}{200+30} \cdot \frac{30}{5000/2}} = 0.51 \cong 1,\ n_3 = 1.47 \cong 1,\ n_4 = 1.47 \cong 1,\ n_5 = 1.65 \cong 2,$$

(*Step* 2)

$$T_1{}' = \sqrt{\frac{(A+a_1+\sum_{i=2}^{N} a_i/n_i)}{H_1+\sum_{i=2}^{N} n_i H_i}} = \sqrt{\frac{\left(200+\frac{30}{1}+\frac{30}{1}+\frac{50}{1}+\frac{50}{1}+\frac{50}{2}\right)}{5000+2500+500+500+2 \cdot 400}} = 0.203$$

(*Step* 3) $n_1=1$이며 $n_i = \sqrt{\frac{a_i}{H_i T_1^2}}$ 에 의해

$$n_2 = \sqrt{\frac{30}{2500 \cdot 0.0412}} = 0.54 \cong 1,\ n_3 = 1.55 \cong 2,\ n_4 = 1.55 \cong 2,\ n_5 = 1.74 \cong 2$$

이며 이는 *Step* 2에서 구한 값과 동일하지 않아 *Step* 2와 *step* 3를 반복한다.

(*Step* 2) $T_1$를 다시 구하면

$$T_1' = \sqrt{\frac{(A + a_1 + \sum_{i=2}^{N} a_i/n_i)}{H_1 + \sum_{i=2}^{N} n_i H_i}} = \sqrt{\frac{\left(200 + \frac{30}{1} + \frac{30}{1} + \frac{50}{2} + \frac{50}{2} + \frac{50}{2}\right)}{5000 + 2500 + 2 \cdot 500 + 2 \cdot 500 + 2 \cdot 400}} = 0.180$$

(*Step* 3) $n_1 = 1$이며 $n_i' = \sqrt{\frac{a_i}{H_i T_1^2}}$에 의해

$$n_2' = \sqrt{\frac{30}{2500 \cdot 0.0324}} = 0.61 \cong 1,\ n_3' = 1.75 \cong 2,\ n_4' = 1.75 \cong 2,\ n_5' = 1.96 \cong 2$$이며

이는 *Step* 2에서 구한 값과 동일하여 이를 최종해로 결정한다.

$T_1 = T_2 = 0.180$, $T_3 = T_4 = T_5 = 0.360$이며 각 제품별 주문시기의 주문량은 $Q_1 = 1800$, $Q_2 = 900$, $Q_3 = 360$, $Q_4 = 360$, $Q_5 = 288$이다. 이러한 공동보충계획으로 인하여 발생하는 총비용은 3715로서 이론상의 최소값 3608(LB)의 3.0% 이내의 해법으로 매우 우수한 운영방식임을 알 수 있다.

---

공동보충 운영방식에서 정수배 주기방식의 특수한 예로 각 제품의 주문주기를 기본 주문주기의 $2^k$($k$는 양의 정수)배로 운영하는 2제곱 정수배 주기방식(Power of Two: PO2)이 있다. PO2 방식에서 운영되는 주문주기는 기본 주문주기의 1, 2, 4, 8, … 배로 운영한다. 정수배 주문주기보다 총 비용 측면에서 비효율적이지만 매우 편리한 운영상의 이점이 있다. 특히 수많은 제품을 운영하는 공급사슬, 예를 들면 수요처마다 평균수요가 제각기 다른 수십 개 수요처에 공급을 한다든지, 제품생산에 필요한 수십, 수백 개의 부품 공급을 받아야 하는 경우, 특히 백화점 등에서 수백 가지 종류의 야채나 과일에 대한 보충을 실행하는 경우 각각에 대해 개별적인 주문주기를 관리하는 것이 오히려 큰 관리비용이 필요하다. 정수배 주문주기로 운영한다 하여도 매 주문주기마다 주문할 제품을 선택하여 보충을 실행해야 한다. PO2 방

식은 주문주기 측면에서 짧은 것부터 긴 순서로 순서를 정해 놓으면 해당 주문주기가 도달하였을 때 일정 순번 이하의 모든 제품을 일괄 보충하면 된다. 이는 2제곱의 배수로 주문주기가 구성되어 있어 순번상의 하위의 제품에 대한 보충이 실행되면 그보다 상위의 제품의 보충은 같은 주기 또는 2배, 4배, …의 횟수로 보충되기 때문이다.

정수배 주기방식에서 정의한 것과 동일하게 각 제품의 수요, 재고유지비 및 고정주문비를 각각 $d_i$, $h_i$, $a_i$로 가정한다. 또한 제품의 종류에 상관없이 고정주문비 $A$가 발생한다. $H_i=h_i d_i/2$로 가정하고 제품의 순번은

$$\frac{a_1}{H_1} \le \frac{a_2}{H_2} \le \cdots \le \frac{a_N}{H_N}$$

로 정한다. PO2 방식에 제품 $i$의 보충주기가 $T_i$라면 $T_i=2^{k_i}T_1\,(i=2, ..., N)$로 표시되며 총비용

$$C=\frac{A}{T_1}+\sum_{i=1}^{N}\frac{a_i}{T_i}+\sum_{i=1}^{N}H_i T_i$$

를 최소화하는 기본 주문주기 $T_1$과 $k_1=0$, $k_2$, $k_3$, ..., $k_N$의 값을 구하는 것이 목표이다. 각 제품이 개별 고정주문비만으로 보충이 이루어진다면 PO2 주문주기방식도 정수배 주문주기 방식 중 하나이기 때문에 제품 $i$의 최적 주문주기는 $T_i=\sqrt{\frac{a_i}{H_i}}$이며 정의에 의해 $T_1 \le T_2 \le \cdots \le T_N$일 것이다. 고정주문비가 포함된 공동보충의 경우에도 이 관계는 성립될 것이며 PO2의 특성상 모든 제품의 주문시기에 가장 빈번한 보충이 이루어지는 제품 1의 보충이 동시에 이루어질 것이고 고정주문비는 항상 제품 1이 담당하는 것으로 가정할 수 있다. 정수배 조건을 고려하지 않을 경우, 제품 $i$와 제품 $(i+1)$이 동일한 주문주기를 가진다면 이는 고정주문비 $(a_i+a_{i+1})$, 평균 재고유지비용 $(H_i+H_{i+1})$를 가지는 단일 제품을 보충하는 것과 동일하다고 볼 수 있다. 또한 $\frac{A+a_1}{H_1} \ge \frac{a_2}{H_2}$이라면 제품 1과 제품 2를 통합하여 $T_1=T_2=\sqrt{\frac{A+a_1+a_2}{H_1+H_2}}$

로 운영할 수 있으며 이러한 관계는 순차적으로 적용할 수 있다. 이러한 특징을 고려하여 해를 구할 수 있는 발견적 기법을 구성할 수 있다. PO2 주문주기 방식에서도 정수배 주문주기 방식과 마찬가지로 주문주기($T_0$)가 1일, 1주와 같이 사전에 정의되어 있으면 이를 기준으로 기본 주문주기($T_1$)는 $T_0$의 2의 제곱수의 배수($T_1=2^{k_0}T_0$) 또는 이의 근사값이 되도록 정한다.

### 공동보충 PO2 주기방식의 발견적 기법

**(Step 1)** 제품의 순번이 $\frac{a_1}{H_1} \leq \frac{a_2}{H_2} \leq \cdots \leq \frac{a_N}{H_N}$과 같이 정의되었을 때 제품군 $C$는 $C=\{1, 2, ..., i^*\}$로서 $i^*$는 $\frac{A+\sum_{j=1}^{i} a_j}{\sum_{j=1}^{i} H_j} \geq \frac{a_i}{H_i}$를 만족하는 제품 순번의 최대값이며 $a(C)=A+\sum_{i=1}^{i^*} a_i$, $H(C)=\sum_{i=1}^{i^*} H_i$라고 정의한다.

**(Step 2)** 제품군 $C=\{1, 2, ..., i^*\}$에 속한 제품은 $T_1=, ..., =T_{i^*}=\sqrt{\frac{a(C)}{H(C)}}$이며 제품군 $C$에 속하지 않은 제품은 $\hat{T}_i=\sqrt{\frac{a_i}{H_i}}$, $i=i^*+1, ..., N$로 정의한다.

**(Step 3)** 제품군 $i=i^*+1, ..., N$에 대해 $\hat{T}_i=\sqrt{\frac{a_i}{H_i}}=2^{k_i}T_1$에 가장 근접한 정수 $k_i$를 구하고 $T_i=2^{k_i}T_1$로 정의한다. 이때 가장 근접한 $k_i$는 $(\log_2\frac{\hat{T}_i}{T_1})-\frac{1}{2}$ 보다 작지 않은 양의 정수 중에서 최소값으로 정하여 구할 수 있다.

**예제 6-2** 공동보충 PO2 주기방식

[예제 6-1]에 주어진 사례를 공동보충 PO2 주문주기 방식으로 결정하고자 한다. 주고정주문비는 200이며 제품별 개별 고정주문비는 $a_1=a_2=30$이며 $a_3=a_4=a_5=50$이다. 재고유지비는 모든 제품이 동일하여 1이다. 각 제품의 수요는 $d_1=10,000$, $d_2=5,000$, $d_3=1,000$, $d_4=10,000$, $d_5=800$이다. 공동보충 PO2 주기방식을 최적 주기를 구하면 다음과 같다.

(*Step* 1) 각 제품의 순번은 $\frac{a_i}{H_i}$의 증가 순으로 정의되었다.

$$\frac{A+a_1}{H_1}=\frac{200+30}{5000}\geq\frac{a_1}{H_1},\ 1\in C$$

$$\frac{A+a_1+a_2}{H_1+H_2}=\frac{200+30+30}{5000+2500}\geq\frac{a_2}{H_2}=\frac{30}{2500},\ 2\in C$$

$$\frac{A+a_1+a_2+a_3}{H_1+H_2+H_3}=\frac{200+30+30+50}{5000+2500+500}\ngeq\frac{a_3}{H_3}=\frac{30}{500},\ 3\notin C$$

$C=\{1, 2\}$, $a(C)=260$, $H(C)=7{,}500$

(*Step* 2) $T_1=T_2=\sqrt{\frac{260}{7500}}=0.186$, $\hat{T}_3=\sqrt{\frac{50}{500}}=0.316$, $\hat{T}_4=\sqrt{\frac{50}{500}}=0.316$,

$\hat{T}_5=\sqrt{\frac{50}{400}}=0.356$

(*Step* 3) $\left(\log_2\frac{\hat{T}_3}{T_1}\right)-\frac{1}{2}=\left(\log_2\frac{0.316}{0.186}\right)-\frac{1}{2}=0.265,\ k_3=1,\ T_3=2^1T_1=0.372,\ T_4=0.372$

$\left(\log_2\frac{\hat{T}_5}{T_1}\right)-\frac{1}{2}=\left(\log_2\frac{0.356}{0.186}\right)-\frac{1}{2}=0.437,\ k_5=1,\ T_5=2^1T_1=0.372$

$T_1=T_2=0.186$, $T_3=T_4=T_5=0.372$이며 각 제품별 주문시기의 주문량은 $Q_1=1860$, $Q_2=930$, $Q_3=372$, $Q_4=372$, $Q_5=298$이다. 이러한 공동보충계획으로 인하여 발생하는 총비용은 3860으로서 이와 같은 발견적기법의 해는 PO2 주문주기방식의 최적해에서 최대 6% 범위 내에 있음이 이론적으로 증명되었다.

참고로 동일한 [예제 6-2]에서 정수배 주기방식으로 구한 해 $T_1=T_2=0.180$, $T_3=T_4=T_5=0.360$도 PO2 주문주기 방식의 해로 사용할 수 있으며, 이 해의 총비용은 3715로서 PO2 방식의 알고리즘으로 구한 해보다 우수하다.

---

공동보충 공동사슬에서 수요의 양이 큰 변동이 없거나 일정 수준으로 발생할 경우 위에서 제시한 정수배 주기 방식으로 효율적인 보충주기를 구하여 운영할 수 있다. 그러나 각 기간마다 수요의 값이 변동되는 경우는 수요의 양이 알려진 기간에 대하여 최적의 보충량 및 보충주기를 구하기 위한 수리모형을 세워 해를 구하며 적

절한 기간 후에 새로 알려진 정보를 포함하여 의사결정 과정을 새롭게 실행한다. 이 경우 보충계획은 각 기간별 수요에 따라 보충하는 기간이 정해질 것이다. 보충계획을 세우고자 하는 기간 전체를 $t=1, 2, ..., T$라고 하고 각 제품 $i$의 기간 $t$의 수요를 $d_{i,t}$, 각 제품 $i$의 재고유지비 및 고정주문비는 기간에 상관없이 각각 $h_i$, $a_i$로 가정한다. 보충계획은 각 기간마다 보충하고자 하는 보충량 $x_{i,t}$과 이로 인하여 발생하는 재고량 $y_{i,t}$을 결정하며 이로 인한 총 비용은 보충이 이루어지는 제품의 해당 기간에 발생하는 고정주문비와 재고유지비의 합으로 표현할 수 있다. 보충계획을 수리모형으로 표현하면 다음과 같다.

$$C = Min \sum_{i=1}^{N} \left( A \sum_{t=1}^{T} z'_t + a_i \sum_{t=1}^{T} z_{i,t} + h_i \sum_{t=1}^{T} y_{i,t} \right)$$

$$\begin{aligned}
s.t.\quad & y_{i,t} = y_{i,t-1} + x_{i,t} - d_{i,t} && \forall i, t \\
& x_{i,t} \le M_{i,t} \cdot z_{i,t} && \forall i, t \\
& \sum_{i=1}^{N} z_{i,t} \le M'_t \cdot z'_t && \forall t \\
& x_{i,t} \ge 0,\ y_{i,t} \ge 0,\ z_{i,t}, z'_t \in \{0, 1\} && \forall i, t
\end{aligned}$$

여기서 $z_{i,t}$는 보충량 $x_{i,t}$가 플러스의 값의 보충이 이루어지면 1이고 보충이 이루어지지 않으면 0이 되는 이진변수로 정의하며 $z'_t$는 기간 $t$에 어느 한 제품이라도 보충이 이루어지면 1이고 아니면 0이 되는 이진변수이다. 또한 $M_{i,t}$는 보충이 이루어졌을 때에 한하여 개별 고정주문비가 부과되도록 만드는 임의의 충분히 큰 수이며 $M'_t$는 어느 기간에 한 제품이라도 보충이 이루어지면 주 고정비가 부과되도록 하는 임의의 큰 수이다.

미래기간의 수요의 양에 대하여 일반적인 예측은 가능하지만 불확실하다면 모든 수요에 대해 항상 충족할 수 없는 것이며 이는 곧 일정한 수요에 대해서 미충족 또는 부재고의 형태로 운영할 수 있음을 의미하는데 이에 대한 비용을 재고비용과 별도로 고려해야 한다. 실제로 확률적으로 실현되는 경우는 재고관리에서 사용되는 주기적 재고조사 방식이나 연속적 재고조사 방식의 다양한 정책과 연동하여 실행한다. 실제로 공동보충정책을 실행할 때 현실적인 제약들이 많이 고려된다. 예를 들면 보충주기의 최적성을 고려하기 이전에 일반차량, 냉장차량, 특수운반차량 등으로 기본적인 보충 과정에 사용되는 형태가 다르면 이러한 중요 제약조건 범위 내에서 제품에 대한 분류, 또는 수요지에 대한 분류의 과정에 공동보충의 최적분류가 이루어져야 한다. 다수의 운송방식을 동시에 수행할 수 있는 차량이 아니라면 일반차량과 냉장차량으로 보충되는 제품을 동일한 그룹 내의 제품으로 간주하여 분류할 수는 없다.

## 2 다단계 보충(Multi-Echelon Replenishment)

공급사슬에서 고객의 수요를 충족시키기 위해 여러 단계의 시설에 단계적으로 보관이동하게 되는 경우 다단계 보충이라고 한다. 이러한 다단계 보충은 분배과정의 효율을 위해서 또는 수요보충 제품의 지리적 또는 구조적 여건 때문에 발생한다. 또는 이러한 다단계 보충은 제조의 과정에서도 동일하게 적용될 수 있는데 제품의 생산을 위해 부분품이나 반제품 등의 공급을 받아 일정수준의 수요를 충족시키는 경우이다. 다단계 보충의 실제 구조는 통상적으로 분배시스템의 경우는 하나의 상위 공급자가 여러 개의 하위 수요자를 충족하게 되는 형태가 일반적이며 제조시스템의 경우 조립의 형태로서 여러 개의 상위 공급자가 하나의 하위 수요를 충족하는 형태이다. [그림 6-3]과 같이 공급사슬의 구조가 종적인 연결구조(Series System)일 때의 충족과정으로서 분배 시스템과 제조 시스템의 전형적인 형태이다.

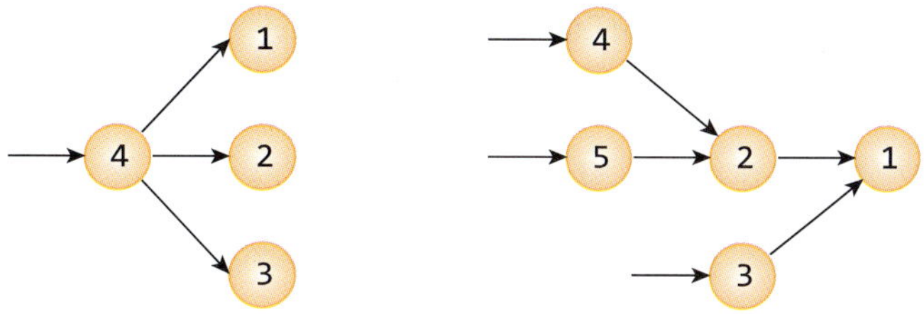


[그림 6-3] 종적인 연결구조의 공급사슬: 분배시스템과 제조시스템

종적인 연결구조의 공급사슬에서 단계별로 한 지점에서 다른 지점으로 이송하기 위한 비용은 물량에 상관없이 이송이라는 과정에 소요되는 고정비와 물량에 비례하는 운송비 그리고 각 지점에 보관에 소요되는 재고유지비이다. 운송비는 전체물량은 동일하므로 총량에 부과되는 운송비는 어떤 운영형태이든 동일하든지 또는 큰 차이는 없다. 따라서 다단계 보충의 의사결정은 각 단계의 재고유지비에 따라 얼마나 자주 상위단계에서 하위단계로 보충의 과정을 실행하느냐에 대한 것이다. 다단계 보충의 과정에서 최종 수요를 충족시키기 위한 제품의 보관을 최종수요지에 적재하지 않고 중간단계에 적재 보관함으로서 공급사슬 전체의 효율성을 달성하고자 하는 이유는 최종수요지보다 중간단계의 보관유지비용이 저렴하기 때문이다. 예를 들면 최종 수요지에 가까울수록 지역의 혼잡도가 증가하여 장소 사용료가 증가하는 것이 분배 시스템의 일반적 특성이며 제조 시스템의 경우에서도 조립의 과정이 이루어지는 곳은 원자재, 부분품, 반제품 등이 보관되는 곳보다 다양한 공정이 이루어지는 곳으로 적절한 보관장소를 유지하기가 상대적으로 어렵다. 따라서 종적인 연결구조의 공급사슬에서 상위단계는 하위단계보다 규모의 경제를 실현하기에 용이한 형태로서 일반적으로 단위당 보관유지비가 저렴하다. 그렇지 않다면 모든 의사결정의 핵심은 가능하면 최종단계의 수요지에 많은 양을 보관하도록 하는 의사결정이 이루어질 것이고 단지 고정비와 재고유지비의 경제적 주문량에 의한 의사결정과정으로 실행하면 된다.

다단계 보충에서 최종수요지점(단계 $i=1$)의 수요는 단위기간 당 $d$이며 이를 보충하게 되는 상위의 단계 $i(=1, 2, ..., N)$는 단계 $(i+1)$단계로부터 보충받게 되며 그때의 보충량을 $Q_i$, 주문주기를 $T_i$라고 정의한다. 각 단계별 재고유지비는 단위기간당

$h_i$이며 고정주문비는 $A_i$이다. 다단계 보충 시스템에서 운영상 상위의 단계에서 보충이 이루어지면 동시에 하위의 단계에서도 상위단계로부터 보충과정이 이루어지는데 이러한 운영상 체계를 동조체계(Nested)라고 한다. 이는 하위단계에 대한 보충이 이루어지지 않으면 상위단계의 보충이 이루어질 이유가 없으며 이는 단순히 보관을 위한 재고는 비용만 증가시키기 때문이다. 실제로 동조체계로 구성된 보충과정이 최적임을 증명할 수 있고 실제로 운영상으로도 편리하다. 다만 하위단계의 수요가 일정하더라도 다단계 전체 시스템의 보충량 및 이로 인한 보충주문주기가 항상 동일한 기간으로 유지(Stationary)되는 것이 최적이라고 할 수는 없지만 이 또한 운영상의 편리함때문에 수요가 변하지 않는 한 일정한 보충량과 일정한 주문주기를 결정하여 운영하는 것이 보편적이다.

### 1) 단일수요 2단계 보충 시스템

가장 기본적인 구조인 2단계의 다단계 보충 시스템은 [그림 6-4]와 같이 최종 수요지점은 하나로서 일정한 수요율로 재고가 감소하며 이를 보충하는 단계 2 중간 보충지점은 재고의 수준이 단계 1에 충족을 실행할 때 일정량의 재고가 감소되고 다음 충족시점까지는 재고수준이 유지되게 된다. 이때 하위 단계의 보충량이 $Q$이라면 한단계 상위단계의 적정 보충량은 $Q$의 정수배가 최적임을 쉽게 알 수 있고 일반적으로 $Q_{i+1}=k_i \cdot Q_i(k_i \geq 1$, 정수)라고 할 수 있다. 2단계의 보충 시스템에서 $Q_2=k \cdot Q_1$이라고 하면 총비용 $C$는 단계 1의 비용 $C_1$과 단계 2의 비용 $C_2$의 합이며

$$C=C_1+C_2=\left(A_1+\frac{A_2}{k}\right)\frac{d}{Q_1}+(h_1+(k-1)\cdot h_2)\frac{Q_1}{2}$$

와 같다. 위 식에서 재고유지비는 $(h_1-h_2)$의 단위 재고유지비용이 단계 1의 재고에 대해 부과되고 $h_2$의 단위 재고유지비용이 단계 1과 단계 2의 재고에 대해서 부

과되는 것과 동일하다고 볼 수 있다. 이와 같이 각 단계에서 현재의 재고유지비용에서 바로 직전 상위단위의 재고유지비용을 뺀 값을 에실론재고(Echelon Inventory)비용이라고 한다. 에실론재고비용은 제품이 상위의 단계에 보관하지 않고 하위단계에 보관함으로서 추가적으로 부과되는 재고비용으로 현재의 단계에 보관됨으로 추가되는 재고비용을 산정하기에 용이하다. 2단계 보충 시스템에서 단계 1의 에실론재고비용은 $e_1=h_1-h_2$이며 단계 2는 상위단계가 없으므로 $e_2=h_2$이다. 에실렌재고비용은 최종수요를 충족하기 위해 현 단계부터 최종 단계까지의 분산되어 운영되는 누적재고에 부과할 수 있고 이를 에실론재고라고 한다. 일반적으로 단계 $i$의 에실론재고는 단계 1, 2, ..., $i$의 재고수준을 합한 값으로 수요를 충족하기 위한 단계 $i$의 실질재고라고 볼 수 있고 총 재고비용은 에실론재고비용을 에실론재고에 부과함으로 산정할 수 있다. [그림 6-4]에서와 같이 단계 2의 에실론재고(점선 표시)는 현재의 실제 재고와 하위단계의 재고를 합하여 재고수준이 일정하게 감소하는 형태를 가지게 된다.

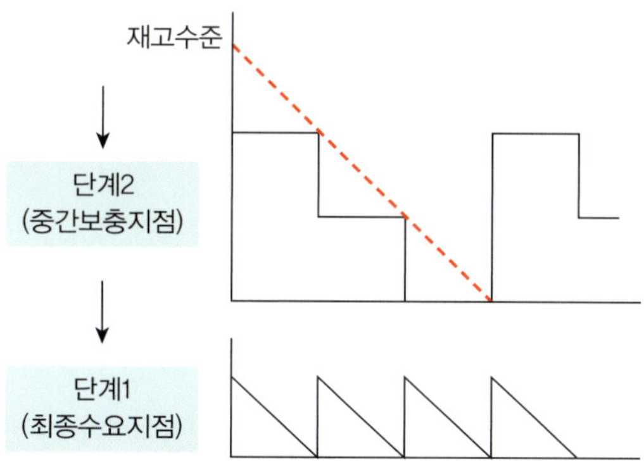


[그림 6-4] 다단계 보충의 재고수준

에실론재고비용을 이용한 총비용은 $C=\left(A_1+\dfrac{A_2}{k}\right)\dfrac{d}{Q_1}+(e_1+k\cdot e_2)\dfrac{Q_1}{2}$이다. $k$값이 주어졌다면 총비용을 최소화하는 $Q_1$ 값은

$$Q_1=\sqrt{\frac{2\left(A_1+\dfrac{A_2}{k}\right)d}{e_1+k\cdot e_2}}$$

이며 또한 이러한 운영의 총비용은 $C(k)=\sqrt{2\left(A_1+\dfrac{A_2}{k}\right)d(e_1+k\cdot e_2)}$와 같다. 이는 2단계 보충 시스템의 경제적 주문량이 고정비를 $\left(A_1+\dfrac{A_2}{k}\right)$로 가정하고 재고유지비용을 $(e_1+k\cdot e_2)$로 가정한 단일 보충 시스템의 경제적 주문량과 총비용이 동일하다. 정수조건을 만족시키기 위한 $k$값을 구하기 위해 우선 총비용을 최소화하는 $k^*$를 구하면 $k^*=\sqrt{(A_2e_1)/(A_1e_2)}$이며 이에 근접하는 정수 중에서 총비용을 최소화하는 $k$를 구하여 $Q_2=k\cdot Q_1$로 운영하는 다단계 보충 시스템의 보충계획을 작성할 수 있다.

**2단계 보충계획의 발견적 기법**

**(Step 1)** $k^*\leq 1$이면 $k=1$.

**(Step 2)** $k^*>1$이면 $k^*$보다 크지 않은 가장 큰 정수 $k'$을 구한다. $k^*\leq\sqrt{k'(k'+1)}$이면 $k=k'$이고 아니면 $k=k'+1$이다.

### 예제 6-3 2단계 보충계획

2단계 보충 시스템을 운영하고 있다. 단계 1의 수요는 단위기간당 $d=10$이며 단계 1, 2의 고정주문비는 각각 $A_1=200$, $A_2=800$다. 각 단계별 재고유지비는 $h_1=13$, $h_2=3$이다. 효율적인 2단계 보충계획을 작성하고자 한다. 에실론재고비용은 각각 $e_1=h_1-h_2=10$, $e_2=h_2=3$이다. $k^*=\sqrt{(A_2e_1)/(A_1e_2)}=3.65$이며 $k^*$보다 작은 가장 큰 정수 $k'$는 3이다. $k^*>\sqrt{k'(k'+1)}=3.46$이므로 $k=4$이다. 단계 1의 최적주문량 $Q_1=\sqrt{2\left(A_1+\dfrac{A_2}{k}\right)d/(e_1+k\cdot e_2)}\cong 13.5$, $Q_2=4\cdot 13.5=54$이다. 이러한 보충계획체계의 단위기간당 총비용은 $\sqrt{2\left(A_1+\dfrac{A_2}{k}\right)d(e_1+k\cdot e_2)}=419.5$ 이다.

수요의 형태가 안정적이거나 일정할 때 2단계 보충 시스템은 고정주문비와 재고유지비용을 다단계 시스템의 특성에 의한 경제적 주문량을 이용하여 보충계획을 작성할 수 있다. 기간마다 수요가 다를 경우의 보충계획은 우선 기간마다의 수요를 충족해야 하기 때문에 보충의 과정이 기간마다 발생한다. 따라서 보충주문주기를 결정하기보다는 어느 기간에 보충량을 얼마나 주문할 것인가에 대한 의사결정을 해야 한다. 하나의 단계로 구성된 보충 시스템은 동적주문량(Dynamic Lot Sizing) 문제로 알려져 있어 Wagner-Whitin 알고리즘으로 알려진 최적화 방법이나 Silver-Meal 알고리즘으로 알려진 발견적 기법을 사용하여 효율적으로 보충계획을 작성할 수 있다. 이를 이용하여 2단계 시스템의 경우 단계별로 분리하여 순차적으로 동적 주문량 문제로 보충계획을 작성할 수 있다. 즉, 우선 1단계 수요자의 입장에서 최선의 보충계획을 작성하고 이를 충족하기 위한 2단계 공급자의 보충계획을 작성하여 단계적으로 실행하는 것이다. 물론 이러한 방법은 다단계 시스템의 특성을 고려하지 않아 효율적인 해라고 할 수 없지만 간편하게 보충계획을 작성할 수 있어 유용하다. 좀더 효율적인 방법은 다단계 시스템의 특성을 고려하여 일정한 수요형태에서 사용되었던 새로운 형태의 통합된 고정주문비와 에실론재고유지비를 사용하여 다단계 시스템의 특성을 반영하여 문제를 해결할 수 있다. 즉, 상위단계는 하위단계의 주문량의 정수배로 주문하는 것이 효율적이고 최적의 정수는 $k^*=\sqrt{(A_2e_1)/(A_1e_2)}$에 가까운 정수 $k$를 사용한다. 특히 정수 $k$값은 각 기간의 주문량과 상관없이 단계별 고정주문비와 재고유지비만의 함수이다. 통합된 고정주문비와 에실론재고유지비는 각각 $A'=A_1+\frac{A_2}{k}$, $e'=e_1+k\cdot e_2$이며 이를 이용하여 최종수요자의 주문을 충족하기 위한 보충계획을 작성하고 이와 연동하여 상위단계의 보충계획을 작성하는 것이 효율적이다.

**예제 6-4** **기간별 수요가 다른 2단계 보충 시스템**

2단계 보충 시스템을 운영하고 있다. 단계 1의 기간 1~5의 수요는 각각 $d_1=10$, $d_2=15$, $d_3=8$, $d_4=12$, $d_5=10$이며 단계 1, 2의 고정주문비는 각각 $A_1=200$, $A_2=800$이다. 각 단계별 재고유지비는 $h_1=13$, $h_2=3$

이다. 효율적인 2단계 보충계획을 작성하고자 한다. 에실론재고비용은 각각 $e_1=h_1-h_2=10$, $e_2=h_2=3$이다. $k^*=\sqrt{(A_2e_1)/(A_1e_2)}=3.65$이며 $k^*$보다 작은 가장 큰 정수 $k'$는 3이다. $k^*>\sqrt{k'(k'+1)}=3.46$이므로 $k=4$이다. 따라서 통합된 고정주문비와 에실론재고유지비는 $A'=A_1+\frac{A_2}{k}=400$, $e'=e_1+k\cdot e_2$이며 이를 이용하여 단계 1의 수요를 충족하기 위한 보충계획을 Silver-Meal 발견적 기법을 사용하여 구한다.

$C(k)$를 현재부터 앞으로의 $k$기간 동안의 수요에 대한 보충을 할 경우의 고정주문비와 재고유지비의 기간별 평균추정치라고 가정한다. 기간 1에서 $C(1)=400$, $C(2)=\frac{400+22\cdot 15}{2}=365$, $C(3)=\frac{400+22\cdot(15+2\cdot 8)}{3}=361$, $C(4)=\frac{400+22\cdot(15+2\cdot 8+3\cdot 12)}{4}=469$, 따라서 기간 1의 주문량은 기간 1, 2, 3에 대해 보충할 33이다. 기간 4부터 다시 적용하여 $C(1)=400$, $C(2)=\frac{400+22\cdot 10}{2}=310$, 따라서 기간 4의 주문량은 기간 4과 5의 수요를 보충할 22이다. 각 기간의 주문량은 (33,0,0,22,0)이다.

이에 대응하는 단계 2의 보충계획도 동일한 방법으로 구할 수 있다. 단계 2에서는 상위단계가 없으므로 $A_2=800$, $e_2=3$을 사용한다. $C(1)=800$, $C(4)=\frac{400+3\cdot 22}{2}=433$이므로 단계 2의 보충량은 (55,0,0,0,0)이다. 이와 같은 보충계획에서 단계 1의 총비용은 $C_1=200\cdot 2+13(15+22\cdot 8+10)=933$이며 단계 2의 비용은 $C_2=800+3(22\cdot 3)=998$이며 총비용은 $C_1+C_2=1{,}931$이다.

---

### 2) 다중수요 2단계 보충 시스템

여러 개의 최종수요를 충족시키기 위한 2단계로 구성된 보충 시스템으로서 매우 일반적인 공급사슬의 형태이다([그림 6-5]). 예를 들면 하나의 중간 분배자가 여러 고객의 일정한 수요를 충족시키기 위한 다중수요체계(One Warehouse Multi-retailer)의 형태로서 물류창고에서 수많은 고객에 대응하는 경우, 또는 커피원두 수입업자가 수요가 각기 다른 여러 커피숍에 원두를 공급하는 경우 등 네트워크 형태로 발전하는 공급사슬의 일반적인 형태이다. 또한 전체 공급사슬은 복잡하여도 다중수요 2단계 보충 시스템의 구조를 가지고 있는 부분적 시스템에 대한 보충계획을 운영할 수도 있다.

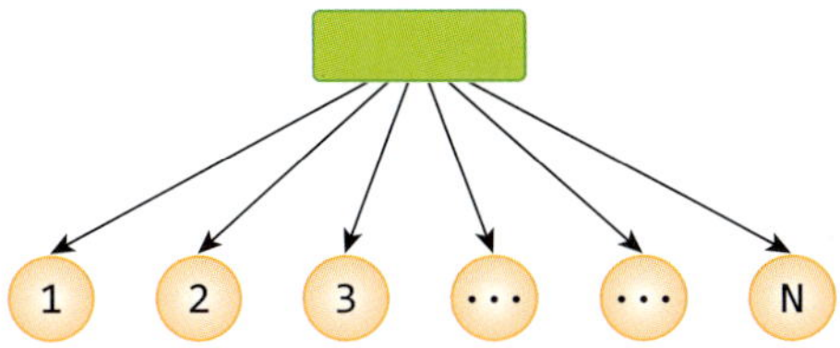


[그림 6-5] 다중수요 2단계 보충 시스템

하나의 공급자가 수요자 $i=1, 2, ..., N$에 대해 각각의 수요를 충족하기 위한 시스템이다. 각 수요자의 단위기간당 수요, 각 수요지에서의 단위 재고유지비, 및 고정 주문비를 각각 $d_i$, $h_i$, $a_i$로 가정한다. 공급자를 $i=0$로 가정하고 공급자 또한 보충과정이 필요하고 이에 대한 재고유지비 및 고정주문비를 각각 $h_0$, $a_0$로 가정한다. 다단계 시스템에서 유용하게 사용되는 에실론재고비용을 이용하여 공급자 및 모든 수요자의 에실론재고비용을 각각 $e_i$, $i=0, 1, 2, \cdots, N$으로 정의한다. 즉 $e_i=h_i-h_0$, $e_0=h_0$이다. 공급자는 모든 수요자를 충족시키기 위해 $d_0=\sum_{i=1}^{N} d_i$의 수요를 보충해야 한다. 공동보충 시스템에서 정의한 바와 같이 편의상 $H_i=e_i d_i/2$로 가정하고 수요자의 순번은 $\frac{a_1}{H_1} \le \frac{a_2}{H_2} \le \cdots \le \frac{a_N}{H_N}$로 정한다. 수요자의 보충주기가 $T_i$ 라면 총비용은

$$C=\sum_{i=0}^{N} \frac{a_i}{T_i}+\sum_{i=0}^{N} H_i T_i$$

와 같다. 다단계 시스템의 특성상 수요자보다 공급자가 더 자주 보충해야 할 이유는 없기에 일반적으로 $T_i \le T_0$, $i=1, 2, ..., N$가 성립한다. 각 수요자가 개별 고정 주문비만으로 보충이 이루어진다면 수요자 $i$의 최적 주문주기는 $T_i=\sqrt{\frac{a_i}{H_i}}$이며 정의에 의해 $T_1 \le T_2 \le \cdots \le T_N \le T_0$일 것이다. 정수배 조건을 고려하지 않는다면 수요자 $i$와 수요자 $(i+1)$이 동일한 주문주기를 가질 경우 이는 고정주문비 $(a_i+a_{i+1})$, 평균 재고유지비용 $(H_i+H_{i+1})$를 가지는 단일 수요자를 보충하는 것과 동일하다고

볼 수 있다. 또한 $\frac{a_0+a_N}{H_0+H_N} \le \frac{a_N}{H_N}$이라면 수요자 $N$은 상위단계의 주문주기와 동일하게 $T_n=T_0=\sqrt{\frac{a_0+a_N}{H_0+H_N}}$로 운영할 수 있으며 이러한 관계는 순차적으로 적용할 수 있다. 이를 응용하여 해를 구할 수 있는 발견적 기법을 구성하면 다음과 같다.

**다중수요 2단계 보충의 발견적 기법**

**(Step 1)** 수요자의 순번이 $\frac{a_1}{H_1} \le \frac{a_2}{H_2} \le \cdots \le \frac{a_N}{H_N}$과 같이 정의되었을 때 $\frac{a_N}{H_N} \le \frac{a_0}{H_0}$이면 $\hat{T}_i=\sqrt{\frac{a_i}{H_i}}$로 정하고 그렇지 않으면 (Step 2)를 실행한다.

**(Step 2)** 수요자그룹 $C$는 $C=\{0, i^*, i^*+1, \ldots, N\}$로서 $i^*$는 $\frac{a_0+\sum_{j\ge i}^{N} a_j}{H_0+\sum_{j\ge i}^{N} H_j} \le \frac{a_i}{H_i}$를 만족하는 수요자 순번의 최소값이며 $A(C)=\sum_{i\in C} a_i$, $H(C)=\sum_{i\in C} H_i$라고 정의한다. 수요자그룹 $C=\{0, i^*, i^*+1, \ldots, N\}$에 속한 수요자는 $\hat{T}_0=\hat{T}_i=\sqrt{\frac{a(C)}{H(C)}}$이며 그룹 $C$에 속하지 않은 수요자는 $\hat{T}_i=\sqrt{\frac{a_i}{H_i}}$로 정의한다.

**(Step 3)** 공급자의 주문주기 $\hat{T}_0$가 각 수요자의 주문주기의 정수배가 되도록 결정하되 최소 총비용이 되도록 정한다. 즉, $k_i^*=\frac{\hat{T}_0}{T_i}$이면 $k_i$보다 크지 않은 가장 큰 정수 $k_i'$를 구한다. $k_i^* \le \sqrt{k_i'(k_i'+1)}$이면 $k_i=k_i'$이고, 아니면 $k_i=k_i'+1$이다. 각 수요자의 주문주기는 $T_i=\hat{T}_0/k_i$로 운영한다.

**예제 6-5 다중수요 2단계 보충계획**

하나의 공급자가 5개 수요자의 수요를 보충하는 2단계로 구성된 보충 시스템에서 상위 공급자의 고정주문비는 $a_0=200$이며 각 수요자별 개별 고정주문비는 $a_1=a_2=30$이며 $a_3=a_4=a_5=50$이다. 공급자의 재고유지비는 단위당 $h_0=1$이며 각 수요자별 개별 재고유지비는 $h_1=h_2=4$이며 $h_3=h_4=h_5=3$이다. 각 제품의 수요는 $d_1=100$, $d_2=50$, $d_3=20$, $d_4=10$, $d_5=8$이다. 다중수요 2단계 보충계획의 최적 주기를 구하면 다음과 같다.

(*Step* 1) 각 수요자의 순번은 $\frac{a_i}{H_i}$의 증가 순으로 정의되었다.

$H_0=94$, $H_1=150$, $H_2=75$, $H_3=20$, $H_4=10$, $H_5=8$,

$$\frac{a_0}{H_0}=\frac{200}{94}<\frac{a_5}{H_5}=\frac{50}{8},\ 5\in C$$

$$\frac{a_0+a_4+a_5}{H_0+H_4+H_5}=\frac{200+50+50}{94+10+8}<\frac{a_4}{H_4}=\frac{50}{10},\ 4\in C$$

$$\frac{a_0+a_3+a_4+a_5}{H_0+H_3+H_4+H_5}=\frac{200+50+50+50}{94+20+10+8}>\frac{a_3}{H_3}=\frac{50}{20},\ 3\notin C$$

$C=\{0, 4, 5\}$, $A(C)=300$, $H(C)=112$

(*Step* 2) $\hat{T}_1=\sqrt{\frac{30}{150}}=0.45$, $\hat{T}_2=\sqrt{\frac{30}{75}}=0.63$, $\hat{T}_3=\sqrt{\frac{50}{20}}=0.58$,

$\hat{T}_4=\hat{T}_5=\hat{T}_0=\sqrt{\frac{300}{112}}=2.68$

(*Step* 3) 기본주문주기를 $\hat{T}_0=2.68$로 정하면 $k_i^*=(5.96, 4.25, 1.70, 1, 1)$, 따라서 $k_i=(6, 4, 2, 1, 1)$이며 각 수요자의 주문주기는 $T_1=0.45$, $T_2=0.67$, $T_3=1.34$, $T_4=T_5=T_0=2.68$이며 각 제품별 주문시기의 주문량은 $Q_1=45$, $Q_2=33$, $Q_3=27$, $Q_4=27$, $Q_5=21$이고 공급자의 주문량은 $Q_0=504$이다. 따라서 공급자의 1회 주문량으로 수요자 1은 6회, 수요자 2은 4회, 수요자 3은 2회, 수요자 4와 5는 1회씩 보충받게 된다. 보충계획에 의한 총비용은

$C=\sum_{i=0}^{N}\frac{a_i}{T_i}+\sum_{i=0}^{N}H_iT_i=777.6$이다.

### 3) 단일수요 다단계 보충 시스템

다단계로 구성된 공급사슬에서 적절한 보충계획을 구하는 문제는 대표적으로 복잡하고 난해한 문제로 알려져 있다. 가장 단순한 경우에 해당하는 단일수요 다단계 시스템은 [그림 6-6]과 같이 최종수요자 1에서 발생하고 여러 개의 중간 단계로 구성된다. 일반적으로 대부분 제품은 다단계 보충 시스템의 형태를 가지고 있으나 전체 시스템에 대해 효율을 구하기보다는 하나의 기업이 관리하고 있는 부분의 다단계 시스템의 총비용을 최소화하는 보충계획을 운영하고자 한다. 최종 수요는 단위 기간당 $d$라고 가정하고 각 단계 별 고정주문비는 $a_i$, $i=1, 2, ..., N$, 에실론재고비용을 각각 $e_i$, $i=1, 2, ..., N$으로 정의한다. 편의상 $H_i=e_i d/2$로 가정하고 결정하고자 하는 것은 단계 $i$의 주문주기 $T_i$이며 이는 곧 주문량 $Q_i=T_i d$을 결정하는 것과 동일하다. 전체 시스템에서 발생하는 총비용은 $C=\sum_{i=1}^{N}\left\{H_i T_i+\frac{a_i}{T_i}\right\}$이다. 다단계 보충 시스템은 상위단계에서 하위단계로 보충하는 체계이므로 상위단계는 하위단계의 보충에 대해 $T_i \geq T_{i-1}$를 만족하며 일정 기간의 정수배에 해당하는 기간의 보충량을 주문하는 동조체계가 최적이다. 다만 주문주기 $T_i$가 일정한 값으로 운영하는 것이 항상 최적이라고 할 수는 없지만 운영상의 편리함으로 일정한 값의 $T_i$를 구하고 운영한다. 또한 PO2의 다단계 보충계획은 $T_i=2^{k_i}T_{i-1}$로 정의할 수 있으며($k_i$는 비음의 정수) 다단계시스템의 운영에 편리한 정책으로 이론상으로도 최적 보충계획의 최대 6% 내외의 추가 총비용으로 운영할 수 있다.

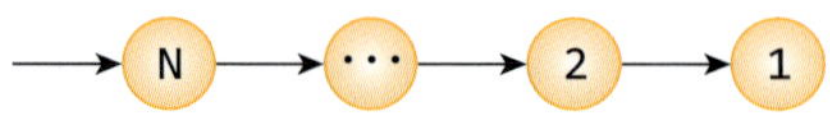


[그림 6-6] 단일수요 다단계 보충 시스템

각 단계에서 독립적으로 최적의 주문보충계획을 운영한다면 $T_i=\sqrt{\frac{a_i}{H_i}}$로 운영할 것이며 또한 모든 $i$에 대하여 $T_i \geq T_{i-1}$가 성립하면 $T_i$에 가까운 값으로 실행가능한 주문주기를 설정할 수 있다. 즉, PO2 방식의 주문주기도 쉽게 구할 수 있다. 만약에 어느 단계에서 $\frac{a_i}{H_i} < \frac{a_{i-1}}{H_{i-1}}$이라면 최적의 주문주기가 $T_i < T_{i-1}$로서 다단계 시스템의 효율적인 보충계획이 아니기 때문에 이 경우 $T_i = T_{i-1} = \sqrt{\frac{a_i + a_{i-1}}{H_i + H_{i-1}}}$로 하여 이는 단계 $i$와 단계 $(i-1)$에서 고정주문비 $a_i + a_{i-1}$와 에실론재고운영비 $H_i + H_{i-1}$로 통합된 보충계획이 운영될 수 있도록 한다. 이는 곧 단계 $i$에 보충된 재고는 즉시 단계 $(i-1)$로 이동보충되어 단계 $i$가 없는 것과 동일하다. 이러한 특성을 이용하여 단일수요 다단계 보충 시스템의 보충계획은 다음과 같이 구할 수 있다.

### 단일수요 다단계 보충계획의 발견적 기법

**(Step 1)** 모든 단계에 대해 $\hat{T}_i = \sqrt{\frac{a_i}{H_i}}$를 구한다.

**(Step 2)** 모든 $i$에 대하여 $\hat{T}_i \geq \hat{T}_{i-1}$가 성립하면 모든 $i$에 대하여 $T_i = \hat{T}_i$.

아니면 $\hat{T}_i < \hat{T}_{i-1}$가 성립하는 $i$에 대하여 $\hat{T}_i = \hat{T}_{i-1} = \sqrt{\frac{a_i + a_{i-1}}{H_i + H_{i-1}}}$로 보정하고 모든 $i$에 대하여 $\hat{T}_i \geq \hat{T}_{i-1}$가 성립할 때까지 반복한다.

**(Step 3)** PO2에 의한 $T_i = 2^{k_i} T_1$로 보정한다. 각 $T_i$에 대해 가장 근접한 정수 $k_i$는 $(\log_2 \frac{\hat{T}_i}{T_1}) - \frac{1}{2}$보다 작지 않은 비음의 정수 중에서 최소값으로 정하여 구할 수 있다.

### 예제 6-6 단일수요 다단계 보충계획

최종수요자 1에 대하여 4단계 보충 시스템으로 구성되어 4단계 공급자는 3단계로, 3단계는 2단계로, 2단계는 최종수요자 1에 보충한다. 최종수요자는 단위기간당 10개의 수요가 발생하여 이에 대한 충족을 실행한다. 각 단계별 고정주문비는 1단계부터 각각 (40, 90, 70, 125)이며 각 단계별 재고유지비용은 1단계부터 한 단위당 각각 (10, 8, 6, 1)이다. 즉 에실론재고비용은 각각 (2, 2, 5, 1)이며 각 단계별 $H_i$의 값은 각각 (10, 10,

25, 5)이다.

(*Step* 1) $\hat{T}_i=\sqrt{\dfrac{a_i}{H_i}},\ \hat{T}_1=2,\ \hat{T}_2=3,\ \hat{T}_3=1.67,\ \hat{T}_4=5.$

(*Step* 2) $\hat{T}_2=\hat{T}_3=\sqrt{\dfrac{a_3+a_2}{H_3+H_2}}=\sqrt{\dfrac{70+90}{25+10}}=2.13,\ T_1=2,\ T_2=T_3=2.13,\ T_4=5.$

(*Step* 3) $T_i=2^{k_i}T_1$ 방식에 적용하기 위하여 $k_2$와 $k_3$는 $\left(\log_2\dfrac{\hat{T}_2}{T_1}\right)-\dfrac{1}{2}=-0.41$보다 작지 않은 정수 중에서 최소값이므로 $k_2=k_3=0$, 동일한 방법으로 $k_4=1$.

따라서 PO2 방식의 각 단계에서의 주문주기는 $T_1=T_2=T_3=2,\ T_4=4$이며 이로 인한 총 비용은 $\sum_{i=1}^{4}\left\{H_iT_i+\dfrac{a_i}{T_i}\right\}=241.25$이다.

---

### 4) 일반적 다단계 보충 시스템

공급사슬의 구조는 비즈니스의 형태에 다양하기 때문에 다단계로 구성된 보충 시스템에 대해 일반적인 보충계획을 작성하는 것은 복잡하다. 그러나 전체 네트워크에 대해서 여러 개의 부분 네크워크로 구분하여 순차적으로 보충계획을 작성하여 통합함으로 운영가능한 계획을 작성할 수 있다. 네트워크의 다단계 구조는 2단계 구조 또는 단일수요의 다단계 구조로 분할하여 순차적으로 보충계획을 작성한다. 이는 비즈니스의 특성에 근거하여 전체 네트워크를 어떻게 단계적으로 분할하고 어떤 순서로 통합하느냐에 따라 보충계획은 다양하게 산출될 수 있다. 그러나 보편적으로 고려하는 다단계 보충계획은 통합되었을 때 상위단계는 하위단계의 주문량의 정수배로 주문하는 것이 효율적이고 통합된 고정주문비와 에실론재고유지비는 각각 $A'=A_1+\dfrac{A_2}{k},\ e'=e_1+k\cdot e_2$의 값으로 간주하여 구할 수 있으며 최적의 정수는 $k^*=\sqrt{(A_2e_1)/(A_1e_2)}$에 가까운 정수 $k$를 사용한다. 일반적으로 분배구조의 공급사슬은 하나의 공급자가 여러 수요자를 충족하는 구조이므로 보정된 고정주문비와 보정된 에실론재고유지비를 이용하여 보충계획을 작성할 수 있으나 제조의 조립형태의 공급사슬 형태, 즉 여러 공급자가 하나의 수요자에게 공급하여 이를 하나의 주문으로 통합하여 수요를 충족하게 되는 경우는 고정주문비와 재고비용을 적절하게 통합하여 적용할 수 있다. 수요자 $i$에 보충하는 공급자가 많아서 이들을 $p(i)$라고 하면 에실론재고비용은 $e_i = h_i - \sum_{j \in p(i)} h_j$로서 이는 하나의 주문에 대해 상위의 공급자가 이미 지불하고 있는 재고비용 외에 추가되는 재고비용을 의미한다. 각 단계에서 상위단계로부터 보충받기 때문에 보충받기 위한 두 단계를 통합한 공급사슬의 보정된 고정주문비는 $A'_i = A_i + \sum_{j \in p(i)} \frac{A'_j}{k_j}$이며 보정된 재고유지비용은 $h'_i = e_i + \sum_{j \in p(i)} h'_j \cdot k_j$로서 순차적으로 에실론 재고비용도 보정한다. 이때 $k_j$는 하위 수요자의 주문주기 대비 상위공급자의 주문주기 배수이다. 이는 하나의 수요자가 하나 이상의 공급자로부터 보충과정을 거치므로 이를 하나의 공급자로 간주하기 위한 보정과정이다. 공급자 $i$가 충족해야 하는 수요자를 $s(i)$라고 하면

$$k_i^* = \sqrt{\frac{A'_i \cdot e_{s(i)}}{A_{s(i)} \cdot h'_i}}$$

로서 이에 가장 가까운 정수를 택한다. 이 과정은 상위공급자가 없는 최초의 공급자부터 하위수요자까지 순차적으로 구하여 보충계획을 작성한다.

**예제 6-7 통합주문 다단계 보충 시스템**

[그림 6-7]과 같은 통합주문 다단계 보충 시스템에서 최종수요자 1은 단위기간당 $d$의 수요로서 공급자 2와 3이 각각 동일한 수준으로 공급하여 하나의 주문으로 통합한다. 또한 상위공급자 4와 5는 이에 대한 수요자 2에 대해, 상위공급자 6은 이에 대한 수요자 3에 대해 동일한 수요를 충족해야 한다. 1~6까지의 각 단계에서의 고정주문비 $A_i$는 (100, 100, 200, 500, 900, 1,200)이며 각 단계에서의 재고유지비 $h_i$는 각각 (10, 5, 3, 2, 2, 1)이다. 따라서 각 단계에서의 에실론 재고비용 $e_i$는 (2, 1, 2, 2, 2, 1)이다.

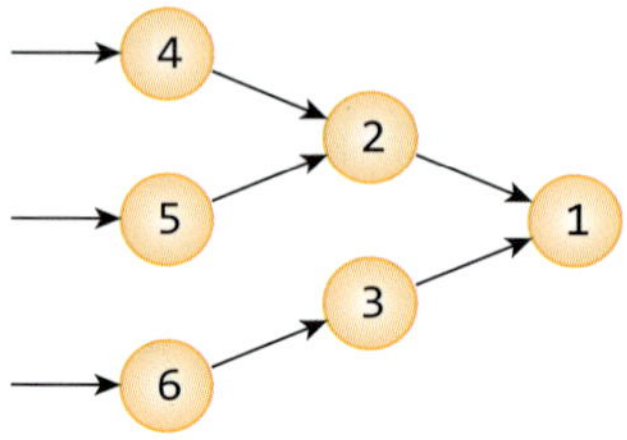

[그림 6-7] 통합주문 다단계 시스템

우선 공급자 4, 5, 6은 상위단계가 없으므로 고정주문비와 에실론재고유지비는 원래의 고정주문비와 재고유지비와 동일하다. 즉,

$$h'_4=e_4=2,\ h'_5=e_5=2,\ h'_6=e_6=1,\ A'_4=A_4=500,\ A'_5=A_5=900,\ A'_6=A_6=1{,}200$$

공급자 4와 수요자 2와의 적절한 보충관계는 적절한 주문주기 배수를 구하여 적용할 수 있다. 수리적으로 가장 적절한 값은 $k_4{}^*=\sqrt{A'_4 \cdot e_{s(4)}/(A_{s(4)} \cdot h'_4)}=\sqrt{500 \cdot 1/(100 \cdot 2)}=1.58$이며 따라서 정수배 $k_4$ 값은 2이다. 동일한 방법으로 공급자 5와 6의 주문주기를 구하면 $k_5=2,\ k_6=3$이다. 따라서 공급자 4, 5의 주문주기는 수요자 2의 주문주기의 2배, 공급자 6의 주문주기는 수요자 3의 주문주기의 3배로 운영한다.

공급자 6에 대한 수요자 3의 실질적인 고정주문비와 재고유지비는

$A'_3=200+1{,}200/3=600,\ h'_3=2+1 \cdot 3=5$, 따라서

$k_3{}^*=\sqrt{A'_3 \cdot e_{s(3)}/(A_{s(3)} \cdot h'_3)}=\sqrt{600 \cdot 2/(100 \cdot 5)}=1.55,\ k_3=2$

공급자 3는 수요자 1의 주문주기의 2배의 주문주기로 운영한다. 마찬가지로

$A'_2=100+\frac{500}{2}+\frac{900}{2}=800,\ h'_2=1+2 \cdot 2+2 \cdot 2=9,$

따라서 $k_2{}^*=\sqrt{800 \cdot 2/(100 \cdot 9)}=1.33$으로서 $k_2=1$를 택한다. 공급자 2는 수요자 1과 주문주기를 동일하게 공유한다. 수요자 1의 실질적인 고정주문비와 재고유지비를 구하면 $A'_1=100+\frac{800}{1}+\frac{600}{2}=1200$, $h'_1=2+1 \cdot 9+2 \cdot 5=21$로서, 예를 들어 단위기간은 7일, 1주로서 수요자 1의 1주간의 수요가 1,400이라면 수요자 1의 경제적 주문량 $Q_1{}^*=\sqrt{\frac{2dA'_1}{h'_1}}=400$단위이며 주문주기는 $T_1{}^*=\sqrt{\frac{2A'_1}{dh'_1}}=\frac{2}{7}$주, 즉 2일이다.
공급자 2는 수요자 1과 동일한 주문주기 2일을 운영하고 공급자 3은 수요자 1의 주문주기의 2배인 4일마다 주문하고 이때의 1회 주문량은 800단위이다. 공급자 4, 5은 주문주기가 4일이며 각각 1회주문량은 800 단위이며 공급자 6의 주문주기는 수요자 3의 주문주기의 3배, 즉 수요자 1의 주문주기의 6배로서 12일마다 주문하고 1회주문량은 2,400단위이다. [그림 6-8]은 6단위지점으로 구성된 공급사슬에서의 보충과정을 나

타내고 있다. 각 지점에서의 재고수준을 나타내고 있으며 점선은 에실론재고를 표현한다. 공급자 4와 공급자 5는 공급자 2로 보충이 되어 통합되지만 바로 최종수요자 1에게 전달되기 때문에 실제로는 공급자 2는 재고유지 없이 중간전달 역할만 담당하는데 이는 최종수요 1과 공급자 2가 동일한 주문주기를 운영하고 있기 때문이다.

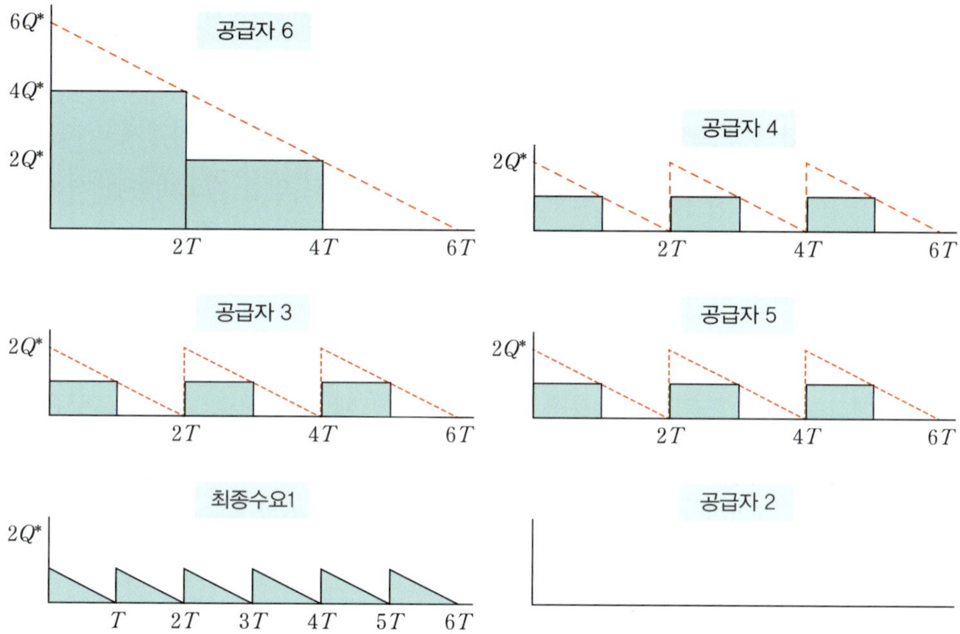


[그림 6-8] 통합주문 다단계 보충 시스템

## 3 적정재고를 통한 보충

일반적인 공급사슬은 다품종의 다중수요이면서 다단계로 구성되어 있어 체계적이면서 실행이 용이한 보충계획을 산출하는 것이 어렵다. 기간마다 제품의 수요가 다르고 또한 편차가 심하여 이를 안정적인 수요로 가정하여 보충계획을 작성하는 것도 무리이다. 무엇보다도 수요가 불확실하여 예측이나 미리 예상된 수요 기준으로 보충계획을 작성하지만 실제 해당기간이 되면 예측된 수요와 다른 실제수요가 발생한다. 이러한 불확실성으로 인하여 재고가 발생하고 또는 수요를 충족시켜 주지 못하는 경우와 차후에 충족시켜 주기로 약속하는 부재고가 발생한다. 이러한 복잡성으로 인하여 제품별로 또는 기간별 구체적인 보충계획을 작성하는 것보다 일정한 수준의 제품별 재고를 유지관리함으로 충족을 효율적으로 하는 정책을 실행한다. 결국은 복잡한 구조의 공급사슬과 불확실성을 대응할 수 있는 적정재고수준 설정이 가장 중요한 의사결정이다. 재고수준이 높으면 그로 인한 재고비용과 제품 품질수준의 하락으로 인한 비용이 발생하고 재고수준이 낮으면 수요에 대한 충족이 이루어지지 않아 수익이 감소하고 또한 신뢰도 저하로 비즈니스의 지속성이 사라지게 된다.

적정재고를 통한 효율적인 보충을 실행하고자 할 때 첫 번째로 고려할 사항은 제품을 어떻게 분류할 것인가이다. 모든 제품에 대해 각각의 적정재고를 관리유지하는 것이 필요하겠지만 이는 관리할 수도 없으며 개별제품의 수요의 편차 및 공급의 편차가 커서 관리한다는 것이 무의미해질 수 있다. 제품은 제품의 특성에 근거하여 충족의 성능을 특정할 수 있는 수준에 근거하여 분류하되 일정한 기준은 없다. 적절한 분류는 이에 포함되어 있는 세부제품의 복잡성을 상호 보완해 주는 풀링(Pooling) 효과를 가져다준다.

적정재고를 통한 운영 시 중요한 사안은 적정재고 수준의 단위이다. 기본적으로 재고수준이 제품의 수량으로 관리하는 것이 가장 정확하지만 실제로 제품마다 부피와 무게가 달라 객관적 관리수준으로서 적합하지 않은 경우가 많다. 제품이 물적 특성에 근거한다면 통일된 단위가 필요한데 용량이나 중량을 사용하기도 하여 트럭단위, 컨테이너 단위로 할 수도 있다. 반도체의 경우는 실제 제품과 상관없이 제조과정의 웨이퍼의 수량으로 사용하거나 메모리제품의 경우 기가바이트와 같은 기억용량으로 사용하기도 한다. 그러나 이러한 단위는 실제로 단위별 판매가와 비례하는 것이 아니어서 적절하지 않을 경우도 있어 재고수준의 판매가로 운영하기도 한다. 그러나 더 중요한 것은 실시간으로 측정 가능한 단위인가인데 적정재고수준 대비 현재의 재고수준이 적절한가를 늘 평가하고 적절한 충족수준인가를 알 수 있어야 하기 때문이다. 가장 일반적으로 사용하는 단위는 재고일수인데 이는 일간 수요의 평균값 기준으로 현재의 재고수준이 어느 정도인가를 측정하는 것이다. 이 또한 제품별 수요패턴의 차이가 있고 판매가의 차이가 심하면 충족 과정을 효율적으로 하고자 하는 이유와 다르지만 대체적으로 관리의 편이성과 충족의 특성을 고려한 합리적인 기준이라고 할 수 있다.

재고는 유지해야 하는 이유에 따라 여러 종류가 있는데 우선 효율적인 충족을 위해 관리해야 하는 재고는 아니지만 재고로 관리되는 수송재고가 있다. 수송재고는 파이프라인 재고로도 불리는 것으로 충족을 위해 이미 공급자를 떠나 수요자에게 이송 중에 있는 재고를 말한다. 따라서 수송재고는 충족을 위한 의사결정에 관여하지 않으며 다만 이송 도중의 불확실성으로 수요자에게 약속된 시간에 전달되지 못할 경우 충족을 완성하지 못했다고 할 수 있으나 이러한 불확실성까지 포함한 수송재고가 결정되어 실행되었을 것이므로 공급사슬의 충족을 위한 관리대상의 재고는 아니다. 그러나 대부분의 비즈니스는 수송재고를 적정재고에 포함시켜 운영하기 때문에 적정재고의 한 부분을 차지한다. 원유와 같이 수송기간이 한 달 이상 걸리는 제품의 경우는 적정재고의 상당부분을 차지하며 항공기 등을 이용한 수송을 선택하는 반도체 및 소형 전자제품 등도 최소 1~2일간의 이송기간에 해당하는 물량은 수송재고로 관리된다.

실제로 효율적인 충족 프로세스를 위한 적정재고는 크게 세 가지 종류로 구성되어 있는데 첫째, 공급주문량의 크기에 비례하는 주기재고, 둘째, 불확실성에 대비하는 안전재고, 셋째, 이미 확정된 주문요구에 대한 예상재고이다. 이 세 가지 재고는 대체적으로 각각 적정재고수준을 정하여 합한 값으로 충족을 위한 적정재고수준으로 설정할 수 있으나 실제로는 세 가지 종류가 완전히 독립적이지 않기 때문에 상호보완관계가 있을 경우 일정량을 감소시켜 총량으로서 적정재고를 운영할 수 있다. 그러나 통상적으로 재고가 필요한 원인이 전혀 다르기 때문에 상호보완관계는 그리 크지 않다.

주기재고(Cyclic Inventory)는 공급의 과정에서 1회 주문량이 도착하고 일정한 수요율에 의해 또는 개별적 수요에 따라 소진되는 과정에 재고로 유지되는 평균량을 의미한다. 1회 주문량은 경제적 주문량에 의해 고정주문비와 재고유지비의 함수로 결정되며 주문주기와 비례한다. 적정재고를 재고일수로 표시한다면 평균적으로 주문주기의 절반에 해당하는 값이다. 문제는 적정재고를 관리하는 제품 그룹 내의 제품별 주문주기가 다양하기 때문에 이들의 주문주기의 평균값을 사용하면 때로는 제품별 충족의 수준이 변동성이 심해질 수 있다. 따라서 적정재고를 관리하기 위한 제품그룹을 나눌 때 제품의 특성을 고려하지만 제품별 적정주문주기와 연동하여 최대한 비슷한 주문주기의 제품이 하나의 그룹으로 나누어질 수 있도록 고려한다. 수요충족을 위한 공급과정이 외부로부터 공급이 되는 경우는 당연히 주문주기에 의한 주기재고가 발생하지만 실제로 자체생산을 통해 공급을 받는 경우에도 대부분 비슷한 형태의 주기재고가 발생한다. 자체생산을 통한 공급의 경우 외부수요에 맞추어 생산과정이 이루어지면 주기재고를 가질 필요가 없겠지만 실제로 생산의 과정은 대부분 다양한 제품을 동일한 생산라인에서 공동으로 생산하기 때문에 모든 제품이 일정한 공급률로 출하되기보다는 여러 제품이 번갈아 가면서 일정한 주문주기에 따라 공급된다. 물론 공급의 주문주기가 수요의 최적주문주기에 맞추어 공급되도록 할 것이고 이 과정에 주문주기와 이로 인한 주기재고가 발생한다.

안전재고(Safety Inventory)는 수요의 불확실성에 대비하기 위한 재고로서 이론상으로 수요에 완벽한 충족을 위한 안전재고수준은 무한대이기 때문에 안전재고를 통하여 달성할 수 있는 수요충족의 수준을 어느 정도로 설정하는가에 따라 결정된다. 불확실성이 없고 이미 확정된 수요만 대응한다면 안전재고는 필요없다. 그러나 실제로 관리되고 있는 재고로 예상치 못한 수요에 대해 높은 수준으로 충족하고자 한다면 안전재고는 큰 값으로 유지되어야 할 것이다. 고객수요의 충족목표에 따라 불확실성을 대응하는 수준을 서비스 수준(Service Level: SL)이라고 하는데 이는 안전재고지수(Safety Inventory Factor)의 함수이다. 안전재고의 수준을 $SI$라고 하고 안전재고지수를 $k$, 수요의 불확실성의 편차를 $\sigma$라고 한다면 이들은 다음과 같은 관계가 있다.

$$SI=k \cdot \sigma$$

즉, 적정안전재고의 수준은 수요의 불확실성의 편차와 안전재고지수에 비례한다. 안전재고지수는 가장 수요분포를 정규분포로 가정하였을 때 $k=1$일 때 84.1%, $k=2$일 때 97.7%의 서비스 수준을 의미하며 전체 수요의 서비스 수준만큼 충족가능하다는 의미이다. 이는 비즈니스에서 적정한 서비스 수준을 결정하면 이에 해당하는 안전재고지수를 산출할 수 있고 안전재고수준이 결정된다.

재고로 충족되지 못한 경우의 비용을 $C_u$라 하고 충족 후에도 남는 과재고 비용을 $C_0$라 한다면 최적의 서비스 수준은 이들의 균형점으로 다음과 같이 정의된다.

$$SL=\frac{C_u}{C_u+C_o}$$

이는 재고로 충족되지 못한 비용이 클수록 대응해야 할 서비스 수준은 커진다. 실제로는 이러한 형태의 비용을 제품 또는 제품그룹마다 명확히 구하거나 정의하기가 쉽지 않기 때문에 통상적으로 두 가지 형태의 비용에 대한 상대적인 비율을 가늠하여 사용한다. 적절한 서비스 수준이 결정되면 이에 상응하는 안전재고지수를 산출하고 수요의 불확실성 편차를 곱하여 안전재고수준을 결정한다. 충족과정이 수요의 편차뿐만 아니라 공급의 편차가 있는 경우 두 가지를 동시에 포함시켜야 한다. 외부로부터의 공급을 수행하든 내부의 자체 생산 등을 통하여 재고로 유입되든 공급의 편차가 유의미한 수준에 이르면 수요의 편차에 공급의 편차를 더하여 사용한다. 일반적으로 수요의 편차와 공급의 편차는 상호 연관성이 적기 때문에 단순히 더하여 사용할 수 있다. 공급과 수요의 편차는 정기적으로 데이터분석을 통하여 최신값으로 지속변경하여 사용하며 또한 동일한 그룹 내의 여러 제품에 대해 가중평균값이나 주요 핵심제품 우선적용 등의 기준 등으로 통합하여 사용할 수 있는 정책을 결정하여 적용한다.

마지막으로 예상재고(Anticipated Inventory)를 고려하는데 이는 비즈니스의 운영상 비정기적으로 발생하는 확정된 예상재고를 의미한다. 예를 들면 계절적 요인에 의해 미래의 기간 동안 약속된 납품량이라든가 또는 마케팅을 위해 이리 예정된 출하물량 등에 해당된다. 또한 지난 기간에 충족시키지 못한 미납물량을 현재나 미래 기간에 우선적으로 충족시켜야 되는 경우나 생산이나 공급의 안정성을 위해 전략적으로 선구매 및 선보충된 물량 등을 의미하며 이같이 산정된 예상재고는 한시적으로 운영되며 확보된 재고는 충족을 위해 사용될 수 있다.

주기재고, 안전재고, 및 예상재고를 합한 적정재고는 비즈니스의 전략과 연동하여 적절한 수준으로 계산하고 이를 지속적으로 관리하면 충족의 과정이 모든 부문에 대해 미세하게 관리되지 않아도 전체적으로 관리될 수 있으며 특히 충족의 과정에서 큰 비용을 담당하는 재고가 적정선에서 유지되고 있는가에 대한 지속적인 평가지표가 될 수 있다. 또한 각 제품 그룹별 충족에 대한 개별정책에 대해 통합적인 측면에서의 적정성을 평가할 수 있는 기준이 되기도 한다.

**예제 6-8 적절한 보충을 위한 적정재고**

제품그룹 A와 B를 운영하고 있으며 각 제품그룹의 일간 평균 수요는 각각 3,000개, 5,000개, 일간수요의 편차의 평균값은 각각 1,000개, 3,000개이다. 제품그룹 A와 B의 주문주기는 각각 5일, 7일이며 일간수요를 충족시키지 못하였을 경우의 비용은 각각 12,000원, 20,000원이며 일간재고유지비는 각각 3,000원, 2,000원이다. 또한 이들 제품의 지난 기간의 미납물량은 각각 10,000개씩 누적되어 있어 당분간 공급하기까지 이 물량을 재고로 유지해야 한다. 적절한 충족프로세스를 위한 적정재고를 재고일수로 산출하고자 한다.

제품그룹 A와 B의 주기재고일수는 각각 2.5일, 3.5일이다. 제품그룹 A의 최적 서비스 수준은 $SL=\dfrac{C_u}{C_u+C_o}=\dfrac{12}{15}=0.8$이며 이에 해당하는 안전재고지수 $k$의 값은 0.84이다($z_{0.84}=0.7995$). 따라서 안전재고수준은 $SL=k\cdot\sigma=0.84\cdot1,000=840$으로 이를 재고일수로 환산하면 840/3000=0.28일이다. 제품그룹 B에 대해서도 동일한 방법으로 안전재고일수를 구하면 $SL=0.91$ 안전재고지수 $k$의 값은 1.34로($z_{1.34}=0.91$), 따라서 안전재고 수준은 $SI=k\cdot\sigma=1.34\cdot3,000=4,020$이고 이를 재고일수로 환산하면 4020/5000=0.8일이다. 각 제품그룹의 미납물량에 의한 예상재고일수는 각각 3.33일과 2일이다. 제품그룹 A의 적정재고일수는 2.5+0.28+3.33=6.11일이며 제품수량으로는 18,330이고 제품그룹 B의 적정재고일수는 3.5+0.8+2=6.3일이며 이를 제품수량으로는 31,500이다.

# Exercise 연습문제

1. 공동보충 정수배 주기방식에서 $n_1=1, n_2, n_3, ..., n_N$ 의 값이 주어졌다고 가정하였을 때 총비용

$C=\dfrac{A+a_1+\sum_{i=2}^{N}a_i/n_i}{T_1}+T_1(H_1+\sum_{i=2}^{N}n_iH_i)$을 최소화할 수 있는 최적의 기본주기 $T_1$는

$T_1=\sqrt{\dfrac{(A+a_1+\sum_{i=2}^{N}a_i/n_i)}{H_1+\sum_{i=2}^{N}n_iH_i}}$ 이며, 이때의 총비용은

$C^*(n_2, n_3, ..., n_N)=2\sqrt{(A+a_1+\sum_{i=2}^{N}a_i/n_i)(H_1+\sum_{i=2}^{N}n_iH_i)}$임을 보이시오.

2. 공동보충 정수배 주기방식에서 기본주기 $T_1$이 주어졌다고 가정할 때 이때의 총비용

$C^*(n_2, n_3, ..., n_N)=2\sqrt{(A+a_1+\sum_{i=2}^{N}a_i/n_i)(H_1+\sum_{i=2}^{N}n_iH_i)}$의 값을 최소화하는

$n_2, n_3, ..., n_N$의 값은 $n_i=\sqrt{\dfrac{a_i}{H_i}\cdot\dfrac{H_1}{A+a_1}}$ 임을 보이시오.

3. 공동보충 정수배 주기방식에서 $n_2, n_3, ..., n_N$의 값이 $n_i=\sqrt{\dfrac{a_i}{H_i}\cdot\dfrac{H_1}{A+a_1}}$ 이면

총비용 $C^*(n_2, n_3, ..., n_N)=2\sqrt{(A+a_1+\sum_{i=2}^{N}a_i/n_i)(H_1+\sum_{i=2}^{N}n_iH_i)}$은

$C^*=2\sqrt{(A+a_1)H_1}+\sum_{i=2}^{N}2\sqrt{a_iH_i}$ 임을 보이시오.

4. 5개 제품에 대한 보충을 공동보충방식으로 운영하고자 한다. 제품에 대한 주고정주문비는 100이며 제품별 개별 고정주문비는 $a_1=a_2=a_3=30$이며 $a_4=a_5=60$이다. 재고유지비는 모든 제품이 동일하여 1이다. 각 제품의 수요는 $d_1=50, d_2=300, d_3=200, d_4=50, d_5=20$이다. 공동보충 정수배 주기방식을 최적주기를 구하고 이론상의 최소값과 비교하여 해의 성능을 평가하시오

5. [연습문제 4]와 동일한 문제에 대해 공동보충 PO2 주문주기방식으로 해를 구하시오.

6. [예제 6-3]의 2단계 보충 시스템을 운영하는데 제시한 알고리즘은 단계 1과 단계 2를 동시에 고려하여 운영했을 때의 보충계획이다. 2단계 보충 시스템에서 단계 1과 단계 2가 상호 협조하지 않고 단계 1이 그 단계에서의 최적주문량으로 보충계획을 실행하고 단계 2는 이에 근거하여 나름대로의 최적의사결정을 하는 독립적 공급사슬 운영 시의 총비용을 계산하고 협력적 의사결정과의 비용을 비교하시오.

7. 다단계보충계획에서 상위단계의 보충량은 하위단계의 보충량의 정수배로 하여 충족시키는 것이 최적이다. 정수배에 해당하는 $k$값을 결정하는데 이론상의 최적실수값 $k^*$에 대해 $k^*>1$이면 $k^*$보다 크지 않은 가장 작은 정수 $k'$을 구한다. $k^* \leq \sqrt{k'(k'+1)}$이면 $k=k'$이고 아니면 $k=k'+1$로 설정하는 이유를 설명하시오.

8. **(기간별 수요가 다른 2단계 보충계획)** [예제 6-4]에서 다룬 문제에 대해 다단계 시스템의 통합된 고정주문비와 에실론재고유지비를 사용하여 효율적인 해를 구하였다. 그러나 1단계 수요자와 2단계 공급자가 서로 협력하지 않고 각각 최선의 방식으로 대응한 경우, 즉 1단계 나름대로의 해법과 이에 대응하는 2단계의 해법으로 독립적으로 실행한 경우의 총비용을 구하고 협력적 보충계획의 총비용과 비교하시오.

9. **(기간별 수요가 다른 2단계 보충계획)** [예제 6-4]의 2단계 보충 시스템에서 다음과 같이 다른 수요에 대해 보충계획을 구하시오. 단계 1의 수요는 기간 1~5의 수요는 각각 $d_1=10$, $d_2=15$, $d_3=10$, $d_4=5$, $d_5=10$이며 단계 1, 2의 고정주문비는 각각 $A_1=200$, $A_2=800$이다. 각 단계별 재고유지비는 $h_1=13$, $h_2=3$이다.

10. [예제 6-5]의 다중수요 2단계 보충계획에 대해 PO2방식에 의한 주문주기와 총비용을 구하고 정수배 주분주기방식의 총비용과 비교하시오.

11. 단일수요 다단계 보충계획을 운영하고자 한다. 전체시스템은 5단계로 구성되어 있으며 최종수요자는 1단계 지점으로 단위기간당 50개의 수요를 충족하고자 한다. 각 단계별 고정주문비는 1단계부터 각각 (50, 140, 50, 100, 200)이며 각 단계별 재고유지비용은 1단계부터 한 단위당 각각 (10, 8, 5, 4, 1)이다. 효율적인 PO2 보충계획을 작성하시오.

12. **(통합주문 다단계 보충 시스템)** [그림 6-9]와 같은 통합주문 다단계 보충 시스템에서 최종수요자 1은 단위기간당 $d$의 수요로서 공급자 2, 3, 4가 각각 동일한 수준으로 공급하여 하나의 주문으로 통합한다. 또한 상위공급자 5와 6는 이에 대한 수요자 2에 대해, 동일한 수요를 충족해야 한다. 1~6까지의 각 단계에서의 고정주문비 $A_i$는 (100, 300, 200, 600, 600, 1000)이며 각 단계에서의 재고유지비 $h_i$는 각각 (10, 4, 3, 1, 2, 1)이다. 효율적인 보충계획을 작성하시오.

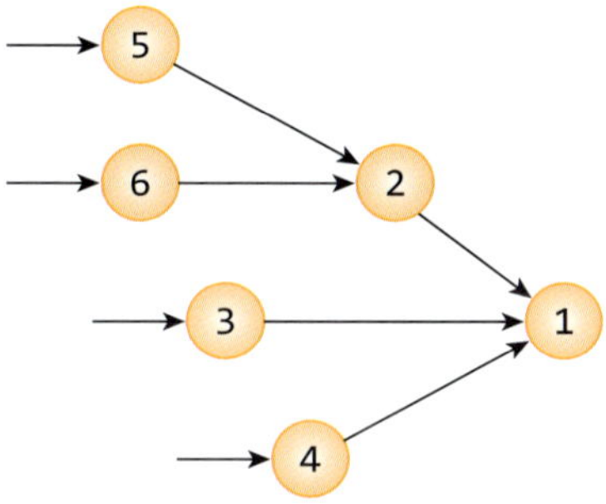


[그림 6-9] 통합주문 다단계 시스템

PART 03

# 공급사슬의 네트워크 설계 및 운용

Supply Chain Management

07

CHAPTER

# 공급사슬과 설비입지

1. 전략적 설비입지 프로세스 | 2. 운영적 설비입지 프로세스

3. 총량 설비입지(MinSum모형, Median모형) | 4. 센터 설비입지(MinMax모형, Center모형)

5. 다양한 설비입지모형

CHAPTER

# 07 공급사슬과 설비입지

Supply Chain Management

〈학습 목표〉

1. 공급사슬에서의 설비입지의 역할과 목표를 설명할 수 있다.
2. 공급사슬에서의 목표에 따른 최적의 설비입지 결정의 수리적 논리를 설명할 수 있다.
3. 공급사슬의 목표와 구조에 따른 설비입지에 대한 최적의 결정을 할 수 있다.

설비입지(Facility Location)의 결정은 작업을 진행하거나 서비스를 제공하는 장소에 대한 선택으로 공급사슬의 설계 측면에서 중요한 의사결정 중의 하나이다. 이는 공급사슬의 운영으로 인하여 발생하는 비용을 최소화하면서 공급사슬 전체의 효율성을 극대화하기 위한 기본적인 단계의 의사결정이기 때문이다. [그림 7-1]과 같이 두 개의 아파트 단지를 대상으로 배달 전문의 피자가게를 열고자 할 때 어느 곳이 가장 적절한지에 대한 장소 결정의 문제이다. A장소는 500가구의 아파트 단지이고 D장소는 1,000가구의 아파트 단지로서 피자의 주문은 가구수에 비례하여 발생한다. 배달은 아파트까지의 이동 거리만 고려하고 아파트 내 층간이동거리는 무시하며 모든 피자 배달은 별도의 주문마다 발생한다고 가정한다. 피자가게의 위치는 배달을 위해 이동하는 거리가 중요하여 전체 배달이동거리를 최소화하는 장소에 가게를 오픈하고자 한다. 어느 장소일까?

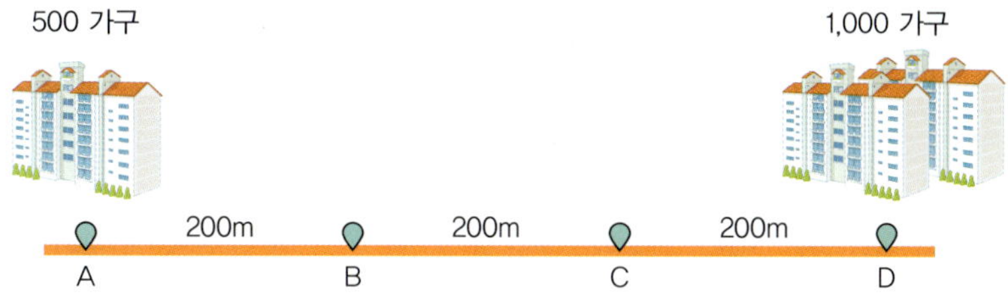


[그림 7-1] 상점입지문제

가구수에 비례하여 1,000가구에 좀더 가깝고 가구수 1:2로 비례배분하는 C가 가장 적절해 보인다. 가구수에 비례하여 주문이 발생했다고 가정하고 실제 이동거리를 계산하면 C의 경우 500×400+1,000×200=400,000m인 반면 D의 경우 500×600+1,000×0=300,000m로 배달이동거리로 발생하는 비용측면에서 최적의 장소는 D이다. 두 아파트 단지 사이의 중간지점이 아니라 아파트 단지가 위치해 있는 D가 최적장소이다. 만약 A장소의 아파트 수가 1,500가구라면 최적의 장소는 A임을 쉽게 계산하여 알 수 있다. 그렇다면 어떤 경우에 A나 D가 아니라 중간지점이 최적의 장소일 수 있을까? 유일한 경우는 A단지와 D 단지의 수가 같을 경우 중간지점이 최적의 장소가 될 수 있는데 이 경우 A와 D를 포함하여 A와 D사이의 직선상의 모든 장소가 동일한 배달이동거리를 가지게 된다. 즉, 어떠한 경우라도 A나 D는 최적의 장소에 해당한다.

공급사슬에서 지속적으로 발생하는 작업, 서비스 등의 장소에 대한 결정은 대체적으로 장기간 발생하기 때문에 과학적인 분석을 통하여 결정해야 한다. 위 문제에서 다루는 목표는 총비용을 최소화하는 것이었기 때문에 고객이 위치한 A 또는 D가 최적의 장소이며 이는 고객의 수에 의해 둘 중 한 곳을 선택해야 한다. 이에 대한 과학적인 해석은 나중에 다루기로 한다. 그러나 예를 들면 소방서나 병원응급실과 같이 고객이 위치한 곳까지 최단시간에 도착하는 것이 목표라면 이에 대한 최적의 장소는 A와 D의 중간지점으로 각각 고객으로부터 300m 떨어진 위치일 것이다. 이때의 목표는 모든 고객의 서비스이동거리가 목표가 아니며 서비스 요청이 발생할 경우 최대의 이동거리를 최소화하는 것이 목표이다. 최적의 장소 결정은 무엇을 목표로 하는가에 의해 결정된다.

# 1 전략적 설비입지 프로세스

설비입지 의사결정은 제조공장의 건설입지, 대규모 물류유통센터의 입지, 항공이나 항만의 거점입지 등 한 번의 의사결정 결과가 대체적으로 장시간 영향을 미치는 전략적인 문제의 성격을 가지고 있다. 공급사슬에 대한 다른 여러 가지 요소들이 설비입지 의사결정이 이루어진 이후 이에 연관되어 영향을 받기 때문이다. 설비입지의 위치와 규모는 설비로부터 서비스를 주고받는 고객의 위치와 용량, 이를 연결하는 네트워크 통로 등과의 상관관계를 고려하여 결정되지만 위치의 결정에 따라 순차적으로 고객과의 교류방법, 연결 라우트, 관련 시설의 설계로 영향을 주기 때문에 공급사슬의 설계에서는 파급력이 지속적으로 미치게 되는 가장 중요한 의사결정의 문제라고 할 수 있다.

기업의 최초 제조공장의 설립이나 기업 비즈니스센터를 설립하는 등 최초로 설비입지 결정은 비즈니스의 성패를 가늠하는 가장 중요한 의사결정이며 비즈니스의 성격에 따라 핵심적 요인을 고려한 장기적인 의사결정이다. 한번 결정되어 실행되는 의사결정이 그 후의 비즈니스의 확장 및 연관 사업의 클러스트화를 위하여 확장성까지 고려한 전략적 판단에 기인해야 한다. 입지설정에 따른 초기 비용뿐 아니라 장기간에 걸쳐 발생하는 운영비용까지 고려하여 종합적인 판단을 해야 하기 때문에 변동성이 많은 여러 요인을 복합적으로 고려해야 하는 어려움이 있다. 그러나 무엇보다 초기의 비즈니스의 성공을 담보할 수 있는 점이 가장 중요할 것이다. 대표적 제조산업인 자동차 공장은 주로 해안가에 초기에 입지를 선택함으로 원자재의 수급과 완성제품의 수출을 위한 공급망 운영비용이 가장 중요시된 반면 반도체 제조나 소프트웨어 산업은 첨단기술력을 제공할 수 있는 인력수급이 용이해야 되는 점과 탄력적 확장이 가능한 대도시 주변의 외곽지대에 주요 공장 및 비즈니스센터들이 위치하고 있다. 이 모든 요인들은 종합하면 장기적인 관점에서의 최소비용과 또한 수익성을 보장할 수 있어야 한다. 전략적 입지결정의 주요 요인은 다음과 같다.

### ① 설비입지비용

입지를 선택하여 처음 건설하기 위한 입지고정비는 전체 비용에서 차지는 비율이 크기 때문에 비즈니스의 성격에 따라 대체적인 위치의 성격을 결정해 준다. 초기 비용뿐 아니라 비즈니스 성장속도에 대응할 수 있는 확장입지비용도 중요하다. 확장에 제한이 있거나 확장에 소요되는 추가비용이 크다면 이는 초기부터 고려해야 하는 사항이다.

### ② 설비운영비용

설비가 가동됨으로서 발생하는 운영비용은 크게 원자재 수급비용, 프로세스 운영비용, 인력수급비용, 완성품 물류비용 등으로 구분할 수 있는데 비즈니스의 성격에 따라 각 요인별 중요도 및 영향력이 다르다. 원자재의 수급이 결정적인 요인이 되는 화학공장이나 자동차산업 등의 중후장대형 산업, 제품의 사이즈가 작거나 제품 자체가 지식인 경우 이를 근거로 하는 입지결정의 방향은 근본적으로 다르다. 제품이 생산되기 위해 필요한 비용도 물동량이 이 많은 산업은 이를 이동하고 변화하는 물동량 비용이 중요하지만 눈에 보이지 않는 지식의 생산이나 서비스의 제공 같은 산업은 프로세스 비용의 대부분이 이를 가능케 하는 인력수급비용이나 지적재산권의 비용일 수 있다. 첨단산업일수록 또한 개발연구가 비즈니스 성공의 핵심요인일수록 고급인력을 쉽게 채용하거나 안정적으로 공급받을 수 있는 입지가 중요하게 고려된다. 노사관계의 어려움이나 임금비용이 설비입지를 결정하는 핵심요인이 될 수도 있다. 완성품의 물류비용은 제품의 최종소비자가 국내 위주인지 해외수출용이냐에 따라 물동량이송에 따른 비용의 구조가 다르기 때문에 이러한 사항이 설비입지 결정에 중요한 영향을 줄 수 있다.

### ③ 시장접근성

완성제품이 고객에게 전달되기까지의 공급망 운영상의 소요비용이나 신속성이 중요한 경우 시장에 가까운 곳에 입지를 선택해야 할 필요가 있다. 이는 비용으로 환산되는 무리적 숫자 외에도 정량화하기 힘든 여러 요인들이 고려되어야 한다. 시장과의 접근성은 비용을 줄여줄 뿐만 아니라 시장의 필요를 정확하고 빠르게 수용할 수 있다는 점에서 중요하다. 시장이 크게 또는 넓게 분포되어 있어 모든 시장에 가까이 있을 수는 없어 설비입지의 대형화를 통한 경제성을 고려하여 적절한 용량의 다수 설비입지를 설계해야 할 수도 있다. 시장과의 물리적 거리가 중요하지 않은 온라인 서비스 센터의 경우는 시장에 대한 시장 대응성을 높이기 위하여 설비입지의 상시운영이 더 중요하고 일정한 거리를 유지하고 있는 비즈니스의 경우는 생산지와 소비지를 연결하는 주요거점 또는 물류센터 및 이를 연결하는 적절한 수송체계의 설계를 염두에 둔 설비입지의 결정이 필요하다. 한국의 물류택배회사의 중앙집중물류분배센터는 시장의 대부분을 차지하고 있는 서울지역에 대한 서비스를 위해 서울 근교의 광주 등에 위치하고 있으며 시장의 트랜드와 고객의 반응에 민감해야 하는 패션계의 유통 및 전시장소는 대도시 한복판에 있을 수밖에 없다.

#### ④ 인프라스트럭쳐

설비입지에 직간접적으로 영향을 주는 요인으로서 물리적 인프라스트럭쳐로서는 설비의 운영을 위한 전력의 공급, 교통망의 편이성, 시설의 산출물의 사후처리 용이성을 위한 물리적 기반시설 등이 중요하다. 환경적인 문제에 대한 연관성이 큰 경우는 이러한 요인이 다른 어떤 요인보다 우선적으로 고려되어 설비입지 그 자체를 결정할 수도 있다. POSCO(포항제철)의 입지는 원자재의 해외 수입, 저비용으로 대규모 단지의 확보, 생산품의 수요지와의 근접성 등이 설비입지의 핵심 결정요인이었지만 장기적으로는 공장에서 분출되는 오염성 대기가 해안가의 바람으로 인하여 도시로 유입되지 않게 되는 최적의 위치가 선정되었다. 비물리적 인프라스트럭처도 매우 중요한데 비즈니스에 대한 정부의 지원책, 세제 및 관세정책, 관행적 노사관계에 대한 주변의 인식, 기업에 대한 선호도 등이 영향을 주며 무엇보다도 이러한 요인이 종합되어 지속적인 투자를 받을 수 있도록 기반환경이 형성되어 있는가는 입지 선정의 핵심요인들이다. 미국의 실리콘밸리가 첨단정보기술산업의 메카가 된 이유는 당시 그 지역의 금융기관이나 투자자가 미시간주 등과 같은 다른 어떤 지역보다 소프트웨어나 정보통신의 신사업에 과감히 투자하고 금융지원을 아끼지 않았던 경향이 있었고 이는 그 지역의 수많은 고급인력으로 인한 잇점과 어우러져 진정한 첨단벤처기업의 산실이 되었다. 또한 삼성전자의 반도체 공장이 미국 텍사스주 오스틴에 설립되고 현대자동차의 미국공장이 앨러바마주에 건설되게 한 결정적 요인은 국가 간의 정치적, 관세 등의 경제적 요인 등과 같은 비물리적 인프라스트럭처이었다.

전략적 설비입지결정의 프로세스는 통상적으로 3단계의 과정으로 진행된다.

첫번째 단계는 비즈니스의 성격과 목표에 따라 공급사슬의 전략을 먼저 결정한다. 업종에 따라 기본적인 프레임과 요인은 대부분 명확하지만 시장환경과 업종의 성숙도에 따른 공급사슬 전략을 선택하여 이에 따른 적절한 경쟁전략의 선정으로 이에 적합한 설비입지의 기본 모드가 구성된다. 고객의 대부분이 수도권에 위치한 택배회사의 대형 물류분배센터의 경우 대규모물량 배송의 시급성을 공급사슬의 핵심 전략으로 선정하면 수도권 주위의 입지에 대해 저렴한 교통의 요지에 설비입지를 선택해야 하는 기본방향이 설정된다.

두 번째 단계는 설비입지의 다수의 후보지를 선택하여 각각에 대해 공급사슬 측면의 여러 요인관점에서 총비용과 위험도에 대해 분석한다. 경기 예측의 다양한 시나리오에 대해 또한 단기, 중기, 장기적인 비용의 수익의 예상, 또한 시장환경의 변화에 대비할 수 있는 융통성 측면에서의 대응가능성, 각종 인프라스트럭처의 정성적인 분석 등을 종합하는 과정이 필요하다.

마지막 단계는 분석데이터에 근거한 설비입지의 선택과정으로 종합분석에 의한 우선순위에 근거하여 선정하되 실행성을 염두에 두고 선택한다. 대부분의 분석은 여러 가능성에 기초하고 있기 때문에 때로는 이를 실행하는 관점의 어려움 등이 과소평가 되었을 수도 있으며 현실적인 상황에 대한 감안이 미흡할 수도 있다. 대표적으로 전략적인 의사결정이라는 이유로 장기적으로는 좋은 결정이지만 설비입지 건설기간이나 또는 초기 비즈니스에서의 저성장 등으로 비즈니스 동력을 잃어버리게 되면 장기적인 성공을 반드시 담보할 수 없게 될 수도 있다.

### 한국의 반도체공장의 입지선정

한국의 반도체산업의 세계적 위상은 메모리반도체 기준으로 D램의 70% 내외, 낸드플래시의 50% 내외(2018년 기준)를 차지하며 단연 세계 톱 국가에 해당한다. 대표 기업인 삼성전자와 SK하이닉스의 반도체공장은 기흥, 화성, 이천, 온양, 평택을 잇는 반도체 밸리를 형성하고 있다. 일반적으로 공장은 자동차, 화학, 조선, 철강산업의 경우 해안에 인접한 산업단지를 형성하고 있는 데 비해 반도체 산업은 대부분 내륙의 밀집된 건물의 집합으로 구성되어 있다.

반도체공장은 일반적 산업과는 다른 특성을 가지고 있는데 가장 큰 차이점은 대도시와 멀지도 가깝지도 않아야 하는 점이다. 반도체산업은 대표적인 장치산업으로서 설비투자비용이 차지하는 비용이 크지만 입지선정에 가장 중요하게 고려되어야 하는 점은 전반적으로 고급인력의 안정적 확보이다. 반도체의 특성상 연구개발과 공장운영 모두에 많은 고급두뇌인력이 필요하다. 이는 대도시에서 멀어서는 안 되는 점이다. FAB 라인뿐 아니라 특히 인력수요가 많았던 초창기 반도체 라인의 경우 R&D나 생산기술 모든 분야에서 고급인력의 지속적 수급이 중요하고 또한 생산라인에서도 모든 용어와 기술이 영어로 다루어지는 반도체라인의 특성상 고급생산인력을 공급하고 지속적이고 안정적으로 인력을 유지할 수 있는 적절한 환경이 필요하다. 반도체 생산라인은 24시간 연속가동되기 때문에 근무인력이 하루 3개 시프트로 나누어져 있으며 생산인력 대부분이 공장 주변의 기숙사 시설에서 생활할 수 있는 편의시설이 제공된다. 이러한 시설적 필요사항이 싸게 용지를 사용할 수 있는 곳을 찾게 한다. 이는 시장이 성장하면 수월한 공장라인의 확장도 가능하게 하고 관련 협력업체나 관련산업이 주변에 쉽게 입지할 수 있도록 한다. 청정룸으로 운영되는 반도체산업은 환경적으로 도심과 거리가 있어야 하고 특히 많은 화학물질을 사용하고 세척과정이 많아 깨끗한 물의 공급이 원활한 곳이어야 할 필요가 있었다. 실제로 한국과 일본 모두 반도체 공장의 초기입지는 물이 좋아 전통적으로 좋은 술을 만드는 장소와 겹치는 곳이 많다. 현재는 정수 기술이 발전하여 이러한 요인이 더 이상은 고려 대상이 아니지만 당시에는 품질 좋은 제품을 만들기 위한 입지요건 중의 하나였다.

반도체는 대부분 수출을 통한 판매를 목적으로 하기 때문에 항공편을 이용하기 편리한 공항이 인접해야 할 필요가 있다. 한때 반도체 칩의 가격이 동일 부피의 금보다 고가일 때도 있어서 공장에서 공항까지 1시간 이내에 안전하게 운송할 수 있어야 한다는 이야기도 있었다. 이러한 여러 가지 측면의 입지요건이 기흥과 온양을 시작으로 하는 반도체 공장의 입지선정에 결정적 역할을 한다.

한국보다 반도체산업에서 세계적 위상을 먼저 차지했던 일본의 초기 반도체공장의 입지조건도 비슷한 과정을 통하여 결정되었다. 일본의 반도체산업이 성장하기 전 일본의 대표적 공업단지는 태평양 벨트라고 불리던 도쿄, 나고야, 오사카 지역의 3대지역이었으나 반도체공장은 의외로 큐슈지역이 가장 많았는데 사실 큐슈지역은 대표적으로 농업지역이었었고 청정지역이었으며 유명한 술이 많은 깨끗한 물의 지역으로 일본의 대표적 관광지역으로 개발되었던 곳이었다. 일본이 반도체산업을 시작한 1970년대 중반에 이미 공항이 6개나 있었고 또한 도로교통망이 많이 발달하였으며 대표적 해외시장이었던 한국, 타이완, 홍콩과도 가까운 곳이었다. 큐슈지역은 지역적으로 일본 내 주요공업지역도 아니었으며 규모면에서도 작은 곳이었으나 일본 전체 반도체 생산의 45% 이상을 차지하는 대표적 반도체공장의 입지로 성장하였다.

이와 같이 제조공장의 입지는 제품의 특성과 제품의 공급망의 특성이 장기간에 걸쳐 분석되어 적절한 입지를 선정되어야 한다. 공장구축비용, 생산운영에 필요한 자원의 수급비용, 및 생산인력비용, 또한 단계적으로 확장이 가능하도록 추가건설비용 및 융통성 등이 결국은 하나의 비용으로 환산되어 최적의 입지를 결정하게 된다.

## 2 운영적 설비입지 프로세스

설비입지는 통상적으로 그 위치가 변하지 않거나 이동하면 고비용이 수반되는 경우 영속성을 전제로 하여 결정하는 전략적 성격이지만 실제로는 수많은 종류의 운영적 입지결정의 과정이 필요하다. 공급사슬경영에서 입지 또는 하나의 위치 결정은 이곳을 중심으로 물류의 집결, 분배 등이 이루어지고 서비스를 제공하는 거점이 되기 때문이다. 전국적인 서비스망을 유지하고 있는 택배회사의 경우 장기적으로는 본부와 핵심물류센터 등은 일정기간 또는 장기적으로 운영될 것을 전제로 구축되지만 중간물류센터는 택배의 물량과 종류가 계절성을 가지고 변동되면 물량의 변화에 맞게 계절적으로 변동성 있게 설치 및 폐쇄, 또는 위치가 이동할 수도 있어서 최적의 공급사슬운영이 되도록 해야 한다. 생산라인에서 생산 중인 물량이 자동반송장치에 의해 이송될 때 자동반송장치들의 대기 장소나 반제품 및 원자재 등의 보관 장소의 설정은 생산라인 전체의 동선을 결정하고 이로 인하여 원활한 물류 흐름을 결정하기 때문에 중요한 의사결정이다. 또는 여러 제품이 혼재되어 생산되는 경우 제품 구성이 수시로 바뀌면 이로 인한 물류 흐름의 형태가 바뀌고 제품 구성에 따른 대기 및 보관 장소의 결정을 최적으로 유연하게 운영하는 것이 생산성을 향상시키는 핵심 의사결정이 될 수 있다.

운영적 설비입지 프로세스에서 중요한 목표는 입지결정으로 인한 운영의 효율성이다. 즉 운영의 결과가 원하는 형태의 최적의 생산성을 달성할 수 있도록 적절한 평가지표가 설정되고 이를 실현하는 입지결정 프로세스가 진행되어야 한다. 이는 전략적 입지결정이 주로 입지장소의 구매 및 비즈니스의 장기적 관점에서의 비용과 수익을 포함한 총비용이 의사결정의 평가지표로 사용되는 것과는 다르다. 운영적 의사결정도 결국은 일정한 기간 내에 발생하는 여러 형태의 효율성이 비용으로 환산하여 이를 최소화하도록 하지만 좀더 구체적인 평가지표를 정의하고 이 관점에서 의사결정이 진행되도록 한다. 택배회사에서 계절적 변화 요인을 수용하기 위한 중간물류센터 운영에 대한 의사결정은 약속한 시간 내에 또는 가장 짧은 시간 내에 물량을 배송할 수 있는 센터의 위치와 각각의 용량에 대한 의사결정이 이루어져야 한다. 생산라인 내에 무선통신을 통해 이동하는 자동반송장치와 설비 간의 정보통신을 제공할 때 주된 무선통신송신 장소에 대한 결정은 이동물량의 동선상에서 정보교환이 모두 커버될 수 있는 장소에 적절한 수의 장소가 결정되어야 한다. 장소에 따라 송신장치의 설치비가 달라 비용을 최소화할 수 있는 위치도 중요하지만 이러한 장치의 효과성에 근거한 평가지표의 선택이 입지결정의 더 중요한 요인이 될 것이다.

운영적 설비입지의 첫 번째 핵심적인 프로세스는 의사결정의 평가지표를 설정하는 일이다. 입지결정으로 인하여 운영되었을 때 어떠한 평가지표의 관점에서 적절한가에 대한 설정이다. 대부분 운영함으로 발생하는 총비용을 최소화하거나 그로 인한 이점 또는 수익의 최대화가 일반적인 목표가 된다. 새롭게 설정된 입지로 인하여 물류가 이동하고 거쳐감으로 발생하는 물류이송비용 또는 총물류량 등을 분석하여 최적의 장소를 도출해 낸다. 핵심지표는 설비입지의 성격에 따라 다양하다. 때로는 총비용보다 특이경로의 고비용 또는 고위험의 이송사례가 발생하지 않도록 하는 것이 핵심지표일수도 있고 모든 수요처가 설정되는 설비입지로부터 일정거리 범위 내 있도록 하는 것이 목표일 수도 있다.

핵심지표, 즉 목표가 결정되면 운영에 영향을 주는 운영의 구성요소와 제약 등에 대한 내용을 통합하여 하나의 모형을 설계하는 과정이 필요하다. 운영적 설비입지 과정에서 주로 고려되는 대표적인 핵심지표는 다음과 같다.

- 입지선택으로 발생하는 설치비용과 이로 이한 운영비용의 합
- 공급과 물류이동의 최적화로 달성하는 수요달성율, 또는 수요만족율
- 설비입지의 용량대비 충족율 또는 가동율
- 고비용 또는 고위험 서비스의 최소화
- 안전거리유지 또는 근접성으로 인한 품질위험의 최소화

설비입지의 결정으로 인하여 물류의 동선이 바뀌고 또는 이동경로상의 제한적 용량이 정의되어야 하며 설비나 물류 자체가 가지고 있는 운영상의 한계 등이 정의되어 이 모든 사항을 고려한 모형에 대해 최선의 해를 구한다. 해는 한 번의 적용으로 종료되는 해일 수도 있고 또는 기간별로 변하는 변동의 해일 수도 있다. 또는 주어진 예산의 범위 내에서 여러 형태의 시나리오별 해일 수도 있다. 운영 과정 중에 수요나 공급의 양과 형태가 바뀌거나 또는 제한조건들이 바뀌면 설비입지의 변동에 대한 분석을 실시하고 변동비를 고려한 보완의 과정을 지속적으로 실시한다.

## 3 총량 설비입지(MinSum모형, Median모형)

설비입지 의사결정의 가장 대표적인 목표는 결정된 위치에 시설을 세우고 이를

운영함으로 발생하는 총비용을 최소화하는 것이다. 또는 설비운영으로 인한 효과, 즉 생산 및 서비스로 인한 수익을 최대화하는 것이다. 설비입지의 의사결정에서 비용을 최소화하거나 수익을 최대화하는 것을 목표로 할 경우 이를 총량 설비입지 모형 또는 총량을 최소화하기 때문에 MinSum모형이라고 도 부른다. 이는 요소별 가중치가 주어진 경우 가중총량을 최소화하는 형태를 취하기 때문에 무게중심모형 또는 메디안(Median) 설비입지모형이라고 한다. 서론에 제시한 피자가게 문제가 대표적인 총량 설비입지모형이라고 할 수 있으며 설비입지모형 중에서 가장 일반적인 의사결정 문제이다.

설비입지의 결정은 세워지는 설비 또는 시설을 통하여 작업이나 서비스를 받는 고객과의 교류로 인한 비용의 발생을 최소화하기 때문에 설비입지와 고객 간의 거리가 정의되어 이에 관련된 비용을 정의하고 또한 고객의 서비스 용량 및 설비입지 설립에 필요한 비용에 대한 정보가 제시되어 전체비용을 계산할 수 있다. 설비입지가 선택될 수 있는 장소가 주어진 공간 중에 어느 곳이나 가능한 경우도 있으니 때로는 주어진 후보지 중에 선택해야 하는 경우도 있다. 설비입지와 고객 간의 교류가 임의로 정하여 이동할 수도 있고 또는 이미 네트워크 형태로 정해져서 주어진 길로만 이동해야 하는 경우도 있다. 설비입지와 고객 간의 이동 시 발생하는 비용을 통상적으로는 거리에 비례한다고 정의하지만 때로는 이동하는 길의 형태에 따라 다르게 정의할 수도 있으며 또는 거리의 일정한 함수형태로 정의할 수도 있다. 이와 같이 다양한 조건에 따라 총량 설비입지의 모형도 다양하게 정의된다. 입지를 결정하고자 하는 설비를 통해 서비스를 받는 고객 또는 수요지점이 $n$개 있으며 이를 각각 $C_i$, $i=1, 2, \ldots, n$라 하고, 고객 $C_i$의 중요도 또는 수요량을 $w_i$라고 정의한다. 결정하고자 하는 설비입지의 위치를 $X$, 설비입지 $X$와 고객 $C_i$와의 거리 또는 이동비용을 $d(X, C_i)$라 하면 총량설비입지모형에서 고려하는 총비용(Total Cost: TC)은 다음과 같이 나타낼 수 있다.

$$TC=\sum_{i=1}^{n} w_i \cdot d(X, C_i)$$

### 1) 평면 설비입지모형

공급망에서 물류의 이동이 평면상의 모든 공간 내에서 자유롭게 이동경로를 선택할 수 있을 때의 입지를 결정하는 경우를 말한다. 예를 들면 해상이나 항공경로와 같이 출발지와 도착지의 위치가 결정되면 두 지점 간의 이동경로를 최선으로 선택할 수 있는 경우이다.

평면공간에서의 고객 $C_i$의 위치를 $(a_i, b_i)$, 결정하고자 하는 입지의 위치를 $X=(x, y)$라고 할 때 이동거리를 직선거리(Euclidean distance)로 정의하면 $d(X, C_i)=\sqrt{(x-a_i)^2+(y-b_i)^2}$이다. 이때의 총비용

$$TC=\sum_{i=1}^{n} w_i \cdot \sqrt{(x-a_i)^2+(y-b_i)^2}$$

을 최소화하는 설비입지의 위치 $(x^*, y^*)$는 다음과 같이 구할 수 있다.

$$(x^*, y^*)=\left(\frac{\sum_i w_i a_i/d(X, C_i)}{\sum_i w_i/d(X, C_i)}, \frac{\sum_i w_i b_i/d(X, C_i)}{\sum_i w_i/d(X, C_i)}\right)$$

단, 이 경우 $(x^*, y^*)$는 기존의 고객의 위치 $(a_i, b_i)$와 일치하지 않아야 하는 조건이 있어야 구할 수 있고 이를 사전에 알지 못하기 때문에 실제 입지위치는 순차적인 계산과정을 거쳐 근사해를 구할 수 있다.

평면공간에서 거리이동에 소요되는 비용을 직선거리와 이에 비례하는 수준의 위험비용의 곱으로 정의한다면 이동에 따른 비용은 $d(X, C_i)=(x-a_i)^2+(y-b_i)^2$로 나타낼 수 있고 이때의 총비용은 다음과 같다.

$$TC=\sum_{i=1}^{n} w_i \cdot [(x-a_i)^2+(y-b_i)^2]$$

총비용을 최소화하는 설비입지의 위치 $(x^*, y^*)$는 다음과 같이 구할 수 있다.

$$(x^*, y^*) = \left( \frac{\sum_i w_i a_i}{\sum_i w_i}, \frac{\sum_i w_i b_i}{\sum_i w_i} \right)$$

이때의 위치 $(x^*, y^*)$를 무게중심(Centroid)이라 부르며 해는 항상 유일하게 존재함을 쉽게 알 수 있다.

**예제 7-1 평면에서의 총량 설비입지**

새벽에 신선한 음식물을 가정마다 배달하는 한 회사는 주문을 받아 배달식품을 포장하는 분류포장센터를 2곳 운영하며 주 고객층은 8개의 아파트 단지에 분포해 있다([그림 7-2]). 현재까지는 분류포장센터에서 각 아파트 단지로 직접 배달하였으나 물류이송에 소요되는 비용을 줄이고자 분배센터를 운영하기로 계획하고 가장 적절한 장소를 정하고자 한다. 분류포장센터의 위치와 각 아파트단지의 위치 및 이송물량은 다음과 같다.

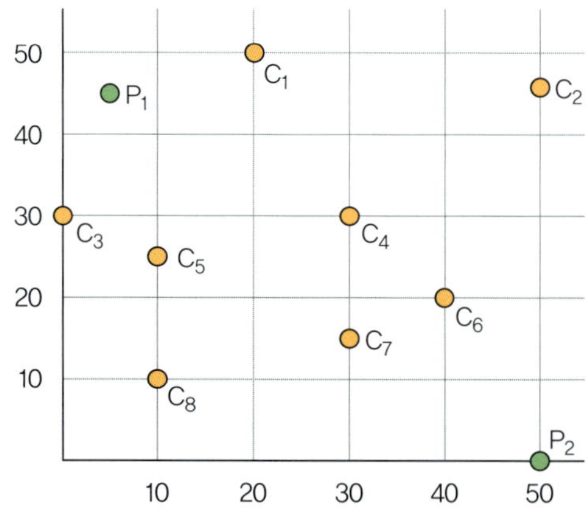


[그림 7-2] 신선식품 배달회사의 포장센터와 고객의 위치

| 분류 포장센터 | P1(5,45) | P2(50,0) | | | | | | |
|---|---|---|---|---|---|---|---|---|
| 물량 | 80 | 70 | | | | | | |
| 고객 (아파트단지) | C1(20,50) | C2(50,45) | C3(0,30) | C4(30,30) | C5(10,25) | C6(40,20) | C7(30,15) | C8(10,10) |
| 물량 | 40 | 15 | 5 | 10 | 20 | 15 | 25 | 20 |

(a) 각 물류지점 간의 이송에 소요되는 비용은 신선음식의 특성과 교통망을 고려하여 직선거리의 제곱에 비례한다고 가정하였을 때 분배센터의 최적의 위치는 다음과 같다.

$$(x^*, y^*)=\left(\frac{\sum_i w_i a_i}{\sum_i w_i}, \frac{\sum_i w_i b_i}{\sum_i w_i}\right)=(25, 27)$$

(b) 각 물류지점 간의 이송에 소요되는 비용을 직선거리에 비례한다고 가정하였을 때 다음과 같은 절차에 의해 적절한 위치를 구할 수 있다. 우선 (a)의 직선거리 제곱비용 가정에 의해 구한 (25, 27) 위치에 분배센터가 있다고 가정하고 현재의 위치에서 각 지점과의 직선거리를 구한다. 이 값을 이용하여 새로운 분배센터의 위치($x^1$, $y^1$)를 구한다.

$$(x^*, y^*)=\left(\frac{\sum_i w_i a_i/d(X, C_i)}{\sum_i w_i/d(X, C_i)}, \frac{\sum_i w_i b_i/d(X, C_i)}{\sum_i w_i/d(X, C_i)}\right)=(24, 27.6)$$

다시 분배센터가 (24, 27.6)의 위치에 있다고 가정하고 각 지점과의 거리를 구하고 동일한 과정으로 새로운 위치를 구하고 이러한 과정을 여러 번 반복하여 미리 가정한 분배센터와 위치와 새롭게 구한 위치가 적절한 수준으로 수렴하면 계산과정을 종료하고 마지막 구한 값을 분배센터의 위치로 결정한다. 5번의 과정을 추가로 반복하면 $(x^5, y^5)=(22.3, 29)$의 값을 구할 수 있으며 15번 정도의 반복과정을 거치면 $(\widetilde{x}, \widetilde{y})=(22, 29.2)$의 값에 수렴하는 위치를 구할 수 있다.

---

평면공간에서 이동으로 인한 비용을 직선거리 또는 직선거리의 제곱에 비례한다고 정의하는 것과 달리 현실적으로 많이 사용하는 방법 중의 하나는 맨해튼거리(Manhattan Distance) 또는 직각거리(Rectilinear Distance) 방식으로 산정하는 것으로 이는 이동시 수직 또는 수평방향으로만 이동한다고 가정하는 경우이다. 실제로 도시 내의 이동이 대체적으로 바둑판격자모양으로 되어 있거나 제조공장의 물류이동이 이미 격자모양으로 구성된 레일 위를 움직이는 경우 또는 물류창고에서 자동반송장치가 수평 또는 수직방향의 이동으로 구성되었을 경우가 대표적 예이다. 이 경우 이동거리는 $d(X, C_i)=|x-a_i|+|y-b_i|$이며 설비입지결정 후 운영으로 인한 총비용은

$$TC=\sum_{i=1}^{n} w_i \cdot (|x-a_i|+|y-b_i|)$$

이다. 총비용은 $x$ 좌표에 관련된 비용부분 $\sum_{i=1}^{n} w_i \cdot |x-a_i|$과 $y$ 좌표에 관련된

비용부분 $\sum_{i=1}^{n} w_i \cdot |y-b_i|$으로 나누어지며 각각의 최적값을 구하는 과정에 서로 영향을 주지 않기 때문에 $x$ 좌표와 $y$ 좌표를 독립적으로 구할 수 있다. 이는 2차원 공간의 문제를 1차원 공간의 문제로 만들 수 있고 이는 $x$ 좌표와 $y$ 좌표에 대해 각각 해를 구할 수 있다. 우선 $x$ 좌표의 문제의 해를 구하기 위해 다음의 예를 살펴본다.

서로 $l$만큼 떨어져 있는 두 지점 A와 B는 각각 $w_A$와 $w_B$의 수요량을 가지고 있다고 하고 A와 B에 서비스를 제공할 설비입지는 지점 A로부터 $x$만큼의 거리에 위치해 있다고 하면 두 곳의 수요량에 대해 서비스를 제공함으로 발생하는 총비용은 $TC=\sum_{i=1}^{n} w_i \cdot (|x-a_i|)=w_A \cdot x+w_B \cdot (l-x)=(w_A-w_B) \cdot x+w_B \cdot l$이며, 이 값을 최소화하는 $x$의 값은 $w_A \geq w_B$일 경우 $x=0$이며 $w_A < w_B$일 경우 $x=l$이다. 즉 두 지점 A와 B의 수요량을 비교하여 더 큰 값을 가지고 있는 지점이 곧 총비용을 최소화하는 장소이다. 이는 곧 직선상에 여러 개의 지점이 각각 다양한 수요량을 가지고 있는 경우에도 동일한 논리를 적용할 수 있다. 즉, 여러 개의 지점이 있을 때 좌표상의 지점을 임의로 두 개의 그룹으로 나누면 각 그룹의 총 수요량이 더 큰 그룹에 최적의 설비입지가 포함되어 있음을 쉽게 증명할 수 있고 이를 기반으로 $x$ 좌표의 문제의 해를 다음과 같은 절차에 의해 쉽게 구할 수 있다.

**(Step 1)** 모든 수요량의 합을 구하고 좌표 위치에 따라 순서대로 $i=1, 2, ..., n$이라고 가정한다.

**(Step 2)** $i=1$ 위치부터 시작하여 순차적으로 진행하되 $i=1$부터 현재 지점까지의 누적 수요량이 전체 수요량의 1/2보다 크거나 같으면 현재의 위치가 최적의 설비입지이다.

위 과정은 $x$좌표의 작은 값부터 하든 큰 값부터 하든 동일한 최적 위치를 찾게 된다. 한 가지 특이한 점은 최적의 위치는 현재 수요지점의 $x$좌표 중 한 곳에 최적의 위치가 존재하고 수요지점 간의 거리와 무관하게 결정된다는 점이다. 때로는 두 곳 이상이 최적의 위치로 결정될 수 있는데 위 탐색과정을 진행과정에서 어느 한 지점이 전체 수요량의 정확히 1/2에 해당하는 지점이 있다면 이 지점이 최적 입지이지만 반대 방향으로 위 과정을 진행하면 또 다른 지점이 전체 수요량의 1/2에 해당하는 지점이 되고 이 장소 또한 최적 입지의 위치이다. 이 경우 두 지점뿐 아니라 두 지점을 연결하는 선상의 모든 지점이 최적 입지의 위치에 해당한다. 적어도 현재의 수요 지점의 $x$좌표 중의 하나에 최적 입지가 존재함을 알 수 있다. $y$좌표에 관해서 동일한 과정으로 해를 구할 수 있다.

**예제 7-2 평면에서의 총량 설비입지**

강남 번화가의 5곳에 커피점을 운영하고 있다. 커피의 원두는 한곳에서 매일 로스팅하여 공급하고자 하며 로스팅 하우스를 한 곳에 세우고자 한다. 운반에 소요되는 시간을 최소화하기 위하여 총운반시간을 최소화하는 로스팅하우스의 위치를 구하고자 한다. 도로망이 격자형으로 구성되어 있어서 도로를 따라 이동하는 것은 직각거리의 이동형태를 취하고 있다. [그림 7-3]과 같이 커피점 1, 2, 3, 4, 5점의 위치는 (1,1), (5,2), (2,8), (4,4), (8,6)으로 표시할 수 있으며 매일 평균수요는 각각 5, 6, 2, 4, 8단위이다. 직각거리의 총량설비입지모형의 특성을 적용하여 우선 좌표를 구하면 다음과 같다. $x$축상에 5곳의 커피점 좌표를 투영하여 일직선상에 있다고 가정할 수 있다. 전체 수요량은 25단위로서 $x$좌표상으로 왼쪽지점부터 누적적으로 수요량을 합하여 계산하면 $x$좌표 5인곳이 수요량의 반을 초과하게 되고 이 지점이 $x$좌표상의 최적 입지가 된다. 이는 오른쪽 지점부터 계산하여도 동일한 지점이 $x$좌표상의 최적 입지가 된다. 동일한 방법으로 $y$좌표에 대해서도 구하면 4의 지점이 최적이며 (5,4) 지점이 로스팅 하우스의 최적 위치가 됨을 알 수 있다.

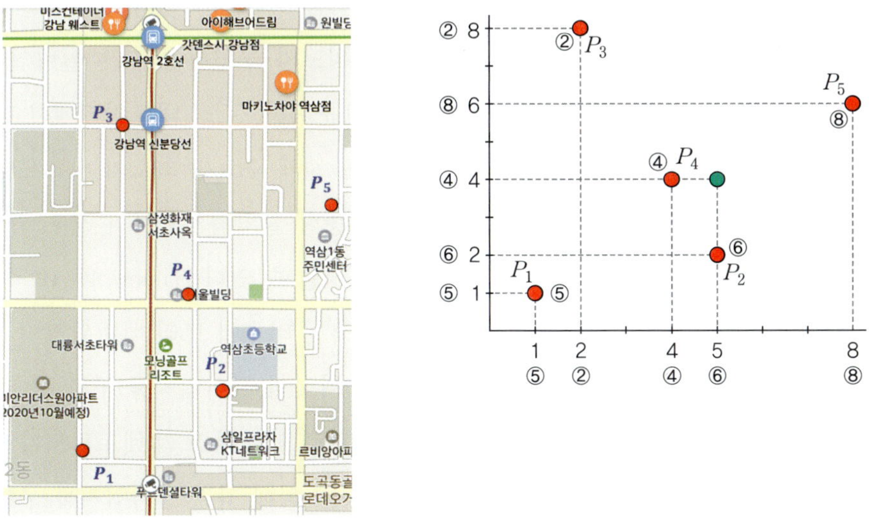


[그림 7-3] 커피점 서비스센터의 위치

## 2) 네트워크 설비입지모형

공급망에서 물류는 주어져 있는 경로를 따라 이동할 수 있을 때 여러 수요 지점에 서비스를 공급할 수 있는 최적의 설비입지를 결정하고자 하는 경우이다. 수요 지점은 노드라고 불리는 점으로 나타내고 노드 간을 연결하는 링크들로 연결되어 있어서 이를 통상적으로 네트워크라고 한다. 따라서 물류는 각 수요지에서 서비스를 공급받는 설비까지는 네트워크상의 정해져 있는 경로를 따라 이동하되 최단거리 또는 최소비용의 경로를 따라 이동한다고 가정한다. 최단거리는 물리적 거리뿐 아니라 교통상황 또는 경로의 제약조건 등을 고려하여 결정한다. 대부분 물류의 이동은 이미 건설되어 있는 도로망을 이용하며, 항공이나 선박의 이동도 대부분 자유롭게 이동하기보다는 정해져 있는 루트를 선택하기 때문에 거의 모든 공급망의 수송은 대체적으로 주어진 네트워크상에서 이루어진다고 볼 수 있다. 네트워크는 크게 두 가지 형태로 구분할 수 있는데 가장 단순한 형태를 가지고 있는 트리(Tree)와 일반적 형태의 네트워크이다.

트리 형태의 네트워크는 사이클(Cycle)을 가지고 있지 않고 나무와 같이 외부로 향하는 가지 형태로 구성되어 있는 네트워크이다. 트리 네트워크에서는 임의의 두 지점 간의 경로는 유일하게 하나만 존재하며 이는 곧 사이클이 없다는 사실을 의미한다. 트리형태의 네트워크에 대해 일반적 네트워크와 구별하는 것은 설비입지문제에 대해 대체적으로 쉽게 해를 구할 수 있기 때문이다. 트리 네트워크에서 각 노드는 정해진 수요량을 가지고 있는 수요 지점이며 전체 수요를 최소의 비용으로 공급하기 위한 설비입지의 위치를 구하고자 한다. 총량 설비입지모형의 경우 최적설비의 위치는 노드 중의 한 곳에 있다는 사실을 증명할 수 있다(Hakimi, 1964). 즉, 주어져 있는 수요지점 중의 하나를 선택하는 문제이다. 더욱이 트리 네트워크의 경우는 지점간의 거리의 정보를 고려하지 않고 쉽게 최적의 설비입지를 구할 수 있다.(Goldman, 1972). $n$개의 수요지점 ($i=1, 2, ..., n$)으로 구성된 트리 네트워크가 있고 지점 $i$의 수요량이 $w_i$라고 할 때 다음과 같은 절차에 의해 최적 설비입지를 구할 수 있다.

**(Step 1)** 트리 네트워크에서 링크 하나만 연결되어 있는 끝노드 $i$를 임의로 선택한다.

**(Step 2)** $w_i$의 값이 전체 수요량의 1/2보다 크거나 같으면 현지점 $i$가 최적 입지이다. 그렇지 않으면 지점 $i$와 연결된 다른 지점 $j$를 선택하여 지점 $i$와 통합한다. 즉, $w_j$의 값을 $w_i + w_j$로 대체하고 (Step 1)로 가서 동일한 과정을 진행한다.

**예제 7-3** **트리 네트워크에서의 총량 설비입지**

공장 내 일곱 개의 건물에서 제품을 생산하고 있으며 자동화된 운반차가 이미 건설되어 있는 레일 위를 이동하며 건물 간의 물류를 수송한다. 각 건물의 제품 생산량, 건물 간의 연결수송로와 거리는 다음 그림과 같다. 자재를 공급하는 물류센터를 건설하고자 할 때 전체 물류수송비용을 최소화할 수 있는 장소를 구하고자 한다.

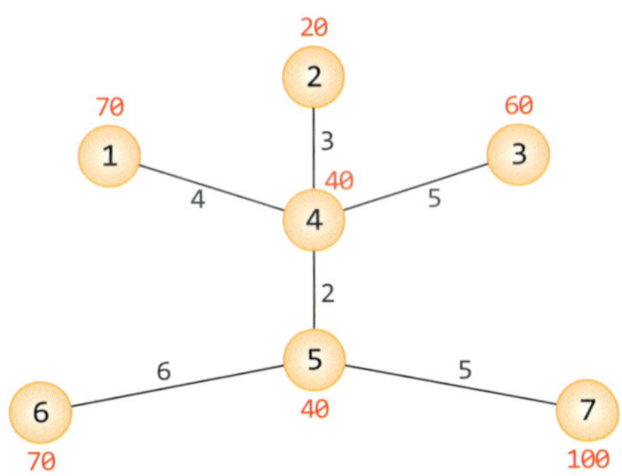


[그림 7-4] 트리 네트워크

[그림 7-4]와 같이 일곱 개의 건물이 트리 네트워크로 연결되어 있고 전체 물류량은 400단위이며 이는 생산량에 비례한다고 가정한다. 건물 중에서 끝 노드에 해당하는 1, 2, 3, 6, 7건물 중 임의로 하나를 선택한다. 예를 들면 1번 건물을 선택하였다면 생산량이 70으로서 전체 총량 400의 반보다 작기 때문에 생산량 70은 연결되어 있는 4번 건물에 합쳐서 4번 건물은 110의 값을 가지며 1번 건물은 무시한다. 나머지 끝 노드는 2, 3, 6, 7 중에서 임의로 선택하여 동일한 과정을 실행한다. 건물을 연결 건물과 통합하는 과정에 처음에는 끝 노드가 아니었으나 중간과정에서 끝 노드가 될 수도 있다. 반복실행하면 5번 노드가 최적의 설비입지임을 알 수 있다. 참고로 최적 입지를 구하는 과정에는 건물 간 거리가 전혀 고려되지 않아도 수요량과 운송 거리의 곱으로 구해지는 총비용을 최소화하는 최적 입지가 선택된다.

일반적인 네트워크에서의 총량설비입지는 트리 네트워크보다 복잡하지만 여전히 최적 설비의 위치는 수요지 노드 중의 한 곳에 있다는 사실을 이용하여 노드 각각에 대하여 설비입지 총비용을 계산함으로 구할 수 있다. 일반적인 네트워크에서는 트리네트워크와는 달리 노드 간의 거리를 포함하여 계산이 이루어져야 한다.

**예제 7-4 네트워크에서의 총량 설비입지**

[그림 7-5]와 같이 공장 내 5곳의 워크스테이션이 운영되고 있으며 서로 간의 반송경로가 그림과 같이 연결되어 있다. 워크스테이션 A, B, C, D, E의 생산량은 각각 50, 60, 20, 30, 40이며 워크스테이션 간의 거리는 그림과 같다. 모든 물류는 한 곳의 집하장소를 통하여 공장 내 반입되고 출하될 수 있도록 자동화설비를 구축하고자 한다. 생산량과 반송 거리를 고려한 총비용을 최소화하는 장소를 구하고자 한다. 각 워크스테이션 간의 거리를 구하고 5곳의 후보지 별로 총비용을 오른쪽 표와 같이 구하면 워크스테이션 B가 최적의 장소임을 알 수 있다.

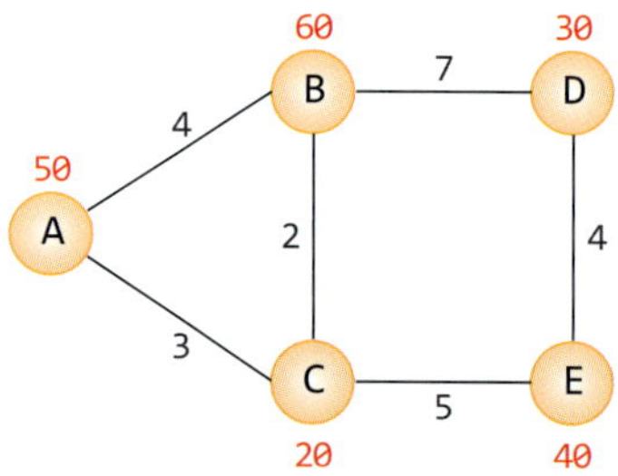


| | A | B | C | D | E | 총비용 |
|---|---|---|---|---|---|---|
| A | 0 | 4 | 3 | 11 | 8 | 950 |
| B | 4 | 0 | 2 | 7 | 7 | 730 |
| C | 3 | 2 | 0 | 9 | 5 | 740 |
| D | 11 | 7 | 9 | 0 | 4 | 1,310 |
| E | 8 | 7 | 5 | 4 | 0 | 1,040 |
| 수요 | 50 | 60 | 20 | 30 | 40 | |

[그림 7-5] 네트워크의 총량설비입지

네트워크 내에 다수의 설비를 세우고자 하는 경우, 예를 들면 $p$개의 설비를 세우고자 할 때도 1개의 설비입지 모형에서와 같이 최적의 입지는 기존의 수요지에 위치하는 최적해가 존재함을 알 수 있다. 각 수요지는 가장 가까운 거리에 세워지는 설비입지로부터 서비스를 받게 된다. 이는 곧 전체 수요지 중에서 $p$개의 수요지를 선택하는 문제($p$-Median 모형)가 되고 이는 일반적으로 정수계획법 수리모형을 통하여 해를 구할 수 있다. 결정변수 $x_{ij}$는 수요지 $i$의 수요 $w_i$를 수요지 $j$에 위치한 설비가 담당한다면 1의 값을 갖는 이진변수로서 $x_{jj}$가 1인 경우는 수요지 $j$에 설비가 위치함을 의미한다. $d(i, j)$는 수요지 $i$와 수요지 $j$ 간의 거리를 나타낼 때, 다음과 같이 수리화할 수 있다.

$$Min \ \sum_{i,j} d(i,j) w_i x_{ij}$$

$$\begin{aligned} s.t. \quad & \textstyle\sum_j x_{ij} = 1, \ \forall i \\ & \textstyle\sum_j x_{jj} = p, \\ & x_{ij} \le x_{jj}, \quad \forall i, j \\ & x_{ij} \in \{0, 1\}, \ \forall i, j \end{aligned}$$

**예제 7-5** **네트워크에서의 다수 설비입지**

[그림 7-6]과 같이 8곳의 수요지에 대하여 서비스 설비 2곳을 세우고자 한다. 각 수요지에 연결된 수송망과 거리 및 각 수요지의 수요량은 그림 및 표와 같다. 수요지와 서비스설비 간의 총수송량으로 인한 총비용을 최소화할 수 있는 서비스 설비 2곳의 장소를 구하기 위한 수리모형은 다음과 같다.

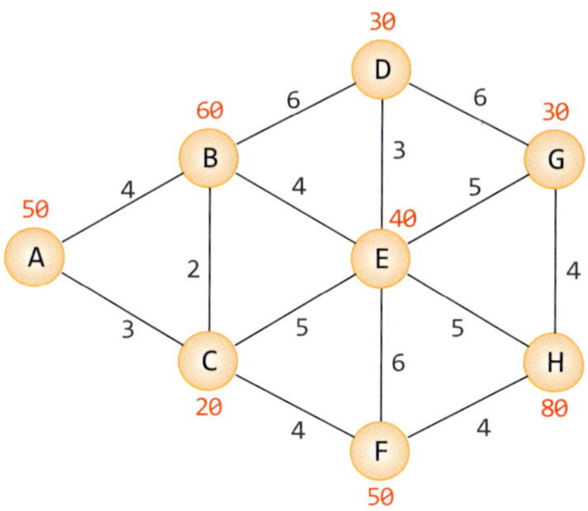


| | A | B | C | D | E | F | G | H |
|---|---|---|---|---|---|---|---|---|
| A | 0 | 4 | 3 | 10 | 8 | 7 | 13 | 11 |
| B | 4 | 0 | 2 | 6 | 4 | 6 | 9 | 9 |
| C | 3 | 2 | 0 | 8 | 5 | 4 | 10 | 8 |
| D | 10 | 6 | 8 | 0 | 3 | 9 | 6 | 8 |
| E | 8 | 4 | 5 | 3 | 0 | 6 | 5 | 5 |
| F | 7 | 6 | 4 | 9 | 6 | 0 | 8 | 4 |
| G | 13 | 9 | 10 | 6 | 5 | 8 | 0 | 4 |
| H | 11 | 9 | 8 | 8 | 5 | 4 | 4 | 0 |
| 수요 | 50 | 60 | 20 | 30 | 40 | 50 | 30 | 80 |

[그림 7-6] 네트워크 내 다수설비 입지

$$\begin{aligned} Min \ z = \ & 0 \cdot x_{AA} + 240x_{BA} + 60x_{CA} + 300x_{DA} + 320x_{EA} + 350x_{FA} + 390x_{GA} + 880x_{HA} \\ & + 200x_{AB} + 0 \cdot x_{BB} + 40x_{CB} + 180x_{DB} + 160x_{EB} + 300x_{FB} + 270x_{GB} + 720x_{HB} \\ & + 150x_{AC} + 120x_{BC} + 0 \cdot x_{CC} + 240x_{DC} + 200x_{EC} + 200x_{FC} + 300x_{GC} + 640x_{HC} \\ & + 500x_{AD} + 360x_{BD} + 160x_{CD} + 0 \cdot x_{DD} + 120x_{ED} + 450x_{FD} + 180x_{GD} + 640x_{HD} \end{aligned}$$

$$+400x_{AE}+240x_{BE}+100x_{CE}+90x_{DE}+0\cdot x_{EE}+300x_{FE}+150x_{GE}+400x_{HE}$$
$$+350x_{AF}+360x_{BF}+80x_{CF}+270x_{DF}+240x_{EF}+0\cdot x_{FF}+240x_{GF}+320x_{HF}$$
$$+650x_{AG}+540x_{BG}+200x_{CG}+180x_{DG}+200x_{EG}+400x_{FG}+0\cdot x_{GG}+320x_{HG}$$
$$+550x_{AH}+540x_{BH}+160x_{CH}+240x_{DH}+200x_{EH}+200x_{FH}+120x_{GH}+0\cdot x_{HH}$$

$$\begin{aligned}
s.t.\quad & x_{AA}+x_{AB}+x_{AC}+x_{AD}+x_{AE}+x_{AF}+x_{AG}+x_{AH}=1\\
& x_{BA}+x_{BB}+x_{BC}+x_{BD}+x_{BE}+x_{BF}+x_{BG}+x_{BH}=1\\
& x_{CA}+x_{CB}+x_{CC}+x_{CD}+x_{CE}+x_{CF}+x_{CG}+x_{CH}=1\\
& x_{DA}+x_{DB}+x_{DC}+x_{DD}+x_{DE}+x_{DF}+x_{DG}+x_{DH}=1\\
& x_{EA}+x_{EB}+x_{EC}+x_{ED}+x_{EE}+x_{EF}+x_{EG}+x_{EH}=1\\
& x_{FA}+x_{FB}+x_{FC}+x_{FD}+x_{FE}+x_{FF}+x_{FG}+x_{FH}=1\\
& x_{GA}+x_{GB}+x_{GC}+x_{GD}+x_{GE}+x_{GF}+x_{GG}+x_{GH}=1\\
& x_{HA}+x_{HB}+x_{HC}+x_{HD}+x_{HE}+x_{HF}+x_{HG}+x_{HH}=1\\
& x_{AA}+x_{BB}+x_{CC}+x_{DD}+x_{EE}+x_{FF}+x_{GG}+x_{HH}=2\\
& x_{ij}\le x_{jj},\ \forall i,j\in\{A, B, C, D, E, F, G, H\}\\
& x_{ij}\in\{0, 1\},\ \forall i,j\in\{A, B, C, D, E, F, G, H\}
\end{aligned}$$

엑셀의 해찾기 기능을 통하여 해를 구하면 설비입지는 노드 B와 노드 H로서 노드 B는 수요지 B를 포함하여 A, C, D, E에 서비스를 제공하고 노드 H는 수요지 H를 포함하여 F, G에 서비스를 제공하며 이로 인한 총비용은 900이 된다. [그림 7-7]은 엑셀의 해찾기 기능을 통하여 해를 구한 과정을 보여주고 있다.

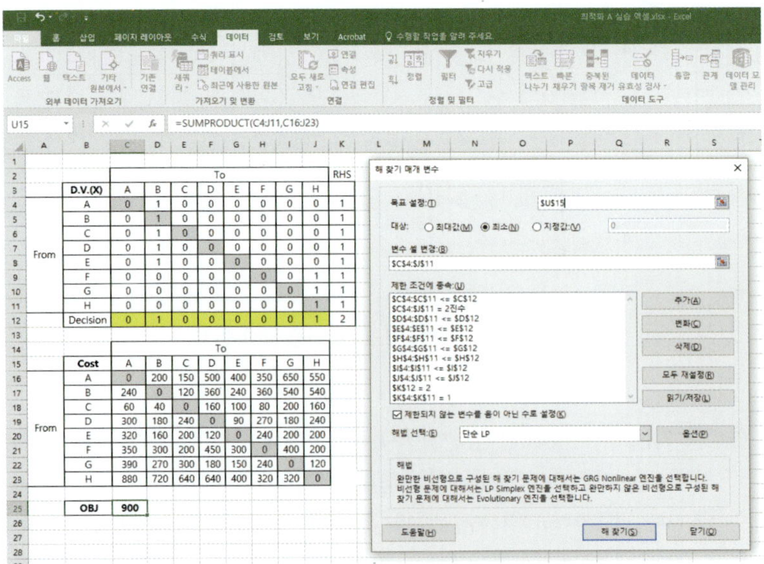


[그림 7-7] 네트워크 설비입지의 해찾기

위 모형에서 설립해야 하는 설비의 수 $p$값이 정해져 있기도 하지만 적절한 설비의 수, 즉 $p$의 값을 결정하는 것이 필요할 수도 있다. 설비의 수가 많아지면 수요지마다 서비스를 받을 수 있는 설비까지의 거리가 줄어들기 때문에 전체 총비용은 감소한다. 그러나 통상 설비를 세우는 것은 비용이 소요되기 때문에 설비구축비가 증가한다. 따라서 설비 수의 적정 값은 설비구축비에 따라 정해진다. 예를 들면, 설비 하나를 세우는 데 $b$의 비용이 소요되고 설비 내에서 수요 한 단위 운영비용이 $c$라고 할 때, 즉 설비구축과 운영에 소요되는 총비용은 $TC=b\cdot p+c\cdot\sum_{i,j}w_i x_{ij}$이며 이에 대해 총예산으로 $M$이 주어졌다고 가정하면 다음의 제약식이 적용된다.

$$b\cdot p+c\cdot\sum_i w_i\sum_j x_{ij}=b\cdot p+c\cdot\sum_i w_i \leq M$$

따라서 최대가능설비수는 $p^*=\left[\frac{M-c\cdot\sum_i w_i}{b}\right]$, 즉 $\left[\frac{M-c\cdot\sum_i w_i}{b}\right]$의 값을 정수 내림으로 구한 값이며 $p$의 값을 $p=1, 2, 3, \ldots, p^*$로 증가시키면서 총비용을 계산하여 가장 적절한 설비의 수를 결정할 수 있다.

## 4 센터 설비입지(MinMax모형, Center모형)

설비입지 의사결정에서 장기적으로 발생하는 총비용보다는 가장 멀리 있는 고객과의 거리를 최소화하는 것이 필요한 경우에 적용되는 모형이다. 예를 들면 한 지역사회에 설치하는 소방서나 병원응급실은 담당하고 있는 모든 고객이 응급상황에서 최대한 빠른 시간 내에 서비스를 받는 것이 중요하기 때문이다. 따라서 서비스 관점에서 가장 불리한 위치의 고객까지의 거리를 최소화하기 때문에 이를 MinMax모형이라고 하며, 설비입지는 고객 전체의 분포를 고려할 때 대체적으로 중심(Center)

에 위치하기 때문에 Center모형이라고도 한다. 센터 설비입지는 각 고객 또는 수요지의 평균수요량을 고려하지 않고 설비의 위치에서 각 고객까지의 거리만의 정보를 이용하며 최적의 위치를 선택하게 된다. 응급상황이 발생하는 빈도를 고려하면 이는 총량 설비입지모형을 이용하여 해를 구할 수 있기 때문이다. 설비를 통해 서비스를 받는 고객 또는 수요 지점이 $n$개 있으며 이를 각각 $C_i$, $i=1, 2, ..., n$, 결정하고자 하는 설비입지의 위치를 $X$, 설비입지 $X$와 고객 $C_i$와의 거리 또는 이동 비용을 $d(X, C_i)$라 하면 센터 설비입지모형에서 최소화하고자 하는 비용은 설비입지에서 가장 멀리 있는 고객까지의 거리로서 다음과 같이 나타낼 수 있다.

$$\max_{i=1, 2, ..., n} d(X, C_i)$$

## 1) 평면 설비입지모형

평면상의 모든 공간 내에서 자유롭게 이동 경로를 선택할 수 있을 때의 입지를 결정하는 경우를 말하며 평면공간에서의 고객 $C_i$의 위치를 $(a_i, b_i)$, 결정하고자 하는 입지의 위치를 $X=(x, y)$라고 할 때 이동거리를 직선거리(Euclidean distance)로 정의하면 센터 설비입지모형은 다음과 같이 수식으로 표현할 수 있다.

$$Min \quad z$$

$$s.t. \quad \sqrt{(x-a_i)^2+(y-b_i)^2} \le z \qquad \forall i$$

이를 기하학적으로 해석하면 모든 고객을 포함하는 원의 중심 좌표 $(x, y)$를 구하되 반지름이 가장 작은 원을 찾는 문제이다. 따라서 기하학적으로 해를 찾을 수 있는데 각 고객을 중심으로 임의의 반지름 $r$의 원을 그리고 적절하게 반지름의 크기를 조절하여 모든 원이 겹치는 영역이 하나의 점으로 나타날 때까지 반복적으로 찾으면 된다. 이 문제를 서클 커버링(Circle Covering)문제라고 부르는 이유이다.

센터 설비입지모형에서 이동거리를 직각거리(Rectilinear Distance) 방식으로 고려하면 직각거리가 가지고 있는 특성상 원 대신 다이아몬드 형태의 사각형으로 겹치는 영역을 찾는 문제가 된다. 이 문제도 비슷한 과정으로 각 고객의 위치에 중심을 가지고 있는 임의의 대각선 길이를 갖는 다이아몬드 사각형을 그리고 모든 사각형의 겹치는 부분이 하나의 점 또는 직선이 나올 때까지 대각선 길이를 조절하되 가장 작은 값을 찾는 문제이다. 이를 다이아몬드 커버링(Diamond Covering)문제라고 부른다. 그러나 직각거리 방식의 평면 센터 설비입지 문제는 다음과 같은 과정을 거쳐 체계적으로 구할 수 있다. 수리식으로 표현하면 다음과 같다.

$$\begin{aligned} &Min \quad z \\ &s.t. \quad |x-a_i|+|y-b_i| \le z \quad \forall i \end{aligned}$$

모든 고객의 위치 좌표를 이용하여 $C_1=\underset{i}{Min}(a_i+b_i)$, $C_2=\underset{i}{Max}(a_i+b_i)$, $C_3=\underset{i}{Min}(-a_i+b_i)$, $C_4=\underset{i}{Max}(-a_i+b_i)$, $C_5=max(C_2-C_1,\ C_4-C_3)$을 구하면 최적의 설비입지 좌표 $(x^*, y^*)$는 다음의 두 점을 잇는 직선상의 모든 점에 해당한다.

$$\frac{1}{2}(C_1-C_3,\ C_1+C_3+C_5),\ \frac{1}{2}(C_2-C_4,\ C_2+C_4-C_5)$$

또한 그때의 가장 멀리 위치한 고객까지의 거리는 $\frac{1}{2}C_5$의 값을 갖는다.

**예제 7-6 평면에서의 센터설비입지**

평면좌표상에 [그림7-8]과 같이 위치한 8개의 시설을 운영하고 있는 기업은 시설에서 위급한 상황에 발생하였을 때 최대한 빠른 시간 내에 현장에 도착하여 지원할 수 있는 시스템을 운영하고 있다. 현장지원 설비의 적절한 입지 위치를 구하고자 한다. 위에서 제시한 방법에 따라 $C_1=0$, $C_2=16$, $C_3=-6$, $C_4=4$, $C_5=16$을 구하고 최적의 위치는 $(3, 5)$와 $(6, 2)$를 연결하는 직선상의 모든 점, 즉 $(x^*, y^*)=\alpha(3, 5)+(1-\alpha)\cdot(6, 2)$, $0\le\alpha\le1$이며 가장 멀리 위치한 고객까지의 거리는 8이다.

|  | $(a_i, b_i)$ |
|---|---|
| $P_1$ | (0, 0) |
| $P_2$ | (4, 6) |
| $P_3$ | (8, 2) |
| $P_4$ | (10, 4) |
| $P_5$ | (4, 8) |
| $P_6$ | (2, 4) |
| $P_7$ | (6, 4) |
| $P_8$ | (8, 8) |

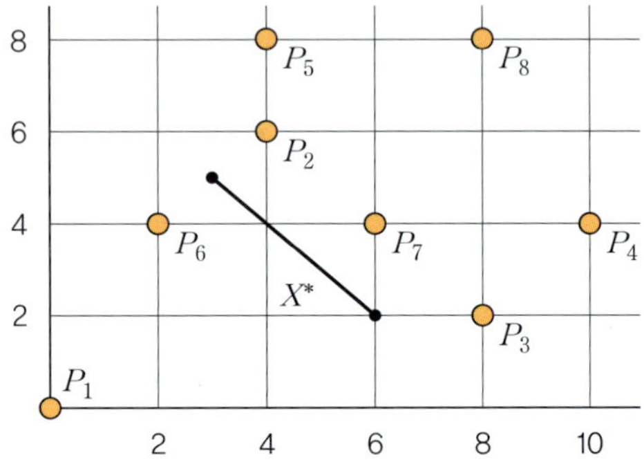


[그림 7-8] 평면에서의 센터 설비입지

## 2) 네트워크 설비입지모형

공급망에서 수요지와 수요지 간의 물류가 이동할 수 있는 네트워크 형태로 알려져 있을 때 응급지원형 서비스센터를 위치할 센터 입지모형에 대한 문제이다. 통상적으로 모든 물류이동이 이미 건설되어 있는 도로를 이용하거나 또는 공장 내 구축되어 있는 레일망을 이동하는 경우 네트워크 모형에 근거하여 해를 구할 수 있다. 센터입지모형은 일반적으로 총량 설비입지모형과 달리 기존의 수요지가 최적의 입지라고 말할 수 없다. 간단한 예를 들면 일정한 거리만큼 떨어져 있는 두 수요지에 대해 최적의 응급지원형 센터는 두 지점간의 중간지점이다. 따라서 기존의 수요지 뿐 아니라 네트워크상의 모든 지점이 설비입지의 후보지가 될 수 있다.

가장 간단한 네트워크 형태로서 트리 네트워크에서의 센터입지는 다음과 같이 간단한 절차를 이용하여 구할 수 있다. $n$개의 수요지 노드와 이를 연결하는 $(n-1)$개의 링크로 구성된 트리 네트워크에 대하여 다음과 같이 구할 수 있다.

**(Step 1)** 임의로 수요지 노드 하나를 선택하고 이로부터 가장 멀리 위치한 노드를 구하고 이를 $e_1$이라고 한다.

(Step 2) 수요지 노드 $e_1$으로부터 가정 멀리 있는 수요지 노드 $e_2$를 구한다.

(Step 3) 수요지 노드 $e_1$과 $e_2$의 중간지점이 센터입지이다. 센터입지를 기존의 수요지 노드 중에서 선택해야 한다면 위에서 구한 센터 입지에 가장 가까운 수요지노드를 선택한다.

**예제 7-7 트리 네트워크에서의 센터설비입지**

[그림 7-9]와 같이 7개의 수요지 노드와 6개의 링크로 구성된 트리 네트워크에 대해 응급지원설비를 구축하고자 한다. 수요지 노드 간의 거리는 그림과 같다. 임의의 노드 예를 들면 A를 선택하고 이로부터 가장 멀리 위치한 노드를 선택하면 G이다. 수요지 노드 G에서 가장 멀리 위치한 노드를 선택하면 D이며 D와 G의 중간지점, 즉 링크 CE상에 E로부터 0.5 떨어진 지점이 센터입지이다. 센터입지로부터 가장 멀리 위치한 지점은 D와 G이며 거리는 6.5이다. 센터입지를 수요지 노드 중 선택해야 한다면 링크상의 센터입지로부터 가장 가까운 E가 선택된다.

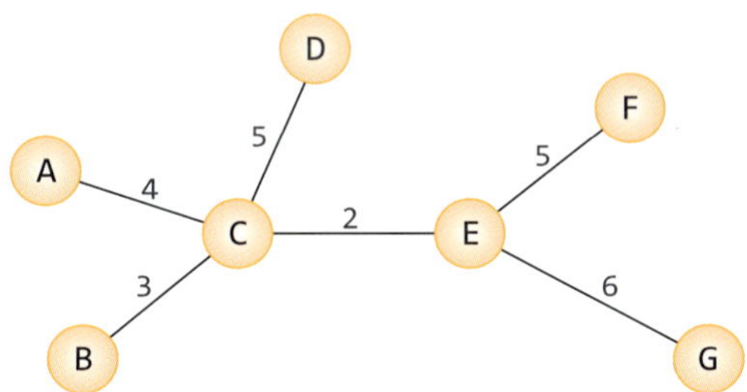


[그림 7–9] 트리 네트워크의 센터입지

일반 네트워크상에서 센터입지는 총량 설비입지문제와는 달리 항상 기존 수요지에 위치하는 것이 아니기 때문에 네트워크상의 모든 위치가 설비입지의 후보지가 될 수 있다. 이는 네트워크상의 모든 지점이 센터입지로 가능한 경우이지만 일반적으로 구축하고자 하는 설비입지가 기존의 수요지 또는 후보지가 미리 선정되어서 이 중에 선택되는 것이 보편적이어서 기존의 수요지 노드 중에서 선택하는 문제로 국한하여 이를 우선 노드센터 입지모형이라고 정의한다. 노드센터 입지모형의 경우 주어진 수요지 노드 각각에 대하여 현재의 지점에서 가장 멀리 위치한 노드까지의 거리를 구하고 이 중에서 가장 작은 값을 가지는 노드를 선택한다.

센터의 위치를 노드에 국한하지 않고 네트워크상의 모든 지점이 가능하다면 사실상 후보지는 무한하다고 할 수 있다. 그러나 노드와 노드를 연결하는 각 링크상에는 센터입지로서 최적의 장소가 존재하며 각 링크상의 최적 장소 중에서 가장 멀리 위치한 노드까지의 거리가 가장 작은 위치를 선택하는 과정을 통하여 결정할 수 있다. 이를 글로벌센터 입지모형이라고 정의한다. 이러한 탐색과정은 노드 $n$개의 네트워크에 대해 링크 수는 최대 $\frac{n(n-1)}{2}$개의 링크가 존재하기 때문에 노드 $n$개를 포함하여 최대 $\frac{n(n+1)}{2}$개의 후보지에 대해 선택하는 문제가 된다. 그러나 실제로는 이보다 훨씬 적은 수의 후보지에 대한 선택의 과정을 통하여 글로벌센터 입지모형에 대한 최적장소를 구할 수 있다.

네트워크 내에 다수의 센터설비를 세우고 이들의 설비를 이용하여 모든 수요지에 서비스를 제공하되 각 수요지는 가장 가까이 위치한 설비로부터 서비스를 제공받는다. 다수 센터입지모형은 모든 수요지에 서비스를 제공하는 설비입지까지의 거리 중에서 가장 큰 값을 최소화할 수 있는 $p$개의 입지를 구하는 문제에 해당한다. 센터입지로서 수요지를 포함하여 일정 수의 후보입지가 알려져 있다면 전체 후보입지 중에서 $p$개의 수요지를 선택하는 문제로서 이는 일반적으로 정수계획법 수리모형을 통하여 해를 구할 수 있다. 결정변수 $x_{ij}$는 수요지 $i$를 후보입지 $j$에 위치한 설비가 담당한다면 1의 값을 갖는 이진변수로서 $x_{jj}$가 1인 경우는 수요지 $j$에 설비가 위치함을 의미하여 다음과 같이 수리화할 수 있다.

$$
\begin{aligned}
&Min \quad z \\
&s.t. \quad z \geq d(i,j)x_{ij}, \quad \forall i, j \\
&\qquad \sum_j x_{ij} = 1, \quad \forall i \\
&\qquad \sum_j x_{jj} = p, \\
&\qquad x_{ij} \leq x_{jj}, \quad \forall i, j \\
&\qquad x_{ij} \in \{0, 1\}, \quad \forall i, j
\end{aligned}
$$

센터설비를 세울 수 있는 후보입지가 미리 정해져 있지 않은 경우, 즉 모든 가능한 후보입지를 탐색하여 다수 센터모형을 고려할 수 있다. 센터입지로서 가능한 후보입지는 최소한 두 개 이상의 수요지로부터 동일한 거리를 가지고 있다. 그렇지 않다면 두 개 이상의 후보지로부터 동일한 거리를 가지는 위치가 더 좋은 후보입지가 될 것이다. 이 지점을 두 개 수요지의 중앙점(Mid Point)이라고 한다. 다만 중앙점은 어느 방향으로 움직이더라도 두 개의 수요지로부터 동시에 거리가 가까워지지 않는 점이어야 한다. 만약 이동함으로써 동시에 두 개 이상의 수요지와의 거리가 동시에 감소한다면 최소값을 갖는 중앙점을 찾는다. 하나의 네트워크상에 존재하는 모든 중앙점을 찾고 이를 후보입지로 선정하여 다수의 센터설비 입지문제를 해결할 수 있다. 다만 실제로 센터입지는 응급상황 또는 최악의 경우를 대비하는 성격의 입지로서 대체적으로 구축가능한 후보입지가 사전에 정해져 있는 경우가 많아 위 수리모형을 적용하는 것이 유용하다.

**예제 7-8** **다수 노드센터 설비입지**

[그림 7-10]과 같이 8곳의 수요지에 대하여 서비스센터 2곳을 세우고자 하되 서비스센터를 구축할 수 있는 후보입지는 현재의 수요지에 한정한다. 각 수요지에 연결된 수송망과 거리는 그림 및 표와 같다. 각 수요지는 가장 가까운 곳에 구축된 서비스센터로부터 서비스를 제공받을 때 서비스센터로부터 가장 멀리 위치한 수요지까지의 거리를 최소화할 수 있는 서비스센터 2곳의 장소를 구하기 위한 수리모형은 다음과 같다.

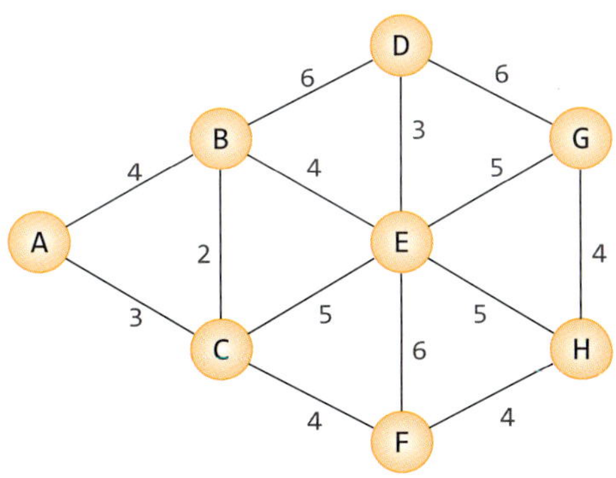


| | A | B | C | D | E | F | G | H |
|---|---|---|---|---|---|---|---|---|
| A | 0 | 4 | 3 | 10 | 8 | 7 | 13 | 11 |
| B | 4 | 0 | 2 | 6 | 4 | 6 | 9 | 9 |
| C | 3 | 2 | 0 | 8 | 5 | 4 | 10 | 8 |
| D | 10 | 6 | 8 | 0 | 3 | 9 | 6 | 8 |
| E | 8 | 4 | 5 | 3 | 0 | 6 | 5 | 5 |
| F | 7 | 6 | 4 | 9 | 6 | 0 | 8 | 4 |
| G | 13 | 9 | 10 | 6 | 5 | 8 | 0 | 4 |
| H | 11 | 9 | 8 | 8 | 5 | 4 | 4 | 0 |

[그림 7-10] 네트워크의 다수노드센터 설비입지

$$
\begin{aligned}
Min \quad & z \\
s.t. \quad & z \geq 4x_{AB},\ z \geq 3x_{AC},\ z \geq 10x_{AD},\ z \geq 8x_{AE},\ z \geq 7x_{AF},\ z \geq 13x_{AG},\ z \geq 11x_{AH}, \\
& z \geq 4x_{BA},\ z \geq 2x_{BC},\ z \geq 6x_{BD},\ z \geq 4x_{BE},\ z \geq 6x_{BF},\ z \geq 9x_{BG},\ z \geq 9x_{BH}, \\
& z \geq 3x_{CA},\ z \geq 2x_{CB},\ z \geq 8x_{CD},\ z \geq 5x_{CE},\ z \geq 4x_{CF},\ z \geq 10x_{CG},\ z \geq 8x_{CH}, \\
& z \geq 10x_{DA},\ z \geq 6x_{DB},\ z \geq 8x_{DC},\ z \geq 3x_{DE},\ z \geq 9x_{DF},\ z \geq 6x_{DG},\ z \geq 8x_{DH}, \\
& z \geq 8x_{EA},\ z \geq 4x_{EB},\ z \geq 5x_{EC},\ z \geq 3x_{ED},\ z \geq 6x_{EF},\ z \geq 5x_{EG},\ z \geq 5x_{EH}, \\
& z \geq 7x_{FA},\ z \geq 6x_{FB},\ z \geq 4x_{FC},\ z \geq 9x_{FD},\ z \geq 6x_{FE},\ z \geq 8x_{FG},\ z \geq 4x_{FH}, \\
& z \geq 13x_{GA},\ z \geq 9x_{GB},\ z \geq 10x_{GC},\ z \geq 6x_{GD},\ z \geq 5x_{GE},\ z \geq 8x_{GF},\ z \geq 4x_{GH}, \\
& z \geq 11x_{HA},\ z \geq 9x_{HB},\ z \geq 8x_{HC},\ z \geq 8x_{HD},\ z \geq 5x_{HE},\ z \geq 4x_{HF},\ z \geq 4x_{HG}, \\
& x_{AA}+x_{AB}+x_{AC}+x_{AD}+x_{AE}+x_{AF}+x_{AG}+x_{AH}=1 \\
& x_{BA}+x_{BB}+x_{BC}+x_{BD}+x_{BE}+x_{BF}+x_{BG}+x_{BH}=1 \\
& x_{CA}+x_{CB}+x_{CC}+x_{CD}+x_{CE}+x_{CF}+x_{CG}+x_{CH}=1 \\
& x_{DA}+x_{DB}+x_{DC}+x_{DD}+x_{DE}+x_{DF}+x_{DG}+x_{DH}=1 \\
& x_{EA}+x_{EB}+x_{EC}+x_{ED}+x_{EE}+x_{EF}+x_{EG}+x_{EH}=1 \\
& x_{FA}+x_{FB}+x_{FC}+x_{FD}+x_{FE}+x_{FF}+x_{FG}+x_{FH}=1 \\
& x_{GA}+x_{GB}+x_{GC}+x_{GD}+x_{GE}+x_{GF}+x_{GG}+x_{GH}=1 \\
& x_{HA}+x_{HB}+x_{HC}+x_{HD}+x_{HE}+x_{HF}+x_{HG}+x_{HH}=1 \\
& x_{AA}+x_{BB}+x_{CC}+x_{DD}+x_{EE}+x_{FF}+x_{GG}+x_{HH}=2, \\
& x_{ij} \leq x_{jj},\ \forall i, j \in \{A, B, C, D, E, F, G, H\} \\
& x_{ij} \in \{0, 1\},\ \forall i, j \in \{A, B, C, D, E, F, G, H\}
\end{aligned}
$$

엑셀의 해찾기 기능을 통하여 해를 구하면 커버링 노드센터는 노드 C와 노드 E로서 각 수요지가 가까이 위치한 노드센터로부터 서비스를 제공받을 때 수요지 A, C, F는 노드센터 C로부터, 노드 B, D, E, G, H는 노드 E로부터 서비스를 제공받으며 이 경우 가장 멀리 위치한 수요지는 G와 H로서 노드센터 E로부터 거리 5에 위치하며 이 값이 목적함수의 값이 되어 최소최적값이다.

# 5 다양한 설비입지모형

## 1) 커버링 설비입지모형

공급망에서 한 지점의 설비나 시설이 수요지에 대하여 서비스를 제공하거나 물량을 제공하는 등의 이동이 이루어지면 두 지점 간의 이송은 거리 등에 비례하는 비용이 발생하는 것이 보통이며 총량 설비입지모형 또는 센터모형 등과 같이 이에 상응하는 비용을 최소화하고자 한다. 커버링 설비입지모형은 두 지점 간의 거리가 일정한 범위 내에 있으면 서비스제공이 가능하다고 생각하여 수요지의 전부 또는 일부에 대해 주어진 서비스 거리(Covering Distance) 내에 위치하도록 하는 설비입지의 위치를 결정하고자 한다. 예를 들면 통신전파의 기지국은 서비스를 받는 고객들이 일정한 거리 내에 있을 때 서비스를 받을 수 있거나 만족스러운 서비스를 제공받을 수 있다고 하면 전체고객을 서비스거리 내에 포함하기 위한 기지국을 최소 개수 또는 최소비용으로 건설하고자 할 것이다. 공장 내에 무선통신으로 정보를 교환하여 생산에 대한 전반적인 통제를 하고자 할 때도 서비스센터로부터 무선통신의 적절한 반경 내에 모든 설비가 위치하도록 하기 위한 서비스센터의 위치를 결정하는 문제도 이에 해당한다. 일정한 지역 내 분포되어 있는 고객에 대해 쇼핑센터 또는 서비스센터를 건설할 때 일정거리에 위치한 고객은 고객이 될 확률이 높기 때문에 많은 고객을 일정거리에 포함할 수 있는 입지의 선택은 중요하다. 최근 효용성이 급성장하고 있는 드론을 통한 물류이송서비스를 제공할 경우 드론이 서비스 가능한 거리는 배터리 등의 성능에 따라 일정거리로 제한되고 따라서 드론의 운영기지로서 적정수의 설비입지 등에 대한 의사결정이 필요하다. 이와 같이 서비스센터와 수요지 간의 개별적인 거리가 일정한 거리 내에 위치하면 서비스가 가능하다고 판단하는 경우는 커버링 설비입지모형에 해당된다.

커버링 센터입지로서 수요지를 포함하여 일정 수의 후보입지가 알려져 있다면 이는 세트커버링(Set Covering) 문제로 알려져 있는 정수계획법 수리모형을 통하여 해를 구할 수 있다. 데이터 $a_{ij}$는 수요지 $i$가 후보입지 $j$로부터 서비스거리 내에 위치해 있으면 1의 값을 갖는 이진값이며 $f_j$는 후보입지 $j$를 구축하기 위한 비용이다. 결정변수 $y_j$는 후보입지 $j$에 서비스센터가 위치할 때 1인 값을 가지는 이진변수라고 할 때 다음과 같이 수리화할 수 있다.

$$Min \quad z = \sum_j f_j y_j$$

$$s.t. \quad \sum_j a_{ij} y_j \geq 1, \ \forall i$$

$$y_j \in \{0, 1\}, \ \forall i, j$$

이때 모든 서비스센터 구축비용이 동일하다면 모든 $f_j = 1$로 가정하여, 구축되는 전체 서비스센터의 수를 최소화하는 문제가 된다. 각 수요지마다 필요한 서비스거리가 달라도 데이터 $a_{ij}$를 통하여 동일하게 적용할 수 있다. 실제로 커버링 서비스센터의 위치를 수요지노드로 제한하지 않고 수요지와 수요지를 연결하는 링크상의 모든 위치에도 가능하다고 하면 가능 후보지의 개수가 무한대가 되어 위 문제를 적용할 수 없다. 그러나 세트커버링 문제의 독특한 형태로 인하여 가능한 후보지의 수를 유한개수의 후보지로 축약할 수 있어 세트커버링 문제로 정의할 수 있다. 그럼에도 불구하고 수요지나 후보지의 수가 큰 경우 수리적으로 해를 구하기 위한 계산시간이 급격히 증가하는 난해한 문제로 알려져 있다. 실제문제에서는 가능한 후보지의 수를 사전에 분석하여 적절한 수로 줄이고 세트커버링 문제로 정의하여 설비입지의 해를 구할 수 있다.

**예제 7-9** **커버링 서비스센터 설비입지**

[그림 7-11]과 같이 6개의 노드로 구성되어 있는 수요지에 대해 커버링 서비스센터를 구축하고자 한다. 서비스센터로부터 서비스거리 8단위 이내에 수요지가 위치해 있으면 서비스거리 범위 내에 있다. 수요지 노드 간의 연결링크의 거리와 노드 간의 최단거리는 아래 표와 같다. 이를 수리모형으로 표현하면 다음과 같다.

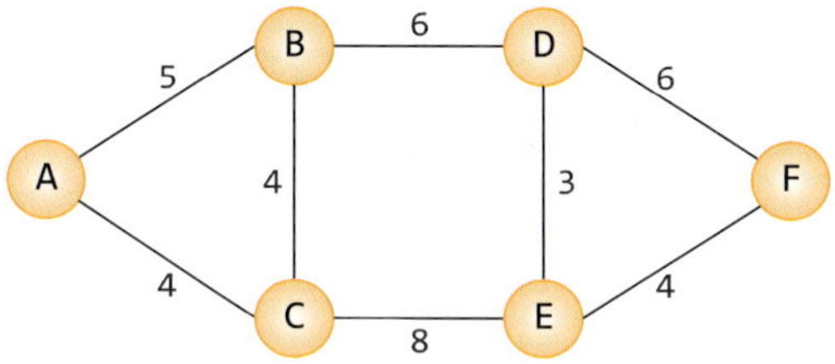


| | A | B | C | D | E | F |
|---|---|---|---|---|---|---|
| A | 0 | 5 | 4 | 11 | 12 | 16 |
| B | 5 | 0 | 4 | 6 | 9 | 12 |
| C | 4 | 4 | 0 | 10 | 8 | 12 |
| D | 11 | 6 | 10 | 0 | 3 | 6 |
| E | 12 | 9 | 8 | 3 | 0 | 4 |
| F | 16 | 12 | 12 | 6 | 4 | 0 |

[그림 7-11] 네트워크의 커버링 서비스센터 입지

$$
\begin{aligned}
Min \quad & z = y_A + y_B + y_C + y_D + y_E + y_F \\
s.t. \quad & y_A + y_B + y_C \geq 1 \quad (\text{노드 } A) \\
& y_A + y_B + y_C + y_D \geq 1 \quad (\text{노드 } B) \\
& y_A + y_B + y_C + y_E \geq 1 \quad (\text{노드 } C) \\
& y_B + y_D + y_E + y_F \geq 1 \quad (\text{노드 } D) \\
& y_C + y_D + y_E + y_F \geq 1 \quad (\text{노드 } E) \\
& y_D + y_E + y_F \geq 1 \quad (\text{노드 } F) \\
& y_j \in \{0, 1\}, \ \forall j \in \{A, B, C, D, E, F\}
\end{aligned}
$$

노드 $A$는 노드 $A$, $B$, $C$를 커버하는 데 반하여 노드 $B$는 노드 $A$, $B$, $C$, $D$를 커버하여 서비스센터로서 $A$보다는 $B$가 좋은 위치임을 알 수 있다. 이를 $B$가 $A$ 상위에 있다고 할 수 있으며 이를 통하여 $y_A=1$보다는 $y_B=1$이 선호되어 $y_A=0$으로 가정할 수 있다. 이는 위 수리모형의 수식에서도 알 수 있는데 $A$, $B$, $C$를 의미하는 3개의 식에서 $y_A$의 계수가 1이며 $A$, $B$, $C$, $D$를 의미하는 4개의 식에서 $y_B$의 계수가 1이다. 같은 방법으로 $y_F=0$으로 가정할 수 있다. 이를 열단축(Column Reduction)이라고 한다. 따라서 노드 $A$와 노드 $F$를 결정변수에서 제외하고 위 식은 다음과 같이 원 수리식보다 간단한 수리식이 된다.

$$
\begin{aligned}
Min \quad & z = y_B + y_C + y_D + y_E \\
s.t. \quad & y_B + y_C \geq 1 \quad (\text{노드 } A) \\
& y_B + y_C + y_D \geq 1 \quad (\text{노드 } B) \\
& y_B + y_C + y_E \geq 1 \quad (\text{노드 } C) \\
& y_B + y_D + y_E \geq 1 \quad (\text{노드 } D) \\
& y_C + y_D + y_E \geq 1 \quad (\text{노드 } E) \\
& y_D + y_E \geq 1 \quad (\text{노드 } F) \\
& y_j \in \{0, 1\}, \ \forall j \in \{B, C, D, E\}
\end{aligned}
$$

위 수리식에서 노드 $A$를 나타내는 첫 번째 제약식은 노드 $B$를 나타내는 두 번째 제약식과 노드 $C$를 나타내는 세 번째 제약식을 포함하는데, 이는 첫 번째 제약식이 성립하면 두 번째 및 세 번째 제약식은 자동으로 성립하게 되며 따라서 두 번째와 세 번째 제약식은 불필요한 제약식이다. 노드 $D$와 노드 $E$를 나타내는 제약식들도 노드 $F$를 나타내는 마지막 제약식으로 인하여 불필요하다. 이를 행단축(Row Reduction)이라고 한다. 열단축과 행단축의 과정을 거쳐 보다 작은 규모의 수리식으로 변환가능하여 효율적으로 해를 구할 수 있다.

$$
\begin{aligned}
Min \quad & z = y_B + y_C + y_D + y_E \\
s.t. \quad & y_B + y_C \geq 1 \quad (\text{노드 } A) \\
& y_D + y_E \geq 1 \quad (\text{노드 } F) \\
& y_j \in \{0, 1\}, \ \forall j \in \{B, C, D, E\}
\end{aligned}
$$

위 문제의 해를 구하면 $(B, C)$ 중의 하나, $(D, E)$ 중의 하나를 선택하는 모든 조합이 해가 될 수 있으며 이때의 서비스센터의 수는 2개이다.

---

일정한 서비스거리 내에 있는 수요지 전체를 커버링하는 것이 불가능하거나 또는 경제적으로 합리적이지 못하여 일부에 대해서는 서비스를 제공하지 못할 수도 있다. 이 경우 최대 $p$개의 서비스센터를 통하여 커버할 수 있는 수요를 최대화하는 것이 목표가 된다. 이를 최대 커버링 설비입지(Maximal Covering Location) 문제라고 한다. 커버링 설비입지문제와 동일하게 데이터 $a_{ij}$는 수요지 $i$가 후보입지 $j$로부터 서비스거리 내에 위치해 있으면 1의 값을 갖는 이진값이며 $w_i$는 수요지 $i$의 수요량이다. 결정변수 $x_{ij}$는 수요지 $i$로부터 후보입지 $j$가 서비스거리 내에 위치해 있으면 1의 값을 갖는 이진변수, 결정변수 $y_i$는 후보입지 $j$에 서비스센터가 위치할 때 1인 값을 가지는 이진변수라고 할 때 다음과 같이 수리화할 수 있다.

$$
\begin{aligned}
Max \quad & z = \sum_i w_i x_i \\
s.t. \quad & \sum_j a_{ij} y_j \geq x_i, \ \forall i \\
& \sum_j y_j \leq p, \\
& x_j, y_j \in \{0, 1\}, \ \forall i, j
\end{aligned}
$$

**예제 7-10** **최대 커버링 서비스센터 설비입지**

[그림 7-12]와 같이 6개의 노드로 구성되어 있는 수요지에 대해 서비스센터 1곳을 구축하여 커버하는 수요를 최대화하고자 한다. 서비스센터로부터 서비스거리 8단위 이내에 수요지가 위치해 있으면 서비스거리 범위 내에 있다. 수요지 노드 간의 연결링크의 거리와 노드 간의 최단거리는 아래 표와 같다. 이를 수리모형으로 표현하면 다음과 같다.

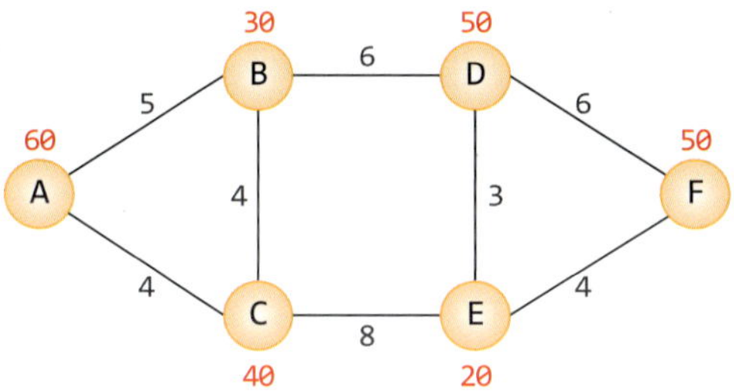


| | A | B | C | D | E | F | 수요 |
|---|---|---|---|---|---|---|---|
| A | 0 | 5 | 4 | 11 | 12 | 16 | 60 |
| B | 5 | 0 | 4 | 6 | 9 | 12 | 30 |
| C | 4 | 4 | 0 | 10 | 8 | 12 | 40 |
| D | 11 | 6 | 10 | 0 | 3 | 6 | 50 |
| E | 12 | 9 | 8 | 3 | 0 | 4 | 20 |
| F | 16 | 12 | 12 | 6 | 4 | 0 | 50 |

[그림 7-12] 네트워크의 최대 커버링 서비스센터 설비입지

$$
\begin{aligned}
Max \quad & z = 60x_A + 30x_B + 40x_C + 50x_D + 20x_E + 50x_F \\
s.t. \quad & y_A + y_B + y_C \geq x_A \quad (\text{노드 } A) \\
& y_A + y_B + y_C + y_D \geq x_B \quad (\text{노드 } B) \\
& y_A + y_B + y_C + y_E \geq x_C \quad (\text{노드 } C) \\
& y_B + y_D + y_E + y_F \geq x_D \quad (\text{노드 } D) \\
& y_C + y_D + y_E + y_F \geq x_E \quad (\text{노드 } E) \\
& y_D + y_E + y_F \geq x_F \quad (\text{노드 } F) \\
& y_A + y_B + y_C + y_D + y_E + y_F \leq 1 \\
& x_i, y_j \in \{0, 1\}, \forall j \in \{A, B, C, D, E, F\}
\end{aligned}
$$

[예제 7-9] 커버링 서비스센터 입지모형에서와 같이 열단축의 과정을 적용하면 따라서 노드 $A$와 노드 $F$를 결정변수에서 제외할 수 있으며 좀더 간단한 수리식으로 문제의 해를 구할 수 있다. 참고로 이 문제는 행단축의 과정으로는 더 이상 간단한 모형이 되지는 않는다. 위 문제에 대해 해를 찾는 도구를 이용하여 구한 최적 서비스센터 입지는 노드 $B$로서 $(A, B, C, D)$를 커버하며 커버하는 총량은 180이다.

## 2) 설비구축 비용을 고려한 설비입지모형

설비입지에 관한 의사결정 시 물류의 운영비용과 동시에 설비구축에 소요되는 비용을 포함하여 총비용을 최소화하고자 할 때 다음과 같은 수리모형을 사용할 수 있다. 총량 설비입지모형에서와 같이 결정변수 $x_{ij}$는 수요지 $i$의 수요 $w_i$ 중에서 수요지 $j$에 위치한 설비가 담당하는 비율을 나타내는 실수이고, 결정변수 $y_j$는 수요지 $j$에 설비가 위치할 때 1인 값을 가지는 이진변수, $d(i, j)$는 수요지 $i$와 수요지 $j$ 간의 거리를 나타내며 $f_j$는 수요지 $j$에 설비가 구축할 때 소요되는 비용을 나타내며 이는 설비가 구축될 때 발생하는 비용이다. 결정변수 $y_j$의 값이 1일 때 동시에 결정변수 $x_{jj}$의 값도 1이어서 $j$ 수요지의 수요는 $j$에 구축되는 설비에 의해 서비스됨을 의미하여 중복되지만 결정변수 $y_j$는 이진변수로서 실수인 일반적인 $x_{ij}$와 구별하기 위하여 사용한다. 수리모형은 다음과 같다.

$$
\begin{aligned}
Min \quad & \sum_{i,j} d(i, j) w_i x_{ij} + \sum_j f_j y_j \\
s.t. \quad & \textstyle\sum_j x_{ij} = 1, \quad \forall i \\
& x_{ij} \le y_j, \quad \forall i, j \\
& 0 \le x_{ij} \le 1, y_j \in \{0, 1\}, \quad \forall i, j
\end{aligned}
$$

이 모형은 총량 설비입지모형에서 $p$-Median모형과 유사하여 목적함수는 설비구축에 소요되는 비용이 추가되었다. 다만 $p$-Median에서 포함된 설비의 수에 대한 제한을 포함하지 않았다. 이는 문제에서 설비의 수가 증가하면 설비와 수요지 간의 거리가 감소하여 운영비용이 감소하지만 설비구축비용이 증가하고, 설비의 수가 감소하면 반대로 설비구축비용이 감소하되 운영비용이 증가하기 때문에 적절한 설비구축 장소와 수를 결정해 주는 모형이 된다. 또한 수요지 $i$의 수요 $w_i$는 구축되는 여러 설비에 의해 서비스를 나누어 받을 수 있도록 허용하여 모델링하였지만 설비별로 서비스할 수 있는 용량의 제한이 없기 때문에 실제로는 가장 가까이 위치한 설비로부터 서비스를 받게 되며 따라서 결정변수 $x_{ij}$의 값은 0 또는 1의 값을 가지는 최적해가 구해진다.

실제 공급망에서는 설비별로 서비스할 수 있는 용량의 한계가 있는 것이 일반적이기 때문에 이에 대한 제약을 추가하여 $Q_j$는 수요지 $j$에 설치할 수 있는 설비의 최대용량이라고 하면 다음과 같은 수리모형이 된다.

$$
\begin{aligned}
Min \quad & \sum_{i,j} d(i,j) w_i x_{ij} + \sum_j f_j y_j \\
s.t. \quad & \textstyle\sum_j x_{ij} = 1, \quad \forall i \\
& \textstyle\sum_j w_i x_{ij} \le Q_j y_j, \quad \forall j \\
& 0 \le x_{ij} \le 1,\ y_j \in \{0, 1\}, \quad \forall i, j
\end{aligned}
$$

이 모형으로 해를 구하면 수요지 $i$의 수요 $w_i$는 구축되는 여러 설비에 의해 서비스를 나누어 받을 수 있는 해가 구해지며 따라서 설비입지뿐 아니라 설비가 담당하는 수요의 할당까지 결정할 수 있는 모형으로서 용량설비입지모형(Capacitated Facility Location Problem: CFLP)이라고 한다.

**예제 7-11 구축비용을 고려한 용량설비입지**

[예제 7-5]에서 제시된 사례에 대해 각 노드에 설치할 수 있는 설비의 용량과 설비를 구축하기 위한 비용을 추가로 고려하여 [그림 7-13]과 같은 네트워크에 대한 최적 설비입지를 구하고자 한다. 각각의 노드는 수요지로서 수요량이 있고 또한 설비입지를 구축하기 위해 필요한 구축비용이 각각 다르다. 또한 설비가 구축되면 각 설비로부터 서비스를 제공받는 수요총량, 즉 설비의 용량의 한계가 주어져 있다. 이에 대해 위에서 제시한 수리모형을 적용하여 해를 구하면 설비는 C와 G에 구축하며 이로 인한 설비구축비는 600단위가 소요되고 C설비는 A, B, C의 수요 130과 F설비의 수요 50중 20을 담당하며 G에 구축되는 설비는 D, E, G, H의 수요 180과 F의 수요 중에서 30을 합한 210을 담당함으로 이로 인한 총 운영비용은 1,290단위이다. 이 문제에서는 설비의 용량으로 인하여 수요지의 일부 수요가 구축되는 여러 설비에 의해 분담되는 결과를 나타내고 있다. 즉, 노드 F의 수요는 20과 30으로 나뉘어 각각 다른 설비에 의해 서비스를 받게 된다.

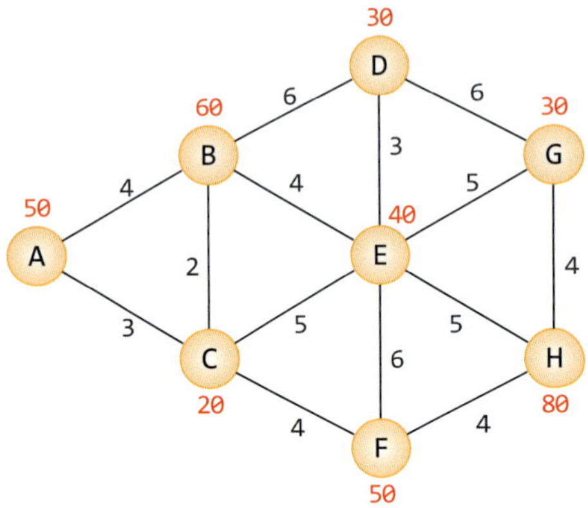


| | A | B | C | D | E | F | G | H |
|---|---|---|---|---|---|---|---|---|
| A | 0 | 4 | 3 | 10 | 8 | 7 | 13 | 11 |
| B | 4 | 0 | 2 | 6 | 4 | 6 | 9 | 9 |
| C | 3 | 2 | 0 | 8 | 5 | 4 | 10 | 8 |
| D | 10 | 6 | 8 | 0 | 3 | 9 | 6 | 8 |
| E | 8 | 4 | 5 | 3 | 0 | 6 | 5 | 5 |
| F | 7 | 6 | 4 | 9 | 6 | 0 | 8 | 4 |
| G | 13 | 9 | 10 | 6 | 5 | 8 | 0 | 4 |
| H | 11 | 9 | 8 | 8 | 5 | 4 | 4 | 0 |
| 수요 | 50 | 60 | 20 | 30 | 40 | 50 | 30 | 80 |
| 구축비용 | 500 | 700 | 300 | 400 | 500 | 600 | 300 | 900 |
| 설비용량 | 150 | 200 | 150 | 200 | 250 | 200 | 300 | 400 |

[그림 7-13] 네트워크의 구축비용고려한 설비입지

### 3) 유해 설비입지모형

공급망에서의 설비입지는 통상적으로 거리가 가까울수록 적은 비용으로 서비스를 제공할 수 있다는 가정에 기반하고 있지만 때로는 설비입지 간의 거리가 멀수록 유용한 경우가 있다. 예를 들면 유해시설이나 혐오시설 등은 수요고객으로부터 또는 시설상호 간에 거리를 최대한 멀리하는 것이 필요한 경우이다. 원자력 발전소의 위치나 또는 쓰레기처리장의 위치 등은 이를 통하여 서비스를 제공받지만 수요고객의 안전과 쾌적함을 고려할 필요가 있기 때문이다. 또한 일정지역 안에서 서비스를 제공하는 설비입지가 서로 경쟁적인 입장이라면 상호 간에 최대한 먼 거리를 유지하면서 넓은 지역의 고객을 수용할 수 있도록 하는 것이 필요하다. 물론 이 경우에도 수요고객은 가장 가까이에 위치한 설비로부터 서비스를 제공받는다는 원칙은 동일하다.

유해 설비입지모형에서 가장 전형적인 목표는 설비상호 간의 가장 가까운 거리를 최대화하는 것이며 유해 설비는 주어진 네트워크의 노드 중에서 $p$개를 선택하는 경우이다. 이는 분산모형(Dispersion Model, Maxmin)이라고 하며 정수계획법 수리모형을 통하여 해를 구할 수 있다. 결정변수 $x_j$는 노드 $j$에 설비가 위치할 때 1인 값을 가지는 이진변수, 결정변수 $y$는 설비상호 간의 최소거리를 나타내며, $d(i, j)$는 노드 $i$와 노드 $j$ 간의 거리를 나타낼 때, 다음과 같이 수리화할 수 있다.

$$\begin{aligned}
&Max \;\; y \\
&s.t. \quad \textstyle\sum_j x_j = p, \\
&\qquad\; y \le d(i,j) + [M - d(i,j)](1 - x_i) + [M - d(i,j)](1 - x_j) \quad \forall i, j, \quad i < j, \\
&\qquad\; x_j \in \{0, 1\}, \quad \forall j, \;\; y \ge 0,
\end{aligned}$$

여기서 $M$은 충분히 큰 수를 의미하며 위 수리모형이 의미 있도록 하기 위하여 $M = \max_{i,j}\{d(i, j)\}$로 정하면 된다. 두 번째 제약식을 다시 정리하면 $y + [M - d(i, j)]x_i + [M - d(i, j)]x_j \le 2M - d(i, j)$가 되며 노드 $i$와 노드 $j$가 모두 설비입지로 선택되어 $x_i = x_j = 1$이라면 이 식은 $y \le d(i, j)$를 만족하는 식이 된다.

**예제 7-12 유해 설비입지**

[그림 7-14]와 같이 6개의 노드로 구성되어 있는 수요지에 대해 노드에 3개의 유해 설비입지를 구축하되 설비 간의 최소거리를 최대화하고자 한다. 수리모형으로 제시하고 최적의 설비입지를 구하고자 한다.

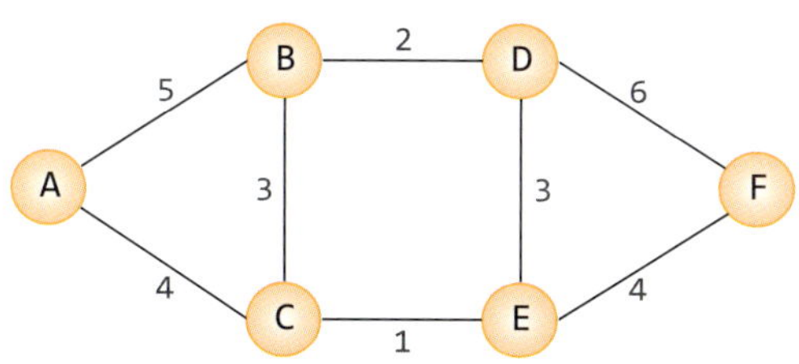


| | A | B | C | D | E | F |
|---|---|---|---|---|---|---|
| A | 0 | 5 | 4 | 7 | 5 | 9 |
| B | 5 | 0 | 3 | 2 | 4 | 8 |
| C | 4 | 3 | 0 | 4 | 1 | 5 |
| D | 7 | 2 | 4 | 0 | 3 | 6 |
| E | 5 | 4 | 1 | 3 | 0 | 4 |
| F | 9 | 8 | 5 | 6 | 4 | 0 |

[그림 7-14] 유해설비입지 모형

$M=\max_{i,j}\{d(i, j)\}=9$로 정하고 수리모형은 다음과 같다.

$$
\begin{aligned}
Max \quad & y \\
s.t. \quad & x_A+x_B+x_C+x_D+x_E+x_F=3, \\
& y+4x_A+4x_B\leq 13,\ y+5x_A+5x_C\leq 14,\ y+2x_A+2x_D\leq 11,\ y+4x_A+4x_E\leq 13, \\
& y+0x_A+0x_F\leq 9,\ y+6x_B+6x_C\leq 15,\ y+7x_B+7x_D\leq 16,\ y+5x_B+5x_E\leq 14, \\
& y+x_B+x_F\leq 10,\ y+5x_C+5x_D\leq 14,\ y+8x_C+8x_E\leq 17,\ y+4x_C+4x_F\leq 13, \\
& y+7x_C+7x_E\leq 16,\ y+3x_D+3x_F\leq 12,\ y+5x_E+5x_F\leq 14, \\
& x_j \in \{0, 1\},\ \forall j,\ y\geq 0.
\end{aligned}
$$

위 수리모형을 엑셀의 해찾기기능을 통하여 해를 구하면 $x_A=x_D=x_F=1$로 최대화된 설비 간의 최소거리는 $y=6$이다.

# Exercise 연습문제

1. 평면공간에서 정의되는 총량 설비입지모형에서 총비용이 $TC=\sum_{i=1}^{n} w_i \cdot \sqrt{(x-a_i)^2+(y-b_i)^2}$ 와 같이 정의되면 최적 입지의 위치는 아래와 같이 구할 수 있음을 보이시오.

$$(x^*, y^*)=\left(\frac{\sum_i w_i a_i/d(X, C_i)}{\sum_i w_i/d(X, C_i)}, \frac{\sum_i w_i b_i/d(X, C_i)}{\sum_i w_i/d(X, C_i)}\right)$$

2. 평면공간에서 정의되는 총량 설비입지모형에서 총비용이 $TC=\sum_{i=1}^{n} w_i \cdot (x-a_i)^2+(y-b_i)^2$ 와 같이 정의되면 최적 입지의 위치는 아래와 같이 구할 수 있음을 보이시오.

$$(x^*, y^*)=\left(\frac{\sum_i w_i a_i}{\sum_i w_i}, \frac{\sum_i w_i b_i}{\sum_i w_i}\right)$$

3. [예제 7-1]에서 제시한 문제에 대해 반복과정을 통하여 해를 구하시오.

| 분류포장센터 | P1(5,45) | P2(50,0) | | | | | | |
|---|---|---|---|---|---|---|---|---|
| 물량 | 80 | 70 | | | | | | |
| 고객(아파트단지) | C1(20,50) | C2(50,45) | C3(0,30) | C4(30,30) | C5(10,25) | C6(40,20) | C7(30,15) | C8(10,10) |
| 물량 | 40 | 15 | 5 | 10 | 20 | 15 | 25 | 20 |

4. 아래와 같은 10지역의 고객에 서비스를 제공하는 분배센터를 세우고자 할 때 전체 서비스총량의 값을 최소화하는 분배센터의 입지를 구하시오. 이때 서비스 이동에 사용되는 거리는 직선거리를 사용한다.

| 수요지 | C1(0,10) | C2(10,30) | C3(30,40) | C4(40,50) | C5(50,20) | C6(50,10) | C7(40,5) | C8(35,20) | C9(30,0) | C10(10,20) |
|---|---|---|---|---|---|---|---|---|---|---|
| 물량 | 70 | 40 | 20 | 50 | 10 | 30 | 60 | 10 | 20 | 40 |

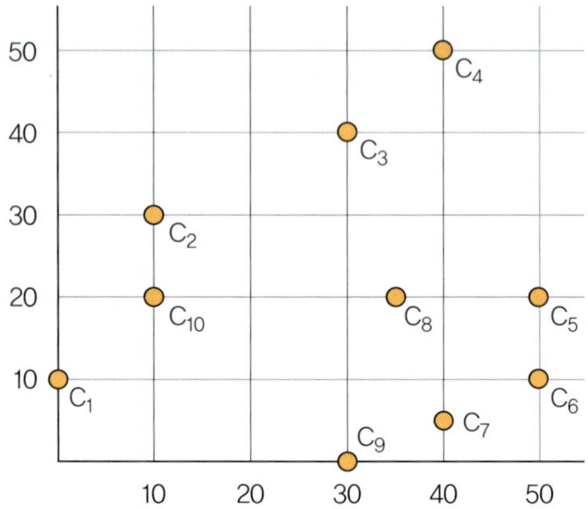


5. 위 연습문제 3, 4번에 대해 직각거리로 계산하는 총량 설비입지의 해를 구하시오.

6. 총량 설비입지모형에서 평면입지모형의 경우 다음과 같은 정리로 인하여 최적 입지의 해를 쉽게 구할 수 있게 되었다. 아래 정리를 증명하시오.

**(정리)** 직선상에 $n$개의 수요지점이 $x_i \le x_{i+1}$, $i=1, 2, ..., n$이며 각각 수요 $w_i$의 값을 가지고 있다. 수요지점을 $A=(1, 2, ..., r)$, $B=(r+1, ..., n)$으로 나눌 때 $W=\sum_{i=1}^{n} w_i$, $W_A=\sum_{i=1}^{r} w_i$, $W_B=\sum_{i=r+1}^{n} w_i$로 가정한다. $W_A \ge W_B$, 즉 $W_A \ge \frac{1}{2}W$이면 총비용을 최소화하는 최적의 설비입지는 $A$에 속해 있다.

**Hint** $W_A \ge W_B$이면서 최적에 설비입지가 $A$에 속하여 있지 않고 $B$에 속하여 있다고 가정하여 최적의 위치를 $b$라고 한다면 $x_r < x_b$ 일 것이다. 설비입지 $b$ 의 총비용이 $r$의 총비용보다 더 큰 값임을 보이면 즉 $TC(b) > TC(r)$ 임을 보이면 된다.

7. 직각거리 기준의 총량 설비입지 모형은 해를 구하는 과정이 단순한 데 비하여 직선거리 기준의 설비입지모형은 해를 구하는 과정이 다소 복잡하다. 직각거리 기준의 해법을 직선거리 기준의 모형에 적용하여 해를 구함으로서 근사해를 구하여 적용할 수 있다. 이때 이 근사해의 총비용은 직선거리 모형의 최적해 대비 최대 $\sqrt{2}$배, 즉 최대 약 41.4%의 오차의 범위 안에 있음을 보이시오.

**Hint** 다음 두 가지의 부등식, $|x-a_i|+|y-b_i| \le \sqrt{2}\sqrt{(x-a_i)^2+(y-b_i)^2}$, $\sqrt{(x-a_i)^2+(y-b_i)^2} \le |x-a_i|+|y-b_i|$를 이용하시오.

8. 네트워크의 총량 설비입지모형의 경우 최적 설비의 위치는 노드 중의 한 곳에 있다는 사실을 다음의 과정을 통하여 증명할 수 있다(Hakimi, 1964). 전체 네트워크의 노드 집합을 $N$이라고 하고 각 노드 $i$는 $w_i$의 수요를 가지고 있다고 하자. $d(x, y)$는 네트워크상의 두 지점 $x$와 $y$ 사이의 최단거리를 의미한다. 만약 최적 설비의 위치 $x$가 노드가 아니라 링크상의 어느 지점, 예를 들면 노드 $a$와 $b$를 연결하는 링크 $(a, b)$ 위에 있다고 가정한다. 그러면 모든 노드 $i \in N$에 대해 $d(x, i) = Min\{d(x, a) + d(a, i), d(x, b) + d(b, i)\}$가 성립한다. $x$로부터 각 노드까지의 최단거리의 경로가 지점 $a$를 경유하는 노드의 집합을 $N_a$라 하고 지점 $b$를 경유하는 노드의 집합을 $N_b$라 하고($N_a \cup N_b = N$) 임의로 $\sum_{i \in N_a} w_i \geq \sum_{i \in N_b} w_i$라고 할 때 $TC(x) \geq TC(a)$임을 보이면 이에 대한 증명이 된다. 즉 링크 위의 입지는 링크를 연결하는 두 지점 중 한 곳의 입지보다 총비용이 크거나 같다. $TC(x) \geq TC(a)$임을 보이시오.

9. 트리 네트워크는 임의로 한 링크를 선택하여 삭제하면 항상 두 개의 트리 네트워크가 만들어진다. 예를 들면 노드 $a$와 노드 $b$를 연결하는 링크를 삭제하면 두 개의 트리 네트워크 $T_a$와 $T_b$가 만들어지고 각각에 포함된 노드들의 집합을 $N_a$와 $N_b$라 하자. 노드 $i$, $i \in N$는 $w_i$의 수요를 가지고 있다. 다음의 정리는 트리 네트워크의 총량 설비입지 문제에 대한 비교적 쉬운 해법의 절차를 제공한다. 다음의 정리를 증명하시오.

**(정리)** $\sum_{i \in N_a} w_i \geq \sum_{i \in N_b} w_i$ 또는 $\sum_{i \in N_a} w_i \geq \frac{1}{2} \sum_{i \in N} w_i$ 이면 최적의 설비입지는 $N_a$에 속해 있다.

**Hint** 만약에 최적의 설비입지가 $N_a$에 속해 있지 않으면 $N_b$로 구성된 트리네트워크의 어딘가에 있을 것이고 이를 $x$라 하면 $TC(x) \geq TC(a)$임을 보이면 된다.

10. 다음의 네트워크에 대해 총량 기준으로 단일설비입지의 최적위치를 구하시오. 링크 위의 수는 거리 또는 이송에 소요되는 비용이며 노드 위의 수는 수요의 크기를 나타낸다.

(a)

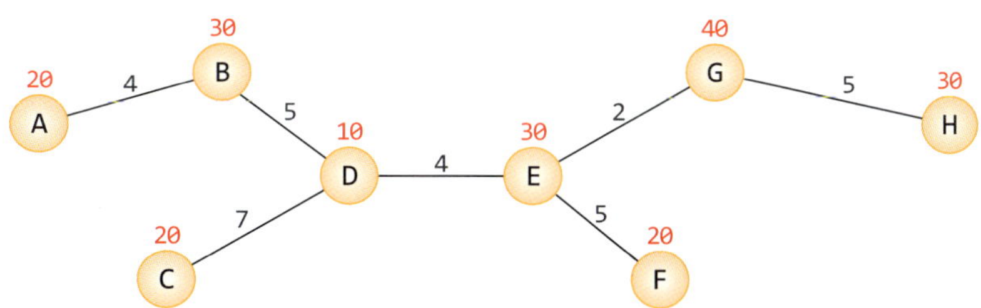

(b)

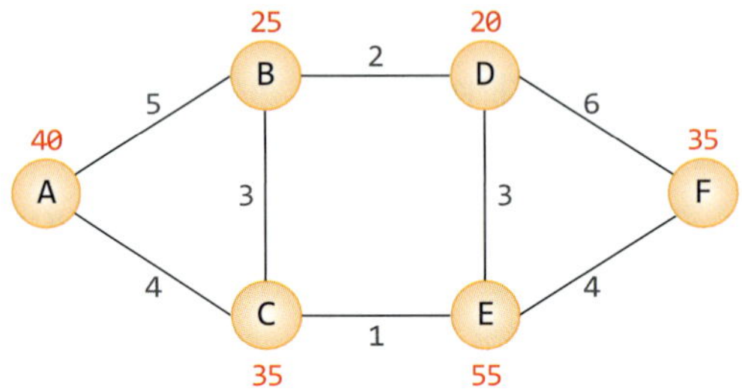


(c)

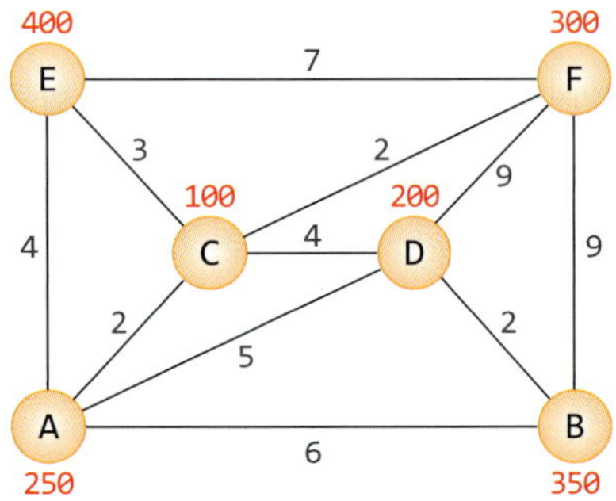


11. [예제 7-5]에 대해 서비스 설비를 1장소, 또는 3장소를 세울 수 있는 경우에 대해 최적의 입지를 결정하시오.

12. 평면공간에서의 직각거리(Rectilinear Distance) 기준에 의한 센터 설비입지모형은 다음과 같이 수리식으로 표현될 수 있으며 이 문제는 Diamond Covering 문제로 알려져 있다.

$$\begin{aligned} &Min \quad z \\ &s.t. \quad |x-a_i|+|y-b_i|\le z \quad \forall i \end{aligned}$$

위 수리모형의 제약식에서 임의의 수요지 $(a_i,\ b_i)$에서 직각거리가 $z=r$이 되는 점의 집합을 기하학적으로 표시하면 다이아몬드 사각형이 됨을 보이시오.

13. 평면공간에서의 직각거리(Rectilinear Distance) 기준에 의한 센터 설비입지모형의 최적의 설비입지 좌표 $(x^*,\ y^*)$, $\frac{1}{2}(C_1-C_3,\ C_1+C_3+C_5)$과 $\frac{1}{2}(C_2-C_4,\ C_2+C_4-C_5)$, 목적함수 값 $\frac{1}{2}C_5$는 아래 수리식의 제약식을 만족시킴을 보이시오.

$$\begin{aligned} &Min \quad z \\ &s.t. \quad |x-a_i|+|y-b_i|\le z \quad \forall i \end{aligned}$$

14. [연습문제 3]과 [연습문제 4]에서 제시한 문제에 대해 직각거리에 의한 센터설비의 최적 입지를 결정하시오(단, 각 수요지의 수요요청량은 센터설비문제에서 무의미하므로 무시함.)

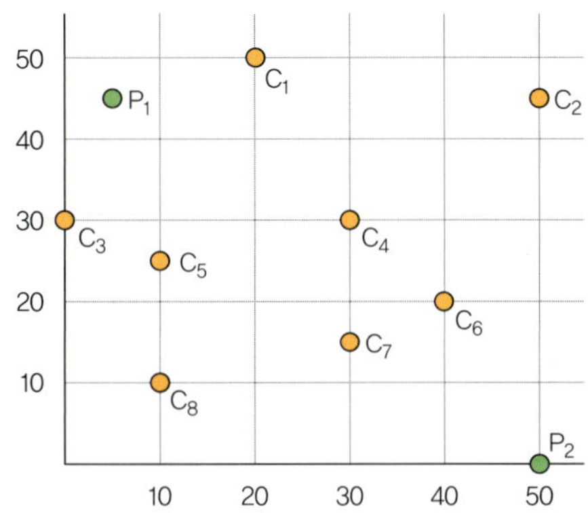


(a)

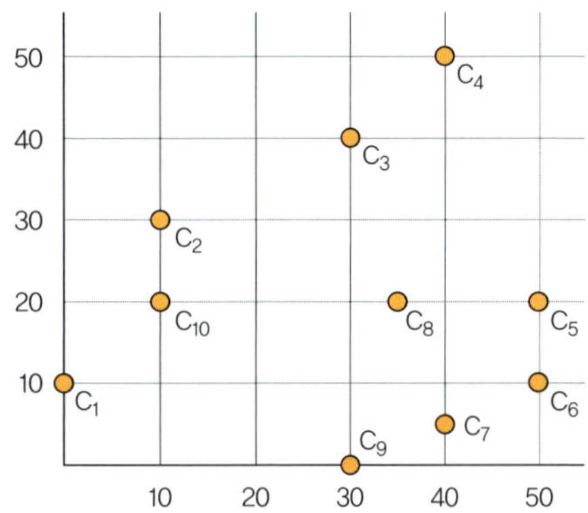


(b)

| | | | | | | | | | | |
|---|---|---|---|---|---|---|---|---|---|---|
| (a) | P1(5,45) | P2(50,0) | C1(20,50) | C2(50,45) | C3(0,30) | C4(30,30) | C5(10,25) | C6(40,20) | C7(30,15) | C8(10,10) |
| (b) | C1(0,10) | C2(10,30) | C3(30,40) | C4(40,50) | C5(50,20) | C6(50,10) | C7(40,5) | C8(35,20) | C9(30,0) | C10(10,20) |

15. 아래 트리네트워크에 대해 단일 센터입지를 결정하시오.

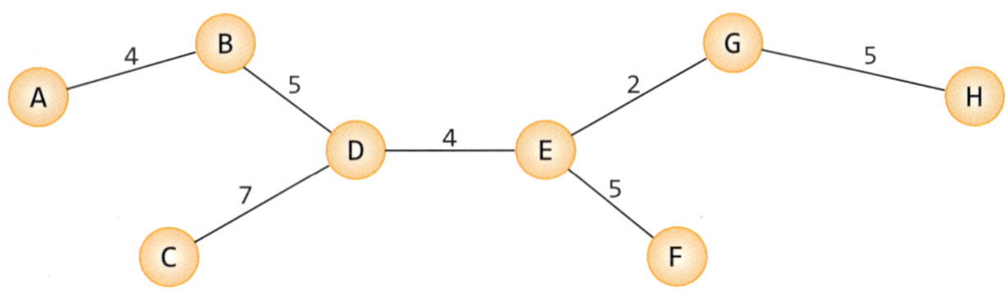


16. 아래 네트워크에 대해 단일 노드센터와 단일 글로벌센터를 각각 구하시오(테이블은 노드 간의 최단거리를 나타낸 것임).

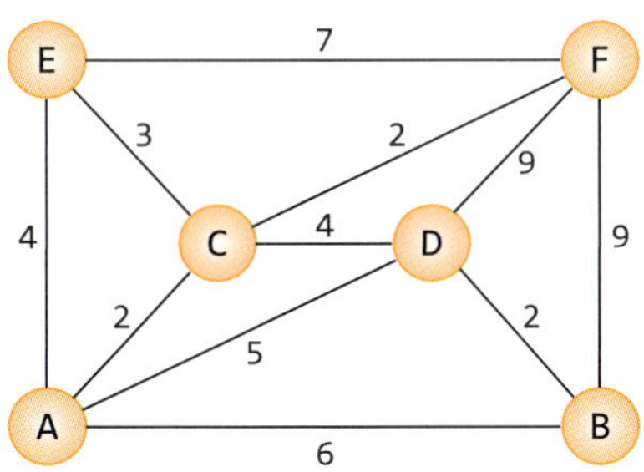


| | A | B | C | D | E | F |
|---|---|---|---|---|---|---|
| **A** | 0 | 6 | 2 | 5 | 4 | 4 |
| **B** | 6 | 0 | 6 | 2 | 9 | 8 |
| **C** | 2 | 6 | 0 | 4 | 3 | 2 |
| **D** | 5 | 2 | 4 | 0 | 7 | 6 |
| **E** | 4 | 9 | 3 | 7 | 0 | 5 |
| **F** | 4 | 8 | 2 | 6 | 5 | 0 |

17. [연습문제 16번]에 제시된 문제에 대해 복수 노드센터를 구하고자 한다. 이에 대한 수리모형을 제시하고 해를 구하시오.

18. [연습문제 16번]에 제시된 문제에 대해 커버링 서비스센터를 구하고자 한다. 서비스센터로부터 서비스 거리 5단위 이내에 수요지가 위치해 있으면 서비스거리 범위 내에 있다. 적절한 커버링 서비스센터의 수와 위치를 구하기 위한 수리모형을 제시하고 해를 구하시오.

19. 다음 문제에 대해 커버링 서비스센터를 구하고자 한다. 서비스센터로부터 서비스 거리 15단위 이내에 수요지가 위치해 있으면 서비스거리 범위 내에 있다. 적절한 커버링 서비스센터의 수와 위치를 구하기 위한 수리모형을 제시하고 해를 구하시오.

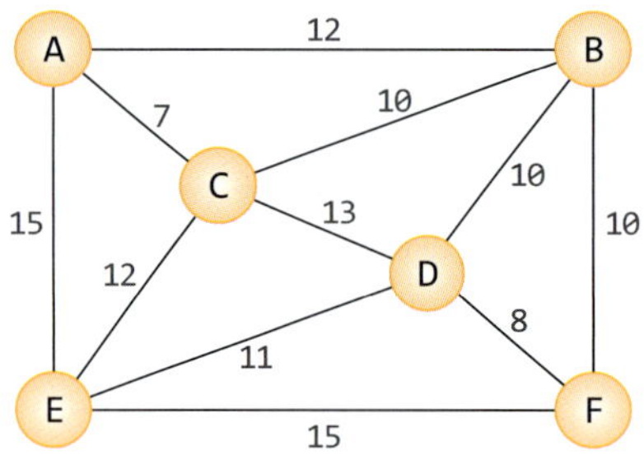


| | A | B | C | D | E | F |
|---|---|---|---|---|---|---|
| A | 0 | 12 | 7 | 20 | 15 | 28 |
| B | 12 | 0 | 10 | 10 | 21 | 10 |
| C | 7 | 10 | 0 | 13 | 12 | 21 |
| D | 20 | 10 | 13 | 0 | 11 | 8 |
| E | 15 | 21 | 12 | 11 | 0 | 15 |
| F | 28 | 10 | 21 | 8 | 15 | 0 |

20. [연습문제 10번] (c)에 제시된 문제에 대해 최대 커버링 서비스센터를 구하고자 한다. 1개의 서비스센터를 구축하여 커버하는 서비스를 최대화하고자 하며 서비스 거리 5단위 이내에 수요지가 위치해 있으면 서비스거리 범위 내에 있다. 최대 커버링 서비스센터의 위치를 구하기 위한 수리모형을 제시하고 해를 구하시오.

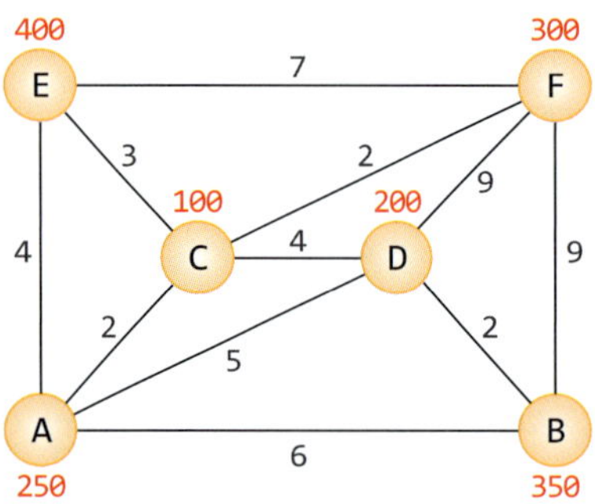


| | A | B | C | D | E | F |
|---|---|---|---|---|---|---|
| A | 0 | 6 | 2 | 5 | 4 | 4 |
| B | 6 | 0 | 6 | 2 | 9 | 8 |
| C | 2 | 6 | 0 | 4 | 3 | 2 |
| D | 5 | 2 | 4 | 0 | 7 | 6 |
| E | 4 | 9 | 3 | 7 | 0 | 5 |
| F | 4 | 8 | 2 | 6 | 5 | 0 |
| 수요 | 250 | 350 | 100 | 200 | 400 | 300 |

21. [예제 7-11]에서 제시된 문제에 대해 수리식을 제시하고 엑셀의 해찾기 기능을 통해 해를 구하시오.

Supply Chain Management

08

CHAPTER

# 공급사슬과 수송

1. 수송 프로세스 | 2. 수송계획 | 4. 수송운영

CHAPTER

# 08 공급사슬과 수송

Supply Chain Management

〈학습 목표〉

1. 공급사슬에서의 수송의 역할과 목표 및 구조를 설명할 수 있다.
2. 공급사슬 운영 목표에 따른 최적의 수송 의사결정의 수리적 논리를 설명할 수 있다.
3. 공급사슬의 충족 및 재고 등과 연계된 최적의 수송 의사결정을 할 수 있다.

수송(Transportation)은 공급사슬에서 물량의 이동을 담당하는 기능이다. 수요자가 필요로 하는 재화나 서비스는 일반적으로 생산되는 장소와 소비되는 장소가 다르기 때문에 최종 고객 소비자에게 전달되기 위해서는 물량의 이동이 수반되고 이를 효율적으로 또한 필요한 시기에 이송하는 것이 공급사슬의 운영의 핵심기능이다. 공급사슬의 네트워크는 실제 제품의 생산이 이루어지기 위하여 원자재 및 반제품 등의 이송, 생산 후의 보관, 또는 다양한 소비지의 분배를 위한 분배센터를 거치고 분류 통합과정을 거쳐 판매점 및 최종 고객까지의 최종전달과정은 여러 가지 형태의 수송을 거치게 된다. 공급사슬에서 제품의 생산이 글로벌하게 전문화되어 가며 생산지와 소비지의 거리가 더욱 길어지고 있으며 또한 이를 중계하는 분배센터도 규모와 종류 면에서 더욱 다양하게 필요하게 되어 공급사슬의 네트워크가 더욱 복잡해지면서 수송의 효율성을 통한 경쟁의 수준도 더욱 심해지고 있다. 따라서 적절한 수송체계의 선택과 효율성의 극대화는 공급사슬 전체 효율성의 핵심적인 요인이 되어 가고 있다.

수송은 공급사슬 발전의 핵심동력이다. 수송의 역할은 어느 한 장소에서 생산되거나 또는 저장되어 있는 재화의 가치가 다른 장소로 이동될 때 그보다 더 높은 가치를 보유하게 되면 이를 수송해야 할 필요성이 생기고 수송에 소요되는 비용이 가치의 증가분보다 적으면 수송하게 된다. 따라서 수송의 비용은 재화의 이동을 가능하게 하는 중요 요인이 된다. 수송수단의 발전과 다양한 수송수단의 등장은 재화의 이동을 가속시켰고 이는 글로벌한 공급사슬이 형성되도록 하였다. 수송의 경제적 효과는 라드너의 규칙(Lardner's Law)으로 알려진 제곱 법칙으로 설명할 수 있다. 예를 들면 한 장소에서 생산된 재화가 경쟁력을 가진 적절한 판매가격이 100km 이내의 수송비용을 포함한 경우라고 가정한다. 수송의 효율화를 통하여 수송비용을 반으로 줄여 200km 이내의 수송비용을 포함한 판매가격이 가능하다면 이로써 판매가능한 시장은 200km의 반경 내에 있는 시장으로 면적이 기존 100km 이내의 시장의 4배에 해당한다. 즉, 동일한 비용으로 수송거리의 2배 확장은 시장의 4배 확장을 의미한다. 수송의 효율성, 즉 수송비용의 절감은 공급사슬의 효율을 제곱의 수준으로 확장할 수 있음을 보여주며, 따라서 수송이 공급사슬에서 핵심기능일 뿐 아니라 공급사슬의 확장을 견인하고 있음을 알 수 있다.

## 1 수송 프로세스

공급사슬에서 수송은 공급사슬을 연결하는 로지스틱스 네트워크 중에서 출발지노드와 도착자노드 간의 물류이동을 담당한다. 수송은 단순히 이동뿐 아니라 물량의 분류 및 분할, 재구성, 보관 등의 물류처리 프로세스와 연동하여 서비스가 이루어진다. 수송은 일반적으로 노드라고 정의할 수 있는 일정 지점의 시설과 시설을 서로 연결하는 링크로 구성된 네트워크에서 링크상의 이동을 의미한다. 출발지 노드는 물량의 수송이 시작되는 지점으로 공장이나 창고 등을 의미하고 수송 도중에 중간허브에서 물량의 재구성 또는 수송모드의 변경 등이 이루어지고 최종적으로 수요지에 도착하도록 구성된 프로세스로 실행된다. 수송은 출발지에서 도착지까지 변환 없이 전달되는 직접 수송이 효율적이지만 수송물량의 다양성, 고객 요구의 충족 및 비용의 감축을 위해 중간허브를 하나 또는 여러 개를 거치면서 변환과정을 거치는 복잡한 프로세스가 되며 따라서 이와 관련된 합리적의 의사결정과정이 필요하다.

일반적인 수송체계는 재화가 생산되는 과정을 위한 1차수송(First-Mile Transportation), 생산된 재화를 주요소비지까지 전달하는 간선(Long-Haul)수송, 주요소비지에서 최종 고객에게 전달하는 지선(Last-Mile)수송으로 구분할 수 있는데, 이는 수송의 효율성을 위하여 수송의 과정에서 가장 경제적인 수단과 방식을 택하기 때문에 서로 다른 수송의 체계를 분담하게 된다([그림 8-1]). 간선수송은 대체적으로 이동거리가 길고 수송의 용량도 크기 때문에 규모의 경제를 실현할 수 있는 수송방식, 즉 수송모드를 선택하며 이로 인하여 수송물량의 통합 및 이를 위한 분류 과정과 함께 분배센터을 거치거나 일정 기간 보관의 과정이 필요하다. 생산과정을 위한 1차수송은 원자재, 반제품 등의 조달을 위해 많은 기관 또는 회사가 수송체계 속에 포함되어 시간적 요구와 경제성을 고려한 다양한 수송 방식이 채택된다. 필요하면 일대일 직접 수송을 사용하기도 또는 하나의 수송차량이 정기적으로 루트를 형성하여 수송을 담당하기도 한다. 이는 마지막 소비자에게 전달하기 위한 수송체계에도 고객의 요구조건에 맞추어 효율과 고객만족을 동시에 달성하기 위한 적정선에서의 의사결정이 이루어져 적절한 수송방식과 수송루트가 형성된다.

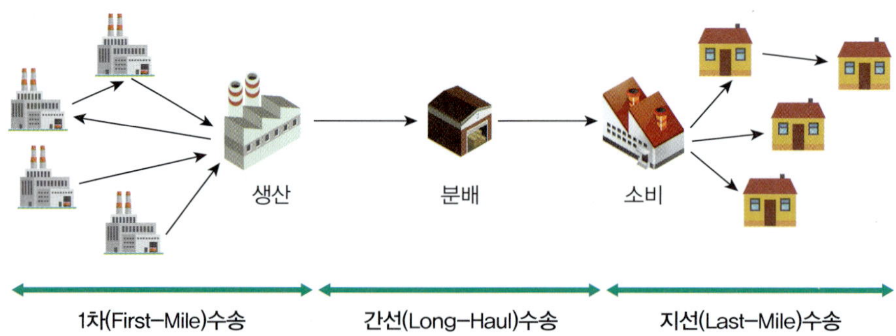


[그림 8-1] 수송의 형태

통상적으로 제품의 생산자 또는 중간거점을 담당하는 분배자가 공급사슬의 영역 내에서 수송기능을 수행할 수송체계를 운영하거나 수송을 전담으로 수행하는 외부 수송기관에 수송을 의뢰하는 방식의 두 가지 형태로 구분할 수 있다. 자가수송 체계를 운영하는 경우 효율적인 수송체계 설계가 중요하여 이는 어느 범위까지 자가수송으로 물량을 이송할지에 대한 의사결정까지 포함된다. 외부 수송체계를 이용할 경우에도 동일하게 수송으로 인한 공급사슬의 효율성을 달성하기 위해 적절한 수송모드와 수송경로를 선택하는 의사결정과정은 비슷하며 다만 자가수송체계 내에서는 수송의 기능을 실제 수행하고 이를 지속적으로 운영하기 위한 수송 실행의 기능이 추가된다.

수송을 비즈니스 측면에서 살펴보면 수송하고자 하는 물량에 대해 수송에 대한 요청을 하는 선적인(Shipper)으로부터 물량을 인도받게 되는 수하인(Consignee)에게 인도되는 과정이 수송이다([그림 8-2]). 수송의 기능을 선적인이 가지고 있는 수송시스템을 통해 여러 수하인에게 직접 전달하는 경우도 있지만 대부분 선적인으로부터 수하인까지 전달되는 과정은 여러 단계의 수송과정에 다양한 수송전문회사와 운송주선인(Forwarder)이 관여하게 되며, 이는 수송 전반의 효율성을 극대화하기 위한 수송수단, 수송경로의 선택 및 물량의 통합 및 분배의 복잡한 과정이 포함되기 때문이다. 특히 국제 무역을 통한 물량의 이동은 통상적으로 선적인이 운송주선인을 통해 수송을 의뢰하고 운송주선인은 여러 수송수단 중에서 선택하여 물량을 적절하게 통합 분류하여 수송전문회사에 수송을 의뢰한다. 최종 수하인에게 전달되기 전에 또 다시 다른 운송주선인을 통한 통합분배 과정을 거쳐 요청된 지역의 요청된 시간에 운송된다. 이 과정은 수송되는 물량의 종류, 이송거리 및 수송에 대한 시간적 또는 운영적 요청사항에 따라 때로는 직접수송 또는 수많은 단계의 중간과정을 거치는 복잡한 수송이 될 수도 있다. 예를 들면 인터넷으로 필요한 제품의 고객까지의 수송되는 경로를 살펴보면 판매자는 선적인이 되어 최종 소비자에게 전달되도록 하기 위하여 제조공장에서 분배센터까지는 대형수송방식으로 이송하며 각종 주문에 의하여 개별 포장된 제품은 택배 형태의 물량으로 소비자의 가정에 일일이 수송된다. 이 모든 과정의 수송에 대한 선택은 비용최소화와 고객의 요구조건에 적합한 만족도 극대화를 위한 의사결정의 연속과정이다.

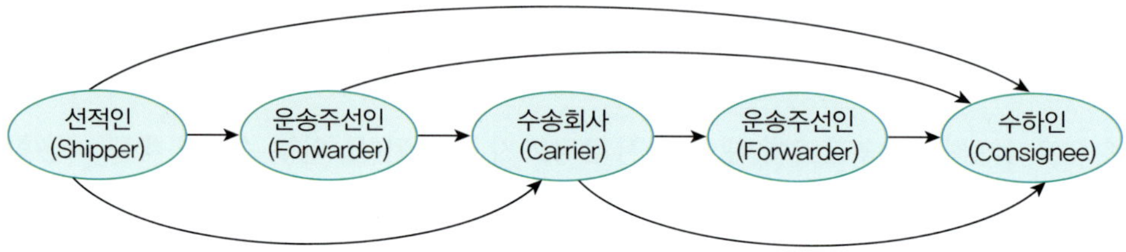


[그림 8-2] 수송 비즈니스 참여자

공급사슬에서 수송기능을 수행하기 위하여 결정해야 하는 대표적 두 가지는 수송의 모드, 즉 어떤 형태의 수송수단을 선택하느냐와 수송의 루트, 즉 수송물량이 거쳐가야 하는 경로를 선택하는 것이다. 수송의 모드와 수송경로는 상호연관되어 있어 공급사슬의 수송에서 효율적이라고 함은 최소비용, 수송시간의 단축 및 일관성, 요청된 시간 내의 수송 및 지연의 최소화, 복합적인 수송수단의 편리한 연결, 보관이나 통합, 분배과정과의 용이성 등이 복합적으로 고려되어야 한다. 따라서 수송과정 속에 포함된 수송의 경로, 수송이 거쳐가게 되는 통상 터미널로 표현되는 중간지점, 이를 수행하는 수송수단, 즉 수송모드의 결정이 상호연관되어 있다. 적절한 수송모드의 결정은 비용과 고객서비스의 균형을 맞추는 일이며 수송모드의 결정은 선택된 수송모드가 취할 수 있는 경로 중에서 수송경로가 선택되어야 하며 또한 선택할 수 있는 수송경로의 효율성은 수송모드의 선택에 영향을 줄 수 있다.

수송모드와 수송경로를 선택하는 의사결정과정을 구별되게 하는 수송형태는 대표적으로 단일경로 또는 단일운송(Single-Drop)에 대한 선택과 최종 고객을 상대하게 되어 여러 형태의 수송을 통합하여 운영하게 되는 복수운송(Multi-Drop)으로 구별된다. 단일운송의 경우 수송의 효율성 및 비용이 최우선 고려 사항이며 따라서 수송형태에 가장 적합한 수송모드의 선택이 중요시 된다. 최종 고객에게 수송제품을 전달하는 수송과정은 통상적으로 비용 관점의 효율성과 고객요청사항을 달성해야 하는 고객만족의 두 가지 목적을 달성하기 위하여 여러 개의 수송모드 선택과 연계과정이 복합된 수송설계과정이 포함된다. 이와 같이 다양한 형태의 수송 관련 의사결정을 수행하기 위하여 여러 가지 요인이 고려되어야 하지만 최종목표는 적절한 비용으로 원하는 장소와 시간에 맞추어 수송될 수 있는가로 종합할 수 있다.

#### ① 비용

수송에 대한 의사결정에 가장 중요시 되는 것은 단연 수송비용이다. 규모의 경제의 원리에 따라 용량에 비례하여 단위수송비를 절감할 수 있으므로 선박이나 기차 수송이 선호되며 속도가 필요할 경우 항공이나 소규모 트럭에 의한 수송수단이 선택될 것이다. 단위 수송비가 작은 수송모드만을 선택할 수 없는 것은 수송모드에 따라 특성이 달라 고객이 요구하는 서비스 수준을 달성할 수 있는가를 고려한 트레이드 오프에 의한 의사결정이 이루어지기 때문이다. 그러나 이는 결국 소비자 요구수준 또한 달성여부에 따른 비용을 포함한 총비용의 관점에서 각 수송 요청에 대한 최적 수송모드와 이에 적합한 수송경로가 선택된다. 수송비용 산정에서 사용되는 단위무게당 부피, 단위무게당 가치 등은 이에 적절한 수송모드 선택의 핵심요인이 된다. 선박에서의 1톤은 1평방미터($m^3$)와 동일하게 비용을 산정하지만 항공수송은 1톤이 6~10평방미터($m^3$)으로 간주된다. 수송비용은 순수한 운송에 수요되는 비용과 부대서비스, 즉 상하차 비용 및 터미널과 같은 사용시설에 대한 비용을 포함한다. 수송이 연계될 경우는 분류 및 재포장, 이에 관련된 보험 등의 추가비용 등이 고려된다.

#### ② 서비스 수준

서비스 수준이라 함은 수송의 긴급도에 대한 대응도, 연계 수송의 편리함과 융통성, 수송납기에 대한 신뢰성, 지연의 가능성, 파손 또는 분실 등에 대한 위험성 등 고객만족 달성 가능성 모두를 포함한다. 항공수송은 비용이 매우 고가이지만 단위무게당 가치가 높은 제품이나 짧은 가치주기를 가지고 있는 패션제품, 속도가 주된 가치인 설비교체 부품 및 응급구호 제품 등 높은 수준의 서비스 수준을 요하는 경우에는 이 모두를 고려한 총비용 측면에서 저렴하다고 할 수 있다. 하지만 항공수송은 공항의 혼잡도, 관세 절차 등으로 오히려 속도의 신뢰성에서 약점이 될 수도 있다.

### ③ 수송제품의 특성

비용과 서비스 수준과는 달리 수송되는 제품이 가지고 있는 물적 또는 고객의 요구 특성이 수송모드와 경로 선택에 대한 제한조건이 된다. 수송제품의 도착 시점에 대해 특정 시간대에 특정 양이 지정되면 수송모드의 융통성이 이를 수용할 수 있을 수 있는가에 대한 판단을 해야 한다. 수송지점이 지정되면 때로는 트럭은 가능하지만 철도는 불가능하고 트럭도 일정 사이즈 이하만 가능할 수 있다. 수송제품의 주문 사이즈도 표준화되어 있을 수도 자유로울 수도 있으며 때로는 수송제품의 취급에서 전문성을 요구하는 경우 해당 인력의 가용성 등으로 수송경로 및 수송방식의 제한이 따를 수 있다. 시간에 따른 감가상각이 빠른 상품, 또는 파손 또는 분실 등의 위험이 심각한 결과를 초래하는 경우 이에 적합한 수송모드의 결정에 영향을 준다. 대체상품이 가능한 경우는 빠르고 고가의 수송방법이 선택될 수 있는 가치가 있지만 대체품이 없는 경우는 비용이 저렴한 방식을 선택해도 무방하다.

### ④ 물류 특성

수송은 통상적으로 한 지점에서 다른 지점으로의 이동을 의미하기 때문에 공급사슬에서 이에 관련된 장소의 특성과 연결되어 있다. 생산의 과정은 원자재의 위치와 특성과 관련이 있으며 제조공장의 위치 등도 수송과 직접적인 연관성을 가진다. 분배센터와 보관장소 및 중간 거점, 또한 최종적으로 고객에게 판매 또는 전달되기 위한 과정의 마케팅 전략 등과도 연결되어 있다. 식자재를 지역농장에서 구입하여 식품을 생산하여 시장에 공급하는 공급사슬의 수송체계는 식품수송에 적합한 수송모드와 신선도를 유지하는 고객만족이 중요하며 국내에서 생산되는 반도체를 주요 부품으로 사용하여 베트남 공장에서 조립되는 스마트폰은 이 제품의 주요 소비지인 전세계 도시로 공급하기 위한 수송체계는 전혀 다른 방식을 요구한다. 또한 신제품을 동시에 수많은 도시에 필요한 수량만큼 공급하기 위한 마케팅 전략에 따라 이를 맞출 수 있는 수송체계도 전혀 다르게 수행된다. 저스틴타임(Just-in-Time) 방식으로 운영되는가 또는 충분한 재고 유지를 통해 고객을 대응하는가는 수송모드와 그로 인한 수송비용의 구조가 다르게 설계된다.

수송의 방식은 공급사슬의 구조와 요건에 따라 다양하다. 대표적으로 자가수송 방식을 택하는 경우는 우선 수송물량이 많아 외부수송업자를 이용하기보다 자체적으로 수송체계를 구축하여 운영하는 것이 비용의 절감을 가져올 수 있고 더 좋은 수송서비스를 언제든지 이용할 수 있는 잇점 때문이다. 특히 수송의 높은 신뢰성이 요구되거나 제품의 특성상 특수한 취급 과정이 필요하거나 특별한 장비가 필요한 경우, 수송에서 높은 수준의 융통성이 필요한 경우는 공급사슬의 흐름을 직접 관리할 수 있도록 자가수송체계를 운영한다. 그러나 제품의 생산과 판매 등과는 다른 성격의 공급사슬 기능을 동시에 수행하는 것이 비용 측면이나 관리 측면에서 적합하지 않으면 수송을 전담으로 담당하는 외부기능을 이용하여야 한다. 수송의 비즈니스는 단일 수송, 또는 이를 연계하여 여러 형태의 수송을 구성하여 실행하는 수송주선인 등의 체계에 대해 최적의 방법을 선택한다.

### ① 복합수송

전 세계적으로 도로, 철도, 선박 및 항공수송에서 기본적으로 사용하고 있는 컨테이너 시스템은 복합수송(Intermodal Transport)이 가능하도록 하였다. 복합수송은 여러 종류의 소규모 수송을 통합하여 하나의 단일수송 체계가 가능하게 되었으며 이로 인한 제품의 취급을 용이하게 함으로 전체 수송비용의 절감을 가져 왔다. 이는 또한 수송 중에 발생할 수 있는 파손 및 분실 등의 위험을 감소시킴으로 수송에 대한 신뢰도가 증가하였고 수송의 효율성을 향상시킨 대표적인 표준화 시스템이다. 다만 이를 운영할 항만시스템 건설에 고비용이 필요하고 이로 인한 중간거점 항만이 제한적으로 집중되어 있으며 수송 요청의 불균형으로 인한 빈 컨테이너의 회송에 많은 비용이 소요되고 있는 한계도 있다.

### ② 소하물수송

최종 고객에게 전달되는 수송기능을 담당하는 소하물 수송은 우편소하물 수송에서 출발하였으나 인터넷 판매가 보편화되면서 가장 중요한 핵심 수송기능으로 성장하였다. 소하물 수송이 주요 업무인 우편소하물 또는 FeDex, DHL의 대형 기업에서부터 수많은 소형기업들이 협업하면서 공급사슬에서 최종 수송을 담당하게 되었다. 소하물 수송을 담당하는 수송기업은 공급사슬체계의 효율적 설계 및 운영에서 비용과 서비스 수준 측면에서 최적화된 시스템으로 운영하고 있다. 규모의 경제 측면에서 우위를 점하기 위해 대규모로 비즈니스 규모를 키우고 있는 반면 치열한 경쟁에서 생존하기 위하여 가격 및 서비스 속도 등의 우월성 확보를 위한 신기술 도입, 기업 간의 분담 및 협업 등이 활발히 이루어지고 있다.

**[사례 8.1]** 드론에 의한 수송

공급사슬의 네트워크에서 원자재를 수급하여 공장에서 제품을 생산하고 분배센터를 통하여 다양한 소비자 그룹의 가까운 지점까지 이송되는 과정의 수송은 규모의 경제 원리에 따라 통합된 형태의 수송으로 운영되지만 최종 소비자에게 전달하는 고객수송은 고객의 원하는 소량으로 원하는 시간에 전달되어야 하므로 수송에 대한 비용이 급격히 증가한다. 인터넷을 이용한 비즈니스의 확대로 더욱 다양한 제품이 수많은 최종도착점이 존재한다. 고객까지의 최종수송기능을 무선으로 통제되는 드론을 통한 수송체계가 다양한 형태로 개발되고 시도되는 이유도 최종고객까지의 수송비용이 가장 크기 때문이다.

무선조종기기는 제2차 세계대전 중에 군사용으로 개발되어 전후에는 장난감으로 또는 성인용 오락기기로 꾸준히 개발되어 상용화되었으며 21세기 들어 무선통신의 발전과 공급사슬의 확장에 따른 필요성으로 상용화 측면에서 비약적으로 발전하였다. 드론은 원래 수벌을 의하는 말로 드론이 운행하면서 내는 소리가 수벌의 날개짓 소리와 비슷하고 또한 움직임이 주어진 미션을 수행하는 수벌과 비슷하여 드론으로 명명되었다. 더군다나 적은 비용으로 개발되어 위험한 상황에서도 작동되는 특성 때문에 이동과 수송의 기능을 담당할 수 있을 것으로 보고 있다. 2013년 아마존은 샌프란시스코를 중심으로 특정 아이템의 수송에 드론을 이용하기 시작하였고 독일에서의 DHL 회사는 섬지방에 정기적인 의약품 배송에 드론을 활용하기 시작하였다. 드론은 자율자동차와 자율운송기기 등과 함께 새로운 수송수단으로 보편화될 것이며 드론 운영에 관련된 법규와 표준이 완성되어가면 지상운송이 가지는 한계를 극복할 수 있어서 고객까지의 최종수송을 담당하는 첨단수송방식이 될 것으로 기대된다.

공급사슬의 수송을 외부수송업자에게 모두 의뢰하는 경우, 비용과 고객서비스관점에서 최선으로 수송기능을 제공하는 수송체계를 선별한다. 하지만 직접 수송체계를 구성하여 운영하는 경우에는 여러 단계의 의사결정을 진행해야 한다. 이를 크게 두 가지로 나누면 수송계획(Planning)과 수송운영(Operation)으로 나눌 수 있는데 수송계획은 중장기적으로 또는 일정 기간 동안 필요한 수송수요를 수행할 수 있는 적절한 수송자원을 계획하고 준비하는 일이다. 이는 수송모드 및 차량의 수, 각각의 용량, 이를 운영하기 위한 부가 자원, 즉 인력과 시설 등에 대한 계획 등을 말한다. 수송운영은 주어져 있는 자원의 가동율과 효율성을 극대화하기 위한 단기간 또는 일간 단위의 실행을 의미하며 이는 수송의 루트결정과 각종 자원의 스케줄링 등을 포함한다.

## 2 수송계획

공급사슬 내의 수송은 대용량의 단일수송이 주를 이루는 간선수송(Primary Transport)과 최종 고객과 접하게 되어 대체적으로 소용량의 복수운송으로 구성되는 이차수송(Secondary Transport) 또는 고객수송으로 나눌 수 있다. 공급사슬의 전체 또는 일부를 운영하는 조직에서 수송체계에 대한 계획은 중장기적으로 운영하게 되는 수송자원에 대한 계획으로 이는 간선수송의 주요 수송모드 및 용량에 대한 계획을 의미한다. 이는 일정 기간 동안 수송체계로 인하여 발생하는 총비용을 최소화하기 위한 계획이며 수송수요을 통합하여 이를 실행하기 위한 수송모드의 선택과 이에 대한 유지보수 계획까지를 말한다. 따라서 자원에 대한 취득비용, 유지비용, 이를 운영할 인력자원에 대한 계획 및 교체계획 전반을 포함한다. 특히 수송설비의 운행 가능시간과 이를 운영할 인력자원의 운행 가능시간은 다르기 때문에 자원의 확보를 위한 계획에서 이러한 제약조건을 고려해야 한다. 예를 들면 트럭의 가용시간은 하루의 12시간이라면 트럭의 운전사는 하루 중에서 휴식을 포함한 8시간 및 4~5일 근무 후 휴식일이 필요하기 때문이다.

## 1) 수송용량계획

수송계획을 수행하기 위하여 간선수송에 대하여 또는 이차수송까지 포함한 전체 수송체계에 대한 수송수요를 산정하고 이를 수행할 간선수송경로에 대한 할당과정과 이를 수행하기 위한 수송자원의 선택과 수송모드의 선택 등에 대한 의사결정과정을 포함한다. 중장기적인 수송수요가 결정되면 이에 대한 수송용량을 할당하는 수송문제(Transportation Problem)는 다음과 같다. 수송수요는 수요지 $j$, ($j=1, 2, \ldots, n$)에 대해 각각 $D_j$로 정의되고 이에 대해 공급할 수 있는 공급지 $i$, ($i=1, 2, \ldots, m$)에 대해 각각 $S_i$의 공급가능량이 주어지며 공급지 $i$로부터 수요지 $j$까지의 단위당 수송비용이 $C_{ij}$가 소요된다면 총 수송비용을 최소화할 수 있는 경로별 할당량을 결정하고자 한다. $x_{ij}$는 공급지 $i$로부터 수요지 $j$까지의 수송량의 할당을 의미하는 결정변수이다.

$$Min \quad z=\sum_{i,j} C_{ij}x_{ij}$$

$$\begin{aligned} s.t. \quad & \sum_i x_{ij} \ge D_j, && \forall j \\ & \sum_j x_{ij} \le S_i, && \forall i \\ & x_{ij} \ge 0, && \forall i, j \end{aligned}$$

수송문제는 총공급량과 총 수요량이 같으면 이를 균형수송문제라고 하며 공급총량이 수요총량보다 작지 않는 한, 해를 구할 수 있다. 해를 구하는 방법은 수송심플렉스(Transportation Simplex) 방법으로 불리는 체계적 방식으로 구할 수 있다. 수송문제는 수송계획에 대한 가장 기본적인 모형으로서 실제로 적용할 때 다양한 방법으로 확장하여 적용할 수 있다. 예를 들면 경로 $i$로부터 $j$ 가지의 단위 수송비용은 선택되는 수송모드에 따라 미리 결정되어 있지만 일정 용량을 넘으면 수송모드의 선택이 달라지고 이로 인한 단위수송비용이 달라지는 체계로 운영될 수 있다. 따라서 할당되는 수송량에 따른 수송비용의 변화를 반영하여 해를 구할 수 있다. 또는 공급지의 경우 공급지로 선택되면 수송의 프로세스가 진행됨에 따른 일정한 고정비가 있다면 이를 반영하여 수송용량이 결정될 수 있다.

**예제 8-1** **수송용량계획**

고객들에게 새벽에 신선식품을 배송하는 회사는 서울지역에 7개의 영업지역에 시장물류센터를 운영하고 있어 새벽마다 물류센터로부터 고객에게 최종 배달을 하고 있다. 서울외곽에 위치한 8개의 농장($A$, $B$, ..., $H$)으로부터 정기적으로 신선식품을 조달 받을 수 있다. 시장의 총수요는 1,750단위이며 지역농장으로부터 공급받기로 결정되면 배송물량에 관계없이 신선식품의 분류, 포장 등을 위한 설비설치비의 고정비투자가 필요하다. 총비용은 물류센터의 수요를 담당할 농장별 할당량에 대한 총수송비와 선택된 농장의 고정비투자의 합이며 이를 최소화하기 위한 수송계획을 작성하고자 한다. 수송관련 비용과 공급가능량의 데이터는 〈표 8-1〉과 같다.

〈표 8-1〉 수송관련 비용과 공급가능량

| | 시장물류센터 | | | | | | | | |
|---|---|---|---|---|---|---|---|---|---|
| 비용 | 1 | 2 | 3 | 4 | 5 | 6 | 7 | 고정비 | 공급가능량 |
| 농장 A | 20 | 18 | 20 | 22 | 22 | 18 | 25 | 3,000 | 500 |
| 농장 B | 22 | 20 | 22 | 21 | 25 | 23 | 30 | 2,500 | 400 |
| 농장 C | 22 | 20 | 22 | 20 | 22 | 23 | 28 | 3,000 | 450 |
| 농장 D | 25 | 23 | 22 | 20 | 21 | 24 | 28 | 3,000 | 400 |
| 농장 E | 26 | 25 | 23 | 20 | 20 | 23 | 24 | 3,500 | 400 |
| 농장 F | 25 | 27 | 26 | 25 | 23 | 28 | 20 | 3,500 | 400 |
| 농장 G | 23 | 25 | 22 | 25 | 27 | 28 | 22 | 2,500 | 350 |
| 농장 H | 20 | 28 | 27 | 25 | 25 | 22 | 25 | 3,500 | 400 |
| 수요 | 200 | 190 | 230 | 300 | 280 | 350 | 200 | | |

$x_{ij}$는 공급지 $i$, $i=A, B, ..., H$로부터 수요지 물류센터 $j$, $j=1, 2, ..., 7$까지의 수송량의 할당을 의미하는 결정변수이며 $y_i$는 공급지인 농장 $i$가 공급자로서 선택 여부를 나타내는 이진결정변수이다. 여기서 물류센터 $j$의 수요는 $D_j$, 농장 $i$의 공급가능량을 $S_i$, 공급자로 선택되면 투자해야 하는 고정비를 $F_i$, 수송계획에 대한 수리모형은 다음과 같다.

$$Min \quad z=\sum_{i,j} C_{ij}x_{ij}+\sum_{i} F_i y_i$$

$$\begin{aligned} s.t. \quad & \sum_{i} x_{ij} \le D_j, && \forall j \\ & \sum_{j} x_{ij} \le S_i y_i, && \forall i \\ & x_{ij} \ge 0,\ y_i \in \{0, 1\}, && \forall i, j \end{aligned}$$

위 수송계획에 대한 해를 구하면 [그림 8-3]의 왼쪽과 같이 4개의 공급지 농장을 선택하여 각 수요물류센터의 수요를 충족하는 수송계획이 산출된다. 농장선택에 따르는 고정비를 고려하지 않으면 [그림 8-3]의 오른쪽과 같이 6개의 농장을 선택하여 고정비를 고려한 경우와 전혀 다른 수송계획이 산출된다.

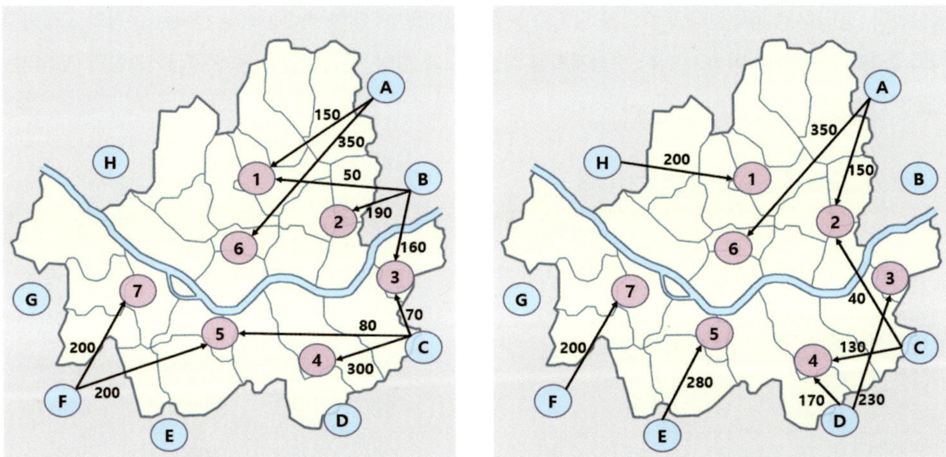


고정비를 고려한 경우 고정비가 없는 경우

[그림 8-3] 수송계획의 해

## 2) 수송모드계획

수송계획에서 자가수송으로 수송의 기능을 수행하는 경우 수송자원에 대한 결정은 중장기적으로 비용 측면에서 중요한 의사결정이다. 수송설비의 가동율을 높이면서 수송수요의 변화에 최적의 비용을 대응하기 위하여 일부는 구입하여 자산으로 운영하고 일부는 변동적인 수요에 대해 외부로부터 조달하여 운영한다. 수송차량모드 $k$의 용량은 $Q_k$이며 현재 $A_k$대를 운영하고 있다고 가정하자. 수송차량모드 $k$를 운영하면 차량대수에 상관없이 기간당 $F_k$의 고정비용과 매 기간당 운영차량 1대당 $V_k$의 변동비용이 소요된다. 수송차량모드 $k$에 대해 외부에 아웃소싱을 하면 차량 한대당 $H_k$의 비용이 소요되며 통상적으로 $H_k > V_k$이다. 수송계획기간 $j$의 수송수요는 $D_j$이며 이는 차량의 용량에 따라 언제든지 분배 가능하다고 가정한다. 실제로는 수송수요에 따라 특정 수송차량모드에 의해서만 수송 가능한 경우가 있으며 이 경우는 이에 해당하는 제약조건을 고려해야 한다. 전체 수송수요를 만족시킬 수 있는 수송차량모드의 기간별 운영에 대한 수송계획을 세우고자 한다. 이를 수리모형으로 표현하면 다음과 같다. $x_{jk}$는 기간 $j$에 수송차량모드 $k$의 운영차량 수이며 $h_{jk}$는 기간 $j$에 수송차량모드 $k$의 아웃소싱차량 수이고 $y_{jk}$는 해당기간에 수송차량모드의 운영여부를 나타내는 이진변수이다.

$$Min \quad z = \sum_j \sum_k [F_k y_{jk} + V_k x_{jk} + H_k h_{jk}]$$

$$\begin{aligned} s.t. \quad & \sum_k Q_k(x_{jk} + h_{jk}) \geq D_j, && \forall j \\ & x_{jk} \leq A_k y_{jk}, && \forall j, k \\ & x_{jk}, h_{jk} \geq 0, \ y_{jk} \in \{0, 1\}, && \forall j, k \end{aligned}$$

수송계획은 수송에 사용되는 자원에 대한 계획뿐 아니라 수송모드의 선택도 중요하다. 모든 수송수요는 출발지와 도착지가 정해지는데 여러 중간지점을 경유하여 수송해야 하기 때문에 단일 수송으로 해결할 수 없거나 또는 여러 수송수요에 대해 적절한 분류를 통해 특정 두 지점 간의 정기적 수송수요가 정의되면 이를 최소의 비용으로 수송할 수 있는 수송모드의 선택이 필요하다. 일정량의 수송수요에 대해 지점 $(1, 2, ..., i, i+1, ..., n)$를 거쳐서 수송되어야 하고 각 지점 간의 수송에 여러 종류의 수송모드가 가능하다고 가정하자. 지점 $(i, i+1)$ 간의 수송을 수송차량모드 $k$를 이용하면 수송비용 $C^k_{i,\,i+1}$이 소요되고, 지점이 $i$에서 수송차량모드 $k$에서 모드 $l$로 바꾸면 전환비용 $t^{kl}_i$이 소요된다고 가정한다. 이때 지점 1에서 지점 $n$까지의 수송수요에 대해 각 지점 간의 수송차량모드의 최적선택을 결정하고자 한다. 이를 수리모형으로 표현하면 다음과 같다. $x^k_{i,\,i+1}$는 지점 $(i,\, i+1)$ 간의 수송에서 수송차량 모드 $k$의 선택 여부를 나타내는 이진변수이며 $y_i^{kl}$는 지점 $k$에서 수송차량모드 $k$에서 모드 $l$로 전환하는가를 나타내는 이진변수이다.

$$Min \quad z = \sum_{i,k} x^k_{i,\,i+1} c^k_{i,\,i+1} + \sum_{i,k,l} y_i^{kl} t_i^{kl}$$

$$\begin{aligned} s.t. \quad & \sum_k x^k_{i,\,i+1} = 1, && \forall i \\ & \sum_{k,l} y_i^{kl} = 1, && \forall i \\ & x^k_{i-1,\,i} + x^l_{i,\,i+1} \geq 2y_i^l, && \forall i,\, k,\, l \\ & x^k_{i,\,i+1},\, y_i^{kl} \in \{0,\, 1\}, && \forall i,\, k,\, l \end{aligned}$$

위 수리모형은 각 지점 간의 수송모드 선택으로 인하여 발생하는 수송비용과 각 지점에서 수송모드가 전환되면 발생하는 전환비용의 합을 최소로 하는 수송계획을 결정한다. 첫 번째 제약식은 각 지점 간의 이동은 수송수요가 나누어지지 않고 하나의 수송모드에 의해 이송되어야 함을 나타내며 두 번째 제약식은 중간지점에서 수송모드의 전환은 한 종류의 전환만이 가능함을 나타낸다. 세 번째 제약식은 전체 수송모드의 선택의 일관성을 표현하는 것으로 지점 $i$에서 수송모드 $k$에서 $l$로 전환되었다면 지점 $i$까지의 수송은 모드 $k$에 의해, 지점 $i$로부터의 수송은 모드 $l$에 의해 이루어짐을 나타낸다. 수송모드 선택에 대한 수송계획의 해는 다른 형태의 수리모형으로도 정의할 수 있으며 지점의 수와 모드의 선택가능의 수가 그리 크지 않으면 다음과 같은 동적계획법으로 더 쉽게 해를 구할 수 있다. $f_i(k)$를 지점 $i$에 수송모드 $k$로 도착하였을 경우 지점 $i$로부터 최종 도착지 $n$까지의 최소비용을 나타내는 함수로 정의한다. 이 경우 $f_i(k)$를 다음과 같이 나타낼 수 있다.

$$f_i(k) = Min_l \; [\, t_i^{kl} + c^l_{i+1} + f_{i+1}(l)\,]$$

즉, $f_i(k)$는 지점 $i$에서 선택할 수 있는 모든 가능한 수송모드로의 전환의 경우에 대해 전환되었을 경우 발생하는 전환비용과 전환 후 지점 $(i+1)$까지의 수송비용, 그리고 지점 $(i+1)$에 수송모드 $l$로 도착하여 그 이후의 최소비용, 즉 $f_{i+1}(l)$의 합으로 구해지는 비용 중에 최소값으로 정의할 수 있다. 위 식은 $f_i(k)$의 값을 구하기 위해 동일한 함수의 값을 반복하여 사용하기 때문에 해를 구하기 위해서 순차적으로 계산을 진행해야 하며 이러한 속성 때문에 재귀함수(Recursive Function)으로 불리며 이러한 과정을 동적계획법이라 한다. 해를 구하는 과정은 $f_n(k)$의 값이 정의에 의해 모든 $k$에 대해 0이므로 $f_{n-1}(k)$의 값을 구할 수 있고 마찬가지로 역으로 반복과정을 통하여 계산할 수 있다.

### 예제 8-2 수송모드의 결정

제주도에서 주로 생산되는 아열대성 과일은 주된 소비지역인 대도시, 특히 수도권 주택가의 슈퍼마켓에 공급되기까지 여러 과정의 수송모드를 이용하게 된다. 과일은 공급지에서 분류 및 포장되고 이는 다시 제주도 내 물류센터까지 수송된 후 항공편을 이용하기 위해 공항으로 이동하거나 선박을 이용하기 위해 항만시설로 이동한다. 수도권의 공항까지 도착한 물량과 또한 선박을 통하여 이동한 물량 모두 수도권의 물류센터까지 이동한 후 다시 최종 수요지인 판매처로 이동하게 된다([그림 8-4]). 아열대성 과일의 시장 경쟁력을 결정하는 요인 중에 수송비로 인한 비용이 중요하기 때문에 효율적인 수송모드를 선택하는 것이 필요하다. 수송비라 함은 순수 수송비뿐 아니라 수송의 연계과정에서 소요되는 전환에 필요한 시간과 재포장 및 분류, 및 이로 인한 제품가치 손실 등의 전체비용을 포함한다. 아래 그림과 같이 다섯 단계의 수송경로에 대해 다음과 같은 단위수송비가 추정되었다. 각 단계별 가장 효율적인 수송모드를 선택하고자 한다.

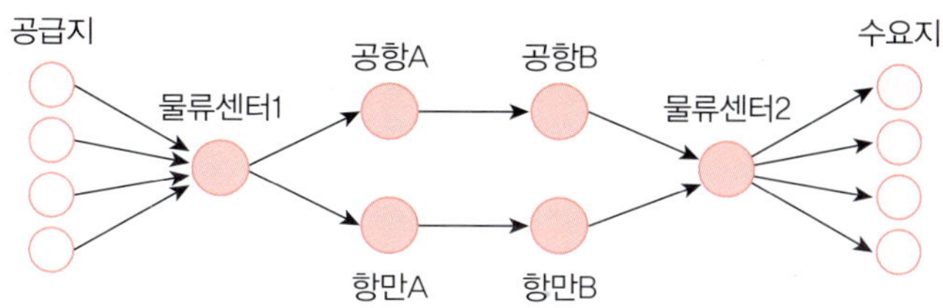


[그림 8-4] 수송모드의 결정을 위한 물류네트워크

최종수요지까지 수송되기 위하여 다섯 단계의 수송과정을 거치는데 각 단계별 최적의 수송모드를 결정하고자 한다. 각 단계별 이용 가능한 수송모드와 단위수송비, 또한 연계과정에서 수송모드가 전환되면 이에 대한 전환비용은 다음과 같다. 또한 공급지에서 첫 생산품이 수송모드를 선택하여 수송하기 위한 준비비용도 전환비용으로 간주하여 제시하였다. 수송에 관련된 비용은 〈표 8-2〉와 같다.

〈표 8-2〉 수송모드 결정에 관련된 수송비용

| 단위 수송비용 | 1단계 | 2단계 | 3단계 | | 4단계 | | 5단계 |
|---|---|---|---|---|---|---|---|
| | 공급지-DS1 | DS1-공항A/항만A | 공항A-공항B | 항만A-항만B | 공항B-DS2 | 항만B-DS2 | DS2-소비자 |
| 트럭 소(1톤) | 50 | 50 | | | 70 | 60 | 50 |
| 트럭 중(5톤) | 45 | 40 | | | 50 | 50 | 45 |
| 트럭 대(10톤) | 40 | 30 | | | 40 | 40 | |
| 철도 | | 40 | | | | 30 | |
| 항공 | | | 200 | | | | |
| 선박 | | | | 140 | | | |

| 전환비용 | 트럭 소(1톤) | 트럭 중(5톤) | 트럭 대(10톤) | 철도 | 항공 | 선박 |
|---|---|---|---|---|---|---|
| 생산품 | 10 | 25 | 40 | - | - | - |
| 트럭 소(1톤) | 0 | 10 | 15 | 20 | 20 | 60 |
| 트럭 중(5톤) | 15 | 0 | 10 | 15 | 20 | 50 |
| 트럭 대(10톤) | 20 | 15 | 0 | 10 | 15 | 40 |
| 철도 | 30 | 25 | 20 | 0 | 25 | 70 |
| 항공 | 30 | 25 | 20 | 40 | 0 | - |
| 선박 | 60 | 50 | 40 | 70 | - | 0 |

수송모드에 대한 결정을 위에서 제시한 동적계획법을 이용하여 수리모형화하면 $f_i(k)$에서 $i$=공급지, 물류센터1(DS1), 공항A, 공항B, 항만A, 항만B, 물류센터2(DS2), 소비지로 정의하고 $k$=트럭 소, 중, 대와 철도, 항공, 선박으로 정의하여 구할 수 있다. 수송과정의 3단계는 항공 또는 선박을 이용하는 두 가지 방법만이 가능하여 항공을 이용하는 경우와 선박을 이용하는 경우로 나누어 해를 구한 후에 비교하여 최소비용으로 가능한 수송모드의 연계과정을 구한다. 항공을 이용하는 경우 (공급지, DS1, 공항A, 공항B, DS2, 소비지)까지의 수송모드는 (트럭 소, 트럭 대, 항공, 트럭 중 또는 대, 트럭 중)의 수송모드로 총비용은 440이다. 선박을 이용하는 경우는 (공급지, DS1, 항만A, 항만B, DS2, 소비지)까지의 수송모드는 (트럭 소, 트럭 대, 선박, 트럭 대, 트럭 중)의 수송모드로 총비용은 425이다. 따라서 위 경우의 수송모드 선택은 3단계 수송에 선박을 이용한 수송모드의 조합이 최적의 선택이다.

# 3 수송운영

중장기적인 수송계획이 완성되면 확보된 수송자원으로 주간단위 또는 일간단위 등의 단기적인 기간 내에서의 수송기능의 실제 실행을 위한 운영계획을 작성하고 실행한다. 이는 간선수송뿐만 아니라 복수수송을 포함하는 지선수송 등 다양한 수송수요를 효율적으로 실행하기 위한 세부실행계획을 의미한다. 수송운영에서 시간에 관련된 다양한 지표들이 관리된다. 적은 비용으로 빠른 시간 내에 수송이 가능하다면 최적의 상황이지만 일반적으로 시간과 비용은 서로 상충적으로 영향을 준다. 따라서 수송의 운영과정에서 약속한 시간에 맞추어 배송하는 납기준수와 이에 대한 신뢰성, 그리고 비용과 다양성을 동시에 만족시킬 수 있는 효율성을 동시에 고려한 수송운영이 필요하다. 수송의 운영에서 사전에 이미 모든 수송요구에 대한 정보가 확보되면 이를 최적으로 운영하기 위한 계획을 작성할 수 있는데 이를 정적인 수송운영(Static Planning)이라 하며 수송 프로세스가 진행되면서 수송요구의 정보가 순차적으로 제공되면 현 상황에 근거하여 지속적으로 수송계획을 변경하면서 운영하게 되는 동적인 수송운영(Dynamic Planning)이 실행된다. 동적인 수송운영은 지속적인 계획의 수정, 변경 및 수송 요구의 예측까지 포함하는 복잡한 프로세스가 된다.

## 1) 최단수송경로

수송문제에서 가장 보편적으로 해결해야 할 문제는 공급지(출발지)와 수요지(도착지) 간의 최단거리로 이동할 수 있는 수송경로를 찾는 일이다. 최단거리라 함은 단순히 물리적인 거리만을 의미하는 것이 아니라 최단시간일 수도 있고 두 지점 간의 수송을 위해 필요한 최소비용의 루트를 의미할 수도 있다. 일반적인 네트워크 내에서 출발지에서 도착지까지의 최단경로를 찾는 대표적인 알고리즘은 다익스트라(Dijkstra) 방법으로 절차는 다음과 같다. 출발지를 노드 1이라 하고 도착지를 노드

$n$이라 하고 네트워크 내 모든 노드는 1과 $n$사이의 번호로 주어졌으며 연결된 모든 링크 $(i, j)$의 거리 $d_{ij}$가 주어져 있으며 $S(j)$는 노드 1에서 노드 $j$까지의 최단거리를 나타내며 따라서 $S(n)$의 값을 구하고자 한다.

**다익스트라 방법**

**(Step 1)** 노드 1에 임시라벨 $S(1)=0$을 부여하고 나머지 노드에는 임시라벨 $S(\cdot)=0$을 부여한다.

**(Step 2)** 임시라벨을 가지고 있는 노드 중에서 최소값을 가진 노드 $i$를 선택하여 현재의 값 $S(i)$를 확정라벨값으로 정한다.

**(Step 3)** 노드 $i$와 연결되어 있는 임시라벨 노드 $j$에 대해 $S(j)=Min[S(j),\ S(i)+d_{ij}]$로 수정한다.

**(Step 4)** 임시라벨 노드가 있으면 (Step 2)로 돌아가고, 그렇지 않으면 종료한다.

다익스트라 방법으로 출발지부터 도착지까지의 최단거리를 구하면 위 방법의 (Step 3)에서 최소값을 구하는 과정에 최수값을 결정하게 된 노드를 역순으로 추적하면 최단거리의 경로를 도출할 수 있다. 또한 위 과정을 통하여 출발지부터 모든 다른 노드까지의 최단거리의 경로도 함께 구할 수 있다. 물리적 거리는 음수의 값을 가지는 경우는 없지만 실제로 노드 간의 거리가 아니라 이동함으로써 발생하는 비용이 음수의 값을 가지는 경우, 즉 이동함으로써 발생하는 비용보다 수익이 더 크게 발생한다면 음수의 비용으로 생각하여 적용할 수도 있다. 이때 음수의 비용값을 가지는 링크가 존재하고 여러 링크를 연결한 사이클의 총비용이 음수 값을 가지는 경우가 존재하면 실제로 이 네트워크에서 최단거리 경로를 정의할 수 없게 된다. 이때는 다익스트라 방법을 통하여 이러한 음수값의 비용을 가진 사이클을 있음을 알 수 없고 다른 방법을 사용해야 한다.

차량이동에서 많이 이용되는 내비게이션 시스템에서 실시간으로 최단거리의 경로를 찾아준다. 차량이 이동하는 도로는 거대한 네트워크이며 도로가 만나는 교차로는 네트워크상의 노드로서 도로네트워크상의 노드정보와 차량의 현 위치를 알려 주는 GPS 정보를 이용하여 최단경로를 찾는다. 목적지까지의 물리적인 거리보다는 교통량을 감안한 최단시간에 이동할 수 있는 경로를 찾게 되는데 내비게이션 시스템에서 중요한 것은 최단경로의 최적값을 탐색하는 것보다 빠른 시간 내에 원하는 경로를 찾아 주는 일이다. 대부분의 사용자는 일정한 시간이 소요되는 최적의 경로를 찾기보다는 해를 찾는 데 소요되는 시간을 인지할 수 없을 정도의 실시간으로 보정해 주는 것을 원할 것이다. 내비게이션 시스템에서 사용되는 최단거리 찾기에 사용되는 해법은 대부분 에이스타($A^*$) 알고리즘으로 알려진 발견적 기법을 사용한다. 다익스트라 방법은 출발지에서 목적지까지의 최단거리 경로를 찾는 데 효율적이기는 하지만 모든 경우의 수를 검토하기 때문에 최적경로 찾기에 계산시간이 다소 길어지는 단점이 있다. 에이스타 알고리즘은 출발지에서 시작하여 목적지를 향하여 탐색하는 도중 현재의 위치에서 목적지까지의 최단거리에 대한 추정치를 사용하여 현 위치까지의 소요거리와 더한 값을 이용함으로 빠른 시간 내에 목적지까지의 계산을 마무리하도록 한다.

도로네트워크상의 모든 노드에 대해 검토한 것이 아니기 때문에 최적해라고 할 수는 없지만 목적지까지의 적절한 추정치를 사용하면 매우 효율적으로 빠른 시간 내에 우수한 해를 찾을 수 있다. 에이스타 알고리즘의 성능은 특히 목적지까지의 최단거리의 추정치를 얼마나 정확하게 예측하는가에 달려있는데 내비게이션 시스템에서는 GPS 시스템을 이용하여 직선거리로 추정하기도 하고 내비게이션 시스템을 사용한 사용자들의 과거 데이터를 분석하여 데이터베이스로 활용함으로 더욱 최적의 최단거리를 추정할 수도 있다. 내비게이션 시스템은 차량이 이동하면서 현재 이후의 시간에 대한 교통상황이 반영된 최단거리 정보를 필요로 하는 것이기 때문에 사용자가 많아지고 시간대별 교통상황에 대한 데이터가 누적되면 에이스타 알고리즘에서 사용하는 소요시간 예측이 더욱 정확해짐으로 내비게이션의 최단거리 경로 찾기의 성능도 더욱 향상될 것이다.

## 2) 판매원 경로

공급사슬에서 1차수송이나 지선수송에서 발생하는 대표적인 수송방식은 하나의 차량이 여러 수요지 또는 고객들을 방문하고 다시 출발지로 돌아오는 수송경로를 찾는 일이다. 특히 수하물 수송 또는 택배 수송과 같이 각기 다른 목적지를 가지고 있는 여러 물량을 배달하는 경우 시간 및 비용측면에서 모든 목적지를 방문한 후 돌아오는 수송경로의 길이를 최소로 하는 것이 필요하다. 이 문제는 판매원 경로문제(Traveling Salesman Problem)로서 1800년대부터 수학적으로 모델링된 대표적인 경영과학 문제이며 지금도 최적해 및 효율적인 발견적 해를 찾기 위해 많이 연구되고 실제상황에서 많이 사용되는 문제이다. $n$개의 수요지와 이를 상호 연결하는 링크 $(i, j)$가 있다. 구하고자 하는 경로는 모든 수요지를 한 번씩 방문하고 원래 출발지로 돌아오는 경로를 구하되 총 이동거리를 최소로 하는 경로를 구하고자 한다. 이 문제를 수리식으로 모형화할 수 있는데 가장 대표적인 방식은 다음과 같다. 결정변수 $x_{ij}$는 수요지 $i$에서 수요지 $j$까지 이동 여부를 나타내는 이진변수이며 $c_{ij}$는 수요지 $i$에서 수요지 $j$까지의 이동거리를 나타낸다.

$$
\begin{aligned}
\text{Min} \quad & z = \textstyle\sum_i \sum_{j \neq i} c_{ij} x_{ij} & \\
\text{s.t.} \quad & \textstyle\sum_{i,\, i \neq j} x_{ij} = 1, & \forall j \\
& \textstyle\sum_{j,\, j \neq i} x_{ij} = 1, & \forall i \\
& u_i - u_j + n x_{ij} \le n-1, & 2 \le i \neq j \le n \\
& 0 \le u_i \le n-1, & 2 \le i \le n \\
& x_{ij} \in \{0, 1\},\ u_i \ge 0, & \forall i, j
\end{aligned}
$$

위 식에서 보조로 사용된 변수 $u_i$가 포함된 제약식이 필요한 이유는 생성된 경로가 일부의 수요지만 포함된 부분경로(Sub-Tour)가 생성되지 않도록 하기 위함이다. 위 수리모형에서 $u_i$가 포함된 제약식이 없다면 이는 할당문제(Assignment)로 알려져 있어 쉽게 해를 구할 수 있지만 부분경로를 피하기 위한 제약식의 추가로 이 문제의 해를 구하는 것은 대표적으로 계산시간이 많이 소요되는 매우 어려운 경영과학문제가 된다. 판매원 경로문제에 대해 빠른 시간 내에 우수한 해를 구하기 위한 수많은 발견적 해법이 제시되었다. 가장 가까이 위치한 수요지부터 차례대로 연결해가는 근접이웃우선 방식 탐색기법(Nearest Neighbor Search Algorithm), 임의로 생성된 판매원 경로에 대해 이동경로 중에 2개 또는 3개씩 상호 교환하면서 전체 경로의 길이를 개선해 가는 방법, 또는 생태적인 특성을 이용하여 해를 개선해 나가는 메타휴리스틱 방법 등이 제시되고 있으며 문제의 성격에 따라 가장 효율적인 방법은 다르다. 크리스토피데스(Christofides)에 의해 제시된 발견적 방법은 해를 구하는 방법은 해를 구하기에 비교적 쉬우면서도 최적해 대비 최대 50% 이내의 오차를 보장하는 우수한 방법이다.

**크리스토피데스 방법**

**(Step 1)** 주어진 수요지에 대해 최소걸침나무(Minimum Spanning Tree)를 구한다.

**(Step 2)** 홀수개의 링크로 연결된 노드(수요지)에 대해 최소매칭(Minimum Matching)을 구한다.

**(Step 3)** 최소걸침나무와 최소매칭으로 연결된 링크를 순차적으로 연결하여 판매원경로를 구하되 두번 방문하는 노드가 있으면 이를 건너뛰고 그 다음 노드로 직접 가는 지름길(Shortcut)를 연결하여 전체 경로를 완성한다.

여기서 우선 최소걸침나무라고 하는 것은 주어진 네트워크에 대해 모든 노드를 연결할 수 있는 나무(Tree) 네트워크를 구하되 연결된 링크의 거리의 합이 최소인 경우를 말한다. 최소걸침나무를 구하는 방법은 매우 간단하다. 임의의 노드부터 시작하여 연결된 링크 중 최소값을 구하여 선택하고 다시 연결된 노드세트에 대해 연결되지 않은 노드와의 링크 중 가장 거리가 짧은 링크를 선택한다. 이와 같은 방법으로 모든 노드가 연결될 때까지 반복하면 최소걸침나무가 완성되며 전체 $n$개 노드 네트워크에 대해 통상 $n$번 내외의 계산으로 구할 수 있다. 최소걸침나무에서 홀수

개의 링크로 연결된 노드는 반드시 짝수 개가 존재하며 짝수개의 노드에 대해 최소매칭을 구하여 짝짓기를 한다. 최소매칭은 짝수개의 노드에 대해 두 개씩 짝을 짓되 연결된 노드 간의 링크의 길이의 합을 최소로 하는 매칭을 구하는 문제인데 최적매칭을 구하는 방법은 다소 체계적인 알고리즘을 적용해야 하지만 일반적으로 가까이 위치한 노드끼리 우선적으로 매칭해 나가는 방식으로 적용할 수 있다.

**예제 8-3** **판매원 경로**

판매원은 11명의 고객에 대해 일일이 방문하여 서비스를 제공해야 하며 따라서 전체 이동거리의 합을 최소로 하는 판매원 경로를 구하고자 한다. 판매원의 출발지는 O(0,0)에 위치해 있고 고객의 위치는 A(2,2), B(3,1), C(1,4), D(4,3), E(5,4), F(2,5), G(6,6), H(7,2), I(8,0), J(9,4), K(11,3)이며 모든 고객들 간의 직선거리로 이동할 수 있다. 즉, 예를 들면 GH 간의 거리는 $\sqrt{1+16}=\sqrt{17}\cong 4.12$이다. 판매원 출발지를 포함하여 12개의 노드에 대해 최소걸침나무를 구하면 [그림 8-5] (a)와 같다. 12개의 노드 중에서 홀수 개의 링크와 연결된 노드는 O, A, F, E, G, H, I, K로 8개의 노드가 있다. 8개 노드 간에 가까이 위치한 노드끼리 짝을 구하면 (O,A), (F,G), (E,H), (I,K)가 총 거리의 합의 측면에서 우수한 해 중의 하나이며 이에 해당하는 링크를 최소걸침나무에 추가한다. [그림 8-5] (b)는 최소매칭으로 구한 링크를 추가한 그림이다.

최소매칭을 추가하여 구성된 네트워크를 이용하여 판매원 경로를 구할 수 있다. 우선 출발지 O에서 시작하여 연결된 링크를 사용하여 경로를 구성하되 링크는 한 번만 사용하고 부분경로가 생기지 않도록 하되 방문한 노드에 다시 돌아오면 그 전 노드에서 다음 노드로 직접 가는 지름길(Shortcut)을 사용한다. 예를 들면 O-A-C-F-G-E-H-J-K-I-H까지 경로를 구성하면 H는 이미 방문한 노드이고 그 다음에 링크로 연결되어 있는 노드 E 또한 이미 방문한 노드이므로 I에서 D로 직접 가는 지름길을 택한다. 마찬가지로 D-B 방문 후에 도착한 A 역시 이미 방문한 노드이므로 B에서 O로 직접 가는 지름길을 택함으로 판매원 경로를 완성한다. 이 과정을 통하여 완성된 경로는 [그림 8-5] (c)와 같다. 노드에서 이미 링크를 선택하는 과정에서 다른 선택을 하면 다른 판매원 경로가 구성될 수 있다. [그림 8-5] (d)는 출발지에서 A에 도착한 후 C로 가는 경로가 아니라 B로 가는 경로를 택한 경우의 최종경로이다. (c)의 경로는 총 길이가 약 35.37이며 (d)의 경로는 약 32.70으로 (d)의 경로가 좀더 우수한 해이다. 이 문제의 최적해의 경로길이는 32.56으로서 최적경로는 O-A-C-F-D-E-G-J-K-I-H-B-O 또는 O-A-C-F-G-J-K-I-H-E-D-B-O 이다. 크리스토피데스의 방법으로 해를 구한 (c)의 경우는 최적해로부터 8.6%, (d)의 경우는 최적해로부터 0.4% 범위 안에 있어 매우 우수한 성능의 해임을 알 수 있다.

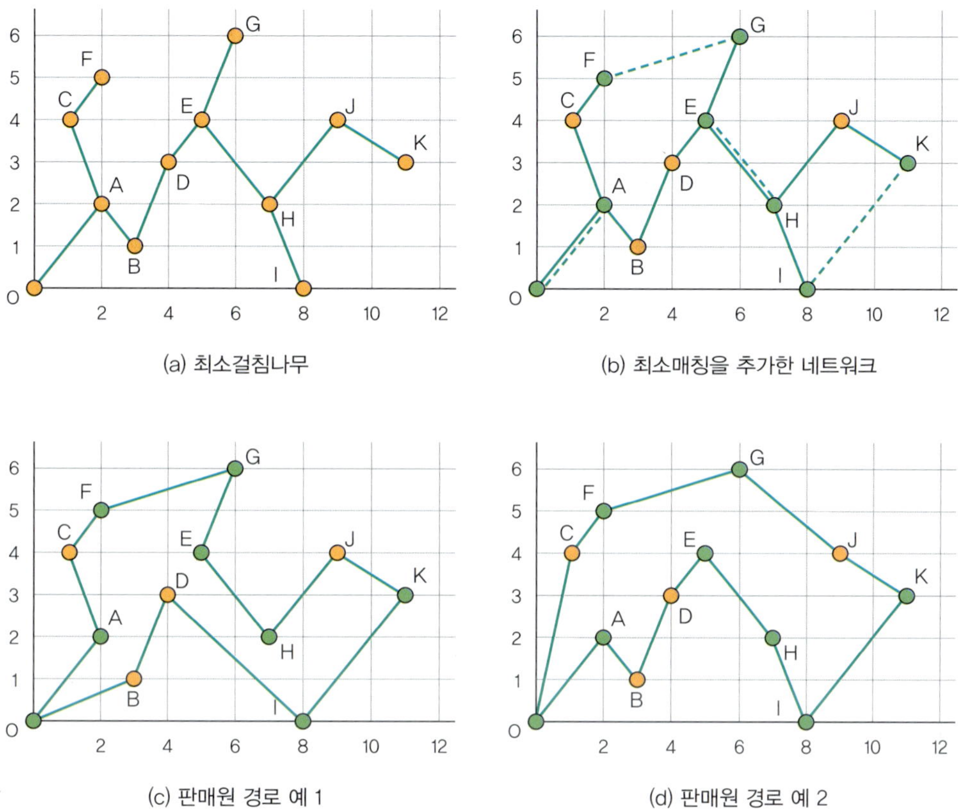


[그림 8-5] 판매원 경로

**[사례 8.1] 공유차량의 재배치 배송경로**

공유차량 시스템은 도시의 교통문제와 환경문제를 해결해 줄 수 있어 전 세계적으로 급속 성장하고 있는 산업이며 특히 모바일 정보시스템의 발달로 실시간으로 수요와 공급에 대한 많은 정보를 공유함으로 더욱 바른 속도로 확산하고 있다. 대표적으로 서울시에서 운영하고 있는 "따릉이"는 근거리를 이동하는 많은 사람들이 이용하는 자전거 공유차량으로서, 특히 개인거주지에서 지하철역이나 대중시설까지 이동하려는 사람들이 이용하고 있으며 교통카드를 이용한 비용지불이 용이하여 이용고객이 증가하고 서울시는 지속적으로 이러한 공유차량 시스템을 확대하고 있다. 공유차량 시스템의 가장 큰 문제는 모든 방향으로의 이동 수요가 균형을 이루지 못하고 있어 공유차량의 분포가 시간이 지날수록 특정지역에 몰리게 되며 이로 인하여 일부 지역은 수요를 충족할 수 있는 자전거가 부족하고 일부 지역은 재고자전거가 많아 거치대가 부족하게 된다. 따라서 대부분 일정 기간 마다 공유차량을 재배치해야 하는 데 서울시의 경우 재배치 트럭을 이용하여 정기적으로 이동시킴으로써 자전거 수요의 균형을 맞추고자 한다. 다만 매일매일 일정 지역의 자전거 수요는 과거의 데이터를 통해 적정 재고수준을 정하고 이에 근거하여 상한 재고량과 하한 재고량을 결정하고 자전거를 지속적으로 이동시키는 가운데 상한과 하한을 벗어나는 총량을 최소화할 수 있도록 하기 위한 자전거 이동계획을 작성하여 운영하고자 한다.

서울시 북동부의 중랑구에 있는 10개의 자전거 대여소는 한 대의 트럭이 자전거를 재배치하고 있으며 트럭은 최대 20대의 자전거를 운반할 수 있다([그림 8-6]). 자전거를 이용하는 시간은 오전 6시부터 오후 9시까지 15시간가량이며 재배치 트럭 또한 동일한 시간대를 3개의 시간대로 나누어 5시간마다 하나의 이동경로를 따라 자전거를 재배치한다. 각 기간마다 자전거의 평균적인 입출입량은 〈표 8-2〉와 같다. 각 시간대 별로 대여소는 자전거의 입고량과 출고량이 변화하기 때문에 재배치 트럭은 자전거를 상차 또는 하차하게 되며 재배치 트럭의 용량을 감안하여 각 대여소를 방문하고 트럭의 출발점(Depot)에 되돌아오도록 수송경로를 결정한다. 재배치 트럭은 10개의 대여소를 방문하는 경로에 따라 소요시간은 다르지만 대체적으로 각 시간대 내에 운행 가능하다. 따라서 이는 서비스요구에 따라 상차, 하차 및 트럭의 용량이 고려된 판매원 경로문제로 해석할 수 있다. 다만 위 문제는 총 수송거리를 최소화하는 것이 아니라 상차, 하차로 인하여 각 대여소에서의 자전거 보유대수가 미리 설정된 상한값과 하한값 범위 내에서 유지되도록 하지만 실제 수요의 불확실성으로 인하여 발생할 수 있는 재고부족 및 과다재고의 합을 최소화 할 수 있는 수송경로를 찾는 것이 목표이다.

수송스케줄의 운영은 하루에 한 번 스케줄을 작성한다. 하루의 시작과 동시에 현재의 각 대여소의 보유 자전거 수가 집계되며 시간대별 자전거 입출고량의 평균값을 이용하여 최적화 수리모형으로 수송경로와 각 대여소별 상차하차량을 결정한다. 실제로는 각 대여소별 방문하는 순서에 따라 일별 수송스케줄의 고려사항과 다를 수 있으나 확률적으로 재고부족과 과다재고의 합을 최소화할 수 있는 해를 제공해 준다. [그림 8-7]은 3기간 동안의 시간대별 수송경로를 보여준다. 각 대여소별 숫자는 상차, 또는 하차 자전거 수를 의미하고 대여소 간의 경로상의 숫자는 이동하는 차량 내 운송 중인 자전거의 수로서 용량 20 이내의 수를 나타낸다. 수송경로가 복잡하게 형성되는 이유는 상차량과 하차량으로 인하여 트럭의운반 가능용량 제약이 적용되기 때문이다. 참고로 기간 2에서 대여소 9에서 대여소 4를 거쳐 대여소 3으로 가는 경로는 대여소 4에서 자전거의 입출이 없기 때문에 이를 생략하여 운행할 수 있다.

[그림 8-6] 중랑구의 자전거 대여소

〈표 8-2〉 자전거의 평균 입출입량

| | 대여소 | 기간 1 | 기간 2 | 기간 3 |
|---|---|---|---|---|
| 1 | 사가정역 1번출구 | -9 | 4 | 12 |
| 2 | 동부시장 | -12 | 4 | 15 |
| 3 | 코스트코상봉점 | 14 | -5 | -9 |
| 4 | 면목역 3번출구 | 9 | 4 | -9 |
| 5 | 중화역 2번출구 | 8 | 13 | 6 |
| 6 | 중랑캠핑숲 | 8 | 16 | 8 |
| 7 | 중랑구청사거리 | -5 | -12 | -10 |
| 8 | 망우청소년독서실 | -6 | -9 | -12 |
| 9 | 용마문화복지센터 | -4 | -7 | 3 |
| 10 | 먹골역 6번출구 | -3 | -8 | -4 |

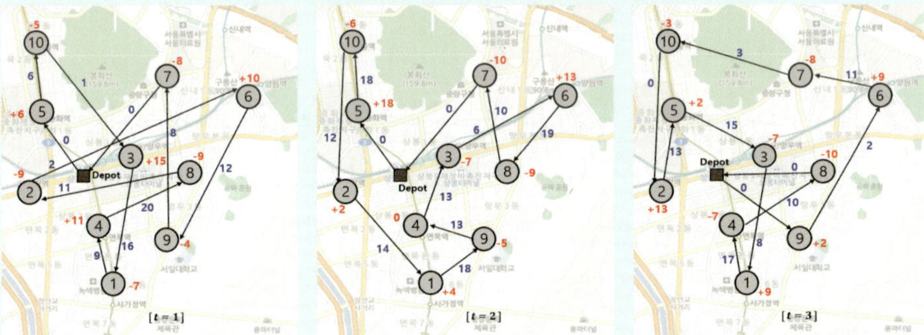


[그림 8-7] 중랑구의 3기간동안의 차량 재배치 경로

## 3) 차량배송경로

한 대의 차량이 여러 수요지를 방문하고 각 필요한 수요를 만족시켜 주는 판매원 경로의 문제는 실제로 실행하면 한 번의 경로 이동으로 수송을 완성할 수 없는 현실적이 조건들이 있다. 수요지마다 수송 수요량이 있고 이때 수송차량의 용량 제약 때문에 하나의 경로로 완성이 없을 경우이다. 또한 수송차량이 한 번의 경로로 이동

하는 데 필요한 시간제약이 있는 경우, 즉 하루에 한 번의 경로를 수송한 후 출발지에 돌아와서 수송 임무를 마무리해야 하는 현실적인 조건들이 적용되는 경우이다. 용량제약이나 또는 한 번의 수송으로 이동거리의 제약이 있는 경우 전체 수송 수요를 여러 대의 차량으로 분담하여 수송경로를 만들어야 하는 경우를 차량배송경로(Vehicle Routing)라고 한다. 통상적으로 수요지 $i$는 $w_i$의 수요가 있고 차량의 용량이 $Q$라고 하면 하나의 경로는 방문하는 수요지의 수요의 합은 $Q$보다 작거나 같아야 한다. 이렇게 구성되는 전체 경로의 길이의 합을 최소로 하는 여러 경로를 구하는 것이 차량 배송경로문제의 결정사항이다. 대표적으로 택배회사는 여러 대의 차량으로 많은 수의 수송수요를 실행하는데 차량 1대에 실을 수 있는 택배의 전체수량은 중량이나 부피로 한계가 주어지고 또한 택배 차량 한 대가 이동하는 데 소요되는 시간과 거리 측면에서 하루 작업가능 시간 내에 가능하도록 구성해야 한다. 전체 차량이 이동하는 거리의 합을 최소화할 수 있도록 차량마다 수송할 택배의 조합을 구성하는 것도 필요한 의사결정의 핵심 고려사항이다.

차량 배송경로는 판매원 경로문제보다 더욱 복잡하며 최적해를 구하는 데 소요되는 계산시간도 길뿐 아니라 효율적이며 실용적인 해를 구하는 것도 다소 복잡하다. 일반적으로 의사결정의 과정을 두 단계로 나누어 실행할 수 있는데 차량마다 수송수요를 할당하는 과정과 차량에 할당된 수요지에 대한 경로를 구하는 문제를 나누어 진행할 수 있다. 그러나 두 단계의 과정이 서로 연관되어 있어 한 단계의 성능이 다른 단계의 성능에 영향을 준다. 가장 전통적인 방법은 절약법(Saving Method)이라고 알려진 방법인데 이는 두 개의 수요지를 직접 별도로 수송하는 것보다 한번의 경로로 수송하는 것이 삼각형의 법칙(Triangular Inequality)에 의해 절약할 수 있다는 논리를 이용한다. 두 개의 수요지를 하나의 경로에 포함시킴으로 얻을 수 있는 절약이 가장 큰 두 수요지를 선정하고 같은 방식으로 수요지를 하나씩 추가하되 차량의 용량범위까지 추가하여 모든 수요지가 포함될 때까지 진행한다. 이는 할당과 경로구성을 동시에 진행하는 형태의 발견적 기법이다. 절약법을 통한 차량배송경로를 구하는 과정은 다음과 같다. 출발지는 노드 0이라고 하고 수요지 $i, j(i, j=1, 2, \cdots, n)$에 대해 수송거리를 $d_{ij}$로 정의한다.

### 절약법

**(Step 1)** 모든 수요지는 $n$개의 개별 경로라고 가정하고 각 경로이 길이는 $2\sum_i d_{0i}$이다.

**(Step 2)** 수요지 $i$, $j$에 대해 절약값 $s_{ij}=d_{0i}+d_{j0}-d_{ij}\geq 0$를 구한다.

**(Step 3)** 수요지 $i$, $j$에 대해 서로 다른 경로에서 각 경로의 첫 번째 또는 마지막 수요지이면서 두 개의 경로 각각의 총 수요의 합이 차량의 용량 $Q$보다 작거나 같게 되는 $(i. j)$ 조합 중에서 절약값이 가장 큰 경우를 선택하고 두 경로를 통합한다.

**(Step 4)** 절약값을 고려하는 대상에서 $(i. j)$를 삭제하고 모든 조건을 만족할 때까지 (Step 3), (Step 4)를 반복한다.

절약법이 경로와 할당을 동시에 진행하는 방법인 데 반하여 1차 경로, 2차 할당의 과정을 단계적으로 진행하는 방법으로 스윕방법(Sweep Method)이 있다. 이는 일차적으로 차량의 용량을 고려하지 않고 전체 수요지에 대해 하나의 판매원 경로 문제를 풀고 경로의 방문하는 순서대로 차량의 용량 범위 내에서 할당해 가는 방식이다. 더욱 간단하게 적용하는 방법은 출발지를 중심으로 하고 임의의 수요지를 시작점으로 하여 시계방향 또는 반시계방향으로 원형 회전하면서 만나는 수요지의 순서대로 방문순서를 정하고 이를 최초의 경로라고 생각할 수 있다. 스윕방법의 장점은 가까이 위치한 수요지끼리 하나의 경로에 포함될 가능성은 높다는 것이다. 한편으로는 처음 결정되는 경로의 순서대로 수요지를 할당하다 보면 많은 수의 차량이 필요할 수도 있어서 전체 경로의 길이는 길어질 수 있다. 스윕방법으로 좀더 좋은 차량배송경로를 구할 수 있는 방법은 처음 구한 경로에서 수요지를 할당하는 과정에 최적방법을 사용하는 것이다. 최적할당 스윕방법은 다음과 같다. 전체 수요지에 대해 구한 경로에서 방문순서를 $[x^{(0)}, x^{(1)}, x^{(2)}, \ldots, x^{(n)}, x^{(0)}]$라고 정의한다.

### 최적할당 스윕방법

1. 수요지 $i$, $j$에 대해 $\sum_{k=i+1}^{j} w_k \leq Q$이면 링크 $(i, j)$를 연결한다. $C_{ij}$는 경로 $[x^{(0)}, x^{(i+1)}, x^{(i+2)}, \ldots, x^{(j)}, x^{(0)}]$의 길이라고 정의하고 그렇지 않으면 $C_{ij}=\infty$이다.
2. 노드 $x^{(0)}, x^{(1)}, x^{(2)}, \ldots, x^{(n)}$와 링크 $(x^{(i)}, x^{(j)})$로 구성된 네트워크에 대해 $d(x^{(i)}, x^{(j)})=C_{ij}$로 정의한다. 이에 대해 $x^{(0)}$부터 $x^{(n)}$까지의 최단거리를 구한다.
3. 최단거리에서 선택된 링크는 각 차량의 배송경로이다.

**예제 8-4 차량배송 경로**

11명의 고객에 대해 일일이 방문하여 서비스를 제공해야 하며 따라서 전체 이동거리의 합을 최소로 하는 차량배송 경로를 구하고자 한다. 차량의 출발지는 O(0, 0)에 위치해 있고 고객의 위치는 A(2, 2), B(3, 1), C(1, 4), D(4, 3), E(5, 4), F(2, 5), G(6, 6), H(7, 2), I(8, 0), J(9, 4), K(11, 3)이며 모든 고객들 간의 직선거리로 이동할 수 있다. 각 고객(A, B, C, D, E, F, G, H, I, J, K)의 배송물량은 각각(20, 35, 15, 20, 20, 35, 10, 25, 30, 15, 20)이며 차량 1대의 용량은 70이다. 전체 배송물량의 합은 245로서 최소 4대의 차량이 배정되어야 한다. 각 차량의 배송용량 범위 내에서 전체 배송거리를 최소화할 수 있는 고객의 조합과 배송경로를 구하고자 한다. 절약법에 의해 절약값 $s_{ij}=d_{0i}+d_{j0}-d_{ij}$의 값을 구하고 가장 큰 값부터 탐색하면서 경로를 합치되 구해진 경로의 고객들의 배송물량의 합이 70을 넘지 않도록 구성하면 경로 1(O, I, K, J, O) 물량 65, 경로 2(O, H, G, E, O) 물량 55, 경로 3(O, D, F, C, O) 물량 70, 경로 4(O, A, B, O) 물량 55이며 총 배송거리는 65.14이다. 4대 차량의 배송경로는 [그림 8-8]과 같다.

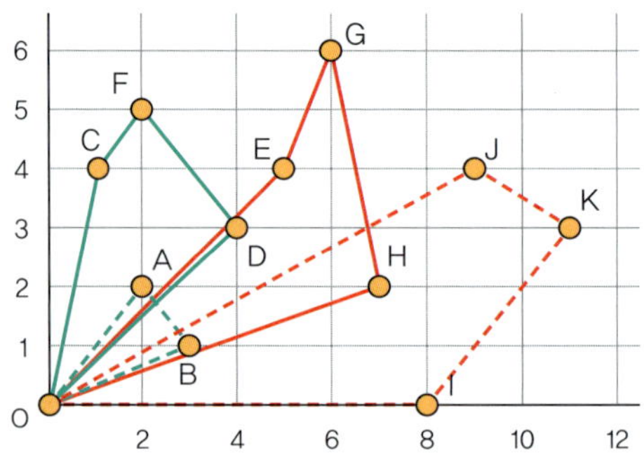


[그림 8-8] 절약법으로 구한 배송경로

최적할당 스윕방법으로 배송경로를 구하기 위해 판매원 경로를 구하고 이를 이용한다. 배송경로에는 차량의 용량이 고려되기 때문에 최적의 판매원 경로가 우수한 배송경로를 보장하는 것은 아니다. 다수의 우수한 판매원 경로에 대해 최적할당 스윕법을 적용하여 해를 구하고 이 중에서 좋은 해를 선택한다. 예를 들어 판매원 경로 O-C-F-D-E-G-J-K-I-H-B-A-O를 선택하고 이에 대해 배송경로를 탐색한다. $[x^{(0)}, x^{(1)}, x^{(2)}, \ldots, x^{(11)}, x^{(0)}]$=[O,C,F,D,E,G,J,K,I,H,B,A,O]의 노드로 구성된 가상의 네트워크에 대해 $d(x^{(i)}, x^{(j)}) = C_{ij}$를 구하되 수요지 $(x^{(i+1)}, x^{(i+2)}, \ldots, x^{(j)})$의 수요총량이 차량 용량범위 70보다 크지 않은 경우만을 고려한다. 한 개, 또는 두 개의 수요지를 포함하는 부분경로는 모두 차량 용량범위 내에 있으며 3개의 수요지를 포함하는 경우는 (C, F, D), (D, E, G), (E, G, J), (G, J, K), (J, K, I)인 경우와 4개의 수요지를 포함하는 경우는 (D, E, G, J)와 (E, G, J, K)이다. 새롭게 정의된 네트워크에서 $x^{(0)}$부터 $x^{(n)}$까지의 최단거리를 구하고 이에 상응하는 차량배송 경로를 구하면 경로 1(O, C, F, D, O) 물량 70, 경로 2(O, E, G, J, K, O) 물량 65, 경로 3(O, I, H, O) 물량 55, 경로 4(O, A, B, O) 물량 55이며 총 배송거리는 64.17로서 절약법으로 구한 배송경로보다 개선된 해이다. 4대 차량의 배송경로는 다음 그림과 같다.

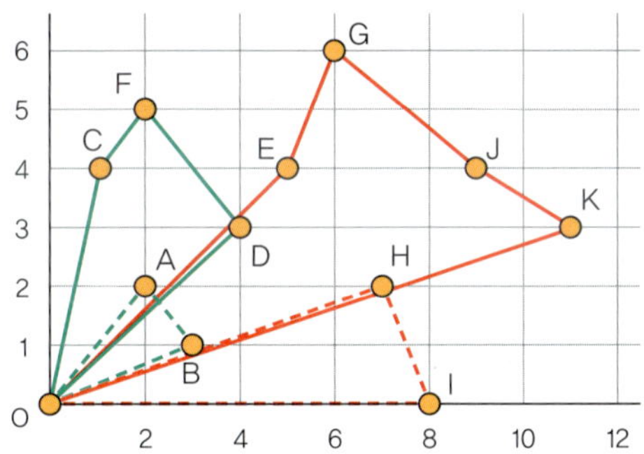

[그림 8-9] 최적할당 스윕법으로 구한 배송경로

수송을 위한 차량 배송경로는 효율적인 경로를 구하는 것과 동시에 빠른 시간 내에 적용 가능한 경로를 찾는 것이 필요하다. 수리적으로 좋은 해를 찾는 과정은 대부분 계산시간이 많이 필요하기 때문에 지리적 상황과 경험에 의한 경로를 많이 사용한다. 이와 같은 발견적 방법은 우선 수송 가능한 임의의 경로를 구하고 이를 다양한 방법으로 개선하는 과정을 거쳐 적절한 수준에 도달하면 실행한다. 특히 개선의 과정은 다양한 규칙에 의해 경로의 순서를 바꾸어 보면서 경로의 효율성을 개선시켜가게 된다. 예를 들면, 가능한 차량의 대수만큼 중심점(Seed)이 되는 고객을 임의로 선정하고 중심점 중심으로 가까이에 위치한 고객 중심으로 일종의 클러스터를 순차적으로 만들어 차량별 수요지를 분류하고 분류된 수요지에 대해 판매원 경로문제를 적용하여 해를 구한다. 또는 임의로 생성된 경로에 대해 인접한 두 개의 수요지 방문경로를 두 개 선정하여 교환함으로써 개선하는 과정을 여러 번 시행함으로 효율적인 경로를 찾을 수 있다. 이와 같은 과정은 합리적인 개선과정과 빠른 연산과정으로 설계하여 짧은 시간 내에 우수한 경로를 찾을 수 있다.

차량배송 경로문제는 수송의 실제 운영에 적용되기 때문에 실제 필드에서의 다양한 제약조건을 가지고 있는 경우가 많다. 예를 들면 수요지에서 서비스를 제공할 때 상황에 따라 일정한 시간 범위 내에 서비스를 받는 것이 가능하거나 또는 그 시간 내에 서비스를 받는 것이 더 큰 가치를 가져올 경우 등이 있다. 복잡한 시내 중심부에 위치한 수요지는 교통체증시간을 피하거나 또는 통상적인 비업무 시간에 배달을 요청하는 경우 배송도착 시간이 고려되어 차량배송경로를 찾아야 한다. 차량배송에 사용되는 차량의 용량이 다양한 경우 차량그룹별로 용량범위 내에서 수요지를 어떻게 할당하느냐에 따라 전체 수송경로의 효율성이 달라진다. 수송에 대한 수요가 매번 의사결정을 내려야 하는 기간마다 다른 경우도 있지만 매일 또는 일정기간 동안에는 각 수요지의 수송수요가 일정한 경우는 일정한 차량배송경로가 정기적으로 운영되기 때문에 차량 배송경로의 효율성이 장시간에 걸쳐 영향을 주어 우수한 경로를 찾는 것이 더욱 중요하다.

### 4) 재고와 수송의 통합(Transportation Consolidation)

수송은 기본적으로 한 번의 수송에 많은 양을 수송할수록 이에 소요되는 단위비용은 감소하는 규모의 경제가 적용된다. 따라서 수송모드를 결정하거나 경로를 택할 때도 수송수요의 통합(Consolidation)을 통해 얻는 비용감소의 수익과 통합을 통해 발생하는 경로의 추가 또는 수송모드의 변환 비용의 증가의 트레이드 오프를 고려한 의사결정이 필요하다. 수송의 통합은 수송자체의 효율성은 증가하는 대신 크게 두 가지의 희생을 가져오는데, 첫째는 재고의 증가이고, 둘째는 수송수요로 달성할 고객만족의 차이이다. 이는 수송의 통합으로 물량의 단위가 커지기 때문에 일정 장소에 보관의 필요성이 발생하며 또한 다른 기간 동안의 물량을 통합함으로 기간별 수요가 시차를 두고 배송될 수도 있기 때문이다. 수송에 관한 의사결정에서 수송비용만 고려한다면 규모의 경제에 근거한 통합만이 좋겠지만 재고와 고객만족 또는 고객 대응성까지 고려한 비용을 포함해야 하는 경우가 많기 때문에 이를 고려한 수송통합의 의사결정이 필요하다.

수송통합의 효과가 극대화되는 경우는 정기적으로, 예를 들면 매일, 여러 수요지에 수송수요에 따라 배송하고자 할 때 매일의 수요를 맞추기 위한 배송경로보다 일부 수요지에 대해서는 2일 또는 3일마다 배송하여 수송물량을 통합하면 더욱 효율적인 배송경로를 만들 수 있다. 다만 이 경우 한번에 많은 물량을 공급받아 재고로 유지하기 때문에 이에 대한 비용이 증가하며 특히 수요가 불확실성을 가지고 있다면 정기적인 배송주기가 증가함에 따라 고객 대응력이 감소할 수 있다. 이와 같이 수송과 재고 및 고객 대응력의 복합적인 비용이 동시에 고려되어 수송의 경로와 시기가 결정될 필요가 있다.

**예제 8-5 재고를 고려한 수송의 통합**

[그림 8-10]과 같은 수송네트워크에서 수송센터(Depot)는 H에 위치해 있고 A, B, C, D, E, F의 6개 수요지에 대해 배송을 담당한다. 차량의 용량은 100이며 각 수요지의 수요량은 각각 (40, 60, 40, 60, 10, 40)으로 총 수요량은 250이다. 각 수요지의 수요를 매일 충족시키면서 전체 수송거리를 최소화할 수 있는 차량 배송경로는 경로 1(H, B, C, H), 경로 2(H, D, E, H), 경로 3(H, F, A, H)이며 총 수송거리는 56이다([그림 8-10(a)]). 그러나 각 수요지의 수요가 2일간의 수요를 한번에 배송가능한 수송통합이 가능하다면 최적의 배송경로는 달라질 수 있다. 1일차는 (H, A, B, H), (H, C, D, H), (H, E, F, H)의 3개의 경로에 대해 A, B, C, D에 대해서는 수요량대로 배송하고 E와 F에 대해서는 2일간의 수요량 20과 80을 배송한다. 2일차는 (H, A, B, H)와 (H, C, D, H)의 수요량대로 수송하는 2개의 경로에 대해 배송을 운영한다([그림 8-10(b)(c)]). 이 경우 첫날의 수송거리 58과 2일차의 수송거리 40의 수송경로를 운영함으로 1일 평균 49의 수송거리의 배송이 가능하다. 이와 같이 수송통합으로 인하여 수송비용을 7단위 절감할 수 있다. 그러나 이는 수요지 E와 F에서 2일마다 각각 10단위와 40단위, 총 50단위의 재고를 유지해야 하므로 수송통합과정에서 수송비용과 재고비용과의 트레이드오프을 고려하여 수송 의사결정을 해야 한다.

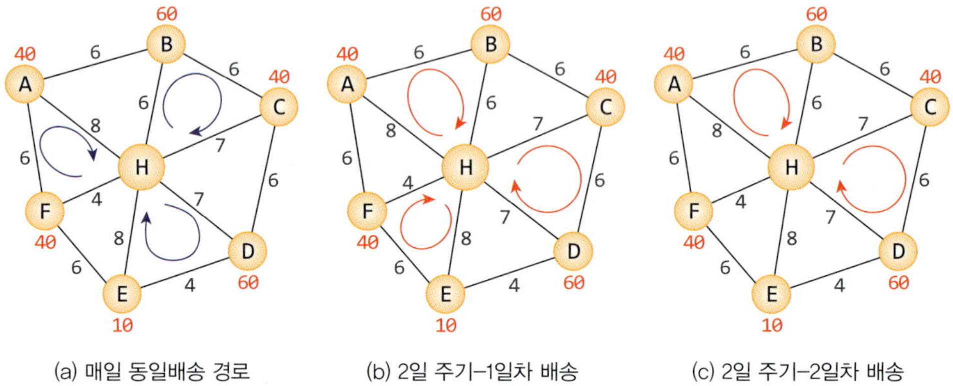


[그림 8–10] 재고를 고려한 수송의 통합

수송의 효율성을 위하여 재고를 적절하게 이용할 수 있다. 수송용량의 한계 또는 수송용량의 적재율을 높임으로서 수송비용을 줄이고 일부 수요지에서는 재고를 운영함으로 일정 기간의 수요물량을 일시에 배송 받음으로 수송비용과 재고비용의 합을 최소화 할 수 있는 수송방법을 찾는 일이다. 이를 재고라우팅(Inventory Routing) 문제라고 하며 이를 혼합정수계획법으로 수리모형화할 수 있다. 수요지 $i=1, 2, ...,$ $n$과 수송센터(Depot) $i=0$으로 정의한다. 수요지 $i$는 기간 $t=1, 2, ..., T$에 수요 $d_{it}$를 충족해야 한다. 수송차량의 용량이 $Q$로 한 기간 동안 1회 배송경로를 따라 수송을 담당한다. 수요지 $i$에서 수요지 $j$까지 이동하면 수송비용 $c_{ij}$이 발생한다. 수요는 해당 기간에 배송되거나 미리 배송되어 보관하고 있는 재고로 충족될 수 있다. 수요지 $i$에서 수요물량의 재고유지비용은 단위당 $h_i$로 기간에 상관없이 동일하다고 가정하고 부재고(Backorder)는 허용하지 않는다. 수송에 관한 의사결정은 첫째, 기간 $t$에 수송차량이 수요지 $i$에 도착하여 배송물량 $y_{it}$를 공급하는가이며 그로 인하여 수송차량의 배송 여부를 결정하는 이진변수 $z_{it}$, 또한 그 기간의 재고물량 $s_{it}$을 결정해야 하며 둘째, 수송차량이 기간 $t$에 수요지 $i$에서 수요지 $j$까지 이동하는가를 나타내는 이진변수 $x_{ijt}$에 대한 결정이다. 수송차량이 기간 $t$에 수요지 $i$ 배송한 후 차량의 남은 용량을 $u_{it}$으로 정의한다. 이에 대한 수리모형은 다음과 같다.

$$Min \quad \sum_{t=1}^{T}\left(\sum_{i=0}^{n}\sum_{j=0}^{n} c_{ij}x_{ijt}+\sum_{i=1}^{n} h_i s_{it}\right)$$

$$\begin{aligned}
s.t. \quad & s_{it}=s_{i,t-1}+y_{it}-d_{it},\ i=1, ..., n,\ t=1, ..., T\\
& \textstyle\sum_{i=0}^{n} x_{ijt}=z_{jt},\quad j=1, ..., n,\ t=1, ..., T\\
& \textstyle\sum_{j=0}^{n} x_{ijt}=z_{it},\quad i=1, ..., n,\ t=1, ..., T\\
& y_{it}\le M\cdot z_{it},\quad i=1, ..., n,\ t=1, ..., T\\
& u_{0t}=Q, \qquad t=1, ..., T\\
& u_{jt}\le u_{it}-y_{jt},+(1-x_{ijt})M \quad i, j=0, ..., n, i\ne j,\ t=1, ..., T\\
& x_{ijt}\in\{0, 1\},\ i, j=0, ..., n, i\ne j, t=1, ..., T\\
& y_{it}\ge 0, u_{it}\ge 0, s_{it}\ge 0, z_{it}\in\{0, 1\}, \quad i=1, ..., n,\ t=1, ..., T
\end{aligned}$$

**예제 8-6** **재고를 고려한 수송의 통합**

[예제 8-5]와 동일한 수송네트워크에서 수송센터(Depot)는 H에 위치해 있고 A, B, C, D, E, F의 6개 수요지에 대해 배송을 담당한다. 차량의 용량은 200이며 각 수요지의 수요량은 매 단위기간 각각 (40, 60, 40, 60, 10, 40)으로 각 단위기간 총 수요량은 250이다. 각 수요지에서 재고를 유지할 수 있으며 재고유지비용은 한 단위를 한 기간 동안 유지하는데 A, B, C, D, E, F별로 각각 (0.2, 0.3, 0.4, 0.2, 0.2, 0.5) 소요된다. 5단위 기간 동안 수요를 충족하면서 전체 수송거리와 재고비용의 합을 최소로 하는 수송스케줄을 작성하고자 한다. 이를 위에서 제시한 최적화 수리모형을 적용하여 해를 구하면 [그림 8-11]과 같다. [그림 8-11]에서 괄호 안의 숫자는 해당 기간에 배송되지만 다음 기간의 수요충족을 위해 보관되는 재고량을 의미한다. 기간별 수송경로가 다르게 구축된다. 수요지 A에서 기간 2와 기간 4의 재고량은 그 다음 기간의 수요충족으로 차량이 방문하지 않아도 되며 수요지 E의 기간 1과 기간 3의 재고량도 동일한 역할을 한다. 특히 수요지 D에서 기간 2의 재고량 20과 기간 4의 재고량 10은 그 다음 기간의 수송경로가 용량 200의 단일경로를 가능하게 함으로 총 수송거리에 의한 비용을 절감하게 해준다. 수송에 의한 이동거리 비용은 총 195이며 재고유지에 의한 비용 26, 총 221의 비용으로 최적의 수송스케줄이 구성된다. 이와 같이 수송경로로 인한 비용과 재고비용, 차량의 용량은 상호 연동되어 함께 고려함으로 수송의 효율성을 결정짓게 된다.

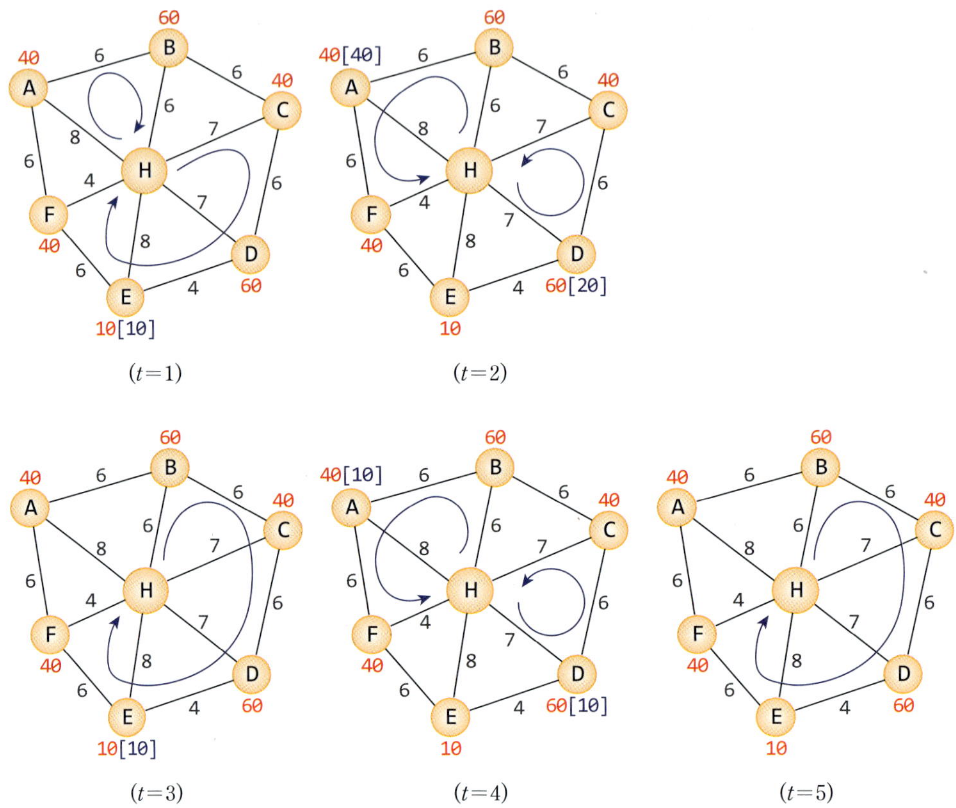


[그림 8-11] 재고를 고려한 수송의 통합

# Exercise 연습문제

1. [예제 8-1]의 수송계획에 대해 고정비를 고려한 경우와 고정비를 고려하지 않은 경우에 대해 수리 모형을 제시하고 이에 대한 해를 구하시오.

2. [예제 8-2]에 대해 동적계획법으로 해를 구하시오

3. [그림 8-12]와 같은 경로에 대해 노드 1에서 노드 6까지의 최단경로를 다익스트라 방법으로 구하시오.

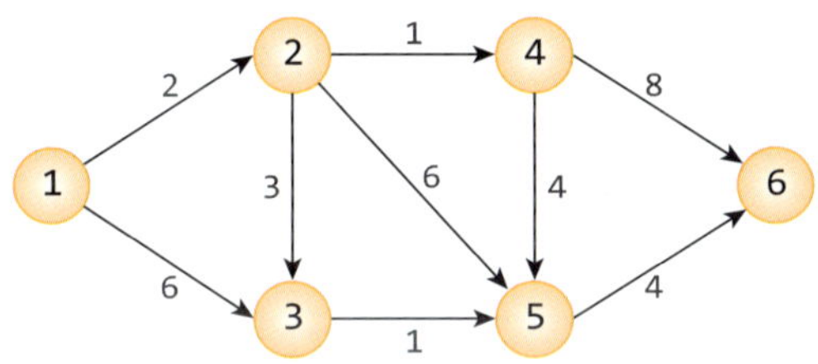


[그림 8-12] 경로 네트워크

4. 네트워크상의 경로 $(i, j)$의 거리 $d_{ij}$가 음수인 경우, 즉 $(i, j)$의 경로를 이동하면 비용보다 수익이 발생하는 경우, 특히 네트워크 내에 사이클이 존재하고 사이클의 이동경로의 비용의 합이 음수가 되는 경우, 이를 효율적으로 발견할 수 있는 최소비용 경로는 다익스트라 방법으로 구할 수 없다. (음수의 사이클이 존재하면 해가 없는 경우이다.) 이러한 경우를 포함하여 해를 구할 수 있는 방법은 Bellman-Ford 방법으로 알려진 동적계획법 해를 다음과 같이 정의할 수 있다.

$k$= 경로 $1 \rightarrow k$까지 이동에 사용된 최대 링크의 수

$s(i, k)$= 경로 $1 \rightarrow k$ 이동에 $k$ 이하의 링크를 사용하여 이동한 최단거리

Bellman 방정식: $S(i, k) = \underset{j \neq i}{Min} \begin{bmatrix} S(i, k-1) \\ Min[d_{ji} + S(j, k-1)] \end{bmatrix}$

$P(i, k)$= 위 Bellman 방정식에서 최소값을 만든 $j$

$S(1, 1) = 0$

$S(i, 1) = d_{1i}, \ \forall i \neq 1, \ +\infty \ if \ \nexists \ arc \ 1 \rightarrow i.$

$S(i, n), n$= 네트워크의 총 링크의 수

(단, $S(i, n) < S(i, n-1)$가 성립하는 $i$가 있으면 음수값의 사이클이 존재한다)

위 Bellman-Ford 방법으로 [그림 8-13]의 네트워크에 대해 노드 1에서 노드 4까지의 최단거리 경로를 구하시오.

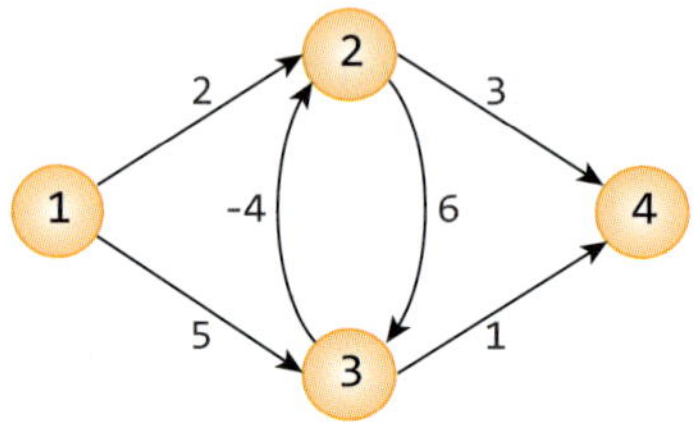


[그림 8-13] 경로 네트워크

5. 판매원 경로문제의 수리모형에서 $u_i$ 변수는 부분경로(Sub-Tour)가 발생하지 않도록 하기 위한 제약식이다. $u_i - u_j + nx_{ij} \le n-1,\ 2 \le i \ne j \le n$ 수리식이 부분경로를 포함하는 해가 되지 않도록 제한하고 있음을 설명하시오.

$$Min \quad z = \sum_i \sum_{j \ne i} c_{ij} x_{ij}$$

$$\begin{aligned} s.t. \quad & \textstyle\sum_{i,\, i \ne j} x_{ij} = 1, \quad \forall j \\ & \textstyle\sum_{j,\, j \ne i} x_{ij} = 1, \quad \forall i \\ & u_i - u_j + nx_{ij} \le n-1,\ 2 \le i \ne j \le n \\ & 0 \le u_i \le n-1, \qquad 2 \le i \le n \\ & x_{ij} \in \{0, 1\},\ u_i \ge 0,\ \forall i, j \end{aligned}$$

6. 판매원 경로문제의 수리모형을 이용하여 [예제 8-3]의 최적해를 구하시오.

7. 판매원 경로문제의 수리모형에서 부분경로를 방지하는 제약식을 다른 방법으로 수리모형화할 수 있다. 전체 노드 수를 $n$이라 할 때 $n$보다 작은 수의 노드를 포함하는 임의의 부분집합에 대해 부분집합 내의 노드 안에서의 이동을 나타내는 링크의 수는 부분집합 내의 노드 수보다 작으면 부분집합 내의 노드만으로 구성된 부분경로가 될 수 없다. 즉, 최소한 하나의 경로는 부분집합 외부의 노드와 연결되는 경로가 존재한다. 이 사실을 이용하여 부분경로가 생기지 않도록 하는 제약식을 제시하시오.

8. 12명의 고객에 대해 일일이 방문하여 서비스를 제공해야 하며 따라서 전체 이동거리의 합을 최소로 하는 판매원 경로를 구하고자 한다. 차량의 출발지는 O(0, 0)에 위치해 있고 고객의 위치는 A(10, 1), B(6, 3), C(3, 7), D(4, 10), E(12, 6), F(15, 4), G(14, -3), H(10, -5), I(7, -9), J(6, -6), K(4, -3), L(2, -10)이며 모든 고객들 간의 직선거리로 이동할 수 있다. 최소걸침나무와 최소매칭를 이용한 판매원 경로를 구하시오.

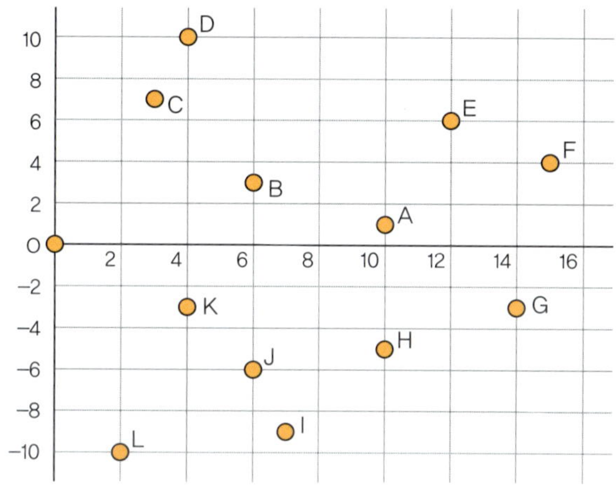


[그림 8–14] 판매원 경로문제의 고객의 위치

9. (연습문제 8번의 연장) 12명의 고객에 대해 일일이 방문하여 서비스를 제공해야 하며 따라서 전체 이동거리의 합을 최소로 하는 판매원 경로를 구하고자 한다. 차량의 출발지는 O(0, 0)에 위치해 있고 고객의 위치는 A(10, 1), B(6, 3), C(3, 7), D(4, 10), E(12, 6), F(15, 4), G(14, -3), H(10, -5), I(7, -9), J(6, -6), K(4, -3), L(2, -10)이며 모든 고객들 간의 직선거리로 이동할 수 있다. 각 고객(A, B, C, D, E, F, G, H, I, J, K, L)의 배송물량은 각각 (40, 25, 15, 25, 40, 30, 20, 35, 40, 35, 20, 25)이며 차량 1대의 용량은 100이다. 절약법과 최적할당 스윕법을 이용하여 차량배송경로를 구하고 비교하시오

10. [예제 8-3]에서 구한 판매원 경로문제에 대해 차량 용량 70으로 배송경로를 구하고자 한다. [예제 8-3]에서 구한 판매원 경로 중 다음의 경로를 기반으로 최적할당 스윕법을 사용하여 각각 배송경로를 구하시오.

(a) 최적해로 알려진 O-A-C-F-D-E-G-J-K-I-H-B-O 경로

(b) 최소걸침나무 기법으로 구한 해 중에서 두 번째 O-C-F-G-J-K-I-H-E-D-B-A-O 경로

11. [그림 8-15]와 같이 [예제 8-5]의 수송의 통합문제에서 차량의 용량이 160일 경우에 대해

(a) 수요지의 수요를 매일 만족시키지 위한 최소운송거리의 배송경로를 구하시오.

(b) 수송의 통합이 가능할 때, 즉 각 수요지에서 1일분의 재고를 유지함으로 2일마다 배송이 가능하다면 2일간의 평균운송거리를 최소화할 수 있는 1일차, 2일차 배송경로를 구하시오.

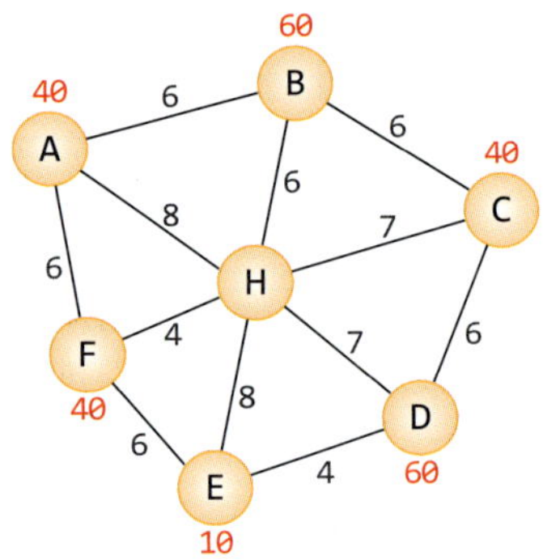


[그림 8–15] 수송경로 네트워크

Supply Chain Management

CHAPTER 09

# 공급사슬 네트워크 설계

CHAPTER

# 09 공급사슬 네트워크 설계

Supply Chain Management

〈학습 목표〉

1. 공급사슬에서의 부문모형과 구성을 통합하여 네트워크 설계를 할 수 있다.
2. 공급사슬 네트워크를 구성하는 노드와 링크에 대한 최적모형을 분석할 수 있다.
3. 공급사슬의 다양한 목표와 공급사슬의 구조에 따른 최적의 네트워크를 선택할 수 있다.

기업의 비즈니스 프로세스가 복잡해지고 또한 글로벌화하면서 경쟁력을 유지하기 위하여 세분화되고 분업화하면서 공급사슬의 형태 또한 복잡해지고 있다. 하나의 기업단위는 더 크고 다양한 시장을 상대하게 되며 따라서 더 많은 종류의 제품으로 이동거리가 길고 복잡한 공급사슬을 구성해야 한다. 또한 경쟁자의 수가 증가하면서 원가와 품질측면 모두에서 경쟁력을 갖추기 위한 비즈니스 구조를 유지해야 한다. 제품의 우수성이 수익으로 창출되기 위하여 효율적인 공급사슬을 운영해야 하며 이를 위하여 공급사슬 네트워크가 효율적으로 구성되어야 한다. 공급사슬을 구성하는 여러 요인으로 생산, 분배, 설비입지, 수송, 재고운영, 가격 등에서 수많은 의사결정과 운영의 프로세스는 공급사슬 네트워크를 따라 제품과 정보가 저장되고 이동하는 것에 대한 내용들이다. 따라서 네트워크의 구성이 공급사슬의 효율성을 결정하는 가장 기본적인 인프라에 대한 설계이다.

비즈니스의 성격에 따라 한 기업이 전체 네트워크에 대한 관리를 다 총괄하지 않으며 기업 내 핵심프로세스로 관리하는 영역과 아웃소싱 또는 위탁으로 운영하는 부분 등을 구별하여 고객에게 원하는 제품을 원하는 시간에 전달할 수 있는 네트워크의 운영 범위를 결정한다. 기업의 경쟁력이 단순히 기업 간의 경쟁이 아니라 기업의 운영상 구성한 공급급사슬 간의 경쟁이 될 것이다. 기업이 운영하는 공급사슬의 네트워크는 기업이 운영하는 내부적 공급사슬과 구매한 공급사슬, 때로는 경쟁사가 보유한 공급사슬도 공급사슬의 일부로 사용할 수 있고 이 모든 공급사슬 네트워크의 효율성으로 제품을 최종 고객까지 원하는 시간에 전달하는 것이 공급사슬 네트워크의 목표이다.

## 1 전략적 공급사슬 네트워크

공급사슬 네트워크 설계는 대체로 기업의 가장 상위의 전략적인 의사결정 프로세스이다. 네트워크는 제품이 제조 또는 보관 및 분류의 과정을 거치는 변환과정을 담당하는 노드설비와 노드와 노드 간의 이동을 담당하는 경로들로 구성되어 있으며 따라서 네트워크 설계는 기본적으로 노드설비의 수, 용량 및 위치를 결정하고 이를 연결하는 경로를 구성하며 이를 운영하기 위한 수송, 분배, 재고 프로세스를 결정하고 이를 연계하여 운영하게 된다. 따라서 설비입지의 문제, 수송의 문제, 재고운영의 문제 등의 개별적인 의사결정이 진정한 효율성을 달성하기 위해서는 기반으로 하는 공급사슬 네트워크가 효율적이어야 하며 기업이 추구하는 전략적 목표에 부합되도록 설계되어야 한다.

공급사슬 네트워크는 원자재로부터 제품을 생산하는 과정까지의 인바운드(Inbound) 네트워크와 생산 후 고객에게 전달되는 아웃바운드(Outbound) 네트워크로 구분될 수 있으며 각각은 또다시 다수의 단계(Tier)로 나누어질 수 있다. 정보기술의 발달과 고객 또는 하위단계(Downstream)의 다양성으로 인하여 어느 단계에서라도 하위의 모든 단계로 연결되는 네트워크가 가능하다.

공급사슬의 전략적 의사결정은 물류가 분류 또는 보관되고 제조나 조립되는 변이 과정을 담당하는 설비노드에 대해 수, 용량, 위치를 결정하며 이러한 노드 간을 연결하는 배송링크의 수, 용량 및 위치 등에 대한 내용이다. 전략적 의사결정의 목표는 최적의 가격으로 최상의 성과를 얻도록 공급사슬의 시초부터 고객전달의 마지막 과정까지의 기반을 제공하는 것이다. 이러한 전략적 의사결정에 기반하여 물량의 분배, 수송, 보관에 대한 의사결정이 이루어지고 이는 설비자원, 배송자원 및 물류량의 할당에 관한 내용들이다. 이에 근거하여 운영적인 분배, 수송, 보관의 수많은 실제 작업이 이루어지게 된다. 따라서 공급사슬 네트워크는 통상적으로 3단계의 계층적 구조를 가진 의사결정 체계로 이루어지는데 3단계는 상호 연관성이 있어서 순차적으로만 진행될 수 없으며 반복적인 피드백 과정으로 효율적인 네트워크를 구성할 수 있다. 예를 들면 전략적 단계에서 구성한 경로네트워크가 전술적 단계 또는 운영적 단계에서의 수송방식의 비효율성 또는 실행이 복잡해지면 전략적 측면에서의 총괄 효율성이 떨어지고 이를 다시 보정하여 순차적으로 재구성하는 방식으로 의사결정이 이루어진다. 3단계의 계층적 구조를 동시에 고려하여 의사결정을 하기 어려운 것은 문제의 복잡성이 기하급수적으로 증가하기 때문이고 또한 계층별로 고려하는 목표가 다르기 때문이다. 계층별 공급사슬 네트워크의 의사결정의 종류는 다음과 같다.

- **전략적 의사결정**: 설비입지의 수, 위치, 용량, 설비입지의 수준, 공급자의 수, 공급자의 보장용량, 제품의 분기지점, 분배네트워크의 방식, 배송수단의 형태, 제품생산 용량
- **전술적 의사결정**: 설비입지 간의 배송량, 배송모드와 용량, 설비입지의 재고유지 형태와 용량, 공급자의 구매량과 형태, 제품생산계획
- **운영적 의사결정**: 배송 스케줄링, 고객수요의 충족과정, 가격, 고객 수요의 충족 서비스율

비즈니스 프로세스의 초기부터 전체의 네트워크가 형성되지는 않으며 비즈니스

의 특성상 부분적으로 형성되었다가 비즈니스가 성숙하면서 점차 네트워크는 확장된다. 제조 중심의 기업도 초기에는 부분품을 구매하여 한 단계 하위 티어까지의 네트워크 중심으로 운영하지만 비즈니스가 성숙해지면 최종적인 고객까지의 전달 과정의 효율성까지 고려하며 인바운드 네트워크에서도 네트워크의 여러 단계의 티어 및 최종적으로는 원자재 구매과정까지 관리네트워크의 범위를 확장한다. 따라서 단계별로 공급사슬 네트워크의 구성 범위가 커지게 된다. 즉, 비즈니스의 성숙도에 따라 고려하는 네트워크가 다르며 단계적으로 성장하게 된다.

네트워크가 완성된 후에도 비즈니스의 형태와 고객의 니즈가 변화하면서 네트워크의 형태와 운영방식이 지속적으로 변화한다. 분배 과정도 물류의 양이 증가하고 시장이 다양화하면 배송의 수단 및 경로가 바뀌며 규모의 경제가 적용되는 네트워크 티어가 있는 반면, 시장의 성향에 따라 직접 배송이 가능할 수 있는 네트워크 링크가 필요할 수 있다. 따라서 공급사슬 네트워크는 정기적으로 분석하여 효율성을 평가하고 이에 대해 최적화 과정을 수행하는 지속적 비즈니스 프로세스이다. 이 모든 과정이 공급사슬 네트워크에 대해 지속적으로 분석하고 평가하는 것이 필요한 것은 비즈니스의 경쟁력을 유지하기 위함이다.

### 1) 네트워크의 구성형태

공급사슬 네트워크는 크게 인바운드 네트워크와 아웃바운드 네트워크로 구분할 수 있는데 인바운드 네트워크는 하나 또는 소수의 노드를 향하여 다수의 공급점이 서비스를 제공하는 형태로 대표적으로 제조공장을 향하여 수십 개 또는 수백 개의 공급자가 원자재 및 부분품, 반제품을 공급하는 수렴형 공급사슬의 형태이다. 반면에 아웃바운드 네트워크는 인바운드 네트워크와 반대로 하나 또는 소수의 공급처에서 많은 수의 고객을 향하여 제품을 공급하는 확산형 공급사슬의 형태를 가지고 있다. 두 가지 네트워크 모두 전략적인 의사결정은 설비입지의 수와 위치와 용량, 및 이를 연결하는 배송경로의 선택과 용량 등이지만 최종적으로는 이 네트워크를 통해 제공할 서비스, 즉 물량의 배송과 그로 인한 재고운영 등으로 발생하는 총비용을 최소화하고 공급점에 수요를 충족시키는 만족도의 최대화이다. 따라서 네트워크 구성시부터 이로 인한 운영관점에서의 효율을 동시에 고려하는 네트워크를 설계한다.

인바운드 네트워크는 제조 또는 판매/분배를 위하여 제품의 공급과정이 지속적으로 안정적 공급체계를 구축하는 것이 핵심이다. 이를 위하여 공급체계의 연속성과 함께 문제 발생시 또는 상황변화에도 견고하게 운영 가능한 공급체계를 위한 네트워크의 구성이 중요하다. 예를 들면 자동차 제조공장을 위한 적시(Just-In-Time) 공급, 또는 적합순서(Just-In-Sequence) 공급이 가능한 네트워크일 필요가 있다. 인바운드 네트워크에서 운영되는 대표적 구성단위는 [그림 9-1]과 같다. 직접배송의 경우는 지리적으로 가까이에 있어 배송비용이 적고 또는 공급물량이 커서 수요처에 적시에 직접 공급하는 형태이며 통합허브 배송은 배송비용이나 수요처의 방문횟수 등에 대한 제한으로 중간허브에서 통합하여 규모의 경제를 실현하는 경우이며 밀크런 배송방식은 하나의 차량이 일정한 공급처를 순차적으로 방문하여 물량을 수집하고 이를 수요처에 전달하는 방식이다. 마지막으로 크로스도킹 배송방식은 다수의 공급처로부터 다수의 수요처로 공급될 경우 중간허브에서 공급물량과 시간에 적절히 배송 될 수 있도록 재분류하여 배송되는 방식이다. 실제로는 세부구성 단위의 적절한 조합과 연결로 복합적인 인바운드 네트워크를 설계한다.

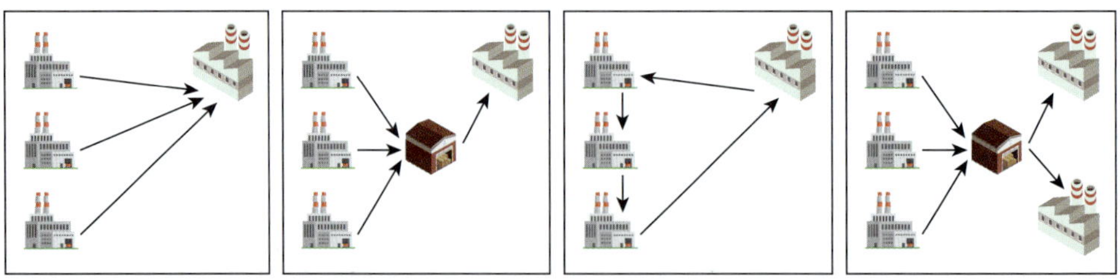

(a) 직접 배송 (b) 통합허브 배송 (c) 밀크런 배송 (d) 크로스도킹 배송

[그림 9-1] 인바운드 네트워크의 구성 모듈

아웃바운드 네트워크는 최종 고객에게 효율적으로 전달되기 위한 목표가 있지만 제품의 소유권이 네크워크상의 누구에게 있는가에 따라 구성형태가 많이 달라진

다. 다만 아웃바운드 네트워크는 통상적으로 최종 고객보다는 소매상까지의 배송까지를 고려한다. 인바운드 공급사슬은 제품이 완성되기 전에는 이로 인한 수익발생이 완전하지 않기 때문에 수요고객, 즉 일반적으로 제품을 생산하는 제조가 소유권을 가지고 공급사슬의 효율성을 위한 설계가 이루어지는 반면 아웃바운드는 완제품이 출시됨과 동시에 언제라도 판매의 비즈니스가 발생하기 때문에 여러 계층의 네트워크의 노드가 협력 또는 경쟁하면서 공급사슬을 완성한다. 즉 소수의 제품공급처에서 다수의 고객에게 전달되기 위해서 중간의 분배센터가 다수 또는 다계층으로 구성되는데 공급자가 운영할 수도 있고 또는 소매처가 운영할 수도 있으며 제3자의 분배자가 소유운영할 수도 있다. 이에 따라 각 비즈니스 단위가 최적으로 운영하는 공급사슬 네트워크의 구성형태도 달라진다. 아웃바운드 네트워크는 수많은 소매처 수요고객을 대상으로 하기 때문에 이로 인한 배송의 비용과 효율성이 중요하며 이 배송을 어떤 형태로 운영하는가에 대한 의사결정이 네트워크의 구성을 다르게 만든다. 아웃바운드 네트워크의 구성형태를 분류하면 다음과 같다([그림 9-2]).

- **직접 배송**: 제조포인트에서 소매처까지 일일이 직접배송하는 것으로 특정제품을 제외하면 매우 드문 케이스이다.
- **분배센터 배송**: 제조에서 소매상까지 전달되기 위하여 중간의 분배센터를 운영하는 경우로, 크게 두 가지 형태가 있는데 제조에서 분배센터를 운영함으로 분배센터 이후 소매상으로 전달되면서 판매가 이루어지는 경우이며 또 하나는 소매를 담당하는 비즈니스 단위가 제조로부터 제품을 구매하여 분배과정을 소매처에서 운영 관리하는 경우이다. 제품의 특성상 적합한 형태가 선택되는데 예를 들면 분배과정에서의 제품의 품질을 유지하는 것이 중요한 제품은 제조사가 담당하는 분배형태가 선택되고, 다양한 제품의 다양한 수요처 분배가 비즈니스의 성공을 결정하는 제품은 소매상이 관리하는 분배의 형태를 취한다. 분배센터는 1차 티어, 2차 티어와 같이 다층적으로 구성될 수 있다.
- **유통 배송**: 제조에서 소매상까지의 전달과정을 제조사도 아니고 소매상도 아닌 유통비즈니스 단위가 담당하는 것으로 이를 유통 배송이라고 하며 대형 유통

회사가 통상 담당한다. 유통 배송은 규모의 경제를 이용하여 분배센터와 배송 수단을 소유하여 자체적으로 제품의 가격을 결정하고 판매를 촉진할 수도 있다. 수요공급의 과정을 효율적으로 운영할 수도 있고 또한 이로 인한 수익창출의 과정도 만들어 낼 수 있다.

- **제3자 물류 배송:** 분배과정을 전문으로 담당하는 제3자 물류 서비스를 이용하여 분배의 과정을 운영하는 것으로 제조사 담당 분배센터 배송과 달리 분배의 과정을 더욱 전문적으로 저가의 비용으로 또한 분배의 효율성을 유지할 수 있다. 특히 분배의 과정에서 차등화된 서비스를 필요로 하는 경우 다양한 분배품질을 규정하고 이에 적합한 형태를 선택함으로 최종 수요고객이 원하는 요청을 충족시킬 수 있으며 소매상을 통하지 않고 바로 최종고객에게 편리하게 전달 가능한 형태도 취할 수 있다. 수하물 배송(Small Parcel Service)도 이러한 범주에 속한다고 볼 수 있다.

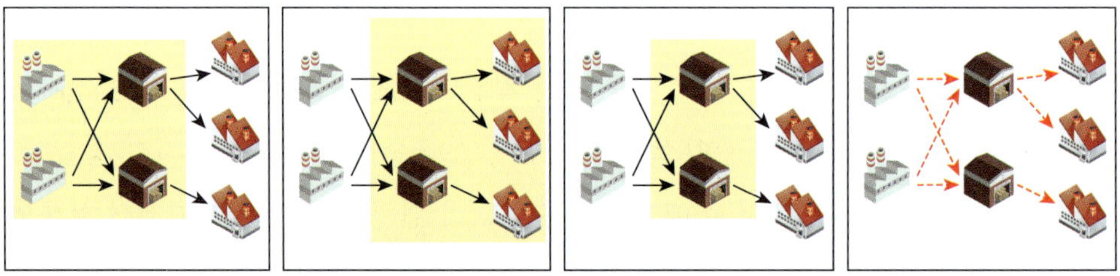

(a) 공급자 분배센터 (b) 수요자 분배센터 (c) 유통 배송 (d) 제3자 물류 배송

[그림 9-2] 아웃바운드 네트워크의 구성 형태

공급사슬 네트워크의 설계에서 인바운드 및 아웃바운드 네트워크상에 포함될 분배 또는 연결허브의 형태와 수를 결정하는 것이 가장 중요하다. 이는 곧 이들에 대한 레벨 또는 용량에 대한 결정이고 이는 이러한 설비노드를 거쳐가야 할 제품의 용량과 이를 배송할 방식의 형태와 연계되어 있어서 이에 대한 결정은 종합적이고 전략적이다. 기업이 담당하는 비즈니스의 영역과 관리가능한 범위를 고려하여 기업 내부의 공급사슬과 아웃소싱 및 계약에 의하여 공급사슬 전체 네트워크를 구성하게 된다. 인바운드 또는 아웃바운드 네트워크에서 대표적으로 사용되는 모듈을 다

른 쪽에서도 필요하면 사용하고 전체의 효율성 측면에 최적화된 네트워크를 구성하는 것이 기업의 목적에 부합된다. [그림 9-3]은 인바운드 네트워크에서 크로스도킹 DC(Distribution Center)와 밀크런 배송체계를 갖추고 아웃바운드 네트워크에서는 분배센터를 2개의 티어로 구성하여 제조공장 위주의 중앙DC와 수요고객 중심의 지역DC를 구성하고 실제 배송체계는 직접배송과 밀크런체계를 혼용하여 운영하는 공급사슬 네트워크의 한 사례이다. 공급사슬 네트워크는 관련 데이터에 의한 수리적 경제성 분석과 함께 비즈니스 경영의 전략적 특성이 반영되어 장기적인 공급사슬 운영의 효율성을 달성할 수 있다.

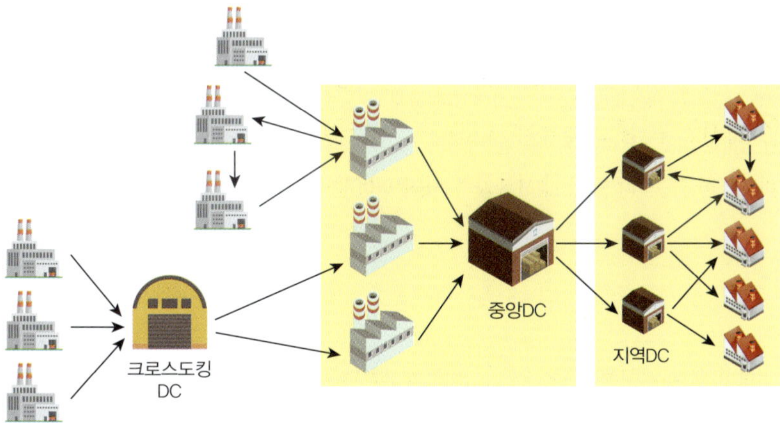


[그림 9-3] 다양한 모듈로 구성된 공급사슬 네트워크

**[사례 9.1]** 아마존(Amazon)의 아웃바운드 공급사슬 네트워크

세계 최대 인터넷 유통회사인 아마존은 1994년에 창업하여 초기에 책을 위주로 온라인 판매를 시작하여 현재는 모든 제품을 판매하고 인터넷 클라우드 공간을 대여하는 정보기술회사이다. 2020년 기준으로 약 3,900억 달러 매출을 달성하고 130여만 명의 종업원을 고용하고 있다. 회사가 제공하는 플랫폼을 통해 비즈니스를 운영하여 하나의 기업 안에 수많은 스몰 비즈니스를 포함하고 있는 비즈니스의 생태계라고 할 수 있다. 고객이 제품을 주문하고 이를 기업 내 및 외부의 물류 네트워크를 이용하여 고객에게 약속한 시간에 배송을 실행하는 종합적 프로세스를 통하여 고객을 만족시키고 있는데 그 과정은 [그림 9-4]와 같이 크게 3단계로 공급 및 충족 프로세스, 분배 프로세스, 최종 배송 프로세스로 나누인다.

공급 및 충족 프로세스는 온라인 주문에 근거하여 필요한 제품의 재고를 확보하고 이를 고객에게 할당하는 충족(Fulfillment)의 과정이며 제품의 확보와 재고운영의 최적화를 통하여 운영된다. 공급자로부터 제품을 구매하여 최종 행선지를 고려한 크로스도킹 시설(Inbound Cross Docking)에서의 획득 및 분배 과정이 이루어진다. 제품의 공급과 최종 고객의 위치 등과 연관되어 시간적 지리적 최적의 매칭을 결정하는 일로서 본부의 충족센터(E-Fulfillment Center)에서 실행된다. 공급 및 충족 프로세스는 10개의 인바운드 크로스도킹시설과 187개의 충족센터로 구성된 네트워크에서 실행된다(2020년 기준)([그림 9-5]).

분배 프로세스는 획득된 제품을 고객 특화된 수하물의 형태로 고객에게 가장 가까운 배송지 분배센터로 배송하는 과정이다. 이를 위하여 배송에 가장 적합한 배송모드와 형태를 선택하고 용량, 유연성, 및 시간적 제약 등을 고려한 다양한 형태의 분배 채널이 활용된다. 특송을 선택한 고객의 제품은 지역 배송센터로 직접 배송되고 일반 수요는 중간 분류센터(Sortation Center)에서 크로스도킹에 의한 분류과정을 거쳐 다시 한번 지역배송을 위한 배송센터로 배송된다. 이 과정에도 제품의 가치와 시간적 긴급성 등이 고려되어 항공운송을 통하여 배송되기도 하고 USPS(United States Postal Service)의 구역센터시설(Section Center Facility)를 통하여 직접 고객에게 배송되는 채널을 이용하기도 한다. 분류센터는 47개를 운영하며 이곳에서 분류된 제품은 지역의 250개의 배송센터로 운송된다. 이 과정에서 29개의 공항을 이용한 항공운송 허브를 운영하고 그중 6곳은 아마존이 직접 운영하고 있다.

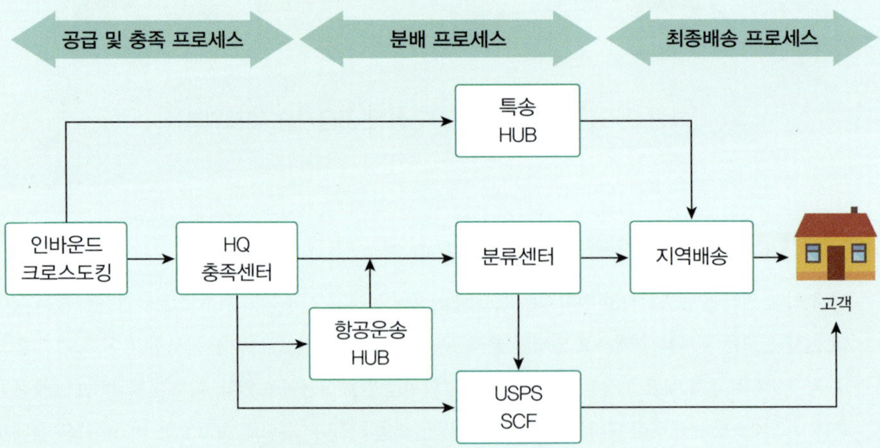


[그림 9-4] 아마존의 공급사슬 네트워크

최종배송 프로세스는 지역 배송센터에서 최종 고객에게 전달하기 위한 운송 과정이며 배송에 필요한 소형 차량으로 교통상황과 지역 도시 상황에 따른 최적의 배송경로를 통하여 고객에게 전달되며 또는 사전 약속된 전달지점까지 배송한다. 아마존은 최종 배송과정에서 대도시 중심의 프라임 서비스 및 신선식품 등의 빠른 배송 서비스를 위한 별도의 네트워크를 구성하여 고객 특화된 공급을 제공한다. 공급 및 충족, 분배 프로세스는 기본적으로 규모의 경제에 의한 통합 및 분배과정으로 가장 효율적인 물류네트워크를 구성하여 운영되는 반면 최종 배송은 대부분 배송인력이 직접 담당하게 되어 경제성 측면에서 가장 비효율성을 가지고 있다. 이에 대한 효율성을 높이기 위해 드론 또는 자동화 무인배달 체계를 활용하기 위한 연구와 시도가 활발하다. 최종 배송과정은 사전에 정해진 물류네트워크를 구성하는 것이 불가능하며 수많은 다양성과 변화가 매일 존재하기 때문이다.

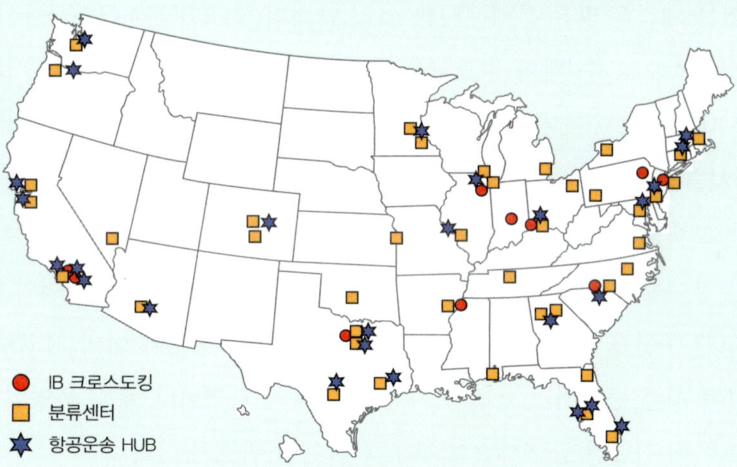


[그림 9-5] 아마존의 공급사슬 네트워크(시설 위치)

## 2) 네트워크 설계의 고려요인

네트워크 설계에서 최초 설계나 또는 지속적 효율화를 위한 분석 과정에 핵심적으로 고려해야 할 요인은 다음과 같다.

- **제품의 특성**: 제품고유의 특성이 공급사슬 네트워크 설계의 기본적 구조를 결정한다. 일상 생필품 또는 고급제품인가 여부, 부피, 무게, 또는 시간에 따른 제품

가치 하락 속도 등은 제품 자체가 가지는 특성이다. 고가치제품은 짧은 네트워크를 위한 직접수송 등이 선호되고 복잡한 제품은 제조사와 수요처가 직접 연결될 수 있는 채널을 통해 고객과의 소통이 중요할 수 있다. 냉장, 냉동 등의 특수환경을 요구하는 제품이나 특수장비를 요하는 제품의 특성 자체가 네트워크의 구조를 결정하기도 한다.

- **제품수요의 특성**: 이는 곧 제품수요가 발생하는 방식을 결정하게 되는데 소매처에서 판매되는 제품인가, 인터넷을 통한 판매가 주류인가, 주문 생산형태인가 등은 이를 공급하게 될 공급사슬의 형태를 결정한다. 시장이 크고 넓게 분포되어 있는 제품은 많은 분배센터와 여러 단계의 구조 또는 제3자물류가 효율적이며 상대적으로 수 개의 수요고객을 상태로 한다면 상대적으로 직접배송 또는 짧은 네트워크 구조가 유리하다.
- **공급사슬 네트워크 참여자와의 협력과 고객 요구 수준의 충족 관계**: 제품의 특성에 따라 고객의 요구 수준 충족이 중요한 경우 공급사슬 네트워크 참여자의 효율적인 참여를 통하여 이를 달성할 수 있는 구조가 가능할 수 있어야 한다. 다양한 고객 주문을 빠른 시간 내에 충족시켜야 하는 경우와 이미 재고로써 디스플레이된 제품 중에서 선택받는 제품은 분배의 과정이나 재고 운영의 방식이 다르고 이에 적합한 공급사슬의 구조를 설계할 필요가 있다.
- **공급사슬의 비용**: 비즈니스의 기본적 기준은 저비용으로 고객충족을 달성해야 하므로 공급사슬의 효율성은 우선 발생 비용이 적절해야 하며 가시적 비용과 함께 고객충족 불만족으로 인한 잠재비용도 포함한다. 배송의 효율성을 추구하면서 대용량 배송 위주의 분배는 수요납기의 불만족을 초래하고 이는 다른 형태의 비용으로 되돌아 온다.
- **공급사슬의 연계성 및 정보흐름의 용이성**: 아웃바운드의 네트워크 설계에서 동일한 네트워크 형태라도 공급자 분배센터와 수요자 분배센터 및 유통 배송 등은 물류의 흐름 속도와 또한 역방향으로 전달되는 정보의 흐름에서 큰 차이가 있다. 공급사슬 참여자가 서로 다른 노드를 통과하면 정보는 전달보다는 정체되며 이는 수요고객 충족을 방해하고 장기적으로 전체 공급사슬의 효율성을 저

하시킨다. 공급자가 전체를 총괄할 수 없는 상황에서 물류 및 정보 모두 유기적 연결상태가 가능한 네트워크 설계가 필요하다.

### 3) 네트워크 설계 프로세스

공급사슬 네트워크 설계는 네트워크를 구성하는 여러 구성체에 대한 결정이므로 전사적이고 전략적인 프로세스로서 분석의 범위에 어느 수준까지 포함하는가에 따라 전혀 다른 의사결정이 나올 수도 있고 또한 전략적인 분석에 이를 운영하는 하위 단계의 프로세스도 포함해야 의미 있는 결과를 도출할 수 있기에 대체적으로 경영적인 요소를 포함한 종합적인 판단을 기초로 하고 있다. 또한 비즈니스 초기에 네트워크를 설계하지만 실제로 비즈니스가 성장하거나 때로는 일부 비즈니스 단위가 하락세에 있을 경우도 포함하여 공급사슬의 전체 구조를 재구조화하는 경우에 실행된다. 비즈니스의 변화로 공급사슬의 네트워크의 변화도 필요하지만 비즈니스의 변화를 초래한 원인이 공급사슬 네트워크의 비효율성 또는 불균형일 때 네트워크의 재설계는 비즈니스 성장의 새로운 동인이 될 수 있어 더욱 중요하다. 다만 새로운 비즈니스에 대한 공급사슬의 설계는 많은 대안이 있고 다양한 시장에서 적절한 네트워크의 구성체를 고려할 수 있지만 기존의 운영되고 있는 비즈니스의 경우는 추가로 고려할 수 있는 대안이 상대적으로 적거나 이미 고려할 수 있는 적절한 대안이 소수 전제되어 있어서 상대적으로 대안 분석, 또는 일부 네트워크의 구성체의 교체 분석 등 분석 범위가 상대적으로 작을 수 있다. 그러나 누적된 관련 데이터가 많고 또한 고려되고 있는 대안에 대한 집중적인 분석이 가능하여 분석결과에 대한 신뢰도가 높다. 네트워크 설계 프로세스를 일반적으로 정리하면 [그림 9-6]과 같다.

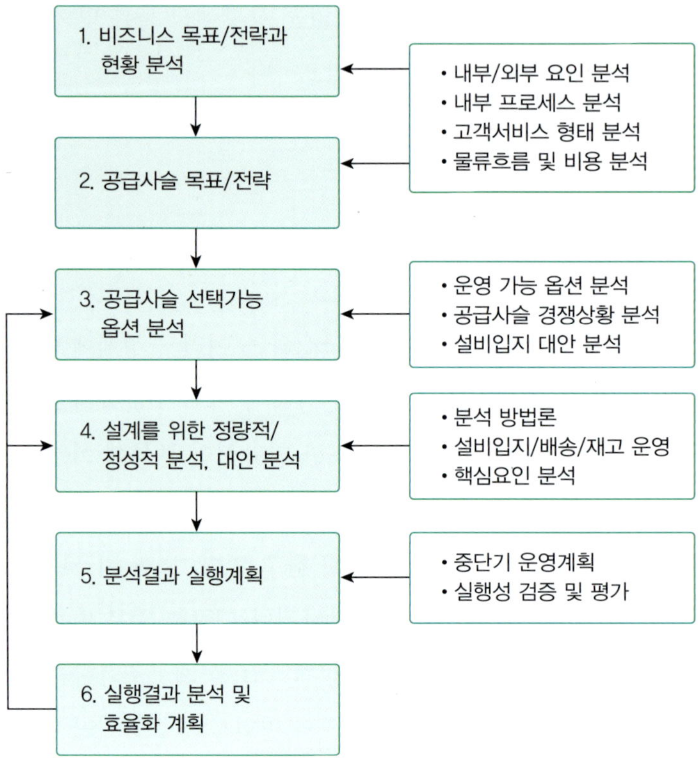


[그림 9–6] 공급사슬 네트워크 설계 프로세스

- **비즈니스 목표/전략과 현황 분석**: 비즈니스가 가지고 있는 본질과 특성을 기반으로 목표와 전략이 수립되고 이를 실행하는 현황에 대한 종합적 분석을 기초로 공급사슬의 전략과 실행할 수 있는 인프라 네트워크가 순차적으로 설계되는 것이 효율적이다. 비즈니스 제품과 시장의 트랜드, 운영기술 및 환경요인의 변화 등을 반영한 비즈니스 목표를 구체적으로 정의한다.
- **공급사슬 목표 및 전략**: 제품과 목표고객에 맞춘 공급사슬의 달성목표가 정해진다. 공급사슬의 속도, 공급사슬의 비용적 효율성, 특정 고객층의 충족목표, 총괄적 시장점유율의 경쟁 등에서 목표와 이를 달성하고자 하는 전략 기반하에서 공급사슬의 네트워크 설계는 목적에 맞는 체계를 탐색 또는 선택할 수 있다. 공급사슬 목표 및 전략은 제품의 라이프 사이클과 또한 기업의 성장능력과 함께 연동되어 단기 또는 중기 등 시간 축마다 다르게 정의할 수 있다.

- **공급사슬의 정량적/정성적 분석:** 현재 상황에 대한 분석으로 공급사슬 네트워크 상에서 선택할 수 있는 옵션도 분석하며 이를 기반으로 공급사슬의 정량적 정성적 분석을 통하여 대안을 생성하고 이에 대해 다양한 지표에 대해 평가한다. 설비입지나 수송, 분배의 방식 등에서 선택 가능한 옵션이 다양하지 않을 수도 있으며 선택에 따른 설치 및 고정비용이 발생하는 경우 일정 기간 이상의 수익성도 함께 고려한다. 옵션의 선택은 그로 인한 고객 서비스 수준에 제한을 가지게 되며 제조 및 공급의 범위를 제한하기도 한다.
- **실행계획과 지속적 효율화 계획:** 공급사슬 네트워크의 설계에 대한 의사결정을 실행하기 위한 계획은 또다른 차원이며 비즈니스의 변화에 따른 변환계획 또한 필요하다. 공급사슬 설계는 지속적 효율화과정이 필요한 연속프로세스이다.

## 2 정량적 공급사슬 설계 분석

공급사슬 네트워크 설계는 고객에게 제품과 서비스를 제공하기 위한 인프라(Infrastructure)와 설비의 건설 및 개선, 이를 실행하기 위한 수송서비스의 선택과 이에 대한 스케줄과 함께 관련된 자원을 할당하는 의사결정이다.

### 1) 수송경로 기반의 네트워크 설계

네트워크 설계의 가장 중요한 부분은 물류흐름이 발생하는 경로의 생성이며 경로를 통하여 전달되는 물류의 선택이다. 설비입지에 대한 의사결정은 물류흐름이 가능하도록 설비위치 및 용량에 대한 의사결정을 하는 것과 마찬가지로 네트워크 설계는 모든 가능한 경로, 즉 설비가 위치한 노드 간을 연결하는 링크의 선택과 링크에 물량을 할당함으로 이에 적절한 수송 서비스를 정의할 수 있도록 하는 것이다. 경로에 대한 의사결정 과정을 통하여 공급사슬 네트워크를 완성하는 것이다. 정량적인 공급사슬분석을 위한 네트워크는 물류서비스를 실행할 제품 또는 제품군 $p$에 대해 노드 $i$에서 $d_{ip}$의 수요를 충족하고자 한다. 링크 $(i, j)$는 네트워크에 포함될 수 있는 경로로서 선택이 되면 $f_{ij}$의 고정비가 필요하며 링크 $(i, j)$를 통하여 제품 $p$의 물류가 이송되면 단위 수송비 $c_{ijp}$가 발생한다. 또한 링크 $(i, j)$는 최대 $u_{ij}$의 용량을 가지고 있고 링크를 통해 이송되는 모든 제품의 총량이 용량범위 내에서 할당될 수 있다. 결정하고자 하는 것은 링크 $(i, j)$에 생성 여부, 즉 선택되면 1, 아니면 0을 가지는 이진변수 $y_{ij}$의 결정이며 생성되는 링크를 통하여 이송되는 제품 $p$의 양 $x_{ijp}$의 값이다. 링크생성 기반의 네트워크 설계 수리모형은 다음과 같다.

$$
\begin{aligned}
Min \quad & \sum_{(i,j)} f_{ij} y_{ij} + \sum_{(i,j)} \sum_{p} c_{ijp} x_{ijp} \\
s.t. \quad & \textstyle\sum_j x_{ijp} - \sum_j x_{jip} = d_{ip}, && \forall i, p \\
& \textstyle\sum_p x_{ijp} \le u_{ij} y_{ij}, && \forall (i, j) \\
& x_{ijp} \ge 0, \ \ y_{ij} \in \{0, 1\}, && \forall (i, j), p
\end{aligned}
$$

공급사슬 네트워크 설계에서 새로운 경로링크를 생성한다는 것은 경로링크 생성을 위한 고정비 $f_{ij}$와 경로의 용량 범위 내에서 물류의 운영비 $c_{ijp}$와의 트레이드 오프를 통한 비용최적화를 달성하는 의사결정을 하고자 한다. 경로링크가 만나는 노드에서는 각 제품 간의 수요와 공급의 균형을 맞추는 제약을 필요로 한다. 해당 노드가 각 제품의 최초 공급이면 양수의 수요 $d_{ip}$ 값을 가지게 되고 최종 수요지에 해당하는 수요이면 음수의 수요 $-d_{ip}$ 값을 가지게 된다. 경로링크 기반의 네트워크 설계과정에서 보편적으로 적용되는 제약조건은 경로생성에 투자할 수 있는 재정적 제약으로 생성되는 경로 전체에 총투자가능 금액이 $B$라면 $\sum_{(i,j)} f_{ij} y_{ij} \le B$의 제약을 추가하여 해를 구한다.

## 2) 공급선 선택 기반의 네트워크 설계

공급사슬 네트워크는 일반적으로 공급, 제조, 분배 과정의 단계별 형태를 가지고 있으며 제조 전단계의 인바운드 네트워크와 제조 후 단계의 아웃바운드로 나누어진다. 점차 공급선의 다양화와 공급사슬 단계를 뛰어넘는 직접분배 및 배송 과정이 포함되면서 더욱 복잡한 형태를 취하고 있다. 예를 들면 제조에서 최종 고객에게 직접 판매하고 이를 택배나 소화물 운송을 통해 물류가 이동되는 양이 점차 증가하고 있다. 그러나 제품은 규모의 경제에 따라 공급사슬의 단계별로 통합, 보관, 분배의 과정을 거치면서 총비용의 최소화와 고객충족의 최대화를 목표로 하고 있다. 전체 공급사슬의 설계 최적화를 위한 설비노드와 경로링크의 최적 구성은 이에 대한 선택과 또한 선택된 경로를 통해 이동하는 물량의 결정을 필요로 한다. 이러한 공급사슬 설계를 공급선 선택기반의 네트워크 설계라고 하며 이에 대한 정량적 분석을 다음과 같이 정의할 수 있다. 다수의 공급자가 있으며 다수의 제조공장에 필요한 물량을 공급한다. 또한 다수의 제조공장에서 다수의 물류센터를 거쳐 다수의 판매처로 연결되는 공급사슬을 구성하고자 한다. 전형적인 공급사슬의 형태를 [그림 9-7]과 같다고 가정한다.

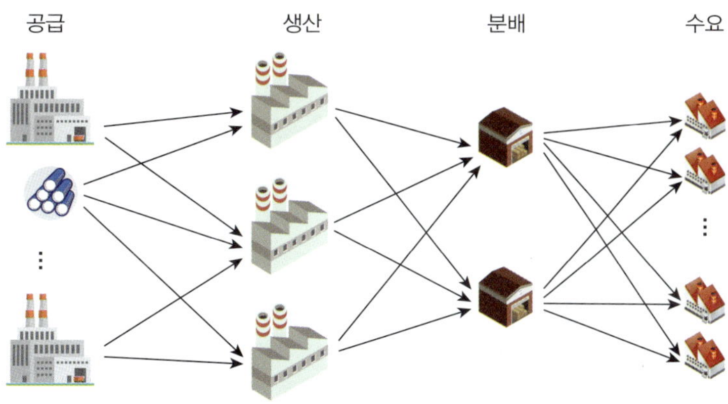


[그림 9-7] 공급사슬 네트워크 구조

네트워크상에서 단계별로 다수의 공급자, 제조생산, 물류센터 및 수요자가 있어서 이 중에서 최적의 선택을 하고자 한다. 또한 이들을 연결하는 경로링크를 선택하고 필요한 수요를 충족하기 위한 이송물량을 경로링크와 각 설비별로 용량범위 내에서 할당하고자 한다. 각 설비는 선택되면 이를 운영하기 위한 고정비가 필요하며 공급자 $s$, 제조공장 $p$, 물류센터 $w$에 대해 각각 $A_s$, $A_p$, $A_w$가 소요되며 각각의 최대 운영용량은 각각 $U_s$, $U_p$, $U_w$이다. 공급자가 제조공장에 공급하는 원자재 또는 부분품 $r$을 이용하여 제품 또는 제품군 $m$을 생산하되 제품 $m$ 한 단위를 생산하기 위하여 원자재 $r$의 $Q_{rm}$단위가 소요된다. 생산된 제품은 수요자 $c$의 수요 $D_{mc}$의 수요를 충족하고자 한다. 원자재 $r$을 공급자 $s$에서 제조공장 $p$로 공급하기 위한 단위비용은 $B_{rsp}$이며 제품 $m$을 제조공장 $p$로부터 물류센터 $w$에 공급하기 위한 단위비용은 $B_{mpw}$이며 제품 $m$을 물류센터 $w$로부터 수요자 $c$에 공급하기 위한 단위비용은 $B_{mwc}$이다. 네트워크 구성을 위해 공급자, 제조공장, 및 물류센터에 대한 선택을 위해 이를 나타내는 결정변수 $y_s$, $y_p$, $y_w$를 각각 정의하고 노드 간의 이송물량을 나타내는 결정변수 $x_{rsp}$, $x_{mpw}$, $x_{mwc}$는 공급자에서 제조공장, 제조공장에서 분배자, 분배자에서 수요자에게 이송되는 원자재 $r$ 또는 제품 $m$의 양을 나타낸다. 총비용은 공급자, 제조공장 및 물류센터를 선택함으로 필요한 고정비와 각 경로링크를 통해 이송되는 물량의 운영비용을 합한 것으로 이를 최소화하는 네트워크를 구성한다. 이를 수리모형으로 표현하면 다음과 같다.

$$
\begin{aligned}
Min\ & \sum_{s} A_s y_s + \sum_{p} A_p y_p + \sum_{w} A_w y_w + \sum_{r,s,p} B_{rsp} x_{rsp} + \sum_{m,p,w} B_{mpw} x_{mpw} \\
& + \sum_{m,w,c} B_{mwc} x_{mwc}
\end{aligned}
$$

$$
\begin{aligned}
s.t.\ & \textstyle\sum_{s} x_{rsp} - \sum_{m,w} Q_{rm} x_{mpw} = 0, && \forall r, p \\
& \textstyle\sum_{p} x_{mpw} - \sum_{c} x_{mwc} = 0, && \forall m, w \\
& \textstyle\sum_{w} x_{mwc} \geq D_{mc}, && \forall m, c \\
& \textstyle\sum_{r,p} x_{rsp} \leq U_s y_s, && \forall s
\end{aligned}
$$

$$\begin{aligned}
&\textstyle\sum_{m,w} x_{mpw} \leq U_p y_p, && \forall p \\
&\textstyle\sum_{m,c} x_{mwc} \leq U_w y_w, && \forall w \\
&x_{rsp} \geq 0,\ x_{mpw} \geq 0,\ x_{mwc} \geq 0, && \forall r, m, s, p, w, c \\
&y_s, y_p, y_w \in \{0, 1\}, && \forall s, p, w
\end{aligned}$$

위 수리모형에서 제약식 중 위 3개는 제조공장, 물류센터 및 수요자에서 물량의 균형상태를 나타내는 것으로 수요자는 자신의 수요를 충족받을 수 있도록 가정하고 있다. 또한 제약식 중 다음 3개는 공급자, 제조공장, 물류센터 각각에 대해 선택될 때 자신의 최대운영용량 범위 내에서 물류이동이 할당될 수 있음을 나타낸다. 위 수리모형이 일반적인 네트워크 구성을 결정하는 대표적 경우이지만 실제로는 많은 제약조건이 추가될 수 있다. 설비노드뿐 아니라 선택되는 경로링크의 경우에도 고정비가 필요할 수 있다. 부분품을 납품하는 공급자와 특정 제조공장이 공급선으로 선택되면 이에 대한 수송을 제3자 물류를 통해 조달할 수도 있으나 공급의 신뢰성을 위해 자체적으로 수송수단을 보유하여 운영할 경우 이에 대한 고정비용이 발생하며 이 때 물류량에 비례하는 운영비용 단가는 낮출 수 있다. 경로링크 개설에 따른 고정비용이 발생한다면 위 수리모형에 다음과 같은 내용을 포함하여 적용할 수 있다. 결정변수 $z_{sp}, z_{pw}, z_{wc}$는 공급자에서 제조공장, 제조공장에서 물류센터, 물류센터에서 수요자에게 이송되는 경로링크가 생성될 경우를 나타내는 이진변수라고 정의하고 이때 소요되는 고정비를 각각 $C_{sp}, C_{pw}, C_{wc}$, 또한 각 링크의 최대 물류용량을 각각 $V_{sp}, V_{pw}, V_{wc}$라고 한다면 위 수리모형의 목적식에 $\sum_{s,p} C_{sp} z_{sp} + \sum_{p,w} C_{pw} z_{pw} + \sum_{w,c} C_{wc} z_{wc}$를 추가하고 다음과 같은 제약식을 추가한다.

$$\begin{aligned}
s.t.\quad &\textstyle\sum_{r} x_{rsp} \leq V_{sp} z_{sp}, && \forall s, p \\
&\textstyle\sum_{m} x_{mpw} \leq V_{pw} z_{pw}, && \forall p, w \\
&\textstyle\sum_{m} x_{mwc} \leq V_{wc} z_{wc}, && \forall w, c \\
&z_{sp}, z_{pw}, z_{wc} \in \{0, 1\}, && \forall s, p, w, c
\end{aligned}$$

설비노드나 경로링크에 수반되는 고정비는 이를 통해 이동하는 원자재 및 제품에 따라 다를 수 있기 때문에 이를 종류별로 고려할 수도 있다. 또한 이렇게 선택되는 경로링크마다 수송경로의 특성상 또는 수송수단의 특성으로 인하여 이에 대한 용량한계를 또한 고려할 수 있다. 이 경우 고정비 및 용량한계에 따라 결정되는 내용은 각 설비노드 및 경로링크에 대해 선택되는 원자재 및 제품에 대한 결정변수를 포함하는 수리모형으로 발전시켜 구할 수 있다.

**예제 9-1** **자동차 공급사슬 네트워크 설계(아웃바운드 네트워크)**

자동차제조업체는 아산, 광주, 울산에 3개의 공장을 운영하고 있으며 생산용량은 각각 700, 400, 900단위이다. [그림 9-8]과 같이 전국에 12개의 주요 수요지역에 대해 수요량에 해당하는 자동차 물량을 공급하기 위해 5개의 물류분배센터를 현재 기흥, 옥천, 광주, 영천, 양산에 운영하고 있으며 물류센터의 용량은 각각 700, 700, 300, 500, 300단위로 총 용량 2,500으로 수요지역 공급에 충분한 수준으로 운영하고 있다. 각 수요지역의 수요량은 서울북, 서울남, 서울서 지역이 각각 200, 250, 200단위이며 인천, 수원, 천안, 대전이 각각 200, 150, 100, 200, 전주, 광주, 대구, 진주, 부산지역이 각각 100, 100, 150, 150, 200으로 총수요는 2,000단위이다. 제조공장에서 물류센터 및 수요지역을 연결하는 경로를 통해 배송할 때 물량 한 단위당 일정한 수송 및 운영비와 제조공장과 분배센터를 운영하기 위한 고정비는 〈표 9-1〉과 같다. 제조공장에서 물류센터를 거쳐 모든 수요지역에 자동차를 공급하기 위한 최적의 전체 공급사슬 네트워크의 운영비는 고정비를 포함하여 51,250단위이며 이에 대한 공급사슬의 네트워크는 [그림 9-8]과 같다.

〈표 9-1〉 자동차 공급사슬 비용

| | 출발지 | 도착지까지의 단위당 공급비용 | 시설고정비 |
|---|---|---|---|
| 공장 ⬇ 물류센터 | 아산공장 | 기흥(10), 옥천(12), 광주(12) | 5,000 |
| | 광주공장 | 옥천(10), 광주(3), 영천(15) | 2,000 |
| | 울산공장 | 기흥(18), 옥천(10), 영천(8), 양산(5) | 7,000 |
| 물류센터 ⬇ 수요지 | 기흥센터 | 서울북(5), 서울남(3), 서울서(4), 인천(3), 수원(1) | 4,000 |
| | 옥천센터 | 서울서(12), 인천(10), 수원(10), 천안(8), 대전(5), 전주(8) | 3,000 |
| | 광주센터 | 전주(5), 광주(1) | 1,000 |
| | 영천센터 | 대구(2), 전주(5), 부산(5) | 2,000 |
| | 양산센터 | 전주(5), 부산(3) | 1,000 |

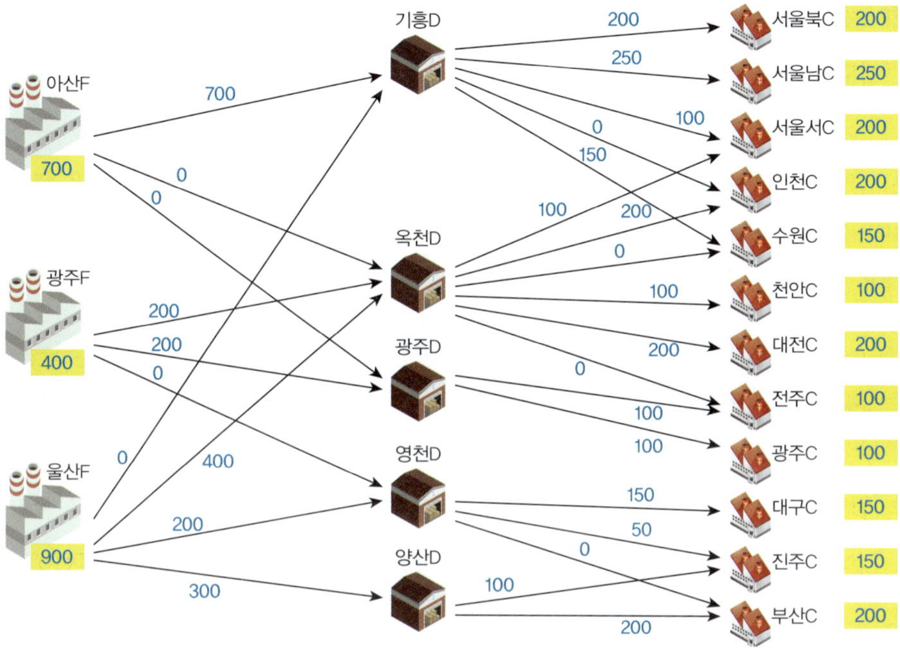


[그림 9-8] 자동차 공급사슬 네트워크 설계

자동차 공급사슬에서 배송경로를 운영할 때 물류량에 비례하여 운영비용이 발생하기도 하지만 배송을 직접 운영하거나 때로는 외부에 위탁하여도 일정한 고정비용이 발생한다. 이는 이를 담당하는 배송차량 및 조직을 항시 운영하면 물류량에 관계없이 지출되는 비용이 발생한다. 이러한 고정비를 고려하여 위에서 제시한 수송기반의 네트워크 설계 수리모형을 적용하여 최적의 네트워크를 구할 수 있다. 위 문제에서 이러한 배송경로 운영의 고정비가 500이라고 가정하면 최적의 공급사슬 네트워크는 [그림 9-9]와 같다. 이때 양산센터를 사용하지 않고 이와 연결된 3개의 경로링크를 사용하지 않는 대신 인접한 경로의 물류량의 변화를 통하여 고객수요를 충족한다. 기존의 네트워크에서는 5개의 물류센터와 20개의 경로링크를 사용하였지만 새로운 네트워크는 4개의 물류센터와 18개의 경로링크를 사용한다. 이와 같은 새로운 네트워크의 총 비용은 60,550으로 기존의 경로링크를 유지한다면 경로링크 20개 운영으로 인한 고정비 10,000를 부담하는 대신 경로 수를 줄이고 또한 양산 물류센터를 운영하지 않음으로 총비용의 9,300 증가를 가능하게 하는 네트워크를 구성할 수 있다.

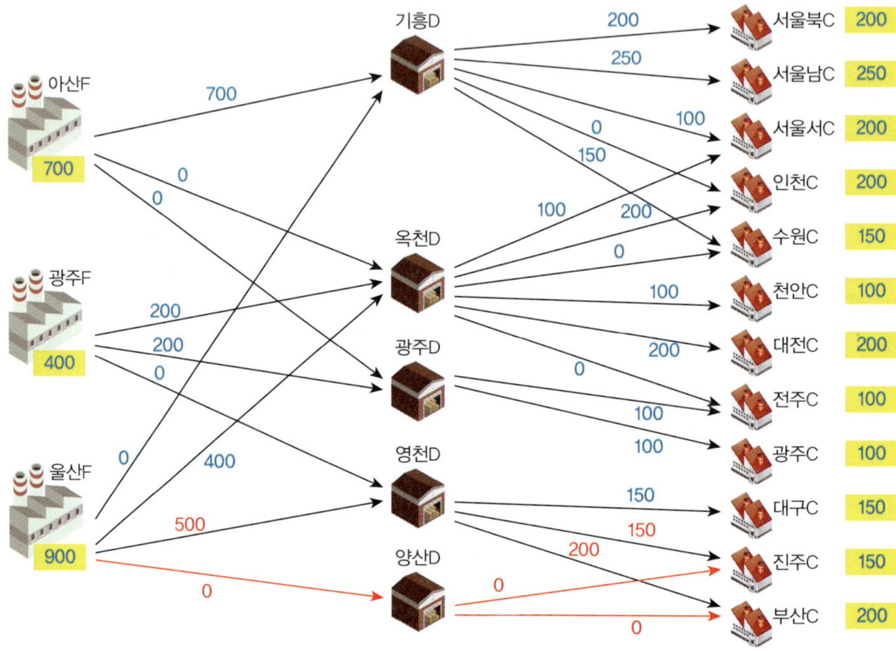


[그림 9–9] 자동차 공급사슬 네트워크 설계: 경로링크의 고정비 고려

공급사슬 운영의 개선을 위해 오히려 물류센터를 추가할 수도 있다. 수도권 지역의 원활한 물류배송을 위해 안산지역에 용량 500단위의 물류센터를 건설하는 안을 검토하고 있다. 안산센터는 운영하게 될 경우 고정비는 1,000단위 소요되며 아산, 광주, 울산 공장으로부터 물량을 공급받을 수 있고 단위당 공급비용은 각각 3, 4, 10단위이다. 안산센터가 수요지역과 연결가능한 경로링크는 서울남, 서울서, 인천 지역이며 이에 대한 단위공급비용은 2, 2, 1단위이다. 이와 같이 추가가능한 센터와 경로링크를 감안한 새로운 네트워크는 [그림 9-10]과 같으며 이로 인한 총비용은 46,550 단위로서 기존 네트워크의 비용보다 4,700단위 절감할 수 있으며 이는 전체 비용의 약 9%를 절약할 수 있다. 두 개의 네트워크를 비교하면 안산센터 개설로 인하여 수도원 지역의 물류흐름의 변화가 많으며 공장에서 물류센터로 이동하는 물량 또한 변화하였다. 다만 물류센터를 수도권에 추가하여 운영해야 하는 전체 물류시설은 1개 늘어났다. 그러나 옥천센터와 기흥센터의 물류량 500을 안산센터가 담당하므로 두 개의 물류센터의 시설을 축소할 수 있게 되어 물류센터 개설로 인한 고정비 증가를 다른 방법으로 보상받을 수도 있다.

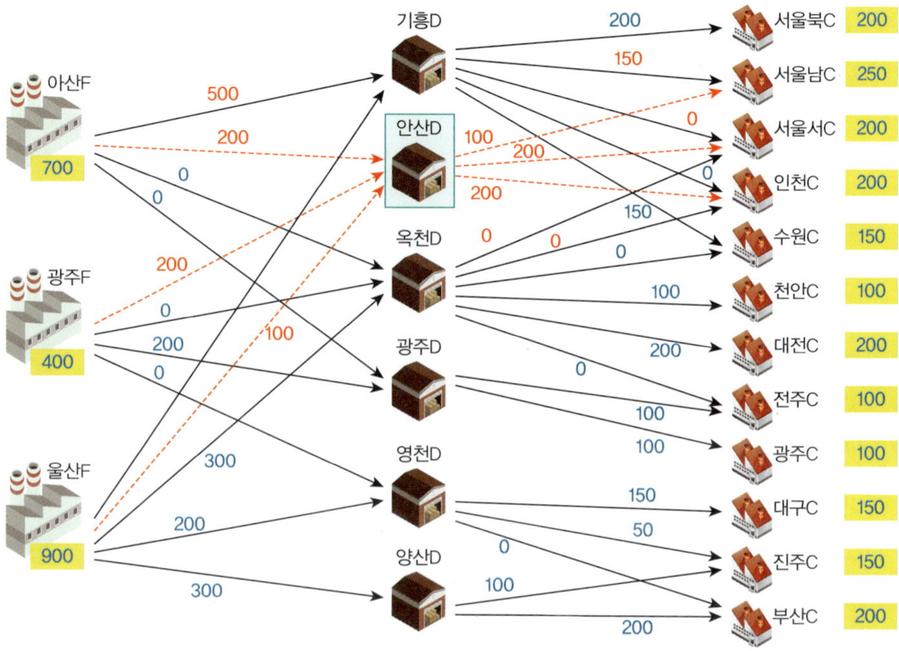


[그림 9-10] 자동차 공급사슬 네트워크 설계: 물류센터 추가로 인한 변화

### 3) 네트워크 개선을 위한 평가

네트워크의 설계과정은 전체 공급사슬의 공급과 수요를 만족시키는 설비노드와 경로링크의 선정과 물량할당에 의사결정을 구할 수 있으며 또한 현재 운영하고 있는 네트워크의 설비노드와 경로링크의 효율성을 측정할 수 있다. 이는 네트워크를 구성하는 참여자 모두가 동등한 효율성으로 운영되고 있지 않기 때문에 각각에 대한 효율성을 측정하고 이에 대한 개선의 필요성과 개선의 후보자로 선정하여 네트워크 전체의 효율성을 증대시킬 수 있도록 하는 대안을 찾는 분석을 할 수 있다. 설비노드 중에서 물류센터의 경우 효율성의 측정값으로 해당 설비를 이용하는 물류의 1단위를 운영하기 위한 단위 비용을 사용할 수 있는데 이는 물류센터의 고정비와 물류센터와 연결된 링크의 운영비를 해당 물류센터의 운영물량값으로 나누어 계산

할 수 있다. 현재 운영하고 있는 네트워크에서 물류센터 $w$에 공급하고 있는 공급선, 즉 제품군 $m$별 제조공장의 수를 $NP_{mw}$라 하고 물류센터 $w$가 공급하고 있는 제품군 $m$별 수요자의 수를 $NC_{mc}$라 하면 물류센터 $w$, 효율성 $E_w$는 다음과 같이 측정할 수 있다.

$$E_w = \frac{A_w}{\sum_{m,p} x_{mpw}} + \frac{\sum_{m,p} B_{mpw}}{\sum_m NP_{mw}} + \frac{\sum_{m,c} B_{mwc}}{\sum_m NC_{mc}}$$

$E_w$에서 첫 번째 항은 설비노드의 고정비를 설비노드를 통과하는 총물량으로 나눈 값이며 두 번째 항은 설비노드에 연결된 상위공급선, 즉 제조공장으로부터 물류센터로 연결된 모든 경로링크의 평균 단위배송비용이며 세 번째 항은 설비노드에 연결된 하위 공급선, 즉 물류센터로부터 수요자에게 연결된 모든 경로링크의 평균 단위 배송비용이다. 즉 설비노드를 운영함으로 이를 거쳐가는 모든 물량의 평균 단위비용이라고 할 수 있으며 이는 항상 양수의 값을 가지는 설비노드 및 경로링크에 대해서만 고려한다.

마찬가지로 경로링크에 대해서도 효율성을 측정할 수 있는 평가지표를 사용할 수 있다. 현재 운영하고 있는 네트워크에서 경로링크 $(p, w)$를 사용하고 있는 제품군의 수를 $NM_{(p,\,w)}$라 하고 경로링크 $(p, w)$의 출발점 $p$에 연결된 하위 공급선, 즉 물류센터의 수를 $NW_{mp}$, 도착점 $w$에 연결된 상위 공급선, 즉 제조공장의 수를 $NP_{mw}$라고 한다면 경로링크 $(p, w)$의 효율성, $E_{(p,\,w)}$는 다음과 같이 측정할 수 있다.

$$E_{(p,w)} = \frac{A_p}{\sum_m NP_{mp} \cdot x_{mpw}} + \frac{A_w}{\sum_m NW_{mw} \cdot x_{mpw}} + \frac{\sum_m B_{mpw}}{NM_{(p,w)}}$$

$E_{(p,\,w)}$에서 첫 번째 항은 경로링크 $(p, w)$의 출발점 $p$, 즉 제조공장의 고정비를 경로링크 $(p, w)$를 사용하는 물량의 평균 단위 할당값이며 두 번째 항은 경로링크 $(p, w)$의 도착점 $w$, 즉 물류센터의 고정비를 경로링크 $(p, w)$를 사용하는 물량의 평균

단위 할당값으로 경로링크 $(p, w)$가 개설됨으로써 상위공급선과 하위공급선이 가동되어야 하고 이로 인한 비용이라고 할 수 있다. 세 번째 항은 경로링크 $(p, w)$의 평균 단위 배송비용을 의미한다. 즉, 경로링크를 운영함으로 이를 거쳐가는 모든 물량의 평균 단위비용이라고 할 수 있다. 마찬가지 방법으로 모든 경로링크에 대해 효율성을 측정할 수 있으며 다만 경로링크의 상위 또는 하위의 공급선에서 고정비가 발생하지 않을 경우, 해당 고정비 부분을 고려하지 않는다.

이와 같이 설비노드와 경로링크에 대해 효율성을 측정하고 효율성 측면에서 현격히 낮은 수준의 네트워크 구성요소는 이에 대한 대체 또는 네트워크 전체의 재구성에 대한 후보자로 고려하여 개선할 수 있다.

### 예제 9-2 공급사슬 네트워크의 효율성 분석

[예제 9-1]에서 제시한 공급사슬 네트워크([그림 9-8] 기준)에서 5곳의 물류센터, 기흥, 옥천, 광주, 영천, 양산 센터의 평균 단위 운영비용은 각각 19.0, 23.8, 11.0, 21.5, 12.3이다. 이곳을 지나는 물류량은 각각 700, 600, 200, 600, 300으로서 통과물량의 총운영비용은 13,300, 14,280, 2,200, 12,900, 3,690이다. 따라서 현재의 네트워크는 기흥과 옥천 및 영천 센터로 인한 비용이 다른 두 곳의 비용보다 상대적으로 크다. 특히 수도권의 수요를 담당하는 기흥과 옥천의 물류센터의 역할을 분담할 수 있는 추가 센터를 고려하게 되고 대안으로서 안산센터를 가정한 새로운 물류네트워크에 대해 분석을 시작할 수 있다. 경로 링크에 대해서도 동일하게 분석함으로서 네트워크상의 경로의 효율성을 상호 비교함으로 수요를 충족할 수 있는 효율적 네트워크의 설계 및 개선에 대한 분석을 할 수 있다.

초기의 공급사슬 네트워크([그림 9-8])에서 사용 중인 20개의 링크에 대해 평균단위비용을 계산하면 (울산-옥천) 15.8, (옥천-서울서) 19.5, (옥천-수원) 15.5, (울산-영천) 19.7, (영천-진주) 25.0이 대표적으로 비효율적인 링크에 해당한다. 따라서 분배센터와 연계하여 네트워크의 설계에 대한 재구조화의 필요성을 평가할 수 있다.

## 3 허브 네트워크 설계

공급사슬 네트워크에서 각각의 공급자와 수요자에 직접 배송체계를 운영하지 않고 중간에 분배센터를 운영하는 이유는 공급과 수요의 시간적 차이를 극복하고 규모의 경제 원리를 이용한 경제성 때문이다. 중간의 거점을 통해 집합 또는 재분류 및 보관 과정을 통하여 전체 운영비용을 최적화함으로 비용절감과 수요에 대한 적시 충족을 달성할 수 있다. 중간 거점 또는 분배센터를 운영하고자 할 때 이를 공급사슬 네트워크 전제의 관점에서 매우 효율적인 대표적 체계는 허브앤스포크(Hub and Spoke) 시스템으로 대표적 물류네트워크의 형태이다. 수하물 운송의 경우 이를 요청하는 고객으로부터 수하물을 수집하여 물류센터로 보내면 물류센터에서는 이를 도착지 중심으로 분류하고 이를 도착지 중심의 물류센터로 대용량의 배송차량을 이용하여 운반한 후 다시 최종 도착지까지는 소형배송차량을 통해 각 고객에게 배송하는 체계를 운영한다. 여기에서 물류센터는 허브에 해당하며 각 허브에 연결된 고객과의 네트워크는 스포크형태로 연결되어 있어 허브 간의 이동을 통한 효율성을 극대화하고자 한다. 대부분의 항공노선은 대표적으로 허브앤스포크 네트워크 형태로 구성되어 있다.

[그림 9-11]은 3개의 허브에 10개의 수요자가 연결된 허브 네트워크의 대표적 형태이다. 이는 인바운드 네트워크 또는 아웃바운드 네트워크 각각에 대해 구성할 수 있다. 분배센터나 수요지 및 모든 시설가능입지에 대해 허브로 선택된 노드는 가까이 위치한 수요자 노드와 연결되며 수요자는 허브를 통해 배송이 이루어진다. 따라서 출발지에서 수요지로의 이동은 연결된 허브를 거쳐 수요연결되거나 다수의 허브를 거쳐 최종 수요자에게 연결되도록 한다. 실제로 모든 노드 간의 경로링크가 가능하지만 허브체계를 활용하여 운영할 수 있는 경로링크를 최소화하고 규모의 경제를 활용한 효율적 네트워크를 설계한다. 허브를 이용한 배송은 출발지에서 수요지로의 직접배송보다 단위당 배송비용이 저렴하다는 기본 가정이 전제되어 있다.

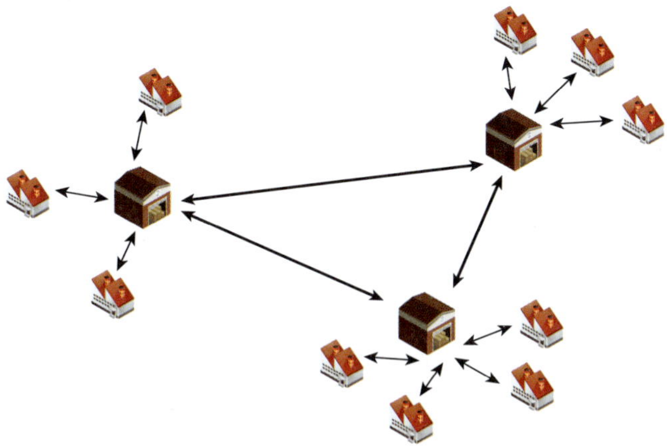

[그림 9-11] 허브앤스포크 공급사슬 네트워크

허브 네트워크의 설계는 주어진 노드들 중에서 허브노드를 선택하고 허브노드와 수요자 노드를 연결하여 각 수요물량에 대해 배송경로를 할당하는 과정이다. 네트워크 설계의 대상이 되는 노드 집합을 $N$이라고 하고 노드 $i$에서 노드 $j$까지의 배송수요는 $v_{ij}$이다. 노드 $k$가 허브로 선택되면 허브의 건설비를 포함하여 물량의 크기와 관계없는 일정한 고정비 $f_k$가 소요되며 허브로 선택된 노드의 집합을 $H$라고 정의한다. 노드 $i$에서 노드 $j$까지의 배송비용은 단위당 $c_{ij}$이며 실제로는 이동이 허브를 통해 이루어지므로 허브 $k$에서 노드 $j$까지의 배송비용은 단위당 $c_{kj}$이다. 배송수요 $v_{ij}$는 출발지 노드 $i$에서 허브 $k$와 다른 허브 $m$을 거쳐 노드 $j$에게 배송되면 이로 인한 배송비용은 $c_{ikmj}=c_{ik}+\alpha \cdot c_{km}+c_{mj}$, $0<\alpha\leq 1$로 정의되며 $\alpha$는 허브 간 이송으로 인한 규모의 경제 인자로서 작을수록 허브 간 이송으로 인한 혜택이 크다고 할 수 있다. 결정하고자 하는 것은 전체 네트워크 노드 $N$ 중에서 허브로 선택되는 이진변수 $y_k$와 배송수요 $v_{ij}$가 허브 $k$와 허브 $m$을 거쳐 배송되는 비율을 나타내는 $x_{ikmj}$이다. 이를 수리적 모형으로 정의하면 다음과 같다.

$$Min \quad \sum_{\substack{k,m\in H,\\ i,j\in N}} v_{ij}c_{ikmj}x_{ikmj}+\sum_{k\in N} f_k y_k$$

$$
\begin{aligned}
s.t. \quad & \textstyle\sum_{k,m \in H} x_{ikmj} = 1 && \forall i, j \in N \\
& x_{ikmj} \le y_k, \; x_{ikmj} \le y_m, && \forall i, k, m, j \in N \\
& y_k \in \{0, 1\}, \; x_{ikmj} \ge 0, && \forall i, k, m, j
\end{aligned}
$$

실제로 허브 네트워크 설계과정은 전략적인 의사결정의 문제로서 허브구축에 대한 고정비와 배송에 대한 운영비는 적용되는 시점의 차이가 있어 동일한 형태의 비용으로 간주하기 어렵다. 대부분의 경우 허브에 대한 고정비를 고려하기보다 전체 구축되는 허브의 수를 사전에 정의하고 이를 선택하는 의사결정이 보편적이다. 또한 배송수요 $v_{ij}$도 여러 경로를 분할하여 운영되기보다 가장 효율적인 경로를 선택하여 배송된다. 즉, $x_{ikmj}$를 배송수요 $v_{ij}$가 배송경로로서 허브 $k$와 허브 $m$을 선택함을 나타내는 이진변수로 정의하고 $z_{ik}$는 노드 $i$가 허브 $k$에 연결됨을 나타내는 이진변수로 정의한다. 이때 $z_{kk}$가 1일 경우 노드 $k$가 허브로 결정됨을 의미한다. 전체 노드 중에서 $p$개의 허브를 선택하고 배송수요에 대한 할당을 결정하는 수리모형은 다음과 같다.

$$
\begin{aligned}
Min \quad & z = \textstyle\sum_{i,k,m,j \in N} v_{ij} c_{ikmj} x_{ikmj} \\
s.t. \quad & \textstyle\sum_{k,m \in H} x_{ikmj} = 1 && \forall i, j \in N \\
& \textstyle\sum_k z_{kk} = p, \\
& z_{ik} \le z_{kk}, && \forall i, k \in N \\
& 2x_{ikmj} \le z_{ik} + z_{jm}, && \forall i, k, m, j \in N \\
& \textstyle\sum_k z_{ik} = 1, && \forall i \in N \\
& x_{ikmj}, z_{ik} \in \{0, 1\}, && \forall i, k, m, j
\end{aligned}
$$

**예제 9-3 허브앤스포크 네트워크 설계**

공급사슬의 공급자와 수요자가 평면상에 12개의 노드로 O(0, 0), A(2, 2), B(3, 1), C(1, 4), D(4, 3), E(5, 4), F(2, 5), G(6, 6), H(7, 2), I(8, 0), J(9, 4), K(11, 3)에 위치해 있고 모든 노드들 간의 이동은 직선거리로 가능하다. 즉, 예를 들면 GH 간의 거리는 직선거리 4.12이다. 노드 O, F, H, K는 공급지이며 나머지는 수요지로서 공급지와 수요지 간의 배송수요는 〈표 9-2〉와 같고 전체 배송물량은 200이다. 공급사슬 네트워크를 설계할 때 2장소에 허브를 구축하고 나머지 10장소는 허브에 연결되어 배송 네트워크를 설계하고자 한다. 배송의 운영비용은 물량과 거리에 비례한다. 이에 대하여 수리모형을 구성하고 해를 구하면 $\alpha=0.5$의 경우와 $\alpha=0.7$의 경우에 대해 [그림 9-12]와 같은 네트워크가 형성된다. $\alpha$의 값이 작을수록 허브 간의 물량이동에 대해 더 많은 비용을 절약할 수 있는 경우에 해당한다. $\alpha=0.5$의 경우는 A와 H를 허브로 선택하고 $\alpha=0.7$의 경우는 D와 H를 허브로 선택하였다. 두 가지 케이스를 비교하여도 $\alpha$의 값이 작은 (a)의 경우 허브 간의 거리가 (b)보다 더 크더라도 허브와 연결된 노드와의 전체 길이를 줄임으로 전체 비용을 최소화함을 알 수 있다.

〈표 9-2〉 공급지와 수요지 간의 배송수요

| 공급지 \ 수요지 | A | B | C | D | E | G | I | J | 합계 |
|---|---|---|---|---|---|---|---|---|---|
| O | 8 | 5 | 6 | 4 | 7 | 8 | 6 | 6 | 50 |
| F | 6 | 7 | 4 | 9 | 5 | 3 | 3 | 3 | 40 |
| H | 9 | 8 | 8 | 8 | 7 | 9 | 6 | 5 | 60 |
| K | 3 | 6 | 4 | 8 | 9 | 8 | 3 | 9 | 50 |

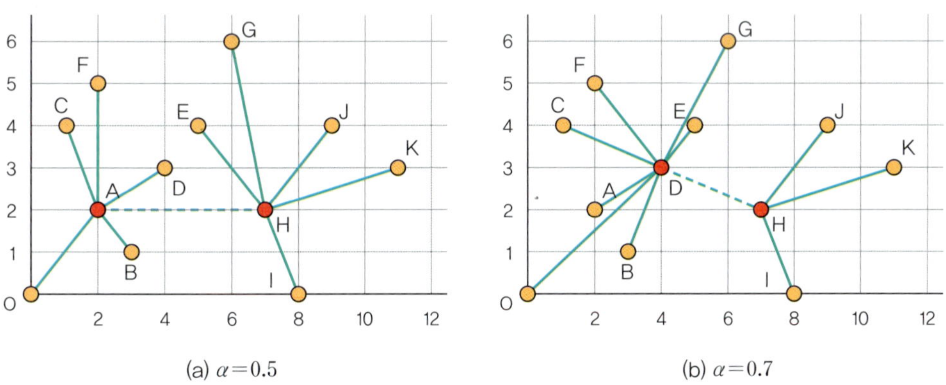


[그림 9-12] 허브앤스포크 공급사슬 네트워크 설계

허브앤스포크 네트워크는 글로벌화되고 있는 공급사슬에서 지역별로 다양한 형태의 물류센터 및 분배센터를 운영함으로 공급사슬의 효율화를 추구할 때 대표적으로 적용되는 네트워크 모형이다. 특히 가상의 공급자 풀과 또한 가상의 잠재고객에 대해 현재는 직접 공급자나 고객으로 운영되지는 않지만 비즈니스의 성장으로 이들을 포함하는 네트워크를 설계해야 될 때 잠재적인 공급자 및 고객을 일정한 거리 안에 위치하도록 하는 물류허브를 구상하게 된다. 이때 허브는 대상이 되는 노드를 일정거리 안에 두는 최적의 위치를 찾게 되고 때로는 대상이 되는 모든 공급자와 고객을 포함할 수는 없지만 최대한 많은 노드를 포함할 수 있는 허브를 결정해야 된다. 이러한 공급사슬 네트워크는 허브앤스포크 네트워크의 센터모형 및 최대커버링 모형으로 변환하여 이에 대한 분석 및 설계과정을 진행할 수 있다.

**[사례 9.1] 국내 택배회사의 허브앤스포크 네트워크**

국내 대표적 택배회사 중 하나는 8개의 메인 분류센터와 2개의 서브 분류센터를 기반으로 하는 허브앤스포크 물류네트워크를 운영하고 있다. 메인 분류센터는 하남, 부천, 이천, 원주, 대전, 대구, 광주, 칠곡에 위치해 있으며 서울 도심과 부산 도심에 대도시 밀집지역의 수집과 분배를 위한 서브 분류센터를 운영한다. 메인 분류센터는 하루에 15만~30만 건 내외의 분류능력이 있으며 이 중에 이천센터는 약 100만 건 내외를 수행함으로 가장 큰 규모로 운영되고 도심의 서브 센터는 5만 건 내외의 중간 규모이다. 분류센터와 연결된 지역센터는 약 310여 개가 운영되고 있으며 허브앤스포크 시스템의 두 번째 티어의 중간허브 역할을 담당하고 이와 연결된 최종서비스지점은 8,000여 개의 영업소 형태로 운영되어 이들로부터 최종 고객의 배송을 담당한다. 허브 역할을 담당하는 10개의 분류센터 간에는 기본적으로 상호 지점간의 대량 배송을 운영하지만 실제로는 효율적인 경로링크를 선택하여 선택적으로 운영한다. 택배의 수요는 계절적 요인으로 인하여 주기적 패턴을 형성하게 되며 이와 연동하여 몇 개의 허브는 기간에 따라 일시적 폐쇄 또는 용량의 탄력적 운영을 통한 전체 공급사슬 네트워크의 효율을 극대화한다.

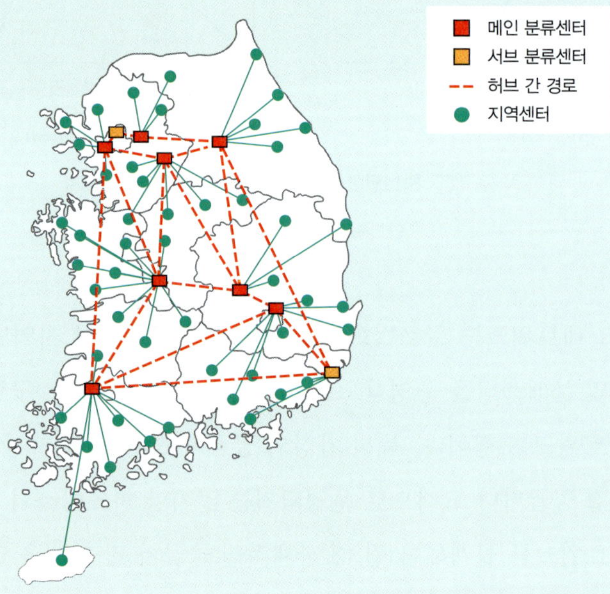


[그림 9-13] 국내 택배회사의 허브앤스포크 공급사슬 네트워크

# Exercise 연습문제

1. [예제 9-1]의 자동차 물류네트워크 문제에 대해 최적 수리모형을 제시하고 (a) 주어진 데이터를 이용하여 최적해를 구하고 (b)경로링크에 대해 500의 고정비가 필요한 경우에 대한 최적해를 구하고 (c) 또한 안산 물류 센터를 추가한 경우에 대해서도 최적해를 구하시오.

2. [예제 9-3]에서 제시한 문제에 대해 수리모형을 제시하고 최적해를 구하시오(해를 찾기 위한 전용 SW를 사용한다).

PART 04

# 공급사슬의 통합

Supply Chain Management

10
CHAPTER

# 공급사슬의 성과관리

CHAPTER

# 10 공급사슬의 성과관리

Supply Chain Management

〈학습 목표〉

1. 공급망의 전략에 맞춰 성과관리가 이뤄져야 한다는 것을 이해한다.
2. 공급망 관리에 사용되는 주요 KPI에 대하여 설명할 수 있다.
3. KPI 게임을 통하여 공급망에서의 KPI의 역할을 이해한다.

경영학의 권위자인 Peter Drucker는 "측정할 수 없다면 개선할 수 없다(If you can't measure it, you can't improve it)."라는 말을 남겼다. 이는 기업 경영에 있어 성과를 측정하고 관리하는 것은 성공을 위한 필수 요소임을 의미한다. 본 장에서는 공급사슬 전략에 맞는 성과를 측정하기 위해 요구되는 핵심성과지표(Key Performance Indicator: KPI)의 의미를 살펴보고, 공급사슬의 성능 평가와 개선을 위해 대표적으로 사용되는 모델인 공급사슬 운영 참조(Supply Chain Operation Reference: SCOR) 모델에 대하여 알아본다. 마지막으로, KPI 게임을 통하여 공급사슬에서 KPI와 관련하여 발생하는 다양한 현상을 이해해 보도록 한다.

# 1 공급사슬 전략과 성과관리

성과측정이란 기업 활동이 얼마나 효율적으로 또는 효과적으로 이뤄지고 있는지를 정량적으로 살펴보는 과정이라 할 수 있다. 성과측정은 기업이 수행한 행동으로 나타난 실질적인 결과에 대한 평가를 통해 기업의 전략적인 방향에 맞춰 어느 부분이 부족하고, 어느 부분인 과도한지 살펴볼 수 있게 도와준다. 또한, 성과측정을 통해 앞으로 해야 할 일과 관련하여 더 좋은 의사결정을 할 수 있도록 도움을 준다. 과거의 기업들은 성과를 측정하기 위하여 투자 회수율, 현금 흐름, 이윤과 같은 재무적인 지표에 집중하였다. 하지만 재무적인 지표는 기업의 모든 상황을 설명하지 못할 뿐만 아니라, 이미 발생한 결과에 대한 후행적인 지표로 사용되는 문제점이 있다. 또한, 기업 성과의 질적인 부분을 설명하지 못하기 때문에 앞으로 무엇을 해야 할 지 판단하는 데 도움을 줄 수 있는 추가적인 성과지표들이 요구되고 있다. 최근에는, 기업 또는 공급사슬 자체의 성과를 확인할 수 있는 성과지표와 더불어, 지속가능한 공급사슬(Sustainable supply chain)을 관리하기 위한 환경적 측면, 사회적 측면의 성과지표도 매우 중요하게 관리되고 있다.

그렇다면 좋은 성과관리는 무엇일까? Maskell(1991)은 다음과 같은 성과관리 시스템 설계의 7가지 원칙을 제시하고 있다.

1) 성과관리는 기업의 전략과 직접적으로 연관되어야 한다.
2) 비재무적인 지표도 이용해야 한다.
3) 부서, 기업 등 위치에 따라 다른 지표가 사용되어야 한다.
4) 환경이 변화하면 지표도 바뀌어야 한다.
5) 지표는 단순하고 사용하기 쉬어야 한다.
6) 지표는 빠른 피드백을 제공할 수 있어야 한다.
7) 지표는 지속적인 개선(Continuous improvement)을 촉진해야 한다.

기업은 이와 같은 원칙을 바탕으로 기업이 처한 시장환경과 기업 경쟁력의 바탕인 전략을 고려하여 적합한 지표들을 선정하고, 지속적으로 관리해야 한다. 기업은 공급사슬 전략을 수립하고, 이를 바탕으로 적합한 공급사슬 구조와 지표를 선정해야 한다. 예를 들어, 반응적 공급사슬을 운영하는 기업은 소비자의 요구에 얼마나 빠르게 반응하고 있는지를 중점적으로 평가하고 관리해야 하며, 효율적 공급사슬은 비용절감과 프로세스의 효율성 측면에서 성과를 관리하는 것이 중요할 것이다.

공급사슬 관점에서의 성과관리는 개별적인 부서의 성과관리에 비해 까다롭고 어렵다. 공급사슬은 다양한 기업 또는 부서들이 함께 참여하고 운영되기 때문에, 종종 이들의 성과지표들은 상호 간에 충돌하게 된다. 따라서 개별 기능들 간의 상충관계(Trade-off)를 이해하고, 하나의 지표가 다른 기능에 어떠한 영향을 주는지 이해해야 한다. 그리고 통합된 관점에서 상호 간에 협업이 이뤄질 수 있는 성과지표를 만들어야 한다. 재고관리 부서는 재고수준을 얼마나 낮추는가로 성과를 평가받고, 영업 부서는 소비자가 물건을 구매하고자 할 때, 원하는 물건을 제공할 수 있는가를 측정하는 제품 가용성(Product availability)을 기준으로 평가를 받는다고 가정해 보자. 재고관리의 담당자는 가능한 낮은 수준의 재고를 운영하기 위하여 적은 수량의 제품을 보유하고 싶어 할 것이다. 하지만 영업의 담당자는 판매할 수 있는 제품의 가용성을 높이기 위하여 가능한 높은 수준의 재고를 보유하고 싶어 할 것이다. 재고 담당자와 영업 담당자는 각자 본인의 성과지표를 높이기 위한 의사결정을 할 것이며, 두 담당자는 빈번한 의견 충돌과 대립으로 힘들어할 것이다. 따라서, 개별 프로세스 관점의 성과지표를 관리하기보다는 전체 공급사슬의 성과를 높이기 위한 성과지표가 무엇인지 살펴봐야 할 것이다.

또한, 대부분의 공급사슬은 다양한 성과지표를 사용하기 때문에, 공급사슬의 전략적 관점에서 어떠한 지표가 우선순위가 높은지 정리해 두어야 한다. 해외 배송 물품에 대한 물류 관리를 담당하는 부서의 성과지표의 예로 비용절감과 운송 리드타임을 생각해 보자. 비용절감을 위해서는 비행기보다는 선박을 이용하여 운송하여야 한다. 하지만 운송 리드타임을 줄이기 위해서는 선박보다는 비행기를 이용해야 한다. 비용절감과 운송 리드타임에는 상호 간에 상충관계가 존재하기 때문에 두 가지

지표를 동시에 향상시키는 것은 어렵다. 물류관리 담당자는 언제 비행기를 이용할지, 언제 선박을 이용할지 판단하기 어려우며, 그때그때 임기응변으로 대응하게 될 것이다. 이와 같은 혼동을 피하기 위해서는 어떠한 성과지표의 우선순위가 더 높은지 명확히 정해져야 한다. 만일 비용절감에 높은 우선순위를 두고 있다면, 기본적인 운송수단으로 선박을 이용하게 될 것이며, 선박을 이용한 다양한 운송경로 중에서 더 빠르게 보낼 수 있는 방법을 찾게 될 것이다. 또는, 선박을 이용한 운송 프로세스 중에서 낭비되는 시간이 없는지 살펴보고 개선활동을 하게 될 것이다.

성공적인 공급사슬의 성과관리를 위해서는 다음의 사항을 기억해야 한다. 첫째, 기업의 전략적 방향과 맞지 않는 성과지표를 사용하거나, 한 업무에만 초점을 맞춘 평가지표를 사용한다면, 공급사슬의 성과는 장담할 수 없게 될 것이다. 둘째, 공급사슬의 성과지표는 재무적 성과와 비재무적 성과를 모두 포함해야 하며, 사전적 지표와 사후적 지표를 모두 고려해야 한다. 셋째, 동일한 성과지표라도 환경에 따라 기업마다 다르게 적용될 수 있기 때문에, 적합한 방식으로 수정하여 사용해야 한다. 넷째, 공급사슬 전략에 맞는 적절한 성과지표를 선정하고 성과를 모니터링하여 지속적으로 경쟁력을 향상시켜야 하며, 변화하는 시장 환경에 맞춰 지표를 개선하는 활동을 지속해야 한다. 마지막으로, 적절한 정보시스템의 활용은 기업의 성과지표를 빠르게 계산하고, 공유하는 데 도움이 될 수 있다.

## 2 핵심성과지표(KPI)

핵심성과지표라고 불리는 KPI는 기업 내의 각 부서와 구성원들이 얼마나 우수한 성과를 내고 있는지를 평가하는 지표이다. 미국의 SCM전문 기관인 APICS는 KPI를 "전략적 또는 전술적 수준에서 특정한 전략적 골(Goal) 또는 목표(Objective)와 연관되어 있는 재무적 또는 비재무적 지표"라 정의한다. 또한, Investopia는 "한 회사나 기업이 전략적 또는 운영적 골의 달성과 관련하여 성과를 평가하고 비교하기 위하여 사용하는 측정 가능한 지표"로 정의하고 있다. 골과 목표는 모두 기업이 중장기적으로 추구하거나 기대하는 바를 정의한다. 이 중 골은 다소 포괄적인 수준의 성과로 나타나며, 목표는 보다 구체화된 계획으로 수치적으로 표현되기도 한다. 예를 들어, 독일의 자동차 회사인 Audi는 다음과 같은 4가지 골을 설정하였다. 이는 중장기적으로 기업이 추구하고자 하는 바를 포괄적 수준으로 정의하고 있다.

① Consistently customer: 가장 만족스러워하는 고객과 함께하는 회사가 된다.
② Consistently electric: 전기 자동차의 선두주자가 된다.
③ Consistently connected: 개방형 디지털 에코시스템을 만든다.
④ Consistently sustainable: 생태계와 경제가 장기적으로 조화를 이룰 수 있도록 책임감 있고 투명하고 진실성 있는 사업을 수행한다.

KPI는 Audi의 예시와 같은 기업의 중장기적인 골을 달성 위하여 수립한 측정 가능한 지표라고 이해할 수 있다. 예를 들어, Consistently customer라는 골을 달성하기 위하여 고객 만족도를 고려할 수 있으며, Consistently electric을 평가하기 위해서 전기 자동차 시장의 시장점유율을 고려해 볼 수 있을 것이다. 이렇게 측정된 지표를 바탕으로 기업은 시장의 평가를 받으며, 기업 내 부서는 성과급을 받기도 한다. 즉, 성과지표는 각 프로세스를 실행시키는 동력으로 작동하게 된다. 본 절에서는 공급사슬에서 사용되고 있는 몇 가지 KPI의 의미를 살펴보고, 이를 바탕으로 공급사슬이 어떻게 혁신하고 변화하고 있는지 살펴보도록 하자.

#### ① 수요예측 정확도(Forecast accuracy)

수요예측 정확도는 예측한 수준의 수요가 실제 주문으로 발생하였는가를 측정하는 지표이다. 공급사슬 설계와 운영은 소비자 수요에 대한 예측에서 시작되기 때문에, 수요예측 정확도는 매우 중요하다. 수요예측이 얼마나 정확한지는 첫 단추를 얼마나 잘 끼우는가와 같다. 기업은 장기적인 수요예측을 바탕으로 공장이나 창고의 증설, 용량에 대한 결정을 하게 되고, 중단기적인 수요예측을 바탕으로 생산 계획을 수립하거나 최적의 재고 수준을 결정한다. 3장에서 설명된 바와 같이 과거 수요 데이터를 기반으로 시계열 데이터의 패턴을 이해하여 미래의 수요를 예측하거나, 수요에 영향을 미치는 요인과 수요 변화와의 관계를 분석하기도 한다. 또한, 많은 기업에서는 수요관리 최고 임원으로부터 본사 영업 담당자, 현장의 판매 담당자까지 관련자들이 예측하는 수요에 대한 합의를 바탕으로 함께 수요예측을 하는 합의기반 수요예측(Consensus forecasting)을 수행하기도 한다. 수요예측 정확도를 측정하기 위해서는 수요예측 기준 시점과 예측 척도에 대한 범위 설정이 중요하다. 일반적으로, 단기간의 수요보다는 장기간의 수요를 예측하기 어렵고, 제품군에 대한 수요 예측보다는 개별제품에 대한 수요예측이 더 어렵기 때문에 이와 같은 특성을 반영하여 관리해야 한다.

#### ② 수요예측 변동성(Forecast volatility)

수요예측을 위해서는 '얼마의 주기'로, '어느 기간'에 대한 예측을 해야 하는지 결정해야 한다. '얼마의 주기'는 계획 수립 주기(Planning cycle time)에 해당되며, '어느 기간'은 계획 대상 기간(Planning horizon)이라고 한다. SCM 시스템을 도입하는 많은 회사들은 [그림 10-1]과 같이 1주일에 한 번의 주기로, 향후 16주 기간에 대한 수요를 예측한다. 예를 들어, 5월 1주차에는 다음주 예측(Week 1을 줄어 W1으로 표기함)을 포함하여 총 16주간의 수요를 예측한다. 한 주가 지난 5월 2주차가 되면 W1인 5월 3주차를 포함하여 총 16주의 수요를 예측한다. 이때, 수요예측 변동성이란 이전 시점에 수립한 수요예측 값과 다음 시점에 수립한 동일 시점의 수요예측 값이 얼마나 변동하는지를 측정하는 것이다. 예를 들어, 5월 1주차에 수립한 W2 예측과 5월 2주차에 수립한 W1은 모두 5월 3주차에 해당하며, 이 시점의 예측의 변동폭을 측정할 수 있다. 16주 기간에 대한 수요를 예측하는 경우, 앞부분의 기간은 당장 필요한 수요이기 때문에 완제품 재고 운영이나 생산계획 수립에 영향을 미치며, 뒷부분의 기간은 구매 리드타임이 긴 주요 원자재 계획에 영향을 미친다. 따라서 만일 수요예측의 변동폭이 크고 이와 같은 현상이 반복된다면, 생산, 재고, 구매 부서에서는 일정 시점 이후의 데이터는 믿지 않게 될 것이다. 예를 들어, 구매 부서에서는 영업의 수요예측값은 W1 구간만 신뢰할 수 있고, W2 이후의 데이터는 신뢰도가 떨어진다고 생각할 수 있다. 이러한 상황이 발생하면 구매 부서는 소비자의 수요보다는 구매 부서 자체적인 목표에 의존한 구매 활동을 지속하게 되며, 공급사슬 내 제품의 원활한 자재 수급과 제품 생산에 문제가 발생될 것이다.

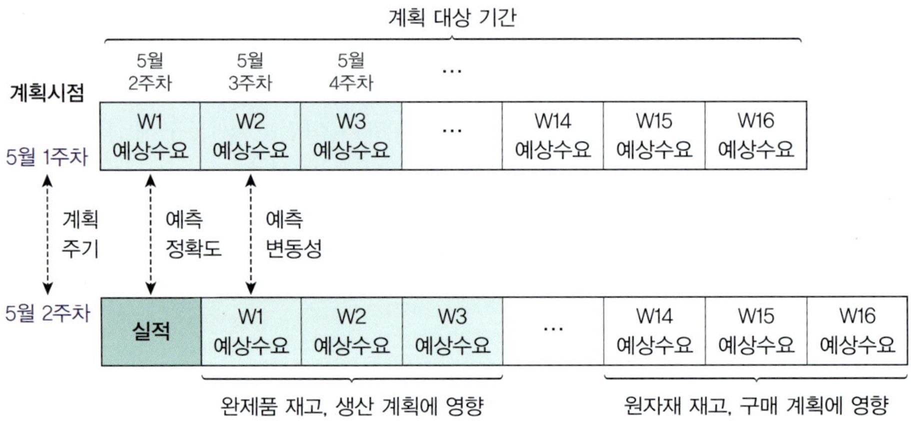


[그림 10-1] 수요예측 주기와 대상 기간

### ③ 계획 수립 주기(Planning cycle time)

계획 수립 주기는 앞에서 설명한 바와 같이 한 번 계획을 수립한 뒤, 다음 계획을 수립할 때까지의 시간을 의미한다. 기업들은 적절한 주기 단위로 수요를 예측하고, 이를 바탕으로 공급사슬 운영을 위한 생산계획, 운송계획, 구매계획 등을 수립한다. 이 주기가 짧다는 것은 수요에 변화에 보다 빠르게 대응한다는 것을 의미한다. 예를 들어, 한 달에 한 번 수요를 예측하고 생산 계획을 수립하는 것보다는 매주 수요를 예측하고 생산계획을 수립하는 것이 시장의 변화에 신속하게 반응할 수 있다. 과거 SCM 시스템이 구축되기 이전의 많은 기업들은 분기 또는 월 단위로 판매 및 생산 계획(Sales and Operations Plan: S&OP)을 수립하였다. 분기 또는 월 매출 목표를 수립하고, 이를 달성하기 위한 총 생산량을 결정하는 방식이다. 하지만, 90년대 이후 SCM 시스템을 구축하면서 많은 기업들이 S&OP 주기를 주 단위로 변경하였다. 주

단위로 각 부서의 책임자들이 모여 예측된 수요를 검토하고, 이를 기반으로 생산량을 조정하는 방식으로 운영되고 있다. 물론, 생산 및 판매와 관련된 중장기적인 이슈와 재무적 이슈들을 다루기 위한 월 단위의 S&OP도 함께 병행하고 있다.

#### ④ 계획 대비 실적(Plan vs. Result)

계획 대비 실적이란 공급사슬관리를 위하여 수립한 계획대로 실행을 했는지 점검하는 지표이다. 판매관리 부서의 중요 프로세스인 수요예측은 정확도와 변동성으로 측정되는 반면, 생산 및 물류 부서 등은 계획대비 실적이 얼마나 맞는지 점검하게 된다. 아무리 수요를 정확하게 예측하고 수요를 맞추기 위한 계획을 수립하더라도, 실제 실행이 계획과 관계없이 이뤄진다면 공급사슬관리의 의미는 없어질 것이다. 특히, 영업 담당자는 창고에 있는 제품의 재고와 생산, 물류, 구매 계획을 바탕으로 소비자에게 언제까지 납품이 가능한지 약속(Available to promise: ATP)하게 된다. 따라서 공급사슬 내의 각 프로세스가 계획대로 실행되지 않는다면 소비자에게 약속한 시간에 물건을 전달할 수 없으며, 이는 계약 불이행으로 인한 위약금 및 소비자 신뢰 손상 등의 여러 어려움에 직면하게 될 것이다. 계획 대비 실적을 평가하다 보면, 계획의 변동성에 대한 이슈가 발생한다. 과거 월 단위의 생산량을 맞추기 위한 생산관리에서 주 단위로 변화하는 수요를 대응하기 위한 생산관리로의 변화는 생산현장 입장에서는 매우 부담스러운 일이다. 더불어, 생산의 진척 사항, 긴급 주문의 발생, 품질 문제의 발생 등 다양한 이슈들로 인해 매일매일 급격하게 변동되는 계획을 접하는 현장의 어려움은 두말할 것도 없다. 이러한 부분을 해결하기 위해서 많은 기업들은 '3일 확정 계획 체제'를 유지한다. 3일간의 계획은 확정하고 변동시키지 않을 테니, 이를 잘 맞춰야 한다는 것이다. 생산 현장의 입장에서 3일 동안의 계획은 변동되지 않으니 보다 안정적인 환경에서 작업을 할 수 있다는 장점이 있으나, 현장에서 발생하는 다양한 불확실성은 3일 내에 다 처리해야 한다는 부담도 같이 작용하게 된다. 삼성전자는 2017년부터 SCM 1일 결정 체제 운영으로 대응 기간의 주기를 크게 줄였다. 짧아지는 제품 수명 주기와 변화하는 수요에 보다 빠르게 대응하기 위해 경쟁력을 높이기 위한 노력이며, 이러한 능력이 기업이 운영하는 공급사슬의 능력인 것이다.

#### ⑤ 총 재고 일수(Total Inventory days of supply)

총 재고 일수는 제품을 생산 과정을 거쳐 창고에 보관하고 있다가 소비자에게 판매할 때까지 보유하고 있는 기간을 의미한다. 총 재고 일수는 원자재의 재고 일수, 완제품의 재고 일수, 생산이 담당하는 프로세스 내에서의 영업 일수, 판매 관련 프로세스 내에서의 영업 일수와 같이 세부적으로 나누어 관리하기도 한다. 일반적으로 재고 일수가 크면 수요에 비해 공급이 많음을 의미하고, 재고 일수가 적으면 그 반대의 상황을 의미한다. 과거 대량생산의 시대에는 높은 수준의 재고를 당연시하는 문화가 있었다. 설비 가동율을 올려 효율성을 높이는 것이 중요했기 때문에, 현재 수요와는 관계없이 월 생산 목표를 맞추기 위하여 가능한 많이 생산하고 재고를 쌓아 두었다. 또한, 재고는 회계상으로 기업의 자산이기 때문에 재무 관점의 KPI상으로도 손해 볼 일도 없었다. 하지만, 도요타 생산 시스템이라고도 불리는 적기공급생산(Just-in-time: JIT)의 확산은 재고를 불필요한 낭비로 판단하고 재고수준의 감축을 매우 중요하게 생각하게 되었다. 특히, 공급사슬관리의 중요성이 강조된 이후로는 소비자가 원하는 수준만큼 생산하고자 노력하고 있으며, 많은 기업들은 재고수준을 낮추기 위해서 노력하고 있다. 수요가 없는 물건을 만들어 재고를 쌓아두면 결국 이는 불용재고로 폐기되거나, 저렴한 가격으로 할인하여 저가로 판매하게 된다. 이와 같은 변화된 철학을 반영하기 위하여 SCM 시스템을 도입할 때, "예측된 수요가 없으면 생산물량의 할당이 없다(No forecast, No allocate)." 원칙을 적용하기도 한다. 이 원칙은 영업 부서에게는 정확한 수요예측의 중요성을 강조하고, 생산 부서에게는 수요가 없는 제품에 대한 생산 및 재고 운영의 문제점을 지적하는 것이다. 또한, 불용재고로 폐기되는 제품의 비율이 어느 정도인지도 관리해야 한다.

#### ⑥ 현금 회전 주기(Cash-to-cash cycle)

현금 회전 주기란 공급자에게 지불한 금액이 소비자에게 판매된 수익으로 돌아오는 기간을 의미한다. 이는 제품이 얼마나 빠르게 현금으로 회전되는가를 바탕으로 공급사슬의 효율성을 평가하기 위한 재무적인 지표로 '현금이 재고로 묶여져 있는 시간+판매 후 소비자에게 비용을 지급 받는 시간-물품 구입 후 공급자에게 비용을 지급 하는 시간'으로 계산할 수 있다. [그림 10-2]는 현금 회전 주기 계산에 대한 개념을 설명하고 있다. 현금 회전 주기가 짧을수록 기업에게 가용한 운영 자산이 더 많다는 것을 의미한다.

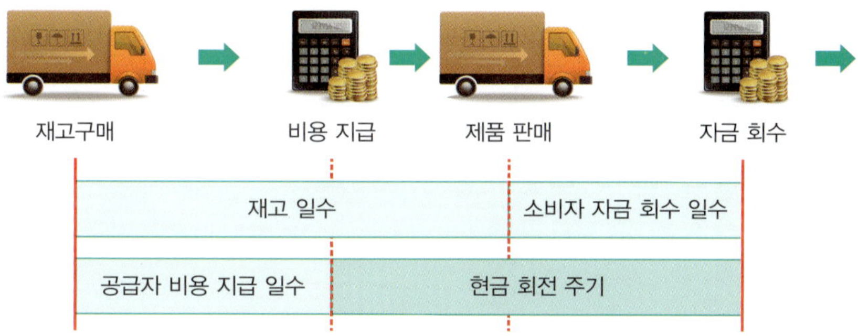


[그림 10-2] 현금 회전 주기

앞서 설명한 KPI외에도 다양한 평가 지표들이 공급사슬의 경쟁력 향상을 위해 사용되고 있다. 지표들은 산업의 특성, 기업의 전략에 맞춰 수정되어 사용되기 때문에, 모든 지표들을 모두 다 설명하는 것은 불가능하다. 따라서 기업과 연구자들에 의해 논의되고 있는 대표적인 지표들을 사업 단위의 책임과 역할에 맞게 정리한 Chae(2009)의 예시를 〈표 10-1〉과 같이 제시하고 본 절을 마무리하고자 한다.

〈표 10-1〉 사업 단위 별 KPI의 예시

| 사업 단위 | KPI |
|---|---|
| 운영 전략 | • 수요예측 정확도<br>• 계획 수립 주기<br>• 총 재고 일수<br>• 현금 회전 주기 |
| 판매 및 마케팅 | • 예측 대비 주문<br>• 예측 변동성<br>• 영업 부문의 완제품 재고일수 |

| | |
|---|---|
| 생산 | • 생산 계획 대비 실적<br>• 생산 부문의 완제품 재고일수<br>• 생산 부문의 원자재 재고일수<br>• 생산 부문의 정시 출발<br>• 영업 부분의 정시 도착 |
| 구매 | • 공급자 재고 충족률<br>• 자동 구매 발주 비율 |

## 3 공급사슬 운영 참조(SCOR) 모델

공급사슬 운영 참조(Supply chain operation reference: SCOR) 모델은 공급사슬을 체계적인 방법으로 진단하고 평가하기 위한 표준 모델로 제조 기업과 서비스 기업들이 가장 많이 활용하고 있는 모델이다. 1996년 경영 컨설팅 기업인 PRTM이 설립한 Supply Chain Council과 69개 기업들에 의해 SCOR 모델이 만들어졌으며, 현재는 미국의 생산관리 및 공급사슬 관리 전문 단체인 APICS에 의하여 지속적으로 업데이트되고 있다. SCOR은 공급사슬의 관점에서 다양한 산업분야에 적용 가능한 표준화된 공급사슬 모델을 설명하고 있으며, 기업 프로세스, 성과지표, 선진 사례, 기술 등을 통합된 방식으로 제시한다. 가장 최근에 발표된 모델은 2017년에 발표된 SCOR 12.0로 최근 부각되고 있는 옴니체널, 메타데이터, 블록체인과 같은 새로운 기술들을 포함하고 있다.

SCOR 모델은 공급사슬의 거시적 프로세스를 계획(Plan), 조달(Source), 생산(Make), 운송(Deliver), 반품(Return), 역량(Enable)의 6가지 영역으로 구분하며, 이를 다시 하위 수준의 프로세스로 정의하고 있다. 거시적 프로세스 중에서 계획 영역은 수요와 공급의 균형을 맞추기 위하여 공급사슬 내에서 계획을 수립하기 위한 계획 수립 프로세스들을 의미한다. 구매를 계획하고, 생산을 계획하고, 물품의 회수를 계획하는 등 공급사슬의 운영을 위해 필요한 다양한 계획 활동들을 포함한다. 조달 영역은 기업이 공급자로부터 필요한 물품을 얻기 위하여 요구되는 프로세스들을 의미한다. 공급자를 선정하고, 계약을 협상하고, 구매 물품을 전달받고 검사하는 프로세스들을 포함한다. 생산 영역은 자재를 가공하여 제품을 만들거나 서비스를 제공하는 프로세스를 의미한다. 원자재 가공을 통한 제품의 생산, 생산활동에 대한 스케줄, 유지보수, 회수된 물건에 대한 수리나 재가공 등을 모두 포함한다. 배송 영역은 가공한 물품을 소비자의 주문에 맞춰 물건을 전달하는 것을 의미하며, 창고에 물품을 보관하고, 필요한 물품을 출고하고, 소비자에게 제품을 전달하는 프로세스들을 포함한다. 반품 영역은 역물류와 관련된 프로세스를 의미하며, 회수할 물품의 선정, 물품의 회수, 회수된 물품의 관리 등을 포함한다. 역량은 공급사슬의 전반적인 관리의 영역을 의미하며, 공급사슬을 관리하기 위해 요구되는 성과 관리, 인력 및 자산관리, 데이터 관리, 시설물 관리, 위험 관리 등을 포함한다. [그림 10-3]은 공급사슬을 구성하는 거시적 프로세스를 설명하고 있다.

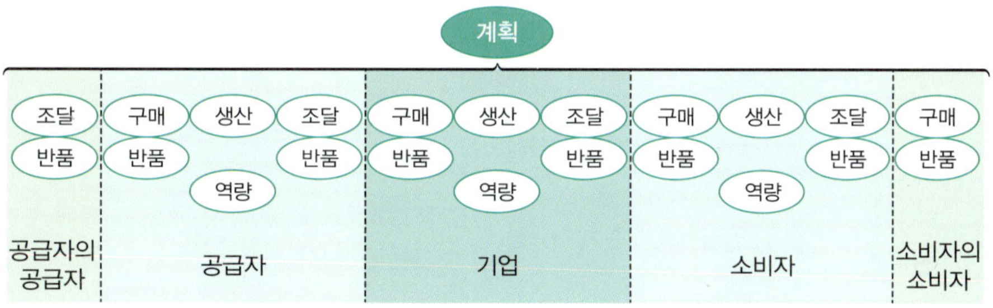


[그림 10-3] SCOR 모델의 공급사슬 프로세스

SCOR에서는 앞서 정의한 프로세스 단위로 공급사슬의 성과측정을 위하여 성과특성(Performance attribute)을 정의하고, 각 성과특성별로 요구되는 성과척도(Metric)를 정리하였다. 성과특성이란 기업의 전략적 방향성을 의미하며, 성과척도는 각 전략적 목표하에 요구되는 핵심지표를 의미한다. 고객에 초점을 두고 있는 성과 특성 요소로 신뢰성, 반응성, 신속성이 있으며, 기업 내부에 초점을 두고 있는 요소로 비용, 자산관리 효율성이 있다. 신뢰성이란 고객의 요구에 맞춰 공급사슬 프로세스가 기대하는 수준으로 작동하고 있는지를 의미한다. 반응성이란 반복적으로 수행되는 공급사슬 프로세스의 속도를 의미하며, 신속성은 수요 변동이나 재난 발생과 같은 외부의 영향에 대응하여 반응하는 속도와 능력을 의미한다. 비용은 공급사슬 프로세스가 작동하는 데 발생되는 비용을 의미하며, 자산관리 효율성은 자산을 얼마나 효율적으로 사용하고 있는지를 의미한다.

개별성과 특성에 따라 제시된 성과척도는 수준 1에서 수준 3으로 구분된다. 하위 수준의 성과척도는 상위수준의 성과척도를 보다 자세히 설명해 주며, 상위 수준의 상태를 진단하는 데 사용될 수 있다. 최상위 수준에 해당되는 수준 1의 성과척도는 〈표 10-2〉에 정리되어 있으며, 하위 레벨에 대한 보다 자세한 내용은 SCOR 홈페이지를 통해 확인할 수 있다.

〈표 10-2〉 SCOR의 성과특성 및 성과척도(수준 1)

| 성과특성 | 성과척도 | 의미 |
|---|---|---|
| 신뢰성 (Reliability) | 완벽한 주문 이행 | 총 주문 중에서 문제 없이 처리된 주문의 비율 |
| 반응성 (Responsiveness) | 주문 이행 주기 시간 | 주문을 처리하는 데 소요된 주기 시간의 평균 |
| 신속성 (Agility) | 공급사슬의 증가 유연성 | 예측하지 못한 수요가 20% 증가할 때, 대응하는 시간 |
| | 공급사슬의 증가 적응성 | 갑작스러운 수요 증가 시, 30일 이내에 추가할 수 있는 공급 물량의 비율 |
| | 공급사슬의 감소 적응성 | 갑작스러운 수요 감소 시, 30일 이내에 불이익 없이 공급을 줄일 수 있는 비율 |
| | 최대 손실 위험 | 공급사슬 손상이 발생할 경우 발생하는 평균 위험 비용 |
| 비용 (Costs) | 총 비용 | 공급사슬 운영에서 발생되는 비용의 총합 |
| 자산관리 효율성 (Asset Management Efficiency) | 현금 회전 주기 | 재고 구매 지불에서 판매 후 비용을 받을 때까지 소요된 기간 |
| | 공급사슬 고정 자산 이익율 | 고정 자산 대비 공급사슬 이익의 비율 |
| | 유동 자산 회전 이익율 | 유동 자산 대비 공급사슬 이익의 비율 |

# 4 KPI 게임

KPI 게임은 공급사슬의 KPI가 공급사슬 내의 각 기능이 의사결정을 내리는 데 어떠한 영향을 주고, 공급사슬 전체 성능에 어떠한 영향을 미치는지 살펴보기 위해 설계된 경영시뮬레이션 게임이다. 기업 내 공급사슬 참여자는 원자재의 구매를 담당하는 관리하는 구매팀, 생산 계획을 수립하고 생산을 담당하는 생산팀, 생산된 완제품을 창고에 보관하고 물품을 관리하는 재고팀, 소비자와 계약을 체결하고 물건을 공급하는 판매팀으로 구성된다. KPI 게임에서 물품의 흐름은 다음과 같다. 우선, 구매팀은 원자재 공급자로부터 원자재를 구매한다. 구매팀이 구매한 원자재 재고는 생산팀에 전달되며, 이는 생산계획으로 작성된 수량만큼 완제품으로 가공된다. 생산팀에 의해 만들어진 완제품은 재고팀으로 전달되며, 재고팀은 요청된 수량을 판매팀에게 전달한다. 판매팀은 재고팀이 보유하고 있는 수량을 파악하고, 소비자에게 판매할 물량을 결정하여 완제품 재고를 받아오는 프로세스가 반복된다. [그림 10-4]는 KPI 게임에 대한 정보를 간략하게 보여준다.

[그림 10-4] KPI 게임 개요

본 게임에서는 Black stone(BS)과 White stone(WS) 두 가지 제품을 생산하고 판매하며, 각 제품은 바둑돌을 사용하여 진행할 수 있다. BS는 성숙된 시장의 제품으로 원자재를 쉽게 구입할 수 있어서 가격 할인율이 높다. 생산 공정은 안정화되어서 생산 수율이 높으며, 시장 수요도 많아서 많은 소비자들이 바로바로 물건을 구매한다. 하지만, 시장의 공급 경쟁이 치열해 제품 가격은 $5로 저렴하다. 반면, WS는 새로운 기술이 적용된 신제품으로 원자재의 할인율, 제품 생산 수율이 모두 낮으며, 소비자들이 해당 제품에 대한 신뢰도가 쌓이지 않았기 때문에, 제품을 판매하여도 모두 판매되지 않는다. WS는 경쟁자가 없어서 BS보다 비싼 $10에 물건을 판매할 수 있다. 부서별 의사 결정에서 보다 자세하게 설명하겠지만, [그림 10-4]에서 보는 바와 같이 초기 재고는 8개이며 완제품 재고는 10개까지 보관할 수 있다. 또한, 구매, 생산, 판매는 최대 4개까지 결정할 수 있기 때문에, 용량 제약 관점에서 균형 잡힌 공급사슬이라고 할 수 있다.

이와 같은 환경에서 각 부서의 담당자는 다음과 같은 결정을 해야 한다. 우선, 구매 담당자는 WS와 BS의 원자재 중에서 어떤 제품의 원자재를 구매해야 하는지 결정한다. BS의 원자재는 1개당 $2에 판매되며, WS의 원자재는 1개당 $0.75에 판매된다. 원자재 업체와의 장기적인 협력관계를 바탕으로 묶음으로 구매할 경우 할인을 받을 수 있다. BS는 4개를 한 묶음으로 판매하며, 묶음당 $4로 판매한다. WS 역시 4개를 한 묶음으로 판매하며, 묶음으로 구매하면 $2에 판매한다. 따라서 구매 담당자는 어떤 제품의 원자재 구매할지와 더불어 낱개로 구매할지, 묶음으로 구매할지 판단해야 한다. 단, 게임의 한 라운드에는 제품에 관계없이 최대 4개까지만 구매할 수 있다는 제약이 있다. 구매관리의 KPI는 구매비용 감축률이며, 다음의 수식으로 계산된다. 예를 들어, BS의 원자재를 구매할 경우, 낱개 구매 정가 합은 $8(=$2*4개)이지만 묶음으로 구매할 경우 $4만 지불하게 된다. 따라서 구매비용 감축율은 (1-4/8)=50%가 된다. 원자재 구매의 경우, 구매 담당자가 결정한 원자재는 모두 조달 가능하다고 가정한다.

$$\text{구매비용감축률} = \left(1 - \frac{\text{실제구매에 지불한 비용}}{\text{낱개 구매 시 지불하는 비용}}\right) \times 100$$

생산 담당자는 보유하고 있는 원자재 재고를 바탕으로 WS와 BS 중 어떤 제품을 생산할지 결정한다. 예를 들어, 어떤 제품의 원자재 재고가 없다면 해당 제품에 대한 생산이 이뤄지지 않는다. 원자재가 있는 제품만을 대상으로 생산 계획을 수립할 수 있기 때문에, 생산 담당자의 의사결정은 구매 담당자에 의존적일 수밖에 없다. 원자재 초기 재고는 BS 6개, WS 2개로 가정하며, 하나의 완제품을 만드는 데 하나의 원자재를 사용한다. 또한, 제품의 종류의 따라 생산 수율이 다르기 때문에 제품을 생산할 때 이를 고려해야 한다. BS는 제조 공법이 안정화되어 있어 100%의 수율을 보이며, 원자재 1개로 완제품 1개를 생산할 수 있다. WS는 제조 공법이 아직 안정화되어 있지 않아서 수율이 50%이다. 따라서 완제품의 50%는 불량품으로 처리되며, 완제품 재고 창고로 보내지지 않는다. 결론적으로, 시장에 판매할 수 있는 완제품 1개를 만들기 위해서는 2개의 원자재가 사용된다. 투입 가능한 원자재의 개수(또는 불량품을 포함한 생산량)는 라운드당 최대 4개이다. 만일 생산 계획으로 BS 2개와 WS 2개를 작성했다면, BS 원자재 2개와 WS 원자재 2개를 소비하여 총 4개를 생산하게 된다. 하지만 BS의 수율로 인하여 재고 창고에는 BS 완제품 2개, WS 완제품 1개가 전달되며, WS 불량품 1개는 폐기된다. 생산관리 담당자의 KPI는 설비 가동률과 양품 생산량이며, 다음의 수식으로 계산된다. 예를 들어, WS 원자재를 4개 투입할 경우, 가공 4개/용량 4개가 되기 때문에 설비 가동률은 100%이다. 하지만, 수율로 인하여 불량품을 제외한 제품 개수는 2개이므로 생산량은 2개가 된다.

$$\text{설비가동률} = \left(\frac{\text{생산에 투입된 물량 } or \text{ 불량품을 포함하여 생산한 물량}}{4}\right) \times 100$$

생산량=불량품을 제외한 제품 개수

재고관리 담당자는 재고의 폐기를 결정하고, 재고수준을 결정하게 된다. 매일매일 재고 비용이 발생하기 때문에, 판매되지 않을 것 같은 제품은 빨리 폐기처분하고 낮은 재고수준을 유지해야 한다. 또한, 재고창고의 용량은 최대 10개이므로, 창고 용량을 넘는 재고 역시 폐기해야 한다고 가정하자. 완제품을 보관하기 위해서는 하루에 제품 1개당 \$1의 비용이 발생하며, 재고폐기에 발생하는 비용은 제품 1개당 \$2이다. 재고관리를 평가하는 KPI는 재고비용이며, 재고비용은 보관비용과 폐기비용의 합으로 다음과 같이 계산된다. 예를 들어, 특정 라운드에 2개의 제품을 폐기하고, 3개의 제품을 보관하면 총재고 비용은 \$1*3 + \$2*2 = \$7이 된다.

$$\text{재고비용} = \$1 * \text{완제품 재고수준} + \$2 * \text{폐기한 제품 수}$$

마지막으로, 영업 담당자의 경우, 완제품 창고에 보관되어 있는 재고수준을 확인하고, WS와 BS 중 어떠한 제품의 판매에 노력을 기울여야 하는지 결정한다. 재고가 없다면 해당 물건은 판매할 수 없다. 본 게임에서는 편의상 한 라운드에 최대 4개까지 판매 제안을 할 수 있다고 가정하며, 판매 성공 시에는 창고에 있는 완제품을 고객에게 전달해 준다. BS는 시장 수요가 많아 판매 제안 수량을 고객이 모두 구매한다. 즉, 판매 성공률은 100%이다. 하지만 시장 경쟁이 치열하여 개당 판매가격은 \$5로 저렴하다. 반면, WS는 아직 시장이 성숙되지 않아서 판매 제안을 하더라도 모두 판매되지 않는다. 제안 수량의 50%만 판매되며, 개당 판매가격은 \$10로 BS에 비해 비싸게 팔 수 있다. 판매관리의 KPI는 매출과 총 판매량이며, 다음과 같은 수식으로 계산된다. 예를 들어, WS 4개를 판매 제안할 경우, 총 2개가 판매되며 이때 매출은 \$20이 된다.

$$\text{매출} = \$5 * BS\ \text{판매량} + \$10 * WS\ \text{판매량}$$
$$\text{총 판매량} = BS\ \text{판매량} + WS\ \text{판매량}$$

KPI 게임을 진행하기 위해서는 2인 1조로 각 팀을 담당하는 관리자가 되어 함께 의사결정한다. 따라서 KPI 게임은 [그림 10-5]와 같이 총 8명이 하나의 공급사슬의 구성원이 된다. 게임은 총 10라운드를 진행하며, 각 라운드는 '팀 내 의사결정' 및 '팀간 제품 이동'으로 구성된다. 게임 참여자는 게임 진행자의 지시에 맞춰서 같은 속도로 각 라운드를 진행한다.

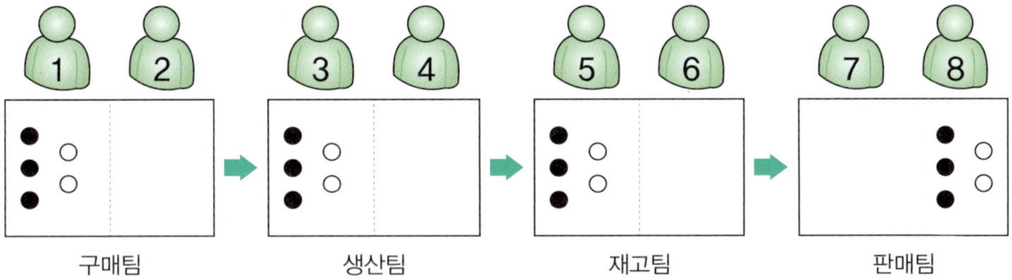


[그림 10-5] KPI 게임을 위한 공급사슬 구성

공급사슬에서 1번과 2번은 구매팀을 의미하여, 구매팀 1번은 구매 담당자와 공급자의 역할을 병행한다. 1번 앞에 놓여 있는 BS과 WS의 원자재는 공급업자가 보유한 물량이며, 물량에는 제한이 없다. 게임의 진행자가 '○○라운드 의사결정 하세요.'라고 지시하면, 구매팀은 원자재 구매량을 업무 매뉴얼에 작성하고, 작성한 물량을 2번 앞으로 이동한다. 2번 앞에 놓인 자재는 운송중인 재고를 의미한다. [그림 10-6]은 BS자재 1개와 WS 자재 1개를 구입한 결과를 보여준다.

공급사슬에서 3번과 4번은 생산팀을 의미하며, 생산팀의 3번 앞에 놓여 있는 물량은 현 시점에 보유하고 있는 원자재 재고를 나타낸다. 게임 진행자의 지시에 맞춰, 생산팀은 3번 앞에 놓여 있는 원자재를 확인하고 생산량을 업무 매뉴얼에 작성하고 해당 물량을 4번 앞으로 이동한다. 4번은 테이블을 2개의 영역으로 구분한다. 한 부분은 양품이고, 다른 한 부분은 불량품이다. [그림 10-6]은 BS 2개와 WS 2개를 투입하여, 양품으로 BS 2개와 WS 1개가 생산되고, 불량품으로 WS 1개가 생산되고 있음을 의미한다.

5번과 6번은 재고팀을 구성하며, 5번 앞에 있는 제품은 완제품 재고이다. 게임 진행자의 의사결정 지시가 내려지면 재고팀은 세 가지 업무를 순차적으로 진행한다. 첫 번째 업무는 폐기 물량을 결정하고, 해당 물량을 6번의 테이블 구석으로 이동하는 것이다. [그림 10-6]은 3개의 BS과 2개의 WS을 보유하고 있다가 각각 1개씩 폐기하였음을 의미한다. 재고팀의 두 번째 업무는 폐기 후 가용한 재고의 수준을 영업에게 공유하고, 영업이 판매를 성공하여 출하를 지시한 물량을 6번의 테이블로 이동하는 것이다. 이는 판매 후 소비자에게 운송중인 재고를 의미한다. [그림 10-6]은

1개의 BS가 판매되어 이동하고 있는 모습을 나타낸다. 재고팀의 마지막 업무는 폐기와 출하를 마친 후, 재고 창고에 순수하게 남아있는 재고를 파악하고, 재고 수량을 업무 매뉴얼에 작성하는 것이다.

마지막으로 7번과 8번은 판매팀을 의미하며, 8번은 소비자의 역할을 병행한다. 게임 진행자의 의사결정 지시를 받으면, 영업팀은 재고팀이 보유하고 있는 가용 재고(폐기 결정 후, 5번 앞에 놓여 있는 재고)를 확인하고, 판매 수량을 업무메뉴얼에 작성한다. 이후, 재고팀에게 판매성공 수량을 알리고 출하를 지시한다. 따라서 재고와 판매는 매 라운드에 긴밀하게 정보를 전달해야 한다.

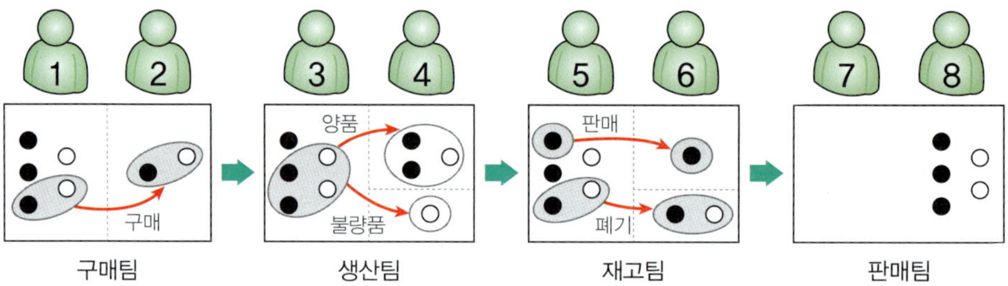


[그림 10-6] 의사결정 이후 공급사슬의 모습

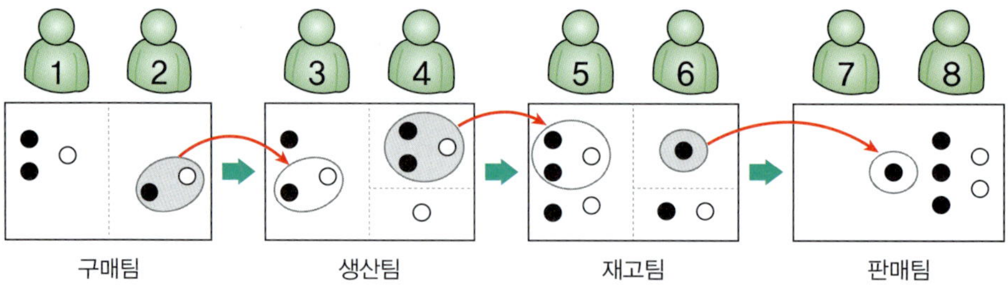


[그림 10-7] 팀 간 제품 이동 이후 공급사슬의 모습

게임 진행자는 모든 팀의 의사결정과 팀 내 제품 이동이 완료되었는지 확인한다. 만일 모두 잘 진행된 것으로 판단되면, '팀 간에 제품을 이동하세요.'라고 지시를 내린다. 해당 지시가 내려지면 구매팀의 2번 앞에 있는 운송 중 재고는 3번 테이블의 원자재 재고 창고로 이동한다. 또한, 4번 앞에 놓여진 양품은 5번 테이블의 완제품 재고 창고로 이동한다. 6번 앞에 놓인 판매 물품 역시 8번 테이블에 위치한 소비자

에게 전달된다. [그림 10-7]은 팀 간의 제품 이동을 보여준다. 이와 같이 팀 간의 제품 이동이 완료되면 한 라운드가 종료되며, 앞서 설명한 '팀 내 의사결정' 및 '팀 간 제품 이동'을 10회 반복한다. 팀별 업무 매뉴얼은 부록에서 확인할 수 있다.

KPI 게임의 진행과정에서 몇 가지 이슈가 발생한다. 첫 번째는 게임 진행 중에 팀 간 의사소통을 허용할지 여부이다. 판매팀은 판매 계획을 수립하기 위하여 완제품 재고 수준을 확인해야 한다. 따라서 판매팀과 재고팀의 의사소통은 필수적이다. 하지만, 생산팀과 구매팀까지 의사소통을 할 수 있을지 여부는 게임 진행자가 결정하여 게임을 진행할 수 있다. 영업팀부터 구매팀까지 모든 공급사슬 참여자 상호 간에 의사소통을 허용하는 경우, 각 팀은 보다 동기화된 의사결정을 할 수 있다. 예를 들어, 재고팀이 BS의 판매가 많아서 재고가 부족하다면 생산팀에게 BS를 생산해달라고 요청할 수 있고, 생산팀은 구매팀에게 BS의 원자재를 구매해 달라고 요청할 수 있다. 물론, 이와 같은 요청을 수락할지 여부는 각 팀이 KPI와 요청 사이의 상충관계를 판단하여 스스로 결정해야 한다. 게임의 효과를 위해서는 의사소통을 허용하더라도, 각 팀의 KPI를 계산하는 공식과 계산에 사용되는 수치(제품별 할인율, 생산수율, 재고 비용, 판매 성공률 등) 등은 다른 팀에게 공유하지 않도록 하는 것이 좋다. 반면, 의사소통을 허용하지 않는 경우, 각 팀은 각자의 KPI만을 고려하여 의사결정하게 된다. 두 번째는 소수점 단위의 물량을 어떻게 처리할 것인가에 대한 이슈이다. WS의 경우, 수율과 판매성공률이 50%이기 때문에, 양품의 개수와 판매 성공 제품의 개수가 소수점 단위가 될 수 있다. 예를 들어, WS를 3개 가공하면 수식적으로는 양품 1.5개가 생산된다. 하지만 게임에 사용되는 바둑돌은 소수점 단위로 관리하기 어렵다. 이와 같은 문제를 해결하기 위해서, 첫 번째는 소수점을 버림하여 양품을 1개로 정하고, 두 번째로 소수점 개수가 나오면 양품 2개로 올림한다. 이와 같이 버림과 올림을 반복하도록 하여 소수점 문제를 해결한다. 세 번째는 KPI 게임 결과의 평가 방식이다. KPI 게임의 목적에 맞춰 공급사슬의 각 참여자들이 의사결정하는 것을 유도하기 위하여, KPI 값만으로 각 팀의 성과를 평가해야 한다. 특히, 여러 개의 공급사슬이 구성되는 경우, 부서별로 상대적인 순위를 결정한다. 첫 번째 공급사슬의 구매팀의 KPI와 두 번째 공급사슬의 구매팀의 KPI를 비교하는 방식으로 성과를 평가하여, 참여자들이 KPI 향상에 집중하도록 한다. 또한, 실질적인 공급사슬의 운영과 KPI 계산을 위하며, 모든 라운드의 의사결정을 0개로 하지 않도록 지도해야 한다.

## 5 KPI 게임의 의미 해설

KPI 게임의 목적은 공급사슬 내의 참여자들에게 설정된 KPI가 공급사슬의 성과에 어떠한 영향을 미치는지 살펴보는 것이다. 공급사슬의 주된 목적은 소비자가 원하는 제품을 제공하면서, 공급사슬 전체의 수익을 극대화하는 것이다. 우선, 게임에서 가정한 KPI에 집중하였을 때 각 부서가 어떻게 의사결정하는 것이 가장 좋은 것인지 살펴본 뒤, 공급사슬 전체 이익 관점에서 어떻게 의사결정을 하는 것이 더 좋은 것인지 살펴보도록 하자.

### 1) 팀별 KPI를 최대화하는 공급사슬의 의사결정

우선, 구매팀의 KPI는 구매비용 감축률이다. 가능하면 저렴한 가격에 구매하는 것이 KPI 입장에서는 좋기 때문에 낱개 구매를 피하고 묶음 구매를 해야 한다. BS를 묶음으로 4개를 구매하는 경우 총 $4을 지불하며, 낱개로 4개의 가격을 계산하면 $8이 되기 때문에 구매비용 감축률은 (1-4/8)=50%이다. WS을 묶음으로 4개를 구매하는 경우 총 $2을 지불하며, 낱개로 4개의 가격을 계산하면 $3이 되므로 구매비용 감축률은 (1-2/3)=33.3%이다. 따라서 구매의 KPI를 높이기 위해서는 모든 라운드에 BS를 묶음으로 구매하는 것이 최적의 의사 결정이 되며 최고 비용 감축률은 50%이다.

생산팀은 설비 가동률과 생산량이라는 두 가지 KPI를 갖고 있다. 설비 가동률을 최대로 만들기 위해서는 매 라운드 최대 용량에 맞춰 4개의 제품을 투입해야 한다. 매 라운드 4개의 제품을 투입하면 최대 설비 가동률은 100%가 된다. 또 다른 지표인 생산량을 생각한다면, 불량으로 폐기되는 제품이 없는 BS만을 생산해야 한다. 만일 WS을 생산한다면 50%는 불량품이 되기 때문에, 양품 기준의 최대 생산량을 맞추기 위해서는 모든 라운드에 BS을 생산해야 하며, 10라운드 동안의 최대 생산량은 40개가 된다.

재고팀은 재고비용을 낮추기 위해서 노력해야 한다. 다른 팀과는 다르게 재고팀은 독자적으로 KPI를 최대로 맞추는 의사결정을 하기 어렵다. 이론적으로는 재고비용이 1일당 $1이고 폐기 비용이 $2이기 때문에, 재고 보관 기간이 2일이 넘는다면 빠르게 폐기하는 것이 가장 좋은 의사결정이다. 만일, 팀 간 의사소통이 허용되는 조건으로 게임이 진행되는 상황에서 모든 팀이 BS만을 생산, 판매하기로 합의가 이뤄진다면, 게임 시작과 동시에 WS과 BS을 각각 2개씩 폐기하고 BS의 재고를 4개 수준으로 유지하는 것이 가장 합리적이다. 생산 제약과 판매 제약이 모두 4개이기 때문에, 이와 같은 결론을 내릴 수 있다. 하지만, 생산팀에서 어떤 제품이 판매될지 모르고, 영업팀에서 어떤 제품을 판매할지 모르는 상황이라면 게임이 진행되는 10라운드 내에서는 최적을 결정하기 어렵다.

영업팀의 KPI는 매출과 총 판매량이다. 우선, 판매량을 생각해 보자. BS은 시장이 성숙하여 모두 판매되기 때문에 각 라운드마다 4개씩 판매할 수 있다. 반면, WS은 최대 판매 제안 수량인 4개의 50%만 판매되기 때문에 각 라운드마다 2개까지 판매가 가능하다. 판매량 입장에서는 무조건 BS을 판매하는 것이 최선이며, 10라운드 동안의 최대 판매량은 40개가 된다. 다음으로 매출을 비교해 보자. BS는 한 라운드에 4개가 판매되며 제품 1개당 가격은 $5이므로, 매출은 $20이다. WS는 2개가 판매되며 제품 1개당 가격이 $10이기 때문에 역시 $20의 매출을 올릴 수 있다. 따라서 최대로 판매한다면 어느 제품을 선택 하던지 매출에 영향을 주지 않는다. 따라서, 매출과 총 판매량을 모두 고려하였을 때, 가장 좋은 의사결정은 모든 라운드에 BS만을 판매해야 한다. 이때 최대 판매량 40개와 매출 $200을 달성할 수 있다.

이와 같이 공급사슬 내의 모든 KPI와 데이터들을 알고 있다면, 팀별 어떤 의사결정이 KPI를 가장 좋게 할 수 있는지 쉽게 이해할 수 있다. 현재 주어진 KPI를 높이기 위하여 모든 팀들이 활동한다면, 구매팀은 BS를 4개씩 묶음으로 구매하고, 생산팀은 BS만을 4개씩 생산해야 한다. 판매팀 역시 BS를 4개씩 판매해야 하며, 재고팀은 BS 재고를 4개만 보유하는 것이 최적이다. [그림 10-8]은 부서별 발생비용, 운영데이터 및 KPI 기반의 최적 공급사슬 운영을 요약하고 있다.

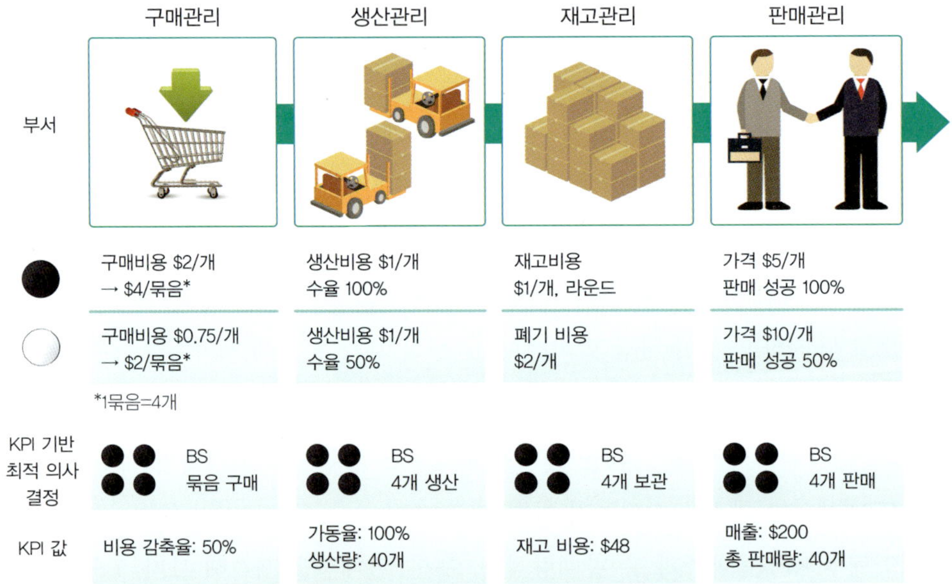


[그림 10-8] KPI 기반의 최적 공급사슬 운영

하지만, 실제 KPI 게임의 결과는 이와는 다른 양상을 보이기도 한다. 게임의 참여자들은 다른 팀이 어떠한 이유로 각 라운드의 의사 결정을 진행하는지 모르는 상태에서 게임이 진행되기 때문에, [그림 10-8]과는 다른 결과를 얻게 된다. 의사소통을 하는 경우라도, 원하는 제품이 무엇인지 정도만 알고 있으며, 다음 라운드의 의사결정이 현재와 같이 유지될지 또는 변경될지 알 수 없는 상태에서 게임이 진행되기 때문에 최고 수준의 KPI를 얻지 못하는 경우가 종종 발생한다. KPI 게임에서 KPI의 성과가 낮아짐에도 불구하고 WS를 생산하는 이유는 다음과 같다. 첫째, 게임의 참여자들의 본인 팀에 대한 KPI나 데이터를 잘 못 이해하고 게임을 진행하는 경우가 가끔 발생한다. 이는 실제 공급사슬에서 업무를 숙지하지 못한 상태에서 의사결정을 하고, 이로 인해 실수를 하는 경우와 동일하다. 둘째, 다른 팀의 잘못된 의사결정으로 어쩔 수 없이 WS를 생산하거나 판매하는 경우가 발생한다. 구매팀이 어떠한 이유로든 BS의 원자재를 구매하지 않고, WS의 원자재만 구매한다면 생산팀은 설비가동율을 위해서 어쩔 수 없이 WS를 생산하게 된다. 또한, 재고팀이 어떠한 이유로든 BS재고를 보유하고 있지 않다면, 판매팀은 어쩔 수 없이 WS를 판매하게 된다. 이는 공급사슬 내 한 프로세스의 의사결정이 다른 프로세스의 성과에 영향을 미치는 것을 의미하며, 이는 공급사슬 전체에 대한 통합적인 관리가 필요함을 설명해준다. 셋째, 본인 팀의 KPI보다는 전체 공급사슬의 상황을 바탕으로 WS를 생산하거나 판매하는 경우가 발생한다. 특히, 재고팀을 제외한 다른 팀들은 KPI 기반의 최적 의사결정이 너무나도 쉽고 직관적이기 때문에, 게임에 숨어있는 트릭이 있을 것이라고 추측하고 전체 공급사슬 입장에서 판단하려고 하기도 한다. 예를 들어, 재고창고에 BS가 많고 WS가 없는 것을 확인하고, 전체 공급사슬을 위해서는 WS가 필요할 것이라고 추측한다. 이를 바탕으로 BS대신 WS를 생산하기도 한다. 이는 실제 공급사슬에서는 성과의 기준을 모른 상태로 개인의 주관이나 추측으로 의사결정을 함으로써 발생하는 오류를 설명해 준다.

### 2) 공급사슬 전체 수익을 최대화하는 의사결정

다음으로, 공급사슬 전체 프로세스에서 발생하는 비용을 최소화하고, 이익을 극대화하는 전략을 추구하는 공급사슬을 살펴보자. 공급사슬 전체의 수익을 바탕으로 의사결정을 진행한다면, 전반적인 비용구조부터 파악해야 한다. 우선, BS 1개를 판매할 때 얻을 수 있는 수익을 계산해 보자. BS를 묶음으로 구매하는 경우, 원자재 4개를 $8에 구매한다. 즉, 제품 1개를 생산하는 데 필요한 원자재 비용은 $2이다. BS는 수율이 100%이기 때문에 원자재 1개를 투입하면 1개의 완성품이 생산되며 이때 발생하는 비용은 $1이다. 재고비용은 재고수준과 폐기 의사결정에 따라 변동하기 때문에 단순히 계산하기는 어렵다. 재고비용 계산을 위하여 재고수준은 초기재고 수준은 8개를 유지한다고 가정하자. 만일 BS를 평균적으로 8개 보유하고 있다면, 1일 판매량이 4개이므로 평균 재고 일수는 2일이 된다. 따라서 BS 1개당 평균 재고 비용은 $2가 된다. 마지막으로 BS 판매하는 경우 $5에 물건을 판매하게 된다. 결론적으로 BS 1개를 만들어 판매하는 경우 $5(판매 가격)-$1(원자재 비용)-$1(생산비용)-$2(재고비용)=$1이 되어, $1의 수익을 얻을 수 있다. 라운드당 4개까지 판매할 수 있기 때문에, 라운드당 수익은 $1*4개=$4가 된다.

비슷한 방식으로 WS의 수익을 계산할 수 있다. WS 원자재 4개 묶음의 가격은 $2이므로, 원자재 1개당 비용은 $0.5이다. 하지만 WS는 수율이 50%이기 때문에, 원자재 2개를 투입하여 2개의 제품을 만들어야만 1개의 양품이 만들어진다. 따라서 판매 가능한 완제품 1개를 만들기 위해서는 원자재 비용이 $1이 발생되며, 생산비용 역시 BS의 두배인 $2이 발생된다. 재고비용 역시 평균적으로 WS을 8개 보유하고 있는 상황으로 가정하자. WS는 라운드당 2개까지 판매가 이뤄지기 때문에 평균 재고 일수는 4일이며, 제품 1개당 재고비용은 $4이 된다. WS는 $10에 판매되기 때문에, 제품 1개당 수익은 $10(판매 가격)-$1(원자재 비용)-$2(생산비용)-$4(재고비용)=3이 된다. 따라서 라운드당 수익은 $3*2개=$6이 된다.

[그림 10-9]는 공급사슬의 수익을 극대화하기 위한 비용 구조를 비교해 주고 있다. 앞서 설명한 바와 같이 공급사슬 전체에서 발생되는 비용을 바탕으로 수익을 극대화하기 위한 의사결정을 한다면 BS보다는 WS에 집중해야 하는 것이다. 만일, WS의 재고 수준을 BS 수준인 2일로 낮춰서 4개만 보유하고 있다면 WS을 판매해서 얻을 수 있는 수익은 개당 $2이 증가한다. 이 결과는 KPI 집중하여 모든 팀들이 BS만을 생산하는 결과와 반대된다. 따라서, 비용 절감을 통한 공급사슬 전체의 수익 향상에 집중하기를 원한다면 본 게임에서 사용한 KPI는 적절하지 않으며, 수익 향상에 맞도록 공급사슬 전체가 동기화되어 조정되어야 할 것이다.

| | 구매관리 | 생산관리 | 재고관리 | 판매관리 |
|---|---|---|---|---|
| 부서 | | | | |

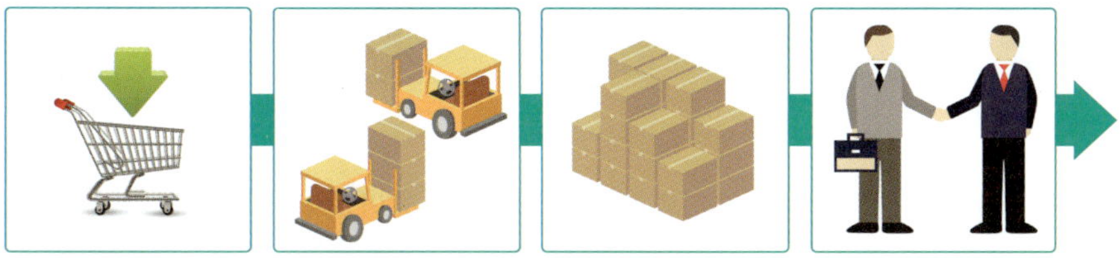

| | 구매관리 | 생산관리 | 재고관리 | 판매관리 |
|---|---|---|---|---|
| ● | 구매비용 $2/개<br>→ $4/묶음* | 생산비용 $1/개<br>수율 100% | 재고비용<br>$1/개, 라운드 | 가격 $5/개<br>판매 성공 100% |
| ○ | 구매비용 $0.75/개<br>→ $2/묶음* | 생산비용 $1/개<br>수율 50% | 폐기 비용<br>$2/개 | 가격 $10/개<br>판매 성공 50% |

*1묶음=4개

| | 구매관리 | 생산관리 | 재고관리 | 판매관리 |
|---|---|---|---|---|
| ● | 완제품 1개당 비용: $1 | 완제품 1개당 비용: $1 | 완제품 1개당 비용: $2 | 완제품 1개당 수익: $1<br>라운드 당 수익: $4 |
| ○ | 완제품 1개당 비용: $1 | 완제품 1개당 비용: $2 | 완제품 1개당 비용: $4 | 완제품 1개당 수익: $3<br>라운드 당 수익: $6 |

[그림 10-9] 공급사슬 전체 수익 기반의 비용 분석

공급사슬에 참여한 참가자들은 기업의 전략을 바탕으로 작성된 KPI를 높이기 위하여 활동한다. 따라서 KPI를 적절히 설계하고, 이를 지속적으로 관리하고 수정하는 것은 필수적이다. 특히, 개별 팀의 특정 이슈를 다루기 위한 KPI보다는 공급사슬 전체를 통합적으로 관리할 수 있도록 동기화된 KPI의 설정이 중요하다. 본 KPI 게임은 단순하지만 공급사슬의 성과가 KPI에 의하여 어떻게 영향을 받는지 이해하는 데 도움이 될 것이라고 판단한다.

# Exercise 연습문제

1. 공급사슬의 성과관리가 개별 부서의 성과관리보다 어려운 이유와 주의해야 할 사항을 논의하시오.

2. 다음은 ABC 기업의 수요예측 값이다. 1월부터 6월까지 기간의 수요예측 정확도를 평균제곱오차 (Mean Squared Error: MSE)로 계산하시오.

| | 1월 | 2월 | 3월 | 4월 | 5월 | 6월 |
|---|---|---|---|---|---|---|
| 예측 수요 | 20 | 21 | 23 | 22 | 21 | 22 |
| 실제 수요 | 18 | 20 | 23 | 20 | 22 | 21 |

$$MSE = \sum_{t} \frac{(\text{예측값} - \text{실제값})^2}{\text{데이터 갯수}}$$

3. SCOR 모델에서 정의한 공급사슬의 6대 거시 프로세스를 설명하시오.

4. SCOR 모델의 성과특성 중 하나인 신속성을 평가하기 위한 성과척도를 설명하시오.

5. 공급사슬관리를 위해 사용하는 기업의 KPI 사례를 조사하시오.

6. 서로 다른 두 부서의 KPI가 공급사슬관리 관점에서 충돌이 발생되는 경우를 설명하시오.

7. KPI 게임의 과정과 결과를 논의하시오.

8. KPI 게임에서 가정한 공급사슬이 현실의 공급사슬과 어떠한 차이가 있는지 설명하시오.

부록

## 구매업무 매뉴얼

구매팀의 주 업무는 생산팀의 제조활동에 필요한 원자재를 조달하는 것입니다.
구매 활동의 다양한 제약으로 인하여 하루에 최대 4개까지 구매가능하여, 구매 즉시 생산 부서에 전달합니다.
원자재 구매에 발생하는 비용은 다음과 같습니다.
원자재 구매 비용은 대외비이기 때문에 외부에 공개하면 안됩니다.

- Black Stone: 정가는 개당 $2, 4개를 묶음으로 구매 시 $4에 구매 가능 (총 $4할인)
- White Stone: 정가는 개당 $0.75, 4개를 묶음으로 구매 시 $2에 구매 가능 (총 $1할인)

구매팀의 KPI는 구매비용 절감율입니다.
예를 들어, Black Stone을 4개 구매 시 정가 합은 $8(=$2*4개)이지만, 묶음으로 구매할 경우 $4에 구입할 수 있으므로, 구매비용절감율은 1-(4/8) = 0.5, 즉 50%가 됩니다.

1일간의 구매 의사 결정을 내리고, 그 결과를 기록하시기 바랍니다.

| 일자 | Black Stone | | | White Stone | | |
|---|---|---|---|---|---|---|
| | 정가(개당) | 구매량 | 구매금액 | 정가(개당) | 구매량 | 구매금액 |
| 예 | $2 | 2 | $4 | $0.75 | 2 | $1.50 |
| 1 | $2 | | | $0.75 | | |
| 2 | $2 | | | $0.75 | | |
| 3 | $2 | | | $0.75 | | |
| 4 | $2 | | | $0.75 | | |
| 5 | $2 | | | $0.75 | | |
| 6 | $2 | | | $0.75 | | |
| 7 | $2 | | | $0.75 | | |
| 8 | $2 | | | $0.75 | | |
| 9 | $2 | | | $0.75 | | |
| 10 | $2 | | | $0.75 | | |
| 합계 | | A | B | | C | D |

| | | | |
|---|---|---|---|
| | 정가합계 | =2*A+0.75*C | E |
| | 구매금합계 | =B+D | F |
| KPI | 비용절감율 | =1-(F/E) | |

## 생산업무 매뉴얼

생산팀의 주 업무는 조달된 원자재를 가공하여 완제품을 만드는 것입니다.
생산 활동의 다양한 제약으로 인하여 하루에 최대 4개까지 생산가능하여, 생산 즉시 재고관리 부서에 전달합니다.
제품 생산을 위해서는 개당 $1의 비용이 발생합니다.
생산 비용과 수율은 대외비이기 때문에 외부에 공개하면 안됩니다.
하지만, 제품의 종류에 따라서 생산 수율이 다르기 때문에 이를 고려해야 합니다.

- Black Stone: 제조 공법이 안정화되어 100% 수율을 보입니다. (즉 원자재 1개 = 완제품 1개)
- White Stone: 제조 공법이 아직 안정화 되지 않아 50%의 수율을 보입니다.

즉, 완제품의 50%는 불량품으로, 재고 창고로 넘어가지 않고 폐기됩니다.

생산팀의 KPI는 설비가동률과 생산량입니다.
예를 들어, White Stone의 원자재를 4개 투입할 경우 가공 4개/Capa 4개가 되기 때문에 설비 가동률은 100%입니다. 하지만, 수율로 인하여 완제품 생산량은 2개가 됩니다.

10일간의 생산 의사결정을 내리고, 그 결과를 기록하시기 바랍니다.

| 일자 | Black Stone | | | White Stone | | |
|---|---|---|---|---|---|---|
| | 수율 | 가공량 | 생산량 | 수율 | 가공량 | 생산량 |
| 예 | 100% | 2 | 2 | 50% | 2 | 1 |
| 1 | 100% | | | 50% | | |
| 2 | 100% | | | 50% | | |
| 3 | 100% | | | 50% | | |
| 4 | 100% | | | 50% | | |
| 5 | 100% | | | 50% | | |
| 6 | 100% | | | 50% | | |
| 7 | 100% | | | 50% | | |
| 8 | 100% | | | 50% | | |
| 9 | 100% | | | 50% | | |
| 10 | 100% | | | 50% | | |
| 합계 | | A | B | | C | D |

| | | | |
|---|---|---|---|
| | 가공량 합계 | =A+C | E |
| | 생산량 합계 | =B+D | F |
| KPI | 설비가동률 | =E/(4*10) | |
| KPI | 총 생산량 | =F | |

부록

## 재고관리업무 매뉴얼

재고팀의 주 업무는 생산된 완제품을 보관하고, 영업부서에서 요구하는 하는 제품을 배송해 주는 것입니다.
창고제약으로 인하여 총 저장 가능한 제품은 10개입니다.

완제품 보관을 위해서는 하루에 개당 $1의 비용이 발생합니다.
창고 제약이나 재고관리 정책에 의해서, 불필요한 재고는 폐기해야 합니다.
재고 폐기에 발생하는 비용은 개당 $2입니다.
재고비용과 관련된 자료는 대외비이기 때문에 외부에 공개하면 안됩니다.

재고팀의 KPI는 재고비용수준이며, 재고비용은 보관비용과 폐기비용의 합으로 계산됩니다.
예를 들어, 제품 하나를 3일 동안 보관하다가 폐기하면 보관비용 $3, 폐기비용 $2이 발생합니다.

10일간의 재고관리 의사 결정을 내리고, 그 결과를 기록하시기 바랍니다.

| 일자 | 재고량 | | | 폐기량 | | |
|---|---|---|---|---|---|---|
| | 비용 | Black | White | 비용 | Black | White |
| 예 | $1 | 6 | 2 | $2 | 1 | 1 |
| 1 | $1 | | | $2 | | |
| 2 | $1 | | | $2 | | |
| 3 | $1 | | | $2 | | |
| 4 | $1 | | | $2 | | |
| 5 | $1 | | | $2 | | |
| 6 | $1 | | | $2 | | |
| 7 | $1 | | | $2 | | |
| 8 | $1 | | | $2 | | |
| 9 | $1 | | | $2 | | |
| 10 | $1 | | | $2 | | |
| 합계 | | A | B | | C | D |

| | | | |
|---|---|---|---|
| | 재고비용 | =A+B | E |
| | 폐기비용 | =(C+D)*2 | F |
| KPI | 총 재고비용 | =E+F | |

## 판매업무 매뉴얼

판매팀의 주 업무는 창고에 저장되어 있는 물건을 고객에게 판매제안하고, 소비자에게 물건을 보내주는 것입니다.

판매 활동의 다양한 제약으로 인하여 하루에 최대 4개까지 판매 제안이 가능하여, 판매 성공 시, 창고에 있는 완제품을 고객에게 전달해 줍니다.

제품의 종류별 판매 성공확률과 발생 매출은 다음과 같습니다.

판매와 관련된 자료는 대외비이기 때문에 외부에 공개하면 안됩니다.

- Black Stone: 시장 수요가 많아 판매 제안량을 고객이 모두 구매합니다. (즉, 판매 성공률 100%)
- White Stone: 신제품으로 아직 시장이 성숙하지 않아 제안 수량의 50%가 판매됩니다.

판매팀의 KPI는 매출과 판매량입니다.

예를 들어, White Stone 4개를 판매 제안할 경우, 총 2개가 판매되며 이때 매출은 $20입니다.

10일간의 판매제안 의사 결정을 내리고, 그 결과를 기록하시기 바랍니다.

| 일자 | Black Stone | | | White Stone | | |
|---|---|---|---|---|---|---|
| | 판매성공률 | 판매제안량 | 판매량 | 판매성공률 | 판매제안량 | 판매량 |
| 예 | 100% | 2 | 2 | 50% | 2 | 1 |
| 1 | 100% | | | 50% | | |
| 2 | 100% | | | 50% | | |
| 3 | 100% | | | 50% | | |
| 4 | 100% | | | 50% | | |
| 5 | 100% | | | 50% | | |
| 6 | 100% | | | 50% | | |
| 7 | 100% | | | 50% | | |
| 8 | 100% | | | 50% | | |
| 9 | 100% | | | 50% | | |
| 10 | 100% | | | 50% | | |
| 합계 | | | A | | | B |
| | 매출 | =A*5 | C | 매출 | =B*10 | D |
| | | | KPI | 총 판매량 | =A+B | |
| | | | KPI | 총 매출 | =C+D | |

Supply Chain Management

CHAPTER 11

# 공급사슬과 협력

1. 공급사슬 내 협력의 필요성 | 2. 공급사슬 시스템
3. 판매 및 생산 계획(S&OP) | 4. SCM 게임 | 5. 공급사슬과 황소채찍 효과
6. Beer 게임 | 7. 기업 간 협력 시스템

CHAPTER

# 11 공급사슬과 협력

Supply Chain Management

〈학습 목표〉

1. 공급사슬 내의 협력의 필요성과 협력의 어려움을 이해한다.
2. 기업 내 협력과 공급망 시스템의 역할을 설명할 수 있다.
3. 기업 간 협력과 Bullwhip effect를 설명할 수 있다.

공급사슬에는 서로 다른 목적을 추구하는 다수의 기업들과 부서들이 존재한다. 따라서 보다 협력적이고 통합적으로 운영될 수 있는 공급사슬을 만들기 위하여 윈-윈 시나리오(Win-win scenario) 기반의 비즈니스 프로세스를 만들고, 기업 내부의 부서 간 핵심성과지표(KPI)를 동기화해야 한다. 공급사슬 내의 기업 간 성과를 함께 올리기 위해서 Zara와 같이 자회사를 중심으로 공급사슬을 통합하여 운영할 수도 있다. 정보 지연이나 왜곡으로 인하여 발생하는 협력의 어려움을 극복하기 위해서 통합된 공급사슬 정보시스템을 구축하고, 보다 신속하게 정보를 공유하기 위하여 노력해야 한다. 본 장에서는 공급사슬관리를 위한 각 기능 간의 협력의 필요성을 설명하고, 어떠한 장애물로 인하여 공급사슬 참여자 간의 협력이 어려운지 이해하고자 한다. 또한, 공급사슬의 협력을 위한 공급사슬운영 시스템의 구조를 이해하고, 어떻게 기업 내에서 통합된 프로세스가 구축되고 운영되는지 설명한다. 기업 내 공급사슬 협력의 핵심 프로세스인 판매 생산 회의(Sales & operations planning)의 의미와 역할을 살펴보며, SCM 게임을 통하여 공급사슬에서의 협력적 의사결정을 경험해 본다. 마지막으로, 공급사슬 단계 사이의 수요 정보의 왜곡으로 인하여 발생하는 황소채찍 효과의 원인과 공급사슬 내 기업 간 협력을 위한 다양한 협업 프로세스를 논의하고, Beer 게임을 통하여 황소채찍 효과를 경험해 본다.

## 1 공급사슬 내 협력의 필요성

다양한 참여자들이 존재하는 공급사슬이 한 방향으로 가기 위해서 협력은 당연한 것이며, 협력이 잘 이뤄진다면 공급사슬의 성과는 더 좋아질 것이다. 이를 조금 더 자세히 이해하기 위하여, 1) 수요와 공급의 불확실성, 2) 정보의 지연과 왜곡, 3) 개별 기능의 상충 관계, 4) 전체 최적화의 추구의 관점에서 공급사슬 내 협력의 필요성을 살펴보도록 하자.

공급사슬에는 다양한 형태의 불확실성과 변동성이 존재한다. 앞서, 공급사슬관리는 소비자의 수요와 기업의 공급 능력을 잘 맞추는 것이라고 설명한 바 있다. 만일 공급과 수요가 확정적이고 불확실성과 변동성이 없다면 공급사슬운영에는 큰 어려움이 없을 것이다. 하지만 현실의 공급과 수요는 모두 불확실성과 변동성이 영향을 받기 때문에 예측과 대응이 어렵다. 다음 달의 수요는 차치하고, 당장 내일의 수요도 얼마인지 정확히 예측하기 힘들다. 특히, 기업 간 B2B 거래보다는 소비자를 대상으로 하는 B2C 거래의 불확실성이 더 크다. 코로나 발생 초기에는 마스크, 손소독제와 같은 제품의 수요는 급격하게 증가하였으며, 화장품, 제과와 같은 다양한 비필수제의 수요는 크게 감소하였다. 더불어, 수요는 다양한 요인에 의하여 변동한다. 계절적 요인에 의하여 1년을 주기로 변동하기도 하며, 거시적인 국제 경기나 기술 개발의 동향에 맞춰 몇 년을 주기로 변동하기도 한다. 예를 들어, 아이스크림과 음료수는 더운 여름에 많이 판매되는 반면 겨울에는 판매량이 감소한다. 이동 통신 기술은 3세대에서 4세대를 거쳐 5세대로 진보하였으며, 관련 통신 장비들의 수요는 아이스크림보다는 긴 주기로 수요의 변화가 발생한다. 때로는, 기업의 적극적인 프로모션이나 제품의 가격 변동으로 인하여 수요의 패턴이 변화하기도 한다.

공급 역시 다양한 불확실성과 변동성에 영향을 받는다. 예측하지 못했던 제품 품질 문제가 발생하여 원하는 물량의 제품을 공급하지 못하기도 하고, 장비의 불량이 발생하여 원하는 시점에 원하는 제품을 만들지 못한다. 큰 문제 없이 안정적으로 생산이 진행되더라도 제품의 수율은 시간에 따라 변화한다. 생산 로트별로 다른 수율을 보이며, 공정이 안정되면서 수율이 향상되기도 한다. 만일 수율의 변동 폭이 크다면 공급의 어려움은 증가하게 된다. 예를 들어, 95%~99% 수준의 수율로 제품이 만들어지는 A공장과 50~99% 수준의 수율로 제품이 만들어지는 B공장이 있다고 가정해보자. B공장의 경우는 매일매일 만들어지는 양품의 수량이 크게 변화하기 때문에, 소비자들에게 안정적으로 물건을 공급하기 어려울 것이다. 이와 같이 공급사슬 내외에서 발생하는 다양한 형태의 불확실성과 변동성을 극복하고, 안정적인 공급사슬을 운영하기 위해서는 공급사슬 참여자들 간의 협력은 필수적으로 요구된다.

공급사슬의 정보는 지연되거나 왜곡되어 정확한 소비자의 수요가 얼마나 되는지 파악하기 어렵다. 공급사슬의 단계가 많고, 주문 리드타임이 길수록 이러한 형상은 심해진다. 예를 들어, 어떤 원자재의 구매 리드타임이 3개월이라고 한다면, 지금 구매를 요청한 원자재는 3개월 뒤의 소비자 수요를 위해 사용될 것이다. 수요의 변동이 큰 제품이라면 3개월 뒤의 수요는 예측하기 어려울 것이며, 소비자의 수요 정보와 원자재 구매량은 서로 관계없는 값들이 될 것이다. 이는 소비자의 수요에 대응하기 위해 필요한 원자재를 구매해야 하는 공급사슬관리의 목적을 충족하지 못하게 된다. 또한, 규모의 경제를 통한 운영의 효율성을 이루기 위하여 실제 필요한 수량보다 많이 구매하거나, 프로모션으로 일시적으로 증가한 수요를 오해하여 판매 시장이 급격히 커지고 있다고 판단할 수도 있다. 앞서 말한 불확실성과 변동성에 더불어 최종 소비자의 수요 정보가 왜곡되는 현상까지 존재하니, 공급사슬관리는 정말로 쉬운 영역이 아닌 것이다. 이를 최대한 극복하기 위해서는 최신 IT 기술을 활용하여 최종 소비자의 정확한 수요 정보를 공유하고, 다양한 협력 프로그램을 통해 공급사슬이 동기화되고 한 방향으로 작동되어야만 한다. 소비자 수요 정보의 지연과 왜곡과 관련된 보다 자세한 내용은 11.5절의 황소채찍 효과(Bullwhip effect)를 통해 살펴보고, 11.6절의 Beer 게임을 통해 실습할 것이다.

공급사슬 내에서 운영되는 각종 프로세스들은 다양한 형태의 상충관계를 갖는다. 공급사슬을 구성하는 각 기능의 전략이나 목표가 달라서 상충관계가 발생할 수도 있고, 운영상 필연적으로 상충관계가 발생할 수도 있다. 다음은 공급사슬에서 발생하는 기능 간의 상충관계의 예이다. 재고를 많이 보유하면, 판매 입장에서는 제품의 가용성이 높아지나 재고 관리 입장에서는 필요한 공간이나 관리의 비용이 높아진다. 해상운송을 이용하여 제품을 운송한다면, 운송비는 낮아지지만 제품의 운송 리드타임은 길어진다. 소비자에게 근접한 지역에 많은 소매점을 운영하면, 소비자 접근성은 높아지나 시설 운영비와 공급사슬 내의 재고비용은 증가할 것이다. 이와 같이 공급사슬에는 한 기능이 좋아지면 다른 기능이 악화되는 다양한 상충관계가 존재한다. 따라서 공급사슬 내에서 발생하는 다양한 형태의 상충관계를 잘 이해하고, 공급사슬 전체의 수익을 극대화할 수 있도록 KPI를 설정하고, 이를 바탕으로 의사결정을 해야 한다.

마지막으로, 이전의 관리 시스템이 개별 기업별 또는 개별 부서별 지역 최적화를 추구한 반면, 공급사슬관리는 공급사슬 참여자들을 고려한 전체 최적화를 추구한다. 지역 최적화의 합은 전체 최적화가 아니기 때문에, 공급사슬관리는 분명한 이득을 가져다준다. 하지만 전체 최적화를 수행하는 과정에서 일부 참여자들은 손해를 감수해야 한다. [그림 11-1]은 지역 최적화와 전체 최적화로 인한 수익 구조의 변화를 설명하는 예시이다. 공급사슬 내의 개별 기업들이 지역 최적화에 집중한 경우, 공장, 물류창고, 소매점은 각각 10, 8, 7의 이익을 얻었고, 공급사슬의 전체 이익은 25가 된다. 공급사슬관리를 통해 전체 최적화를 이룬 경우, 공급사슬의 총이익은 27로 증가된다. 공급사슬의 총이익의 증가와 함께 물류창고의 이익은 8에서 9로 증가하고, 소매점의 이익 역시 7에서 9로 증가하였다. 하지만, 공장의 이익은 10에서 9로 감소하게 되었다. 이와 같이 전체 최적화를 통해 공급사슬의 수익을 극대화하더라도, 참여자 중 일부가 전체 최적화를 위하여 희생해야만 한다면 전체 최적화를 거부하게 될 것이다. 따라서 전체 최적화를 통해 이익이 증가한 물류 창고와 소매점은 이윤을 공장과 어떻게 공유할 것인가를 논의하고, 기업 간 거래와 이윤 구조를 계약에 반영해야 한다. 이와 같은 계약을 매출공유계약(Revenue sharing contract)이라고 하며, 이를 위해서는 기업 간 협력은 필수적이다.

[그림 11-1] 공급사슬관리를 통한 전체 최적화

## 2 공급사슬 시스템

기업에는 부서별로 운영하는 데이터와 시스템이 존재하며, 시간의 흐름에 따라 개별 부서의 데이터와 시스템은 변화되고 통합되어 왔다. 종이에 도면을 설계하는 업무는 디지털화되어 컴퓨터 지원설계(Computer Aided Design: CAD)로 변화하였고, 기업에서 개발한 제품에 대한 데이터를 관리하는 제품 데이터 관리(Product Data Management: PDM) 시스템은 제품 전체의 수명주기를 관리하는 제품 수명주기 관리(Product Lifecycle Management: PLM) 시스템으로 진화하여 설계 단계부터 폐기 단계까지 모두를 관리할 수 있도록 도움을 준다. 생산관리 담당자의 감으로 작성하던 생산 스케줄은 Excel을 이용하여 작성하거나, 최적화 알고리즘을 활용한 생산 계획 및 스케줄링(Advanced Planning and Scheduling: APS) 시스템을 이용하여 최적화된 계획으로 만들어 낸다. 또한, 공장마다 또는 부서마다 개별적으로 계획되고 관리되던 기존의 프로세스는 전체 공급사슬을 대상으로 통합적으로 동기화된 계획을 수립할 수 있는 공급사슬관리(SCM) 시스템으로 변화하고 있다.

그렇다면 사내 공급사슬의 운영을 지원해 주는 SCM 시스템은 구체적으로 어떠한 기능을 지원해 주며, 기업 내외부의 다른 시스템과는 어떻게 연동되어 사용되고 있을까? SCM 시스템을 사용하여 기업 내의 다양한 부서들은 어떻게 협력하고, 공급사슬의 성공을 위하여 노력하고 있을까? 이와 같은 질문에 답을 하기 위해서 SCM 시스템의 한 예를 살펴보자. [그림 11-2]는 SCM 시스템의 구조와 기업 내의 유관 시스템간의 관계를 설명하고 있다. 물론, 산업에 따라서 또는 기업의 상황에 따라 운영하는 시스템의 모습은 모두 다르고, 기업 소프트웨어 개발 업체에 따라서 제공되는 기능들이 다르기 때문에 모든 SCM 시스템의 구조를 일반화할 수는 없다. 하지만, [그림 11-2]을 통하여 SCM 시스템이 기업 내 다양한 프로세스를 지원해 주는 대표적인 시스템들과 어떻게 연계되고, 협력이 이뤄지는지 이해하고자 한다.

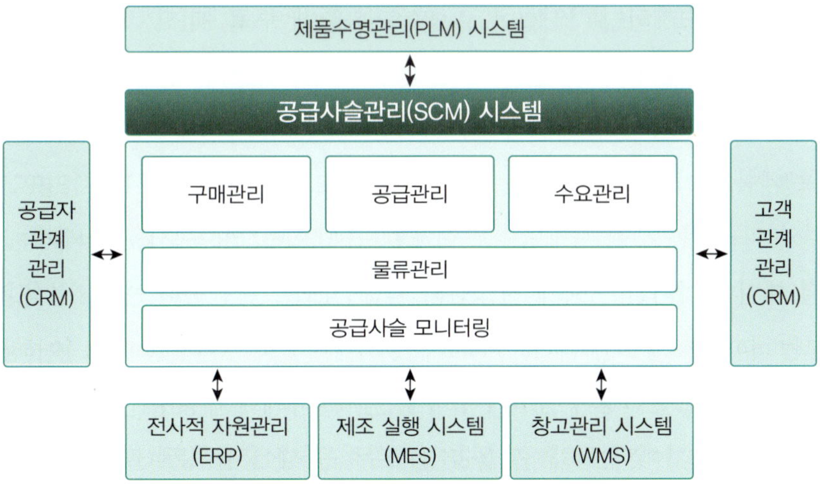


[그림 11-2] SCM 시스템의 구성과 역할

우선, SCM 시스템과 연계되는 관련 시스템의 역할을 살펴보자. 새로운 제품이 개발되면 PLM 시스템에 제품 번호, 설계도면 등이 등록된다. 제품의 구조에 맞춰 제품 사양서(Bill of Materials: BOM)가 만들어지며, 특히 제조 BOM(Manufacturing-BOM: M-BOM) 데이터는 SCM 시스템의 공급관리 모듈에서 생산 계획을 수립하는 기본 데이터로 사용된다. 고객관계관리(Customer Relationship Management: CRM) 시스템은 주로 영업 및 마케팅 부서에서 고객과 관련된 자료를 관리하고, 다양한 데이터 분석 기법을 이용한 고객세분화를 통하여 고객 중심의 맞춤형 서비스를 제공하기 위하여 사용한다. 제품판매, 마케팅, 고객 지원 등을 기능을 지원하며, 외부 고객과의 협력을 위한 기능을 제공하기도 한다. CRM의 고객관련 정보는 SCM 시스템에서 수요예측 및 고객 우선순위 기반의 물량 할당 등을 위해 사용된다. 공급자 관계 관리(Supplier Relationship Management: SRM) 시스템은 구매관리 부서에서 기업에 필요한 원자재나 부자재를 공급하는 공급자를 세분화하고 관리하기 위한 시스템이다. 공급자의 다양한 역량과 리스크 등을 바탕으로 공급자를 평가 및 구분하고, 공급자와의 협력을 통하여 업무의 효율성을 증대시켜 준다. SRM에서 제공하는 공급자 관련 정보는 SCM 시스템에서 원자재의 구매 계획을 수립하는 데 활용된다. 전사적 자원관리(Enterprise Resource Planning: ERP) 시스템은 생산, 물류, 재무, 회계 등 기업에서 수행되는 다양한 프로세스를 통합해 주고, 각 프로세스에서 집계되는 데이터를 통합하여 회계 관점에서 관리할 수 있도록 지원해 준다. 예를 들어, 구매한 원자재 입고 처리 프로세스가 완료되면 ERP에서는 기업 내 자산으로 관리되며, 비용 지불 처리 프로세스가 완료되면 재무적으로 비용이 처리된다. ERP는 기업 내 업무가 처리되는 실행 시스템으로 이해할 수 있으며, ERP에서 관리되는 재고, 설비 등의 여러 데이터들은 SCM 시스템의 기준 정보로 활용된다. 제조 실행 시스템(Manufacturing Execution System: MES)와 창고관리 시스템(Warehouse Management System: WMS)은 생산현장과 창고에서 작업을 지시하거나, 수행된 작업에 대한 정보가 집계되는 시스템이다. SCM 시스템에서 작성된 생산 계획 및 출하 계획 등은 각각 MES와 WMS로 연동되어 현장 관리자가 사용하게 되며, MES와 WMS에서 집계된 데이터는 SCM 시스템에서 계획을 수립하는 데 활용된다. 이와 같이 기업 내 다양한 시스템들은 그 목적에 맞춰 구축되지만, 각 기능들은 서로 통합되고 연동되면서 운영되고 있다.

다음으로, SCM 시스템의 세부 모듈과 관련된 업무 프로세스에 대하여 보다 구체적으로 살펴보자. SCM 시스템의 대표적인 기능 또는 하위 모듈에는 수요관리, 공급관리, 구매관리, 물류관리, 공급사슬 모니터링 등이 있다. 언제나 공급사슬의 시작점은 고객의 수요이다. 영업이나 마케팅을 담당하는 부서는 '수요관리' 모듈을 사용하여 기업이 판매할 제품에 대한 수요를 예측한다. 과거 판매 기록을 바탕으로 데이터를 분석하고 예측하며, 임원부터 현장 직원까지 합의에 기반한 수요를 예측하기도 한다. 최근에는 AI 기법을 활용한 수요예측 기법이 활용되기도 한다. SCM을 도입한 많은 기업들은 주단위로 수요예측 값을 관리한다. 또한, 고객의 주문을 접수하면 '수요관리' 모듈을 통하여 언제까지 제품을 납품할 수 있을지(Available to Promise: ATP)를 실시간으로 확인하고, 주문이 확정되면 해당 내용을 입력한다. ATP는 보유하고 있는 재고와 생산 계획 등을 바탕으로 계산된다.

수요예측과 주문이 확정되면, 해당 정보는 '공급관리' 모듈로 전달된다. '공급관리' 모듈은 계획 수립 시점을 기준으로 공급사슬 전체에 분포된 재고를 파악하고, 가용한 재고를 확정된 주문 또는 예측된 수요에 할당해 준다. 어느 기업에 제품을 할당할 지를 결정하기 위하여 고객 우선순위를 관리하기도 한다. 현재 보유된 재고가 부족할 경우 공장별로 생산할 제품의 종류와 수량을 결정하고, 공장과 창고 사이의 운송 계획도 수립해 준다. 또한, 구매 리드타임이 긴 핵심 자재의 경우, 언제 얼마나 구매해야 하는 지를 알려주는 계획이 수립된다. 이와 같이 공급사슬 전체를 대상으로 하는 제품의 생산 및 운송 계획은 보통 주 1회 이뤄지며, 8주~16주 기간의 계획이 작성된다. 공급사슬 전체 관점의 계획이 수립되면, 각 공장별 생산 및 이동 계획이 해당 공장에 전달된다. 각 공장에서는 전달받은 공급사슬 계획을 달성하기 위하여, 일별 생산 계획을 수립한다. 생산 계획은 일 1회 또는 2회의 주기로 수립되며, 이를 바탕으로 세부 작업 스케줄이 작성된다. 또한, 매일매일 부족한 자재를 구매하고, 완성된 제품을 운송하기 위한 계획들이 생성된다. 공급사슬 계획 또는 생산 및 운송 계획은 현장이 수행해야 하는 실행 목표가 되며, 이는 '수요관리' 모듈에서 소비자와 납기를 약속할 수 있는 근거자료로 활용된다. 보다 다양한 형태의 SCM 시스템의 구성과 기능은 SAP, Oracle과 같은 소프트웨어 개발 업체들의 홈페이지를 통해 확인할 수 있다. [그림 11-3]은 공급사슬관리 시스템의 세부 기능과 프로세스를 설명해 준다.

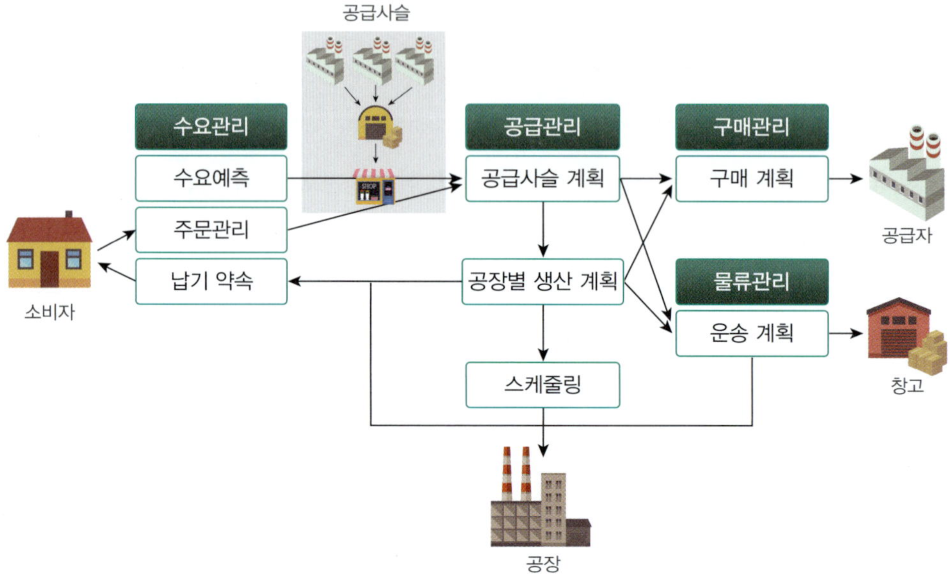


[그림 11-3] 공급사슬관리 시스템의 업무 흐름

공급사슬 시스템의 구축과 이에 걸맞는 협력적인 프로세스의 구축은 다음과 같은 업무의 혁신을 가져왔다. 첫째, 기업 내 공급사슬관리는 소비자의 수요를 바탕으로 공급사슬의 생산 및 운송 계획을 수립하는 프로세스로 변화하였다. 각 공장은 수요 기반의 공급사슬계획을 달성하기 위하여 언제까지 얼마나 생산해야 하는지 매일 계획을 수립하며, 이를 바탕으로 자재 구매 계획과 운송 계획이 이뤄진다. 이와 같이 공급사슬에서 소비자 주문 또는 영업의 수요 예측은 전체 공급사슬을 움직이는 핵심적인 기준이며, 다른 기능들은 이를 맞추기 위한 계획을 수립하고 실행에 옮긴다. 판매 여부와 관계없이 단순히 설비 가동율을 높이기 위해 불필요한 제품을 생산하고 판매를 강요했던 생산 중심의 프로세스가 고객 중심의 프로세스로 변화하게 된 것이다. 둘째, 각각의 부서가 개별적으로 구축하여 운영하던 다양한 시스템이 공급사슬관리 시스템을 중심으로 통합되어 업무가 진행된다. 특히, 개별적인 시스템에 쌓여 있던 데이터가 전사적으로 공유되어 보다 투명한 관리가 가능하며, 공급사슬 전체의 관점에서 어느 부분이 취약하고 개선이 필요한지 알 수 있게 되었다. 셋째, 공급사슬 운영 기준이 확립되어 보다 객관적인 관리가 가능해졌다. 과거에는 담당자가 임의의 기준으로 판매 물량을 할당하거나, 생산 물량을 결정하는 등 운영의 기준이 없었다. 예를 들어, 친분관계가 있는 영업 담당자의 주문을 임의적으로 먼저 생산해 주어 다른 고객의 납기 약속을 어기는 상황이 발생하여도 생산부서는 아무 관계가 없었다. 하지만, 공급사슬 시스템의 도입은 고객 우선 순위에 따른 물량 할당, 수요 예측에 기반한 생산 물량의 결정과 같이 프로세스 운영의 객관적 기준을 제공한다. 넷째, 많은 기업들은 분기별, 월별 실적 결산을 한다. 따라서 많은 부분의 관리 주기가 월 단위로 운영되어 왔다. 하지만 공급사슬 시스템의 도입과 더불어 기업의 운영체계를 보다 짧은 주기(예: 주 단위)로 변경하고, 소비자의 수요를 매주 예측하고 생산을 계획하는 체제를 확립함으로서 보다 빠르게 시장 변화에 대응할 수 있게 되었다.

## 3 판매 및 생산 계획(S&OP)

판매 및 생산 계획이라 불리는 S&OP는 기업이 중기적인 관점에서 공급과 수요의 균형을 맞추고, 기업의 전략이 실행의 수준으로 연계되기 위해 수행되는 공급사슬 관리의 핵심프로세스로 다음과 같은 특징을 갖는다.

첫째, S&OP는 개별 제품의 수준보다는 제품군(제품 그룹)의 수준에서 수요와 공급의 균형을 조율하는 데 초점을 둔다. 기업은 일반적으로 제품군을 대상으로 총괄계획(Aggregate plan)을 수립하고, 이를 바탕으로 개별 제품에 대한 계획을 수립하게 된다. 이 중, S&OP는 시장의 변화를 바탕으로 제품군 수준의 전체적인 수량 관점에서 수요와 공급을 조율하고, 이를 바탕으로 생산계획과 판매계획을 수립하는 역할을 한다.

둘째, S&OP는 주기적으로 수행되며, 공급사슬이 지속적으로 관리되는 데 초점을 두고 있다. SCM관리를 본격화하기 이전의 S&OP는 매월 진행되었으나, 공급사슬

관리가 기업의 핵심 프로세스가 된 이후에는 많은 기업들이 주 단위의 S&OP를 수행하고 있다. 매월 시장의 변화와 기업의 실적을 파악하고 대응책을 수립하는 프로세스가 매주 수행되는 프로세스로 변화하였으며, 이를 통해 시장의 변화에 보다 빠르게 대처할 수 있게 되었다. 시장의 변화와 기업의 대응을 논의하는 횟수가 1년에 12회에서 52회로 증가하는 것이다.

셋째, S&OP는 다양한 부서가 함께 모여 합의된 하나의 계획을 수립하는 데 초점을 둔다. S&OP가 수행되는 회의를 판생회의(판매/생산회의) 또는 생판회의(생산/판매회의)라고 한다. 이름에 표현된 '판매 및 생산'은 판매부서와 생산부서만 모여 회의를 한다는 것을 의미하는 것은 아니다. 판매부서와 생산부서는 기본이며, R&D, 재무, 구매 등 공급사슬에 관련된 모든 부서들이 참여하여 계획을 수립하게 된다. 개별적 프로세스 관점에서 수립된 판매계획, 생산계획, 재무계획, 신제품 출시계획 등은 S&OP를 통해 조율되며, 이 과정의 결과로 기업이 수익을 극대화할 수 있는 방안들을 마련된다.

넷째, S&OP는 기업이 당면한 이슈를 해결하고, 즉각 실행할 수 있는 계획을 수립하는데 초점을 둔다. S&OP를 위한 회의에는 데이터를 기반으로 현업의 이슈를 분석할 수 있는 실무자와 최종적인 의사결정을 내리고 부서 간 이견을 조율할 수 있는 임원들 함께 참석해야 한다. 만일 실무자만 참석하는 회의라면 각자의 부서 입장을 설명하는데 머무르게 되며, 실행 가능한 최종적인 의사결정은 이뤄지지 못할 것이다. 반대로, 고위 임원들만 참석한다면 실제 판매 및 생산 현장에서 발생되는 이슈들을 구체적으로 이해하지 못한 체, 개념적인 수준에서 회의가 진행될 것이다. 따라서, 기업의 전략을 S&OP와 연계하고, 이를 바탕으로 실행 가능한 계획을 수립하기 위해서는 실무자와 의사결정자 모두 참석하는 것이 중요하다.

이상의 특징을 정리하자면, S&OP는 총괄계획의 수준에서 제품군의 관리에 초점을 두고 있으며, 기업 내 다양한 부서가 주기적으로 함께 모여 수요와 공급의 일치를 위한 단일 계획을 수립하는 협력적 프로세스라고 할 수 있다.

## 4 SCM 게임

SCM 게임은 공급사슬에서 발생하는 다양한 의사결정을 통해 기업의 성과를 평가하는 경영 시뮬레이션 게임이다. SCM 게임은 Responsive Learning Technology 회사(홈페이지: http://responsive.net)가 제공하는 온라인 시뮬레이션 게임으로 Northwestern University의 Sunil Chopra 교수, Philipp Afeche 교수와 함께 개발되었다. 게임의 참여자는 향후 발생하는 수요에 대응하기 위하여 필요한 제품을 생산, 보관, 운송하는 의사결정을 수행하며, 공급 사슬의 이익을 극대화하기 위한 노력을 한다. [그림 11-4]와 같이 구성된 지역을 대상으로 게임이 진행되며, Calopeia 지역만을 대상으로 하는 단일 지역 공급사슬 게임과 Sorange, Entworpe, Tyron, Fardo를 포함한 다섯 지역을 대상으로 하는 다중 지역 공급사슬 게임으로 구성되며, 더 많은 정보는 Responsive Learning Technology의 홈페이지에서 확인할 수 있다.

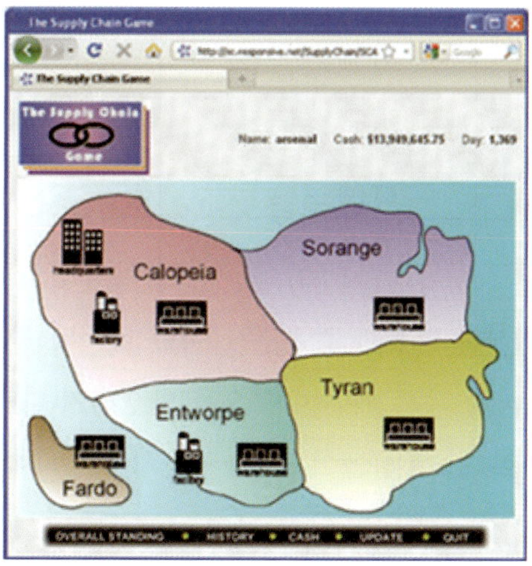


[그림 11-4] SCM 게임 실행 화면

출처: http://responsive.net

단일 지역 공급사슬 게임은 Calopeia에 위치하고 있는 본사, 공장, 창고를 운영하여 수익을 극대화하는 게임이다. 본 게임을 위해서 4명이 한 팀을 이루며, 각자 본사 재무 담당자, 공장 운영자, 운송 담당자, 창고 운영 담당자로 구분한다. 본사의 재무 담당자는 공급사슬 운영에서 발생되는 비용과 이익을 관리하며, 현금 흐름의 관점에서 팀 내 다른 구성원에게 공급사슬 운영에 대한 의견을 제시한다. 공장 운영자는 설비 용량 증설에 대한 의사결정을 하며, 생산 요청에 맞춰 최대한 빠르게 물건을 만들어 창고에 보내준다. 운송 담당자는 운송비용이 저렴하지만 운송 리드타임이 다소 긴 트럭과 비용은 비싸지만 운송 리드타임이 짧은 우편 운송 중 어떠한 방법을 이용하여 공장에서 창고로 물건을 이동할지 결정한다. 창고 운영 담당자는 공장에 필요한 물건을 요청하기 위하여 재발주점(Reorder point)와 주문량(Order quantity)을 결정하며, 해당 값에 맞춰 자동으로 주문이 이뤄진다. 마지막으로, 고객의 주문은 싸이클이 존재하는 주기적인 패턴을 갖는 수요이며, 시뮬레이션 실행 중에 자동으로 생성된다. 창고에 재고가 있는 경우에는 제품 판매와 더불어 공급사슬에 매출이 발생하며, 재고가 없는 경우는 경쟁사에게 주문을 빼앗기게 된다. 게임에 참여하는 각 팀들은 과거 2년간의 수요 정보를 기반으로 게임을 시작하며, 향후 2년간의 의사결정에 의해 수익의 관점에서 공급사슬의 성과가 평가된다. 기업의 수익은 총매출에서 총비용(생산 용량 확장비용, 생산비용, 운송비용, 재고 유지비용, 고객 납기비용 등)을 차감하여 계산된다.

다중 지역 공급사슬 게임은 단일 지역 게임보다 복잡한 구조로 운영된다. 게임 참가자의 팀 구성과 경영 시뮬레이션 방식은 단일 지역 공급사슬 게임과 동일하나, 대상 지역이 많아짐에 따라 다음과 같은 추가적인 데이터 분석과 의사결정이 요구된다. 첫째, 지역별로 서로 다른 패턴의 수요를 발생시켜 다양한 조합의 수요 변동에 민첩하게 대응해야 한다. 예를 들어, Calopeia 지역은 싸이클이 존재하는 주기적인 패턴을 갖는 수요를 발생시키고, 다른 지역은 레벨만 존재하는 안정적인 수요와 주문이 상승하는 트랜드가 존재하는 수요 등을 발생시킨다. 둘째, 다중 지역 공급사슬 게임은 Calopeia의 본사, 공장, 창고를 기본 시설로 갖고 시작되기 때문에, 어느 지역에 추가적으로 공장과 창고를 건설해야 하는지 의사결정을 해야 한다. 새로운 시설물의 건설은 용량의 확장에 비해 많은 초기비용이 발생하기 때문에, 공급사슬 설계에 요구되는 의사결정의 중요성을 이해하게 된다. 셋째, 기존의 시설물과 신규로 건설한 시설물이 어느 지역의 수요를 대응해야 하는지 의사결정하게 된다. 한 시설물이 여러 지역의 수요를 대응할 수도 있기 때문에, 시설물과 지역 간의 우선순위를 결정하고 이를 바탕으로 수요를 충족시킨다. 우선순위는 소비자 수요와 창고의 주문 관계를 결정하는 우선순위와 창고와 공장의 주문 관계를 결정하는 우선순위 규칙을 모두 결정하게 된다. 넷째, Fardo라는 섬 지역이 게임에 포함되어 지역별로 서로 다른 운송 리드타임과 운송비용을 갖게 된다. 따라서 이를 고려한 공급사슬의 설계와 운영의 의사결정을 해야 한다. [그림 11-5]는 게임 참여자들이 의사결정 값을 입력할 수 있는 화면과 이에 따른 시뮬레이션 결과 그래프를 보여준다. 시뮬레이션 결과 데이터는 실시간으로 그래프를 확인하거나, 엑셀로 다운로드 받아서 분석할 수 있다.

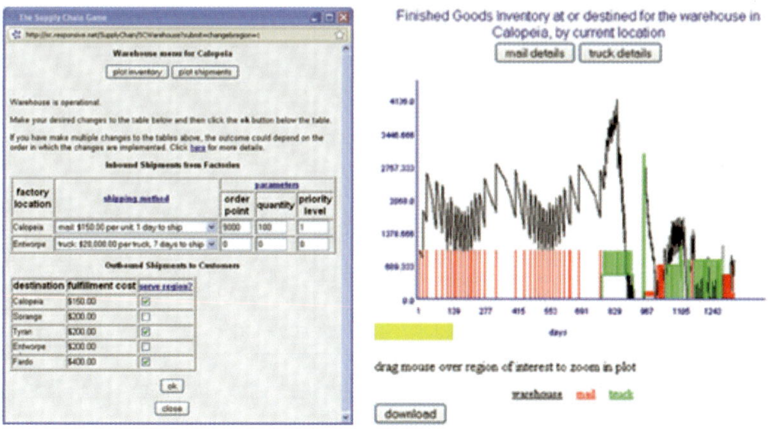


[그림 11-5] 의사결정 값의 설정과 시뮬레이션 데이터

출처: http://responsive.net

게임이 종료되면 게임 참가자들은 시뮬레이션 게임에서 발생된 최종적인 수요 데이터, 각 시점의 의사결정과 이에 따른 현금 흐름의 변화 등을 종합적으로 분석하는 과정을 거친다. [그림 11-6]은 공급사슬 게임 결과로 분석한 현금 흐름과 중요 의

사결정 지점의 사례이다. 1번 구간은 초기 설비 용량의 증가로 현금 지출이 발생한 뒤, 적절한 수준의 생산을 통해 현금 보유가 증가하고 있다. 2번 구간에서는 비수기 시점의 도래로 재고 과다 등으로 보유 현금이 감소된 구간이며, 3번 구간은 다음 성수기를 대비하여 생산량을 증가한 구간이다. 하지만 너무 많은 생산으로 비용이 과도하게 발생하였다. 마지막으로 4번 구간에서는 성수기의 도래로 재고가 판매되어 3번 구간에서 악화된 현금 흐름이 급격히 향상되는 결과를 보이고 있다.

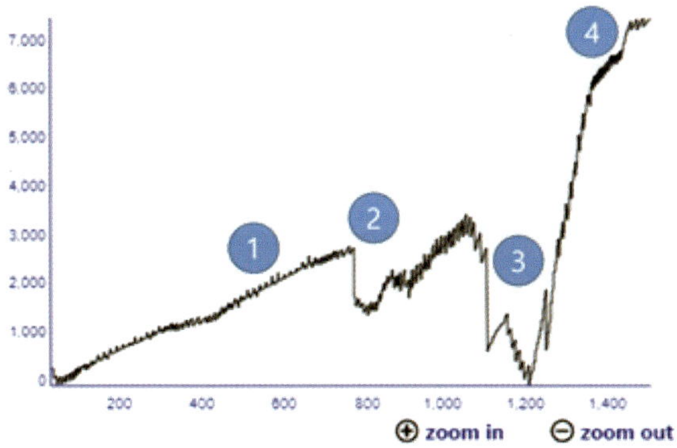


[그림 11-6] SCM 게임의 현금흐름 결과 사례

출처: http://responsive.net

게임 참가자들은 SCM 게임을 통하여 다양한 학습 내용을 경험하게 된다. 첫째, 모든 의사결정은 고객의 수요로부터 시작된다는 것을 경험한다. 과거의 생산 시스템은 기업이 목표한 생산량과 판매량을 바탕으로 시장으로 제품을 밀어내는 Push 프로세스의 관점이었다면, SCM은 소비자가 원하는 제품을 만들어 공급하는 Pull 프로세스의 관점이다. 게임의 참여자들은 과거의 수요를 바탕으로 향후 2년간의 수요가 어떻게 될지 예측하고, 이를 위하여 공급사슬 운영의 의사결정을 하게 된다. 둘째, 전략적 의사결정의 중요성을 경험한다. 수요를 충족하기 위하여 가장 중요하게 판단해야 하는 의사결정은 공급사슬 설계와 용량 증설에 대한 의사결정이다. 단일 지역 공급사슬 게임의 경우, 평균 수요 수준으로 용량을 설계한다면 비수기 때 재고를 얼마나 많이 쌓아 둘 것인가가 성과에 큰 영향을 미친다. 반면 최대 수요 수준으로 용량을 설계한다면 비수기 때 재고를 얼마나 적게 보유할 수 있는가가 성과에 영향을 미친다. 다중 지역 공급사슬 게임의 경우, 어느 지역에 공장과 창고를 설치할 것인가에 따라 공급사슬의 운영 방식이 달라지게 된다. 이와 같이, 중장기적인 공급사슬 설계에 따라 단기적인 운영에 대한 의사결정이 영향을 받는다는 것을 경험하게 된다. 셋째, 공급사슬에 참여한 각 참가자들의 협력의 중요성을 경험한다. 팀을 구성하고 있는 각 담당자들의 의사결정은 개별적인 것이 아니라, 상호 간에 영향을 주고받는다는 것을 확인하게 된다. 생산, 재고, 운송의 의사결정 간의 상충관계로 인하여 공급사슬 내의 협력 없이는 수익을 극대화하기 어렵다는 것을 확인한다. 마지막으로, 성과가 좋은 팀의 운영과 그렇지 못한 팀의 운영을 비교하여 어떠한 부분이 부족한지를 상호 점검할 수 있다. 일반적으로 팀원들의 역할 구분이 명확하고, 게임을 시작하기 전에 수요 데이터와 의사결정의 영향에 대하여 충분한 분석을 수행한 팀들이 좋은 성과를 보였다. 반면, 성과가 좋지 못한 팀들은 게임이 진행되는 로직에 대한 이해가 부족하며, 일관된 전략 없이 임기응변의 형식으로 공급사슬을 운영하고 있는 것을 확인할 수 있다.

## 5 공급사슬과 황소채찍 효과

1990년대 Procter & Gamble(P&G)의 물류팀은 팸퍼스 기저귀의 주문 패턴을 조사하다가 예상치 못한 현상을 확인하게 된다. 소매점의 수요는 변동하지만 그 변동폭은 그다지 크지 않았다. 하지만, 공급사슬 상류의 수요는 엄청나게 크게 변동하고 있던 것이다. 분배 창고의 수요 변동폭은 소매점보다 더 컸으며, P&G의 공급자인 3M으로 요청한 원자재 주문의 변동폭은 더욱더 컸다. Hewlett-Packard(HP) 역시 공급사슬 하류에서 발생한 프린터 판매량의 변동이 공급사슬의 상류로 올라갈수록 점점 더 증폭된다는 것을 확인하였다. P&G는 이와 같은 현상을 황소채찍 효과

(Bullwhip effect)라 명하였다. 황소채찍의 손잡이를 잡고 흔들면, 손잡이 부분(공급사슬의 하류로 소비자 수요에 가까운 부분)의 변동폭은 크지 않으나, 채찍의 뒷부분(공급사슬의 상류로 소비자 수요와 먼 부분)으로 갈수록 변동폭이 커지는 모습을 비유한 것이다. 이후, 황소채찍 효과는 공급사슬관리의 필요성에 대한 대표적인 동인으로 설명되고 있다.

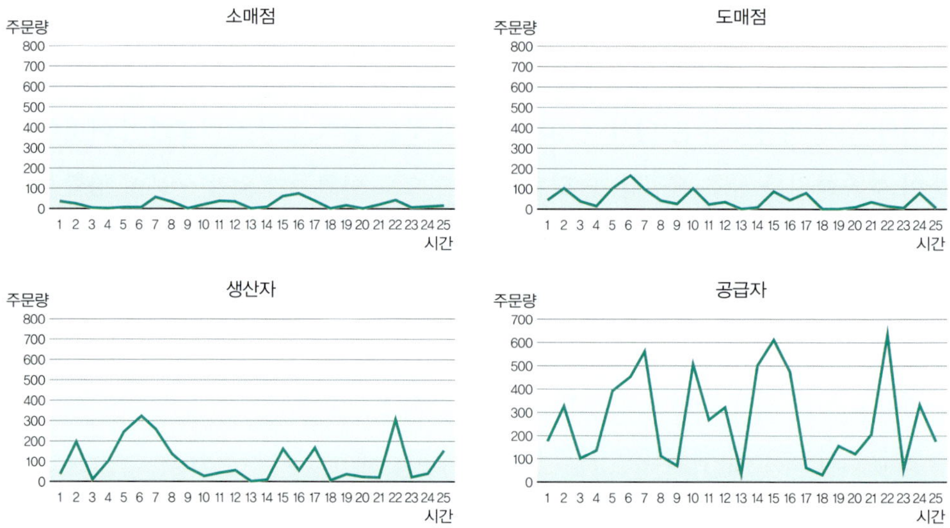


[그림 11-7] 공급사슬과 황소채찍 효과

황소채찍 효과는 공급사슬 참여자들이 전체 공급사슬의 이익을 추구하지 않고, 개별적인 운영 관점에서 최선의 노력을 하는 와중에 발생하는 현상이다. 특히, 공급사슬 내에서 정확한 정보가 전달되지 않거나, 다양한 이유로 정보가 왜곡된다면 불가피하게 황소채찍 효과를 경험하게 된다. 그렇다면 황소채찍 효과는 공급사슬의 성과에 어떠한 영향을 미치는 것일까? [그림 11-7]에서 알 수 있듯이, 황소채찍 효과가 발생하는 공급사슬은 하류에서 상류로 이동할수록 수요 정보의 변동폭이 커진다. 어느 시점에는 갑자기 큰 규모의 주문이 들어오고, 다른 시점에는 갑자기 수요가 줄어든다. 제품을 판매하는 입장에서는 변화무쌍한 수요에 대비하여 늘 충분한 재고를 보유하고 있을 수 없으며, 갑작스러운 주문에 맞춰 제품을 제공하지 못하는 상황이 발생한다. 이로 인하여 제품의 가용성 수준은 매우 낮아지게 되고, 판매 기회를 상실하게 된다. 제품을 공급하는 입장에서 수요 변동을 대응하는 가장 대표적인 방법은 생산능력을 변동하거나, 재고 수준을 변동하는 것이다. 생산 능력 자체를 변동시켜 수요변화에 대응하는 방식을 수요추종 전략(Chase strategy)이라 하고, 비슷한 수준의 생산능력을 보유하면서 가동률의 변동을 통해 수요변화에 대응하는 방식을 유연성 전략(Flexibility strategy)이라고 한다. 이와 같은 전략을 이용할 경우, 생산능력 변화 과정에서 또는 자원의 낮은 가동률로 인하여 생산비용이 증가하게 된다. 반면, 생산은 비슷하게 유지하면서 재고 수준을 변화시키면서 수요의 변화에 대응하는 방식을 생산평준화 전략(Level strategy)라고 한다. 생산평준화 전략을 사용하면 수요의 수준이 높아지면 재고 수준의 낮아지고, 수요의 수준이 낮아지면 재고 수준이 높아지는 현상이 반복된다. 때로는 재고가 너무 많이 쌓여서 재고관리비용이 상승하고, 때로는 제품이 없어서 소비자에게 전달하지 못하게 된다. 제품을 운송하는 과정에서도 비용이 증가한다. 어떤 시점에는 운송할 제품이 너무 많아서 운송수단을 대여해서 사용해야 하며, 어떤 시점에는 운송할 제품이 너무 적어서 보유한 차량을 이용하지 못한다. 이와 같이 황소채찍 효과로 인한 수요의 큰 변동은 공급사슬내의 모든 기능에 악영향을 미치며, 결과적으로 주문 리드타임의 증가와 공급사슬의 수익성 악화로 돌아온다. 주목해야 할 점은 황소채찍 효과는 공급사슬 내의 한 기능과 다른 기능 간의 상충효과를 유발하는 것이 아니나, 공급사슬 전체에 부정적인 영향을 준다는 점이다.

황소채찍 효과의 원인으로 Lee et al.(1997)은 수요예측의 수정, 주문 묶음, 가격 변동, 재고 부족 경쟁을 주목한다.

- 수요예측의 수정: 대부분의 경우 수요예측은 공급사슬의 최종 소비자에 대한 수요보다는 한 기업이 직접적으로 주문을 받는 바로 다음 단계에 있는 소비자의 주문을 바탕으로 수행된다. 하지만, 바로 다음 단계에 있는 소비자의 주문은 최종 소비자가 요구한 제품에 대한 수요 이외에도 안전재고와 같은 추가적인 물량이 포함되어 있다. 특히, 주문 리드타임이 길 경우, 더 많은 재고를 보유하기

를 원할 것이다. 이와 같이 최종 소비자의 수요는 공급사슬의 상류로 갈수록 실제 수량과는 다른 값으로 수정된다.

- 묶음 주문: 기업이 필요한 자재를 원하는 수량만큼 실시간으로 전달받기 어렵다. 특히, 규모의 경제를 포함하여 보다 효율적인 운영 프로세스를 추구하는 경우 더욱 더 어렵다. 예를 들어, 경제적 주문량(Economic Order Quantity: EOQ)는 재고비용과 주문 비용을 통합적으로 고려하여 비용을 최소화할 수 있는 최적의 주문량을 결정한다. 운송의 경우에도 경제적인 이유로 LTL보다는 TL를 선택한다. 이와 같이 기업의 내외부적인 이유로 인하여 필요한 수량만 주문하기 보다는 묶음으로 많은 수량을 주문하게 되며, 이는 공급사슬의 주문 정보를 왜곡시킨다. [그림 11-8]은 5일 단위의 주기적 발주와, EOQ 등을 이용한 100개 단위의 정량 발주를 시행하는 경우, 최종 소비자의 주문(초록색선, 수요량)을 바탕으로 상위 공급자에 대한 주문량(주황색선, 공급주문량)이 어떻게 증폭되는지를 보여주고 있다.

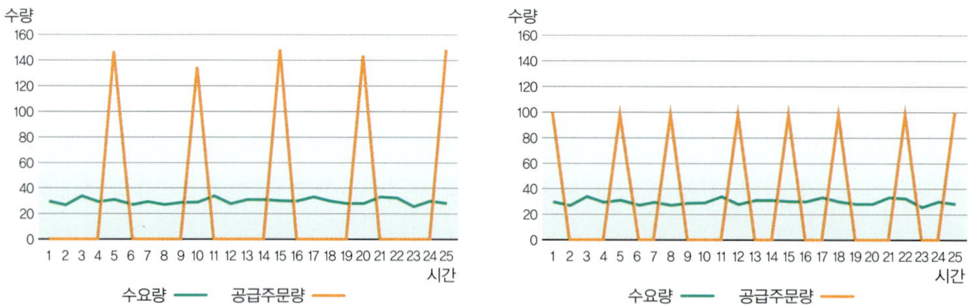


(a) 5일 단위의 주기적 발주

(b) 100개 단위의 정량 발주

[그림 11-8] 주문 묶음에 의한 수요 정보의 왜곡

- 가격 변동: 제품 또는 원자재의 가격은 변동하기 마련이다. 정유, 철, 구리와 같은 원자재는 수요와 공급 상황에 맞춰 시시각각 가격이 변동하며, 공급자의 프로모션에 의하여 특별한 시점에 가격이 내려가기도 한다. 원자재를 대량으로 구매할 경우, 가격을 할인해 주기도 한다. 이와 같은 가격의 변동으로 인하여

기업들은 필요한 물량보다 많은 원자재를 미리 구매해 두는 선구매(Forward buying)를 하게 된다. 일단 많은 양의 제품을 구매한다면, 당분간은 해당 제품을 구매하지 않을 것이며 이는 공급사슬의 수요를 왜곡하는 현상으로 돌아온다.

- **재고 부족 경쟁:** 재고 부족 경쟁은 공급이 수요보다 적은 경우 발생한다. 기업은 모든 소비자들에게 원하는 제품을 모두 제공해 줄 수 없다. 이와 같은 경우, 고객의 우선순위 또는 공급할당 규칙에 따라서 어느 기업에게 얼마나 많은 물건을 제공해 줄지 결정하게 된다. 예를 들어, 소비자 1~4로부터 각각 100, 200, 100, 400개 주문을 받아서 총 800개의 주문이 접수되었다고 가정해 보자. 이 기업의 공급 가능한 물량이 400이라면 전체 주문의 50%만 공급이 가능하다. 이와 같은 상황에서 모든 고객에게 동일한 비율로 물량을 할당해 준다면 〈표 11-1〉과 같다. 만일 소비자들이 이러한 상황을 인식한다면 더 많은 물량을 할당 받기 위해서, 필요보다 많은 물량을 주문하게 된다. 〈표 11-2〉는 재고 부족으로 인해 소비자 2가 의도적으로 수요를 400으로 왜곡할 경우 할당되는 물량의 비율이다. 총수요(1000) 대비 공급(400)의 비율은 40%이며, 결과적으로 소비자 2가 할당 받은 물량은 160개로 증가하였다. 소비자 2 입장에서는 좋은 결과이지만, 공급사슬 전체의 입장에서는 실제 수요보다 더 많은 주문이 있다고 잘못 판단하게 될 것이다.

〈표 11-1〉 동일 비율 할당

| | 소비자 1 | 소비자 2 | 소비자 3 | 소비자 4 | 합계 |
|---|---|---|---|---|---|
| 주문량 | 100 | 200 | 100 | 400 | 800 |
| 할당량 | 50 | 100 | 50 | 200 | 400 |

〈표 11-2〉 동일 비율 할당(소비자 2의 수요 왜곡)

| | 소비자 1 | 소비자 2 | 소비자 3 | 소비자 4 | 합계 |
|---|---|---|---|---|---|
| 주문량 | 100 | 400 | 100 | 400 | 1000 |
| 할당량 | 40 | 160 | 40 | 160 | 400 |

재고 부족 경쟁 현상은 영업 부서의 수요예측 데이터에서도 확인된다. [그림 11-9]의 수요예측은 1시점에 예측한 수요로 1시점부터 25시점까지의 예측 데이터를 보여준다. 출하량은 시간이 지난 뒤, 각 시점에 실제 발생한 출하량의 값을 보여준다. 수요가 공급을 초과하게 되면 각 영업 담당자들은 본인이 관리하는 제품을 더 많이 생산하고, 판매하기를 원할 것이다. 이를 위해서 실제로 판매가 예상되는 수요보다 더 큰 값으로 수요 예측 값을 결정한다. 예를 들어, 실제 수요는 50개 수준이지만 임의로 70개 이상의 수요가 있는 것처럼 예측 값을 입력하는 것이다. 하지만 이와 같은 의도적 변경은 예측 구간의 초반부에만 해당된다. 구간의 초반부 데이터는 당장 제품을 할당받는 데 영향을 주기 때문이다. 그리고 예측 구간의 후반부는 50개보다 적은 값으로 예측 값이 작성된다. 보다 먼 미래의 수요값은 예측하기 어렵고, 몇 주 뒤에는 해당 값을 수정할 수도 있기 때문이다.

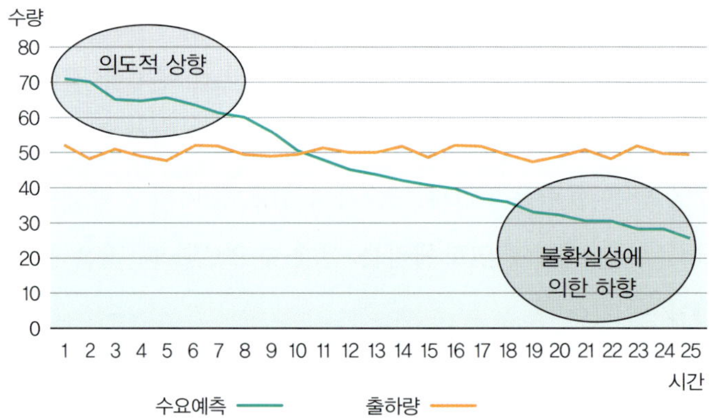

[그림 11-9] 수요예측 수량과 출하량의 예시

앞서 설명한 황소채찍의 다양한 원인 이외에도 공급사슬의 운영 과정에서 협력을 방해하는 다양한 장애물들이 존재한다.

### ① 핵심성과지표의 충돌

핵심성과지표는 이미 앞장에서 논의된 바가 있다. 부서별로 서로 상충되는 성과지표를 관리한다면 공급사슬의 협력이 어렵다는 것은 명백하다. 핵심성과지표와 관련하여 추가적으로 논의할 부분은 판매량에 관련된 지표이다. 판매량은 Sell-in, Sell-out, Sell-through와 같은 다양한 용어로 설명될 수 있다. 일반적으로 Sell-in은 생산자가 도소매점에게 판매한 물량을 의미하며, 생산자 입장에서는 매출이 발생하는 중요한 지표이다. 반면, Sell-out이나 Sell through는 생산한 물건이 도소매점을 거쳐 실제 소비자에게 판매된 물량을 의미한다. 공급사슬의 시작이 소비자라고 이해한다면 공급사슬관리의 입장에서 관리해야 하는 중요한 지표는 Sell-out이라는 것을 알 수 있다. 하지만 많은 기업들은 최종적인 소비자가 얼마나 많이 물건을 구매했는가(Sell-out)보다는 당장 수익이 발생되는 판매량이 얼마인가(Sell-in)에 초점을 두고 있다. Sell-in에 초점을 두게 되면 영업에서는 시장에 억지로 물량을 밀어내고 마치 수요가 많은 것처럼 행동할 수 있다. 하지만, 이러한 물량이 실제 소비자의 구매로 이어지지 않는다면 중장기적으로 기업에 악영향을 미치게 될 것이다.

### ② 참여자 신뢰

공급사슬의 통합과 참여자들의 협력을 위해서는 많은 정보들이 공유되어야 한다. 하지만 공급사슬의 참여자들이 서로 신뢰하지 않는다면, 이와 같은 협력이 이뤄지지 않을 것이다. 생산기업은 하나의 고객만 상대하지 않으며, 고객 역시 하나의 기업에게만 제품을 구매하지 않는다. 만일 상호 간에 신뢰가 존재하지 않는다면, 우리 기업의 정보가 경쟁사에 공유될 것을 걱정하여 정보 공유를 꺼리게 될 것이다. 수직적으로 통합된 공급사슬은 이와 같은 이슈에서 상대적으로 자유로워 협력이 보다 용이하다. 또한, 참여자 간의 신뢰 부족으로 인하여 공급사슬의 전체 최적화를 위한 과정에서 손해를 본다고 판단한다면 협력이 어려워질 것이다.

### ③ 변화에 대한 거부

공급사슬의 협력을 어렵게 하는 또 다른 이슈는 변화에 대한 거부이다. 사람들은 새로운 시스템이 좋다는 것을 인지하여도, 이를 받아드리는 것을 거부하곤 한다. 개념적으로 좋은 것이 현실적으로도 좋은지 확신하지 못할 경우도 있고, 새로운 시스템의 도입을 통하여 본인의 업무가 힘들어지는 경우도 있다. 많은 업무로 바쁜데 새로운 시스템의 사용법까지 배워야 하니, 기존의 방법이 큰 문제가 되지 않는다면 이를 바꾸고 싶지 않은 것은 당연한 현상일 수도 있다. 또한, 생산자 중심의 월단위 운영체계가 소비자 중심의 주단위 운영체계로 바뀌다 보니, 시장의 변화에 맞춰 해야 할 일이 더 많아지기도 한다. 이러한 변화에 대한 거부는 공급사슬관리의 정착에 큰 장벽으로 작동하며, 협력의 어려움을 증가시킨다.

## 6 Beer 게임

Beer Distribution 게임으로도 불리는 Beer 게임은 공급사슬에서 발생되는 황소채찍 효과를 경험하기 좋은 경영시뮬레이션 게임이다. 이 게임은 1960년대 MIT의 Jay Forrester's System Dynamic 연구 그룹에 의해 처음 소개되었으며, 1990년대 이후 많은 기관에서 교육 목적으로 활용되고 있다. 초창기에는 게임에서 유통되는 제품을 표현하기 위하여 병뚜껑이나 작은 바둑돌과 같은 도구를 사용하였으나, 현재는 온라인상에서 손쉽게 게임을 진행할 수 있는 프로그램들이 많이 개발되었다. [그림 11-10]은 Responsive Learning Technology 회사(http://responsive.net)가 제공하는 온라인 Beer 게임의 화면을 보여주고 있다. 오프라인 버전의 게임을 진행하려면 Riemer(2008)을 참조할 수 있다.

Beer 게임은 공장, 창고, 도매점, 소매점의 4단계로 구성된 공급사슬을 대상으로 한다. 따라서 게임 참가자가 4명이 하나의 공급사슬을 구성하며, 각 참가자들은 재고 비용을 최소화하기 위하여 최적의 주문량을 결정하게 된다. 공장은 창고의 주문을 바탕으로 물건을 생산해서 전달해야 하며, 이를 위한 생산량을 결정한다. 창고는 도매점의 주문을 바탕으로 창고에 있는 물건을 전달하며, 필요한 물량은 공장에 주문을 내린다. 도매점 역시 소매점의 수요에 대응하며, 필요시 창고에 물건을 주문한다. 소매점은 게임의 진행자 또는 컴퓨터 시뮬레이션 게임에서 제시되는 소비자 수요를 충족시키기 위해, 재고를 관리하고 도매점에 주문을 내린다. 이때, 가장 중요한 점은 각 참가자들이 다른 참가자들의 재고 현황, 주문량 등을 확인할 수 없으며, 절대로 상호 간의 의사소통이 이뤄지면 안된다는 것이다. 오로지, 본인의 상황을 바탕으로 주문량을 결정하고, 주문을 내려야 한다.

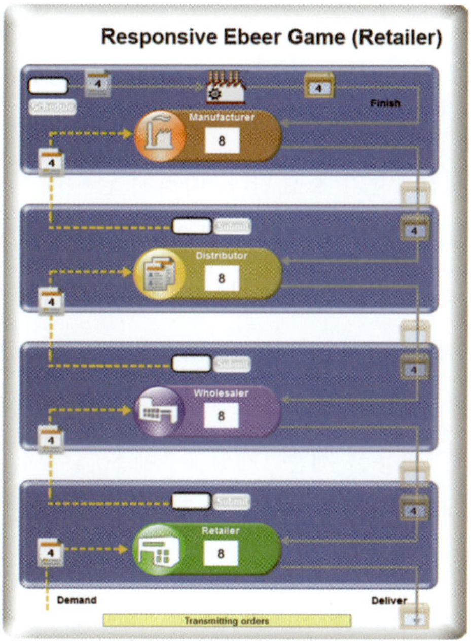


[그림 11-10] Beer 게임 실행 화면

출처: http://responsive.net

게임의 진행을 위한 의사결정(주문량 결정)은 한 주에 한 번씩 이뤄지며, 주 단위 프로세스는 다음과 같다. 설명의 용이성을 위하여 창고를 기준으로 설명하고자 한다. 우선, 새로운 한 주가 시작되면 공장을 출발하여 창고로 운송된 제품(과거 시점에 주문한 제품)을 전달 받는다. 만일 창고 재고가 부족하여 도매점에 공급하지 못한 백오더(Back oder)가 존재하면, 즉시 가능한 수량(백오더 수량과 가용한 재고 수량 중 작은 값)만큼 도매점으로 공급을 시작한다. 다음으로, 창고로부터 새롭게 전달받은 주문서를 받고, 가능한 수량(주문량과 재고 수량 중 작은 값)만큼 운송 준비를 한다. 만일 가용한 재고보다 주문 수량이 많다면 백오더가 발생된다. 이후, 창고의 재고 수준과 전달받은 주문량을 바탕으로 공급사슬 상류에 요청할 주문서를 작성한다. 각 참자가들은 30초 내에 주문서를 작성해야 하며, 처음 2~3주는 게임에 적응하기 위하여 2분 정도의 여유 있는 시간을 제공한다. 주문서에 작성한 값과 재고 수준은 기록되며, 게임이 종료된 이후 한꺼번에 확인할 수 있다.

기본적인 게임의 환경에서 주문 리드타임은 3주이다. 공급사슬 구성원들이 필요한 제품에 대한 주문을 내리면, 해당 주문이 공급사슬 상류로 전달되는 주문 접수 시간 1주, 제품을 생산하거나 창고에서 배송을 준비하는 시간 1주, 물건이 공급사슬의 하류로 배송 되는 시간 1주가 소요된다. 따라서 금주에 확인하는 공급사슬 하류의 주문은 1주전에 입력된 요청 수량을 의미한다. 또한, 금주에 공급사슬 상류에서 전달 받는 제품은 3주전에 요청한 주문이거나, 그 이전에 주문한 수량이 백오더로 존재하다가 전달되는 제품을 의미한다.

재고비용은 재고 유지비용과 부족으로 인한 손실비용의 합으로 계산된다. 재고 창고에 있는 제품의 재고비용은 제품 1개당 1주에 $0.5이며, 재고가 부족하여 공급을 하지 못하는 경우 제품 1개당 1주에 $1의 비용이 발생한다. 따라서 각 참가자들은 재고 부족이 발생하지 않는 수준에서 최소한의 재고를 유지해야 한다. 게임은 35주의 시간이 지나면 종료되며, 게임의 참가자들은 [그림 11-11]과 같이 게임의 결과를 확인할 수 있다. 왼쪽의 그래프는 공급사슬 참가자들의 재고가 어떤 수준으로 유지되고, 백오더는 어느 정도 발생했는지 시계열 데이터로 보여주고 있다. 오른쪽 그래프는 각 참여자들이 입력한 주문량이 어떻게 변화했는지 시계열 데이터로 보여주고 있다. 두 그래프 모두 황소채찍 효과가 나타난 것을 확인할 수 있다. 소매점의 재고와 주문량에는 큰 변동이 없었지만, 공급사슬의 상류로 갈수록 변동폭이 크다는 것을 알 수 있다.

Beer 게임은 두 가지 시나리오로 진행하는 것이 효과적이다. 첫 번째 시나리오는 참가자 본인 위치의 데이터만 보여주고, 다른 참가자들의 데이터는 가려진 상태로 진행되는 전통적인 Beer 게임이다. 게임의 참가자들은 공급사슬의 전체적인 물류 흐름을 알지 못한 채, 오로지 공급사슬 하류에서 전달되는 주문서와 공급사슬 상류

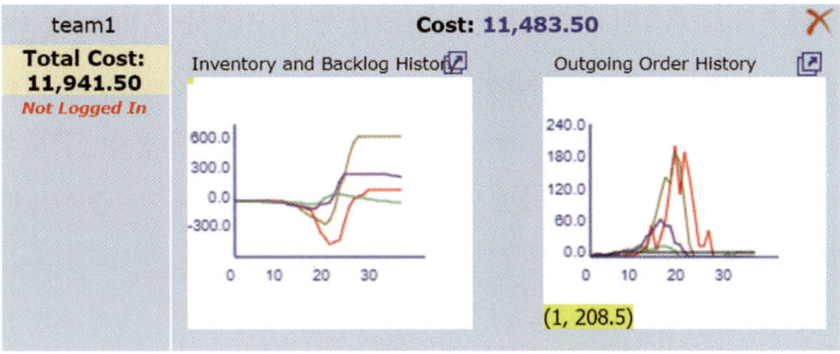


[그림 11-11] Beer 게임 결과 예시

출처: http://responsive.net

에서 전달되는 제품만을 바탕으로 주문을 내려야 한다. 앞서 언급한 바와 같이 게임의 가장 중요한 규칙은 게임 참여자 간의 의사소통을 금지하는 것이기 때문에, 도대체 왜 하류에서 갑자기 수요가 변화하는지, 공급사슬 상류에서 갑자기 공급량이 변화하는지 이해하지 못하고 답답해하거나, 실소를 금치 못하게 된다. 두 번째 시나리오는 공급사슬 전체의 데이터를 모두 보여주면서 Beer 게임을 진행하는 것이다. 이때도 참가자 사이의 의사소통이 금지되는 것은 동일하다. 단지 공급사슬의 가시성이 확보되는 것만으로도 의사결정이 효율적으로 변화되며, 황소채찍 효과가 나타나지 않게 된다는 것을 경험할 수 있다.

## 7 기업 간 협력 시스템

공급사슬에서의 기업 간 협력 시스템은 공급사슬의 속도와 효율성을 높이고, 궁극적으로는 공급사슬의 가치를 향상시키기 위하여 지속적으로 발전되어 왔다. 종이 문서의 디지털화, 인터넷과 클라우드 컴퓨팅의 활용, 신속한 공급 체계의 마련, 수요기업과 공급기업 간의 윈-윈 시나리오의 개발 및 운영 등과 같은 다양한 방법이 제시되고 있다. 이 중 대표적인 기업간 협력 시스템인 EDI(Electronic Data Interchange, 전자문서 교환), CRP(Continuous Replenishment Program, 지속 재고 보충), VMI(Vendor Managed Inventory, 공급자 재고관리), VendorFlex(벤더플랙스), CPFR (Collaborative Planning Forecasting & Replenishment, 협력적 예측 보충 시스템)을 살펴보고자 한다.

#### ① EDI(Electronic Data Interchange, 전자문서 교환)

EDI는 거래를 수행하는 기업 간의 문서를 표준화된 방식으로 교환하기 위한 시스템을 의미한다. 인터넷이 사용되지 않던 과거에는 주로 종이 서류를 인편이나 우편으로 주고받으면서 기업 간 거래가 이뤄졌다. 하지만 인터넷이 기업 간 거래에 활용되기 시작하면서 각종 행정 서류와 전자상거래 서식의 표준화가 정착되었고, 이를 통해 종이 없이 신속하게 기업 간 거래가 수행될 수 있는 EDI가 체계적으로 이용되었다. 인편이나 우편으로 서류가 전달되던 시기에는 며칠에서 몇 주가 걸리던 기업 간 거래가 1~2초 만에 이뤄질 수 있기 때문에 변화하는 소비자 수요에 빠르게 대응할 수 있게 되었다. 또한, 비용과 거래 오류의 감소를 통해 업무의 효율성이 향상되고 기업 간 협력이 더 수월해졌다.

#### ② CRP(Continuous Replenishment Program, 지속 재고 보충)

CRP는 EDI를 통한 문서 교환을 넘어, 공급자와 구매자 간의 정보와 제품의 흐름을 새로운 방식으로 통제하기 위하여 월마트와 P&G에 의해 도입되었다. 상품을 보충하기 위한 전통적인 프로세스는 다음과 같이 진행된다. 우선, 판매 정보나 재고 수준을 확인한 뒤, 필요한 제품을 공급자에게 주문한다. 공급자는 주문을 수령한 뒤, 언제까지 얼마나 공급 가능한지 회신해 준다. 주문이 확정되면, 공급자는 물품을 운송해주고 주문자는 주문한 물품이 잘 도착했는지 확인하는 검수 과정을 거친다. 창고에 입고된 제품은 판매 준비가 이뤄지고, 구매자는 공급자에게 비용을 지급하게 된다. 반면, CRP 체계하에서 수요자는 POS(Point of sales) 시스템 기반의 수요 정보와 재고 정보를 공유해 주고, 공급자는 공유된 정보를 활용하여 필요한 물품을 지속적으로 보충해 준다. 즉, 주문자는 공급자의 제품 품질과 공급 절차를 신뢰하며, 공급자는 수요자가 문제없이 제품을 사용할 수 있도록 지속적으로 재고를 보충해 주는 것이다. 따라서 특정한 재주문점이나 최적의 배치 사이즈 등을 사전에 결정할 필요가 없다.

CRP의 도입은 공급사슬 프로세스를 다음과 같이 변화시킨다. 첫째, 기업 간 제품 보충 프로세스가 소비자의 수요를 기반으로 이뤄진다. 공급자는 Sell-in 데이터를 기반으로 수요를 예측하는 것이 아니라, 수요자가 공유한 POS 시스템의 데이터를 이용하여 Sell-out 데이터를 기반으로 수요를 예측하고 공급을 수행할 수 있다. 둘째, 기업 간의 신뢰를 바탕으로 정보의 공유가 이뤄진다. 전통적인 거래 관점에서 제품의 판매량과 재고 수준은 기업이 공유하기 꺼리는 민감한 정보에 해당되나, CRP의 도입을 위해서는 정보의 공유가 필수적이다. 셋째, 수요자의 재고 관리 기능이 공급자에 의해서 수행된다. 수요자는 공급자가 지속적으로 제품을 공급해 주기 때문에 재고관리의 부담을 줄일 수 있고, 공급자는 Sell-out 데이터를 활용하여 황소채찍 효과를 줄일 수 있으며 장기적인 수요를 확보할 수 있기 때문에 이득을 얻을 수 있다. 이와 같은 윈-윈 시나리오는 수요자와 공급자 사이의 신뢰가 형성되고, 장기적인 관점에서 협업을 할 수 있을 때 그 효과를 볼 수 있다.

#### ③ VMI(Vendor Managed Inventory, 공급자 재고관리)

VMI는 1980년대 후반부터 도입되기 시작하였으며, 델 컴퓨터에 의하여 본격적으로 사용되기 시작했다. CRP와 동일하게 공급자(Vendor)가 수요자의 재고를 직접 관리하는 시스템을 의미하지만, CRP와 몇 가지 차이점이 존재한다. 우선, VMI는 CRP에 비하여 수요자의 재고관리에 관한 더 많은 의사결정 권한을 부여해 준다. CRP가 정보 공유를 바탕으로 공급자가 지속적으로 제품을 공급하는 데 초점을 둔 좁은 의미의 재고관리 권한이라면, VMI는 발주량에 대한 의사결정 및 공급자의 창고에 배송한 제품에 대한 관리를 포함하는 보다 넓은 의미의 재고관리 권한이라고 할 수 있다. VMI와 CRP는 수요자 창고에 배송된 제품의 소유권의 차이도 존재한다. CRP는 수요자의 창고에 제품이 배송되면, 이는 수요자의 재고에 포함된다. 하지만,

VMI 환경하에서는 수요자 창고에 있는 제품도 공급자의 제품 재고에 포함된다. 공급자의 재고이지만 저장된 창고의 위치가 수요자의 창고일 뿐이다. 따라서 수요자의 창고에 제품을 전달하면서 검수 절차가 요구되지 않는다. 또한, 재고에 대한 비용의 지급도 공급자 창고 입고량을 기준으로 이뤄지는 것이 아니라, 공급자 창고에서 사용된 제품의 양을 기준으로 이뤄진다. 따라서 VMI는 재고관리를 공급자에게 아웃소싱하는 개념으로 이해되기도 한다. 〈표 11-3〉은 VMI의 장점과 단점을 설명해 주고 있다.

〈표 11-3〉 VMI의 장단점(Battini et al., 2013)

| 수요자 (Retailor) | | 공급자 (Vendor) | |
|---|---|---|---|
| 장점 | 단점 | 장점 | 단점 |
| • 재고 및 재고관리비용의 감소<br>• 결품의 감소<br>• 서비스 수준의 증가<br>• 제품 가용성 증가<br>• 주문 충족률 증가<br>• 주문 및 계획 비용의 감소 | • 공급자가 제공된 정보를 바탕으로 기회주의적인 행동을 할 수 있음<br>• 공급자 의존도 증가<br>• 공급자 변경비용의 증가 | • 최적의 물류관리<br>• 재고 유연성 증가<br>• 리드타임 변동성 감소<br>• 일관된 주문 패턴<br>• 운송비용의 감소<br>• 창고 효율성 증가<br>• 실시간 정보 획득<br>• 경쟁력 강화 | • 초기 투자비용<br>• 시스템 통합의 이슈 |

④ VendorFlex(벤더플랙스)

VendorFlex는 CRP나 VMI에 비해 비교적 최근에 도입된 협력 방식이다. 2010년대 이후 전자상거래를 주도하고 있는 아마존은 P&G와 VendorFlex라고 불리는 새로운 프로세스를 도입하였다. CRP나 VMI는 수요자의 창고가 공급자에게 개방되는 반면, VendorFlex는 공급자의 창고가 수요자에게 개방되는 방식이라고 이해할 수 있다. Walmart와 같이 오프라인 판매 매장을 갖고 있는 도소매점은 창고를 보유하고 있는 것이 필수적이지만, 온라인으로 소비자의 주문을 받는 아마존의 입장에서 창고의 보유는 추가적인 비용 부담을 의미한다. 따라서, 공급자의 창고를 이용한 윈-윈 시나리오를 만들게 된 것이다.

VendorFlex 프로그램을 운영하는 공급사는 창고의 일부 공간을 수요자에게 공유해 준다. 수요자는 이 공간에서 물품을 포장하고 배송을 준비한다. VendorFlex를 활용하면, 공급자는 수요자에게 제품을 운송하지 않아도 되기 때문에 운송비용을 절감할 수 있다. 반면, 수요자는 창고 공간을 만들지 않아도 되기 때문에 비용을 절감할 수 있다. 운송과 창고 공간 활용에서 발생하는 이점은 기저귀, 화장지와 같이 값은 싸지만 부피가 큰 제품들을 대상으로 할 때 그 효과를 톡톡히 볼 수 있다. 아마존의 경우, 아마존이 보유한 창고는 고가의 제품을 주 대상으로 관리하고, 싸고 부피가 큰 제품은 VendorFlex를 이용하는 방식으로 공급사슬을 구성하여 가치를 극대화 할 수 있었다. P&G의 경우, 아마존이 P&G의 제품을 우선적으로 홍보를 해줘서 온라인 판매 경험이 없는 P&G의 제품 판매에 도움을 주는 효과도 추가적으로 얻을 수 있었다.

### ⑤ CPFR(Collaborative Planning Forecasting & Replenishment, 협력적 예측 보충 시스템)

S&OP가 기업 내 공급사슬의 협업을 위해 수행되는 핵심적인 프로세스라면, CPFR은 기업 간 공급사슬의 협업을 위한 핵심 프로세스라고 말할 수 있다. CPFR은 월마트, SAP, Manugistics, Warner-Lambert의 회사의 협력으로 1995년에 처음 소개되었다. 이름에서 알 수 있듯이, CPFR은 공급사슬을 구성하는 참여자들이 협력적으로 수요를 예측하고, 제품을 보충해 주는 협력 프로세스를 의미한다. 정보 또는 창고 공간의 공유를 넘어 함께 예측하고, 계획을 수립하는 과정을 포함하기 때문에, 공급사슬 최적화를 위한 가장 포괄적인 범위의 공급사슬 협력이라고 이야기할 수 있다. 따라서, 전통적인 공급사슬의 구조에서는 공급자의 영업 부서와 구매자의 구매 부서가 공급사슬의 접점이었다면, CPFR을 활용하는 공급사슬의 구조에서는 공급자의 모든 부서(영업, 생산, 구매, R&D 등)와 구매자의 모든 부서가 공급사슬의 접점이 된다는 점에서 혁신적인 변화가 이뤄진다고 할 수 있다.

CPFR은 VMI와 같이 지속적인 프로그램으로 이용하거나, 프로모션 등의 특정 이벤트를 대상으로 적용하기도 한다. CPFR을 통한 협력의 과정은 다음과 같이 총 9개의 단계로 구성되어 있다.

- 1단계(사전 협약서의 작성): 공급사슬의 협업의 목표를 설정함
- 2단계(공동 사업계획 수립): 공급과 수요에 영향을 미칠 수 있는 요인에 대하여 논의하고 사업계획을 수립함
- 3단계(판매 수요예측 시행): POS 데이터를 포함하여 각 사의 데이터를 공유하고, 이를 바탕으로 판매에 대한 예측을 수행함
- 4단계(수요예측의 예외 파악): 수요예측 과정에서 발생한 예외 사항을 확인함
- 5단계(협력적 해결): 수요예측의 예외 사항에 대한 협력적 대응 방안을 마련함
- 6단계(주문 예측 시행): 수요예측을 바탕으로 발생할 주문에 대한 예측을 수행함
- 7단계(주문 예측의 예외 파악): 주문예측의 과정에서 발생한 예외 사항을 확인함
- 8단계(협력적 해결): 주문예측의 예외 사항에 대한 협력적 대응 방안을 마련함
- 9단계(주문 생성): 협력적 예측과 운영 계획을 바탕으로 실제 주문을 생성함

# Exercise 연습문제

1. 공급사슬에서의 협력이 필요한 이유를 설명하시오.

2. 기업 내 공급관리 시스템의 주요 5가지 기능에 대하여 설명하시오

3. S&OP의 주요 특징을 설명하시오

4. 월간 S&OP의 역할과 주간 S&OP의 역할을 설명하시오.

5. SCM 게임의 과정과 결과를 논의하시오.

6. 황소채찍 효과의 의미가 무엇인지 설명하고, 가격변동이 수요를 어떻게 왜곡하는지 논의하시오.

7. Sell-in과 Sell-out의 개념을 설명하시오.

8. Beer 게임의 과정과 결과를 논의하시오.

9. CRP와 VMI의 공통점과 차이점을 논의하시오.

10. 아마존은 자사의 창고와 VendorFlex를 통한 공급자의 창고를 모두 이용한다. 어떠한 제품을 자사 창고에 보관하고, 어떤 제품을 공급자 창고를 활용하여 제품을 판매하는지 설명하시오.

12 CHAPTER

# 공급사슬 위험관리

CHAPTER 12

# 공급사슬 위험관리



〈학습 목표〉

1. 공급사슬 위험관리의 필요성을 이해한다.
2. 공급사슬 위험관리와 관련된 연구분야를 이해한다.
3. 공급사슬 내의 불확실성을 모델링할 수 있는 다양한 수리모델을 개발하고 설명할 수 있다.

기업은 소비자의 니즈를 충족시키고, 수익을 극대화하기 위하여 공급사슬 내에서 다양한 활동을 수행한다. 공장이나 물류센터의 위치를 결정하거나, 원자재나 반제품을 구매하거나, 제품을 생산하고 소비자에게 물건을 전달하는 활동들이 대표적이다. 공급사슬 내에서 이러한 활동들이 문제없이 운영되기를 바라지만, 현실에서는 다양한 불확실성과 위험요소로 인하여 예상치 못한 상황에 도달하기도 한다. 따라서, 공급사슬이 불확실성이나 위험요소로부터 받을 수 있는 영향을 경감시킬 수 있는 공급사슬 위험관리에 관련된 문제는 반드시 살펴봐야 할 문제라고 할 수 있다.

공급사슬 위험관리는 공급사슬 내 외부에서 발생하는 불확실성과 위험요소에 대응하기 위한 사전적, 사후적 활동을 모두 포함한다. 불확실성과 위험요소는 유사한 의미이나, 그 의미가 구분되어 사용되기도 한다. 불확실성이란 공급사슬의 성능에 긍정적 또는 부정적인 영향을 미칠 수 있는 요인을 의미하며, 위험요소는 공급사슬의 성능에 부정적인 영향을 미치는 요인을 의미한다. 예를 들어, 수요의 변동은 공급사슬의 수익을 증가 혹은 감소시킬 수 있는 불확실성 요인이나, 공급자의 파산은 공급사슬의 수익을 감소시키는 부정적 위험 요소이다. 본 장에서는 불확실성과 위험요소를 모두 포괄하여 공급사슬에서 어떻게 위험관리를 수행하는지 알아보고자 한다. 특히, 공급사슬의 입지 선정 문제를 중심으로 수리적 최적화 모델을 수립하고, 해의 의미를 살펴보고자 한다.

## 1 공급사슬 위험관리의 필요성

공급사슬의 설계 및 운영에 대한 대부분의 접근은 수익의 최대화, 비용의 최소화와 같은 목적을 추구하고 있다. 하지만, 단순하게 수익성이나 효율성만을 강조하는 관리 체계는 다양한 불확실성과 위험요소에 더 큰 피해를 받을 수 있다.

공급사슬은 구축 전뿐만 아니라 구축 후 운영 중에도 [그림 12-1]과 같은 다양한 위험 요소에 노출된다. 특히, 최근 들어 홍수, 태풍, 산사태, 지진 등의 자연재해가 많이 발생하고 있다. 세계 재난 통계 연구센터에 따르면 자연재해 발생건수는 1900년대 초반 연평균 2.8회 발생한 것에 그친 반면, 21세기 이후에는 연평균 350회로 엄청나게 증가하고 있다. 연도별 자연재해의 발생건수는 지수함수 형태의 증가를 보이고 있다. 자연재해는 공급사슬의 파괴를 야기할 수 있다. 공급사슬의 구성요소인 공급사슬의 노드, 각 노드를 연결한 네트워크, 네트워크를 흘러 다니는 제품 모두 자연재해에 쉽게 파괴되거나 손상될 수 있다. 최근 일본의 수출 규제는 반도체 산업의 공급사슬에 큰 영향을 주었으며, 코로나 바이러스로 인한 위기 상황은 글로벌화된 공급사슬의 운영에 큰 어려움을 주었다. 이 뿐만 아니라, 테러의 위협, 협력사의 파산, 파업, 유가 변동 또한 공급사슬을 손상시키거나 파괴할 수 있다. 만일 이러한 불확실성과 위험요소들을 효과적으로 다루고 대비하지 못한다면 기업의 활동은 큰 어려움을 맞이하게 될 것이다.

(a) 자연재해 (b) 테러 (c) 파업 (d) 정전

[그림 12-1] 공급사슬의 다양한 위험 요소

일본 대지진 이후 도호쿠 지역의 주요 항만들의 피해 현황은 공급사슬의 파괴 및 손상관리가 왜 필요한지는 잘 설명해 주고 있다. 도호쿠 지역의 항만은 최대 높이 23미터의 쓰나미 및 지진으로 인하여 부두, 방조제 및 항만시설에 균열이 발생하고 수몰되는 시설 피해와 항로의 수심이 변화하는 피해 등을 입었다. 석유 탱크와 같은 대형저장시설이 파손되어 물류 운송수단 운행에 차질이 생겼고 육상에 장치되어 있던 물류 컨테이너가 유실되었다. 무엇보다도 해당 지역 항만의 재해로 인해 해당 지역으로 향하고, 해당 지역을 경유하는 화물수송 네트워크가 붕괴되었고 방사능 오염을 우려하여 선박의 해당 지역 항해가 금지되면서 화물수송 네트워크의 변경이 불가피했다. 항로뿐 아니라 해당 지역을 통하는 도로와 철도도 크게 손상되어 항만 이외의 물류 네트워크 역시 완전히 마비되어 큰 손실을 입었다. 이와 같은 자연재해로 인해 손상된 도호쿠 지방의 물류 네트워크는 3년이 지난 시점까지도 완전히 복구되지 못하였으며, 피해액은 25조 엔으로 추정된다. 이 사례와 같이 공급사슬이 손상되는 상황이 발생하였을 때 받는 피해는 매우 크다는 것을 알 수 있으며, 이에 대한 대비가 매우 중요하다는 것을 알 수 있다.

## 2 공급사슬 위험관리 연구 분야

공급사슬 네트워크의 성과에 영향을 미치는 위험 요소들은 매우 다양하다.

Chopra와 Sodhi(2004)는 공급사슬관리의 위험요인을 공급 사슬의 파괴, 지연, 정보 시스템, 지적 재산권, 수요 예측, 구매, 재고, 생산 능력, 채권 등으로 구분하고 있다. 〈표 12-1〉은 공급사슬관리 분야에서 발생하는 다양한 위험요소와 원인들을 보여준다.

〈표 12-1〉 공급사슬관리의 위험요소와 원인

| 위험요소 | 원인 |
|---|---|
| 공급사슬의 파괴 | 자연재해, 파업, 공급자 파산, 테러, 단일 공급자에 의존 등 |
| 지연 | 공급자의 높은 가동률, 비유연성, 나쁜 품질 등 |
| 정보 시스템 | 정보 시스템의 파손, 전자 상거래 등 |
| 지적 재산권 | 글로벌 아웃소싱과 마켓 등 |
| 수요 예측 | 황소채찍 효과, 부정확한 수요예측 등 |
| 구매 | 환율위험, 장기계약 vs. 단기계약 등 |
| 재고 | 재고불용률, 재고유지비용, 수요와 공급의 불확실성 등 |
| 생산 능력 | 생산확장비용, 유연성 등 |
| 채권 | 고객의 수, 고객의 재무적 상태 등 |

공급사슬 위험관리와 관련된 연구 중에서 가장 활발한 연구 분야는 설비 입지와 공급자 선정에 관련된 연구이다. 물론 이들 주제에 관한 연구가 기존에도 중요한 의사결정 요소였지만, 공급사슬 위험관리에 관한 연구는 공급사슬의 효율성보다는 위험으로부터의 피해를 줄이는 데 초점을 둔다는 점에서 문제해결에 다른 접근 방식을 보인다.

설비 입지 선정과 관련하여, Cui 등(2010)은 시설물 고장의 시나리오를 바탕으로 입지 선정에 들어가는 초기비용과 이로 인해 발생하는 평균물류비용의 합을 최소화하기 위한 수리 모델을 개발하였다. Peng 등(2011)은 설비의 장애가 발생하는 상황에서의 강건한 물류 네트워크를 설계하기 위해 p-robustness라는 개념을 이용한 수리 모델을 개발하였다. Li와 Quyang(2010)은 상호 연관성이 있는 시설물의 고장 확률을 바탕으로 입지 선정 문제를 다루었으며, Li 등(2013)은 설비의 능력을 강화시키는 것이 네트워크의 신뢰성에 미치는 영향을 분석하기 위한 연구를 진행하였다. 이들 연구는 모두 미래의 불확실한 장애의 상황을 시나리오 또는 확률을 기반으로 표현하고 있다는 공통점을 갖고 있다. 하지만, 자연재해, 테러, 파업과 같은 사건들의 발생확률을 사전에 알고 있다는 것은 거의 불가능하다는 점에서 모델의 한계점을 보여주고 있다. 본 장에서는 설비 입지와 관련된 문제를 중심으로 공급사슬 위험관리에 대한 내용을 설명하고자 한다.

공급자에서 발생되는 위험과 관련된 연구는 주로 최적의 공급자 수 결정과 운영 전략에 관한 연구로 구분된다. Berger 등(2004)은 의사결정나무 모형을 이용하여 다수의 공급자가 피해를 받는 큰 재앙이 발생하는 경우와 하나의 공급자가 피해를 받는 작은 규모의 재앙이 발생하였을 때를 구분하여 최적의 공급자 수를 결정하는 문제를 살펴보았다. Ruiz-Torres와 Farzad(2007)는 공급자마다 피해를 받을 확률이 다른 경우의 최적 공급자 수를 결정하는 문제로 Berger 등(2004)의 방법을 확장하였다. 공급자 운영 전략에 관한 연구로, Yu 등(2009)은 수요가 안정적이지 않고 가격에 민감한 2단계 공급사슬이 파괴될 수 있는 경우, 하나의 공급자와 두 개의 공급자를 운영하는 전략을 비교하였다. Tomlin(2006)은 신뢰도가 떨어지나 싼 공급자와 높은 신뢰도의 값비싼 부품을 공급하는 공급자가 모두 존재할 때, 위험 중립적인 회사는 신뢰도 있는 회사를 선택하고 재고운영으로 위험 부담을 줄이는 반면, 위험을 회피하는 기업은 두 공급자를 모두 선택하고 일부 재고로 위험 부담을 줄이는 전략을 선택하게 된다고 제시하였다.

〈표 12-1〉에 제시된 위험 요소 중 공급사슬의 파괴와 관련된 원인들은 발생 가능성은 매우 낮으나 그 피해는 매우 큰 특성을 갖고 있다. 또한, 자연재해, 공급자 파산, 테러와 같이 공급사슬 운영자가 그 원인을 사전에 제거하거나 예측하기 매우 어렵다는 공통점을 갖고 있기 때문에 다른 분야에 비해 상대적으로 많은 연구가 진행되지 못하고 있다.

## 3 의사결정 이론(Decision Theory)

의사결정 이론은 불확실성이 존재하는 환경에서 어떻게 의사결정을 내릴 것인가에 대한 토대를 제시한 방법론으로, 1950년 이후 제품설계, 시설물의 위치나 용량 설계 등의 다양한 분야에 활용되고 있다. 의사결정 이론의 가장 중요한 토대는 효용 이론(Utility theory)와 확률 이론(Probability theory)이다. 효용 이론은 의사결정의 결과를 수치적인 값으로 표현하기 위하여 적용되며, 확률 이론은 불확실성을 표현하고 의사결정의 결과를 계산하기 위한 방법으로 활용된다.

의사결정 이론의 적용을 위하여 신규 공장의 용량을 결정하는 문제를 고려해 보자. 의사결정 이론의 적용을 위한 첫 번째 단계는 불확실한 미래의 상태를 정의하는 것으로부터 시작된다. 미래의 상태는 몇 개의 시나리오 형식으로 정의될 수 있다. 예를 들어, 평균보다 낮은 수준의 수요 발생(S1), 평균 수준의 수요 발생(S2), 평균 보다 높은 수준의 수요 발생(S3)으로 미래의 상태를 정의할 수 있다. 두 번째 단계로, 의사결정자가 택할 수 있는 의사결정의 대안을 정의한다. 예를 들어, 소형 공장의 신축(A1), 중형 공장의 신축(A2), 대형 공장의 신축(A3)과 같이 몇 가지 대안을 작성한다.

세 번째 단계로, 각각의 대안이 미래의 상태별로 어느 정도의 효용을 생성할 수 있는지 계산하고, 이익표(Payoff table)을 작성한다. 본 예제에서는 공장 신축의 비용과 상태에 따른 기대 수요의 충족을 통해 얻을 수 있는 이익을 바탕으로 이익표를 〈표 12-2〉와 같이 정리하였다. 소형 공장의 건설할 경우 비용이 상대적으로 적게 발생하며, 낮은 수준의 수요가 실현되면 총 2억의 이익을 얻는다. 하지만 보다 많은 수요(S2, S3)가 발생하여도 용량의 부족으로 추가적인 판매가 불가하며, 이익은 여전히 2억이 된다. 만일 중형 공장을 건설한다면 보다 많은 초기비용이 발생할 것이다. 따라서, 수요가 충분하지 못한 S1의 경우는 0.5억의 이익만 얻게 되며, 평균 이상의 수요가 발생하면 3억의 이익을 얻을 수 있다. 대형 공장을 건설할 경우, 만일 낮은 수요가 발생하면 -2억의 손실이 발생한다. 하지만 높은 수요가 발생한다면 가장 많은 이익인 5억을 벌 수 있다.

〈표 12-2〉 수요의 불확실성과 의사결정에 따른 이익표

| | 낮은 수요(S1) | 평균 수요(S2) | 높은 수요(S3) |
|---|---|---|---|
| 소형 공장(A1) | 2억 | 2억 | 2억 |
| 중형 공장(A2) | 0.5억 | 3억 | 3억 |
| 대형 공장(A3) | -2억 | 1억 | 5억 |

이와 같이 미래의 수요를 모르는 상황에서 의사결정자는 어떤 대안을 선택해야 할지 결정해야 하며, 이는 의사결정자가 처한 환경과 의사결정자의 성향에 따라 달라지게 된다. 우선, 의사결정자가 처한 환경은 위험(Risk)한 환경과 불확실(Uncertainty)한 환경으로 구분된다. 위험한 환경은 미래의 상태와 관련된 확률 정보가 존재하는 환경이며, 불확실한 환경은 확률 정보 조차 없는 환경을 의미한다. 위험한 환경과 불확실한 환경에 대비되는 상황으로는 불확실성이 존재하지 않는 확실(Certainty)한 환경이 존재한다. 다음으로, 의사결정자의 성향은 어떠한 의사결정 기준을 사용할 것인가로 해석될 수 있다. 이는 수리적 최적화 모델에서 어떠한 목적함수를 사용할 것인가와 동일한 의미이며, 사용될 수 있는 의사결정 기준은 환경별로 하나씩 설명한다.

### 1) 확실한 환경에서의 의사결정

확실한 환경에서는 의사결정은 명확하며, 상대적으로 결정이 용이하다. 앞서 설명된 공장 용량에 대한 의사결정 예를 살펴보자. 만일, 미래의 수요가 낮은 수요로 확실하다면, 이익을 최대화할 수 있는 의사결정은 소형 공장이다. 소형 공장을 건설하면 2억의 수익이 발생하나, 중형 공장은 0.5억의 이익, 대형 공장은 −2억의 손실이 발생한다. 따라서 명백하게 소형 공장의 건설이 최적해가 된다. 만일, 미래의 수요가 평균 수준임이 확실하다면 이익을 최대화하기 위한 의사결정은 중형 공장이며

이때 수익은 3억이 된다. 미래의 수요가 높은 수준이라면 대형 공장이 5억의 이익을 주는 최적의 의사결정이다. 이와 같이 확실한 환경에서는 의사결정자가 쉽게 최적의 의사결정을 내릴 수 있다.

### 2) 위험한 환경에서의 의사결정

위험한 환경은 불확실성에 대한 확률 정보가 알려진 환경을 나타낸다. 공장 용량의 예에서는 미래의 상태(S1, S2, S3)가 발생할 확률이 어느 정도인지 추정 가능하다는 것을 의미한다. 유한개의 시나리오로 불확실성을 표현하였기 때문에, 이산 확률분포를 이용하여 위험을 표현한다. 예를 들어, S1, S2, S3가 발생할 확률을 각각 0.2, 0.5, 0.3이라고 가정해 보자. 이때, 의사결정자가 택하는 일반적인 결정 기준은 이익의 기대값을 최대화하는 것이다. 따라서 〈표 12-3〉과 같이 의사결정의 대안(A1, A2, A3) 별로 기대값을 계산하고, 이익이 최대화되는 대안을 선정할 수 있다. 중형 공장의 경우, 0.5억*0.2+3억*0.5+3억*0.3=2.5억으로 가장 높은 기대값을 보여주고 있기 때문에 최적의 의사결정이 된다.

〈표 12-3〉 기대 수익 기반의 의사결정

| | 낮은 수요(S1) | 평균 수요(S2) | 높은 수요(S3) | 기대값 |
|---|---|---|---|---|
| 확률 | 0.2 | 0.5 | 0.3 | |
| 소형 공장(A1) | 2억 | 2억 | 2억 | 2억 |
| 중형 공장(A2) | 0.5억 | 3억 | 3억 | 2.5억 |
| 대형 공장(A3) | -2억 | 1억 | 5억 | 1.6억 |

### 3) 불확실한 환경에서의 의사결정

미래의 상태가 발생할 확률이 어느 정도인지 알 수 없는 경우, 의사결정자들은 새로운 의사결정 기준이 필요하다. 대표적인 의사결정 기준으로는 Maximax, Maximin, Minimax regret 등이 있다. Maximax는 각 시나리오 별 최대 이익 중 가장 큰 이익의 대안을 선정하는 방식이다. 예를 들어, 소형 공장을 건설한다면, 수요와 관계없이 2억의 수익을 얻을 수 있다. 따라서 최댓값은 2억이 된다. 중형 공장을 건설하였을 경우, 낮은 수요가 발생하면 0.5억의 수익을 얻으나, 평균 이상의 수요가 발생하면 3억을 얻는다 따라서 최대 수익은 3억이 된다. 대형 공장의 경우는 높은 수요가 발생하면 최대 수익인 5억을 벌 수 있다. 따라서 최대 수익은 소형 2억, 중형 3억, 대형 5억으로 정리될 수 있으며, 이 중 가장 큰 이익을 얻기 위해 대형을 건설하게 된다. Maximax 방식은 가장 좋은 상황을 살피기 때문에, 낙관적인 관점에서 의사결정을 하는 방식이라고 할 수 있다. 〈표 12-4〉는 Maximax 기준의 의사결정 과정을 보여준다.

〈표 12-4〉 Maximax 기준의 의사결정

| | 낮은 수요(S1) | 평균 수요(S2) | 높은 수요(S3) | 최댓값 |
|---|---|---|---|---|
| 소형 공장(A1) | 2억 | 2억 | 2억 | 2억 |
| 중형 공장(A2) | 0.5억 | 3억 | 3억 | 3억 |
| 대형 공장(A3) | -2억 | 1억 | 5억 | 5억 |

반면, Maximin은 각 시나리오별 최소 이익 중 가장 큰 이익의 대안을 선정하는 방식이다. 가장 안 좋은 시나리오가 발생한 경우에도 수익을 최대화하고 싶은 의사결정이기 때문에 보수적인 관점에서 의사결정하는 것이라 할 수 있다. 〈표 12-5〉는 Maximin 기준의 의사결정 과정을 보여준다. 소형 공장을 건설할 경우 2억의 수익이 보장된다. 하지만, 중형이나 대형 공장을 건설한 뒤, 낮은 수준의 수요가 발생하면 이때 수익은 0.5억 또는 2억이 손실이 된다. 따라서, 각 의사결정 대안 별로 얻을 수 있는 최소의 수익은 소형, 중형, 대형 각각 2억, 0.5억, -2억이 되며, 이 중 최댓값을 갖는 소형 공장을 건설한다.

〈표 12-5〉 Maximin 기준의 의사결정

| | 낮은 수요(S1) | 평균 수요(S2) | 높은 수요(S3) | 최소값 |
|---|---|---|---|---|
| 소형 공장 (A1) | 2억 | 2억 | 2억 | 2억 |
| 중형 공장 (A2) | 0.5억 | 3억 | 3억 | 0.5억 |
| 대형 공장 (A3) | -2억 | 1억 | 5억 | -2억 |

Minimax regret는 기회손실비용의 의미를 갖는 후회값(Regret)을 계산한 뒤, 의사결정 대안 별로 최대의 후회값이 가장 작은 대안을 선정하는 방식이다. 이를 위해서는 〈표 12-5〉와 같은 기회손실비용에 대한 테이블을 작성해야 한다. 기회손실비용은 각각의 미래 상태에서 가장 좋은 이익과 의사결정을 통한 이익의 차이로 정의될 수 있다. 예를 들어, 낮은 수요가 발생한다면 소형 공장이 수익을 최대화할 수 있으며, 가장 좋은 이익은 2억에 해당된다. 따라서 소형 공장의 기회손실비용은 0이 된다. 하지만 만일 중형 공장을 선택했다면, 이 의사결정으로 얻을 수 있는 이익은 0.5억이며 최대 수익 2억과의 차이인 1.5억이 기회손실비용이 된다. 만일 대형 공장을 선택했다면 -2억의 손실이 발생하며, 낮은 수요에서의 최대 수익 2억과의 차이는 4억이 된다. 따라서 대형 공장 건설 시, 낮은 수요가 발생한다면 기회손실비용은 4억이라고 이야기할 수 있다. 이와 같은 방식으로 모든 미래 생태와 의사결정 대안들에 대한 기회손실비용을 계산하고, 각 의사결정 대안의 최대 기회손실비용을 계산하면, 〈표 12-6〉의 마지막 열과 같다. 최종적으로 최대 기회손실비용(A1 3억, A2 1.5억, A3 4억) 중에서 최소값을 산출하는 중형 공장을 선정한다. Minimax regret은 가장 크게 후회할 수 있는 상황을 최소화하고 싶어 하는 의사결정이라고 정리할 수 있다.

〈표 12-6〉 Minimax regret 기준의 의사결정

| | 낮은 수요(S1) | 평균 수요(S2) | 높은 수요(S3) | 최댓값 |
|---|---|---|---|---|
| 소형 공장(A1) | 0 | 1억 | 3억 | 3억 |
| 중형 공장(A2) | 1.5억 | 0 | 2억 | 1.5억 |
| 대형 공장(A3) | 4억 | 2억 | 0 | 4억 |

의사결정 이론을 통해서 살펴본 바와 같이, 불확실성이 존재하는 환경에서는 유일한 최적해가 존재하는 것이 아니다. 본 예제에서 소형 공장은 안정적인 수익을 제공하나, 큰 수익을 얻기는 어렵다. 하지만 대형 공장은 큰 수익을 얻을 기회는 존재하나, 손실이 발생할 가능성도 있다. 이와 같이 불확실성이 존재하는 환경에서는 의사 결정의 대안과 성과 사이에는 상충관계가 존재하기 때문에, 의사결정자의 선호성향을 바탕으로 최선의 대안을 선택해야 하는 것이다.

## 4 확률적 최적화(Stochastic Optimization) 모델

의사결정 이론의 개념을 수리적 최적화 모델로 확장해 볼 수 있다. 수리적 최적화 분야에서는 의사결정에 필요한 데이터가 모두 확실한 상황을 확정적(Deterministic) 모델이라고 한다. 불확실한 데이터에 대한 확률 분포 정보가 존재한다면 확률적(Stochastic) 모델을 이용할 수 있으며, 확률 분포 정보가 존재하지 않는다면 강건(Robust) 모델을 이용하게 된다. 우선 본 절에서는 수요의 불확실성이 존재하는 환경에서 설비 입지를 결정하는 문제 확률적 최적화 모델을 살펴보고, 다음 절에서 강건 최적화 모델을 살펴보도록 하자.

설비 입지를 결정하는 다양한 문제들은 7장에서 살펴본 바 있다. 이 중 p-메디안(p-Median) 문제는 총 이동거리를 최소화할 수 있는 p개의 설비 입지를 결정하는 문제이다. 결정변수 $x_{ij}$는 이진변수로, 수요지 $i$의 수요 $w_i$를 수요지 $j$에 위치한 설비가 담당한다면 1을 가지며, 그렇지 않는 경우 0의 값을 갖는다. 수요지 $i$와 수요지 $j$ 사이의 거리는 $d(i, j)$정의되며, 주어진 값이다. p-메디안 문제의 확정적 모델은 다음과 같다.

$$Min \sum_{i,j} d(i, j) w_i x_{ij}$$

$$
\begin{aligned}
s.t. \quad & \textstyle\sum_j x_{ij} = 1, \ \forall i \\
& \textstyle\sum_j x_{jj} = p, \\
& x_{ij} \le x_{jj}, \quad \forall i, j \\
& x_{ij} \in \{0, 1\}, \ \forall i, j
\end{aligned}
$$

**예제 12-1 시나리오 분석**

7장의 [예제 7-5]를 다시 살펴보자. 총 8개(A, B, .., H)의 수요지가 있으며, 2개의 설비 입지를 결정하는 p-메디안 문제이다. [그림 12-2]는 네트워크의 구성, 거리 데이터, 수요 데이터 등을 보여주고 있다.

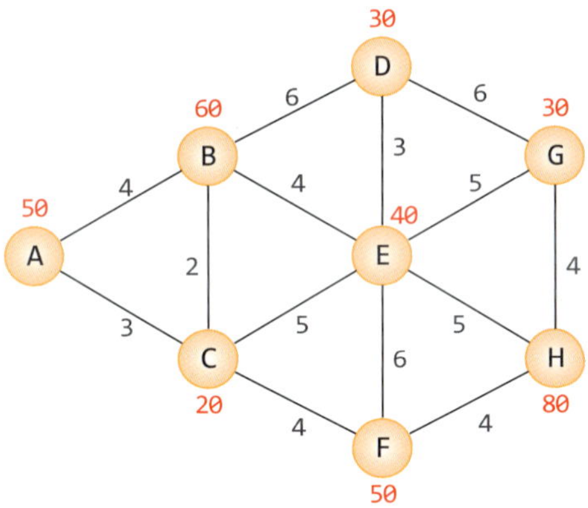


| | A | B | C | D | E | F | G | H |
|---|---|---|---|---|---|---|---|---|
| **A** | 0 | 4 | 3 | 10 | 8 | 7 | 13 | 11 |
| **B** | 4 | 0 | 2 | 6 | 4 | 6 | 9 | 9 |
| **C** | 3 | 2 | 0 | 8 | 5 | 4 | 10 | 8 |
| **D** | 10 | 6 | 8 | 0 | 3 | 9 | 6 | 8 |
| **E** | 8 | 4 | 5 | 3 | 0 | 6 | 5 | 5 |
| **F** | 7 | 6 | 4 | 9 | 6 | 0 | 8 | 4 |
| **G** | 13 | 9 | 10 | 6 | 5 | 8 | 0 | 4 |
| **H** | 11 | 9 | 8 | 8 | 5 | 4 | 4 | 0 |
| 수요 | 50 | 60 | 20 | 30 | 40 | 50 | 30 | 80 |

[그림 12-2] 네트워크에서의 다수 설비 입지 문제

7장의 예제에서는 하나의 확정적인 수요만 고려했다. 하지만, 불확실성이 존재하는 환경에서 의사결정자는 상황에 따른 다양한 수요 시나리오 반영해야 한다. 이는 의사결정 이론에서 설명한 미래의 불확실한 생태에 해당된다. 〈표 12-6〉은 세 가지 수요 시나리오와 각 시나리오가 발생할 확률을 보여준다. 시나리오 1은 7장의 예제와 동일한 수요이며, 시나리오 2는 수요지 B와 H의 수요가 감소한 상황을 의미한다. 시나리오 3은 F의 수요는 증가하고 H의 수요는 감소한 상황을 의미한다. 시나리오 1, 2, 3의 발생 확률은 각각 0.4, 0.3, 0.3이라고 가정한다.

〈표 12-6〉 시나리오별 수요 및 확률

| | 확률 | A | B | C | D | E | F | G | H |
|---|---|---|---|---|---|---|---|---|---|
| 시나리오 1 | 0.4 | 50 | 60 | 20 | 30 | 40 | 50 | 30 | 80 |
| 시나리오 2 | 0.3 | 50 | 30 | 20 | 30 | 40 | 50 | 30 | 40 |
| 시나리오 3 | 0.3 | 50 | 60 | 20 | 30 | 40 | 80 | 30 | 40 |

확률적 최적화 모델을 설명하기에 앞서, 개별 시나리오별로 최적해가 어떻게 다른지, 비용은 어느 정도 발생하는지 살펴보자. 이와 같은 접근 방식을 시나리오 분석(Scenario analysis), 왓-이프 분석(What-if analysis)이라고 한다. 각각의 시나리오를 대상으로 총 3개의 확정적 최적화 모델의 해를 구하면 [그림 12-3]과 같다. 시나리오 1의 상황에서는 B, H노드에 설비를 위치시키고, 각각 A, B, C, D, E의 수요와 F, G, H의 수요를 대응하는 것이 최적이며, 이때 총 비용은 900이다. 시나리오 2의 상황에서는 C와 E에 위치시키며, 각각 A, B, C, F와 D, E, G, H의 수요를 충족시키면 850의 비용이 발생한다. 반면, 시나리오 3의 환경에서는 B와 F에 시설물을 설치하고, 각각 A, B, C, D, E와 F, G, H의 수요를 대응하는 것이 최적이다. 이때, 총 비용은 980이 된다. 이 예제와 같이 단지 일부 노드의 수요가 변화하여도 최적해가 크게 바뀌는 것을 알 수 있다. 또한, 각 시나리오의 발생확률이 비슷하다면 어떠한 최적해를 이용해야 하는지 판단하기 쉽지 않다. 따라서, 불확실성이 중요한 환경에서는 이를 반영한 최적화 모델이 요구되는 것이다.

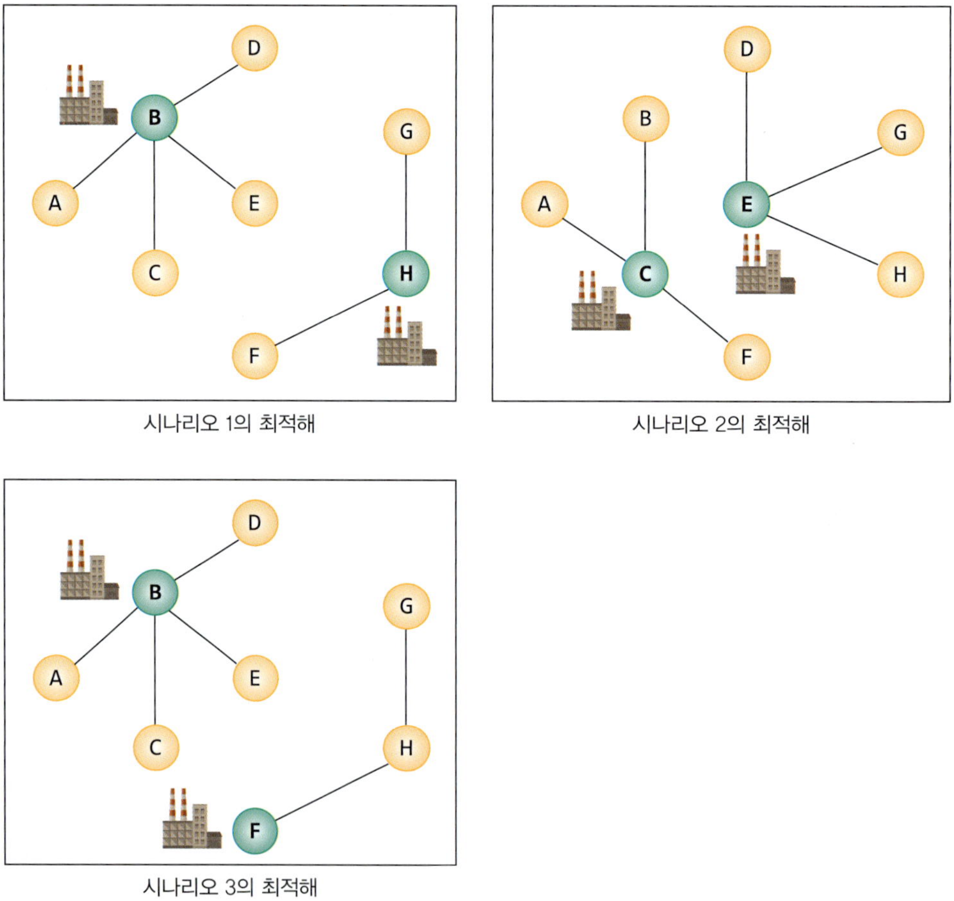


[그림 12-3] 시나리오 분석

확률적 최적화 모델을 작성하기 위하여 $n$개의 시나리오($s=1, 2, ..., n$)를 고려한다. 각 시나리오 $s$가 발생한 확률은 $pr_s$로 주어지며, $i$지역의 불확실한 수요 $\widetilde{w}_i$ 역시 시나리오 단위인 $w_{is}$로 정의된다. 각 시나리오별로 발생되는 비용의 기대값을 최소화하기 위한 수리 모델은 다음과 같다. 목적함수는 기대값의 최소화 형태로 변경되었으며, 제약식은 확정적 모델과 동일하다.

$$Min \quad \sum_{i,j,s} pr_s d(i, j) w_{is} x_{ij}$$

$$\begin{aligned} s.t. \quad & \sum_j x_{ij}=1, && \forall i \\ & \sum_j x_{jj}=p, && \\ & x_{ij} \le x_{jj}, && \forall i, j \\ & x_{ij} \in \{0, 1\}, && \forall i, j \end{aligned}$$

**예제 12-2** **확률적 최적화 문제**

[예제 12-1]의 문제를 확률적 최적화 모델로 작성하면 다음과 같다.

$$\begin{aligned} Min\ z=0.4\cdot(&0\cdot x_{AA}+240x_{BA}+60x_{CA}+300x_{DA}+320x_{EA}+350x_{FA}+390x_{GA}+880x_{HA} \\ &+200x_{AB}+0\cdot x_{BB}+40x_{CB}+180x_{DB}+160x_{EB}+300x_{FB}+270x_{GB}+720x_{HB} \\ &+150x_{AC}+120x_{BC}+0\cdot x_{CC}+240x_{DC}+200x_{EC}+200x_{FC}+300x_{GC}+640x_{HC} \\ &+500x_{AD}+360x_{BD}+160x_{CD}+0\cdot x_{DD}+120x_{ED}+450x_{FD}+180x_{GD}+640x_{HD} \\ &+400x_{AE}+240x_{BE}+100x_{CE}+90x_{DE}+0\cdot x_{EE}+300x_{FE}+150x_{GE}+400x_{HE} \\ &+350x_{AF}+360x_{BF}+80x_{CF}+270x_{DF}+240x_{EF}+0\cdot x_{FF}+240x_{GF}+320x_{HF} \\ &+650x_{AG}+540x_{BG}+200x_{CG}+180x_{DG}+200x_{EG}+400x_{FG}+0\cdot x_{GG}+320x_{HG} \\ &+550x_{AH}+540x_{BH}+160x_{CH}+240x_{DH}+200x_{EH}+200x_{FH}+120x_{GH}+0\cdot x_{HH}) \\ +0.3\cdot(&0\cdot x_{AA}+120x_{BA}+60x_{CA}+300x_{DA}+320x_{EA}+350x_{FA}+390x_{GA}+440x_{HA} \\ &+200x_{AB}+0\cdot x_{BB}+40x_{CB}+180x_{DB}+160x_{EB}+300x_{FB}+270x_{GB}+360x_{HB} \\ &+150x_{AC}+60x_{BC}+0\cdot x_{CC}+240x_{DC}+200x_{EC}+200x_{FC}+300x_{GC}+320x_{HC} \\ &+500x_{AD}+180x_{BD}+160x_{CD}+0\cdot x_{DD}+120x_{ED}+450x_{FD}+180x_{GD}+320x_{HD} \\ &+400x_{AE}+120x_{BE}+100x_{CE}+90x_{DE}+0\cdot x_{EE}+300x_{FE}+150x_{GE}+200x_{HE} \\ &+350x_{AF}+180x_{BF}+80x_{CF}+270x_{DF}+240x_{EF}+0\cdot x_{FF}+240x_{GF}+160x_{HF} \end{aligned}$$

$$
\begin{aligned}
&+650x_{AG}+270x_{BG}+200x_{CG}+180x_{DG}+200x_{EG}+400x_{FG}+0\cdot x_{GG}+160x_{HG}\\
&+550x_{AH}+270x_{BH}+160x_{CH}+240x_{DH}+200x_{EH}+200x_{FH}+120x_{GH}+0\cdot x_{HH})\\
&+0.3\cdot(0\cdot x_{AA}+240x_{BA}+60x_{CA}+300x_{DA}+320x_{EA}+560x_{FA}+390x_{GA}+880x_{HA}\\
&+200x_{AB}+0\cdot x_{BB}+40x_{CB}+180x_{DB}+160x_{EB}+480x_{FB}+270x_{GB}+440x_{HB}\\
&+150x_{AC}+120x_{BC}+0\cdot x_{CC}+240x_{DC}+200x_{EC}+320x_{FC}+300x_{GC}+360x_{HC}\\
&+500x_{AD}+360x_{BD}+160x_{CD}+0\cdot x_{DD}+120x_{ED}+720x_{FD}+180x_{GD}+320x_{HD}\\
&+400x_{AE}+240x_{BE}+100x_{CE}+90x_{DE}+0\cdot x_{EE}+480x_{FE}+150x_{GE}+200x_{HE}\\
&+350x_{AF}+360x_{BF}+80x_{CF}+270x_{DF}+240x_{EF}+0\cdot x_{FF}+240x_{GF}+160x_{HF}\\
&+650x_{AG}+540x_{BG}+200x_{CG}+180x_{DG}+200x_{EG}+640x_{FG}+0\cdot x_{GG}+160x_{HG}\\
&+550x_{AH}+540x_{BH}+160x_{CH}+240x_{DH}+200x_{EH}+320x_{FH}+120x_{GH}+0\cdot x_{HH})
\end{aligned}
$$

$$
\begin{aligned}
s.t.\quad & x_{AA}+x_{AB}+x_{AC}+x_{AD}+x_{AE}+x_{AF}+x_{AG}+x_{AH}=1\\
& x_{BA}+x_{BB}+x_{BC}+x_{BD}+x_{BE}+x_{BF}+x_{BG}+x_{BH}=1\\
& x_{CA}+x_{CB}+x_{CC}+x_{CD}+x_{CE}+x_{CF}+x_{CG}+x_{CH}=1\\
& x_{DA}+x_{DB}+x_{DC}+x_{DD}+x_{DE}+x_{DF}+x_{DG}+x_{DH}=1\\
& x_{EA}+x_{EB}+x_{EC}+x_{ED}+x_{EE}+x_{EF}+x_{EG}+x_{EH}=1\\
& x_{FA}+x_{FB}+x_{FC}+x_{FD}+x_{FE}+x_{FF}+x_{FG}+x_{FH}=1\\
& x_{GA}+x_{GB}+x_{GC}+x_{GD}+x_{GE}+x_{GF}+x_{GG}+x_{GH}=1\\
& x_{HA}+x_{HB}+x_{HC}+x_{HD}+x_{HE}+x_{HF}+x_{HG}+x_{HH}=1\\
& x_{AA}+x_{BB}+x_{CC}+x_{DD}+x_{EE}+x_{FF}+x_{GG}+x_{HH}=2,\\
& x_{ij}\le x_{jj},\ \forall i,j\in\{A,B,C,D,E,F,G,H\}\\
& x_{ij}\in\{0,1\},\ \forall i,j\in\{A,B,C,D,E,F,G,H\}
\end{aligned}
$$

확률적 최적화 모형의 최적해는 [그림 12-4]와 같다. 네트워크상의 노트 B와 H에 신규 설비를 건설하는 것이 최적이며, 이는 시나리오 1의 최적해와 동일하다. 하지만 확률적 최적화 모델의 목적함수 값은 936으로, 시나리오 1의 목적함수 값인 900과는 차이가 있다. 이와 같은 차이는 확률적 최적화 모델의 목적함수의 의미가 '불확실성을 고려한 기대값'이기 때문에 발생하는 것이다. 구체적인 비용을 살펴보면 다음과 같다. [그림 12-4]의 네트워크 구조를 이용한다면 시나리오 1의 경우 900의 비용이 발생하며, 시나리오 2와 3의 경우 각각 900과 1020의 비용이 발생하여 기대값이 936이된다. 참고로, 시나리오 2의 경우 [그림 12-3]의 네트워크 구조를 사용하면 비용이 850으로 낮아지나, 시나리오 1과 3의 비용을 반영한 기대값은 936보다 큰 값으로 계산된다. 따라서 불확실성을 고려하였을 때, 평균적으로 가장 잘 작동할 수 있는 최적해는 [그림 12-4]과 같다.

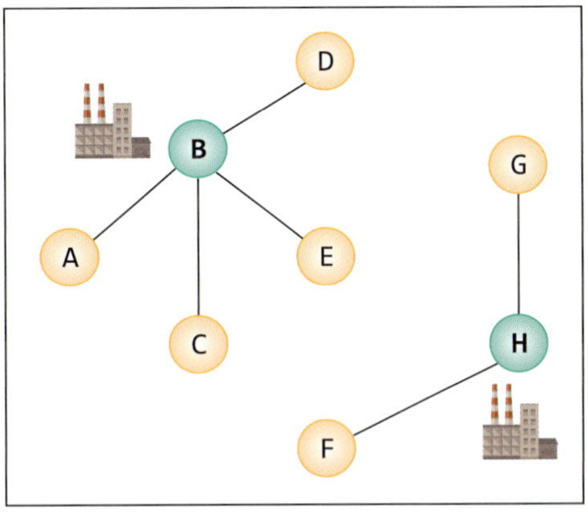


[그림 12-4] 확률적 최적화 모델의 최적해

## 5 강건 최적화(Robust Optimization) 모델

강건 최적화 모델의 개념은 선형계획법의 파라미터 값이 불확실한 경우 어떻게 문제를 해결해야 하는가를 논의한 Soyster(1979)의 연구에서부터 시작되었다. 강건 최적화 모델은 Minimax 관점에서 문제를 접근하기 때문에 최적해의 성능이 좋지 못한 '해의 보수성' 이슈가 존재하며, 이로 인해 오랫동안 사람들의 관심을 받지 못하였다. 하지만, Ben-Tal과 Nemirovski(1999, 2000), Bertsimas와 Sim(2004) 등이 해의 보수성을 극복할 수 있는 새로운 접근 방식을 제안하면서 하나의 연구분야로 자리 잡게 되었다. 강건 최적화는 확률적 최적화에 비해 몇 가지 차이점을 갖고 있다. 첫째, 확률적 최적화는 불확실성에 대한 확률 분포를 사전에 알고 있어야 하지만, 강건 최적화는 확률분표에 대한 지식이 없는 경우에 적용 가능하다. 따라서, 발생을 예측하기 어려운 불확실성이나 과거 데이터가 충분히 축적되지 못한 불확실성 등에 대응하기 위하여 적용할 수 있다. 둘째, 확률적 최적화는 일반적으로 기대값을 극대화한다. 즉, 불확실성이 존재하는 환경에서 평균적으로 잘 작동할 수 있는 해를 구하는 것이다. 하지만, 강건 최적화는 Minimax 관점에서 최악의 상황에서도 잘 작동할 수 있는 해를 구하는 것이기 때문에 확률적 최적화 방법과는 목적이 다르다고 할 수 있다. 셋째, 확률적 최적화를 통해 구한 최적해는 불확실성이 발생된 환경에서 비가능해(Infeasible solution)일 수도 있지만, 강건 최적화는 해의 유효성(Feasibility)을 100% 보장해 주는 해를 찾는다. 이런 특징으로 인해 확률적 최적화 문제의 제약식을 연한 제약(Soft constraint)이라고 하며, 강건 최적화 문제의 제약식을 강한 제약(Hard constraint)이라고 한다.

강건 최적화 모델은 확률 분포를 모르고 있는 상황을 가정하기 때문에, 불확실성에 대한 구간(Uncertainty set)을 정의하고 문제를 해결한다. 불확실성 구간의 형태에 따라, 박스 불확실성 구간(Box uncertainty set), 타원 불확실성 구간(Ellipsoidal uncertainty set), 다면체 불확실성 구간(Polyhedral uncertainty set) 등 다양한 상황을 모델링할 수 있다. 본 절에서 고려하는 p-메디안 문제에서는 불확실한 수요 $\widetilde{w_i}$에 대한 박스 불확실성 구간 $U_i=[w_i(1-\theta_i), w_i(1+\theta_i)]$을 가정한다. 불확실한 수요 $\widetilde{w_i}$는 명목 값인 $w_i$를 중심으로 θ% 범위 내의 어떠한 값이라도 될 수 있다는 의미이다. 박스 불확실성 구간을 고려하는 강건 최적화 모델을 작성하기 위해, 확정적 모델의 목적 함수를 제약식으로 이동하여 다음과 같은 최적화 문제를 만든다.

$$\min \quad z$$

$$\begin{aligned}
s.t. \quad & \textstyle\sum_{i,j} d(i,j) w_i x_{ij} \le z \\
& \textstyle\sum_j x_{ij} = 1, \qquad \forall i \\
& \textstyle\sum_j x_{jj} = p, \\
& x_{ij} \le x_{jj}, \qquad \forall i, j \\
& x_{ij} \in \{0, 1\}, \qquad \forall i, j
\end{aligned}$$

다음으로, 제약식에 불확실성을 도입하여 강건 모델(Robust counterpart: RC)를 작성한다.

$$
\begin{aligned}
&\min_{x_{ij}} \quad z \\
&s.t. \quad \textstyle\sum_{i,j} d(i,j)\widetilde{w}_i x_{ij} \le z \qquad \forall \widetilde{w}_i \\
&\qquad\ \ \textstyle\sum_j x_{ij} = 1, \qquad \forall i \\
&\qquad\ \ \textstyle\sum_j x_{jj} = p, \\
&\qquad\ \ x_{ij} \le x_{jj}, \qquad \forall i, j \\
&\qquad\ \ x_{ij} \in \{0, 1\}, \qquad \forall i, j
\end{aligned}
$$

RC 모델의 첫 번째 제약식은 불확실성 구간에서 어떠한 값이 발생하더라도, 해의 유효성이 보장되어야 한다. 하지만 불확실성이 구간으로 정의되었기 때문에, 해당 구간에서 발생할 수 있는 값의 개수는 무한개이며, 첫 번째 제약식의 수도 무한개가 된다. 이와 같이 일부의 제약식이 무한개인 최적화 수리모델을 반무한 모델(Semi-infinite model)이라고 한다. 반무한 모델은 해를 구할 수 없기 때문에, 이와 동일한 해를 갖는 유한개의 제약식 모델로 변환해야 한다. 이를 위해, 첫 번째 제약식의 좌변을 최댓값으로 대체한다. $\widetilde{w}_i$이 될 수 있는 값 중에서 최댓값 이외의 제약식은 최적해에 영향을 주지 않는 불필요한 제약이기 때문에 아래와 같은 변환이 가능하다.

$$
\begin{aligned}
&\textstyle\sum_{i,j} d(i,j)\widetilde{w}_i x_{ij} \le z, \quad \forall \widetilde{w}_i \\
&\Leftrightarrow \max_{\widetilde{w}_i} \textstyle\sum_{i,j} d(i,j)\widetilde{w}_i x_{ij} \le z \\
&\Leftrightarrow \textstyle\sum_{i,j} d(i,j) w_i (1+\theta_i) x_{ij} \le z
\end{aligned}
$$

따라서, 박스 불확실성 구간 $[w_i(1-\theta_i),\ w_i(1+\theta_i)]$을 고려하는 문제의 경우, 유한개의 제약식을 갖는 강건 최적화 모델은 다음과 같다.

$$Min \quad z$$

$$\begin{aligned} s.t. \quad & \sum_{i,j} d(i,j) w_i (1+\theta_i) x_{ij} \le z \\ & \sum_j x_{ij} = 1, \qquad \forall i \\ & \sum_j x_{jj} = p, \\ & x_{ij} \le x_{jj}, \qquad \forall i, j \\ & x_{ij} \in \{0, 1\}, \qquad \forall i, j \end{aligned}$$

다른 유형의 불확실성을 가정한 경우는 좌변을 최대화할 수 있는 수식을 통해 최적화 모델을 유도할 수 있다. 관심있는 독자는 Ben-Tal & Nemirovski(1999, 2000), Bertsimas & Sim(2004)의 논문을 참고하기 바란다.

### 예제 12-3 강건 최적화 문제

[예제 12-1]과 [예제 12-2]에서 고려한 문제를 다시 살펴보자. 확률적 의사결정 모델과는 다르게, 시나리오별 확률 분포에 대한 정보 없이 불확실한 수요의 범위만 알 수 있다고 가정한다. 〈표 12-6〉의 상황과 B, F, H의 수요가 동일하며, 불확실한 수요의 범위는 〈표 12-7〉에 정리되어 있다. 예를 들어, 노드 B의 경우 수요는 최소 30, 최대 60의 범위 내에서 발생하며, $[w_i(1-\theta_i),\ w_i(1+\theta_i)] = [45(1-1/3),\ 45(1+1/3)]$로 정의될 수 있다.

〈표 12-7〉 불확실한 수요의 범위

| | A | B | C | D | E | F | G | H |
|---|---|---|---|---|---|---|---|---|
| 수요 | 50 | [30, 60] | 20 | 30 | 40 | [50, 80] | 30 | [40, 80] |
| 최대 수요 | 50 | 60 | 20 | 30 | 40 | 80 | 30 | 80 |

불확실한 수요를 고려한 강건 최적화 모델은 다음과 같으며, [예제 12-1]에서 시나리오 1을 위한 확정적 최적화 모델과 비교하였을 때, F 노드와 관련된 계수 값들이 변화한 것을 확인할 수 있다.

$$\begin{aligned} Min \ z = & 0 \cdot x_{AA} + 240x_{BA} + 60x_{CA} + 300x_{DA} + 320x_{EA} + \mathbf{560}x_{FA} + 390x_{GA} + 880x_{HA} \\ & + 200x_{AB} + 0 \cdot x_{BB} + 40x_{CB} + 180x_{DB} + 160x_{EB} + \mathbf{480}x_{FB} + 270x_{GB} + 720x_{HB} \\ & + 150x_{AC} + 120x_{BC} + 0 \cdot x_{CC} + 240x_{DC} + 200x_{EC} + \mathbf{320}x_{FC} + 300x_{GC} + 640x_{HC} \end{aligned}$$

$$
\begin{aligned}
&+500x_{AD}+360x_{BD}+160x_{CD}+0\cdot x_{DD}+120x_{ED}+\mathbf{720}x_{FD}+180x_{GD}+640x_{HD}\\
&+400x_{AE}+240x_{BE}+100x_{CE}+90x_{DE}+0\cdot x_{EE}+\mathbf{480}x_{FE}+150x_{GE}+400x_{HE}\\
&+350x_{AF}+360x_{BF}+80x_{CF}+270x_{DF}+240x_{EF}+\mathbf{0}\cdot x_{FF}+240x_{GF}+320x_{HF}\\
&+650x_{AG}+540x_{BG}+200x_{CG}+180x_{DG}+200x_{EG}+\mathbf{640}x_{FG}+0\cdot x_{GG}+320x_{HG}\\
&+550x_{AH}+540x_{BH}+160x_{CH}+240x_{DH}+200x_{EH}+\mathbf{320}x_{FH}+120x_{GH}+0\cdot x_{HH})
\end{aligned}
$$

$$
\begin{aligned}
s.t.\quad & x_{AA}+x_{AB}+x_{AC}+x_{AD}+x_{AE}+x_{AF}+x_{AG}+x_{AH}=1\\
& x_{BA}+x_{BB}+x_{BC}+x_{BD}+x_{BE}+x_{BF}+x_{BG}+x_{BH}=1\\
& x_{CA}+x_{CB}+x_{CC}+x_{CD}+x_{CE}+x_{CF}+x_{CG}+x_{CH}=1\\
& x_{DA}+x_{DB}+x_{DC}+x_{DD}+x_{DE}+x_{DF}+x_{DG}+x_{DH}=1\\
& x_{EA}+x_{EB}+x_{EC}+x_{ED}+x_{EE}+x_{EF}+x_{EG}+x_{EH}=1\\
& x_{FA}+x_{FB}+x_{FC}+x_{FD}+x_{FE}+x_{FF}+x_{FG}+x_{FH}=1\\
& x_{GA}+x_{GB}+x_{GC}+x_{GD}+x_{GE}+x_{GF}+x_{GG}+x_{GH}=1\\
& x_{HA}+x_{HB}+x_{HC}+x_{HD}+x_{HE}+x_{HF}+x_{HG}+x_{HH}=1\\
& x_{AA}+x_{BB}+x_{CC}+x_{DD}+x_{EE}+x_{FF}+x_{GG}+x_{HH}=2,\\
& x_{ij}\le x_{jj},\ \forall i,j\in\{A,B,C,D,E,F,G,H\}\\
& x_{ij}\in\{0,1\},\ \forall i,j\in\{A,B,C,D,E,F,G,H\}
\end{aligned}
$$

강건 최적화 모델의 최적해는 [그림 12-4]에 표현된 확률적 최적화 모델의 최적해와 동일하다. 하지만 확률적 최적화 모델의 목적함수 값은 936인 반면, 강건 최적화 모델의 목적함수 값은 1020으로 계산되었다. 확률적 최적화 모델은 평균적으로 잘하는 해를 찾고 그때의 기대값이 936으로 계산된 반면, 강건 최적화 모델은 최악의 경우에도 잘하는 해를 찾았으며 아무리 안 좋은 상황에도 목적함수 값이 1020보다 커지지 않는다는 것을 의미한다.

## 6 후회 기반 모델

의사결정 이론에서 후회(Regret)에 대하여 설명한 바 있다. 불확실성에 대한 $n$개의 시나리오($s=1, 2, \ldots, n$)를 바탕으로 후회의 개념을 반영한 수리적 최적화 모델을 살펴보자. 후회 기반의 모델을 작성하기 위해서는 우선 각 시나리오별 확정적 모델을 통해 최적의 목적함수 값을 계산해야 한다. [예제 12-1]의 시나리오 분석에서 살펴본 바와 같으며, 시나리오 $s$만 고려하는 확정적 모델을 통해 계산된 목적함수 값을 $\hat{z}_s$라 정의한다. 다음으로, 후회 기반 모델의 최적해가 시나리오 $s$의 상황에서 산출하는 목적함수 값을 $z_s$라 정의한다. $z_s$를 계산하기 위해서는 의사결정변수를 시나리오에 독립적인 결정변수와 의존적인 결정변수로 구분해야 한다. P-메디안 문제에서 $x_{ij}$는 시설물의 설치 여부($i=j$인 경우)와 수요지와 공급지의 연결 여부($i \neq j$인 경우)를 나타낸다. 의사결정변수를 보다 명확히 구분하기 위하여 $x_{jj}$($i=j$인 경우) 대신 $y_j$를 사용할 수 있다. 후회 기반의 모델을 수립하기 위하여, 시설물의 설치에 관련된 결정변수는 시나리오에 독립적인 변수 $y_j$로, 수요지와 공급지의 연결은 시나리오에 종속적인 변수 $x_{ijs}$로 재정의한다. 시나리오 $s$ 상황에서의 $z_s$는 다음과 같이 계산된다.

$$z_s = \sum_{i,j} d(i, j) w_{is} x_{ijs}$$

따라서, 시나리오 $s$ 상황에서의 후회값 $R_s$는 다음과 같다.

$$\begin{aligned} R_s &= z_s - \hat{z}_s \\ &= \sum_{i,j} d(i, j) w_{is} x_{ijs} - \hat{z}_s \end{aligned}$$

최대의 후회는 $\max_s R_s$로 정의되며, 최대 후회를 최소화하기 위한 Minimax regret 모델의 목적함수 $\min(\max_s R_s)$는 다음과 같이 작성할 수 있다.

$$\begin{aligned} &Min \quad z \\ &s.t. \quad z \geq R_s, \qquad \forall s \end{aligned}$$

따라서 최종적인 P-메디안 문제의 Minimax regret 모델은 다음과 같다.

$$
\begin{aligned}
&Min \quad z \\
&s.t. \quad z \le R_s, && \forall s \\
&\qquad R_s = \sum_{i,j} d(i,j) w_{is} x_{ijs} - \hat{z}_s, && \forall s \\
&\qquad \textstyle\sum_j x_{ijs} = 1, && \forall i, s \\
&\qquad \textstyle\sum_j y_j = p, \\
&\qquad x_{ijs} \le y_j, && \forall i, j, s \\
&\qquad x_{ijs}, y_j \in \{0, 1\}, && \forall i, j, s
\end{aligned}
$$

이 문제는 평균적인 후회를 최소화하는 최적화 문제로도 변형할 수 있으며 최적화 모델은 다음과 같다.

$$
\begin{aligned}
&Min \quad \sum_{i,j} pr_s R_s \\
&s.t. \quad R_s = \sum d(i,j) w_{is} x_{ijs} - \hat{z}_s, && \forall s \\
&\qquad \textstyle\sum_j x_{ijs} = 1, && \forall i, s \\
&\qquad \textstyle\sum_j y_j = p, \\
&\qquad x_{ijs} \le y_j, && \forall i, j, s \\
&\qquad x_{ijs}, y_j \in \{0, 1\}, && \forall i, j, s
\end{aligned}
$$

**예제 12-4 최대 후회 최소화 문제**

최대 후회 최소화 문제를 [예제 12-1]에 적용해 보자. 우선 각 시나리오별로 최적해를 구하고, 목적함수값을 계산한다. 이는 예제 1의 결과를 활용하면 된다. 각 시나리오 별 목적함수 값은 900, 850, 980이다. 즉, $\hat{z}_1=900$, $\hat{z}_2=850$, $\hat{z}_3=980$이 된다. 다음으로 최적화 모델을 수립하면 다음과 같다. 의사결정변수가 시나리오에 종속적인 변수가 됨에 따라, 의사결정변수와 수식이 다소 많아진다. 이러한 이유로 엑셀을 이용하여 최적해를 구할 수 없으며, CPLEX와 같은 전용 소프트웨어를 사용해야 한다.

$$Min \quad z$$

$s.t.\ \ z \geq R_1, z \geq R_3, z \geq R_3$

$R_1 = (0 \cdot x_{AA1} + 240x_{BA1} + 60x_{CA1} + 300x_{DA1} + 320x_{EA1} + 350x_{FA1} + 390x_{GA1} + 880x_{HA1}$

$+ 200x_{AB1} + 0 \cdot x_{BB1} + 40x_{CB1} + 180x_{DB1} + 160x_{EB1} + 300x_{FB1} + 270x_{GB1} + 720x_{HB1}$

$+ 150x_{AC1} + 120x_{BC1} + 0 \cdot x_{CC1} + 240x_{DC1} + 200x_{EB1} + 200x_{FC1} + 300x_{GC1} + 640x_{HC1}$

$+ 500x_{AD1} + 360x_{BD1} + 160x_{CD1} + 0 \cdot x_{DD1} + 120x_{ED1} + 450x_{FD1} + 180x_{GD1} + 640x_{HD1}$

$+ 400x_{AE1} + 240x_{BE1} + 100x_{CE1} + 90x_{DE1} + 0 \cdot x_{EE1} + 300x_{FE1} + 150x_{GE1} + 400x_{HE1}$

$+ 350x_{AF1} + 360x_{BF1} + 80x_{CF1} + 270x_{DF1} + 240x_{EF1} + 0 \cdot x_{FF1} + 240x_{GF1} + 320x_{HF1}$

$+ 650x_{AG1} + 540x_{BG1} + 200x_{CG1} + 180x_{DG1} + 200x_{EG1} + 400x_{FG1} + 0 \cdot x_{GG1} + 320x_{HG1}$

$+ 550x_{AH1} + 540x_{BH1} + 160x_{CH1} + 240x_{DH1} + 200x_{EH1} + 200x_{FH1} + 120x_{GH1} + 0 \cdot x_{HH1}) - 900$

$R_2 = (0 \cdot x_{AA2} + 120x_{BA2} + 60x_{CA2} + 300x_{DA2} + 320x_{EA2} + 350x_{FA2} + 390x_{GA2} + 440x_{HA2}$

$+ 200x_{AB2} + 0 \cdot x_{BB2} + 40x_{CB2} + 180x_{DB2} + 160x_{EB2} + 300x_{FB2} + 270x_{GB2} + 360x_{HB2}$

$+ 150x_{AC2} + 60x_{BC2} + 0 \cdot x_{CC2} + 240x_{DC2} + 200x_{EB2} + 200x_{FC2} + 300x_{GC2} + 320x_{HC2}$

$+ 500x_{AD2} + 180x_{BD2} + 160x_{CD2} + 0 \cdot x_{DD2} + 120x_{ED2} + 450x_{FD2} + 180x_{GD2} + 320x_{HD2}$

$+ 400x_{AE2} + 120x_{BE2} + 100x_{CE2} + 90x_{DE2} + 0 \cdot x_{EE2} + 300x_{FE2} + 150x_{GE2} + 200x_{HE2}$

$+ 350x_{AF2} + 180x_{BF2} + 80x_{CF2} + 270x_{DF2} + 240x_{EF2} + 0 \cdot x_{FF2} + 240x_{GF2} + 160x_{HF2}$

$+ 650x_{AG2} + 270x_{BG2} + 200x_{CG2} + 180x_{DG2} + 200x_{EG2} + 400x_{FG2} + 0 \cdot x_{GG2} + 160x_{HG2}$

$+ 550x_{AH2} + 270x_{BH2} + 160x_{CH2} + 240x_{DH2} + 200x_{EH2} + 200x_{FH2} + 120x_{GH2} + 0 \cdot x_{HH2}) - 850$

$R_3 = (0 \cdot x_{AA3} + 240x_{BA3} + 60x_{CA3} + 300x_{DA3} + 320x_{EA3} + 560x_{FA3} + 390x_{GA3} + 880x_{HA3}$

$+ 200x_{AB3} + 0 \cdot x_{BB3} + 40x_{CB3} + 180x_{DB3} + 160x_{EB3} + 480x_{FB3} + 270x_{GB3} + 440x_{HB3}$

$+ 150x_{AC3} + 120x_{BC3} + 0 \cdot x_{CC3} + 240x_{DC3} + 200x_{EB3} + 320x_{FC3} + 300x_{GC3} + 360x_{HC3}$

$+ 500x_{AD3} + 360x_{BD3} + 160x_{CD3} + 0 \cdot x_{DD3} + 120x_{ED3} + 720x_{FD3} + 180x_{GD3} + 320x_{HD3}$

$+ 400x_{AE3} + 240x_{BE3} + 100x_{CE3} + 90x_{DE3} + 0 \cdot x_{EE3} + 480x_{FE3} + 150x_{GE3} + 200x_{HE3}$

$+ 350x_{AF3} + 360x_{BF3} + 80x_{CF3} + 270x_{DF3} + 240x_{EF3} + 0 \cdot x_{FF3} + 240x_{GF3} + 160x_{HF3}$

$+ 650x_{AG3} + 540x_{BG3} + 200x_{CG3} + 180x_{DG3} + 200x_{EG3} + 640x_{FG3} + 0 \cdot x_{GG3} + 160x_{HG3}$

$+ 550x_{AH3} + 540x_{BH3} + 160x_{CH3} + 240x_{DH3} + 200x_{EH3} + 320x_{FH3} + 120x_{GH3} + 0 \cdot x_{HH3}) - 980$

$x_{AA1} + x_{AB1} + x_{AC1} + x_{AD1} + x_{AE1} + x_{AF1} + x_{AG1} + x_{AH1} = 1$

$x_{BA1} + x_{BB1} + x_{BC1} + x_{BD1} + x_{BE1} + x_{BF1} + x_{BG1} + x_{BH1} = 1$

$x_{CA1} + x_{CB1} + x_{CC1} + x_{CD1} + x_{CE1} + x_{CF1} + x_{CG1} + x_{CH1} = 1$

$x_{DA1} + x_{DB1} + x_{DC1} + x_{DD1} + x_{DE1} + x_{DF1} + x_{DG1} + x_{DH1} = 1$

$x_{EA1} + x_{EB1} + x_{EC1} + x_{ED1} + x_{EE1} + x_{EF1} + x_{EG1} + x_{EH1} = 1$

$x_{FA1} + x_{FB1} + x_{FC1} + x_{FD1} + x_{FE1} + x_{FF1} + x_{FG1} + x_{FH1} = 1$

$x_{GA1} + x_{GB1} + x_{GC1} + x_{GD1} + x_{GE1} + x_{GF1} + x_{GG1} + x_{GH1} = 1$

$x_{HA1} + x_{HB1} + x_{HC1} + x_{HD1} + x_{HE1} + x_{HF1} + x_{HG1} + x_{HH1} = 1$

$x_{AA2} + x_{AB2} + x_{AC2} + x_{AD2} + x_{AE2} + x_{AF2} + x_{AG2} + x_{AH2} = 1$

$$x_{BA2}+x_{BB2}+x_{BC2}+x_{BD2}+x_{BE2}+x_{BF2}+x_{BG2}+x_{BH2}=1$$
$$x_{CA2}+x_{CB2}+x_{CC2}+x_{CD2}+x_{CE2}+x_{CF2}+x_{CG2}+x_{CH2}=1$$
$$x_{DA2}+x_{DB2}+x_{DC2}+x_{DD2}+x_{DE2}+x_{DF2}+x_{DG2}+x_{DH2}=1$$
$$x_{EA2}+x_{EB2}+x_{EC2}+x_{ED2}+x_{EE2}+x_{EF2}+x_{EG2}+x_{EH2}=1$$
$$x_{FA2}+x_{FB2}+x_{FC2}+x_{FD2}+x_{FE2}+x_{FF2}+x_{FG2}+x_{FH2}=1$$
$$x_{GA2}+x_{GB2}+x_{GC2}+x_{GD2}+x_{GE2}+x_{GF2}+x_{GG2}+x_{GH2}=1$$
$$x_{HA2}+x_{HB2}+x_{HC2}+x_{HD2}+x_{HE2}+x_{HF2}+x_{HG2}+x_{HH2}=1$$
$$x_{AA3}+x_{AB3}+x_{AC3}+x_{AD3}+x_{AE3}+x_{AF3}+x_{AG3}+x_{AH3}=1$$
$$x_{BA3}+x_{BB3}+x_{BC3}+x_{BD3}+x_{BE3}+x_{BF3}+x_{BG3}+x_{BH3}=1$$
$$x_{CA3}+x_{CB3}+x_{CC3}+x_{CD3}+x_{CE3}+x_{CF3}+x_{CG3}+x_{CH3}=1$$
$$x_{DA3}+x_{DB3}+x_{DC3}+x_{DD3}+x_{DE3}+x_{DF3}+x_{DG3}+x_{DH3}=1$$
$$x_{EA3}+x_{EB3}+x_{EC3}+x_{ED3}+x_{EE3}+x_{EF3}+x_{EG3}+x_{EH3}=1$$
$$x_{FA3}+x_{FB3}+x_{FC3}+x_{FD3}+x_{FE3}+x_{FF3}+x_{FG3}+x_{FH3}=1$$
$$x_{GA3}+x_{GB3}+x_{GC3}+x_{GD3}+x_{GE3}+x_{GF3}+x_{GG3}+x_{GH3}=1$$
$$x_{HA3}+x_{HB3}+x_{HC3}+x_{HD3}+x_{HE3}+x_{HF3}+x_{HG3}+x_{HH3}=1$$
$$y_A+y_B+y_C+y_D+y_E+y_F+y_G+y_H=2$$
$$x_{ij1} \le y_j, \quad \forall i, j \in \{A, B, C, D, E, F, G, H\}$$
$$x_{ij2} \le y_j, \quad \forall i, j \in \{A, B, C, D, E, F, G, H\}$$
$$x_{ij3} \le y_j, \quad \forall i, j \in \{A, B, C, D, E, F, G, H\}$$
$$x_{ijs} \in \{0, 1\}, \quad \forall i, j \in \{A, B, C, D, E, F, G, H\}, \forall s \in \{1, 2, 3\}$$
$$y_j \in \{0, 1\}, \quad \forall j \in \{A, B, C, D, E, F, G, H\}$$

CPLEX를 이용하여 구한 최적해는 [그림 12-4]의 확률적 최적화 모델의 결과와 같으며, 목적함수 값은 50이다. [그림 12-4]의 네트워크 구조에서 시나리오 1의 수요가 발생하는 경우 계산되는 총 비용($z_1$)은 900이며, 시나리오 2 또는 3이 발생하는 경우의 총 비용은 $z_2=900$ 또는 $z_3=1020$이다. 따라서, [그림 12-4]에서 계산되는 후회값은 다음과 같이 계산할 수 있다.

$$R_1=z_1-\hat{z}_2=900-900=0$$
$$R_2=z_2-\hat{z}_2=900-850=50$$
$$R_3=z_3-\hat{z}_3=1020-980=40$$

따라서, 최대 후회 $\max_s R_s=max(0, 50, 40)=50$으로 계산되며, 이 값이 [예제 12-1]의 상황에서 최대 후회를 최소화한 목적함수 값에 해당된다. [그림 12-4]와 다른 형태의 네트워크 구조로 운영된다면, 최대 후회는 50보다 큰 값으로 계산될 것이다.

## 7 위험 헤지 기반 모델

지금까지 공급사슬에서 발생하는 불확실성에 대응하기 위하여, 불확실성을 최적화 수리 모델에 반영하여 의사결정을 수립하는 다양한 방법에 대하여 설명하였다. 이 방법들은 불확실성의 영향을 덜 받을 수 있는 강건한 공급사슬의 설계와 운영을 위한 도구로 사용될 수 있다. 공급사슬의 위험관리를 위한 또 다른 접근 방법도 존재하는데, 이는 불확실성에 따른 위험의 영향을 분산시키는 위험 헤지 기반의 모델이라고 한다. 입지 선정의 문제에서는 불확실성에 대응하기 위하여 보조 시설물을 지정하는 것이 대표적이다. P-메디안 문제의 경우, $p$개의 시설물의 위치를 결정함과 동시에, 주 시설물과 보조 시설물의 역할을 구분하여 줄 수 있다. 만일 주 시설물에 문제가 발생하는 경우, 보조 시설물이 이를 대신하는 기능을 수행하게 된다. Snyder와 Daskin(2005)는 이와 같은 모델을 신뢰성 p-메디안(Reliability p-median) 모델이라고 명명하였다. 여기서 신뢰성이라는 단어는 데이터의 불확실성을 넘어, 공급 사슬에 손상이 발생한 경우에도 잘 작동할 수 있다는 점을 의미한다.

신뢰성 p-메디안 모델에서는 전체 시설물(J=F∪NF)을 손상 가능한 시설물의 집합(F)과 손상되지 않는 시설물의 집합(NF)으로 구분한다. F에 속한 시설물이 손상될 확률은 $q$이며, 소비자가 존재하는 각 지역에 주 시설물과 보조 시설물을 할당하게 된다. 만일 첫 번째로 할당된 시설물이 손상되지 않는 시설물이라면 보조 시설물이 필요 없으며, 손상 가능한 시설물이라면, 보조 시설물을 두 번째 시설물로 할당하게 된다. 두 번째 시설물 역시 손상 가능하다면 세 번째 시설물을 다음 보고 시설물로 할당하게 된다. 이와 같은 과정을 거쳐, 모든 소비지역에는 손상되는 않는 시설물이 $r$번째 보조 시설물로 할당되며, 주 시설물의 경우 $r=0$번째로 정의한다. 또한, 모든 시설물이 손상될 수 있는 상황의 경우를 대비하기 위하여 손상되지 않는 시설물 $u$를 포함한다. 최적화 수리 모델에 사용되는 의사결정 변수 $y_j$와 $x_{ijr}$는 이진변수로 다음과 같이 정의된다.

$$y_j = \begin{cases} 1 & \text{수요지 } j\text{에 입지를 결정한 경우} \\ 0 & \text{그렇지 않은 경우} \end{cases}$$

$$x_{ijr} = \begin{cases} 1 & \text{수요지 } i\text{가 시설물 } j\text{에 } r\text{번째 시설물로 할당된 경우} \\ 0 & \text{그렇지 않은 경우} \end{cases}$$

신뢰성 p-메디안 최적화 모델은 다음과 같다.

$$Min \quad \alpha \sum_{i,j} d(i,j) w_i x_{ij0} + (1-\alpha) \sum_i w_i \left[ \sum_{j \in NF} \sum_{r=0}^{P-1} d(i,j) q^r x_{ijr} + \sum_{j \in F} \sum_{r=0}^{P-1} d(i,j) q^r (1-q)\, x_{ijr} \right]$$

$$\begin{aligned} s.t. \quad & \textstyle\sum_j x_{ijr} - \sum_{j \in NF} \sum_{s=0}^{r-1} x_{ijs} = 1, && \forall i,\ r=0, \ldots, P-1 \\ & \textstyle\sum_j y_j = p, && \\ & x_{ijr} \le y_j, && \forall i, j,\ r=0, \ldots, P-1 \\ & \textstyle\sum_{r=0}^{P-1} x_{ijr} \le 1, && \forall i, j \\ & x_u = 1, && \\ & x_{ijr} \in \{0, 1\}, && \forall i, j,\ r=0, \ldots, P-1 \\ & y_j \in \{0, 1\}, && \forall j \end{aligned}$$

우선, 목적함수는 두 가지 비용을 고려하고 있다. 첫 번째 요소는 주 시설물을 이용하여 발생되는 총 비용을 의미하며, 두 번째 요소는 주 시설물과 보조 시설물의 손상으로 인해 추가적으로 발생되는 비용의 기대값을 의미한다. 의사결정자는 두 가지 비용 요소의 중요성을 고려하여 $\alpha$와 $(1-\alpha)$의 가중치를 곱해 최종적인 목적 함수 값을 계산하게 된다. 첫 번째 제약식은 모든 수요지 $i$와 모든 할당 순서 $r$에 대하여 시설물을 할당한다는 것을 의미하며, NF집합에 속한 시설물이 할당된 경우 더 이상 할당되지 않도록 한다. 두 번째와 세 번째 수식은 일반적인 p-메디안 문제에서 사용된 제약식으로 $p$개의 입지 결정, 입지가 결정된 경우에만 수요지 할당을 가능하게 한다. 네 번째 수식은 수요지가 할당 순서에 한 번 이상 할당되는 것을 방지한다. 다섯 번째 제약식은 손상되지 않는 시설물 $u$를 정의해 준다. 마지막으로, 의사결정 변수는 모두 이진변수임이 정의된다. 신뢰성 p-메디언 문제는 $p$의 개수가 다소 큰 복잡한 문제에 적합한 모델로 사용될 수 있으며, 모델의 성능에 대한 자세한 결과는 Snyder와 Daskin(2005)에서 확인할 수 있다.

# Exercise 연습문제

1. ABC회사는 신규 장비를 도입하려고 준비 중에 있다. 하지만, 수요의 불확실성이 존재하여 몇 대의 장비를 도입해야 할지 결정하지 못하고 있다. 미래의 수요는 3가지 시나리오로 정의되어 있으며, 시나리오 별 수요는 각각 10, 20, 30이다. 장비 1대당 100만 원을 지불해야 하며, 1대의 용량은 제품 10개이다. 또한, 제품 1개 판매 시, 20만 원의 수익이 발생한다. 이익표를 작성하시오.

2. [연습문제 1]에서 계산된 이익표를 바탕으로 확률적 최적해를 구하시오. 수요 10, 20, 30인 시나리오가 발생할 확률은 각각 0.2, 0.5, 0.3으로 가정한다.

3. 수요를 추정한 시나리오별 발생 확률을 추정하지 못하는 상황을 고려하자. [연습문제 1]의 이익표를 바탕으로 1) Maximax, 2) Maximin, 3) Minimax regret 기준의 최적해를 구하시오.

4. XYZ 회사는 원자재 M1과 M2를 이용하여 제품 P1과 P2를 생산한다. 현재 이 회사는 원재료 M1을 1,500$m^2$, M2를 1,000$m^2$만큼 보유하고 있다. 제품 P1를 한 개 생산할 때 M1은 2$m^2$, M2는 2$m^2$만큼 필요하며, 제품 P2를 한 개 생산할 때 M1은 3$m^2$, M2는 1$m^2$만큼 필요하다. 제품 P1과 P2의 판매 가격은 각각 $50, $40이라고 할 때, 매출을 최대화하는 최적의 생산량을 결정하여라.

   1) 확정적 최적화 모델(LP)을 작성하시오.

   2) 최적해를 구하시오.

5. [연습문제 4]를 다시 생각해 보자. XYZ 회사는 원자재 M1과 M2의 일부가 불량임을 확인하였다. 하지만 불량이 어느 정도 되는지 알 수 없어서, 과거 데이터를 기준으로 불량품의 개수에 대한 시나리오를 다음과 같이 추청하였다.

| | 낮은 수준의 불량 | 보통 수준의 불량 | 높은 수준의 불량 |
|---|---|---|---|
| M1 | 50 | 80 | 100 |
| M2 | 10 | 20 | 30 |

원자재의 불량을 고려한 최적의 생산 계획 모델을 작성하고, 시나리오 분석을 하시오.

6. [연습문제 5]에서 각 시나리오가 발생할 확률이 동일하다고 가정한다. 생산 계획을 수립하였으나, 제품의 불량으로 생산을 할 수 없는 경우, 필요한 원자재를 긴급하게 구매하여 계획을 맞춰야 한다고 가정하자. 원자재를 긴급하게 조달하여 생산을 진행하는 경우, 자재 구매비용으로 M1, M2 모두 $1m^2$당 \$20의 비용이 발생한다. 기대 비용을 최대화할 수 있는 확률적 최적화 모델을 수립하고, 최적해를 구하시오.

7. [연습문제 6]에서 자재 구매비용을 $1m^2$당 \$10로 변경하여 최적해를 구하시오. 최적해를 구할 수 없다면 그 이유를 설명하시오.

8. [연습문제 4]를 확률 정보를 모르는 불확실 문제로 확장해보자. M1의 불량품의 개수가 [50, 100]의 범위, M2의 불량품의 개수가 [10, 30]의 범위로 추정될 때, 수익을 최적화하기 위한 강건최적화 모델을 작성하고, 최적해를 구하시오.

9. [연습문제 8]을 Minimax Regret 모델로 수식화하고, 최적해를 구하시오.

10. [연습문제 9]를 평균 Regret을 최소화하는 모델로 수정하고, 최적해를 구하시오.

Supply Chain Management

13

CHAPTER

# 서비스 공급사슬

1. 서비스 공급사슬의 특성 | 2. 서비스 수요의 관리

3. 서비스 공급의 관리 | 4. 헬스케어 서비스 공급사슬

5. 항공서비스의 공급사슬

CHAPTER

# 13 서비스 공급사슬

Supply Chain Management

〈학습 목표〉

1. 서비스 프로세스의 공급사슬 특성을 설명할 수 있다.
2. 서비스 프로세스의 특성으로 인한 공급사슬의 공급 및 수요관리를 설명할 수 있다.
3. 서비스 공급사슬의 최적화를 위한 구조설계, 대기관리, 인력 및 자원할당을 설명할 수 있다.

경제활동에서의 서비스는 무형적인 부가가치를 창출하는 활동으로 정의되어 실제 눈에 보이는 물적인 제품을 생산하는 제조와 비교된다. 예를 들면, 항공이나 여행서비스, 의사의 진료서비스, 교육서비스는 실제로 물적인 제품이 전달되는 것이 아니라 고객이 원하는 무형의 자산이 공급자로부터 소비자에게로 전달되는 것이다. 산업적인 측면에서 볼 때 서비스의 경제활동으로 인한 부가가치는 제조 산업의 경제 부가가치를 이미 20세기 중반에 넘어섰다. 오랫동안 사용되어 온 클라크의 산업분류 기준으로 볼 때 서비스산업의 비중이 미국 기준으로 1930년대 제조업의 비중을 넘어섰으며 현재의 선진국 대부분은 전체 경제 활동의 70~80%가 서비스산업이 차지하고 있다. 한국도 60%를 넘어 70% 수준에 도달하고 있다. 산업에 종사하는 인력의 측면에서 볼 때는 오히려 서비스산업의 비중이 더 커지며 제조 순수인력보다 판매와 유통, 수송에 종사하는 인력이 훨씬 더 많으며 금융, 통신, 헬스케어, 엔터테인먼트, 교육, 지식산업 등의 다양한 서비스 중심의 산업이 지속적으로 성장하고 있다. 21세기 들어 산업을 주도하고 있는 대형기업, 예를 들면, 아마존, 페이스북,

국내의 카카오, 쿠팡 등도 대표적인 서비스 기업이라고 할 수 있다.

공급사슬의 가장 큰 목적이 공급과 수요를 가장 최적으로 맞추어 비즈니스를 완성하는 것이라면 서비스 공급사슬도 서비스의 수요에 최적으로 공급해 주는 시스템을 구축하는 체계를 의미한다. 서비스 공급사슬은 크게 두 가지로 설명할 수 있는데 첫째는 순수 서비스로 비즈니스를 구성하는 경우 이에 대한 공급사슬을 정의할 수 있고, 둘째, 기존의 공급사슬에서 단계별 전달 및 충족의 모든 과정을 서비스로 정의하여 이에 대한 공급사슬 체계를 의미할 수도 있다. 예를 들면 아마존이나 쿠팡의 비즈니스 프로세스는 제조를 통해 생산된 물적인 제품을 최종 소비자에게 효율적으로 전달하기 위한 공급사슬의 모든 부분을 담당하여 부가가치를 창출하지만 실제로 단계별 전달 과정은 단순히 제조의 공급사슬이라기보다는 고객의 다양한 수요를 최고의 만족도로 전달하는 대표적인 서비스활동이기도 하다. 아마존 기업의 성공은 우수제품을 고객에게 판매했기 때문이 아니라 고객이 원하는 제품을 고객이 만족할 만한 수준으로 서비스했기 때문이라고 할 수 있다. 이와 같이 서비스산업의 서비스나 또는 기존의 공급사슬에서의 전달과 충족과정에서의 경제활동은 서비스만이 가지고 있는 특성에 맞추어 효율적의 서비스 공급사슬체계가 구성되어야 비즈니스로서 성공할 수 있다.

## 1 서비스 공급사슬의 특성

서비스는 기본적으로 무형자산이다. 의사의 진료, 변호사의 법률 자문은 고객에게 외형적인 제품을 전달해 주지 않는다. 비록 서비스 결과가 외형적인 모습으로 남아있는 경우, 예를 들면 이발을 하거나 자동차 수리서비스를 받아 외형적인 자산의 가치가 올라갔다 하더라도 서비스 자체는 무형자산이다. 무형자산이 가지는 특성은 우선 소유권이 이전되지 않으며 서비스는 때로는 아이디어, 지식, 또는 개념이기 때문에 제조 제품이 가지는 대표적 가치인 특허 등이 쉽지 않으며 무형자산이 가지고 있는 브랜드가치가 더 중요하다. 무형자산이기 때문에 발생하는 서비스의 공급사슬상의 대표적 특성은 수요의 가변성 또는 불확실성이다. 공급사슬 운영의 대표적 문제인 수요의 불확실성은 일반적으로 서비스의 경우가 제조보다 크며 이에 대한 공급능력은 변동성 수요에 쉽게 대응할 수 있도록 가변적이지는 않다. 다만 무형자산이기 때문에 제조에서의 정해진 일률적 형태의 제품의 전달과는 달리 서비스의 전달이 다양하다는 점이다. 즉, 수요자의 원하는 수준과 다른 형태의 서비스 공급도 가능하고, 따라서 전달로 인한 부가가치도 다양하며 유동적이라고 할 수 있다. 이는 동일한 서비스에 대해 다양한 형태의 가격이 가능하고 이를 수요자가 동의하면 다양한 수준의 서비스 충족이 가능하게 된다. 동일한 등급의 항공티켓이라도 구매하는 시기에 따라 가격이 다를 수 있고 아마존의 배달 서비스는 배송 기한 보장에 따라 배송료가 다를 수 있다.

서비스의 또다른 대표적 특성은 재고가 불가능하다는 점이다. 식당이나 항공 좌석은 해당 서비스 시간이나 출발 시간이 지나면 비록 비어있는 좌석이라도 차후에 사용할 수도 없고 판매할 수도 없다. 이는 서비스는 기본적으로 생산과 동시에 소비되기 때문이다. 서비스의 저장이 불가능하다는 점은 공급사슬에서 통상적으로 이루어지는 부재고(Backorder)가 불가능하며 따라서 고객이 필요로 하는 시간에 제공되지 못하는 서비스는 사라지고 대체재 또는 대체공급자에게 바로 이동된다. 이와 같은 휘발성은 서비스의 공급사슬에서 적시에 서비스가 공급되어야 하는 최적의 공급수요연계가 더욱 중요한 비즈니스 관점이 된다. 이와 같은 특성 때문에 서비스는 공급능력의 관리가 중요하고 또한 고객과의 근접성을 필요로 하여 고객과의 접점을 확보하기 위하여 분산 배치가 필요하다. 이는 제조에서 보편적인 전략인 집중에 의한 규모의 경제를 실현하기가 쉽지 않으며 또한 변동적인 수요에 대해 최적의 대응을 위한 가변적이고 동적인 공급능력의 확보가 필요하다. 서비스의 인력관리에서 파트타임인력이 많고 항공편도 성수기와 비수기에 대한 관리 및 특별기 등을 통한 공급능력의 가변적 운영이 사용된다. 또한 수요 자체를 평활화시키기 위해 예약 제도나 비수기 수요에 대한 인센티브 제공 등을 사용한다.

서비스 공급사슬에서 서비스가 고객에게 전달되는 시점, 이를 서비스 접점이라고 하는데 이에 대한 운영관리가 공급사슬의 전 과정에서 가장 중요하고 비즈니스의 효율성에 가장 크게 관여한다는 점이다. 물적인 제품을 공급받는 비즈니스에서는 고객이 원하는 제품의 성능과 품질이 가장 중요하지만 무형자산을 서비스 받는 경우, 서비스가 이루어지는 동안에 고객이 경험하는 모든 것이 결국은 서비스의 품질이며 가치이다. 서비스가 공급되고 이를 고객이 접수하게 되는 서비스 접점시간을 "진실의 순간(Moment of Truth)"라고 하여 서비스 가치의 대부분을 결정한다. 이와 같은 고객 경험은 가장 중요한 서비스 자체의 성능과 품질뿐 아니라 그 기간 동안에 고객이 경험한 만족감, 감정적 변화, 감동 등 모든 것을 포함하여 서비스의 가치 전체에 포함된다. 고객의 경험 그 자체를 설계할 수는 없지만 고객이 최상의 경험을 할 수 있도록 서비스 공급 환경 자체를 설계하여 쉽고 편리하며 감성적인 서비스가 전달되도록 하는 것이 필요하다. 특히 정보기술을 이용하여 온라인 서비스 비즈니스가 대세를 이루고 있는 현재 이는 더욱 중요하다. 아마존이 원터치 지불방식을 통해 고객이 가장 힘들어하는 지불프로세스를 단순화하여 온라인 구매를 편하게 만들어주고 대형 슈퍼마켓에서 셀프정산 체계를 운영하여 스스로 구매 물품을 계산하도록 함으로써 계산과정에서의 불편함을 최소화시키는 과정 등은 서비스 접점에서의 고객 경험을 효율적으로 관리하고 있는 사례이다.

서비스 공급사슬의 효율성은 서비스 수요에 맞추어 서비스 공급을 적시에 적절한 방법으로 제공하는가에 달려있다. 서비스를 제공하기 위해서 일반적으로 일정한 고정 시설 또는 고정 인력에 의한 공급능력의 제한을 가지고 있는데 이는 단기간 내에 증가 또는 감축이 쉽지 않은 반면 수요는 매우 동적으로 변동한다. 따라서 문제가 되는 경우는 수요가 공급능력을 초과하여 과잉 수요가 발생한 경우와 수요가 공급능력 대비 부족하여 과잉 공급이 이루어지는 경우이다. 또한 과잉 수요의 경우에도 일반 제조 공급사슬에서는 재고를 통하여 해결할 수 있지만 서비스의 생산소비 동시성의 특성상 고객을 기다리게 하여 제한된 범위 내에서 서비스를 제공하지만 이로 인한 기다림, 혼잡 등으로 서비스 품질이 악화되고 불만으로 이어져 비즈니스의 지속성이 약화되는 경우가 있다. 이와 같이 수요와 공급은 기본적으로 다른 것이 비즈니스 환경이므로 이를 균형 있게 맞추기 위한 전략은 크게 두 가지 방향이다. 서비스 공급능력의 탄력성이 떨어지는 경우 수요를 조절하는 수요관리 전략과 수요에 대응하는 공급능력의 탄력성이 있는 경우 적절한 수준에서의 수요추종 전략 또는 공급관리 전략으로 나눌 수 있다. 또한 수요와 공급의 상충관계를 고려하여 최적 수준으로 상호 연동하여 관리하는 수율(Yield)관리 전략은 수요와 공급 관리를 동시에 고려한 최적의 운영관리 전략이다.

## 2 서비스 수요의 관리

서비스 수요는 제조의 수요와 비교하여 변동성이 크다고 할 수 있는데 이는 내재적으로 많은 변동요인을 가지고 있기 때문이다. 서비스 시스템에 서비스를 요청하는 고객은 요청하는 시간에 서비스를 받으려 하지만 고객의 개별적 요구는 무작위로서 서비스 공급가능 시간 내에 균일하지 않다. 즉, 이러한 불균형이 변동의 가장 큰 원인이다. 또한 서비스는 일반적으로 서비스를 제공하는 공급자와 수요자가 서로 관여하여 진행되는 프로세스이기 때문에 단순히 공급능력에 좌우되는 것이 아니라 고객의 서비스 참여 능력도 서비스 효율에 영향을 준다. 이는 고객별 서비스도 다양하고 서비스에 대한 인식도 달라서 기본적으로 변동성과 불확실성을 가지고 있다. 이 모든 다양성을 서비스를 공급하는 제공자가 수용 위주로 할 것인지 또는 서비스 효율을 위해 수요를 표준화, 또는 적절한 수준의 수요만 수용하는 효율성 위주로 할 것인지도 전략적으로 선택해야 한다. 은행 지점에 직접 찾아오는 고객도 받고자 하는 서비스의 종류도 다르고 고객의 서비스 참여 수준 및 능력도 다른데 개별적인 서비스를 최대한 수용하는 방법과 보편화된 서비스는 자동 기계를 통해 진행하는 키오스크를 운영하여 서비스 제공 방법을 다양하게 할 수도 있다.

### 1) 고객 수요의 분할

한정된 서비스 공급능력의 동일한 서비스에 대해서 고객의 수요는 다양한 형태로 나타날 수 있는데 이를 세분화할 수 있다면 서비스의 공급능력 범위 내에서 총 서비스공급가치를 극대화할 수 있다. 이는 서비스가 가지고 있는 시간적 소멸성의 특성, 즉 시간이 지나면 다시 회복할 수 없는 자산의 가치를 극대화하기 위한 마케팅으로 사용할 수 있다. 항공권의 경우 일정한 시간에 이용할 수 있는 좌석수는 정해져 있지만 사전할인판매로 구매할 수도 있고 임박하여 정상가로 구매할 수도 있다. 성수기의 호텔이나 스키장 이용권은 비수기에 할인된 가격으로 인터넷 쇼핑 등을 통하여 구매할 수 있으며 성수기가 되면 정상가로 구매할 수 있다. 비록 다른 가격으로 구매하였지만 동일한 서비스가 제공된다. 고객 수요가 세분화될 수 있는 서비스는 고객의 분할을 통하여 수요를 통제할 수 있고 서비스 공급자는 이로 인하여 최대한 공급능력을 활용할 수 있다. 가격이 높으면 수요가 감소하는 서비스에 대해 단일가격으로 운영할 경우 이로 인하여 얻을 수 있는 총 수익은 [그림 13-1] (a)와 같이 직사각형의 면적에 해당되며, 총 수익을 최대로 하기 위한 가격으로 운영할 것이다. 그러나 사전할인판매 등을 통하여 다중의 가격을 운영할 수 있으면 수요고객을 세분화함으로써 [그림 13-1] (b)와 같이 총 수익을 증가시킬 수 있고 서비스 공급능력을 최대한 활용할 수도 있게 된다.

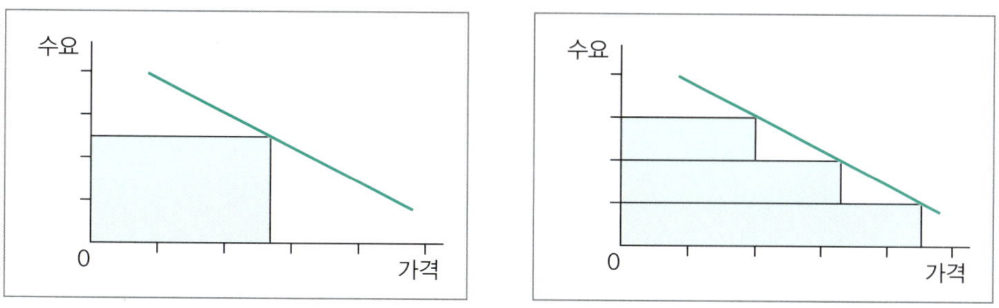


(a) 단일가격 운영 (b) 다중가격 운영

[그림 13-1] 고객의 세분화

**예제 13-1 고객 세분화 및 다중 가격**

공연서비스에 대해 크게 두 고객층이 있다고 분석되었다. 사전구매를 하지 않는, 가격에 덜 민감한 충성고객층은 좌석 판매가격 $p_1$(단위: 만 원)에 대해 수요 $D_1$는 $D_1 = 1{,}200 - 40 \cdot p_1$의 함수로 조사되었다. 사전구매를 계획하는, 가격민감고객층은 좌석 판매가격 $p_2$(단위: 만 원)에 대해 수요 $D_2$는 $D_2 = 1{,}200 - 60 \cdot p_2$의 함수로 조사되었다.

(a) 두 고객층은 성향이 달라 서로 영향을 주지 않는다. 공연의 총 매출은 $p_1 \cdot (1{,}200 - 40 \cdot p_1) + p_2 \cdot (1{,}200 - 60 \cdot p_2)$이며 각 고객층으로 인한 매출을 최대로 하기 위한 각각의 적정가격은 $p_1 = 15$, $p_2 = 10$만 원이며 총 매출은 1억 5,000만 원이다. 이때 판매되는 좌석수는 충성고객층은 600석, 가격민감고객층 600석으로 총 1,200석이다.

(b) 공연의 각 좌석당 비용은 10만 원이라 하고 판매되는 좌석에만 비용이 지불된다면 이로 인한 총 수익은 $(p_1 - 10) \cdot (1{,}200 - 40 \cdot p_1) + (p_2 - 10) \cdot (1{,}200 - 60 \cdot p_2)$이며 각 고객층의 총 수익을 최대로 하기 위한 각각의 적정가격은 $p_1 = 20$, $p_2 = 15$만 원이며 총 수익은 5,500만 원이다. 이때 판매되는 좌석수는 충성고객층은 400석, 가격민감고객층 300석으로 총 700석이다.

(c) 전체 판매 가능 좌석수가 600석으로 제한되었다면 최대 수익을 얻게 되는 700석을 운영할 수 없으므로 두 고객층이 서로 영향을 받게 된다. 적정가격 $p_1$, $p_2$을 구하기 위한 수리식은 다음과 같다.

$$Max\ z = (p_1 - 10) \cdot (1{,}200 - 40 \cdot p_1) + (p_2 - 10) \cdot (1{,}200 - 60 \cdot p_2)$$

$$\begin{aligned} s.t \quad & (1{,}200 - 40 \cdot p_1) + (1{,}200 - 60 \cdot p_2) \leq 600 \\ & 1{,}200 - 40 \cdot p_1 \geq 0,\ \ 1{,}200 - 60 \cdot p_2 \geq 0. \\ & p_1 \geq 0,\ \ p_2 \geq 0 \end{aligned}$$

최대 수익이 600석을 모두 판매하는 경우라고 하면 두 번째 제약조건 $40 \cdot p_1 + 60 \cdot p_2 = 1{,}800$이 성립하고 이를 이용하여 적정가격을 구하면 $p_1 = 21$, $p_2 = 16$만 원이며 총 수익은 5,400만 원이다. 이때 판매되는 좌석수는 충성고객층은 360석, 가격민감고객층 240석이다.

---

서비스 수요는 불확실성을 내포하고 있어 일정한 가격대에도 수요는 확률적으로 발생한다. 예를 들어 좌석수 150석의 항공권 가격이 정상가 10만 원으로 판매할 때 판매좌석의 수요가 정규분포 $N(100, 20)$를 따른다고 가정하자. 이는 100석 이상을 판매할 확률은 0.5이다. 정상가 판매로 90번째 판매되는 좌석의 가치는 90

석 이상 판매했을 때 10만 원이며 90석 미만으로 판매되었을 때는 0원이다. $X$가 판매되는 좌석수라고 할 때 90번째 판매되는 좌석의 실제적 가치 또는 예상 수익은 $100{,}000 \cdot Prob(X \geq 90) = 100{,}000 \cdot (1 - Z_{-0.5}) = 69{,}150$원이다. 따라서 90번째 좌석은 69,150원 이상의 가치가 있지만 90번째 이상의 좌석은 69,150원 이하의 가치를 가지고 있다는 의미이다. 만약에 고객을 세분화하여 일정수의 좌석을 할인가 69,000원으로 판매하고자 할 때 150석 좌석 중 60석만 할인가 판매에 할당하는 것이 필요하며 나머지 90석은 69,000원 이상의 가치를 가지고 있어 할인가에 판매하지 않는 것이 적절하다.

**예제 13-2** **고객 세분화를 위한 서비스 분할**

고급 스키 리조트의 동절기 피크기간인 10일간 총 1,000개의 스위트객실에 대하여 세일즈 프로모션을 진행하고자 한다. 해당 기간의 스위트객실의 정상가는 20만 원이다. 정상가로 판매하면 판매되는 객실의 수는 정규분포 $N(500, 100)$를 따른다고 분석되었다. 홈쇼핑을 통하여 세일가로 12만 원에 판매하고자 하면 판매할 적절한 수준의 객실 수는 얼마인가? 정상가 판매에 할당되는 $N$번째 객실의 가치는 $2000{,}000 \cdot Prob(X \geq N) = 120{,}000$이다.

$$Prob(X \geq N) = Prob\left(\frac{X-\mu}{\sigma} \geq \frac{N-500}{100}\right) = Prob\left(Z \geq \frac{N-500}{100}\right) = 0.6$$

따라서 $\frac{N-500}{100} = 0.25$, $N = 525$이다. 즉 1,000개의 스위트객실에서 525번째의 객실까지는 120,000원의 가치를 가지고 있기 때문에 나머지 475개의 객실을 할인가로 판매하는 것이 적절하다.

## 2) 예약을 통한 수요의 재고화

서비스 예약을 받는다는 것은 기본적으로 서비스 공급능력수준에 맞게 수요를 평활화하는 것이고 따라서 잠재적인 서비스능력을 미리 판매하는 것이기도 하다. 이는 서비스 공급능력을 초과하는 수요를 다른 시간대의 서비스 공급으로 이동하여 할당하는 것으로 기본적으로 수요를 관리통제하는 대표적인 방법이다. 이는 예측을 초과하는 제품의 수요에 대해 재고를 통해 충족하듯이 서비스 공급능력을 초과하는 서비스 수요를 적절한 시간대의 공급능력으로 충족하는 재고화 과정이라고 할 수 있다. 호텔이나 식당에서 예약을 통해 서비스 수요를 파악하면 이에 대응하는 서비스 공급 측면에서도 효율적으로 대응하여 서비스 품질 수준을 높일 수 있을 뿐만 아니라 서비스 공급 능력을 최대한 활용할 수 있게 된다. 병원의 서비스는 예약시스템과 아울러 비예약 진료방문이나 응급방문 등도 병행하여 운영하지만 의사 진료의 예약시스템은 의사 인력의 활용에서 안정화를 가져다 줄 뿐만 아니라 예약이 아닌 불확실성으로 인한 비효율을 최대한 감소시킬 수 있다.

예약을 통한 수요 관리의 가장 큰 장점은 수요를 미리 파악할 수 있다는 점이다. 서비스의 특성상 서비스 제공 시간에 수요가 도착하여 이를 실행하면 때로는 수요 초과, 때로는 공급 초과의 현상으로 관리하기 힘들지만 예약 상황의 파악으로 공급능력에 대한 조정을 동시에 진행함으로 수익관리의 최적화를 달성할 수 있다. 일반적으로 종합병원에서의 CT 또는 MRI의 수요는 결과를 이용하여 진료를 담당하는 의사의 서비스 능력보다 부족하여 항상 수요초과 현상이 발생하는데 이에 대한 예약 상태에 따라 주말 시간 또는 새벽 시간부터 CT 및 MRI 촬영이 진행되도록 공급능력에 대한 관리를 원활하게 한다.

예약과정은 서비스의 종류에 따라 다소 복잡한 과정으로 진행되기도 한다. 예약한 건이 다른 예약에 설비나 시스템상으로 연관되어 있을 때 선입선출(First Come, First Serve)식의 예약접수는 서비스 공급능력의 활용에 문제를 야기할 수 있다. 예를 들면 KTX 이용 티켓의 예약 과정은 먼저 예약한다고 해서 원하는 구간의 티켓을 무조건 예약할 수 있는 시스템이 아니다. 단거리 이용 고객으로 좌석이 미리 선점되면 장거리 고객에게 기회가 줄어들고 이로 인하여 KTX 운영의 효율성 및 수익성은 떨어지게 된다. [그림 13-2]에서와 같이 노선과 시간대 및 탑승률에 대한 데이터를 분석하여 구간 좌석 할당제에 대한 규칙을 만들어 운영한다. 단거리, 중거리 및 장거리 고객별로 약 30%, 30%, 40%의 기준으로 분배하되 장거리 고객에게 더 많은 좌석을 할당함으로서 수익성을 고려한 예약체계를 운영한다. 이는 포괄 모형(Nested)이라고 하여 단거리 고객은 일정 수를 제한하되 장거리 고객은 수요가 증가하면 최소 허용범위를 넘어 그 다음 하위 그룹의 범위까지 예약할 수 있도록 한다. 또한 적절한 시간대에 이 규칙을 해제하여 구간별로 예약할 수 없었던 고객도 예약 가능하도록 만들어 공급능력 범위 안에서 최대한 수요를 수용하는 등의 관리를 통해 수익을 극대화하는 예약시스템을 운영한다.

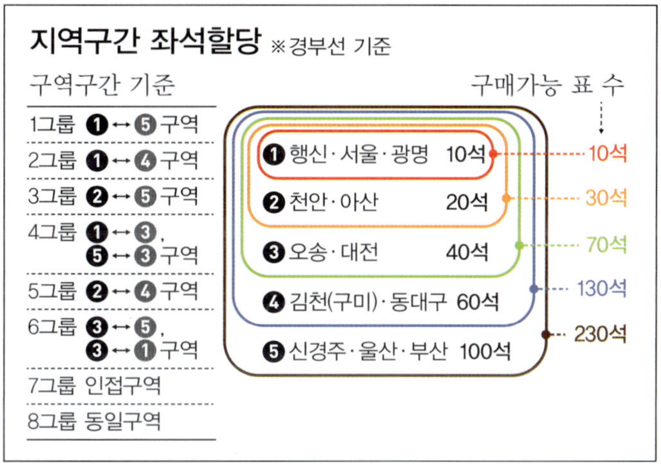


[그림 13-2] KTX 티켓 예약에서의 좌석 할당 우선순위

출처: 중앙일보(2019. 3. 27.)

예약은 고객의 입장에서는 대기하는 시간을 줄이고 서비스 제공에 대한 약속을 받을 뿐 아니라 서비스 제공자의 입장에서도 서비스 공급능력을 소지하기 위한 좋은 시스템이다. 그러나 예약은 하나의 약속이기 때문에 지켜지지 않을 경우, 이를 노쇼(No-Show)라고 하는데 서비스 제공자의 입장에서 시간이 지나면 회복할 수 없는 수익의 손실이다. 서비스가 가지고 있는 불확실성과 시간소멸성의 특성 때문에 피할 수 없는 피해이다. 항공좌석이나 호텔예약에서 이에 대한 대비책으로 환불이 되지 않는 서비스를 판매하기도 하지만 사실 이는 예약에 의한 서비스 판매라고 보기는 힘들다. 노쇼에 대한 적절한 수요관리의 대표적 방법으로 초과예약(Over-Booking)은 실제 가능한 서비스 능력보다 많은 수의 서비스에 대한 예약을 받아 노쇼로 인하여 발생 가능한 서비스 공급능력의 손실을 최소화하는 방법이다. 문제는 설정된 초과예약보다 노쇼가 적게 발생하면 서비스 능력을 초과한 고객에 대해 약속된 서비스를 제공하지 못함으로써 이에 대한 보상을 해야 하는 점이다. 이는 단순히 해당 서비스를 차후에 제공해 주는 수준이 아니라 정해진 시간에 기대했던 서비스를 제공받지 못함으로 인한 불만족까지 포함하는 충분한 수준이어야 하며 통상적으로 서비스 판매가격의 몇 배의 비용에 해당하는 보상이어야 한다. 서비스 제공자의 입장에서는 단순한 금전적인 보상 외에 서비스 비즈니스에 대한 고객의 평판도에 영향을 미치기 때문에 잠재적인 비용도 고려해야 한다. 그러나 적절한 수준의 초과 예약은 서비스 비즈니스의 수익을 극대화해 줄 수 있다. 서비스 한 단위 제공으로 인한 수익을 $C_p$, 노쇼가 예상보다 적어 초과 예약된 고객에게 지불되는 보상을 $C_o$, 노쇼 발생 수를 $NS$, 적절한 수준의 초과예약 고객 수를 $R$이라고 하자. 서비스 수익이 클수록 또한 보상금이 작을수록 $R$의 값은 커지고 반대로 서비스 수익이 작을수록 또한 보상금이 클수록 $R$의 값은 작아진다. 적절한 $R$ 값의 균형은 $C_p : C_o = Prob(\mathrm{NS} \le \mathrm{R}) : Prob(\mathrm{NS} > \mathrm{R})$이라고 할 수 있으며 이를 정리하면

$$Prob(NS \le R) = \frac{C_p}{C_p + C_o}$$

이다. 예를 들면 노쇼의 발생확률이 정규분포 $\mathrm{N}(\mu, \sigma)$를 따르고 $\frac{c_p}{c_p + c_o}$의 값에 해당하는 표준 정규분포의 값이 $Z_\alpha$이면 적절한 초과예약수는 $R = \mu + Z_\alpha \cdot \sigma$이다.

**예제 13-3 적절한 초과 예약의 수준**

예약체계에서 노쇼의 발생이 $\mathrm{N}(\mu, \sigma)$를 따른다고 조사되었다. 과다한 초과예약으로 인하여 제공되지 못하는 서비스에 대해 보상 비용이 서비스 제공에 따르는 수익의 $k(k \ge 1)$배로 운영했을 때 적절한 초과 예약수 $R$을 구하면 다음과 같다. $k=1$이면 $Prov(NS \le R) = 0.5$이며 $R = \mu$이다. $k=2$이면 $Prov(NS \le R) = 1/3$이며 $Z_\alpha = -0.43$, 따라서 $R = \mu - 0.43\sigma$에 해당한다. 마찬가지 방법으로 $k=3, 4, 5$에 대하여 구하면 [그림 13-3]과 같다. 예를 들면 노쇼의 발생확률이 $N(20, 10)$의 분포를 따른다면 $k=1, 2, 3, 4, 5$의 수준으로 보상체계를 운영할 때 이에 초과예약 수준은 각각 (20, 15.7, 13.3, 11.6, 10.3)을 기준으로 하여 운영하는 것이 적절하다고 할 수 있다.

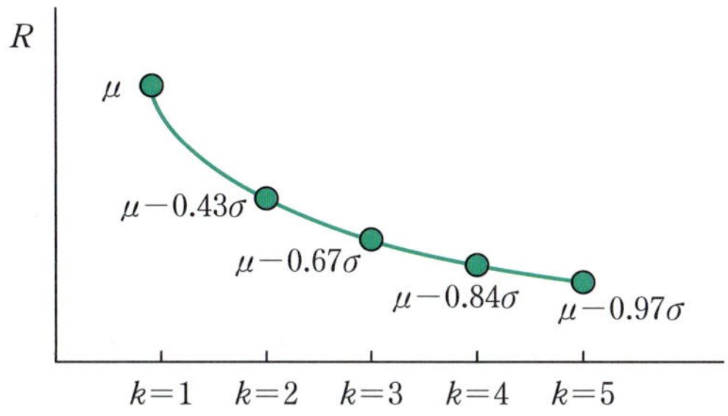


[그림 13-3] 적절한 초과예약 수준

초과예약 시스템을 운영하여 서비스 수요를 공급 용량에 적절하게 운영하는 방식은 정해진 서비스 용량을 최대한 활용해 수익을 극대화할 수 있지만 여러 상황에 따라 유연성 있게 운영할 필요가 있다. 우선 초과예약에 대한 보상 비용이 일반적으로 공급되지 못한 서비스의 수에 비례하지 않고 비선형일 수 있다. 일반적으로 불만족을 경험한 고객은 수가 증가할수록 불만의 수준이 증폭될 수 있다. 또한 노쇼의 발생확률이 시간에 따라 급격하게 변할 수 있다. 예를 들면 예약 시점이 서비스 시점 대비 오랜 시간이 남아 있으면 노쇼는 아닐지라도 취소 확률이 높고 서비스 시점이 가까울수록 취소 확률이 낮아진다. 시간에 따라 동적으로 변하는 예약의 특성을 고려하여 동적으로 운영하되 과거 데이터를 분석하여 시간대별 초과예약수준을 운영하는 것이 바람직하다.

## 3 서비스 공급의 관리

서비스의 공급능력은 단위시간당 제공할 수 있는 서비스의 산출능력으로서 일반적으로 사람에 대한 서비스라면 단위시간당 서비스 제공을 받고 종료되는 사람의 수라고 할 수 있다. 서비스 공급능력은 고객을 수용 또는 서비스를 수행할 수 있는 물리적 설비, 서비스를 제공하는 인력의 능력 및 서비스 관련 인프라에 의해 결정된다. 공급능력이란 제조나 서비스가 기본적으로 동일하지만 서비스는 생산과 소비가 동시에 이루어지는 특성때문에 서비스가 필요한 시간에 제공되지 못하면 소멸되어 제조보다 서비스 공급능력이 서비스 공급사슬에서 더욱 중요하다. 서비스 수요는 일반적으로 제조보다 훨씬 더 변동이 심하고 불확실성이 높고 서비스 수요의 형태가 다양하기 때문에 서비스 공급자원이 얼마나 효율적으로 운영되어 고객이 원하는 수준으로 제공될 수 있는가가 핵심이다.

서비스의 수요변동성을 효율적으로 대응할 수 있는 방법은 수요 수준에 공급능력을 맞추는 것이다. 가장 기본적으로 일시적인 또는 급격한 수요 증대에 대해 인력, 시설 및 장비를 일시적으로 늘리는 스트레치(Stretch) 전략으로 시간제 종업원의 채용, 시설이나 장비의 임대 및 공유, 아웃소싱 등이 대표적인 방법이다. 또한 서비스의 다양성에 대응하기 위해 서비스를 제공하는 종업원의 교차훈련 등으로 다양하게 대응할 수 있도록 하는 것도 공급능력의 유연성 확대 및 공급능력의 확대 방법이다. 실제적으로는 서비스의 고객참여 특성을 이용하여 서비스의 창출 과정을 고객이 직접 담당하도록 유도하는 것도 공급능력 확대의 한 방법이다. 셀프서비스를 유도하거나 서비스 제공이 이루어지는 시설의 설계를 적절하게 하여 "서비스 스케이프(Service Scape)"라는 이름으로 고객이 서비스 생산에 참여하도록 유도한다. 인터넷이나 홈쇼핑으로 물건을 구매할 때 많은 단계의 프로세스를 직접 고객이 담당하도록 인터넷 인터페이스를 제공하여 고객이 완결하도록 하고 있는데 이는 기존의 구매 프로세스에서 서비스 제공자가 담당하던 일을 고객이 직접 수행하게 함으로 서비스 공급능력이 크게 증가한 경우이다.

### 1) 디커플링을 통한 서비스 공급의 효율화

서비스는 고객마다의 개별성을 가지고 있어서 거의 같은 종류의 서비스가 없다고 생각할 수 있는데 그로 인하여 일반적인 규모의 경제가 적용하기에 어려운 프로세스이다. 그럼에도 불구하고 실제로 고객을 대면하는 서비스 접점 과정의 전후 프로세스는 대부분 표준화된 프로세스라고 할 수 있다. 예를 들면 호텔 숙박 서비스의 경우 예약과 요금 지불 프로세스는 거의 동일하다. 이와 같이 고객과의 대면 없이 이루어지는 과정을 백오피스(Back-office) 프로세스라고 하는데 이러한 과정은 일반적으로 지원업무로 표준화할 수 있고 이를 전담하는 조직과 인력으로 별도의 장소에 진행할 수 있다. 대면을 통하여 개인고객별로 진행하는 프런트오피스(Front-office)와는 달리 백오피스 프로세스를 통합하여 진행하는 디커플링(De-coupling) 전략은 서비스의 공급능력을 향상시키는 중요한 방법이다. 디커플링 전략은 서비스의 종류에 따라 효율적인 분리의 형식을 다르게 취한다. 서비스 접점에서의 고객의 접촉을 최소화함으로써 효율성을 높이는 접촉감소 전략 형태로 은행의 ATM 기계, 항공체크인의 키오스크 등의 예를 들 수 있다. 오히려 디커플링을 통해 고객 접촉의 집중도를 높이고 부수적인 지원 업무는 지원 부서로 분리해 서비스의 품질을 높이는 접촉강화전략을 택할 수도 있는데, 은행의 VIP 전담 부서 또는 직원을 배정하여 전용 룸에서 고객과 일대일 서비스를 제공하는 경우가 한 예이다.

디커플링은 서비스의 종류와 달성하고자 하는 목표에 따라 분리의 수준과 방식이 다양하다. 가장 높은 수준의 디커플링은 원가 우위를 달성하고자 하는 서비스에서 채택되는데 서비스를 제공하기 위한 특정 프로세스를 분리하고 집중화하여 개별 서비스 인력이 고객을 대하는 과정에서의 비효율성을 최대한 제거하고자 한다. 대표적으로 집중화된 콜센터를 운영하여 고객으로부터 문의, 클레임, 상담 등을 요청하는 창구를 일원화한 경우이며 금융업에서 대출 고객의 신용도를 평가할 때 내부의 통합 데이터 분석을 통한 신용평가 조회시스템이나 외부의 전문신용평가회사의 신용정보를 조회함으로 서비스인력의 업무의 효율성을 높이고 위험을 최소화하도록 하였다. 또한 던킨도너츠나 파리바케트는 판매제품을 공장에서 집중 생산하고 각 지역별 매장으로 납품함으로 생산원가를 낮추는 디커플링 체계의 서비스라고 할 수 있다.

높은 수준의 디커플링은 원가절감은 이룰 수 있지만 이로 인하여 품질, 시간, 유연성 측면에서 고객 서비스의 수준이 낮아지게 된다. 지원 업무의 집중화로 고객대응에서 의사결정의 단계 수가 증가할 수 있고 표준화된 프로세스 때문에 고객의 개별적 수요에 유연하게 대응할 수 없게 된다. 고객의 대응 및 신뢰도 향상을 위해 높은 수준의 서비스를 담보할 수 있는 체계를 운영하기도 하는데 예를 들면 던킨도너츠와는 달리 크리스피 크림은 제조과정을 개별 매장의 현장에 도입하여 고객들이 직접 제조과정을 보면서 신선하고 신뢰할 수 있다는 이미지를 통해 경쟁력을 유지한다. 은행의 프라이빗 뱅킹 시스템은 각 직원을 고객별로 배당하여 고객의 원하는 서비스 일체를 전담하여 제공함으로써 빠른 시간 내에 또한 개인적 유대관계 속에 서비스를 제공한다. 서비스는 특성상 개별화된 프로세스로서 효율성과 개인화의 두가지 프로세스 목표를 달성하기 위한 적절한 수준의 디커플링 및 표준화를 달성하면서도 개별적 고객만족을 달성하기 위한 서비스 공급의 설계가 중요함을 알 수 있다.

### 2) 서비스 인력 스케줄

서비스 공급능력이 서비스를 제공하는 인력에 의해 결정되는 경우가 많다. 서비스 수요는 변동성이 있으나 일정한 패턴을 유지하고 있는 경우 이에 대응하는 서비스 인력의 할당은 수요를 맞추는 서비스 공급능력의 효율화를 달성할 수 있다. 슈퍼마켓, 병원의 응급실의 의료진, 항공이나 선박의 수송서비스 인력 등은 예측하기 어려운 긴급상황이 있을지라도 대체적으로 요일별 또는 하루 중에도 시간대별 수요를 추정할 수 있고 이를 위한 서비스 공급능력의 할당은 최대한 예상 수요에 근접할 수 있어야 한다. 그러나 서비스 인력은 또한 사람이기 때문에 일정한 근무 패턴을 유지해야 하며 적절한 기준 아래에서 예측 가능한 스케줄로 구성되어야 한다. 슈퍼마켓은 휴일 없이 오픈하지만 종업원은 일주일에 5일 근무하고 2일 쉬는데 이 또한 일정한 패턴으로 일하는 날짜들이 구성되어야 한다. 병원의 간호원은 8시간 단위의 3교대로 근무하며 이 또한 일정한 기간마다 근무하는 시간대의 순환과정을 거치도록 한다. 그러한 가운데에서도 병원의 간호원에 대한 수요는 오전, 오후, 밤 시간대별 다른 수요를 채울 수 있도록 인력 근무 스케줄이 구성되어야 한다.

이러한 형태의 서비스 인력 근무 형태를 일반적으로 시프트 근무라고 하며 각 서비스 시간대별 수요를 만족시키면서 전체 서비스 인력운영으로 인한 총비용을 최소화는 스케줄을 운영할 필요가 있다. 스케줄을 고려하는 전체 기간은 $m(i=1, 2, ..., m)$개의 시간대로 구성되어 있다고 하고 각 기간에 필요한 서비스 인력의 수요는 $b_i$이다. 서비스 인력에 대한 시프트 패턴은 $n(j=1, 2, ..., n)$ 종류를 운영하며 패턴 $j$를 운영하기 위한 단위비용은 $c_j$이다. 패턴 $j$가 수요 기간 $i$에 일하는 경우에 해당하면 1, 아니면 0을 의미하는 데이터 $a_{ij}$를 미리 알 수 있다. 스케줄을 생성한다고 하는 것은 패턴 $j$를 선택하여 일하는 서비스 인력의 수를 결정하는 것으로 이에 대한 결정변수 $x_j$를 정의하면 이에 대한 수리모형은 다음과 같다.

$$\begin{aligned} &Min \quad \textstyle\sum_j c_j x_j \\ &s.t. \quad \textstyle\sum_j a_{ij} x_j \geq b_i, \quad \forall i \\ &\qquad\quad x_j \geq 0, \text{ 정수}, \quad \forall j \end{aligned}$$

서비스 인력이 일정한 시프트 패턴의 스케줄을 통해 수요를 맞출 수도 있지만 유연성을 높이기 위해 임시직 파트타임 인력으로 보완할 수 있다. 이는 수요의 변동이 심할 경우 이에 효율적으로 대처할 수 있는 방법으로 다만 파트타임 인력은 일반 인력보다 업무능력이 떨어져 일정한 수요를 보완하는 데 더 많은 인력이 투입되어야 할 수 있다. 파트타임 인력의 업무능력이 일반 인력의 $\alpha(\alpha \leq 1)$배에 해당되고 파트타임 인력이 수요 기간 $i$에 일하는 경우의 인당 비용을 $p_i$라고 하면 수요 기간의 $i$에 충당해야 하는 파트타임 인력의 수 $y_i$를 일반 인력의 스케줄과 함께 구할 수 있다. 다만 파트타임 인력에 대한 제약조건이 필요한데 예를 들면 일정시간 대에 일정 수 이상을 넘지 않는 등의 제약을 추가한다.

$$Min \quad \textstyle\sum_j c_j x_j + \sum_i p_i y_i$$

$$s.t.\quad \sum_j a_{ij}x_j + \alpha \cdot y_i \geq b_i, \qquad \forall i$$
$$x_j,\, y_i \geq 0,\ \text{정수}, \qquad \forall i, j$$

서비스 소요 인력은 실제로 탄력성이 있어서 비록 최소 소요 인력에 모자라는 인력이 투입되어도 강도 높게 업무를 수행하거나 또는 해당 시간의 서비스 고객을 기다리게 하여 다음 시간으로 미룰 수 있다. 이는 다소 서비스의 품질수준을 낮추는 불편을 감수하지만 제한 서비스 공급능력 안에서 또는 일시적인 서비스 수요 증가에 대처하는 방법이기도 한다. 해당 시간의 최소 서비스 수요와 실제 할당되는 서비스 인력의 공급 규모의 차이의 합 또는 차이의 최대값을 최소화하는 것을 효율적인 스케줄이라고 정의할 수 있다. 예를 들어 공급되는 서비스 인력과 서비스 수요를 최대한 근접하게 맞추는 것이 목표라고 하면 이를 구할 수 있는 수리모형은 다음과 같다.

$$Min\quad \sum_j z_j$$
$$s.t.\quad z_i \geq y_i - b_i \qquad \forall i$$
$$z_i \geq b_i - y_i \qquad \forall i$$
$$\sum_j a_{ij}x_j = y_j \qquad \forall i$$
$$x_j,\, y_i,\, z_i \geq 0,\ \text{정수}, \qquad \forall i, j$$

**예제 13-4 서비스 인력의 시프트 스케줄**

오전 8시에 오픈하여 오후 8시까지 운영하는 슈퍼마켓에서 종업원은 같이 5가지의 시프트 패턴 A, B, C, D, E형으로 근무하며 각 패턴별 근무 형태와 시간대별 인력수요는 〈표 13-1〉과 같다. 각 패턴별 소요비용은 각각 (15, 18, 9, 7, 10)만 원이다. 전체 운영해야 하는 서비스 인력은 전체 인력 수와 각 패턴별 운영 인원을 구하고자 한다.

〈표 13-1〉 시프트 근무의 시간대별 인력 수요

| 근무시간 | 인력 수요 | A 형 | B 형 | C 형 | D 형 | E 형 | $a_{ij}$ |
|---|---|---|---|---|---|---|---|
| 8시~9시 | 3 | ○ | | ○ | | | (1,0,1,0,0) |
| 9시~10시 | 4 | ○ | | ○ | | | (1,0,1,0,0) |
| 10시~11시 | 5 | ○ | | ○ | | | (1,0,1,0,0) |
| 11시~12시 | 7 | ○ | ○ | ○ | | | (1,1,1,0,0) |
| 12시~13시 | 8 | (휴식) | ○ | ○ | ○ | | (0,1,1,1,0) |
| 13시~14시 | 9 | ○ | ○ | | ○ | | (1,1,0,1,0) |
| 14시~15시 | 8 | ○ | ○ | | ○ | | (1,1,0,1,0) |
| 15시~16시 | 8 | ○ | (휴식) | | ○ | ○ | (1,0,0,1,1) |
| 16시~17시 | 10 | ○ | ○ | | | ○ | (1,1,0,0,1) |
| 17시~18시 | 8 | | ○ | | | ○ | (0,1,0,0,1) |
| 18시~19시 | 6 | | ○ | | | ○ | (0,1,0,0,1) |
| 19시~20시 | 6 | | ○ | | | ○ | (0,1,0,0,1) |

각 시간대의 서비스 수요를 만족시키면서 총비용을 최소화하는 서비스 스케줄을 구하기 위한 수리모형은 다음과 같다.

$$Min\ z=15x_A+18x_B+9x_C+7x_D+10x_E$$

$$s.t.\quad x_A+x_C\geq 4,\ x_A+x_C\geq 5,\ x_A+x_B+x_C\geq 7,\ x_B+x_C+x_D\geq 8,\ x_A+x_B+x_D\geq 9,$$
$$x_A+x_D+x_E\geq 8,\ x_A+x_B+x_E\geq 10,\ x_B+x_E\geq 8,\ x_B+x_E\geq 6,$$
$$x_A,\ x_B,\ x_C,\ x_D,\ x_E\geq 0,\ \text{정수}.$$

위 수리모형의 최적해는 $(x_A,\ x_B,\ x_C,\ x_D,\ x_E)=(3,\ 2,\ 2,\ 4,\ 6)$으로 전체 17명의 인력을 운영해야 하며 이로 인한 총비용은 187단위이다. 이때 몇 개의 시간대에 유휴인력이 발생하며 그중에 15시~16시에는 소요인력 8명에 13명이 운영되어 가장 큰 유휴인력이 발생한다. 시간대별로 필요한 총 인력 수요의 합은 82인 반면에 실제 할당되는 서비스 인력 공급은 96으로서 총 14시간의 유휴가 발생하지만 총비용의 관점에서는 최선의 공급대책이다.

동일한 상황에서 파트타임 인력을 통한 서비스 스케줄을 구할 수 있다. 예를 들면 시간대별 파트타임 인력을 투입하되 2명 1조로 투입될 수 있다. 파트타임 인력 1조의 비용은 시간당 1이고 이들의 업무능력은 일반 인력의 50% 향상된다고 가정한다. 또한 매 시간대별 파트타임 인력을 최대 2명 1조만 운영할 수 있다고 하면 이에 대한 최적해는 일반 인력 $(x_A,\ x_B,\ x_C,\ x_D,\ x_E)=(2,\ 2,\ 2,\ 4,\ 5)$로 총 15명을 운영하고 파트타임 인력은 10시대, 11시대, 13시대, 16시대, 17시대에 각각 1조씩 사용함으로써 총비용은 167로 절감하여 운영가능하다.

동일한 문제에 대해서 비용을 최소화하기보다는 비록 일부 시간대에서는 서비스 인력의 수요에 부족한 인력을 할당할지라도 최대한 인력 수요에 근접하게 인력을 할당하고자 한다면 할당된 인력과 수요의 차이의 합을 최소화하는 수리모형으로 해를 구할 수 있다. 비록 할당된 인력이 수요보다 적게 할당되더라도 최대 1명부족의 제한을 두고 해를 구하면 $(x_A, x_B, x_C, x_D, x_E) = (3, 4, 1, 2, 3)$으로서 총 13명의 인력으로 운행하되 10시~11시, 12시~13시, 17시~18시 대에 공급 인력이 1명씩 부족한 스케줄이 생성된다. 이로 인하여 비용은 170으로 감소되지만 3시간 동안의 인력부족으로 인한 서비스 품질의 저하를 보완할 수 있는지를 검토할 필요가 있다.

---

### 3) 고객 대기를 통한 서비스 공급관리

서비스 공급능력을 적절한 수준에서 운영해도 수요의 변동성으로 인하여 수요수분보다 공급능력이 모자라는 경우가 발생하며 이를 대표적으로 해결하는 방법은 고객이 받아들일 수 있는 수준의 기다림을 통하여 공급능력을 최대한 활용할 수 있다. 이는 수요를 제한된 범위 내에서 재고화함으로써 일시적인 수요공급의 불균형을 해결할 수 있다. 예약 제도도 수요를 재고화하는 대표적인 방법이지만 이는 이미 고객과의 상호 협상에 의한 사전 약속으로 이루어진 재고화라고 한다면 고객이 서비스 시스템 내에서 납득할 수 있는 수준으로 기다림의 불편을 부과하고 공급능력의 효율화를 이룬다고 할 수 있다. 기다림은 모든 고객에게 동일하게 불만의 요소이며 이는 잠재적인 수요의 감소를 초래할 것이며 장기적인 마이너스 요인이다. 그러나 적절한 범위 내에서 고객의 대기시스템을 활용하면 서비스 수요공급의 균형을 이루는 대표적 공급관리의 방법이 될 수 있다. 대기시간을 통한 공급관리 수준의 결정은 고객의 대기시간에 대해 어느 수준의 가치를 부여할 것인가에 달려있다. 고객이 기다림으로 인하여 바로 고객 상실로 이어진다면 공급능력을 늘려서 기다림을 최소화해야 할 것이고 어느정도 기다려준다면 공급능력의 비용의 적정선에서 기다림이 허용되도록 수준을 결정하는 트레이드 오프(Trade-Off)의 문제이다.

서비스 시스템에서 고객이 도착하고 서비스 인력이 도착하는 고객에 대해 차례대로 서비스를 제공하는 경우 고객이 시스템 내에서 기다리는 시간이 서비스 시스템 내에 평균적으로 몇 명의 고객이 기다리고 있는가는 대기 이론(Queueing Theory)에 의해 수리적으로 분석되어 있다. 대기 이론에 의하면 서비스 인력이 한 명, 또는 여러 명으로 구성되어 있는지, 또한 고객이 시스템에 도착하는 형태가 통계적으로 어떠한 분포를 따르는지 등에 대해 다양한 형태가 있어 적절한 모형을 선택하여 분석할 수 있다. 고객의 도착도 또한 서비스 인력의 서비스 소요시간도 모두 확률적이어서 모든 의사결정이 확률에 의한 의사결정이다.

**예제 13-5 대기 이론을 이용한 서비스 공급능력 수준 결정**

세차장을 운영하는데 자동차는 평균적으로 시간당 4대 정도 도착하고 세차에 소요되는 시간은 평균 10분 정도이다. 세차장에 만들어야 하는 주자창은 세차를 위해 대기하는 용도로 사용된다. 세차장에 도착하는 자동차는 세차장이 비어 있거나 주차장의 공간이 비어 있으면 대기하다가 세차 서비스를 받지만 대기 공간이 없으면 기다릴 수 없어서 세차를 포기하고 떠나간다. 세차장의 주인은 세차장에 도착하는 차의 90% 이상의 확률로 세차서비스를 받게 하는 것이 목표이다.

세차를 위해 방문했다가 제한된 수의 주차장 때문에 떠나가는 고객의 상황만 무시한다면 이를 대기 이론에서 $M/M/1$ 시스템이라고 한다. 즉, 하나의 서비스 인력 또는 설비가 있고 도착하는 고객의 도착간격시간이 지수(Exponential) 분포를 따르고 서비스 시간 또는 지수 분포를 따르는 대기 행렬 시스템이며 지수 분포로 정의하는 이유는 서로 독립적인 행위를 수행하는 이벤트를 가장 잘 나타내주는 분포이기 때문이다. 이때 고객의 도착율은 $\lambda=4$이며 서비스율은 $\mu=6$에 해당하고 이 경우 시스템의 가동률은 $\rho=\lambda/\mu=4/6=0.67$로 나타낼 수 있다. 또한 시스템에 $n$명이 있을 확률은 $P_n=(1-\rho)\rho^n$로 표시된다. 세차장에 $k$개의 주차장이 있다면 시스템 내에 세차서비스 공간을 포함하여 $(k+1)$개의 공간이 있고 따라서 $k$명 이하의 고객이 있어야 도착하는 고객이 세차장 또는 주차장에 진입하게 된다.

$$P_0+P_1+\cdots+P_k=(1-\rho)(1+\rho+\cdots+\rho^k)=(1-\rho)\left(\frac{1-\rho^{k+1}}{1-\rho}\right)\geq 0.9$$

따라서 $k\geq 4.67$이며 최소 5개의 주차장을 구비해야 원하는 관리목표를 달성할 수 있다. 이 경우 대기 이론에 의하면 평균적으로 세차장 및 주차장에는 약 2대가 있으며 평균적인 대기시간은 약 30분으로 추정된다. 평균적으로 고객이 이 수준의 기다림은 수용할 수 있다는 전제 속에서 이와 같은 분석이 가능하다.

**예제 13-6** 복수 서비스 인력과 숙련 서비스 인력

카페에서 고객은 평균적으로 시간당 8명 도착하고 고객당 서비스 시간은 평균 6분, 즉 시간당 10명에게 서비스를 제공할 수 있다. 고객의 도착간격시간과 서비스 제공시간은 $\lambda=8$, $\mu=10$의 지수 분포를 따른다고 가정한다. 이 경우 시스템의 가동률 $\rho=\lambda/\mu=8/10=0.8$로 상대적으로 높지만 시스템 내 평균 인원 수는 3.2명, 시스템 내에서의 대기시간, 즉 순수대기시간과 서비스를 받고 있는 순수서비스시간을 합치면 평균적으로 30분이 소요된다. 이에 대해 고객의 불만 요인이 되고 있으며 이를 해결하고자 두 가지 대안이 고려되고 있다. 대안 A는 동일한 서비스 능력을 보유하고 있는 인력 한 명을 추가하는 것이고 대안 B는 현재의 서비스를 2배의 빠른 속도로 수행하는 숙련된 서비스 인력으로 교체하는 방안이다. 현재의 시스템은 $M/M/1(\lambda=8,\ \mu=10)$이고 대안 A는 $M/M/2(\lambda=8,\ \mu=10)$이며 대안 B는 $M/M/1(\lambda=8,\ \mu=20)$에 해당한다. 각각에 대한 시스템의 성능을 비교하면 〈표 13-2〉와 같다. 두 가지 대안 모두 고객의 기다리는 시간을 획기적으로 줄여준다. 서비스 능력을 두 배로 확장하기 때문에 서비스 인력의 평균 가동률은 40%이다. 숙련 서비스인력으로 대체하는 대안 B가 대체적으로 우수하다고 할 수 있는데 시스템 내 인원이나 고객이 평균적으로 시스템에서 보내는 시간이 A안보다 작다. 다만 서비스를 받기 전 순수하게 대기하는 시간이나 순수대기인력 측면에서는 A안이 우수한데 이는 A안의 경우 2명의 서비스 인력이 있어 두 명 중 한 명이라도 유휴 상태가 될 확률이 더 높기 때문이다. 일반적으로 서비스를 받는 데 소요되는 시간에서 순수 서비스 소요시간보다는 서비스 받기를 기다리는 순수 대기시간의 불만족이 크기 때문에 이를 고려하여 A안과 B안에서 결정할 수 있다.

〈표 13-2〉 서비스공급능력 수준 결정을 위한 대안별 비교

| | 가동률 | 시스템 내 인원수 | 대기 인원수 | 시스템 내 시간 | 대기시간 |
|---|---|---|---|---|---|
| 현재 안 | 0.8 | 4명 | 3.2명 | 30분 | 24분 |
| 대안 A | 0.4 | 0.95명 | 0.15명 | 7분 | 1분 |
| 대안 B | 0.4 | 0.67명 | 0.27명 | 5분 | 2분 |

# 4 헬스케어 서비스 공급사슬

헬스케어 서비스는 삶의 질을 최우선하는 현대인들이 가장 중요하게 받고 싶어

하는 서비스로서 병의 진단과 치료 및 건강 향상을 위한 모든 종류의 서비스를 포함한다. 서비스를 제공하는 대표적 기관인 병원도 대형병원, 전문병원, 중형 또는 소형 병원 및 클리닉 등 종류가 매우 다양하며 서비스를 받고자 하는 고객도 병의 증상에 따라 거의 동일한 형태의 수요가 없을 만큼 다양하다. 동일한 증상을 가진 고객이라도 원하는 서비스 수요는 경우에 따라 대학병원 또는 소형병원 등 고객의 선택에 의존하고 있다. 이는 병원의 명성, 병원까지의 접근성 및 고객의 재정상태에 따라 다양한 종류의 수요가 존재한다. 공급과 수요의 다양성으로 인하여 헬스케어 서비스의 수요공급 불균형은 다른 어떤 종류의 서비스산업보다 심각하다고 할 수 있다. 흔히 관찰되는 사례로 대형 또는 대학병원은 예약이나 침상 배정이 2~3개월 걸리고 실제로 예약 환자가 병원에 도착하여도 1~2시간의 기다림은 보통이지만 소형 병원은 전문 병원이라 할지라도 고객 부족으로 재정난을 겪고 있는 경우가 허다하다. 헬스케어 서비스에서의 수요와 공급의 균형은 공급사슬의 관점에서 효율화되어야 하는 핵심적인 문제이며 이는 의사, 간호원 등의 인력과 침상 또는 수술실 등의 의료 자원을 수요에 맞게 할당, 분배 및 운영하는 것이 중요하다. 또한 응급실 운영 및 앰블런스 배치 등을 포함한 응급상황에 대한 대응 체계와 감염병 확산이나 대규모 재난상황에서의 의료자원의 운영 등이 헬스케어 서비스가 가진 특징이다.

### 1) 헬스케어 고객의 이기적 선택

헬스케어 서비스의 가장 큰 특징 중의 하나는 고객이 받고자 하는 서비스를 공공의 최선이 아니라 개인적인 최선, 즉 이기적(Selfish)으로 선택한다는 사실이다. 이를 대표적으로 설명하는 사례는 경제학자 Pigue가 제시한 모형이다. [그림 13-4]와 같이 고객은 A와 B의 두 가지 서비스 중 하나를 선택할 수 있다. 전체 고객 수는 10명이라고 가정한다. A서비스는 고객 중에서 몇 명이 선택하든 고객 한 명당 $C_A(x)=10$이라는 비용이 소요된다. 이는 예를 들면 동네의 수많은 소형 병원이 있어 비록 고객이 많아도 서로 다른 병원을 선택하여 비슷한 서비스를 받을 수 있다.

B서비스는 이를 선택하는 고객 수에 비례하여 $C_B(x)=x$ 비용이 발생한다. 즉, 예를 들어 고객 5명이 선택하면 고객 1명당 5의 비용이 부과된다. 이는 대학병원에 많은 고객이 몰리면 이로 인하여 고객 대기가 발생하고 많이 몰릴수록 이에 비례하여 서비스 품질이 저하되는 등 서비스 비용이 증가한다고 가정한다. 고객 10명 중 $x$명이 B 서비스를 선택한다고 하면 10명 전체의 총비용은 $TC=10\cdot(10-x)+x^2$으로 두 가지 서비스를 각각 5명씩 선택할 때 총비용이 75로서 최적이다.

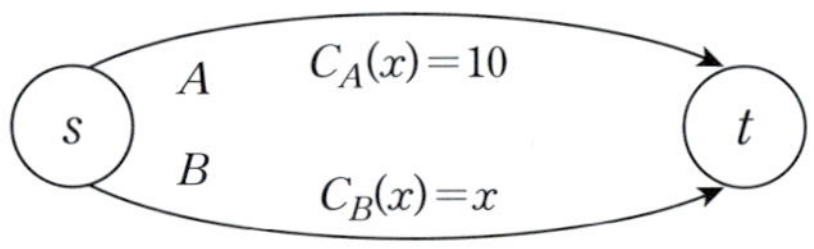


[그림 13-4] 피구(Pigue)의 이기적 선택 모형

그러나 고객 개인의 관점에서 보면 전혀 다른 선택을 하게 된다. 예를 들어 9명이 B서비스를 선택하고 1명이 A서비스를 선택한다고 하면 9명 고객은 각각 9의 비용이 발생하는데 A서비스를 선택한 1명이 관찰할 때 자신이 선택한 서비스의 비용 10보다는 9명이 선택한 B서비스의 비용이 저렴하기 때문에 이 1명도 B서비스를 선택하는 것이 좋다고 판단할 것이고 결국 10명 모두 B서비스를 선택하게 된다. 이 때 서비스 시스템 전체의 비용은 100으로서 두 종류의 서비스를 5명씩 나누어 선택한 경우보다 총비용은 약 33% 증가한다. 이와 같이 서비스의 선택은 고객 개별적으로 하기 때문에 시스템 전체의 효율성보다는 개인이 좋다고 판단하는 이기적 판단의 결과로 귀결된다. 대학병원에 환자 고객이 몰리는 현상이 사회 전체적으로는 효율적이지 않지만 환자 고객은 각각 개별적 최적의 선택이다. 헬스케어 시스템의 공급사슬에서 전체 시스템의 효율성을 유도할 수 있는 장치가 필요한 이유이다. 예를 들면 A서비스에 정부가 고객당 2의 비용을 지원해 준다고 하면 전체 시스템의 최적 상태는 $TC=8\cdot(10-x)+x^2$의 값을 최소로 하는 $x=4$로서 A서비스에 6명, B서비스에 4명 선택하는 것으로 총비용은 64이다. 고객의 관점에서 판단할 때 고객은 A서비스로 2명, B서비스로 8명 선택할 것이며 이로 인한 비용은 80으로 이기적 선택

에 의한 총비용의 증가를 약 25% 수준으로 낮출 수 있다. 정부의 지원금을 포함한 총비용도 72 대 84로서 약 17% 수준으로 낮아진다.

### 예제 13-7 헬스케어 네트워크 사례

한 지역에 [그림 13-5]와 같이 중소병원과 대형병원의 병원 두 개가 있으며 헬스케어 서비스를 받고자 하는 환자 그룹은 경증환자 및 중증 환자로 구분할 수 있고 두 종류의 병원 모두 이에 대한 진료를 담당한다. 중소병원은 대체적으로 환자로부터의 거리가 가깝고 접근성이 좋은 반면 치료비용이 적고 대형병원은 접근성이 좋지 않지만 많은 치료비용이 요구된다. 각 병원의 치료 수준은 동일하다고 가정하여도 일반적으로 인지적 치료 수준, 즉 환자들의 만족도 및 기대치에 근거한 치료 수준은 대형병원이 높기 때문에 선호도 또한 높다.

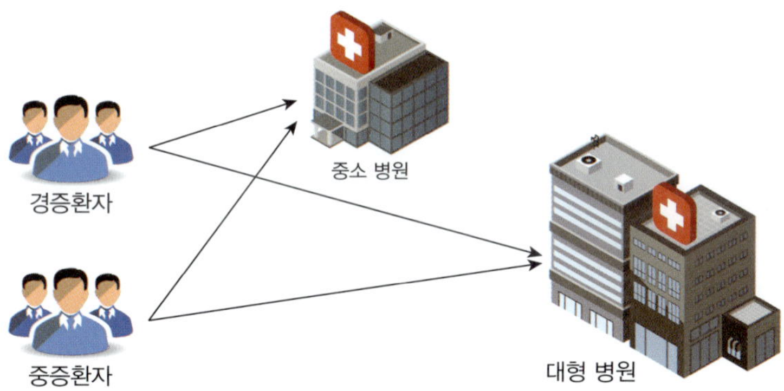


[그림 13-5] 헬스케어 서비스 네트워크

지역사회에서 병원 서비스의 운영에 따른 총비용은 각 환자 그룹이 병원을 선택하여 진료를 받을 경우 거리비용, 치료비용, 및 병원의 혼잡에 따른 대기 등의 불편비용에서 치료를 받음으로 인한 치료 수준의 효과를 뺀 값으로 정의할 수 있다. 병원의 혼잡에 따른 대기 등의 불편 비용은 대기 이론을 통해 구한 대기시간에 비례한다고 가정하되 대기시간을 적절한 비용으로 환산한다. 시스템 전체 관점에 총비용을 최소화하는 환자의 할당의 최적해를 구할 수 있으며 또한 환자의 입장에서 각각 최선의 선택을 함으로 실제 발생하는 환자의 분산 과정의 결과를 구할 수 있다(실제 이에 대한 수리식은 다소 복잡하고 또한 해를 구하는 과정도 최적해 또는 근사해를 구하는 과정도 복잡하여 생략한다).

한 사례에 대한 실제 결과를 살펴보기로 한다. 경증 및 중증환자의 발생율은 각각 시간당 40명, 20명이고 중소병원과 대형병원까지의 거리 비용은 각각 3, 15로서 대형병원이 5배 멀다고 가정한다. 각 환자 그룹별 각 병원 종류에 따른 비용과 치료 수준에 의한 효과는 〈표 13-3〉과 같다. 실제 치료 수준은 중소병원이나 대형병원 모두 같지만 환자가 인지하는 수준은 대형병원이 중소병원의 5배 수준이라고 가정한다.

〈표 13-3〉 헬스케어 네트워크 사례의 데이터

| | 서비스율(명/시간) | | 치료비용 | | 실제 치료수준 | | 인지적 치료수준 | |
|---|---|---|---|---|---|---|---|---|
| | 경증환자 | 중증환자 | 경증환자 | 중증환자 | 경증환자 | 중증환자 | 경증환자 | 중증환자 |
| 중소 병원 | 30 | 20 | 5 | 15 | 18 | 30 | 6 | 10 |
| 대형 병원 | 40 | 40 | 25 | 40 | 18 | 30 | 30 | 50 |

헬스케어 서비스의 고객은 실제치료수준을 근거로 하여 시스템 전체의 비용을 최소화할 수 있는 환자 그룹별 할당은 경증환자의 경우 중소병원 및 대형병원 각각 (19.2, 20.8)의 비율로 나뉘고 중증환자의 경우 중소병원 및 대형병원 각각 (10.5, 9.5)로 분배되는 것이 최적이다. 이는 환자 발생율 40과 20을 모두 수용 가능하고 각 병원 별로 비슷한 비율로 분배된다. 이로 인한 총비용은 915.8로 계산된다. 그러나 각 환자의 입장에서 개별 비용과 이로 인한 인지적 치료효과를 감안한 이기적 선택을 하여 병원을 선택하면 경증환자의 경우 중소병원 및 대형병원 각각 (15.6, 24.4)의 비율로 나뉘고 중증환자의 경우 중소병원 및 대형병원 각각 (5.3, 14.7)로 분배되며 이로 인한 사회적 비용의 총량은 1031.8로서 최적 할당 대비 12.7%의 비용이 증가한다. 특히 대형병원으로의 쏠림 현상은 경증환자 61%, 중증환자 73.5%로 시스템 전체의 비효율성의 기본적인 원인이다. 이때 중소병원의 경증 환자에 대해 지원금 3.7을 제공하여 치료비용을 1.3으로 낮추면 중소병원과 대형병원의 이용율이 각각 (18.7, 21.3)으로 되어 각 병원별 유입율이 비슷한 수준으로 변하며 사회적 비용 또한 최적 비용과 유사하게 근접하여 개선된 환자 분배 네트워크의 형태가 된다.

## 2) 헬스케어 네트워크의 설계

헬스케어 서비스의 고객은 환자로서 질병의 중증도에 따라 치료 가능한 병원의 레벨이 있다. 병원의 의료진 및 치료 설비의 수준에 따라 치료가능레벨이 높은 병원은 모든 환자를 치료할 수 있고 수용 가능하지만 치료가능레벨이 낮은 병원은 수준에 적합한 중증도의 환자만 수용 가능하다. 이와 같이 헬스케어 서비스는 구조적으로 계층적인 형태를 취하고 있다. 이러한 헬스케어 환자의 특성을 고려한 환자와 병원의 할당이 비효율적이면 때로는 수준 높은 병원이 중증도 낮은 환자들에 의해 점유되어 진료 서비스 전체의 체계가 비정상적으로 운영될 수 있다. 또한 환자는 언제라도 발생할 수 있기 때문에 각 병원 시설은 최대 수용수준 또는 수용능력 대비 여유를 두어야 하고 또한 각 병원별로 여유분에 대한 균형적인 운영을 통하여 항상 예측 불가능한 미래의 환자 발생에 대비하는 것이 필요하다. 따라서 지역사회나 또는 행정단위 내의 지방 자치구역 내의 헬스케어 시설에 대한 수준과 환자의 중증도별 할당에 대한 계획적인 운영체계를 설정하는 것이 필요하다. 이는 환자의 이기적인 선택에 헬스케어 네트워크 전체의 운영에 의존하지 않고 공공성을 고려한 체계적인 계획과 매뉴얼로 운영되어야 함을 의미한다.

한 지역사회에 헬스케어를 담당하고 있는 3단계 레벨의 소형, 중형 및 대형병원이 있고 레벨별로 경증, 보통, 중증 수준의 헬스케어 서비스를 제공할 수 있다고 가정한다([그림 13-6]). 또한 지역사회 내에 3개 그룹의 단위 도심지역이 있고 각 지역은 3개 수준의 환자가 모두 발생할 수 있다. 병원의 수준에 따라 대형병원은 모든 수준의 환자에게 서비스를 제공할 수 있지만 중증환자는 대형병원에서만 서비스를 받을 수 있기 때문에 환자의 발생분포와 각 병원의 수준별 수용규모에 적절한 분배는 필요하다. 또한 각 병원에서 진료 중에 상위수준의 환자로 전환되는 경우가 통상 발생하며 이때 각 병원의 수용규모에 따라 현재의 병원 또는 상위수준의 병원으로 이동해야 하는 환자가 발생한다. 환자의 자율에 의해 선택할 경우 헬스케어 서비스의 비효율적 분배로 이어질 수 있다. 환자의 병원 선택을 강제할 수는 없지만 통합

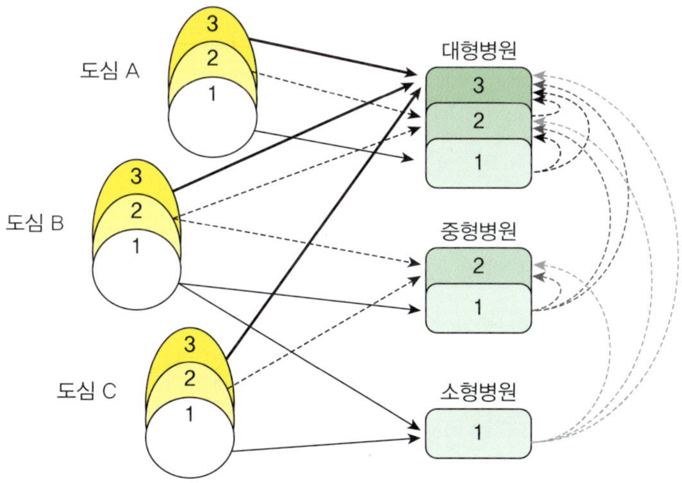


[그림 13-6] 계층적 헬스케어 네트워크

적인 가이드라인 또는 이를 유도할 수 있는 공공지원 정책 등을 통하여 한 지역사회 헬스케어 서비스의 최적 운영이 필요하다. 이 모든 의사결정은 각 도심지역이 각 수준별 병원을 선택할 때 발생하는 비용과 상위병원으로 전환될 때의 비용을 고려하여 환자를 분배 또는 분배 규모에 상한을 주는 의사결정을 필요로 하고 이는 수리적 모형으로 정의하여 해를 구할 수 있다.

## 5 항공서비스의 공급사슬

항공서비스는 지속적으로 성장하는 대표적인 서비스 산업 시장이다. 특히 경제가 발전하고 소득수준이 증가하면 이에 비례하여 항공운송 서비스 수요는 급증하는데 일반적으로 소득수준의 증가속도보다 훨씬 빠르게 증가하고 선진국 수준이 되면 인구 1인당 항공서비스 수요는 일정 수준에 수렴하지만 고급 수요는 지속적으로 증가한다. 여가를 즐기는 삶의 질 추구의 대표적 방법이기도 한 항공서비스는 세계가 글로벌화하면서 더욱 큰 규모의 시장으로 성장하고 있다. 항공서비스의 공급사슬은 다른 종류의 서비스에 비교하여 유연성이 가장 부족한 형태이다. 이는 공급자가 제공할 서비스의 규모와 형태를 설정하여 제시하고 이에 대하여 서비스 수요를 발생하여 공급공간을 채우는 형태이기 때문이다. 이와 같은 형태를 취할 수 밖에 없는 가장 큰 이유는 우선 항공서비스를 제공하기 위한 설비 구축 비용이 크고 따라서 수요에 맞추어 빠른 시간 내에 가변적인 공급능력의 변동이 쉽지 않기 때문이다. 항공산업은 규모의 경제원리가 가장 크게 작용하는 산업이며 따라서 국가마다 독과점의 형태 및 지속적으로 인수합병이 일어나는 산업이기도 하다. 또한 서비스의 실행 이전에 예약에 의해 약속된 서비스가 주된 형태이기 때문에 일정 기간 약속된 항공서비스가 수요의 변동에 따라 변경하기 쉽지 않으며 이는 불가피한 사정으로 변동하게 되면 이에 수반하는 비용 및 보상이 매우 크다. 따라서 미래 수요에 대한 적절한 예측과 이에 근거한 공급 능력의 사전 공급 및 이에 대한 수요의 최대 창출이 항공서비스의 공급사슬 운영의 핵심이다.

### 1) 수요에 대한 서비스 설비 할당

항공서비스를 제공하는 항공사는 우선 주어져 있는 항공노선에 대해 적절한 수요를 예측하고 이에 근거하여 항공스케줄을 작성하다. 항공스케줄은 일정기간 전에 작성되어 고객에게 제시되고 이를 근거로 예약을 받기 때문에 일반적을 변경이 매우 어렵다. 항공 서비스 수요와 항공기 제원에 따른 제약사항 및 항공승무원과 같은 인력자원의 여건에 따라 각 노선에 항공기 타입을 할당한다. 항공서비스는 항공기와 같은 대형 설비를 항공 수요에 적절히 배치함으로 공급과 수요의 균형을 이루는 것이 필요하다. 보유하고 있는 항공기를 적절히 배치함으로 각 항공노선의 수요를 최대한 수용하고 또한 항공기의 이동경로와 항공노선의 조합이 운행 가능한 형태가 되어야 한다. 이를 항공기 할당(Fleet Assignment)이라고 하며 서비스 자원배분의 첫 번째 단계이다. 즉, 항공기 할당은 항공기별 용량과 비행가능거리 및 이착륙 가능 공항을 고려하여 각 비행 노선(Flight Leg)에 할당할 항공기 타입을 선정하는 의사결정이다. 항공사의 보유 항공기 수가 정해져 있는 경우도 있으며 또한 장기적인 관점에서 각 항공기 타입별 보유 대수를 정하거나 조정하는 경우에도 항공기 할당 문제로 해결한다.

항공기 할당문제는 각 항공노선에 각 항공기 타입을 할당했을 때 총비용을 최소화하는 할당문제로서 통상 다중유통문제(Multi Commodity Problem)와 집합분할(Set Partitioning Problem)의 복합모형에 해당한다. 항공기 할당 과정에서 각 항공노선에 각 항공기 타입을 배정하였을 때 발생하는 비용은 항공서비스의 특성을 감안하여 산정한다. 비용은 크게 두 가지로 구분되는데 첫째, 해당 노선에 특정 항공기 타입을 배당하여 운행함으로 발생하는 운영비용과 둘째, 해당 노선의 수요 중에서 항공기타입의 제약조건, 예를 들면 좌석 수의 한계로 수용하지 못하는 기회 수익을 잠재

비용으로 환산하여 포함시킨다. 이는 각 노선의 수요의 분포에 가장 적절하게 할당함으로 좌석의 유휴(Idleness)와 수요충족의 부족(Spill)으로 인한 총비용을 최소화하는 항공기 할당이 되어야 하기 때문이다.

운영비용은 탑승고객 수와 상관없이 운행함으로 필요한 비용으로 통상적으로 항공기타입별로 CASM(Cost per Available Passenger Miles)라고 하는 데이터가 운영되고 있으며 이는 각 항공기가 1마일당 하나의 좌석에 대한 평균운행비용을 발한다. 예를 들면 (서울-제주) 노선의 운항 거리가 250마일이고 150좌석 B737타입 항공기가 운행할 경우 CASM이 500원이라면 이로 인한 운영비용은 500×250×150=18,750,000원이다. 비용 측면에서의 CASM과 함께 중요하게 관리되고 있는 수익 측면의 데이터로 좌석 마일당 예상 수익 RASM(Revenue per Available Passenger Miles)의 데이터가 있으며 당연히 RASM이 CASM보다 크다. 수요가 충족되지 못하여 잃게 되는 잠재 비용은 RASM에 해당 노선의 운항 거리와 수요 미충족 예상 고객 수를 곱하여 구한다. 해당 노선의 수요 $x$의 분포가 $f(x)$라고 하고, 할당하고자 하는 항공기의 좌석수가 $c$라고 하면 수요 미충족 예상 고객 수는 $\int_c^{\infty}(x-c)f(x)dx$로 표시될 수 있으며 $x$가 $N(0,\ 1)$, 즉 표준정규분포를 따를 때 정의되는 표준손실함수 $L(z)$를 이용하여 값을 구할 수 있다.

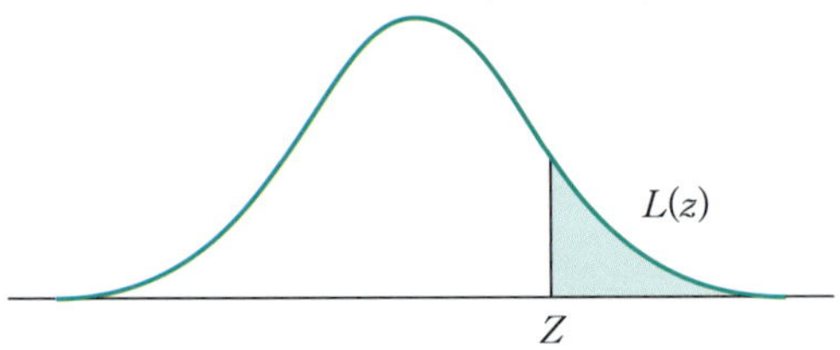


[그림 13-7] 손실함수

수요 $x$가 $N(\mu,\ \sigma)$를 따른다면 $z=(c-\mu)/\sigma$로 정의될 때 수요 미충족 예상 고객 수는 $L(z)\cdot\sigma$로 구해진다. 예를 들어 해당 노선의 (서울-제주) 노선 B737 타입 항공기의 RASM이 600원이고 수요 분포가 $N(140,\ 50)$를 따른다면 수요 미충족 예상 고객 수는

$$L\left(z=\frac{150-140}{50}=0.2\right)\cdot 20=0.307\cdot 50=15.35$$

으로 잠재 비용은 600×250×15.35=2,302,500원이다. 따라서 운영비용과 잠재비용의 합, 총비용은 21,052,500원이다. 실제로는 수요 미충족 고객 수의 일정한 비율은 다른 항공노선에 의해 다시 회복될 수 있다고 가정하여 이를 반영하기도 한다. 이와 같이 각 항공노선에 각 항공기 타입을 할당할 때 각 경우의 수에 대해 비용을 산정하는 과정에서 서비스가 가지고 있는 특성을 반영하여 한정된 용량으로 인하여 충족되지 못한 서비스의 미실현 수익을 고려할 수 있다.

항공기 할당에 따라 각 항공노선에 항공기 타입이 결정되었으면 각 항공기가 운항할 항공스케줄을 작성하는데 이를 항공 라우팅(Aircraft Routing)이라고 한다. 예를 들면 150좌석 B737타입 항공기가 운항할 경우 동일 항공기 타입이 할당된 항공노선에 대해 운항순서 조합을 만드는 일로 (김포 09:00 ~제주), (제주 11:00 ~ 청주), (청주 15:00 ~ 부산), (부산 17:00 ~ 김포) 등과 같은 운항 가능한 패턴을 생성한다. 일반적으로 본사가 있는 모기지 공항에서 출발하여 모기지 공항으로 귀환하는 패턴이 생성되고 이는 여러 날짜에 해당하는 기간 동안의 패턴일 수도 있다. 이는 시간과 공간을 동시에 고려한 운항 가능 패턴으로 실제로는 무수한 패턴이 만들어질 수 있으나 항공노선의 특성과 항공사의 정책이 반영된 패턴이 만들어지며 항공기 할당의 성능을 위해서 가능한 많은 패턴 후보를 생성하는 것이 좋다. 패턴 생성의 핵심은 각 항공기가 착륙한 후 이륙하기까지 일정한 시간이 확보되어야 하는데 활주로에서 게이트까지의 이동, 승객과 화물의 승하차 및 또한 조종사 및 승무원의 교체 등에 필요한 최소한의 시간이 확보된 후의 다른 항공노선과 연결되도록 하는 것이다. 국내선의 경우는 통상 최소 30분, 국제선의 경우는 최소 2시간 이상 필요로 한다. 라우팅을 위한 패턴은 2일, 3일, 또는 5일단위로 생성되는데 이는 패턴의 마지막에 모기지로 귀환하도록 사이클링의 형태를 취하며 이는 모기지에서 정기적인 유지보수 점검 등을 실시하기 때문이다. 통상적으로 수만 개 또는 그 이상의 패턴 후보가 생성되며 이에 대해 여러 제약조건을 만족하면서 총비용을 최소화하는 패턴의 조합을 선택하게 된다. 이 또한 대표적인 집합 분할(Set Partitioning) 문제에 해당한다. 항공

라우팅에 최우선으로 고려하는 목적함수는 항공기 간의 운항 시간의 균형적 분배가 가장 중요한 목표가 된다.

### 2) 수요에 대한 서비스 인력 할당

항공서비스는 시간과 공간상에 서비스를 공급하기 때문에 이를 운영하는 정교한 시스템에 의해 제공되어야 한다. 특히 항공기와 같은 하드웨어 설비보다 이를 운영하는 인력의 효율적인 배치 및 할당, 운영이 서비스의 품질을 보장한다. 조종사 및 항공승무원에게 적용되는 각종 규정은 항공서비스의 최상의 품질 기준인 안전 때문에 복잡한 요건들을 수반한다. 예를 들면 국내선의 경우 조종사는 하루에 5회를 초과하여 착륙할 수 없고, 또한 일정시간 운항 근무한 후에 근무시간 이상의 휴식시간을 갖도록 한다. 따라서 국제선의 경우 공항에 착륙한 항공기는 2~3시간 점검 후에 다음 항공노선에 운항 할 수 있으나 승무원은 교체되어야 한다. 일반적으로 보유 항공기의 수의 3~4배 수의 주조종사를 보유하고 정교한 패턴에 의해 승무원 인력이 할당되어야 한다. 이를 위해서는 가끔 조종사 또는 승무원들이 근무하지 않으면서 위치이동만을 위한 탑승의 경우도 발생한다.

조종사를 포함하여 운항승무원들의 항공노선에 대한 할당을 승무원 일정계획(Crew Scheduling)이라고 하는데 이는 통상적으로 두 단계로 진행된다. 조종사 기준으로 볼 때 첫 단계는 승무원 페어링(Crew Pairing)이라고 하여 한 조종사가 담당하게 될 일정 기간 동안의 항공노선의 조합으로 통상 마지막 항공노선은 모기지로 귀환하도록 구성한다. 두 번째 단계는 생성된 승무원 페어링에 대해 실제 조종사에게 한 달 또는 4주 동안의 기간에 대해 개별적으로 할당하는 과정으로 승무원 로스터링(Crew Rostering)이라고 부른다. 승무원 일정계획을 한꺼번에 작성하지 않고 단계별로 진행하는 이유는 구조 자체가 복잡하고 또한 각 단계별로 핵심으로 고려하는 상황이 다르기 때문이다. 승무원 페어링단계에서는 항공 노선 간의 연결 과정에서 고려하는 여유 시간(Sit Time), 하루 동안의 총 운항 가능 시간, 모기지가 아닌 타 공항에서 지내는 레이오버(Layover) 상황 등이 고려되어 시간제약 및 최소비용으로 페어링이 이루어지도록 한다. 승무원 로스터링 단계에는 승무원 간에 전체 할당되는 운항 시간의 균형, 타 공항에서 지내는 레이오버의 균형, 또는 새벽시간 운항 등 기피항공노선에 대한 균형배분 등과 함께 승무원의 개인 일정 및 선호도 등이 고려되며 이 모든 상황이 항공서비스의 품질수준, 특히 안전 및 서비스 마인드의 중요요건이기 때문이다.

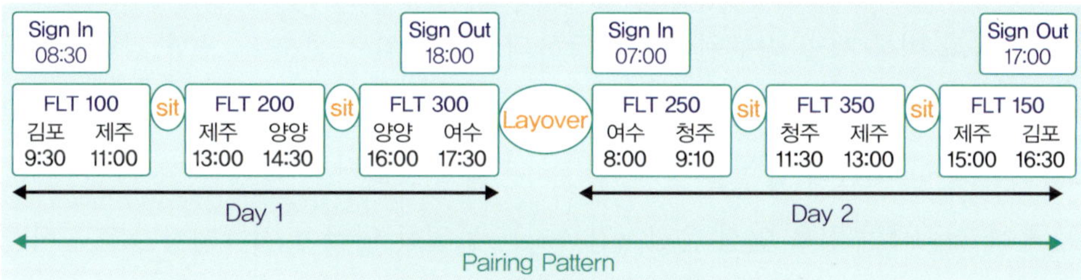


[그림 13-8] 승무원(조종사) 페어링의 예

조종사 승무원의 페어링의 한 예는 [그림 13-8]과 같다. 이틀 간의 일정으로 구성되며 6번의 항공노선으로 구성되고 중간에 모기지가 아닌 여수공항에서 레이오버가 포함되고 있다. 운항시간은 첫째 날 270분, 둘째 날 250분이며 총 근무시간은 19시간 30분이다. 이와 같이 생성된 페어링 패턴에 대해 비용을 산정하고 수많은 가능한 형태의 페어링을 생성한다. 실제로 페어링 패턴은 전산적으로 생성하는 도구를 사용하되 항공사의 노우하우와 또한 내부적 정책에 따라 미리 생성된 기본적 페어링 패턴 등을 포함하여 큰 사이즈의 페어링 풀을 만들고 이에 대해 조건을 만족하는 최소비용의 페어링 조합을 선택한다. 선택 과정은 전형적인 집합 분할의 문제로서 고려되는 수많은 조건들이 추가되어 최적의 해를 구하게 된다. 항공노선 $i$의 집합을 $F$, 생성된 페어링 $j$의 집합을 $R$이라고 하면 운항 가능한 페어링 $x_j$을 선택하는 집합 분할의 수리모형은 다음과 같다.

$$
\begin{aligned}
Min \quad & \textstyle\sum_{j \in R} C_j x_j \\
s.t. \quad & \textstyle\sum_{j \in R} a_{i,j} x_j = 1, \qquad && \forall i \in F \\
& x_j \in \{0, 1\}, && \forall j \in R
\end{aligned}
$$

승무원의 로스터링 과정은 고려되는 조건 등이 복잡하여 일반적으로 수리모형을 통하여 산출하기보다는 우선순위 조건 등을 고려하여 규칙에 의한 매뉴얼 할당으로 통상 이루어진다. 각 페어링은 로스터링 과정에서 날짜에 따라 필요한 수만큼 할당되어야 하고 이를 개별 승무원에게 할당하되 승무원의 우선순위, 운항 경력에 따른 우선순위, 개인별 선호도 등이 동시에 고려된다. 가장 중요한 고려사항은 승무원별 할당되는 운항 시간의 균형을 통하여 총비용을 최소화하는 목표를 달성하는 것이다. 특히 조종사의 경우 일정 운항시간까지는 동일한 임금이 지급되지만 일정시간, 예를 들면 월 60시간 이상의 운항시간에는 통상임금의 50%가 추가 지급되며 월 90시간 이상은 운항할 수 없도록 규정되어 있다. 항공사가 부담하는 비용 중에 조종사의 임금이 차지하는 비용은 상당히 크고 특히 조종사 간의 항공 운항 시간의 불균형은 대표적인 안전 위험의 요인이 되기 때문이다.

# Exercise 연습문제

1. **(고객세분화)** 다중가격을 통하여 서비스 고객의 수요를 분할할 수 있는 경우 적절한 가격의 설정은 서비스 비즈니스의 수익을 극대화할 수 있도록 한다. 고객의 수요가 가격에 반비례한다고 가정하자. 즉 가격이 $X$이면 수요는 $\frac{A}{X}$가 발생하여 이로 인한 매출은 $A$이다. 서비스 가격을 3개의 클래스로 책정할 수 있다고 판단하여 이를 각각 $X_1$, $X_2$, $X_3$($X_1<X_2<X_3$)라고 하면 총매출을 최대로 하기 위한 가격을 설정하는 방법을 예를 들어 제시하시오.

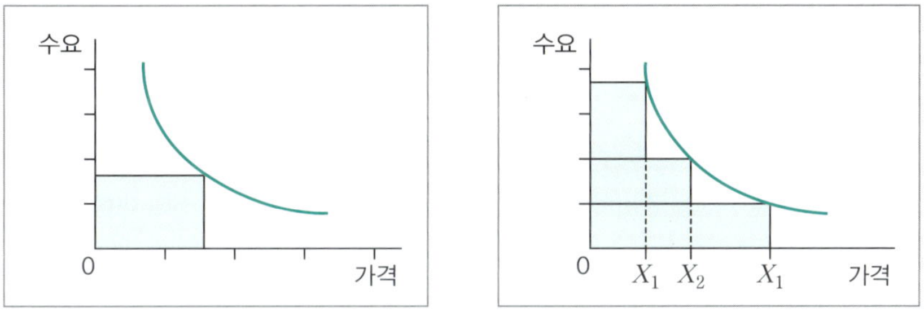


(a) 단일가격　　　(b) 3가지의 가격운영

2. 동일한 서비스에 대해 다양한 가격대를 운영할 수 있다면 이를 이용하여 서비스 공급용량에 적절하게 매치된 수요의 세분화 및 할당으로 수익을 극대화할 수 있다. 알래스카 크루즈여행에 대한 탑승권 1,000석을 판매하되 5개월 전 판매하는 할인가(C) 120만 원, 3개월 전 판매하는 특별가(B) 160만 원, 1개월 전부터 판매하는 정상가(A) 200만 원을 정하였다. 각 가격대에 대한 판매예상 분포는 정상가 $N(200,\ 50)$, 특별가 $N(400,\ 80)$, 할인가 $N(400,\ 100)$를 따르고 있다고 조사되었다. 할인가(C)부터 판매하지만 특별가(B)와 정상가(A)로 판매할 탑승권을 보장해 주어야 하고 마찬가지로 특별가(B)를 판매할 때 정상가(A)로 판매할 탑승권을 보장해 주어야 한다. 정상가(A) 보장탑승권과 (A+B)의 보장 탑승권의 수는 각각 얼마인가?

3. **(서비스 시프트 스케줄)** [예제 13-4]에서 제시된 문제에 대해 파트타임 인력을 운영하는 경우와 인력수요의 부족을 최대 1명 허용하는 경우에 대해 수리모형과 최적해를 구하시오.

4. **(서비스 시프트 스케줄)** 오전 10시에 오픈하여 오후 9시까지 운영하는 슈퍼마켓에서 종업원은 같이 5가지의 시프트 패턴 A, B, C, D, E형으로 근무하며 A(10시~18시), B(13시~20시), C(12시~18시), D(10시~13시), E(18시~21시)와 같이 A, B, C, D, E형 패턴별 지불임금은 각각 (15, 18, 12, 6, 8)만 원씩이다. 각 시간대별 소요인력 수는 10시부터 1시간 단위로 각각 (3, 4, 6, 4, 7, 8, 7, 6, 4, 7, 8)명이다.

(a) 전체 운영해야 하는 서비스 인력은 전체 몇 명이며 각 패턴별 운영인원을 구하시오.

(b) 시간대별 최대 2명 1조의 파트타임 인력으로 유연성을 확보하고자 하는 경우, 시간대별 1조의 파트타임 인력의 비용은 1이고 업무능력은 일반 인력의 150%라고 했을 때의 스케줄과 총비용을 구하시오.

(c) 또한 각 시간대 최대 1명까지의 인력부족을 허용하되 수요와 공급의 차이의 합을 최소화하는 시프트 스케줄을 구하시오.

5. **(대기시간과 비용)** 패스트푸드 가게는 3개의 서비스 카운터를 운영하고 있다. 이 가게의 경영자는 서비스에 대한 개선을 준비하고 있다. 조사결과 서비스카운터 수와 이에 대한 대기시간 및 유휴율은 표와 같이 분석되었다. 고객은 대기시간만큼 비용을 지불하고 있다고 생각하기 때문에 고객의 대기시간이 길어지면 이로 인한 고객의 비용이 커질수록 재방문이 줄어들고 결국은 경영자의 비용이 손실이 된다. 하지만 대기시간을 줄이기 위하여 카운터수를 증가시키면 유휴율이 증가하고 이 또한 비용의 증가를 의미한다. 데이터를 근거로 하여 전체 비용을 최소로 할 수 있는 방법을 제시하시오. 예를 들면 유휴율 1% 증가로 인한 하루 동안의 카운터별 비용을 10,000원이라고 하고 고객의 평균대기시간 1분의 가치를 $\mathrm{A}$라고 하자. 또한 패스트푸드 가게는 하루평균 200명 온다고 할 때 $\mathrm{A}$ 값의 변화($\mathrm{A}=10{,}000,\ 5{,}000,\ 2{,}000,\ 500,\ 100$)에 따른 최적의 카운터 수를 추정해 보시오.

〈표 13-5〉 카운터의 수와 유휴율 및 고객 대기시간

| 카운터수 | 1 | 2 | 3 | 4 | 5 | 6 | 7 |
|---|---|---|---|---|---|---|---|
| 유휴율(%) | 0 | 8 | 12 | 18 | 29 | 36 | 42 |
| 대기시간(분) | 16.2 | 10.3 | 6.9 | 4.8 | 2.9 | 1.9 | 1.3 |

6. **(대기이론 응용 서비스 공급능력수준 결정)** [예제 13-5]와 같이 세차장을 운영하는데 자동차는 평균적으로 시간당 4대 정도 도착하고 세차에 소용되는 시간은 평균 10분 정도이다. 도착하는 차량이 세차 또는 주차장 공간의 여유 등으로 세차서비스를 받을 확률을 서비스 수준이라고 정의한다. 주차장 공간을 $k=1,\ 2,\ \ldots,\ 11$대 확보했을 경우의 이에 대응되는 서비스 수준을 구하시오. 또한 장기적으로 판단할 때 주차장 하나 증설하는 데 소요되는 비용은 서비스 수준 3% 증가로 보전할 수 있다고 할 때 가장 최적의 주차장 대수는 얼마인가?

7. **(환자의 이기적 선택)** 피구의 이기적 선택모형에서 지원금$(0, 1, 2, ..., 10)$에 따른 환자의 선택과 그로 인한 시스템의 운영 효율이 어떻게 개선되는지 계산하시오.

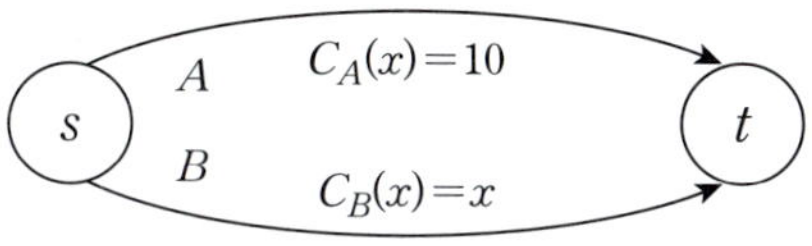


8. **(항공 서비스: 수요에 대한 서비스 설비 할당)** 항공노선 $i \in F$에 대해 운항 가능한 라우트 패턴 후보 $j \in R$가 생성되었다. 라우트 패턴 $j$의 비용은 $C_j$이다. 라우트 패턴 $j$가 항공노선 $i$를 포함하는지에 대한 여부를 표현하는 (0,1) 매트릭스 $a_{i,j}$가 주어져 있다. 이에 해당하는 항공기는 전체 $N$대이다. 최적의 라우트 패턴을 선택하는 항공 라우팅 문제에 대한 수리모형을 제시하시오.

PART 05

# 스마트 공급사슬

Supply Chain Management

Supply Chain Management

CHAPTER 14

# 공급사슬과 3D 프린팅

1. 3D 프린팅 | 2. 하이브리드 제조 | 3. 클라우드 제조

CHAPTER 14

# 공급사슬과 3D 프린팅

Supply Chain Management

〈학습 목표〉

1. 3D 프린팅을 이용하여 공급망이 얻을 수 있는 다양한 유연성에 대해 설명할 수 있다.
2. 기존 생산 자원을 활용하는 하이브리드 제조를 이해한다.
3. 클라우드 기반의 공유자원을 활용하는 클라우드 제조를 이해한다.

3D 프린팅은 3차원으로 설계된 도면을 바탕으로 금속, 수지, 액체 등을 이용해 한 층씩 쌓아 올리는 방식으로 제품을 만드는 기술을 의미한다. CNC 등을 이용해 절삭하는 방식으로 물건을 생산하는 방법과 비교하여 적층 제조(Additive manufacturing)이라고 불리기도 한다. 본 장에서는 3D프린터를 이용하는 적층 제조의 개념과 장점을 이해하고, 적층 제조를 통해 변화되는 공급사슬의 구조를 살펴보고자 한다. 특히, 기존의 제조 시설과 3D 프린팅 센터를 함께 활용하는 방식의 하이브리드 제조(Hybrid Manufacturing)와 클라우드 환경에서 3D 프린팅 기술을 활용하는 클라우드 제조(Cloud Manufacutring)의 공급망을 살펴보고자 한다.

# 1 3D 프린팅

3D 프린팅은 제조 기술 방식에 따라 크게 여러가지 방식으로 구분되며, 가장 대표적으로 활용되는 방식은 FDM(Fused Deposition Modelling), SLA(Sterolithography), SLS(Selective Laser Sintering) 등이다. [그림 14-1]과 같이 FDM은 필라멘트 타입의 플라스틱 재료를 녹인 후, 노즐로 분사하여 적층 작업을 하는 방식이다. SLA는 레이저를 이용해 액체 형태의 재료를 경화시키면서 적층작업을 하며, SLS 방식은 파우더 형태의 플라스틱, 금속, 유리 등을 레이저를 이용해 적층하는 방식이다. 이와 같이 사용하는 재료와 적층 방식에 따라 다양한 기술로 구분되지만, 적층 제조를 통한 생산은 기존의 전통적인 생산 방식과 비교하여 다양한 공통적인 유연성을 제공해 줄 수 있다. Chung 등(2018)은 3D 프린팅을 이용해 얻을 수 있는 6가지 유연성을 설계의 유연성, 제품의 유연성, 공정의 유연성, 공급사슬의 유연성, 협력의 유연성, 전략의 유연성으로 구분하여 설명하고 있으며, 이는 [그림 14-2]와 같이 표현될 수 있다.

FDM 방식의 3D 프린팅

source: Ultimaker

SLA 방식의 3D 프린팅

source: formlab

[그림 14-1] 3D 프린팅

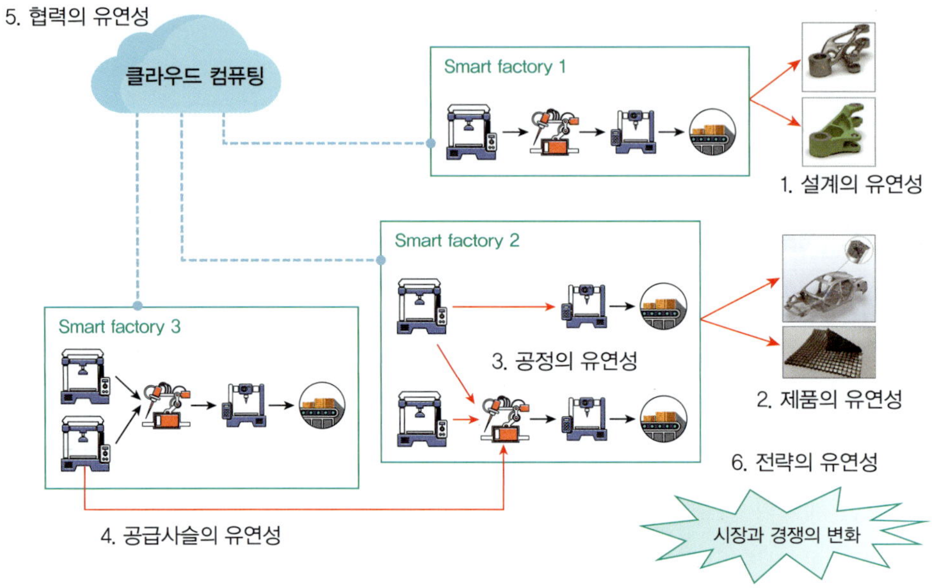


[그림 14-2] 3D 프린팅을 통해 얻을 수 있는 유연성

## 1) 설계의 유연성

제조업이 3D프린팅 기술을 통해 얻을 수 있는 첫 번째 유연성은 설계의 유연성이다. 첫째, 연삭, 드릴링, 용접 등과 같은 기존의 전통적인 생산 프로세스에서는 만들 수 없는 복잡한 형태의 제품을 설계하고 생산할 수 있다. 이를 통해 일상적인 소비재뿐만 아니라 예술적인 제품의 설계 및 생산에서도 새로운 제조 패러다임이 만들어지고 있다. 둘째, 동일한 기능을 수행하는 하나의 제품을 생산하더라도 다양한 모습의 제품으로 만들 수 있다. 생산자와 소비자는 3D 도면을 수정하는 과정을 통해서 쉽게 다른 모양이나 형태를 변경할 수 있으며, 이를 통해 개인화된 제품을 생산하는데 활용할 수 있다. 질레트는 소비자가 원하는 형태의 손잡이를 이용한 면도기 제품을 출시하였으며, 나이키는 소비자 맞춤형 운동화를 시범적으로 생산하여 판매하였다. 셋째, 자동차와 항공기 기업들은 동일한 제품의 특성을 유지하면서 보다 가벼운 제품을 만들기 위하여 위상 최적화(Topology optimization) 기법을 적용하여 제

품을 설계한다. 예들 들어, 자동차나 비행기의 성능에 문제가 없이 보다 원자재가 적게 소비되는 가벼운 제품을 만들 수 있다면, 생산 과정에서의 원자재 구매비용의 절감과 사용 과정에서의 에너지 소비 절감을 모두 이룰 수 있어 큰 주목을 받고 있다. 벌집형 셀구조의 설계(Lu et al., 2014), 거미줄 모양의 설계(Qin ct al., 2015) 등은 위상 최적화를 통한 제품 설계의 대표적인 예이다.

## 2) 제품의 유연성

제품의 유연성이란 하나의 공장 또는 하나의 공급망에서 소비자 요구에 따라 다양한 제품을 생산할 수 있음을 의미한다. 3D 프린팅은 전통적인 생산에 비해 생산 준비를 위한 셋업 시간을 크게 단축할 수 있기 때문에 이와 같은 유연성을 확보할 수 있다. 제품의 유연성은 매스 커스터마이제이션(Mass Customization) 생산 방식에서도 추구한 전략이나 3D 프린팅을 통한 제품의 유연성과는 차이가 존재한다. 기존의 매스 커스터마이제이션은 소비자가 선택할 수 있는 다양한 부품 옵션을 준비하고, 소비자가 원하는 옵션들을 선택하면 이를 빠르게 조립하여 소비자에게 전달하는 방식으로 제품의 유연성을 추구하였다. 하지만 3D 프린팅을 통한 제품의 유연성은 소비자가 선택하는 부품의 옵션이 아닌, 3D 제품 도면을 기반으로 하고 있다. 따라서 기존의 전통적인 생산에 비해 높은 수준의 공급망 통합이 요구되지 않는다. 3D 프린팅을 통한 제품의 유연성은 개인화 제조를 촉진시키며, 산업의 경계를 허물 수 있다. 예들 들어, 전통적인 산업 구조에서는 자동차 생산을 위한 공급망과 비행기 생산을 위한 공급망은 별도로 존재한다. 하지만 이제는 하나의 기업이 자동차 부품을 생산할 수도 있고, 비행기 부품을 생산할 수도 있다. 또한, 기업들은 신제품의 출시에 앞서 보다 다양한 시제품을 생산하여 시장 반응을 미리 살펴 보고, 대량 생산에 필요한 제품을 보다 효과적으로 구성할 수 있을 것이다.

### 3) 공정의 유연성

대량 생산을 위한 자동화 시스템은 사전에 지정된 작업만을 수행하여 효율성을 높이는 전략을 추구한다. 하지만, 3D 프린팅을 활용한 생산 프로세스는 기존의 생산라인에 비해 보다 높은 수준의 공정 유연성을 얻을 수 있다. 여기서 말하는 공정의 유연성이란 하나의 제품이 다양한 프로세스를 통해 생산될 수 있음을 의미한다. 공장의 설비 상태에 따라서, 또는 공유되는 자원의 가용성의 수준에 따라서 다양한 프로세스를 통해 제품을 생산할 수 있는 것이다. 첫째, 3D 프린팅을 이용하면 전통적인 생산에 비해 조립 공정의 부하를 획기적으로 줄일 수 있도록 제품 설계를 할 수 있으며, 이를 통해 생산 효율성을 높일 수 있다. 예를 들어, GE 항공은 20개의 부품으로 구성된 연료 노즐을 조립이 필요 없는 하나의 제품으로 재설계하고 3D 프린터를 통해 생산할 수 있었다. 둘째, 3D 프린터의 성능에 따라 다양한 프로세스가 설계될 수 있다. 대형 프린터에서는 한 번에 제품을 출력할 수 있지만, 소형 프린터에서는 제품의 일부분을 나눠서 출력한 뒤, 조립 공정을 통해 최종 제품을 생산할 수 있다. 다양한 색상의 소재를 다룰 수 있는 프린터를 통해 한 번에 제품을 출력할 수도 있고, 하나의 소재로 제품을 출력한 뒤 인쇄 공정을 통해 제품을 생산할 수 도 있다. 셋째, 제품의 소재에 따라 필요로 하는 공정이 달라질 수도 있다. 예를 들어, 수지를 이용한 제품 생산보다 금속 소재를 이용한 제품 생산이 많은 후공정을 요구하게 된다.

### 4) 공급사슬의 유연성

개인화된 제품에 대한 요구가 증가할수록 그리고 새로운 기술이 개발될수록 공급망 내외부에서 발생되는 불확실성은 증가하게 된다. 3D 프린팅은 증가하는 불확실성에 대처하기 위한 하나의 방법으로 활용될 수 있으며, 기존에 없던 새로운 공급망 구조를 제공할 수도 있다. 뒤에서 설명할 하이브리드 제조, 클라우드 제조 등은 3D 프린팅의 도입을 통해 새롭게 고려되는 공급망의 구조이다. 하이브리드 제조는 기존의 시설물과 3D 프린팅 센터를 효과적으로 연결하기 위한 노력이며, 클라우드 제조는 유휴 자원의 공유를 통해 보다 동적으로 공급망을 활용하기 위한 노력을 의미한다. 이러한 새로운 제조 방식과 협력 모델을 기반으로 하는 공급망의 설계는 기존에 없던 새로운 비즈니스 모델을 제공할 수 있다. 보다 자세한 설명은 14.2절과 14.3절에서 설명한다.

### 5) 협력의 유연성

IoT, RFID 등을 통해 공급망에서 발생되는 데이터의 종류와 양은 기하급수적으로 증가하고 있으며, 클라우드 환경에서 다양한 협력자들과 공유될 수 있다. 제품의 설계 단계에서부터 생산 및 판매 단계까지의 프로세스에서 발생되는 많은 데이터들은 서로 연결되고, 공유됨으로써 더 큰 가치를 창출할 수 있으며, 공급망의 참여자들의 협력을 촉진할 수 있다. 협력의 유연성이란 공급망의 참여자들자들이 보다 높은 수준의 상호작용을 통해 협력할 수 있음을 의미한다. 특히, 전통적인 제조 프로세스에서는 설계, 생산, 조달 등의 참여자들이 모두 독립적으로 책임과 역할을 갖고 있었으나, 3D 프린팅을 활용한 생산에서는 설계, 생산, 조달의 영역이 희미해지고 참여자들의 협력이 보다 직접적으로 요구되기 때문에 중요한 의미를 갖게 된다. 예를 들어, 전통적인 생산 방식에서는 제품의 설계에 맞춰 공정을 운영하였으나, 3D 프린팅 환경에서는 공정의 가용성에 맞춰 제품 설계의 수정을 요구할 수도 있다. 이는, 공정의 유연성에서 설명한 바와 같이, 하나의 제품도 설비 상황에 맞춰 여러가지 방식으로 설계될 수 있기 때문이다.

### 6) 전략의 유연성

마지막으로 설명할 유연성은 전략의 유연성이다. 이는 시장 경쟁의 변화와 시장 환경의 변화에 맞춰 시기 적절하게 반응할 수 있는 능력을 의미한다. 전통적인 제조 환경에서의 전략의 유연성은 환경의 변화에 맞춰 필요한 자원을 획득하거나, 다양한 전략을 수립한 뒤 환경에 맞춰 적절한 전략을 선택하는 것에 초점을 두었다. 하지만, 3D 프린팅 기반의 제조 환경에서는 자원의 공유 및 협력의 용이성이 훨씬 더 높아지기 때문에 시장 변화에 유연하게 대응할 수 있게 된다. 하나의 생산라인에서 하나의 제품만 생산하기보다는, 공장의 네트워크를 구성하여 시장 변화에 맞춰 생산라인 간의 용량을 공유함으로써 보다 유연한 전략을 실현할 수 있게 된다.

## 2 하이브리드 제조

적층 제조는 앞서 설명한 바와 같이 공급망에 다양한 유연성을 제공해 주지만, 새로운 문제를 야기하기도 한다. 고가의 장비, 적층 제조에서 발생하는 오염물질, 긴 제조 시간, 매끄럽지 않은 표면 처리 등이 대표적인 문제점이다. 특히, 금속 재질의 제품을 프린팅하는 경우, 후공정에서의 금속 부품 또는 제품의 처리가 필수적이다. 이를 위해서 하이브리드 제조가 주목받게 되었다. 하이브리드 제조란 적층 제조 기술을 이용하여 부품을 생산한 뒤, 후공정의 기계 작업은 기존의 전통적인 생산 방식을 활용하는 것을 의미한다. OEM(Original Equipment Manufacturers, 주문자 상표 부착생산 기업)들을 대상으로 한 조사에서, 94%의 기업은 하이브리드 제조를 위한 후공정 처리에 관심이 있다고 하였으며, 53%의 기업은 적층 제조 후공정 처리를 지원하기 위해 20% 이상의 여유 용량을 갖고 있다고 보고된 바 있다(Strong et al., 2018). 이와 같이 적층 제조의 도입은 기존의 전통적인 생산기업과 함께 하이브리드 제조를 위한 공급망을 운영할 수 있으며, 이를 위해서는 어떻게 최적의 하이브리드 제조 공급망을 설계할 것인가가 매우 중요한 문제가 된다. 하이브리드 제조 공급망 설계를 위하여 Strong 등(2018)은 적층 제조 허브, 전통적인 생산업체, 고객으로 구성된 공급망을 고려 하였으며, Strong 등(2019)은 적층 제조 허브, 전통적인 열처리 공장, 전통적인 기계작업 공장, 고객으로 구성된 공급망으로 기존 연구를 확장하였다. [그림 14-3]은 4단계로 구성된 하이브리드 제조 공급망을 표현하고 있다. 하이브리드 제조 공급망 설계 문제는 7장에서 학습한 공급사슬 설비 입지 문제를 응용하여 해결할 수 있다. 적층 제조 허브는 새롭게 건설해야 하는 설비로 입지를 어느 곳에 두어야 하는지 판단하게 되며, 후공정에 해당되는 열처리 시설과 기계작업 시설은 누가 공급망에 참여하는게 효과적인지 판단하게 된다. 또한, 이들을 어떻게 연결할 것인지를 파악하여 최종적인 공급망이 설계된다.

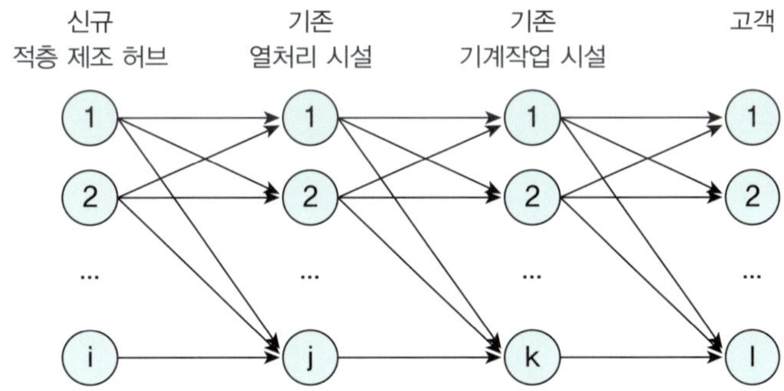

[그림 14-3] 4단계 하이브리드 제조 공급망

하이브리즈 제조 공급망의 결정변수 $y_i^A$, $y_j^H$, $y_k^M$는 각각 $i$지역에 적층 제조 허브를 설치할지 여부, $j$지역에 열처리 시설을 선택할지 여부, $k$지역에 기계작업 시설을 선택할지 여부를 결정하며, 0 또는 1의 값을 갖는 이진변수이다. 공급망의 흐름을 결정하는 의사결정 변수는 $x_{ij}$, $x_{jk}$, $x_{kl}$로 표현되며, 각각 $i$지역의 적층제조 허브에서 $j$지역의 열처리 시설로 보내지는 물량, $j$지역의 열처리 시설에서 $k$지역의 기계작업 시설로 보내지는 물량, $k$지역의 기계작업시설에서 $l$지역의 소비자에게 보내지는 물량을 의미한다. 각 지역의 설비 설치 또는 선택 비용을 $f_i$, $f_j$, $f_k$, 지역 간의 이동에 따른 비용을 $c_{ij}$, $c_{jk}$, $c_{kl}$, $l$지역의 소비자 수요를 $d_l$, 공급망의 단계별로 선택할 시설물의 개수를 $p$(적층 제조 허브), $q$(열처리 시설), $r$(기계작업 시설)로, 임의의 큰 수를 $M$으로 정의하면 다음의 MILP 모델로 수식화할 수 있다.

$$Min \quad \sum_{i} f_i y_i^A + \sum_{j} f_j y_j^H + \sum_{k} f_k y_k^M + \sum_{i,j} c_{ij} x_{ij} + \sum_{j,k} c_{jk} x_{jk} + \sum_{k,l} c_{kl} x_{kl}$$

$$\begin{aligned}
s.t. \quad & \textstyle\sum_i y_i^A = p, \\
& \textstyle\sum_j y_i^H = q, \\
& \textstyle\sum_k y_i^M = r, \\
& x_{ij} \le M y_i^A, \ \forall i, j \\
& x_{jk} \le M y_j^H, \ \forall i, k \\
& x_{kl} \le M y_k^M, \ \forall k, l \\
& \textstyle\sum_i x_{ij} = \sum_k x_{jk}, \ \forall j \\
& \textstyle\sum_j x_{jk} = \sum_l x_{kl}, \ \forall k \\
& \textstyle\sum_k x_{kl} = d_l, \ \forall l \\
& y_i^A, y_j^H, y_k^M \in \{0, 1\}, \ \forall i, j, k \\
& x_{ij}, x_{jk}, x_{kl} \ge 0, \ \forall i, j, k, l
\end{aligned}$$

목적 함수는 공급망에서 발생하는 고정비용(신규 적층 제조 허브를 설치하는 비용과 기존 시설물을 선정하는 비용)과 변동비용(공급망의 단계별로 제품을 이동하는 데 발생하는 비용)의 총합을 최소화하고 있다. 제약식은 설치 또는 선정 가능한 시설물의 개수 제한, 시설물을 설치하는 경우만 제품의 이동이 가능함, 각 시설물 간의 이동 물량의 균형 및 수요 충족, 의사결정 변수의 특성 정의를 표현하고 있다.

# 3 클라우드 제조

클라우드 컴퓨팅, 인공지능, 3D 컴퓨팅, 사물 인터넷 등의 새로운 기술의 개발과 도입으로 4차 산업혁명이라는 화두가 제기되었으며, 이는 공급사슬 분야도 예외가 아니다. 공유 경제 기반의 환경에서 새롭게 부각되고 있는 클라우드 제조(Cloud manufacturing) 환경하에서의 공급사슬은 유연성과 효율성을 모두 높이고자 하는 새로운 방식의 생산 시스템이다. Xu(2012)는 미국표준기술 연구소(National Institute of Standards and Technology)의 정의를 바탕으로 클라우드 제조를 "최소의 관리 노력과 서비스 제공자의 상호작용을 통해 공유된 제조 자원(제조 소프트웨어, 제조 설비, 제조 능력)을 이용하여 언제 어디서나 편리하게 수요기반의 네트워크를 만들어 주는 모델"이라고 설명하고 있다.

클라우드 컴퓨팅은 이미 우리 생활에서 밀접하게 이용되고 있다. Dropbox나 Google drive와 같은 서비스를 이용하여 클라우드 컴퓨터에 자료를 저장하며, Zoom이나 Webex와 같은 서비스를 이용하여 온라인으로 회의나 강의를 하고 있다. 클라우드 제조는 이러한 개념을 제조업에 적용하여 생산관련 소프트웨어, 생산 장비, 생산 역량 등의 자원을 클라우드 환경에서 공유하고 서비스하는 시스템을 의미한다. 클라우드 제조에 참여하고 싶은 기업은 보유하고 있는 자원을 공유하여 부가적인 수익을 창출할 수 있으며, 개인화된 제품을 사용하고 싶은 소비자는 클라우드 제조에 참여한 기업들의 자원을 활용하여 물건을 만들 수 있다. 이제는 공장을 소유하지 않는 기업이라도 클라우드 제조에 참여하고 있는 기업들의 자원을 이용하여 물건을 만들어 팔 수 있는 시대가 도래하고 있는 것이다.

2010년부터 2013년까지 유럽연합에서는 "ManuCloud"라는 클라우드 제조 시스템을 위한 서비스 기반의 IT 인프라스트럭처를 개발하는 차세대 생산시스템 개발 프로젝트를 진행하였다. ManuCloud는 클라우드 제조에 참여하여 자원을 공유하는 기업들을 네트워크로 연결할 수 있는 기술, 기업 간의 데이터를 교환하는 기술, 기업 간의 품질 보증을 위한 기술 등을 바탕으로 제조 실행 현장 수준의 통합을 이루고자 하였다. 독일, 헝가리, 영국, 오스트리아 등 다양한 국가의 8개 기업이 참여한 최초의 클라우드 제조 시스템이다. 한국에서는 2015년부터 전자통신연구원을 중심으로 연세대학교, 성균관대학교 등과 함께 개방형 제조 서비스인 Factory as a Service(FaaS)을 개발하여 운영하고 있다. [그림 14-4]의 구조로 설계된 FaaS 시스템은 3D 프린팅 기술을 기반으로 개인화 제조를 지원하는 제조 서비스 플랫폼이며, 개인화 제조를 원하는 개인과 기업들은 FaaS 시스템을 통하여 소량의 제품도 효율적으로 생산할 수 있다. 이와 같은 새로운 구조의 생산 시스템은 유럽, 중국 등 다양한 국가에서 연구 개발되고 있다.

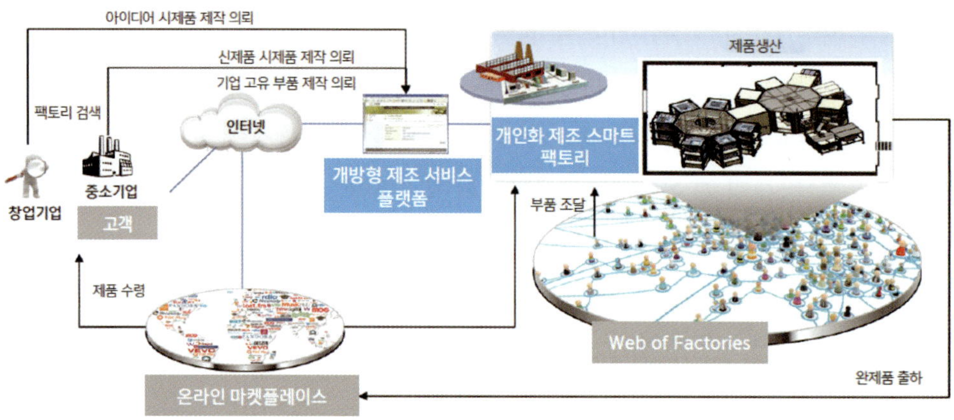


[그림 14-4] Factory as a Service 개념도

클라우드 제조 환경에서는 공급사슬의 구조와 역할도 바뀌게 된다. 기존의 전통적인 공급사슬은 중장기적인 관점에서 원자재 공급자로부터 소비자에 이르는 네트워크를 설계한다. 중장기적인 수요의 특성과 공급의 불확실성을 바탕으로 공급사슬의 구조를 설계하고 공급사슬의 참여자들을 사전에 결정하게 된다. 기업의 전략에 맞춰 설계된 공급사슬은 시장환경이 크게 변화하지 않는다면 단기적인 수요를 맞추기 위하여 고정된 구조로 운영된다. 하지만, 개인화 제조를 지원하는 클라우드 제조 환경의 공급사슬 구조는 일회성이다. 즉, 하나의 수요가 발생하면 이를 가장 빠르고 효과적으로 대응할 수 있는 기업의 연합이 클라우드상에서 형성된다. 하나의 기업

이 하나의 수요를 대응할 수도 있고, 여러 기업들이 서로 자원을 공유해 주면서 생성되는 일회성 공급사슬을 이용하여 하나의 수요를 대응할 수도 있다. 어느 기업이 대응할 것인가는 수요가 발생한 시점의 수요 정보와 IoT를 이용하여 실시간으로 집계되는 공유 가능한 공장의 자원 상태에 따라 매번 바뀌게 되는 것이다. 이렇게 변화된 환경에서는 유연성과 효율성을 모두 달성하기 위해서 그때 그때 신속하게 공급사슬을 형성하는 새로운 역량이 요구된다. 특히, 이러한 클라우드 제조 기술은 중소기업에게 더 많은 기회를 줄 것으로 예상된다.

Supply Chain Management

15

CHAPTER

# 4차 산업혁명과 공급사슬

CHAPTER

# 15 4차 산업혁명과 공급사슬

Supply Chain Management

〈학습 목표〉

1. 4차 산업혁명의 환경에서 공급사슬 변화의 특징을 이해하고 설명할 수 있다.
2. 스마트 공급사슬의 속성인 3C 개념을 이해하고 현재 공급사슬의 변화 정도를 파악할 수 있다.
3. 4차 산업혁명의 기술이 공급사슬의 변화에 어떠한 영향을 주고 있는지 설명할 수 있다.

1906년에 설립된 영국의 롤스로이스사는 "세계 최고의 자동차"를 만든다는 전략으로 사실상 최고 수준의 엔지니어링 기술로서 명성을 얻은 후, 1960년 대부터 제트 엔진을 생산하기 시작하였다. 롤스로이스는 자사의 제트 엔진을 탑재하여 운항중인 항공기에 수만 개의 센서를 장착하여 모니터링을 하고 원격 수리시스템을 갖추고 있다. 즉, 소위 4차 산업혁명 기술 중 가장 기반이 되는 기술인 사물인터넷(IoT)을 활용한 대표적인 혁신 사례로 꼽힌다. 사실 롤스로이스사가 생산하는 항공기, 선박, 헬리콥터 등의 모든 엔진에는 센서가 내장되어 있다. 이렇게 내장되어 있는 센서를 통해 엔진을 가동하는 수많은 부품의 압력, 온도, 진동 등과 관련된 대용량의 정보와 운항 데이터 및 기후, 운항 조건 등이 수집되어 실시간으로 롤스로이스 본사로 전송된다.

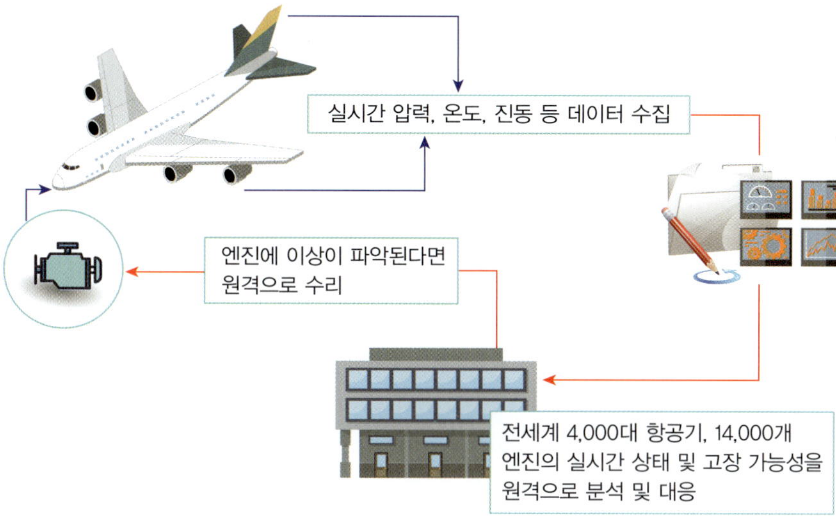


[그림 15-1] 롤스로이스사의 항공기 원격 정비

롤스로이스사의 엔진을 구매한 항공사는 엔진에 대한 안전성을 보장받는 동시에, 원격으로 진행되는 지상 수리를 통해 수리에 필요한 대기 시간을 단축하여 운행 지연으로 발생하는 손실을 최소화할 수 있게 된다. 전통적인 엔지니어링 제조 업체였던 롤스로이스사의 이러한 변신은 사물인터넷을 통해 가치 있는 정보를 수집함으로써 고객이 원하는 서비스의 부가가치 창출이 가능했기 때문이다. 이를 통해 롤스로이스는 항공기 엔진 시장에서의 선도적 위치를 점하고 제조업 부문 영업 이익률 또한 4%대에서 11%대로 증가하였다. 우리가 주목하여야 할 점은 롤스로이스사 공급사슬의 획기적인 변화이다. 사물인터넷의 적용 자체는 더 이상 차별화된 혁신이 아니지만, 기존의 공급사슬상에서 제조 기업이 숙명적으로 가져가야 했던 고객 가시성(Customer Visibility)의 문제를 완전히 해결하여 이를 내재화하였다는 것이다. 롤스로이스사는 더 이상 기존의 제조 기업의 단계가 아니라 공급사슬상에서 고객 접점에서 서비스를 제공하는 서비스 공급자가 된 것이다. 혹자는 사물인터넷이 롤스로이스사를 화석연료를 쓰는 엔진 제조기업에서 '데이터라는 연료를 사용하는 비즈니스(Data-fueled Business)' 회사로 바꾸었다고 말한다. 실제로 롤스로이스사의 선박 엔진을 사용하는 고객은 선박 운행의 오류를 발견하고 수리하는 원격 제어 서비스를 간절히 요구하고 있다. 이는 사용 중인 제품에서 발생하는 데이터가 제품 자체보다 훨씬 가치가 있다는 의미이다. 왜냐하면 선박 엔진의 원격 제어 서비스는 더 이상 제품의 효율성의 문제를 뛰어 넘는 생명에 대한 문제이기 때문이다.

이번 장에서는 제4차 산업혁명이라는 환경이 공급사슬에 어떠한 영향을 미치는지, 그리고 이러한 환경에 적합한 공급사슬의 속성들은 무엇인지 알아보고자 한다. 또한 최근의 정보통신 기술 또는 4차 산업혁명을 견인하는 기술들을 어떻게 적용할 수 있을지를 모색해 본다.

## 1 공급사슬의 환경 변화

앞서 롤스로이스사의 변화를 본 것처럼 4차 산업혁명의 환경 변화에 따른 공급사슬의 미래 모습을 그려볼 수는 없을까? 예측컨대 이러한 변화는 공급사슬상의 몇 가지 기능이나 조직의 변화가 아닌 패러다임의 변화일 가능성이 매우 높다. 이를 위해 우리는 4차 산업혁명이 의미하는 바가 무엇인지 짚어 볼 필요가 있다.

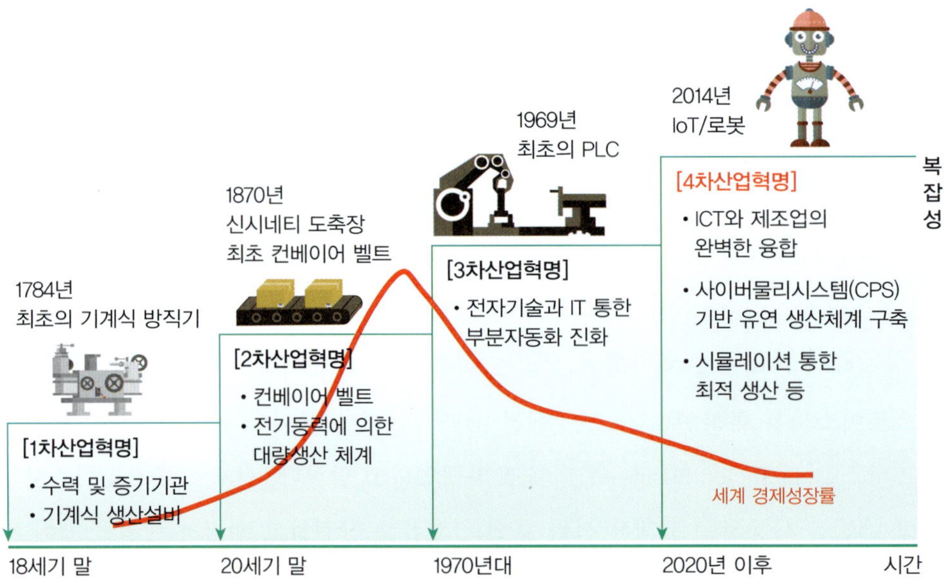


[그림 15-2] 산업혁명의 발전단계와 경제성장률

출처: 독일인공지능센터(DFKI), KDB 대우증권리서치센터(2014).

산업혁명의 특성은 동력의 변화에서 온다. 1차는 증기기관, 2차는 전기동력, 3차는 컴퓨터 또는 IT, 그리고 4차는 정보통신기술 또는 ICT이다. 1, 2차는 물리력의 변화이고, 3, 4차는 정보력의 변화이다. 그리고 3차와 4차 산업혁명의 차이는 글자 그대로 IT와 ICT의 차이이다. 같은 정보의 시대이지만 'C'의 도입은 엄청난 변화이다. C=Communication이므로, 통신기술의 혁신은 모든 인류를 연결시킬 뿐만 아니라 지구상의 모든 사물들과도 서로 연결되는 획기적인 환경의 변화를 초래한다. 이로 인해 지금까지 인류가 경험해 보지 못했던 규모와 종류의 데이터를 생성하고 여기서 비즈니스 가치를 창출하는 환경으로의 변화를 보고 있는 것이다. 그렇다면 이러한 변화에 걸맞는 경제 성장을 인류가 경험했을까? 빨간색의 세계 경제성장률 곡선을 보면 최고 성장률은 2차 산업혁명의 성숙기에 이미 이루었고, 그 이후에는 하강세 내지는 정체기에 접어들고 있다. 많은 경제학자들은 쉽게 얻을 수 있는 과일들은 이미 과일 나무에서 모두 따버렸다고 이야기한다. 즉 남은 과일들은 막대한 비용과 노력 없이는 얻기가 힘든 상황이라는 것이다. 결론적으로 우리는 ICT라는 무기를 가지고 매우 험난한 전쟁터로 나간 상황이다.

공급사슬의 변화를 예측하는 데 이러한 상황 인식은 매우 중요하다. 4차 산업혁명의 기술들이 막연히 기대한 바와는 달리 장미빛 미래를 보장해 주지 못할뿐더러 비상한 노력 없이는 예전보다 좋은 결실을 거두기 힘들다는 것이다. 공급사슬의 변화는 사실상 기반이 되었던 제조업의 패러다임 진화를 따라간다. 이를 파악함으로써 공급사슬이 맞이하게 될 변화된 환경을 파악할 수 있다.

〈표 15-1〉 제조 패러다임의 진화

| 비용 | 품질 | 가치 |
|---|---|---|
| ~1980 | 1980~2010 | 2010~미래 |
| 규모의 경제<br>(Economy of Scale) | 절충의 경제<br>(Economy of Trade-off) | 범위의 경제<br>(Economy of Scope) |
| Scientific Management MRP | Just-In-Time<br>6-시그마, TQM | IoT, CPS, 인공지능<br>Big Data Analytics |
| Mass Production | Mass Production | Mass Customization |
| Scientific Management | Lean Manufacturing | Smart Manufacturing |

여기서 우리는 제조업의 경쟁력이 비용, 품질에서 가치로 변해 온 것을 알 수 있다. 그리고 생산 방식은 대량 생산에서 대량 맞춤형으로, 경제 환경은 규모의 경제에서 범위의 경제로, 기법은 과학적 관리에서 6-시그마, 그리고 최근의 4차 산업혁명 기술로 전환되고 있음을 볼 수 있다. 간과하지 말아야 할 것은 4차 산업혁명 환경에서 '가치'라는 것은 정량적, 객관적 가치보다는 주관적, 개인적 가치에 초점이 맞추어져 있다는 사실이다. 이것이 바로 맞춤형 생산방식이 필요한 이유이다. 결론적으로 제조시스템은 테일러의 과학적 관리(Scientific Management), 린 생산방식(Lean Manufacturing), 그리고 스마트 제조(Smart Manufacturing)로 변화하는 것이다.

## 2 스마트 공급사슬: 정의

이상의 제조 패러다임의 변화과정을 통해 우리는 4차 산업혁명의 환경에서 예상되는 공급사슬 변화의 주요 특성을 파악해 볼 수 있을 것이다. 편의상 우리는 새로운 형태의 공급사슬을 스마트 공급사슬(Smart Supply Chain)이라고 명명한다. 이는 크게 외부 환경, 의사결정 시스템, 공급사슬 전략, 제품, 그리고 정보 관점에서 기존 공급사슬과 스마트 공급사슬을 비교해 보기로 한다. 먼저 공급사슬 외부환경을 살펴보면, 스마트 공급사슬이 직면하는 경제 환경은 저성장이며, 비즈니스 환경은 서로 협업이 필요하며, 기존의 설비기반의 공급사슬에서 정보기반으로, 지역적으로는 외곽 집중형 물류센터에서 수요에 근접한 도심형 분산 물류센터로, 그리고 자원 소유 형태는 직접 소유가 아닌 공유 형태가 많아질 것이다.

〈표 15-2〉 전통적 공급사슬 vs. 스마트 공급사슬: 외부 환경

| 항목 | 전통적 공급사슬 | 스마트 공급사슬 |
| --- | --- | --- |
| 경제 환경 | 고성장(High Growth) | 저성장(Low Growth) |
| 비즈니스 환경 | 경쟁적(Competition) | 상호협력(Collaboration) |

| 기업 성격 | 설비기반(Equipment-based) | 정보기반 |
|---|---|---|
| 지리적 특성 | 공단형 군집(Industrial Complex) | 도심형 분산 |
| 자원 소유 | 개별소유 | 공유(Shared) |

다음으로 의사결정 환경에서는 의사결정의 문제들이 더 이상 과거에 경험했던 문제가 아닌 매번 새로운 일회성 문제일 가능성이 훨씬 많다. 또한 의사결정의 시점이 일정한 시기나 주기적인 것이 아니라 실시간으로 신속히 대응해야 되는 문제의 성격이 될 것이다. 이는 의사결정의 속성이 현재의 실시간 상황에 근거하며, 실시간으로 수집된 빅데이터의 패턴을 분석하여야 가능한 해법을 요구할 것이다. 많은 경우에 계획을 수립하여도 변동을 충분히 허용하는 유연성이 필요할 것이다.

공급사슬 속성 관점에서는 무엇보다 공급사슬의 목적이 비용 최소화가 아닌 맞춤형 가치 창출이 될 것이다. 더욱 다양한 고객들의 개별 가치를 만족시키는 것이 공급사슬의 존재 이유가 된다. 따라서 공급사슬의 기본 전략은 변동 최소가 아닌 최대한 유연성을 가지게 설계하고 운영해야 된다. 공급사슬의 성과는 효율성만이 아닌 지속 가능한 공급사슬이 되어야 한다. 공급사슬의 운영구조는 중앙집중형이 아닌 국지적이고 분산화된 구조로서 자연히 각 단계별 고객에 대한 서비스 수준을 높이는 방향이 될 것이다. 공급사슬의 관리 대상은 업무 프로세스 중심이 아닌 사물 중심으로 이동한다. 사물은 제품, 수송 수단, 설비 등 공급사슬에서 이용되는 모든 것들을 의미하며 이로부터 수많은 데이터가 생성되고 나아가 자율적이고 분산화된 의사결정이 수반된다.

〈표 15-3〉 전통적 공급사슬 vs. 스마트 공급사슬: 공급사슬 속성

| 항목 | 전통적 공급사슬 | 스마트 공급사슬 |
|---|---|---|
| 공급사슬 목적 | 비용 최소화(Cost) | 가치창출(Value) |
| 공급사슬 전략 | 변동 최소(Min. Variability) | 유연성 최대(Max. Flexibility) |
| 공급사슬 성과 | 생산성(Productivity) | 지속 가능(Sustainability) |
| 공급사슬 운영 | 중앙 집중(Centralized) | 국지화(Localization) |
| 관리 대상 | 프로세스(Process) | 사물(Object) |

마지막으로 제품과 정보 측면에서 살펴보자. 스마트 공급사슬에서 다루는 제품은 다양한 고객 니즈에 따른 맞춤형이 되며, 제품 자체가 서로 외부 환경과 통신이 가능한 연결성을 가지게 된다. 이를 스마트 연결형(Smart & Connected) 제품이라고 한다. 모바일 폰을 비롯하여 홈 오토메이션을 구성하는 제품들이 대부분 이에 해당된다. 따라서 제품의 가치는 소비자에게 팔린 후에 더욱 증가하는 경향이 있어 제품을 수명주기 관점에서 관리해야 하는 것이다. 제품 정보에 대한 관리는 기존의 제품 구조 정보에서 자체 저장되고 생성하는 정보를 관리하는 것이 가치 있는 활동이다. 데이터의 수집은 기존의 프로세스 기반에서 사물 기반으로 데이터의 소스가 바뀐다. 데이터 처리는 표본 수집을 통한 통계처리가 아닌 빅데이터 분석기법에 의존하게 될 것이다. 무엇보다 가장 중요한 것은 데이터의 활용 목적으로 기존 공급사슬에서는 현상 분석과 진단에 초점이 맞추어졌다면, 스마트 공급사슬에서는 다음 단계인 예측과 처방이 목적이다. 예를 들어 사이버-물리 시스템의 경우, 현실의 물리적 시스템을 사이버 공간 또는 디지털 공간으로 전환하여 실시간 분석과 제어가 가능하도록 만드는 궁극적인 목적은 예측과 사전 조치에 있다.

〈표 15-4〉 전통적 공급사슬 vs. 스마트 공급사슬: 제품과 정보

| 항목 | 전통적 공급사슬 | 스마트 공급사슬 |
|---|---|---|
| 제품 속성 | 비용, 특화형 | 맞춤, 연결형 |
| 제품 가치 | 기능적(Functional) | 제품 수명주기(PLC) |
| 제품 정보관리 | 제품 구조 정보(BOM) | 자체 저장(Self-explanatory) |
| 데이터 수집 | 기계기반(Machine-based) | 사물기반(Object-based) |
| 데이터 처리 | 표본(Sampling) | 빅데이터(Big Data) |
| 데이터 활용 | 분석, 진단 | 예측, 실시간 제어 |

## 3 스마트 공급사슬: 속성

앞서 우리는 4차 산업혁명이 현실화되는 상황에서 스마트 공급사슬이 직면해야 하는 환경에 대해서 알아보았다. 이를 바탕으로 스마트 공급사슬을 포괄적으로 정의하면 'ICT의 융합을 통한 공급사슬 패러다임'이라고 할 수 있다. 그렇다면 스마트 공급사슬에서의 결과물은 무엇일까? 기존의 전형적인 공급사슬의 결과물은 '물리적 제품의 공급'이다. 여기에 ICT를 융합한다면 '스마트 연결형 제품의 공급'이 될 것이다. 여기서 '공급'의 속성은 만일 제품이 디지털 형태이면 스트림 또는 다운로드를 의미할 것이다. 공급사슬이 나아갈 방향이 스마트 공급사슬이라고 한다면, 하나의 질문이 떠오를 수밖에 없다. 현재 우리의 공급사슬이 스마트 공급사슬로 전환되었다는 것을 어떻게 판단할 수 있을까?

이는 스마트 공급사슬이 갖추어야 할 속성을 파악한다면 보다 쉽게 답할 수 있을 것이다. ICT 융합의 결과 기존의 물리적 제품은 이제 스마트 연결형 제품으로 출시될 수 있고, 이러한 제품들은 물리적 제품일지라도 디지털 정보를 가지고 있어 예전보다 쉽게 수정, 개선이 가능하게 되어 다양한 고객의 요구에 아주 빠르게 대응한다. 즉 고객의 니즈를 보다 쉽고 빠르게 충족시킬 수 있는 것이다. 이를 고객 맞춤성(Customization)이라고 한다. 또한 스마트 연결형 제품들은 통신 기능이 있어 사실상 외부 환경과 항상 연결되어 있다. 이러한 속성을 초연결성(Connectivity)라고 한다. 마지막 속성은 협업성(Collaboration)으로서 공급사슬의 목적을 달성하기 위해 내외부 시스템과 협력하여 자원의 효율적 사용, 양질의 정보의 공유, 좋은 대안의 산출 등이 가능한 공급사슬 역량의 확장을 꾀할 수 있다. 이상의 3C 속성은 스마트 공급사슬이 가지고 있어야 할 기본 속성이며, 이 중 Customization은 수요 측면의 속성을, Connectivity와 Collaboration은 공급측면의 속성을 보다 많이 가지고 있다.

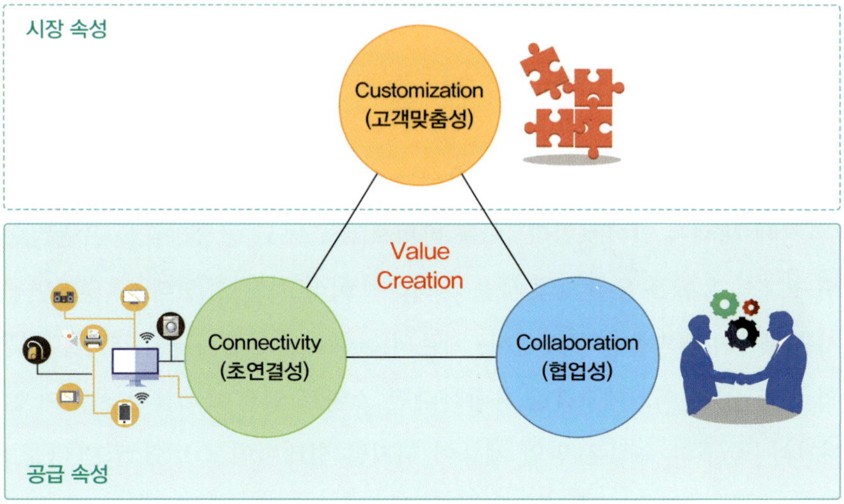


[그림 15-3] 스마트 공급사슬의 속성: 3C

① 고객맞춤성(Customization)

스마트 공급사슬 환경에서의 시장은 표준 제품과 고객맞춤형 제품이 공존하는 매우 유연한 환경이다. 예를 들어, 자동차 구매를 하려는 소비자가 자동차 대리점에서 전시된 제품 중에서 구매하는 공급사슬과 소비자가 직접 디자인해서 3D 프린팅으로 만들어 줄 수 있는 시장의 공급사슬은 매우 성격이 다를 것이다.

따라서 스마트 공급사슬 환경에서의 시장은 맞춤화 수준(Customization Level)에 의해서 세분화될 수 있다. 왜냐하면 시장에는 차별화된 자기만의 고유한 제품을 원하는 소비자만 존재하는 것이 아니라 여전히 표준형 제품을 원하는 소비자가 있기 때문이다. 여기서 스마트 공급사슬은 이러한 여러 가지 수준의 맞춤형 시장을 모두 대응할 수 있는 유연성을 갖고 있어야 한다.

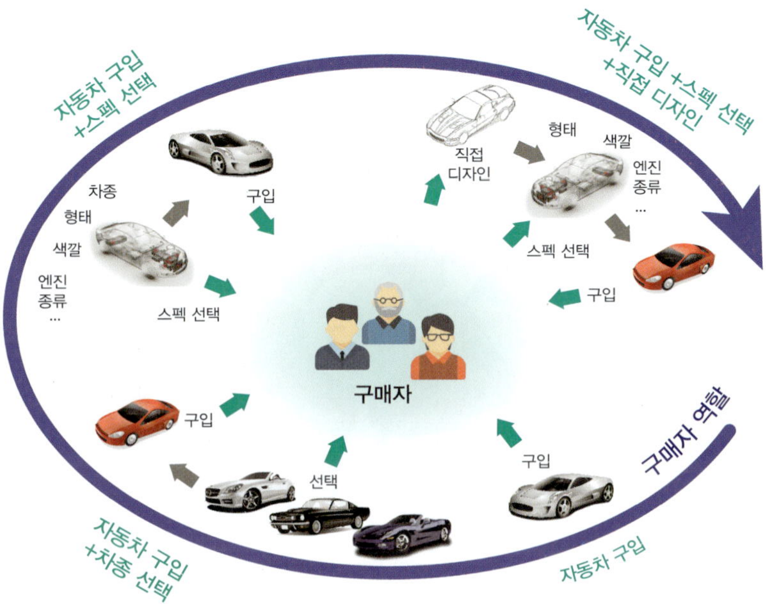


[그림 15-4] 자동차 스마트 공급사슬에서의 맞춤형 시장

② 초연결성(Connectivity)

스마트 공급사슬상의 모든 제품과 설비, 운영자는 서로 간의 실시간 통신이 가능하다는 의미에서 초연결되어 있다. 이는 사물인터넷과 5G통신망의 도입으로 현실화되었다.

3차 산업혁명 시대에 1,000대 수준의 메인프레임과 단말기의 연결이 이제는 사물인터넷의 장착으로 500억 개가 훨씬 넘는 각종 사물들이 연결되어 있다. 이는 5G 통신망의 도입으로 더욱 더 연결되는 객체들의 수가 기하급수적으로 늘어나고, 시간적 지연이 없는 실시간 제어가 가능하며, 거의 무한대에 가까운 용량의 데이터를 처리할 수 있다. 공급사슬에서의 초연결성은 정보의 완벽한 가시성이 이루어져 사실상 모든 참여자들간의 이해관계가 실시간으로 조정되고 해결되는 전체 최적화가 달성된다는 것을 의미한다.

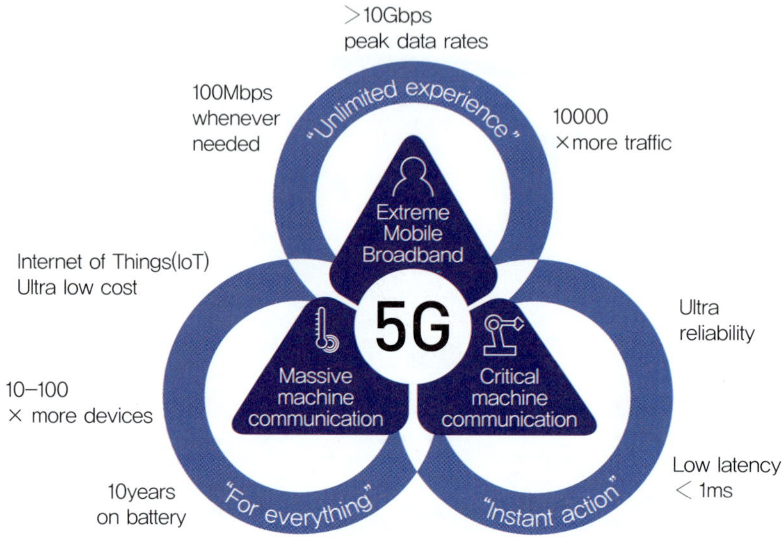


[그림 15-5] 사물인터넷과 5G의 도입에 의한 초연결성

출처: NOKIA White Paper(2019).

③ 협업성(Collaboration)

가장 기본적인 기업 간 협업의 규모는 동종 산업의 두 기업이 파트너십을 맺고 제품이나 서비스를 제공하는 것이다. 그러나 스마트 공급사슬 환경하에서 협업은 이종 산업의 다수의 기업들이 협업하는 규모를 말한다. 대표적인 사례가 테슬라 자동차이다. 테슬라는 업계 최고의 기업들과 전략적 제휴를 통해 최고 수준의 공급사슬을 만드는 데 주력하였다. 그러나 초연결성을 갖춘 공급사슬상의 협업은 디지털 협업 에코시스템을 형성하는 규모가 될 수 있다. 즉, 디지털 플랫폼 간의 협업이 된다면 개인 고객도 파트너로 참여할 수 있는 수천만 파트너들로 구성된 슈퍼 플랫폼을 형성할 수 있는 것이다.

예를 들어 진공청소기 제조사의 디지털 협업 플랫폼은 수십 명의 참여자들과 이루진다면, 스마트홈 플랫폼에는 기업뿐만 아니라 SNS 공간의 소비자들도 참여가능하게 되는 수백만 규모의 파트너십이 발생하며, 이후 스마트 또는 인공지능 비서로 확장되는 경우 플랫폼들의 협업이 되어 사실상 천만 규모가 넘는 파트너십이 형성되는 것이다.

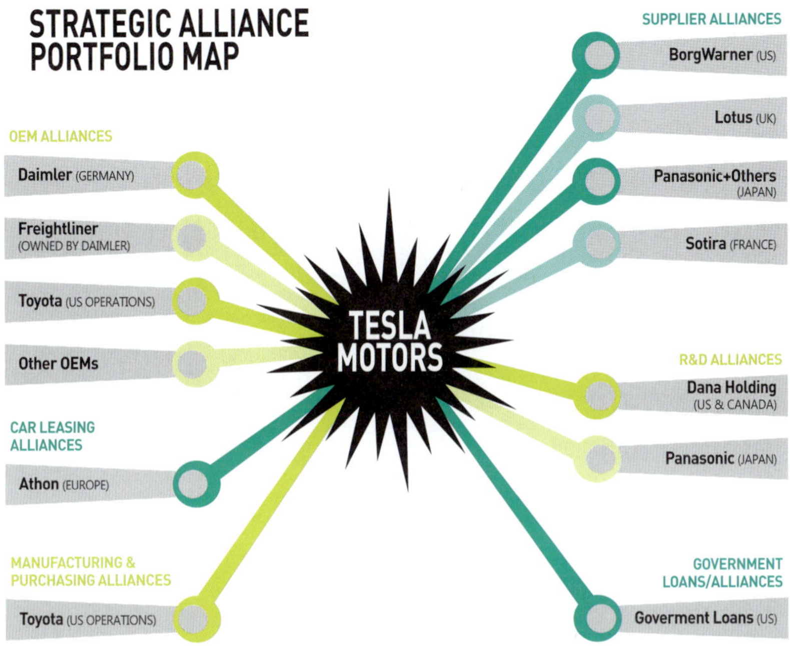


[그림 15-6] 테슬라 자동차의 전략적 협업

출처: Tesla analysis(2014). by Meherunnesha(Nishat).

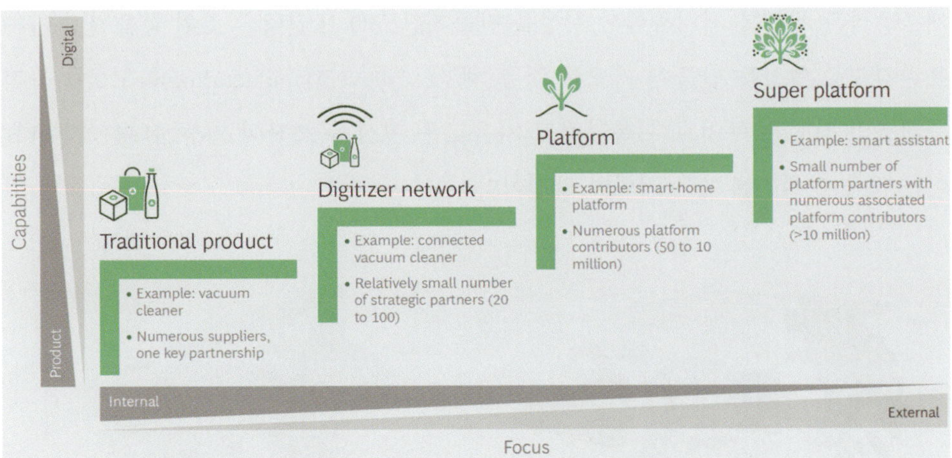


[그림 15-7] 디지털 협업 에코시스템의 진화

출처: Boston Consulting Group.

# 4 4차 산업혁명 기술과 스마트 공급사슬

기존 공급사슬에서 스마트 공급사슬로의 전환에서 반드시 필요한 것이 4차 산업혁명을 이끄는 기술들의 도입이다. 기술은 독립적인 하나의 기술만을 도입하여 성과를 낼 수는 없는데, 이는 대부분 시스템의 특성상 복합적인 기술을 필요로 하기 때문이다. 그러나 특정 기술이 어떠한 기능을 업그레이드 시킬 수 있으며, 시스템의 변화에 어떠한 영향을 주는지를 파악해 보는 것은 의미있는 일이다. 여기서는 이러한 기술 중에서 3D 프린팅과 사물인터넷 기술의 도입에 따른 공급사슬의 변화를 살펴보고자 한다.

## 1) 3D 프린팅

3D 프린팅 기술은 기존의 제조방식과는 매우 다른 혁신적인 기술이다. 기존의 제조방식은 재료를 제거하면서 형상을 만들지만, 3D 프린팅은 소위 층을 쌓아가는 프린팅으로 형상을 만들어 가므로 적층 제조(Additive Manufacturing)라고 한다. 적층제조의 장점은 무엇보다 복잡하고 자유로운 형상의 제작이 가능하다는 것이다. 이는 맞춤형 제조에 매우 적합한 장점이다.

source: 3D print.com

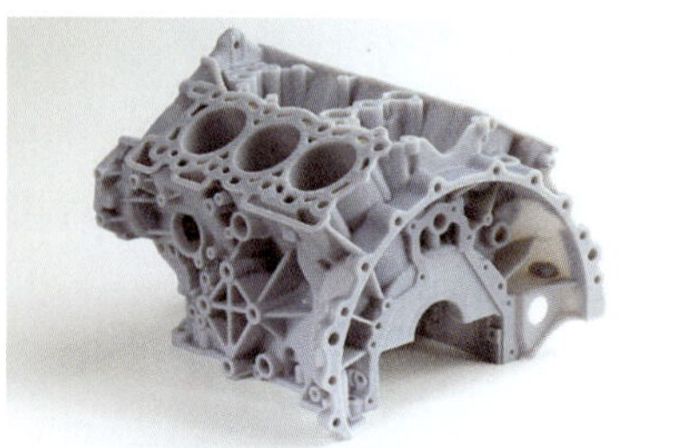

http://www.stratasys.com/3d-printers/production-series/object1000-plus

[그림 15-8] 3D 프린팅 제품

그리고 재료의 제거 공정이 없으므로 원재료 폐기량이 없고, 공정에 필요한 추가적인 tool이 필요 없다. 또한 디지털 설계 파일을 다운로드하면 바로 물리적 제품으로 실현된다. 이는 공급사슬의 구조에 획기적인 변화를 가져오게 된다.

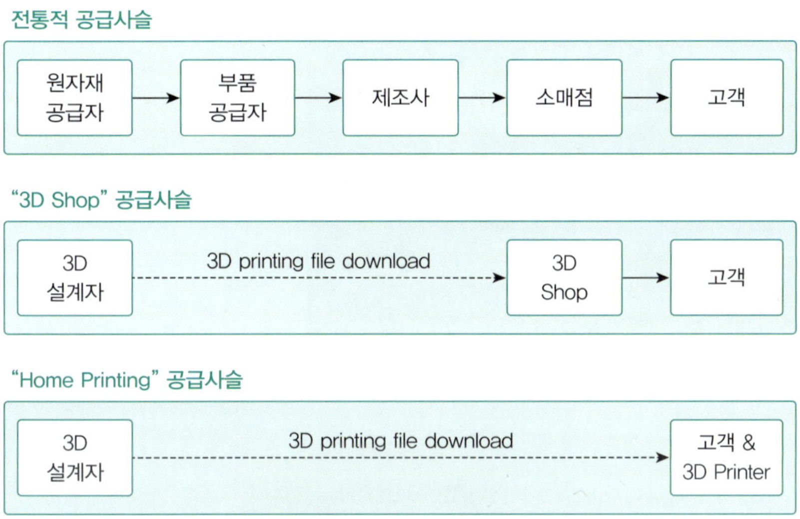


[그림 15-9] 전통적 공급사슬 vs. 3D 프린팅 공급사슬

출처: Supply Chain Management Research(2014).

가령 3D Shop 공급사슬은 3D 설계자가 프린팅 파일을 숍에 다운로딩하여 제작하면 소비자가 픽업하면 된다. 만일 소비자가 3D프린터를 보유하고 있다면 3D설계자로부터 파일을 다운로드하면 즉시 원하는 제품을 얻을 수 있다. 사실상 공급사슬의 가장 중요한 단계들이었던 원자재/부품 공급과 제조, 배송, 소매점의 모든 단계들이 생략되는 그야말로 Digital-to-Real 프로세스가 실현되어 효율성이 극대화된 공급사슬로 변화한다는 것이다. 3D프린팅 기술의 도입은 공급사슬상의 새로운 비즈니스 모형의 창출로 이어질 수 있다.

기존 공급사슬에서 가장 많은 재고를 유지하는 항목 중의 하나가 스페어 부품이다. 3D 프린팅의 빠른 제작 속도로 스페어 부품이 필요할 때만 적시공급을 하게 되면 공급사슬의 효율성에 크게 기여할 것이다. 또한 중요하고 긴급한 성격의 제품의 경우 공항 근처 3D 프린팅 허브를 이용하여 매우 신속하게 고객의 주문에 대응할 수 있을 것이다. 이는 긴급한 수리를 요하는 서비스에 적합한 공급사슬 구조가 될 수 있다.

[그림 15-10] 스마트 공급사슬에서의 3D 프린팅 기능(예)

출처: DHL Trend Research.

## 2) 사물인터넷

사물인터넷은 한마디로 사물이 인터넷에 연결되어 그 정보를 활용하여 사물 본연의 기능을 충실히 행하도록 하는 기술이라고 말할 수 있다. 지속적인 기술의 발전으로 이제 사물인터넷의 개념은 정보의 수집보다는 정보의 분석을 통한 가치의 창출에 초점이 맞추어지고 있다. 이제 사물인터넷은 만물인터넷(Internet of Everything)의 개념으로 확장되고 있다. 사물인터넷의 핵심 기반 기술은 센싱 기술, 네트워크 기술, 인터페이스 기술로 구성되는데, 각 기술의 발전은 곧 정보의 종류와 규모, 가치, 그리고 유용성을 높여주는 데 기여한다. 가령 4G에서 5G로의 통신망의 발전은 실시간 제어가 가능한 자율주행 트럭의 배송을 가능하게 하는 것이다.

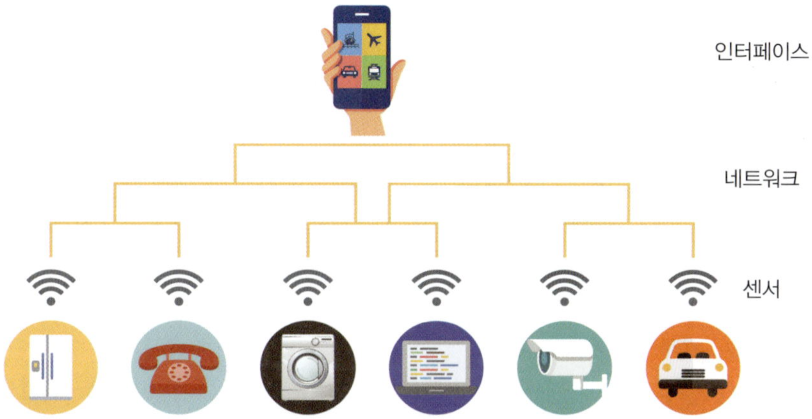


[그림 15-11] 사물인터넷의 기반 기술

무엇보다 사물인터넷으로 인해 빅데이터의 시대가 열렸다고 해도 과언이 아니다. 가질 수 있는 양질의 정보를 모두 가진다면 또한 이를 분석하는 기술이 급속도로 발전할 것이다. 데이터 마이닝, 인공지능 등의 기술의 발전은 사물인터넷을 통해 획득 가능한 데이터의 규모와 가치에 비례할 것이다. 이와 더불어 디지털 전환이 이루어진 비즈니스 환경에서는 시간과 공간의 제약이 없이 무수히 많이 발생되는 거래 데이터의 정합성과 신뢰도를 보장해 주는 기술인 블록체인 기술이 필요해질 것이며, 그 중요성이 더욱 부각되고 있다. 기존 공급사슬에서 상대적으로 취약했던 부분인 공급사슬 데이터의 가시성과 신뢰도는 사물인터넷과 블록체인 기술의 결합으로 극복될 수 있다. 다음 그림은 기존 공급사슬이 가지는 공통적인 취약점을 사물인터넷과 블록체인 기술이 어떻게 해결해 줄 수 있는지 예시로 보여주고 있다.

| | 선적 | 수송 | 세관 | 창고 입고 | 배송 |
|---|---|---|---|---|---|
| 기존 공급사슬 | • 긴급 주문 접수 불가<br>• 신용장 발급 지연 | • 수송 중 제품 손상<br>• 보험클레임 지연 | • 서류 완비 브로커에 종속 | • 제품 도난 & 사기 | • 비효율 배송 경로<br>• 포장 불량 |
| 스마트 공급사슬 with 사물인터넷 & 블록체인 | • 실시간 모니터링<br>• 스마트 계약 자동화 | • 수송 중 제품 추적<br>• 보험 청구 & 보상 신속 | • 브로커 필요 없음 | • 도난 사기 실시간 파악 | • 효율적인 경로 선택<br>• 컨테이너 가동률 높임 |

[그림 15–12] 스마트 공급사슬에서의 사물인터넷과 블록체인 기술의 활용

출처: BCG Analysis.

기존 공급사슬의 경우 선적 시 긴급주문이나 주문이 변경되었을 때, 우선순위 재조정이 거의 불가능하고, 또한 신용장 발급 프로세스가 지연되는 경우가 빈번하였지만, 사물인터넷과 블록체인 기술을 도입함으로써 선적할 제품의 실시간 모니터링이 가능하게 되어 우선순위의 조정이 실시간 상황에 근거하여 가능하다. 또한 스마트 계약 시스템의 도입으로 신청 즉시 자동 발급될 수 있다. 다음 단계들에서도 수송 중 제품 손상, 보험 클레임 지연, 세관 제출 서류의 정확성, 제품 도난 및 사기, 비효율적인 배송 경로, 포장 불량 등 발생할 수 있는 여러가지 사건들이 사실상 미연에 방지되거나 신속하게 해결될 수 있는 근본적인 이유는 정보의 가시성과 데이터의 진위 검증이 가능해졌기 때문이다.

이번 시간에는 4차 산업혁명의 변화된 환경에서 우리가 선택해야만 되는 스마트 공급사슬의 특징에 대해 알아보았다. 기존 공급사슬로부터의 근본적인 변화는 결국 Data-driven 공급사슬로의 전환이다. 이는 4차 산업혁명 기술들이 다루는 공통적인 대상이 바로 공급사슬에서 끊임없이 생성되는 데이터이고 이곳에서 가치가 창출되기 때문이다.

# Exercise 연습문제

1. 스마트 공급사슬 환경에서의 의사결정의 특징들이 기존 공급사슬의 그것들과 어떻게 다른지 설명하시오.

2. 스마트 공급사슬의 속성인 3C를 간단히 설명하고, 본인이 추가하고 싶은 하나의 속성을 정의하고 필요한 이유를 설명하시오.

3. 롤로스로이스사의 사례에서 이용된 4차 산업혁명의 기술들이 무엇이며, 이 기술들로부터 얻은 성과를 기술하시오.

4. 3D 프린팅 생산방식의 도입이 기존 공급사슬에 어떠한 구조적 변화를 가져다 줄 수 있을지 설명하시오.

5. 기업의 디지털 전환이 스마트 공급사슬에 미치는 영향을 3C의 속성별로 기술하시오.

# 참/고/문/헌

## 01 CHAPTER 공급사슬관리의 목적 및 개요

Chopra, S., & Meindl, P. (2016). *Supply Chain Management: Strategy, Planning, and Operation*(6$^{th}$Ed). PrenticeEducation,Inc.

Howells, R. (2011). *'Santa's Supply Chain: Best in the World?'*. Forbes, 28 November.

McGrath, R. G. (2013). "The Pace of Technology Adoption is Speeding Up," Harvard Business Review, Web. 25 November.

Min, H. (2015). *The Essentials of Supply Chain Management: New Business Concepts and Applications*. Prentice Education, Inc.

Sherman, R. J. (1998). *Supply Chain Management for the Millennium*. White Paper, Oak Brook, IL: Warehousing Education and Research Council.

https://www.setlog.com/en/santas-secrets-osca-manages-elves-around-the-world

## 02 CHAPTER 공급사슬의 전략적 구조

Davis, M. (2010). Case study for supply chain leaders: Dell's transformative journey through supply chain segmentation. Gartner Research. ID Number G, 208603.

Fisher, M. L. (1997). What is the right supply chain for your product?. *Harvard business review*, *75*, 105-117.

Ghemawat, P., Nueno, J. L., & Dailey, M. (2003). *ZARA: Fast fashion* (Vol. 1). Boston, MA: Harvard Business School.

Hasan, R., & Alim, M. A. (2010). Factors affecting supply chain management efficiency in cross border outsourcing. A case study of H and M and its Outsourcing Operations in Bangladesh.

Lee, H. L. (2002). Aligning supply chain strategies with product uncertainties. *California management review*, *44*(3), 105-119.

Porter, M. E., & Strategy, C. (1980). *Techniques for analyzing industries and competitors. Competitive Strategy*. New York.

Siegle, L. (2012). 'Is H&M the new home fashion?', *The Guardian*, 7 April

Xu, X. (2012). From cloud computing to cloud manufacturing. *Robotics and computer-integrated manufacturing*, *28*(1), 75-86.

Supply Chain Practices of Three European Apparel Companies: Zara, H&M and Benetton, icmrindia.org

H&M's Supply Chain Management Practices, icmrindia.org

## 03 CHAPTER 공급사슬의 수요관리

Crum, C., & Palmatier, G. E. (2003). *Demand Management Best Practices: Process, Principles and Collaboration*. J. Ross Publishing, Inc.

Min, H. (2015). *The Essentials of Supply Chain Management: New Business Concepts and Applications*. Prentice Education Inc.

Moon, M. A. (2013). *Demand and Supply Integration: The Key to World-Class Demand Forecasting*, Pearson Education Inc.

Nahmias, S., & Olsen, T. L. (2015). *Production and Operations Analysis*, Waveland Press Inc.

Narasimhan, S. L., McLeavey, D. W., & Billington, P. J. (1995). *Production Planning and Inventory Control*. Prentice-Hall Inc.

Sipper, D., & Bulfin Jr., R. L. (1998). *Production: Planning, Control, and Integration*. McGraw-Hill Books Co.

## 04 CHAPTER 공급사슬의 수요-공급 관리

Min, H. (2015). *The Essentials of Supply Chain Management: New Business Concepts and Applications*. Prentice Education Inc.

Nahmias, S., & Olsen, T. L. (2015), *Production and Operations Analysis*(7th edition). Waveland Press Inc.

Narasimhan, S. L., McLeavey, D. W., & Billington, P. J. (1995). *Production Planning and Inventory Control*(2nd edition). Prentice-Hall Inc.

Sipper, D., & Bulfin Jr., R. L. (1998). *Production: Planning, Control, and Integration*. McGraw-Hill Books Co.

## 05 CHAPTER 공급사슬의 재고관리

Hopp, W. J., & Spearman, M. L. (2008). *Factory Physics*(3rd edition). WavelandPressInc.

Nahmias, S., & Olsen, T. L. (2015). *Production and Operations Analysis*(7th edition). WavelandPressInc.

Narasimhan, S. L., McLeavey, D. W., & Billington, P. J. (1995). *Production Planning and Inventory Control*(2nd edition). Prentice-HallInc.

Sipper, D., & Bulfin Jr., R. L. (1998). *Production: Planning, Control, and Integration*. McGraw-Hill Books Co.

## 06 CHAPTER 공급사슬의 분배와 충족

Axsäter, S. (2015). *Inventory Control*(3rd Ed). Springer.

Krajewski, L. J., Malhotra, M. K., & Ritzman, L. P. (2018). *Operations Management, Processes and Supply Chain*(11th Ed). Pearson.

Silver, E. A., Pyke, D. F., & Douglas, J. T. (2017). *Inventory and Production Management in Supply Chains*(4th Ed). Taylor & Francis.

Zipkin, P. H. (2000). *Foundations of Inventory Management*. McGraw-Hill.

## 07 CHAPTER 공급사슬과 설비입지

Chatzoglou, P., Chatzoudes, D., Petrakopoulou, Z., & Polychrou, E. (2018). Plant Location Factors: A field research. *Opsearch*, *55*, 749-786.

Daskin, M. S. (2013). Network and Discrete Location, Models, Algorithms, and Applications, John Wiley and Sons.

Eiselt, H. A., & Marianov, V. (Editors) (2011). Foundations of Location Analysis. *International Series in Operations Research and Management Sciences*, *155*.

Farahani, R. Z., & Hekmatfar, M. (Editors) (2009). *Facility Location: Concepts, Models, Algorithms and Case Studies*. Springer-Verlag.

## 08 CHAPTER 공급사슬과 수송


Coyle, J. J., Novack, R. A., & Gibson, B. J. (2016). *Transportation: A Global Supply Chain Perspective*(8th Ed.). CengageLearning.

Heeswijk, W., Mes, M.. & Schutten, M. (2019). *Operations, Logistics and Supply Chain Management*. Chapter 21 Transportation Management. Lecture Notes in Logistics, Springer.

Jung, I. W., Uhm, H. S., & Lee, Y. H. (2018). Demand Driven Reallocation in Bike Sharing System. *Journal of Korean Management Science Society*, *43*(4), 17-31.

Minner, S. (2019). Operations, Logistics and Supply Chain Management, Chapter 11 Inbound Logistics, Lecture Notes in Logistics, Springer.

Rushton, A., Croucher, P., & Baker, P. (2017). *The Handbook of Logistics and Distribution Management: Understanding the Supply Chain*(6th Ed.). Kegan Page.

Simchi-Levi, D., Chen, X., & Bramel, J. (2014). *The Logic of Logistics: Theory, Algorithms, and Applications for Logistics Management*(3rd Ed.). Springer.


## 09 CHAPTER 공급사슬 네트워크 설계


Bidhandi, H. M., Yusuff, R. M., Ahmad, M. M., & Bakar, M. R. (2009). Development of a new approach for deterministic supply chain network design, *European Journal of Operational Research*, *198*, 121-128.

Crainic, T. G. (2000). Service network design in freight transportation. *European Journal of Operational Research*, *122*, 272-288.

Ivanov, D., Tsipoulanidis, A., & Schönberger, J. (2016). *Global Supply Chain and Operations Management*. Distribution and Transportation Network Design, 189-232.

Klumpp, M., & Heragu, S. (2019). Operations, Logistics and Supply Chain Management, Chapter 14 Outbound Logistics and Ditribution Management. Lecture Notes in Logistics, Springer.

Jin, H. W. (2018). Restructuring Parcel Delivery Network by Considering Dynamic Customer Demand. *Economics and Management*, *21*(2), 83~96.

Lee, Y. H., & Kwon, S. G. (2010). The hybrid planning algorithm for the distribution center operation using tabu search and decomposed optimization. *Expert Systems with Applications*, *37*, 3094-3103.

Minner, S. (2019). Operations, Logistics and Supply Chain Management, Inbound Logistics. Lecture Notes in Logistics, Springer.

Rodrigue, J. P. (2020). The distribution network of Amazon and the footprint of freight digitalization. *Journal of Transport Geography*, *88*, 102825.

Rushton, A., Croucher, P., & Baker, P. (2017). *The Handbook of Logistics and Distribution Management: Understanding the Supply Chain*(6$^{th}$Ed.). KeganPage.

Wieberneit, N. (2008). Service network design for freight transportation: A review. OR *Spectrum*, *30*, 77-112.

https://www.ilogen.com/web (2021 access)

## 10 CHAPTER 공급사슬과 협력

조규완, 유영목 (2013). 글로벌 SCM을 위한 혁신적 CPFR. 청람.

Lee, H. L., Padmanabhan, V., & Whang, S. (1997). The bullwhip effect in supply chains. *Sloan management review*, *38*, 93-102.

Edali, M., & Yasarcan, H. (2016). Results of a beer game experiment: Should a manager always behave according to the book?. *Complexity*, *21*(S1), 190-199.

Riemer, K. (2008). The Beergame in business-to-business ecommerce courses-A teaching report. *BLED 2008 Proceedings*, 1.

Raghunathan, S., & Yeh, A. B. (2001). Beyond EDI: Impact of continuous replenishment program (CRP) between a manufacturer and its retailers. *Information Systems Research*, *12*(4), 406-419.

Clark, T. H. (1994). Linking the grocery channel: technological innovation, organizational transformation, and channel performance. *Harvard University: PhD thesis*.

Fry, M. J., Kapuscinski, R., & Olsen, T. L. (2001). Coordinating production and delivery under a (z, Z)-type vendor-managed inventory contract. *Manufacturing & Service Operations Management*, *3*(2), 151-173.

Battini, D., Hassini, E., Manthou, V., Guimarães, C. M., de Carvalho, J. C., & Maia, A. (2013). Vendor managed inventory (VMI): evidences from lean deployment in healthcare. *Strategic Outsourcing: An International Journal*.

## 11 CHAPTER 공급사슬의 성과관리

Chae, B. K. (2009). Developing key performance indicators for supply chain: an industry perspective. *Supply Chain Management: An International Journal*.

Maskell, B. H. (1991). Performance measurement for world class manufacturing: A model for American companies. *CRC press*.

Gunasekaran, A., Patel, C., & McGaughey, R. E. (2004). A framework for supply chain performance measurement. *International journal of production economics*, *87*(3), 333-347.

Gunasekaran, A., & Kobu, B. (2007). Performance measures and metrics in logistics and supply chain management: a review of recent literature (1995-2004) for research and applications. *International journal of production research*, *45*(12), 2819-2840.

Arzu Akyuz, G., & Erman Erkan, T. (2010). Supply chain performance measurement: a literature review. *International journal of production research*, *48*(17), 5137-5155.

Archie, L. I., & Kevin, M. (2004). Linking SCOR planning practices to supply chain performance. An exploratory study. *International Journal of Operations & Production Management*, *24*(12), 1192-1218.

https://www.apics.org/apics-for-business/frameworks/scor

## 12 CHAPTER 공급사슬의 위험관리

Ben-Tal, A., & Nemirovski, A. (1999). Robust solutions of uncertain linear programs. *Operations research letters*, *25*(1), 1-13.

Ben-Tal, A., & Nemirovski, A. (2000). Robust solutions of linear programming problems contaminated with uncertain data. *Mathematical programming*, *88*(3), 411-424.

Berger, P. D., Gerstenfeld, A., & Zeng, A. Z. (2004). How many suppliers are best? A decision-analysis approach. *Omega*, *32*(1), 9-15.

Bertsimas, D., & Sim, M. (2004). The price of robustness. *Operations research*, *52*(1), 35-53.

Chopra, S., & Sodhi, M. S. (2004). Supply-chain breakdown. *MIT Sloan management review*, *46*(1), 53-61.

Cui, T., Ouyang, Y., & Shen, Z. J. M. (2010). Reliable facility location design under the risk of disruptions. *Operations research*, *58*(4-part-1), 998-1011.

Li, X., & Ouyang, Y. (2010). A continuum approximation approach to reliable facility location design under correlated probabilistic disruptions. *Transportation research part B: methodological*, *44*(4), 535-548.

Melo, M. T., Nickel, S., & Saldanha-Da-Gama, F. (2009). Facility location and supply chain management-A review. *European journal of operational research*, *196*(2), 401-412.

North, D. W. (1968). A tutorial introduction to decision theory. *IEEE transactions on systems science and cybernetics*, *4*(3), 200-210.

Peng, P., Snyder, L. V., Lim, A., & Liu, Z. (2011). Reliable logistics networks design with facility disruptions. *Transportation Research Part B: Methodological*, *45*(8), 1190-1211.

Ruiz-Torres, A. J., & Mahmoodi, F. (2007). The optimal number of suppliers considering the costs of individual supplier failures. *Omega*, *35*(1), 104-115.

Simangunsong, E., Hendry, L. C., & Stevenson, M. (2012). Supply-chain uncertainty: a review and theoretical foundation for future research. *International Journal of Production Research*, *50*(16), 4493-4523.

Snyder, L. V., & Daskin, M. S. (2005). Reliability models for facility location: the expected failure cost case. *Transportation Science*, *39*(3), 400-416.

Soyster, A. L. (1979). Inexact linear programming with generalized resource sets. *European Journal of Operational Research*, *3*(4), 316-321.

Tomlin, B. (2006). On the value of mitigation and contingency strategies for managing supply chain disruption risks. *Management science*, *52*(5), 639-657.

Wong, C. Y., McFarlane, D., Zaharudin, A. A., & Agarwal, V. (2002, October). The intelligent product driven supply chain. *In IEEE international conference on systems, man and cybernetics*, *4*.

Yu, H., Zeng, A. Z., & Zhao, L. (2009). Single or dual sourcing: decision-making in the presence of supply chain disruption risks. *Omega*, *37*(4), 788-800.

## 13 CHAPTER 서비스 공급사슬

노형봉 (2013). 서비스경영. 한경사.

정용길 (2016). 서비스마케팅. 이프레스.

허희영 (2002). 항공경영학. 명경사.

Abdelghany, A., & Abdelghany, K. (2019). Airline Network Planning and Scheduling, Wiley.

Baek, J. S. (2016). Healthcare Service Network Efficiency Evaluation Model Using Game Theory and Queueing Theory. Yonsei University, Master Thesis.

Bazargan, M. (2016). *Airline Operations and Scheduling*(2nd Ed.). Routledge.

Bordoloi, S., Fitzsimmons, J. A., & Fitzisimmons, M. J. (2018). *Service Management, Technology, Operations, Strategy*(9th Ed.). McGraw-Hill.

Facchin, P., Ferrante, A., Rizzato, E., Romanin-Jacur, G., & Salmaso, L. (2011). Optimal allocation of urban nuclei to hospital birth centers in a geographical region, Advanced Decision Making Methods applied to Healthcare, 103-120.

Johnston, R., Schulver, M.. Slack, N., & Clark, G. (2020). *Service Operations Management: Improving Service Delivery*(5th Ed.). Pearson.

Pinedo, M. L. (2009). *Planning and Scheduling in Manufacturing and Services*(2nd Edition). Springer.

Lee, Y. H., & Choi, Y. H. (2020). Optimal Cost Adjustment for a Selfish Routing Healthcare Network. *Health Care Management Science*, *23*, 585-604.

## 14 CHAPTER 공급사슬과 3D 프린팅

Chung, B. D., Kim, S. I., & Lee, J. S. (2018). Dynamic supply chain design and operations plan for connected smart factories with additive manufacturing. *Applied sciences*, *8*(4), 583.

Lu, L., Sharf, A., Zhao, H., Wei, Y., Fan, Q., Chen, X., ... & Chen, B. (2014). Build-to-last: Strength to weight 3D printed objects. *ACM Transactions on Graphics (ToG)*,

*33*(4), 1-10.

Qin, Z., Compton, B. G., Lewis, J. A., & Buehler, M. J. (2015). Structural optimization of 3D-printed synthetic spider webs for high strength. *Nature communications*, *6*(1), 1-7.

Strong, D., Kay, M., Conner, B., Wakefield, T., & Manogharan, G. (2018). Hybrid manufacturing-integrating traditional manufacturers with additive manufacturing (AM) supply chain. *Additive Manufacturing*, *21*, 159-173.

Strong, D., Kay, M., Conner, B., Wakefield, T., & Manogharan, G. (2019). Hybrid manufacturing-Locating AM hubs using a two-stage facility location approach. *Additive Manufacturing*, *25*, 469-476.

## 15 CHAPTER 4차산업혁명과 공급사슬

신동민, 정봉주, 조현보 (2017). 스마트제조. 이프레스.

Marr, B. (2015). How Big Data Drives Success at Rolls-Royce. Forbes.com, Posted on June 1st, 2015. Accessedon November 21th.

Porter, M. E. & Heppelmann, J. E. (November 2014), How Smart, Connected Products Are Transforming Competition, Harvard Business Review, Retrieved from https://hbr.org/2014/11/how-smart-connected-products-are-transforming-competition

# 찾/아/보/기

## 저자약력

### 이영훈

서울대학교 산업공학과를 졸업하고 미국 Columbia University 산업공학과에서 석사 및 박사학위를 받았다. 미국 뉴저지 주립대 Rutgers University에서 강의조교수, 삼성전자 반도체 생산기획부문 그룹장으로 근무하였으며 현재 연세대학교 산업공학과 교수로 재직 중이다. 대한산업공학회장을 역임하였으며, 연구분야는 공급망경영 및 경영과학 최적화로서 반도체 제조, 헬스케어 및 국방 분야의 공급망과 생산운영이다. 주요 저서로는 한국형 생산방식 그 가능성을 찾아서(단독), 공학의 눈으로 미래를 설계하라(공저), 공급사슬관리(번역서), 옵티마이징 팩토리(번역서) 등이 있다.

### 정병도

연세대학교 산업시스템공학과를 졸업하고, 연세대학교 산업시스템공학과에서 석사학위를, 미국 Pennsylvania State University 산업공학과에서 박사학위를 받았다. 삼성전기 SCM 그룹, KT 경제경영연구소, 성균관대학교 시스템경영공학과에서 조교수로 근무하였으며 현재 연세대학교 산업공학과 부교수로 재직 중이다. 한국 SCM학회 학술부회장으로 활동하고 있으며, 연구분야는 불확실한 환경에서의 최적화, 스마트 팩토리, 스마트 SCM 등이다. 주요 저서로는 현대물류관리(공저), 생산 및 운영관리(공저), 공급사슬공학(번역서) 등이 있다.

### 정봉주

서울대학교 산업공학과에서 학사와 석사, 미국 Pennsylvania State University 산업공학과에서 박사학위를 받았다. Andersen Consulting 한국지사, 삼성전자 반도체부문 프로세스혁신 파트에서 근무하였으며 현재 연세대학교 산업공학과 교수로 재직 중이다. 한국 SCM학회 공동학회장을 역임하였으며 연구분야는 스마트 팩토리, 지속가능 공급망경영, 생산시스템 모델링 및 운영 등이다. 주요 저서로는 스마트 제조: 4차 산업혁명의 예술(공저), 공급사슬관리(번역서), 4차 산업혁명의 미래를 설계한다(공저) 등이 있다.

# 공급사슬관리 최적화: 전략과 실행

**초판발행** 2023년 3월 5일 **1판 1쇄 인쇄** | 2023년 3월 10일 **1판 1쇄 발행**

**지은이** 이영훈 정병도 정봉주
**펴낸이** 최용구 | **펴낸곳** 도서출판 **이프레스**
**주소** (04316) 서울시 용산구 원효로 89길 19 (원효로1가)
**전화** 02) 537-1720(영업부), 537-1721(편집부), 537-1711(팩스)
**이메일** epress01@naver.com | **홈페이지** www.epress1.com
**등록** 2009년 12월 10일 제16-2710호
**기획마케팅** 최용구 장만동 최충구 송대용 | **책임편집** 석기은 황가연

ISBN 979-11-91348-24-8 93320
정가 36,000원

저자와의 협의에 따라 인지는 생략합니다. 파본은 구입하신 곳에서 교환해 드립니다.
이 책을 무단 전재 또는 복제 행위 시 저작권법에 따라 처벌을 받게 됩니다.